Cordelia Schmidt-Hellerau

Lebenstrieb & Todestrieb

Libido & Lethe

Cordelia Schmidt-Hellerau

Lebenstrieb & Todestrieb
Libido & Lethe

Ein formalisiertes konsistentes Modell der psychoanalytischen Trieb- und Strukturtheorie

Verlag Internationale Psychoanalyse
Stuttgart

Verlag Internationale Psychoanalyse

Printed in Germany
Schutzumschlag: Klett-Cotta-Design
Gesetzt aus der 9,5 Punkt Sabon
von Offizin Wissenbach, Würzburg
Auf säure- und holzfreiem Werkdruckpapier gedruckt
und in Fadenheftung gebunden von Druckhaus Beltz, Hemsbach
Einbandstoff: Garant-Leinen

Die Deutsche Bibliothek – CIP-Einheitsaufnahme
Schmidt-Hellerau, Cordelia:
Lebenstrieb & Todestrieb. Libido & Lethe. Ein formalisiertes
konsistentes Modell der psychoanalytischen Trieb- und Struktur-
theorie / Cordelia Schmidt-Hellerau. –
Stuttgart : Verl. Internat. Psychoanalyse, 1995
ISBN 3-608-91738-1
NE: Schmidt-Hellerau, Cordelia: Lebenstrieb und Todestrieb

Inhaltsverzeichnis

Vorwort 1

Danksagung 5

Einleitung 9

Metapsychologie: Überbau oder Fundament der Psychoanalyse? 9
Zur Metapsychologie und Metapsychologiedebatte . 13
Die Aufteilung der Theorieebenen 19
Naturwissenschaftlicher Reduktionismus und Anthropomorphismus 28
Monismus oder Dualismus 32
Informations- und Systemtheorie 40
„Bottom-Up“- und „Top-Down“-Strategien der Forschung 45
Zum Aufbau dieses Buches 54

Teil I: Die Grundlagen des Modells (1895–1905) 59

Entwurf einer Psychologie (1895) 62
Das allgemeine Funktionsprinzip und der quantitative Aspekt 66
Die Einführung des „Ich“ und der qualitative Aspekt 77
Das Problem der Verdrängung 91
Zusammenfassung 96
Die Traumdeutung (1900), VII. Kapitel 99
Die Konstruktion des psychischen Apparats 102
Trieb und Verdrängung, Wunsch und Zensur 112
Zusammenfassung (1905) 127
Drei Abhandlungen zur Sexualtheorie 130
Das Triebkonzept 133
Das Konzept der Verdrängung 140
Zusammenfassung 146

Teil II: Die Entwicklung des Modells (1910–1915) 149

Die Aufsätze bis 1913 152
Triebdualismus 152
Realitätsprinzip 157
Die Entstehung des Ichs 168
Zusammenfassung 177
Die Einführung des Narzißmus (1914) 180
Trieb- und Strukturaspekt 180
Das Ichideal 188
Zusammenfassung 200
Das Trieb-Struktur-Verständnis um 1915 204
Die Definition des Triebbegriffs und die Einteilung des Triebkonzepts 204
Triebschicksale 219
Das Unbewußte 243
Zusammenfassung 267

Teil III: Die Gestalt des Modells (1920–1925) 273

Die definitive Fassung der Triebtheorie (1920) 277
Lust und Unlust im Verhältnis zu Spannung und Erregung 277
Der Wiederholungszwang und die neue Definition und Einteilung der Triebe 287
Jenseits des Lustprinzips: ein Perspektivenwechsel . . 320
Zusammenfassung 332
Die definitive Fassung der Strukturtheorie (1923) . . . 337
Das Überich und die Identifizierung 339
Das Ich und die Wahrnehmung 377
Die Beziehungen zwischen Es, Überich und Ich . . . 404
Zusammenfassung 417

Ausblick 424

Metapsychologie: Eine Brückenkonzeption der Psychophysiologie 424
Die Einheit zur Steuerung des Tonus, der Wachheit und der psychischen Zustände 427
Die Einheit zur Aufnahme, Verarbeitung und Speicherung von Information 433
Die Einheit für Programmierung, Steuerung und Kontrolle von Tätigkeiten 438

Anmerkungen 445

Literatur 552

Verzeichnis der Abbildungen 580

Namensverzeichnis 582

Sachverzeichnis 587

Vorwort

Es ist immer wieder faszinierend, den Augenblick festzuhalten oder zu rekonstruieren, in dem sich alle Elemente unseres bewußten wie unbewußten Wissens und Denkens in einer ganz bestimmten Weise konstellieren und eine Idee hervorbringen, die so vorher nicht da war und die, wenn man ihr nachgeht, Einsicht in manchmal schon lange gesehene und doch nicht erkannte Zusammenhänge vermittelt. In den Analysen sind das bewegende Momente, die das Verständnis der eigenen Biographie und damit unter Umständen auch das gesamte Lebensgefühl tiefgreifend verändern können: danach wird man nicht mehr so denken wie zuvor, weil sich mit dieser Wende nicht nur ein einzelnes Element, sondern alle Bestandteile eines Gesamtkomplexes zu einer neuen Gestalt formiert haben. Normalerweise vollziehen sich die Änderungen im Leben wie in der Analyse auf langsame Weise, z. B. dadurch, daß wir zu vielen einzelnen Gegebenheiten unsere Einstellung ändern, woraus am Schluß eine neue Haltung resultiert; oft bemerken wir das nicht einmal oder erst nachträglich. Aber wenn man gelernt hat, auf solche Momente des Umschwungs zu achten, kann man feststellen, daß sich dieser Vorgang immer wieder ereignet, meist bezogen auf kleinere, ab und zu auch auf umfassendere Einheiten unseres Denkens und Fühlens. Die Psychoanalyse lehrt uns, aufmerksam zu sein auf alles, was in uns vorgeht, und trägt deshalb wesentlich dazu bei, solche aus dem zufälligen Zusammentreffen von äußeren wie inneren Ereignissen plötzlich neukonstellierten Musterbildungen unserer Phantasie, in denen sich ein neuer Gedanke, eine neue Frage abzeichnet, festzuhalten, um sie aus ihrem teilweise noch vorbewußten Zustand ins helle Licht des Bewußtseins zu heben.

Es war an einem Spätnachmittag im Herbst 1987. Ich saß im Hauptgebäude der Zürcher Universität in der Cafeteria, dem sogenannten „Rondell“, wo ich mich oft aufhielt, lesend oder mit anderen verabredet, in den kreativen und rekreativen Freizeiten zwischen dem einen und anderen Termin. An diesem Nachmittag war ich aus irgendeinem vorübergehenden Grund, an den ich mich nicht mehr erinnen kann, in deprimierter Verfassung. Ich saß da und spürte, wie ein schweres Gewicht mich innerlich nach unten zog. Deshalb wohl dachte ich an den Todestrieb bei Freud, an das Nirwanaprinzip – und plötzlich erschien mir ganz unverständlich, wie zu meinem Gefühl und zu dem, was die Begriffe Todestrieb und Nirwanaprinzip mir sagten, die Aggression passen sollte. Das Aggressive erschien mir geradezu als der *totale Gegensatz* zu meinem eigenen deprimierten Gefühl, das ich in diesem Moment mit dem Todestrieb in Zusammenhang brachte. (Ich machte also etwas, wovor ich in diesem Buch grundsätzlich warne: ich stellte eine direkte Verbindung her zwischen einem phänomenalen Ereignis: meiner Deprimiertheit, und einem metapsychologischen Konzept: dem Todestrieb bzw. Nirwanaprinzip.) Dazu *paßte* die Aggression einfach nicht. Es war wie ein Funke in mir, der einen bereitliegenden Holzspan entzündete: plötzlich war ich hellwach und überhaupt nicht mehr deprimiert, der erfühlte Widerspruch in der Todestriebkonzeption Freuds hatte mein volles Interesse auf sich gezogen. Ich dachte sofort daran, daß Freud selber nie ganz glücklich über die Verknüpfung des Todestriebs mit der Aggression/Destruktion als Gegenstück zur Lebenstrieb-Libido-Verbindung gewesen war, am Todestrieb aber aller Kritik zum Trotz immer festgehalten hatte und sich vor allem wegen der Fülle an klinischen Befunden zur Aggression/Destruktion (z. B. beim Sadismus – Masochismus) und in Ermangelung einer schlüssigeren Idee schließlich dazu durchgerungen hatte, die Aggression/Destruktion als Energie und Manifestation des Todestriebs zu postulieren. Diese Kombination, die mich latent schon lange irritiert hatte, erschien mir jetzt als etwas völlig Paradoxes und fesselte mich so sehr, daß ich beschloß, dem genauer nachzugehen.

Es dauerte noch eine Weile, bis ich im Januar 1989 mit der eigentlichen Forschungs- und Entwicklungsarbeit dieses Buches beginnen konnte, aber die ganze Zeit bis dahin beschäftigte mich der Gedanke an Freuds Todestriebkonzept, der dort im „Rondell“ seine Geburtsstunde erfahren hatte, las ich und dachte ich im Zusammenhang mit meinen langsam sich verdichtenden Überlegungen zur Lösung dieses konzeptionellen Widerspruchs. Zuerst hatte ich mir vorgestellt, in einer kleinen Arbeit das Problem des Todestriebs zu überdenken. Aber bald schon merkte ich, daß eine sorgfältige Aufarbeitung des Todestriebkonzepts nicht isoliert zu leisten wäre, so daß ich beschloß, über die ganze Freudsche Triebtheorie eine Arbeit zu schreiben. Aber wer sich mit der Triebtheorie in ihren verschiedenen Entwicklungsstadien befaßt, merkt recht schnell, daß er nicht darum herumkommt, den Zusammenhang mit der ersten topischen und der zweiten Strukturtheorie mitzureflektieren. So wurde aus dem kleinen, noch relativ überschaubaren Ursprungsvorhaben die vorliegende Arbeit, welche die gesamte Metapsychologie umfaßt: Aus der einen Idee, daß nicht die Aggression, sondern das *Gegenteil von Aggression* die Energie des Todestriebs sein müsse, entwickelte sich eine formalisierte und teilweise revidierte Fassung der psychoanalytischen Theorie, in der die Trieb- und Strukturkonzepte der verschiedenen Phasen in einem einzigen logisch konsistenten Modell integriert sind. Von Zeit zu Zeit, wenn ich mitten aus der Arbeit aufgeschaut und realisiert habe, was ich mir da alles vorgenommen hatte, konnte ich nur ungläubig den Kopf schütteln über den Mut, mit dem ich mich an so ein gewaltiges Projekt herangewagt hatte; aber ich merkte auch, daß der Gang der Überlegungen schon bald eine gewisse Selbständigkeit und Eigendynamik angenommen hatte, der ich oftmals nur zu folgen brauchte – und ich war nicht selten überrascht von dem, was sich dabei alles auftat. So kann ich in gewissem Sinne sagen, daß diese Arbeit mehr mich ergriffen hat, als ich sie: einmal begonnen, mußte sie auch zu einem Ende gebracht werden. Teilweise waren sehr schwierige und harte Arbeitswochen durchzustehen, aber rückblickend kann ich sagen: das Schreiben dieses Buches ist das Spannendste für mich gewesen, was ich in dieser Art je erlebt habe.

Ich habe mich bemüht, den Aufbau meiner Gedanken so darzustellen, daß er gut nachvollziehbar sein sollte. Dennoch wird sich die Lektüre dieses Buches nicht ganz mühelos gestalten. Das liegt zum großen Teil an der Abstraktheit der Überlegungen, zu denen uns die Metapsychologie Anlaß gibt. Insofern ist es zunächst einmal ein Buch für diejenigen, die sich für metapsychologische Fragen interessieren, aber es geht natürlich alle an, die in irgendeiner Weise mit der Psychoanalyse arbeiten, also vor allem die Psychoanalytiker – und nicht zuletzt wünsche ich mir auch Leser, die sich mit den Zusammenhängen zwischen psychischen und somatischen Vorgängen befassen. Um den Buchumfang möglichst zu beschränken, habe ich meine Überlegungen ziemlich konzentriert vorgetragen – eine gleiche Konzentration wird darum für die Lektüre erforderlich sein. Aber bei all diesen Vorwarnungen bin ich doch der Meinung, daß die Anstrengung und Mühe, die dieses Buch dem Leser abverlangt, durch die Erleichterung gelohnt wird, die die Klärung einer ganzen Reihe von Ungereimtheiten und Widersprüchlichkeiten der theoretischen Basiskonzepte der Psychoanalyse mit sich bringt. Auf viele Fragen, die in der Freudschen Metapsychologie bis heute offengeblieben sind, möchte ich hier eine Antwort vorschlagen – aber dabei werden wir sehen: aus jeder beantworteten Frage wachsen zwei neue hervor.

CSH, Zürich im Frühjahr 1995

Danksagung

Während der sieben Jahre, die ich mit der Entwicklung dieses Modells befaßt war, ist mir immer wieder bewußt geworden, daß diese Arbeit nur möglich wurde dank dem Einsatz, der Begleitung und Unterstützung vieler Menschen, von denen ich die wichtigsten hier nennen möchte.

An erster Stelle bin ich meinen Eltern, Hannelore und Christof Schmidt-Hellerau, zu tiefstem Dank verpflichtet. Sie haben mich in den Jahren meiner Kindheit gelehrt, mit Respekt, Sorgfalt und Liebe dieser Welt zu begegnen. Sie haben meine Interessen geweckt und gefördert, mich ermutigt, selbständig Antworten auf meine vielen Fragen zu finden, mich zu Beharrlichkeit im Verfolgen meiner Ziele gemahnt und meine Freude am jeweils Erreichten geteilt. Ohne diese an den unendlich vielen und bedeutsamen Ereignissen meines jungen Lebens immer wieder neu erfahrene innere Haltung meiner Eltern hätte ich die langen und anfangs einsamen Jahre dieser Arbeit und vor allem die Anstrengungen und Schwierigkeiten in verschiedenen Etappen dieser Untersuchung nicht durchgestanden.

Dankbar bin ich auch meinen vielen Lehrern der Schulen und Universitäten, die mein Wissen angereichert, mein Denken methodisch geschult und mir mit ihrer je besonderen Persönlichkeit gezeigt haben, daß es gerade die individuelle Perspektive ist, die einem Gegenstand der Forschung neue Zugangsmöglichkeiten erschließt.

Meine Ausbildung zur Psychoanalytikerin verdanke ich dem Freud-Institut Zürich, seinen Dozenten wie meinen vielen Kolleginnen und Kollegen. Die Permanenz von Gedankenaustausch, Kritik und Diskussion mit ihnen war und ist mir der Rahmen, in dem sich meine Arbeit als Psychoanalytikerin entfalten kann. Dankbar gedenke ich meines Lehranalytikers, Herrn Professor Dr. med. Fritz Meerwein († 1989), der mich an die Wahrnehmung innerer Vorgänge herangeführt, meinen unbewußten Konflikten und Phantasien zur Bewußtwerdung verholfen und dabei auch die Grundlagen meiner praktischen Tätigkeit gelegt hat. Meine ersten Schritte als Psychoanalytikerin hat Herr Dr. med. Andrés Bonzi (jetzt Asunción) geduldig, engagiert und mit viel Verständnis für die Wirren des Anfangs begleitet. Frau Dr. med. Martha Eicke (Zürich) hat mich während den Jahren meiner Supervision bei ihr empathisch, kenntnisreich und gründlich mit den vielen verschlungenen Wegen der Trieb- und Abwehrbewegungen im analytischen Prozeß vertraut gemacht; ihre freundliche und ruhige Art im Umgang mit den seelischen Nöten der Patienten erschien mir immer vorbildlich und hat, so hoffe ich wenigstens, meine Identität als Psychoanalytikerin geprägt. Herr Dr. med. Alexander Moser (Zürich) hat mir in seiner Supervision meiner Arbeit immer wieder die Augen geöffnet für die unbewußten Phantasien, die die Mitteilungen der Patienten gestalten; er hat mich ermutigt, im Hier und Jetzt der Übertragung zu deuten und damit einen prägenden Einfluß auf die Art meiner Interventionen genommen. Ihnen allen sowie den vielen Dozenten des Freud-Instituts, in deren Seminaren ich gelernt habe, fühle ich mich dankbar verbunden.

Während der Zeit der Entstehung dieses Buches sind mir meine Familie, meine Schwester Karola Schmidt-Hellerau sowie meine Freunde und Freundinnen mit Interesse am Fortgang meiner Untersuchungen und mit Verständnis für mein Absorbiertsein von dieser Arbeit begegnet, auch wenn ich lange Zeit kaum vermitteln konnte, an welchen Problemen ich gerade herumstudiert habe. Nachdem die erste vollständige Fassung auf dem Papier war, habe ich sie Frau Dr. med. Martha Eicke, Frau Dr. med. Elisabeth Skalé (Wien) sowie Frau Dipl. psych. Kati Spillmann (Zürich) zu lesen gegeben; daß sie sich durch die Schwierigkeiten der Rohform dieses Textes hindurchgekämpft und mir danach mit all ihren Überlegungen, Fragen und kritischen Einwänden zu verstehen gegeben haben, daß sich diese Mühe für sie gelohnt habe, war mir als erste Rückmeldung unendlich wertvoll und hat mich bei der zweiten und dritten gründlichen Durcharbeitung meiner Modellkonzeption ermutigt. In diesem nochmals langen und schwierigen Prozeß bis zur Fertigstellung der nun vorliegenden Fassung hat mich Frau Dr. med. Elisabeth Skalé Kapitel für Kapitel mit kritischen Fragen begleitet; sie ist mir dabei als ungemein sensible Leserin mit einem hochempfindlichen Gespür für das noch Unfertige, Nichtartikulierte und Widersprüchliche im Text wie in der Argumentation eine unschätzbare Hilfe gewesen; mit ihrem unbestechlichen Intellekt hat sie mich in vielen Diskussionen während langer Telefonkonferenzen in meinem Ringen um immer gößere Klarheit unterstützt. Ihr Beitrag und ihre Freundschaft sind so unlösbar in diesen Text hineingewoben.

Wer je an einem Projekt gearbeitet hat, das sich über viele Jahre hinzieht, der weiß, daß es dabei neben der fachlichen auch der ganz persönlichen menschlichen Unterstützung bedarf. Hierfür möchte ich besonders meinem Mann, Herrn Rudolf C. Bettschart, danken, der mich all diese Jahre in meiner Arbeit gefördert und begleitet hat. Er hat es akzeptiert, daß ich mich an ungezählten Wochenenden hinter meinen Büchern und mit meinem Computer in die Theorie versenkt habe, und er hat mich zum Glück auch immer wieder in die lebendige konkrete Wirklichkeit zurückgerufen. Dennoch: die Entscheidung für so ein Projekt bedeutet auch einen Verzicht auf gemeinsam verbrachte Lebenszeit. Daß er diesen Verzicht mit mir zu leisten bereit war und mir so die Erfüllung eines intellektuellen Wunsches ermöglicht hat, dafür werde ich ihm immer zutiefst dankbar sein.

Die Beschaffung der umfangreichen Literatur hat mir Frau Brigitte Weyermann, Dipl. Bibliothekarin des Freud-Instituts (Zürich), abgenommen; Frau Lic. phil. Barbara Suter (Zürich) hat das Namens- und Sachverzeichnis erstellt; ich wüßte nicht, wie ich neben meiner praktischen und theoretischen Arbeit die Zeit hätte aufbringen sollen, die sie dafür eingesetzt haben. Die Anfertigung der computergezeichneten Abbildungen hat mir in vielen Stunden seiner Freizeit der Hersteller Herr Hans Höfliger (Zürich) besorgt – mit Ausnahme der Gesamtdarstellung des psychischen Apparats (Außenansicht und Querschnitt, S. 414/15), die Herr Professor Dr. Gerhard Schmitt (ETH, Zürich) mit einem seiner komplizierten Computerprogramme für mich errechnet hat. Frau Dipl.-Psych. Petra Glück (Stuttgart), Lektorin des Verlags Internationale Psychoanalyse, hat mein Manuskript bis zum Erscheinen des fertigen Buches sorgfältig und engagiert betreut; ihre Freundlichkeit und Zuverlässigkeit haben mir unsere Zusammenarbeit sehr angenehm gemacht.

Es ist beglückend, so vielen Menschen dankbar sein zu können.

CSH

Einleitung

Metapsychologie: Überbau oder Fundament der Psychoanalyse?

In den ersten hundert Jahren ihres Bestehens hat sich die Psychoanalyse zu einer bedeutenden und einflußreichen Wissenschaft von ungeheurer Produktivität entwickelt. PsycINFO verzeichnet jährlich weltweit circa 1200 neue Publikationen, insgesamt wurden dort seit 1967 über 24000 Titel unter dem Stichwort ‚Psychoanalyse' registriert. Das zeigt, wie lebendig hier die Forschung ist, und macht zugleich deutlich, daß es immer schwieriger wird, sich über alle wichtigen oder nur schon die interessantesten Publikationen in den drei im Bereich der Psychoanalyse aktivsten Kontinenten, nämlich Europa, Nord- und Südamerika, zu informieren. Diesen grundsätzlich erfreulichen Gang der wissenschaftlichen Entwicklung teilt die Psychoanalyse mit allen anderen Wissenschaften – und ebenso die Folgen: Am Anfang einer jeden Wissensdisziplin steht jeweils ein umfassender Erkenntnisanspruch, der dann, in demselben Maße wie die Forschungen vordringen, immer genauere Antworten auf immer differenziertere Fragestellungen suchen und finden, aufgeteilt wird unter eine zunehmende Zahl von Spezialisten, die sich außerordentlich gut in einem Teilgebiet auskennen, das Ganze ihres Fachgebiets aber nur noch in groben Zügen zu überblicken in der Lage sind. Diesem unvermeidlichen Auseinanderdriften der Teilbereiche der Wissenschaften versucht man zu begegnen, indem man Seminare, Symposien und Kongresse einrichtet sowie interdisziplinäre Forschungsstätten unterhält, in denen die Spezialgebiete untereinander wieder ins Gespräch gebracht, sowie neue Entwicklungen in einem Bereich in ihrer Bedeutung für alle anderen Bereiche reflektiert werden. Die Orientierung über den aktuellen wissenschaftlichen Stand eines ganzen Faches und über neuere Strömungen der Forschung in einzelnen seiner Spezialgebiete wird so zu einem anspruchsvollen und aufwendigen Unternehmen.

In diesen allgemeinen Gang der Evolution der Wissenschaften ist die Psychoanalyse von Anfang an integriert gewesen. Von ihrem Begründer Sigmund Freud her betrachtet, hat sie sich zunächst als ein Spezialgebiet aus der Medizin bzw. einem Spezialgebiet der Medizin: der Neurologie/Psychiatrie ausdifferenziert. Aber Freud hat sich nicht auf die Methoden und Theorien der medizinischen Wissenschaften beschränkt, sondern in seine sich allmählich entwickelnde Wissenschaft vom Psychischen das Denken ganz verschiedener Disziplinen eingebracht: neben der Neurologie, der Psychiatrie, der Physiologie der Helmholtz-Schule[1], den Sexualwissenschaften und der Evolutionstheorie lassen sich aus dem Bereich der Geisteswissenschaften deutlich der Einfluß von Psychologie, Philosophie, griechischer Mythologie, von Kunst und Literatur nachweisen[2]. Freud hat Begriffe, Metaphern und theoretische Postulate aus diesen so unterschiedlichen Disziplinen als Bausteine seiner neuen Wissenschaft verwendet – sei es lediglich als Anregung und Ausgangspunkt für eigene Überlegungen, sei es als Grundannahmen seiner neuen Konzeption der Psyche – und indem er so fachübergreifend in seiner Arbeit ganz verschiedene Wissenschaften in einen Dialog gebracht und über die Entwicklung einer eigenen Sprache in seine Methodologie zu integrieren versucht hat, gehört Freud in der Geschichte der modernen Wissenschaften zu den ersten der *interdisziplinär* denkenden und forschenden Wissenschaftler. Dabei löste sich die Psychoanalyse allerdings aus dem Bereich der medizinischen Wissenschaften, sie war nun nicht mehr lediglich eine Spezialisierung und Neuentwicklung im Bereich der Psychiatrie, sondern wurde zu einer eigenständigen Disziplin *zwischen* den Natur- und den Geisteswissenschaften, deren Erkenntnisanspruch nun wiederum einem Ganzen: dem Ganzen des psychischen Funktionierens galt.

Von hier aus geht es weiter, wie in allen Wissenschaften: einzelne Aspekte dieses Ganzen – z. B.: der Ödipuskomplex oder spezieller: der weibliche Ödipuskomplex oder noch spezieller: die Bedeutung der oralen Phase für den weiblichen Ödipuskomplex usw. – werden erforscht, und mit jedem neuen Forschungsergebnis treten neue, zuvor noch nicht erkannte Probleme aus dem Schlagschatten der jeweils eingesetzten theoretischen Modellvorstellungen hervor, auf die mit zunehmend raffinierteren Methoden eingegangen wird. Aber während wie in allen Wissenschaften Spezialgebiete der psychoanalytischen Forschung entstehen, wie z. B. die Erforschung der Affekte, des Traumas, der Borderlinepathologie etc., die sich prinzipiell als Teilgebiete des Ganzen verstehen (so wie die Kardiologie, Neonatologie, Endokrinologie etc. als Teilgebiete der Medizin), bildet sich in der Geschichte der Psychoanalyse etwas heraus, was den anderen Wissenschaften mehrheitlich fremd ist: es entstehen Schulen, die sich zwar alle als psychoanalytisch, nicht aber als Spezialgebiete der Psychoanalyse verstehen: die Kleinianer, die Ichpsychologen, die Objektbeziehungstheoretiker, die Selbstpsychologen, die französische Schule – um nur die Hauptströmungen zu nennen[3]. Auch wenn diese verschiedenen Schulen alle noch unter dem großen Dach der IPA logieren, haben sie zunehmend Schwierigkeiten, sich auf einem gemeinsamen Nenner zu finden, ihre Theorien miteinander zu verbinden; ihr Selbstverständnis entspricht nicht dem eines Spezialisten, sie begreifen sich eher im Sinne einer eigenen modernisierten Disziplin, die wiederum den Anspruch vertritt, das *Ganze* des Psychischen mit den von ihnen revidierten Grundlagen zu erfassen. Es gibt somit in der Psychoanalyse zwei verschiedene Kategorien von Spezialisierungen: die der erstgenannten Art, also solche, die sich innerhalb der Grunddisziplin Psychoanalyse thematisch bestimmten Fragestellungen zuwenden, und die der Schulen, die von unterschiedlichen theoretischen Basisannahmen ausgehen und innerhalb derer sich wiederum die Spezialisierungen der ersten Art entwickeln.

Ein wesentlicher Ausgangspunkt für diese Schulenbildung ist darin zu sehen, daß immer wieder Ergebnisse der *klinischen Forschung*, die sich nicht so ohne weiteres in die bestehenden metapsychologischen Konstruktionen übersetzen lassen, zu Modifikationen der *theoretischen Grundannahmen* führen, welche dann von anderen Forschern mit anderen klinischen Erfahrungen nicht akzeptiert werden. Grundsätzlich sind Änderungen in der Theorie aufgrund von Forschungsergebnissen aus der Praxis nicht nur eine unvermeidliche, sondern sogar eine wünschenswerte Folge des wissenschaftlichen Fortschritts. Freud geht hier mit seinem Beispiel voran, weitere prominente Vertreter solcher Teilrevisionen der theoretischen Basiskonzepte aufgrund *klinischer Erfahrungen* sind Melanie Klein, Margaret S. Mahler und Heinz Kohut. Aber eine Inkompatibilität von theoretischen Postulaten mit den empirisch (klinisch) gewonnenen Daten läßt immer *zwei* verschiedene Erklärungen zu: Entweder gründet sie in einer unzutreffenden – z. B. konkretistischen – Auffassung der theoretischen Annahmen (was viel öfter vorkommt, als man glauben mag); in diesem Fall ist nicht eine Revision der Theorie, sondern eine Revision unserer Auffassung der Theorie nötig. Oder aber die theoretischen Annahmen werden tatsächlich durch die empirischen Funde als unzutreffend erkannt und müssen revidiert oder modifiziert werden; dann macht es konzeptionell einen gewaltigen Unterschied, ob man in ein bestehendes Theoriegebäude eine Neuerung einführt, die sich als *Differenzierung*, *Ergänzung* oder *Präzisierung* des Bestehenden begreift, und im günstigsten Falle noch zeigt, wie und mit welchen Folgen für das Ganze dieses Neue in das Bestehende zu integrieren ist, oder ob man etwas Neues *anstelle*, also unter *Abschaffung* eines Teils des Bestehenden setzt und im ungünstigsten Falle nicht einmal zeigt, welche Folgen das für das Bestehende als Ganzes hat. Ersteres Verfahren hat zur Entwicklung und Erweiterung der Psychoanalyse geführt, letzteres meist zu Spaltungen und Schulen-Neugründungen. Der Vorwurf vom Widerstand der Orthodoxie trägt hier nicht weit. Vielmehr sind es *systemische Probleme*, die vielfach zu wenig reflektiert sind und die unweigerlich auftreten, wenn man einzelne Teile aus einem gedachtermaßen dynamisch regulierten Ganzen entfernt oder durch neue ersetzt (Rapaport, 1960).

Dennoch: bei aller Sorgfalt im Umgang mit dem über viele Jahrzehnte hin entwickelten und bewährten psychoanalytischen Wissen und seiner Konzeptualisierung sind Modifikationen insbesondere der theoretischen Grundannahmen dringend erforderlich. Ausgangspunkt für alle Psychoanalytiker der verschiedenen Richtungen oder Schulen ist nach wie vor die klassische Psychoanalyse und Metapsychologie, so wie sie in den Schriften Freuds niedergelegt ist. Diese Texte, insbesondere die metapsychologischen Arbeiten, sind ungemein irritierend: sie faszinieren uns in ihrer stilistischen Brillanz und Flüssigkeit sowie durch ihre nahezu urtümlich oder unbewußt wirksam werdende Überzeugungskraft; schaut man aber genauer und immer genauer hin, dann gerät man plötzlich in ein Dickicht von Widersprüchen, in einen Urwald von Annahmen verschiedenster Provenienz, die eigentlich gar nicht zueinander zu passen scheinen und doch unauflöslich ineinander verflochten sind – und der Weg durch diesen Dschungel endet immer wieder jäh, um an einer anderen Stelle fortgesetzt zu werden. Damit wird die Arbeit an und mit den theoretischen Grundlagen der Freudschen Psychoanalyse zu einem Abenteuer. Doch die Gestalt des Abenteurers in der Wissenschaft schien seit den Pionierzeiten Freuds lange schon altmodisch geworden zu sein; der Typus des kühlen Strategen, der mit einem Arsenal an futuristischer Technik ausgerüstet die letzten Rätsel des Universums knackt, hatte ihn in eine Ecke gedrängt – aus der ihn überraschenderweise jüngst die Chaostheoretiker und Cyberspace-Computer-Freaks wieder befreit haben. Auch sie arbeiten natürlich mit modernsten Techniken an vorderster Front, aber sie scheinen wieder mehr Interesse, Lust und Spaß am Abenteuerlichen, am schlicht Unmöglichen zu haben, am Durchdringen von Wildwuchs, am Spielerischen und an der Kreativität der Natur. Dieser Impetus macht Mut – und lenkt unseren Blick auf eine Erfahrung, die wir immer wieder beim Lesen der metapsychologischen Arbeiten Freuds machen: daß bei der einfachen Lektüre (der Makroperspektive) eine Ordnung sichtbar oder spürbar wird, die sich beim detaillierten Studium (der Mikroperspektive) in ein Chaos verliert. Aber wo überhaupt einmal Ordnung ist, dort ist grundsätzlich Ordnung zu finden. Die Chaostheorie zeigt uns, daß es möglich ist, von der Ordnung durch das Chaos hindurch zu einer neuen Ordnung auf einer anderen neuen Ebene zu gelangen.[4] Das ist der Weg, den dieses Buch geht, und das Chaos, mit dem es sich – auf eine manchmal noch recht altmodisch anmutende Weise – auseinandersetzt, ist das „Chaos“ (die „Un-Ordnung“) der theoretischen Grundlagen der Psychoanalyse: der Metapsychologie.

Zur Metapsychologie und Metapsychologie-Debatte[5]

Schon allein so ein Ansinnen mag antiquiert erscheinen, ist doch die Metapsychologie für viele bereits in das Historienkabinett der Wissenschaften verbannt, seit sie in den sechziger und siebziger Jahren einer minuziösen und fundamentalen bis gelegentlich geradezu vernichtenden Kritik unterzogen wurde: Analytiker wie G.S. Klein, Holt, Schafer, Stolorow, Peterfreund, Rosenblatt & Thickstun u.a. hatten da einem lange schwelenden Unmut über den Zustand der psychoanalytischen Theorie Luft gemacht, womit – man kann es wohl so sagen – ein Sturm losbrach, der sich gegen die „intellektuelle Tyrannei" eines „Dogmas" richtete, das nach Ansicht dieser Kritiker jede kreative Weiterentwicklung der Psychoanalyse seit langem blockiert hatte (Mertens, 1981, S. 8). Jetzt erhoffte man sich Befreiung dadurch, daß man entweder einzelne Teile der Metapsychologie, wie z.B. das Energiekonzept, gründlich auszumerzen empfahl (Rosenblatt & Thickstun, 1970, Holt, 1976, 1989), oder die Notwendigkeit einer Metatheorie, also einer Ebene „über" derjenigen der klinischen Theorie, bestritt und damit die ganze Metapsychologie für überflüssig erklärte (G.S. Klein, 1976), oder aber dadurch, daß man eine neue zeitgemäße Theorie nach Art der System- und Informationstheorie an ihre Stelle setzen wollte (Peterfreund, 1971, Rosenblatt & Thickstun, 1970, 1977). Inzwischen ist der Sturm der 60er und 70er Jahre vorüber, die „Hexe Metapsychologie" (Freud, 1937c, S. 69) ist ziemlich zerzaust zurückgeblieben, es ist etwas still um sie geworden – heute kommt die Kritik der Psychoanalyse eher aus den Reihen der Säuglingsbeobachter, während Neuerungen im Bereich der Psychotherapieprozeß-Forschung gesucht werden – und nun zeigt sich wieder ein in der Geschichte der Psychoanalysekritik bekanntes Phänomen: Der Kanon der Kritikpunkte an der Metapsychologie ist bereits klassisch geworden, an der Metapsychologie haftet seither ein Geruch der Unwissenschaftlichkeit, weshalb sich niemand mehr so recht auf sie beziehen mag und wenn, dann nur unter dem Hinweis auf alle wichtigen Einwände. Gleichzeitig aber, und das ist so typisch für die Resistenz der Psychoanalyse gegenüber allen Attacken, existiert sie für viele weiter wie bisher: als *der* theoretische Rahmen, innerhalb dessen sich psychoanalytische Einsichten formieren. Daraus wird ersichtlich, daß die ambivalente Haltung gegenüber der Metapsychologie, die schon allein als Reaktion auf ihre gleichermaßen faszinierenden wie enigmatischen Teile, auf diese Mischung aus kühnem Spekulieren und nüchternem

Schlußfolgern in Freuds Aufsätzen entstehen mußte, mit der detaillierten Herausarbeitung ihrer inneren Widersprüchlichkeiten noch verschärft wurde: Man befindet sich also im Konflikt mit der Metapsychologie, und ungelöste, schwelende Konflikte – das wissen die Psychoanalytiker – verursachen auf die Dauer eine entscheidende Schwächung der Ichfunktionen, und d. h. hier: des kritischen und innovativen Potentials der Psychoanalyse. Grund genug, sich erneut mit ihr zu befassen. Tut man dies, dann hat man jetzt von zweierlei auszugehen: erstens von den kritischen Einwänden, die gegen die bestehende Konzeption der Metapsychologie erhoben worden sind, und zweitens von der Tatsache, daß neben aller Kritikwürdigkeit doch etwas dran sein muß an dieser Theorie, was ihren nun schon 100jährigen Bestand bei ihren Befürwortern wie sogar bei ihren Kritikern begründet.

Beginnen wir mit den zentralen Einwänden und nehmen wir gleich vorweg: die Kritik ist in den meisten Fällen gut begründet und insofern berechtigt, aber die Schlußfolgerungen, die daraus gezogen werden, sind keineswegs so zwingend, wie es den Kritikern erscheint.

Daß die im Laufe von etwa vier Jahrzehnten von Freud entwickelte Metapsychologie als ein durchaus noch unfertiger Theoriekorpus einzuschätzen sei, war Freud selber völlig klar: 1915 hatte er den Plan gefaßt, eine Reihe von metapsychologischen Aufsätzen zu schreiben und in einem Buch zu versammeln, das den Titel tragen sollte: „Zur *Vorbereitung* einer Metapsychologie“ (1916-17f, S. 412, Anm. 1, Hervh. d. V.). Ziel dieser Aufsätze war „die Klärung und Vertiefung der theoretischen Annahmen, die man einem psychoanalytischen System *zu Grunde legen* könnte.“ (ebd., Hervh. d. V.) Von den zwölf geschriebenen Abhandlungen hat Freud selber nur fünf veröffentlicht; und wie kritisch er seinen theoretischen Bemühungen gegenüber immer gewesen ist, zeigt sich z. B. in der vielzitierten Bemerkung, daß von dem Gesamt seiner metapsychologischen Annahmen und Folgerungen „jedes Stück ohne Schaden und Bedauern geopfert oder ausgetauscht werden kann, sobald eine Unzulänglichkeit erwiesen ist.“ (1925d, S. 58) Freud, der einen durchaus spielerischen, phantasievollen und gerade insofern kreativen Umgang mit den Bausteinen seiner

Theorie pflegte, war sich also sehr wohl bewußt, daß die Teile seines Puzzles nicht lückenlos zusammenpassen. Und tatsächlich leidet die Metapsychologie an einem Mangel an Systematisierung, an fehlender begrifflicher Konsistenz und Operationalisierung einzelner Konzepte, an logischer Widersprüchlichkeit und an einer Vermischung der verschiedenen Abstraktionsebenen. Diese Mängel sind gravierend und dies um so mehr, als bis heute „kein konsistentes, zusammenhängendes und voll integriertes theoretisches Modell" der Psychoanalyse (Sandler et al. 1973, S. 16) existiert. Die Versuche, hier aufzuräumen und allenfalls fehlende logische wie konzeptionelle Verbindungen nachzutragen, reichen weit zurück:

1958 umreißen Rapaport und Gill die Grunderfordernisse einer psychoanalytischen Theorie. Ihrer Ansicht nach sollte die Metapsychologie aus einer Anzahl von Sätzen (Propositionen) bestehen, die das sowohl notwendige wie auch zureichende Minimum an unabhängigen Annahmen enthalten, auf denen die psychoanalytische Theorie beruht (Rapaport & Gill, 1959). Damit erklären sie – wie Freud im obigen Zitat – die Metapsychologie zum Fundament der Psychoanalyse. Obwohl Rapaport und Gill sich im Detail noch nicht in der Lage sehen, formale Definitionen für diese Grundannahmen und -begriffe zur Verfügung zu stellen, halten sie an den Begriffen Kraft, Energie und Struktur fest, mit denen man sich, ihrer Meinung nach, auch ohne Rekurs auf ein konkretes somatisch-physiologisches Substrat befassen könne: Die allerdings noch zu spezifizierenden „Kräfte" werden aufgefaßt als vektoriell (durch Betrag und Richtung), „Energien" als skalar (lediglich durch ihren Betrag bestimmte) addierbare Größen, und Strukturen als hierarchisch angeordnete Konfigurationen, die psychische Prozesse generieren. Das sind außerordentlich fortschrittliche Definitions- bzw. Formalisierungsvorschläge. Von den vier Gesichtspunkten der Metapsychologie, die Freud eingeführt hatte, lassen sie den dynamischen und den ökonomischen bestehen, ersetzen den topischen durch den strukturellen und führen neu den genetischen und den adaptiven ein[6].

1960 unternimmt dann Rapaport mit seinem bekannten Buch über „Die Struktur der psychoanalytischen Theorie" den ausführlicheren „Versuch einer Systematik". Seiner Meinung nach enthält Freuds Theorie „vier deutlich unterscheidbare Modelle (...), aber es existiert kein Modell, das die Synthese dieser vier Modelle repräsentiert." (1960, S. 23) Die vier Modelle sind: erstens das *„Reflexbogen (oder topographische) Modell"*, welches die Tendenz des Organismus repräsentiert, auf Reize mit einer *gerichteten* Reaktion zu antworten; zweitens das *„Entropie (oder ökonomische) Modell"*, welches, als ein Grundmodell alles motivierten Verhaltens, eine Kausalbeziehung zwischen Verhalten und *Spannungsverminderungsvorgängen* postuliert; drittens das *„Darwinistische (oder genetische) Modell"*, welches eine systematische Darstellung der *Gesetzmäßigkeiten der Ontogenese* (z. B. die Libidoentwicklung) enthält; und viertens das *„Jacksonsche (oder das neurale Integrationshierarchie) Modell"*, welches das Nervensystem als *Hierarchie von verschiedenen Integrationsebenen* auffaßt, bei denen die übergeordneten die untergeordneten steuern oder hemmen, und in Analogie dazu die Systeme Ubw, Vbw und Bw, wie auch später die Strukturen Es, Überich und Ich und ihre Funktionen als hierarchisch geschichtete konzipiert.[7] Es bleibt Rapaports Verdienst, die verschiedenen Modellvorstellungen innerhalb der psychoanalytischen Theorie herausgearbeitet und auf die Notwendigkeit einer übergeordneten einheitlichen Modellebene hingewiesen zu haben. Wegweisend ist vor allem das von ihm entworfene Programm zur Weiterentwicklung der Psychoanalyse, das im wesentlichen zweierlei zu leisten habe: eine systematische Klärung „der dualen Beziehung zwischen dem Organismus und seiner Umgebung" (ebd., S. 66), sowie eine gründliche „Untersuchung der psychologischen Strukturbildungs-Prozesse", die aufzuzeigen in der Lage ist, „wie Prozesse sich zu Strukturen wandeln, wie eine einmal gebildete Struktur sich verändert und wie sie wiederum Prozesse veranlaßt und beeinflußt" (ebd., S. 103 f.). Rapaport ist der Überzeugung, daß die Psychoanalyse – wie alle Wissenschaften, die sich bemühen, ihre Behauptungen zu präzisieren – dringend einer Systematisierung und von da aus einer Formalisierung und Axiomatisierung bedürfe (ebd., S. 109):

„Theorien können nur geprüft werden, wenn man sie ernst nimmt. Prüfen heißt Mathematisieren, und Mathematisieren heißt, in den von der Theorie gesetzten Beziehungen, Beziehungen von höherer Ordnung der Abstraktion zu entdecken. Derartige Abstraktionen können nicht aus isolierten Sätzen abgeleitet werden, sondern nur aus dem System der Beziehungen, die diese Behauptungen miteinander verknüpfen." (ebd., S. 102)

Rapaport und Gill formulierten also strenge Kriterien für eine wissenschaftliche Aufarbeitung der theoretischen Grundlagen der Psychoanalyse und steckten damit das Feld ab, innerhalb dessen sich in der Folge die Phalanx der Metapsychologie-Kritiker in zwei gegensätzlichen Lagern formierte: Da gab es diejenigen, die sich gegen die Zumutung zur Wehr setzten, Kriterien einer naturwissenschaftlichen Methodologie und Theoriebildung auf den humanwissenschaftlichen Gegenstandsbereich der Psychoanalyse anzuwenden, wodurch es zu einer reduktionistischen, depersonalisierten und dehumanisierten Sichtweise vom Menschen komme, die keinerlei Bezug mehr zur Praxis aufweise; folglich plädierten sie für eine vom mechanistischen Denken befreite psychoanalytische Theorie, die das Psychische mit geisteswissenschaftlich-hermeneutischen Methoden erfaßt (Holt, 1965, G.S. Klein, 1976, Schafer, 1976, Stolorow, 1978). Die Gegenposition wurde von denjenigen gehalten, die die psychoanalytische Theorie endlich von allen metaphysischen, anthropomorphen und metaphorischen Elementen gereinigt sehen wollten, um ihr den Anschluß an die zeitgemäßen biologisch-neurophysiologischen Forschungsbefunde zu verschaffen; in diesem Sinne votierten sie für eine informations- und systemtheoretische Umformulierung der klinischen Konzepte und ihre Überführung in präzise kybernetische Modelle (Rubinstein 1965, 1967, Rosenblatt & Thickstun, 1970, 1977, Peterfreund, 1971, 1975). Daß zwei derart entgegengesetzt gerichtete Zielvorstellungen für eine revidierte Metapsychologie auf den Plan gerufen werden konnten, lag aber nicht nur an Rapaports dezidiert gesetzten Vorgaben, sondern vor allem an der Tatsache, daß die Metapsychologie Freuds beide Positionen enthält und vereint: das zeigt sich schon allein daran, daß sie in einer Sprache gehalten ist, die sich aus metaphorischen, anthropomorphistischen, reifizierenden, physikochemischen, biologisch-organismischen und neurophysiologischen Elementen zusammensetzt. Beide Parteien konnten sich damit gleichermaßen auf Freuds Schriften berufen und ihre Revisionsbemühungen in der legitimen Nachfolge Freuds etablieren, indem sie sich entweder auf die eine oder andere Seite seiner Begrifflichkeiten konzentrierten – was allerdings einer Aufspaltung der Metapsychologie gleichkam. Immerhin wurde dabei deutlich, daß zunächst einmal eine Klärung der Begriffe und damit einhergehend eine Trennung der verschiedenen Darstellungsebenen der Psychoanalyse notwendig war. In diesem Punkt waren sich alle Kritiker ziemlich einig.

Die Aufteilung der Theorieebenen

Bereits 1962 hatte Waelder vorgeschlagen, den Gegenstandsbereich der Psychoanalyse in sechs Ebenen zu unterteilen:

1. Die Ebene der Beobachtungsdaten in der analytischen Situation
2. Die Ebene der klinischen Interpretation
3. Die Ebene der klinischen Generalisierungen
4. Die Ebene der klinischen Theorie
5. Die Ebene der Metapsychologie
6. Die Ebene von Freuds Philosophie

Waelder charakterisiert diese Ebenen durch einen zunehmenden Grad an Abstraktion bei – seiner Meinung nach – gleichzeitig abnehmender Relevanz, so daß ihm die Ebenen 5 und 6 als „far less necessary" erscheinen (1962, S. 620). Eine stichhaltige Begründung für diese Einschätzung sowie eine Reflexion über die Folgen einer Vernachlässigung der Position der Metapsychologie für die Ebenen 1 – 4 bleibt Waelder schuldig. Abgesehen von diesem Punkt ist aber seine Einteilung, auf die seither immer wieder Bezug genommen wird, eine gute Vorgabe für eine weitere Reduktion auf drei Ebenen, die jeweils zwei der von Waelder genannten zusammenfassen, was nicht nur der Übersichtlichkeit zugute kommt, sondern uns auch zwingt, die Differential-Kriterien einer solchen Einteilung deutlicher herauszuarbeiten:

Als erstes wäre da die Ebene der *analytischen Situation* oder noch allgemeiner, der *psychischen Phänomenologie* zu nennen: sie enthält alle psychischen Erscheinungen (Erlebnisweisen,

Phantasien etc.), wie sie sich z. B. in der analytischen Situation (aber nicht nur dort) manifestieren. Die *Sprache* auf dieser Ebene – also auch die gemeinsame Sprache von Patient und Analytiker – ist die *Alltagssprache*: auch die von Waelder abgesonderte Ebene der klinischen Interpretation ist in der Alltagssprache des Patienten gehalten und operiert begrifflich mit Bausteinen aus der Erlebniswelt des Patienten, d. h. die hier verwendeten *Begriffe* sind von *hoher Komplexität*, bildhaft, metaphorisch und vielschichtig; ihre *Bedeutung* ist jeweils *kontextgebunden, individuell (mit-)geprägt* („Privatsprache", Lorenzer, 1970) und einem *System* zugehörig, das durch den soziokulturellen Verständnishorizont der *individuellen Lebensgeschichte* determiniert ist. Die *Hypothesen* und *Konzepte* dieser Ebene haben den Status lebensgeschichtlicher *Rekonstruktionen*, deren Verknüpfungen als Erklärungen fungieren. Diese erste Ebene ist bereits (mindestens z.T.) eine theoretische Ebene, insofern sie Reflexionen „über" das unmittelbare Erleben enthält. Der *Referenzbereich* ist die *individuelle Wirklichkeit*.

Die zweite Ebene bildet die *klinische Theorie* oder allgemeiner die Ebene der *psychoanalytischen Psychologie*: Sie umfaßt die Ebenen 3 und 4 von Waelder (klinische Generalisierungen, klinische Theorie) und enthält somit alle klinischen Konzepte, also die Neurosenlehre, die Theorie der Technik etc. Rubinstein (1967) unterscheidet auf dieser Ebene der *klinischen Theorie* nochmals zwischen den low-level-Hypothesen, worunter er die empirischen Generalisierungen und Korrelationen[8] versteht, und den higher-level-Hypothesen, die durch das Einführen neuer Postulate wie z. B. der These von der Wunscherfüllungstendenz, der Verdrängung u. a. versuchen, die Generalisierungen und Korrelationen der low-level-Hypothesen zu erklären. Die *Sprache* dieser Ebene ist eine *Fachsprache*, ihren Begriffen entspricht nichts mehr, was direkt auf konkrete Bestandteile der Erlebniswelt zu beziehen wäre. Vielmehr sind ihre *Begriffe* Namen für *Konstrukte*, die sich auf wahrgenommene Prozesse, Strukturen und Beziehungskonfigurationen der psychischen und psychopathologischen Phänomenologie beziehen; in ihnen kondensiert sich die klinische Erfahrung einer Vielzahl von Therapeuten mit einer großen Anzahl von Patienten, mit einer Vielfalt psychischer Störungen; insofern sind sie *generell* angemessen für ein *System*, das auf den Verständnishorizont der *klinischen Erfahrung* bezogen bleibt. Die *Hypothesen* und *Konzepte* dieser Ebene haben vor allem einen *pragmatischen, generalisierenden Status*. Der *Referenzbereich* dieser Ebene ist die *psychopathologische und psychologische Phänomenologie*.

Die dritte Ebene ist die Ebene der *Metapsychologie*. In sie geht auch die meist unausgesprochene Voraussetzung ein, die Waelder in Punkt 6 als persönliche Philosophie Freuds anführt und die hier allgemeiner als die wissenschaftsphilosophische oder erkenntnistheoretische Grundposition in der Leib-Seele- bzw. mind-brain-Frage bezeichnet werden soll. Die Metapsychologie enthält sämtliche von da aus formulierten Annahmen über die Bestandteile und das Funktionieren des sogenannten „psychischen Apparats". Die *Sprache* dieser Ebene ist eine *reine Theoriesprache* und insofern auch eine Fachsprache, die sich von derjenigen der klinischen Ebene dadurch unterscheidet, daß sie *direkt* keine speziellen z. B. klinischen und psychologischen Phänomene mehr erfaßt, sondern auf die angenommenen *allgemeinen Organisationsprinzipien* ausgerichtet ist, mit denen sowohl normale wie von der Normalität abweichende psychische Prozesse oder Phänomene *dargestellt* werden können. Die *Hypothesen* und *Konstrukte* der Metapsychologie haben einen *axiomatischen* und primär *logischen Status*, ihr *System* hat *Modellcharakter*. Der *Referenzbereich* dieser Ebene umfaßt alles, was die *Organisationsprinzipien dieses Modells* betrifft, welches den ordnenden Rahmen bildet, innerhalb dessen die präzisen Schritte dargelegt werden, die logisch erforderlich sind, um Hypothesen und Postulate der zweiten Ebene aufeinander zu beziehen und miteinander zu verknüpfen (Rubinstein, 1967).

Wie man sieht, ist eine solche Einteilung zunehmend restriktiv im Hinblick auf die Art und die Anzahl der zugelassenen Begriffe: von der praktischen Unbegrenztheit der Alltagssprache auf der ersten Ebene über die eingeschränkte Terminologie der klinischen Theorie bis zu den wenigen für eine Modellkonstruktion zureichenden Begriffen nimmt die Anzahl, aber auch die Komplexität der Begriffe drastisch ab, während ihr Definiertheitsgrad steigt – worin sich die von Rapaport beschriebene allgemeine Tendenz zur „Mathematisierung" abzeichnet.

Nun könnte man gegen eine solche Einteilung der Begriffe einwenden, daß sie zwar größere Klarheit zu versprechen scheint, indem danach Begriffe wie z. B.: „Freude“ und „Ungeduld“ der Ebene der psychischen Phänomenologie, „Depression“ und „Widerstand“ der Ebene der klinischen Theorie und „Trieb“ und „Struktur“ der Ebene Metapsychologie zuzuordnen wären; aber viele Begriffe werden ja auf zwei oder allen drei Ebenen verwendet, so daß dem Ärgernis der terminologischen Unschärfe und der Vermischung der Theorieebenen mit dieser Aufteilung vielleicht doch nicht beizukommen wäre. Dem könnte man aber entgegenhalten, daß bei einer solchen Doppel- oder Mehrfachverwendung einzelner Begriffe der jeweilige Referenzbereich ausschlaggebend ist. Dazu drei Beispiele: Der psychoanalytische Begriff *„verdrängen“* ist in die Umgangssprache eingegangen und kommt folglich auf allen drei Ebenen vor: auf der ersten Ebene bezeichnet er das Phänomen „vergessen“ oder „nicht wissen wollen“; auf der zweiten Ebene steht er für eine spezifische Abwehr innerhalb eines Konfliktgeschehens; und auf der dritten Ebene, der Ebene der Metapsychologie, bezieht er sich auf einen Vorgang, der zur Aufrechterhaltung von hypostasierten Gleichgewichtszuständen innerhalb des psychischen Apparats angenommen wird. Oder: der Begriff *„Narzißmus“* meint auf der ersten Ebene (Umgangssprache) eine besondere Art von Selbstbezogenheit und Eitelkeit; auf der klinischen Ebene wird er für spezifische Erscheinungsformen in einem bestimmten Entwicklungsstadium oder für eine bestimmte Art der Selbst- und Objektbeziehung eingesetzt; auf der Ebene der Metapsychologie hingegen benennt er eine libidoökonomisch definierte Position und Struktur innerhalb der genetischen Modellkonzeption „psychischer Apparat“. Oder: der allbekannte Begriff „Ödipuskomplex“: auf der ersten Ebene betrifft er konkrete Verhältnisse, die „mein Vater, meine Mutter und ich“ oder „der Hauswart, die Nachbarin und ich“ heißen oder Liebesbeziehungen zu Elternfiguren meinen; auf der klinischen Ebene umfaßt er das Gesamt an Strebungen, Konflikten und Ängsten, das zum positiven und negativen Ödipus gehört, also Verliebtheit, Rivalität, Kastrationsängste etc.; und auf der Ebene der Metapsychologie legt er die durch das Konzept Triangulierung notwendig werdenden besonderen

Regulierungsvorgänge innerhalb des Konstrukts „psychischer Apparat" dar. In welchem Sinne also ein Begriff verwendet wird, entscheidet sich nach seinem Referenzbereich: ob er sich auf die erlebte Wirklichkeit (1. Ebene), die klinische Phänomenologie (2. Ebene) oder das angenommene Organisationsprinzip (3. Ebene) bezieht. Hält man sich dies klar vor Augen, dann ist es tatsächlich möglich, jeweils genau anzugeben, auf welcher Ebene der Darstellung man sich theoretisch bewegt, und ausschließlich die dieser Ebene zugehörigen Begriffe in der ihrem Referenzbereich entsprechenden Bedeutung zu verwenden bzw. klar zu definieren.

Ziehen wir zur Verdeutlichung dieses Gedankens eine Analogie[9] mit einem Beispiel außerhalb der Psychoanalyse: Wir können uns das folgende phantasievolle Bild (Abb. 1) betrachten und es für eine beliebige Graphik halten; es könnte aber auch eine mikroskopische Ansicht eines Zellenquerschnitts sein, eine

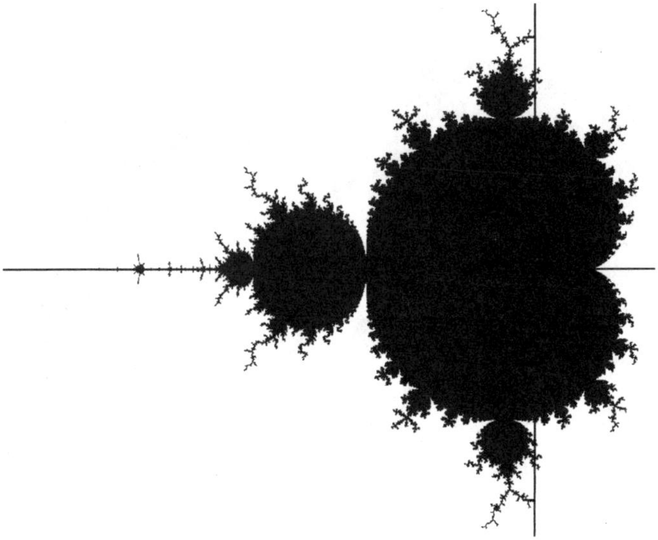

Abb. 1: Mandelbrot-Menge aus Peitgen, 1989, S. 140

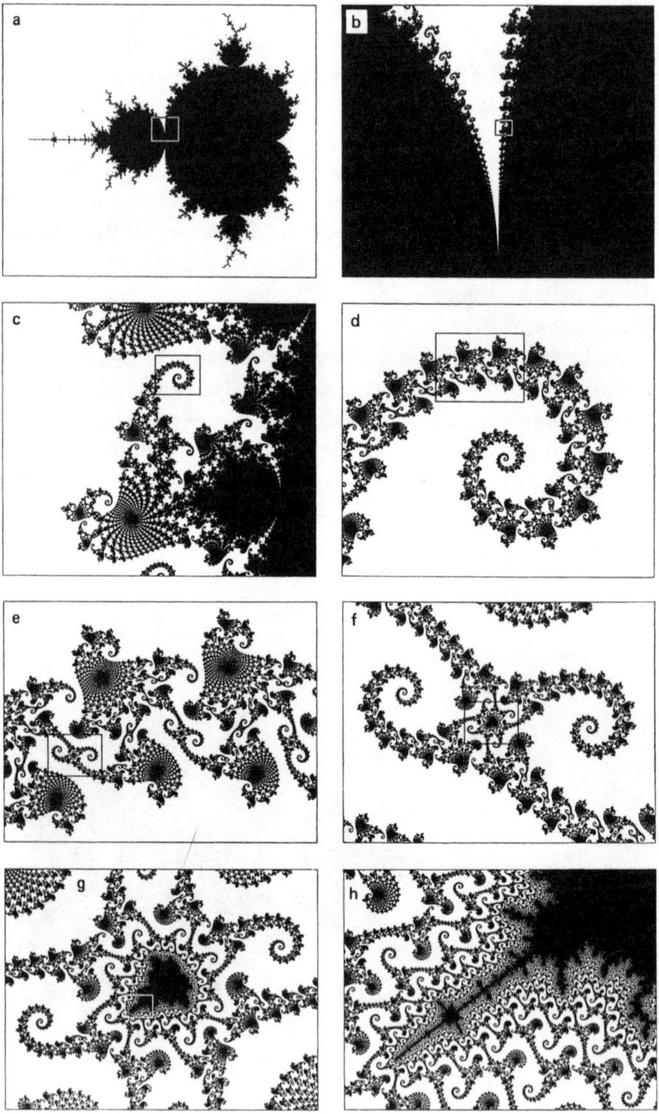

Abb. 2: Vergrößerungsserie am Rand der Mandelbrot-Menge aus Peitgen, 1989, S. 141

abstrakte Darstellung einer Insel- oder Korallenrifformation oder die Aufnahme einer Kraterlandschaft auf einem anderen Planeten; denkbar wäre aber auch, daß es eine Zeichnung ist, die einen Traum oder ein Erlebnis mit etwa folgendem Inhalt illustriert: „Ich gehe ganz friedlich die Straße entlang, da kommt plötzlich ein dicker Mann und versperrt mir den Weg..."

Schauen wir jetzt näher hin (Abb. 2), bzw. vergrößern wir Ausschnitte dieser Figur, so tauchen zwar verschiedene Unregelmäßigkeiten auf, Varianten, die wir zunächst noch nicht wahrgenommen hatten, aber allgemein gesehen zeigt sich etwas immer wieder Gleiches, Wiederkehrendes: eine Ordnung in dieser phantasievollen Figur: alle Ausschnitte und Vergrößerungen sind *selbstähnlich*. – Und, um auf das obige Beispiel zurückzukommen: der Analytiker bemerkt nach einer Reihe solcher Träume oder Begebenheiten etwas Konstantes, Wiederkehrendes, „Selbstähnliches", was ihn die Strukturen dieser bestimmten Persönlichkeit und ihrer Störungen erkennen läßt – z.B. einen Rivalitätskonflikt im Rahmen einer Ödipusproblematik.

Bekanntlich handelt es sich bei dieser Figur um ein *Fraktal*. „Ein Fraktal ist eine geometrische Gestalt mit der ganz besonderen Eigenschaft, daß man im wesentlichen immer das Gleiche sieht, so detailliert man sie auch anschaut." (Mandelbrot, 1991) Der übergeordnete Begriff oder Name dieser und ähnlicher Figuren ist also das Fraktal; dieses besondere Fraktal heißt nach seinem Erfinder: die *Mandelbrot-Menge*, es gibt auch *Julia-Mengen*, benannt nach dem Mathematiker Gaston Julia; im Detail braucht uns das hier nicht zu interessieren. Wichtig aber ist jetzt, daß die Mandelbrot-Menge das computerberechnete Bild aus einer vergleichsweise einfachen geometrischen Formel ist, nämlich: $x \to x^2 + c$ (dabei ist x irgendeine beliebig gewählte komplexe Zahl, die variiert werden kann, und c eine Konstante). Mit dieser kleinen Formel können nun unendlich viele Formen produziert werden, die eine erstaunliche Ähnlichkeit mit den in der Natur vorkommenden Formen aufweisen, und d.h.: es ist möglich geworden, etwas von der Ordnung im Chaos dynamischer Systeme zu erfassen:

„Die Theorie nichtlinear dynamischer Systeme vermittelt uns einen Einblick in Wachstumsprozesse und in Geschehensabläufe in der belebten und in der unbelebten Natur. Sie bringt uns einen Schritt näher an das Geheimnis der Natur, wie aus wenigen Naturgesetzen eine solche Vielfalt der Erscheinungen und Formen entstehen konnte, wie wir sie sehen, wenn wir aus dem Fenster, in ein Fernrohr oder durch ein Mikroskop blicken. Wäre diese Welt nur chaotisch, so wäre sie hoffnunglos. (...) Gerade die harmonische *Mischung* aus *Ordnung* und *Unordnung*, aus Einheit und Vielfalt in der Gestalt von Bäumen, Wolken, Schneekristallen oder Küstenlinien, die allesamt aus nichtlinear dynamischen Prozessen hervorgegangen sind, erweckt in uns den Eindruck von *Natürlichkeit* und *Schönheit*. Die biologische Evolution bedarf der genetischen Variabilität durch strukturierte Kontrolle und Verstärkung kleiner Fluktuationen in gleicher Weise wie der menschliche Intellekt in dem Bemühen, neue Gedanken hervorzubringen und zu formulieren. So vermittelt uns das Gesetz die Einheit und Ordnung, der Zufall die Vielfalt und den Reichtum der Natur. Es ist das *Zusammenspiel von Gesetz und Zufall*, was dem Blick in die Welt besondere Faszination verleiht." (Martienssen, 1989, S. 98 f., Hervh. d. V.)

Interessant für unseren Zusammenhang ist an diesem Beispiel aus der fraktalen Geometrie noch, daß man mit ihrer Hilfe zwar Formen und Figuren erzeugen kann, die den natürlich vorkommenden täuschend ähnlich sind, wie z. B. eine Schneeflocke, ein Farnblatt, eine Baumkrone (Peitgen, 1989, S. 130), umgekehrt aber noch nicht weiß, „wie man aus [in der Natur] vorgefundenen Fraktalen auf die erzeugenden nichtlinearen Gesetze schließen kann" (Großmann, 1989, S. 109) – wie sich also aus der Vielfalt der psychischen Erscheinungen und Störungen die ihnen allenfalls zugrundeliegenden (mathematischen) Gesetze erarbeiten ließen. Dies herauszufinden wird als eine der großen wissenschaftlichen Herausforderungen unserer Zeit betrachtet, zumal inzwischen Einigkeit darüber besteht, „daß die Geometrie der nichtlinearen, strukturierten Welt fraktal ist" (ebd.).

Unsere Mini-Erörterung der fraktalen Geometrie enthielt die Computergraphik, die begriffliche Kennzeichnung dieser Graphik als Fraktal oder Mandelbrot-Menge und schließlich den mathematischen Ausdruck: $x \to x^2 + c$. Wir sind hier mit drei deutlich voneinander unterscheidbaren *Sprachen* konfrontiert: der *graphischen*, der *verbalen* und der *mathematischen*. *Sie lassen sich sinnvoll nicht vermischen und beziehen sich dabei doch alle auf denselben Gegenstand*. Übertragen wir dies auf unsere

Ebeneneinteilung in der Psychoanalyse, dann sei gerne zugegeben, daß der Vergleich nicht vollständig aufgeht[10], aber er dient doch optimal dem Zweck, bestimmte Verhältnisse nochmals klarer zu sehen: so entspricht die Vielfalt der psychischen Erscheinungen und Äußerungsformen (phänomenologische Ebene) durchaus der Mannigfaltigkeit der fraktalen Figuren (graphische Ebene); weiter läßt sich zeigen, daß sowohl der Begriff des Fraktals (verbale Ebene), wie auch die dazugehörige spezifische Formel (mathematische Ebene) in der Computergraphik *enthalten* sind (indem diese Figuren eben diesen Namen haben und aufgrund dieser Formeln hergestellt wurden), *ohne darin konkret vorzukommen.* Und genauso können wir sagen, daß sowohl die klinischen wie die metapsychologischen Konzepte in der psychischen Phänomenologie *enthalten* sind, *ohne darin konkret vorzukommen*; d. h. eine formalisierte Auffassung der Metapsychologie im hier vorgeschlagenen restriktiven Sinn führt zu einer differenzierteren Verwendungsweise ihrer Begriffe und Konzepte: demnach wird einsichtig, daß etwas wie der Trieb oder das Es als gestaltende Größen oder Gesetze in den Erscheinungsweisen des Psychischen enthalten sind, aber sie kommen *als solche* nicht vor, sie sind lediglich Konzepte in einem Modell, das (ebenso wie die kleine Formel $x \to x^2 + c$ als ein unendlicher Bildspeicher aufgefaßt wird) geeignet ist, die Organisationsprinzipien zu beschreiben, die eine solch unendliche Vielfalt des Psychischen generieren könnten. Es geht mir also bei diesem Vergleich darum, mit der größtmöglichen Deutlichkeit auf die *Unterschiede der Begriffssprachen der postulierten drei Ebenen* aufmerksam zu machen, die sich dabei doch alle auf dasselbe natürliche Phänomen des Psychischen beziehen. Wir *alle* kommen nämlich immer wieder dahin, in einer Art Kurzschluß die metapsychologischen Konstruktionen in den konkreten Phänomenen widergespiegelt zu sehen – oder eben nicht. Daß dem so ist, weist sicher darauf hin, daß erstere in letzteren *enthalten* sind, erspart uns aber nicht den Aufwand, gedanklich im Fortschreiten unserer Argumentation immer wieder zwischen den Theorieebenen und dem je unterschiedlichen Bedeutungsumfang ihrer Begriffe zu differenzieren.

Naturwissenschaftlicher Reduktionismus und Anthropomorphismus

Dieser kühne Ausflug in die fremde Welt der fraktalen Geometrie soll sich jetzt als hilfreich erweisen bei der Beurteilung der Vorwürfe gegen die Metapsychologie und der aus ihnen abgeleiteten Revisionsbemühungen, deren wichtigste wir nun kurz der Reihe nach genauer anschauen: So wird z.B. unmittelbar einsichtig, daß wohl keinem ernsthaft einfallen würde, einem Mathematiker, der mit der Formel $x \rightarrow x^2 + c$ experimentiert, vorzuwerfen, er pflege einen reduktionistischen, mechanistischen und denaturierten Umgang mit der Natur. Und damit sind wir bereits bei einer ersten Gruppe von Einwänden, die die Ansicht vertritt, daß die Metapsychologie von einer depersonalisierten, dehumanisierten – eben naturwissenschaftlichen – Sicht des Menschen zeuge (Schafer, 1976, Gill, 1977), die, getragen von einer kausal-reduktionistischen Erkenntnishaltung, nach Ursachen forsche, anstatt nach Intentionen und Bedeutungen. Dadurch verschwinde das „Individuum in seinem Selbstverständnis als aktive, handelnde, Situationen definierende und kreierende Person (…) hinter entpersönlichten Begriffen von scheinbar höherer wissenschaftlicher Dignität" (Saperstein & Gaines, 1973 in Mertens, 1981, S. 42), die „die Verantwortlichkeit der Individuen und den Charakter des aktiven Hergestelltseins bedeutungsvoller Interaktionen" nicht berücksichtigen (Schafer in Mertens, 1981, S. 14). Dazu kann man nur sagen: das ist so und das soll auch so sein. Der Mensch in seiner lebensgeschichtlich geprägten Individualität erscheint nicht auf der Ebene der Metapsychologie, aber dieses Individuelle verschwindet dort auch nicht, weil es dort gar nicht zur Debatte steht. Die Schönheit der fraktalen Figuren wird in der mathematischen Formel nicht sichtbar, nicht entfaltet. Gerade der Vergleich mit der fraktalen Geometrie macht deutlich, daß es bei den Überlegungen, Annahmen und Hypothesen der Metapsychologie eben nicht um einen inhaltlichen Reduktionismus geht, sondern um Hypothesen über die allgemeinen Organisationsprinzipien, die dieses Individuelle überhaupt erst ermöglichen.

Schafer hat die Metapsychologie sowie die klinische Theorie

einer radikalen Sprachanalyse unterzogen und gezeigt, wie dort ursprünglich metaphorische Konstruktionen konkretisiert, reifiziert und anthropomorphisiert werden[11]: Prozesse und Handlungen würden substantiviert und dadurch zu Entitäten gemacht, aus denen sich schließlich die metapsychologischen Konstruktionen zusammensetzten. Das stimmt. Zwar gehört das Reifizieren und die vorläufige Annahme von bestimmten Entitäten zum Zwecke der Eingrenzung von begrifflichen Zuständigkeitsbereichen zum normalen Vorgang einer Theoriebildung, aber jeder kennt auch diese für Freuds Stil geradezu charakteristischen Formulierungen, wie z.B.: „daß das Ich sich aufgibt, weil es sich vom Über-Ich gehaßt und verfolgt anstatt geliebt fühlt", wobei das Über-Ich „als Vertreter des Es auftritt." (Freud, 1923b, S. 288) Das klingt wirklich so, als handle es sich bei Freuds theoretischen Überlegungen um Liebes- und Staatsaffairen – was übrigens auch ein Grund dafür ist, daß sich die Lektüre seiner Aufsätze so spannend und unterhaltsam gestaltet. Schafer hat an solchen und anderen Beispielen die Unwissenschaftlichkeit der psychoanalytischen Theoriesprache nachgewiesen, und man muß ihm recht geben: solche Formulierungen gehören eigentlich in den Bereich der psychischen Phänomenologie, d.h. auf die erste Ebene; dort wird geliebt und gehaßt, dort finden sich all die bunten Erscheinungsformen des psychischen Lebens – während auf der Ebene der Metapsychologie nur dessen Organisationsprinzipien zu Wort kommen sollten. Andererseits kann man diesem Sprachstil gegenüber auch eine gewisse Gelassenheit bewahren: die anthropomorphisierende Redeweise findet sich auch in anderen, z.B. den sogenannt „harten" Naturwissenschaften in Formulierungen wie z.B. in „der Frage, warum eine Zelle sich den Luxus erlaubt, mehr als ein Adhäsionsmolekül zu synthetisieren." (Schachner, 1989, S. 193). Niemand wird die Wissenschaftlichkeit dieser Arbeit bezweifeln, und jeder wird sofort verstehen, daß es sich dabei um ein Bild, eine stilistische Note handelt und nicht um die Idee, die Zelle sei ein Luxusweibchen. Aber damit sollen Schafers Vorwürfe nicht vom Tisch gewischt werden; es bleibt festzuhalten, daß die theoretische Psychoanalyse einen exzessiven Gebrauch von solcher Redeweise macht und dabei oft den Verführungen ihrer selbstgewählten Bilder erliegt. Das

Problem ist hier im wesentlichen eines der Argumentationsführung, die sich bei der Komplexität der Begriffe aus dem phänomenologischen Bereich mal von der einen, mal von einer anderen Konnotation oder Bedeutungsebene leiten läßt, wodurch untergründig logische Brüche entstehen, die nachträglich nur schwer aufzudecken sind.

Nun zieht Schafer daraus den Schluß, es brauche eine neue Sprache für die Psychoanalyse, und er bietet auch sogleich eine Alternative an: die von ihm entwickelte „Handlungssprache", die nur noch vier Grundbegriffe akzeptiert, nämlich: „Bedeutung", „Handlung", „Grund" und „Situation". Mit diesen Begriffen liegt Schafer aber ganz im Bereich der ersten Theorieebene: Bedeutung, Handlung, Grund und Situation sind, so wie er sie verwendet, Begriffe, die in den Bereich der psychischen Phänomenologie gehören, seine Theoriesprache ist die Sprache des Praktikers, der genau so zu seinem Patienten spricht: „Das war eine *Situation*, in der Sie aus dem und dem *Grund* das und das *gemacht* haben, und das *bedeutet* für Sie das und das." Und Schafer will auch gar nichts anderes, denn er ist der restriktiven Meinung: „Die Psychoanalytiker sollten nicht mehr Theorie entwickeln, als sie für ihre Praxis brauchen." (1985, S. 962) Aber ist das denn schon ausgemacht, was bzw. welche theoretischen Hintergrundannahmen der Kliniker für seine Praxis braucht? Jedenfalls ist Schafer unter der hier gewählten Perspektive im Irrtum, wenn er meint, die „zu ersetzende Metapsychologie" stelle „die Person als einen psychischen Apparat dar", innerhalb dessen Kräfte und Strukturen am Werk seien (ebd., S. 970). Die Metapsychologie stellt nicht „die Person als Apparat", sondern lediglich diesen sogenannten „psychischen Apparat" dar, der nichts anderes ist als eine Modellkonstruktion, in der Hypothesen über die Funktion von Strukturen und Prozessen innerhalb eines Systems geordnet werden. Schafers Ersetzen der psychoanalytischen Theorie durch seine Theorie der Handlungssprache entspricht folglich einer Abschaffung der Metapsychologie, weshalb Schönle (1981) zurecht bei ihm das Fehlen einer systemischen Gesamtkonzeption seiner neuen Metapsychologie sowie überhaupt einer Theorieebene kritisiert, in der die einfache Setzung von Handlung, Ereignis und Person nochmals reflektiert werde[12], und Rawn (1979) zu dem

Schluß kommt, daß es ohne Reifikationen und ohne überdauernde Strukturen auch keine Regelmäßigkeiten, keine Gesetze, keine Wissenschaft und letztlich keine Psychoanalyse gebe.

Auch Schafers Revisionsbemühungen scheitern also daran, daß er die verschiedenen Theorie- und Begriffsebenen der Psychoanalyse nicht klar genug differenziert. Deshalb kann man nur uneingeschränkt zustimmen, wenn G.S. Klein (1973, 1976) und Gill (1976) mit allem Nachdruck auf einer strikten Trennung von klinischer Theorie und Metapsychologie bestanden haben. Klein weist nach, daß Freud immer an der Hoffnung festgehalten habe, es werde einmal möglich sein, ein neurophysiologisches Modell der Psyche zu entwickeln (1976, S. 44). Die naturwissenschaftlichen Konzepte wie Struktur, Kraft und Energie, die in die Metapsychologie eingegangen seien und ihre wesentlichen Gesichtspunkte konstituieren, könnten aber *nicht* aus der psychoanalytischen Methode *abgeleitet* werden und folglich handle es sich bei den metapsychologischen Annahmen *nicht* um *Abstraktionen* der klinischen Propositionen. Dem allem läßt sich, wie das Beispiel der fraktalen Geometrie besonders deutlich macht, uneingeschränkt zustimmen. (Die mathematische Formel [3. Ebene] läßt sich – zumindest bis heute – nicht aus der geformten Naturgestalt [der 1. Ebene] und natürlich ebensowenig aus den für sie gewählten Begriffen, auch nicht aus dem der Selbstähnlichkeit [der 2. Ebene] ableiten, noch stellt sie eine Abstraktion dieser dar.) Klein zieht nun aber den Schluß, die Metapsychologie sei lediglich ein Ausdruck von Freuds Wissenschaftsphilosophie, sie sei weder wesentlich noch aussagekräftig, sondern schlicht irrelevant, denn sie werfe das fundamentale Anliegen der Psychoanalyse über Bord, unbewußte Sinn- und Bedeutungszusammenhänge zu dechiffrieren und dem Bewußtsein zugänglich zu machen (ebd., S. 48 f.). Dazu kann man aus der obigen Perspektive nur wieder sagen: ohne mathematische Formel, d. h. ohne die Gesetzmäßigkeiten, die die Metapsychologie zu formulieren sucht, kommen solche Sinnzusammenhänge gar nicht zustande; Bedeutungen zu dechiffrieren ist zwar das Anliegen der praktizierten Psychoanalyse, nicht aber dasjenige der Metapsychologie. Hier hat Klein seine eigene Forderung nach einer strikten Trennung der Theorieebenen nicht eingelöst.

Gill (1976) weist ebenfalls darauf hin, daß sich die Metapsychologie von der klinischen Theorie nicht durch einen höheren Abstraktionsgrad, sondern durch einen anderen naturwissenschaftlichen Bezugsrahmen unterscheide, weshalb er vorschlägt, „den Begriff Metapsychologie auf jene theoretischen Behauptungen zu beschränken, die sich auf das materielle, neurologische und biologische Substrat psychischen Funktionierens beziehen." (1976, S. 961) Dem können wir in einem inklusiven (nicht exklusiven) Sinne zustimmen. Zwar geht Gill wie auch Rubinstein davon aus, daß z. B. „ein unbewußter Wunsch ein materielles Substrat hat, ebenso wie ein bewußter Wunsch" (ebd., S. 982), er leugnet auch nicht, daß interdisziplinäre Arbeit nötig sei, hält es aber für ausreichend, den Wunsch als solchen innerhalb einer selbständigen „reinen" psychologischen Theorie zu erfassen; sein Fazit lautet erstens: „Die Metapsychologie ist keine Psychologie" (ebd.) und zweitens: eine Theorie, nämlich die klinische, sei genug (1977, S. 582). Dieser zweiten Folgerung können wir nach den obigen Überlegungen nicht zustimmen, der ersteren aber vielleicht doch; nur ergibt sich dann die Frage: Wenn die Metapsychologie keine Psychologie ist, was ist sie dann? Ist sie dann nicht eben eine Theorie für das, was Gill ihr auch reserviert, nämlich eine Theorie für „neuropsychologische und biopsychologische Behauptungen" (1976, S. 961, Anm.)? Halten wir dieses Ergebnis vorläufig fest. Auch wenn Gill den Forschungsergebnissen der Neuro- und Biowissenschaften „keine Relevanz für die Psychoanalyse zuerkennen" kann (ebd., S. 980), ist er vorsichtig genug, eine abwartende, weiteren Forschungsbemühungen gegenüber offene Haltung zu empfehlen, indem er es beim gegenwärtigen Zustand der psychoanalytischen Theorie nicht für sinnvoll hält, „die Metapsychologie pauschal zu akzeptieren oder abzulehnen." (ebd., S. 991)

Monismus oder Dualismus

Damit sind wir bei einer Grundsatzfrage angelangt, deren Beantwortung in vielen metapsychologiekritischen Arbeiten gar nicht explizit gemacht wird, aber die Wahl der Antwort bestimmt die Richtung der Argumentation, und deshalb ist es wichtig, sich diesen Punkt ganz klar zu machen: Es geht um die uralte Leib-Seele-Frage oder, in modernerer Terminologie, um die mind-brain-Debatte. Die Diskussion der verschiedenen Positionen aus wissenschafts-philosophischer, erkenntnistheoretischer, neuropsychologischer und anderer Warte geht ins schier Unermeßliche und soll hier gar nicht erst aufgegriffen werden. Woran aber keiner vorbeikommt, der sich mit der Metapsychologie-Kritik befaßt, das ist die prinzipielle Entscheidung: Monismus oder Dualismus. Denn wie auch immer im einzelnen die Standpunkte innerhalb dieser beiden Lager differenziert werden, ob einer sich zur Identitäts- oder Supervenienztheorie, zum Funktionalismus oder Epiphänomenalismus, zu einer neuroepistemologischen oder interaktionistischen Ansicht durcharbeitet, die Basis aller dieser ausdifferenzierten Überlegungen ist die Entscheidung darüber, ob Psychisches und Somatisches als zwei vielleicht irgendwie gleichgeschaltete oder interagierende, aber prinzipiell getrennte Bereiche betrachtet werden sollen – das ist die dualistische Position, oder ob sie letztlich auf etwas Gemeinsames, was auch immer dies sei, zurückzuführen sind – das ist die monistische Position. Ein Dualist kann bei seiner Konzeption einer psychoanalytischen Theorie, also der Metapsychologie, zunächst frei von Rücksichtnahme auf irgendwelche neurobiologischen oder physiologischen Forschungsbefunde vorgehen; streng genommen muß er aber dann, sozusagen nachträglich, erklären, ob und wenn ja, wie dieser gesonderte Bereich des Psychischen sich zum Körperlichen verhält, wie es mit ihm in Verbindung tritt – z. B. in Somatisierungsvorgängen aller Art. Der Monist hingegen hat das Problem, das der Dualist, wenn überhaupt, erst am Ende seiner Theoriebildung in Angriff nimmt, von Anfang an: da für ihn kein psychischer Vorgang denkbar ist, der sich völlig unabhängig von somatisch-physiologischen Vorgängen ereignet (wie evtl. auch umgekehrt), muß er bei seiner Theoriebildung, bei seinem Entwurf einer Metapsychologie, Rücksicht nehmen auf das, oder etwas von dem, was man über das Physiologische weiß, mit anderen Worten: die Minimalanforderungen an seine Theoriebildung gehen dahin, daß für ihn eine Theorie über die Organisationsprinzipien des psychischen Funktionierens *zu-*

mindest nicht im Widerspruch stehen darf zu einer Theorie über die Organisationsprinzipien des physiologischen Funktionierens. Da die Frage „Monismus oder Dualismus?" derzeit nicht definitiv entscheidbar ist, und da es auf beiden Seiten gute Argumente gibt, verdient keine Position, diskreditiert zu werden. Denn nüchtern betrachtet ist die Entscheidung für die eine oder andere Position lediglich eine *Ausgangshypothese*, zu der man sich fragen muß: was hat es für *Konsequenzen*, wenn ich von dieser Hypothese ausgehe? Und später: ist die auf diese Ausgangshypothese gebaute Theorie in der Lage, die Phänomene, für die sie zuständig ist, zutreffend darzustellen und womöglich zu erklären?

Rubinstein hat sich in seiner Arbeit „Psychoanalytic Theory and the Mind-Body Problem" (1965) ausführlich mit der Frage „Monismus oder Dualismus" auseinandergesetzt und dabei eine Position eingenommen, der ich weitgehend folgen kann: Rubinstein geht wie Hebb (1955) davon aus, daß es keine körperlosen Seelen gibt und daß demzufolge keine psychologische Theorie völlig unabhängig von der Physiologie, insbesondere der Neurophysiologie, konzipiert werden kann. Phänomenale Ereignisse wie die Erfahrung von Wünschen, Denken, Wahrnehmen, Träumen u.a. gehen immer einher mit mehr oder weniger deutlich wahrnehmbaren körperlichen Empfindungen, sowie mit meßbaren physiologischen Veränderungen. Von daher können wir sagen: jedes phänomenale Ereignis ist korreliert mit einem (neuro-) physiologischen, und das ist die Hypothese eines empirischen Parallelismus.

"We must remember that, although mind and brain can be conceptually separated, they cannot be thought of as factually separable unless we adopt the dualistic view. It follows that, however indirectly and merely implicitly, a statement about the mind is also a statement about the brain. Accordingly, a theoretical psychological model, even if quite abstractly formulated, cannot be completely devoid of existential, i.e. neurophysiological, meaning." (Rubinstein in Peterfreund, 1971, S. 3)

Nun geht Rubinstein einen Schritt weiter und sagt: Behauptungen über korrelierte Ereignisse sind ebenfalls korreliert, aber nicht ineinander übersetzbar, ohne daß man eine Änderung der Referenzbeziehung vornimmt, d.h. ohne daß man eine *Über-*

setzung der einen in die andere *Sprache* vornimmt, denn phänomenale und neurophysiologische (oder protoneurophysiologische) Behauptungen gehören verschiedenen Sprachen an. Wenn zwei Behauptungen korrelieren, dann heißt das: Wenn eine von ihnen wahr ist, ist die andere auch wahr – korrelierte Behauptungen sind logisch, nicht empirisch äquivalent. Somit zeigt sich, daß die verschiedenen Lösungen des Leib-Seele-Problems den Widerspruch zwischen *logischer Äquivalenz* und *empirischer Verschiedenheit* betreffen.

Der Dualismus postuliert zwei verschiedene Existenzbereiche, den psychischen und den somatischen. Die Ereignisse beider Bereiche sind vollständig unabhängig voneinander, aber perfekt synchronisiert (metaphysischer Parallelismus) oder als ursächlich verbunden gedacht in der Leib-zu-Seele-Richtung (Epiphänomenalismus) oder in beiden Richtungen (Interaktionismus). Jedenfalls interpretieren diese Theorien die empirische Verschiedenheit als transempirische d.h. metaphysische Verschiedenheit. Der Monismus hingegen interpretiert die empirische Verschiedenheit als transempirische Identität. Demnach sind zwei korrelierte Ereignisse im Grunde eines[13], erscheinen aber in verschiedener Form, als psychologische und (neuro-)physiologische Ereignisse, gehören also in die Welt des subjektiv Erlebbaren und des objektiv Beobachtbaren – oder, nochmals anders in der Terminologie Feigls (1958) ausgedrückt: korrelierte phänomenale und neurophysiologische Begriffe haben dieselbe Denotation, aber verschiedene Konnotationen (zit. n. Rubinstein, 1965, S. 39). Von den hier genannten Theorien seien der Epiphänomenalismus und die Identitätstheorie die am meisten akzeptierten und diskutierten Theorien, während der Interaktionismus in der Regel abgelehnt werde, weil er einen Bruch in der Kausalität der physikalischen Welt impliziere.

Wie Rubinstein zeigt, ist es bei der Position eines empirischen Parallelismus notwendig sich klarzumachen, daß phänomenale und (proto-)neurophysiologische Aussagen korreliert, aber nicht direkt ineinander übersetzbar sind, sie sind *empirisch immer verschieden,* auch dann, wenn sie transempirisch identisch sind. Dies sei die einzige strikt empirische generelle Formulierung des Leib-Seele-Problems (Rubinstein, 1965, S. 40).

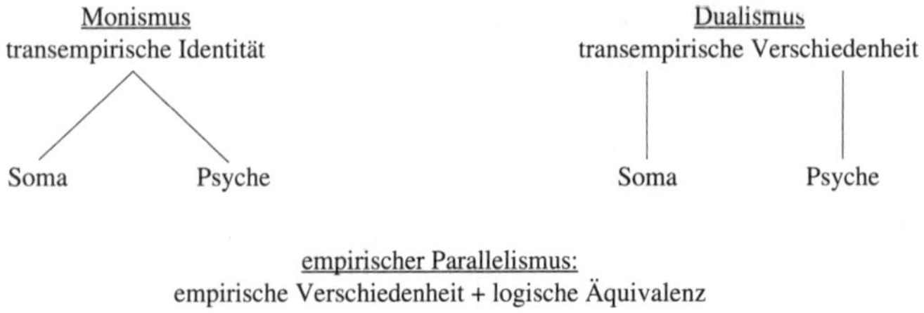

Abb. 3

Phänomenale Begriffe, wie sie in der Aussage: „P wünscht O“ enthalten sind, sind also nicht direkt in neurophysiologische Begriffe übersetzbar. Anders verhält es sich hingegen mit theoretischen Aussagen wie z. B. Postulaten, Annahmen und Hypothesen: Wenn wir hier davon ausgingen, daß theoretische Behauptungen nicht in neurophysiologische Aussagen übersetzbar seien, dann hätten wir uns für eine dualistische Interpretation entschieden, denn: eine Aussage ist nicht in eine andere übersetzbar, wenn zwei Aussagen verschiedene Referenzen haben. Wenn wir hingegen annehmen, daß die theoretischen Aussagen der Psychoanalyse in neurophysiologische Aussagen übersetzbar sind (daß also die Referenten von metapsychologischen Aussagen auch neurophysiologische Ereignisse sind), dann heißt das, daß zumindest *einige* neurophysiologische Aussagen auf psychologische Aussagen bezogen werden können, wie das sowohl der Epiphänomenalismus als auch die Identitätstheorie annehmen. Und daraus folgert Rubinstein, daß wir uns eine Entscheidung zwischen Epiphänomenalismus und Identitätstheorie nur dann offenhalten können, wenn wir eine monistische Position in der Interpretation der psychoanalytischen Theorie (Metapsychologie) einnehmen (ebd., S. 41).

Die Wahl unserer Ausgangshypothese determiniert also bereits unsere Auffassung von einer psychoanalytischen Theorie, d. h. der Metapsychologie und ihren Begriffen. Rubinstein erörtert drei verschiedene Möglichkeiten: Wir können erstens die Auffassung vertreten, daß die *psychoanalytische Theorie eine rein psychologische Theorie* sei; das bedeutet, daß die high-level-Begriffe der Theorie ausschließlich rein psychologische

Entitäten als Referenten haben und damit nicht in neurophysiologische Begriffe übersetzbar sind. Fassen wir die Metapsychologie so auf, dann haben wir uns für eine dualistische Theorie entschieden. Zweitens können wir uns für eine *metaphorische Interpretation der psychoanalytischen Theorie* entscheiden, indem wir davon ausgehen, daß die Begriffe nur metaphorische Bedeutung haben. Dies ist die Position eines „as-if"- oder „Pseudo-Dualismus" (ebd., S. 46): wenn die Begriffe nur metaphorische Bedeutung haben und wir gleichzeitig daran festhalten, daß eine Korrelation zwischen psychischen und physiologischen Vorgängen besteht, dann geben wir zu, daß die Begriffe keine wirklichen Referenten haben. Diese Interpretation vermeide das Leib-Seele-Problem um den Preis, daß sie die Theorie zu einer low-level-Theorie degradiere. Drittens schließlich besteht die Möglichkeit einer *neurophysiologischen Interpretation der psychoanalytischen Theorie.* In dieser Interpretation geht man davon aus, daß die high-level-Begriffe der Metapsychologie auf neurophysiologische Ereignisse oder Entitäten verweisen, d. h. diese theoretischen Begriffe der Psychoanalyse wären vollständig übersetzbar in neurophysiologische Begriffe – eine Möglichkeit, auf die Freud, wie Rubinstein bemerkt, verschiedentlich hingewiesen, ja man könnte sagen: hingearbeitet hat (Freud, 1914c, S. 143 f.). Es ist klar, daß Rubinstein sich für diese dritte Interpretation entscheidet, denn sie stellt zugleich eine elegante Lösung dar:

"On this combined view the high-level theoretical terms would be definable *both* neurophysiologically *and* in terms of psychological relationships. Statements including these terms would thus be verifiable in two directions: physiologically and psychologically." (ebd., S. 47)

Machen wir uns diese Schlußfolgerung nochmals ganz klar: metapsychologische Aussagen wären danach so beschaffen, daß sie nach *beiden* Richtungen hin verifizierbar (und falsifizierbar?) wären: in die Richtung der physiologischen wie in die Richtung der psychologischen Ereignisse. Die Metapsychologie, so verstanden als high-level-Theorie, würde damit einen Brückenschlag bilden zwischen Psychologie und Physiologie, läge gewissermaßen in der Mitte zwischen beiden, wäre genau das, was Freud für den metapsychologischen Trieb-Begriff postuliert: *eine übergeordnete Grenz-Theorie, formuliert in Grenzbegriffen zwischen Psychischem und Somatischem*[14].

Von dieser Position kommt Rubinstein allerdings wieder ab – und hierin kann ich ihm nicht mehr folgen –, wenn er fortfährt: "Thus interpreted, psychoanalytic theory would be *in part* a metaphorical expression of neurophysiological theory, or, as I would prefer to say, it would be a *protoneurophysiological model.*" (ebd.) Und diese Interpretation der Metapsychologie sei nicht möglich, weil ihre high-level Begriffe gegenwärtig eben gerade *nicht* übersetzbar seien in neurophysiologische Begriffe. So sei z. B. das Strukturkonzept ein anatomisches Konzept, aber bis heute gäbe es keine Anzeichen dafür, daß man etwas wie das Es, Ich oder Überich einmal in strikt neuroanatomischen Begriffen würde definieren können. Außerdem sei der Energiebegriff ein vitalistisches Konzept und gerade deswegen nicht im Sinne eines neurophysiologischen Energiebegriffs brauchbar; der physiko-chemische Energiebegriff sei eine nichtgerichtete, also skalare Größe, die lediglich durch ihren Betrag definiert sei; dagegen stelle der Begriff der psychischen Energie, so wie er verwendet werde, wenn z. B. von einer „libidinösen Besetzung“ die Rede ist, eine zielgerichtete, d. h. vektorielle Größe dar (ebd., S. 44)[15]. Hierzu ist zu sagen: Diese Interpretation der psychischen Energie differenziert nicht zwischen den Begriffen „Trieb“ bzw. „Triebkraft“ und „psychischer Energie“ bzw. „Triebenergie“: der Begriff des Triebes oder der Triebkraft wird verwendet im Sinne einer vektoriellen Größe, die durch ihre *Richtung* und ihren *Betrag* gekennzeichnet ist; hingegen kann der Begriff der psychischen Energie durchaus im skalaren Sinne verwendet werden als eben der *Betrag*, der durch den Trieb aktiviert oder bereitgestellt wird (der Betrag des Vektors ist eine skalare Größe). Formulierungen, die von einer „libidinösen Besetzung“ sprechen, können in diesem Sinne stilistisch als elliptische oder pars-pro-toto-Formulierungen gelten: Der Trieb ist für die Richtung zuständig, sein Betrag – oder das, was da gerichtet wird – ist die psychische Energie. Und was den Einwand gegen den Strukturbegriff betrifft, sei hier nur auf Freuds mehrfach wiederholte Zurückweisung einer direkten Gleichsetzung seiner psychischen Topik mit bestimmten neuronalen Strukturen des Gehirns hingewiesen (z.B. 1900a, S. 541; 1915e, S. 273); seine topische und die spätere Strukturtheorie markieren Positionen innerhalb seines *theoretischen* Modells, nicht anatomische Konzepte – und im übrigen kann man sich weiterhin die Möglichkeit offenhalten, daß die Beziehung dieser metapsychologisch postulierten Strukturen zu den kortikalen Funktionen unseres ZNS doch einmal präzise formuliert werden können.

Wichtiger aber noch als diese Frage der Definition der metapsychologischen Begriffe ist ein anderer Punkt: Rubinstein macht zuerst den Vorschlag, daß die benötigten high-level-Begriffe so beschaffen sein sollten, daß sie *zugleich* auf neurophysiologische und psychologische Beziehungen verweisen, um anschließend zu postulieren, daß die psychoanalytische Theorie, mindestens zum Teil, ein metaphorischer Ausdruck für eine *neurophysiologische* Theorie sein soll, oder, wie er es nennen möchte, ein *protoneurophysiologisches* Modell. Versteht man dieses „proto-“ im Sinne eines „Prototypus“ oder, vielleicht besser noch: im Sinne einer „Protowissenschaft“[16], dann kommt darin zum Ausdruck, daß derzeit die Metapsychologie noch in einer nicht ausgereiften, sozusagen: noch nicht formalisierten (mathematisierten) Form vorliegt. Zugleich macht aber die Forderung nach proto-*neurophysiologischen* Begriffen bzw. nach einem proto-*neurophysiologischen* Modell auf eine perspektivische Verzerrung der ursprünglich anvisierten Mittler- oder Brückenfunktion der Metapsychologie aufmerksam. Denn ebenso wie dann, aus der Perspektive der Psychoanalyse oder allgemein der Psychologie betrachtet, die metatheoretischen Begriffe proto*neurophysiologische* sein sollten, müßten, aus der Perspektive der Physiologie, die metatheoretischen Begriffe proto*psychologische* Begriffe sein; also müßten die Begriffe der Metatheorie eigentlich proto-psycho-neurophysiologische sein. Und weiter müßte man Rubinstein an sein ursprüngliches Anliegen erinnern: “Protoneurophysiological terms are not neurophysiological terms. They merely in a general way *point* to neurophysiological events; and for the most part these are yet to be discovered.” (Rubinstein, 1967, S. 75) Das bedeutet ja, daß metatheoretische Begriffe des zuletzt genannten proto-psycho-neurophysiologischen Umfangs lediglich auf psychologische wie physiologische Prozesse *verweisen* würden, nicht aber müßten dann die metatheoretischen Energie- und Strukturbegriffe einem physiko-chemischen Energie- und einem anatomischen Strukturbegriff *direkt* entsprechen. So verstanden, wäre eine Metatheorie (im Sinne einer Meta-Psycho-Physiologie) durch eine spezifische Abweichung von der einen wie von der anderen Begriffsauffassung charakterisiert. Dem Vorwurf der Psychoanalytiker, die Metapsychologie passe nicht zur Klinik und zur psychischen Phänomenologie (der Erlebnisweise des Patienten), entspricht die Kritik Rubinsteins und anderer, die metapsychologischen Begriffe paßten nicht zur Biophysik und Neurophysiologie.[17]

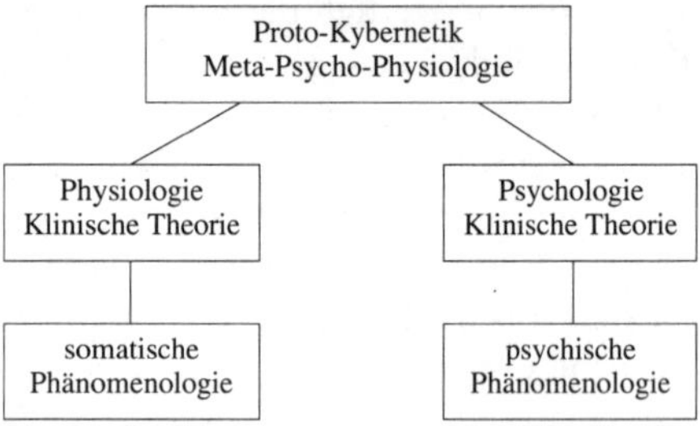

Abb. 4

Informations- und Systemtheorie

Von daher kommt Rubinstein zu dem Schluß, die psychoanalytische Theorie müsse sich von ihren obsoleten Postulaten befreien und neue theoretische Termini einführen, die mit zeitgenössischen neurophysiologischen Konzepten vereinbar seien – wofür er das Konzept der *Information* als Beispiel nennt (1965, S. 51). Dieser Vorschlag ist durchaus konsequent, würde doch eine Kombination von Informations- und Systemtheorie vielen Anforderungen entsprechen, die an eine modernisierte Theorie der Psychoanalyse gestellt werden: Die Informationstheorie ist eine mathematische Theorie, die sich mit der quantitativen *und* strukturellen Erforschung der Information befaßt, kommt also der von Rapaport bereits beschriebenen Tendenz der Wissenschaften zur Mathematisierung entgegen; und die Systemtheorie könnte – als eine *übergeordnete exakte und empirische Universalwissenschaft*, die sich unabhängig von spezifischen Inhalten (Qualitäten) lediglich mit den Strukturen (Zusammenhängen, Interaktionen) eines Systems befaßt (Bischof, 1995, S. 12 ff.) – die von Rubinstein und Holt (1965) geforderte Meta- oder Trans-Position, also auch eine Mittler- oder Grenz-Stellung zwischen Psychologie und Physiologie einnehmen. All dies spricht dafür, daß die Informations- und Systemtheorie – oder zusammengenommen: die Kybernetik – den geeigneten Rahmen für eine übergeordnete Metatheorie im Grenzgebiet zwischen psychischen und somatischen Vorgängen bieten. Und genau davon sind auch Holt (1965), Peterfreund (1971) sowie Rosenblatt & Thickstun (1977) ausgegangen: Wie Rubinstein bestreiten sie den Sinn einer Interpretation der Metapsychologie als einer rein psychologischen Theorie, die völlig von der Welt der Naturwissenschaften abgeschnitten wäre, und plädieren deshalb für eine Ergänzung der klinischen Theorie durch eine neue Metatheorie, für die die Informations- und Systemtheorie den geeigneten Bezugsrahmen abgeben würde.

Peterfreund (1971) beschäftigt sich mit dem Problem, wie es überhaupt möglich sei, wissenschaftlich verläßliche Daten aus einem psychoanalytischen Prozeß abzuleiten, nachdem in diesem Prozeß Analytiker und Analysand doch zwei hochkomplexe vielschichtige Systeme bilden, die sich auf noch unbekannte Weise fortgesetzt ändern und gegenseitig beeinflussen. Dies aber, so argumentiert er, sei ein generelles biologisches Problem: alle lebenden Systeme sind komplexe vielschichtige Systeme, die sich ändern und geändert werden und trotzdem homöostatisch reguliert sind (1971, S. 11). Die Psychoanalyse befasse sich lediglich mit einem Ausschnitt eines solchen natürlichen Phänomens, ebenso wie dies die Physiker und Biologen tun, und deshalb wäre es ungewöhnlich, wenn die *basale logische Struktur* einer adäquaten psychoanalytischen Theorie völlig verschieden wäre von den Theorien anderer Disziplinen, die sich ebenfalls mit natürlichen biologischen Phänomenen befassen (ebd., S. 22). Allerdings, so wird immer wieder eingewendet, hätten die Naturwissenschaften schon längst den 1948 von

Norbert Wiener beschriebenen Wechsel vom „power engineering"-Paradigma des 19. Jahrhunderts (das mit Systemen arbeitet, in denen Massen, oder ihre Energieäquivalente, durch Kräfte bewegt werden), hin zum „information engineering"-Paradigma des 20. Jahrhunderts (das sich mit Prozessen der Übermittlung von Signalen befaßt) vollzogen, während die psychoanalytische Theorie mit ihrem Trieb-Energie-Modell immer noch dem veralteten „power engineering"-Paradigma verhaftet sei (Rosenblatt & Thickstun, 1977, S. 542).

In einer ausführlichen Darstellung der Grundbegriffe der Systemtheorie erläutert Peterfreund deshalb den Informations-, Struktur- und Prozeßbegriff: Von einem biologischen Standpunkt aus betrachtet, bezieht sich der Begriff „Information" immer auf ein Muster von physikalischen Ereignissen oder auf die Beziehung zwischen solchen Mustern; ein Muster entsteht aus einer Reihe ursächlich miteinander verknüpfter Signale, die für die En- und Dekodierung der Information zuständig sind. Die Signale und die Muster können variieren, von der einen in die andere Form überführt werden; was dabei jeweils gleich bleibt, ist die übermittelte Information. Die Information existiert also nicht unabhängig von Materie und Energie, ist aber doch nicht dasselbe wie Energie, sondern das Wesentliche an ihr ist das Muster. Für Peterfreund, der den Informationsbegriff grundsätzlich in diesem strikt physikalischen, nicht-psychologischen Sinn verwendet, entspricht psychische Erfahrung deshalb dem Weg, über den Information im ZNS vermittelt bzw. übertragen wird (Peterfreund, 1971, S. 121). Auch die Konzepte „Struktur" und „Prozeß" werden in diesem Sinn als basale biologische Konzepte aufgefaßt: Nach J.G. Miller (1965) wird der Strukturbegriff in einem eher statischen Sinne verwendet als eine bestimmte Anordnung von Materie, Energie und Information innerhalb eines Systems zu einem gewissen Zeitpunkt (Querschnitt) – sozusagen als eine Art „frozen action" – während der Prozeßbegriff die dynamische Änderung von Materie, Energie und Information über einen bestimmten Zeitraum betrifft (Längsschnitt). Die verschiedenen „information-processing control"-Systeme des Organismus sind ebenso wie die dazugehörigen Strukturen und Prozesse hierarchisch organisiert (Peterfreund, 1971, S. 141).

Von diesen Grundpositionen ausgehend formuliert Peterfreund seine psychoanalytische Informations-System-Theorie (ebd., S. 147 ff.): 1. Das ZNS ist ein Informationsverarbeitungssystem von großer Kapazität und Komplexität. 2. Der Organismus ist mit einer großen Anzahl hierarchisch organisierter feedback-regulierter informationsverarbeitender Programme ausgestattet sowie mit offenen Programm- und Gedächtniskapazitäten, welche z.T. der Reifung unterliegen. 3. Durch das Eintreffen neuer Information werden bestehende Programme angepaßt und umprogrammiert (lernen). 4. Psychische Erfahrungen während des Wachens und Schlafens (Gedanken, Phantasien, Affekte, Träume etc.) werden als Phänomene konzeptualisiert, die der Aktivität spezifischer komplexer hierarchisch angeordneter Programme korrespondieren oder mit ihnen parallel gehen. 5. Pathologische Erfahrung könnte dann aus defekter oder inadäquater Programmierung resultieren, Konflikte aus einer Programmierung, die logisch inkompatibel mit dem angestrebten Ziel ist. 6. Kontrolle, Anpassung, Organisation und Integration (die Ichfunktionen) sind die Eigenschaften eines optimalen Informationsverarbeitungssystems. 7. Der psychoanalytische Prozeß ist ein Lernprozeß mit den Eigenschaften eines komplexen feedback-regulierten Systems zwischen Analytiker und Analysand.

Gegen diese Grundsatzthesen ist nichts einzuwenden. Aber ihre Anwendung ergibt dann etwa das Folgende: Laufen ist das Resultat der Aktivität eines für das Laufen zuständigen Informationsverarbeitungsprogramms, und fehlerhaftes Laufen ist die Folge eines Fehlers oder Zusammenbruchs dieses Programms[18]. Das gleiche gilt für andere Beispiele: Derealisation und Depersonalisation seien dramatische klinische Beispiele für weitreichende Defizite bezüglich einer adäquaten Programmierung (ebd., S. 175). Oder: Verdrängung ist der Ausschluß von Information oder Programmen von Prozessen, die mit dem Bewußtsein assoziiert sind (ebd., S. 225). Oder etwas ausführlicher: Während des Schlafes operieren wir generell auf einem niedrigeren Organisations- und Aktivitätsniveau, wir haben weniger sensorischen Input etc., worauf die Merkwürdigkeiten des Traums zurückzuführen seien; es bedürfe also nicht der von Freud dargestellten Mechanismen der Traumarbeit, der Zensur, nicht der Annahme einer Wunscherfüllung oder der Idee, daß der Traum der Hüter des Schlafes sei, noch der Theorie von Primär- und Sekundärprozeß, sie alle seien begrenzt und inadäquat, wenn man die Besonderheiten des Traums als Folge eines Ausfalls der im Wachen aktiven Informationsverarbeitungssysteme verstehe; Unterschiede zwischen Schlafen und Wachen werden also „erklärt" als Unterschiede in der Informationsverarbeitung (ebd., S. 285), und d.h., nochmals in einfachen Worten verkürzt ausgedrückt: Wachen resultiert aus der Aktivität von „Wach"-Programmen, Nicht-Wachen und die ihm eigenen Besonderheiten resultieren aus der Nicht-Aktivität dieser „Wach"-Programme.

Auch Rosenblatt & Thickstun geraten so in die Fallstricke ihrer eigenen Modellkonstruktion: Für sie liegt der Schlüssel zu einem gangbaren Motivationskonzept in der Hinzufügung von sogenannten „appraisal processes": Gefühle oder Affekte sind solche Bewertungsprozesse. Motivationssysteme (z. B. ein „need-system", ein „defense-system") sind komplexe hierarchisch organisierte Verhaltenssysteme, die Bewertungsschleifen enthalten (1977, S. 295). Nun ein paar Beispiele: Ein zentraler Triebzustand ist die Integration aller gegenwärtig aktivierten Motivationssysteme. Aufmerksamkeit und Verdrängung werden aufgefaßt als reguliert von allen gleichzeitig aktivierten Motivationssystemen und ihren Bewertungsprozessen. Wahrnehmung besteht in einem Durchgang durch mehrere Bewertungsprozesse von gleichzeitig aktivierten Motivationssystemen. Erinnerungsspeicherung wird stark beeinflußt von den zum Zeitpunkt der Aufnahme aktivierten Motivationssystemen, und das Wiederauffinden von Erinnerungen wird ebenfalls über eine Integration der aktivierten Motivationssysteme gesteuert. Das von Wahrnehmungs- und Erinnerungsprozessen abhängige Lernen wird von den Bewertungsprozessen der aktivierten Motivationssysteme beeinflußt (ebd., S. 300 f.). Dabei gilt:

"We would define motivation as *the integrate or composite of the appraisal processes of all currently activated motivational systems*. Motivation thus involves selection (including assignment of priority), direction, organization, and invigoration of action – but no hypothetical force or energy, although the felt aspects of the appraisal processes may have an experiential quality of urgency or drivenness." (ebd., S. 301)

Kurz: Motivation ist die Tätigkeit aller aktivierter Motivationssysteme, letztlich ist alles zurückführbar auf „the integrate or composite of the appraisal processes of all currently activated motivational systems", und damit ist der veraltete Trieb- und Energiebegriff abgeschafft – obwohl der Begriff der Motivation oder des Motivationssystems ebenso ein Konstrukt ist wie der des Triebes. Es mag sein, daß meine Darstellung etwas pointiert und insofern simplifizierend in bezug auf das Anliegen und die Bemühungen von Peterfreund sowie Rosenblatt & Thickstun ausgefallen ist. Worum es mir aber bei der Herausarbeitung der letztlich *tautologischen* Struktur dieser Argumentation geht, ist dies: der Ersatz der altmodischen Metapsychologie durch die (damals) moderne Kybernetik hat das Erklärungspotential der psychoanalytischen Theorie bisher nur ausgedünnt: die Dynamik des psychischen Geschehens ist sozusagen systemtheoretisch herausprozessiert worden[19]. Damson hat zu Recht darauf aufmerksam gemacht, daß der Fehlschluß Peterfreunds darin liege, „mit *einem* Instrument (der Kybernetik) zwei völlig verschiedene Ziele erreichen zu wollen: eine formal-theoretische und zugleich eine inhaltliche Neuorientierung des psychoanalytischen Gedankenguts." (1974, S. 272) Die Kybernetik könne jedoch aufgrund ihres hohen Abstraktionsgrades auf beliebig viele Wissenschaften angewendet werden und zwar gerade deshalb, weil sie eben nicht die Inhalte einer Theorie tangiere, sondern lediglich ihre organisierenden und strukturellen Aspekte herausarbeite. Inhaltlich kann mit Hilfe der Kybernetik also keine Neuorientierung erwartet werden.

„Bottom-Up"- und „Top-Down"-Strategien der Forschung

Peterfreunds Arbeit macht noch auf ein weiteres Problem der Metapsychologie-Kritik aufmerksam: Zwar erkennt er (1971, S. 28–33), daß Theorien ganz allgemein zu immer größerer Universalität und Abstraktheit tendieren und daß die verschiedenen hierarchisch angeordneten Ebenen wissenschaftlicher Erklärung verschiedene Bezugssysteme und verschiedene Sprachen aufweisen, daß es also nötig sei, Regeln der Korrespondenz aufzustellen, um theoretische Gesetze mit beobachtbaren Fakten zu verknüpfen; aber doch unternimmt er den Versuch, seine „high level"-Theorie direkt an Beispielen aus der Praxis bzw. psychischen Phänomenologie, wie z. B. an den erwähnten Depersonalisationsphänomenen oder dem einfachen Spaziergang auf der Straße, zu erproben. Damit überspringt er eine wichtige Übersetzungsstufe, nämlich die klinische, und schon Rapaport hat Zweifel geäußert, „ob die lange hierarchische Kette von Begriffen, die zwischen den Beobachtungen und den erklärenden Grundbegriffen der Theorie interpoliert ist, umgangen werden kann, und ob sich direkte Beziehungen zwischen Beobachtungen und theoretischen Grundbegriffen finden lassen." (1960, S. 39 f.) Man kann sich also zu Peterfreunds Vorgehen fragen: Warum macht er das, warum bleibt er nicht auf der „high level"-Ebene der Theorie, wo es ihm doch darum geht, die *logischen Strukturen* der psychoanalytischen *Theorie* zu untersuchen? Den Grund nennt er selbst: es ist ein breiter Konsens darüber, daß „modern science begins with observation" (Peterfreund, 1971, S. 24). Das ist auch der Punkt, auf den sich alle die Kritiker berufen, die die Praxisferne der Metapsychologie anprangern – ich zitiere hierfür exemplarisch Langs, der in seinem Beitrag zu einem Themenheft über die Methodologie der psychoanalytischen Forschung verlangt:

"Models, like hypotheses, should be generated by clinical observation and evolve into fundamental theories of human functioning only as they are borne out by evidence. One cannot formulate theories in the absence of data and then search for data to support the resulting concepts. Such concepts are inevitably cultural prescriptions disguised as metapsychology." (Langs, 1989, S. 308)

Dieser Forderung nach einem Primat der empirischen Forschung liegt aber eine Täuschung über die Möglichkeiten unseres Denkens wie unserer Wahrnehmung zugrunde, nämlich erstens die Annahme, wir wären in der Lage, Theorien zu erdenken, die völlig unabhängig von unserer Erfahrung oder Wahrnehmung seien (sogenannte reine „Kopfgeburten"), zweitens die Vorstellung, wir könnten durch reine und vorgängige Beobachtung objektiver auf die den Phänomenen inhärenten Zusammenhänge kommen, und drittens die Idee, wir könnten voraussetzungsfrei experimentieren. Aber alle Wahrnehmung geht von Voraussetzungen aus, die nicht im Objekt, sondern im Subjekt der Forschung liegen; und dieselben Voraussetzungen, die unsere Wahrnehmungen strukturieren und begrenzen, strukturieren auch unser Denken. Dieses spätestens seit Kant reflektierte, längst auch in den Naturwissenschaften diskutierte erkenntnistheoretische Problem anerkennt die biologisch-strukturelle Bedingtheit unserer Erkenntnismöglichkeiten (über die man sich angesichts der hohen Komplexität der zentralnervösen Organisation und der Vielfalt und des Reichtums der geistig-seelischen Aktivitäten des Menschen leicht hinwegtäuschen mag) und läßt in Übereinstimmung mit einer monistischen Position in der mind-brain-Frage erkennen, daß unsere empirischen Forschungen und die aus ihnen hervorgehenden sogenannten bottom-up-Theorien von der gleichen Struktur, von gleicher Dignität oder Defizienz sind wie unsere theoriegeleiteten Forschungsbemühungen, die sogenannten top-down-Strategien. Daß sich beide Vorgehensweisen zu einem zirkulären Modell komplettieren, wobei eine ununterbrochene gegenseitige Beeinflussung von Modellen und Daten erfolgt (Moser, 1989, S. 166), weist sowohl auf interne *Anpassungsvorgänge* wie auf grundsätzliche, biologisch oder strukturell bedingte innersystemische *Passungsverhältnisse* hin[20], weshalb keine der beiden Vorgehensweisen zu diskreditieren ist. Unter dieser Annahme stellt also eine Überarbeitung der Metapsychologie ohne jede Bezugnahme auf die klinisch-phänomenologischen Teile der Psychoanalyse kein Problem mehr dar. Im Gegenteil: „Theorien ergeben sich nur beim Theoretisieren." (Rapaport, 1960, S. 40) Und wenn man zugibt, daß die Schwäche der Metapsychologie vor allem (oder auch) in ihrer logischen Widersprüchlichkeit, in ihrer fehlenden begrifflichen Konsistenz sowie in ihrem Mangel an Systematisierung besteht, dann geht es zunächst einmal darum, mit Hilfe der Logik diese logischen Brüche aufzuspüren und auszuräumen, die Definition der Begriffe zu erhärten und damit zu einer Systematisierung der Metapsychologie beizutragen.

Aber geht das überhaupt? Peterfreund, für den die Metapsychologie von Anfang an „completely unacceptable" war, ist der Meinung, daß die Metapsychologie mit ihren grundsätzlichen

Annahmen zugunsten eines neuen Paradigmas aufgegeben werden müsse, und daß jeder Versuch ihrer Überarbeitung von vornherein fruchtlos wäre (1975, S. 536). Holt hingegen, der wie Amacher (1965) nicht den Bruch, sondern die Kontinuität im Denken Freuds – auch bezüglich seiner Verbundenheit zur Helmholtz-Brücke-Schule – gezeigt und darauf hingewiesen hat, daß Freuds Modell mit mindestens fünf feedback-Schleifen bereits ebenso selbstregulierend ausgestattet ist wie ein kybernetisches (Holt, 1965, S. 100), vertritt trotz gravierender Einwände gegen einzelne Teile der Metapsychologie (z. B. das Reflexbogenmodell, den Energiebegriff, das Konstanzprinzip u. a.) die Ansicht, daß man der Psychoanalyse mit relativ wenigen Modifikationen aus ihrer Einkapselung heraus und in den Hauptstrom der wissenschaftlichen Forschung hineinhelfen könne; Voraussetzung dafür sei, dem Anliegen Freuds, eine Verbindung zwischen Biologie und Psychoanalyse herzustellen, konsequent zu folgen (ebd., S. 120). G.S. Klein sieht zwei Möglichkeiten für die Erarbeitung der Grundlagen der psychoanalytischen Theorie: entweder könne man versuchen, die Freudsche Metapsychologie zu systematisieren, indem man die über die Jahre seiner Arbeit hinweg entstandenen Unvereinbarkeiten seines Denkens sichtet, reinterpretiert und zu einer Aussöhnung (Klärung) bringt bei gleichzeitiger Hervorhebung der bestehenden Zusammenhänge – der Haupttest über den Erfolg eines solchen Unternehmens läge in der Sparsamkeit der erfolgten Integration sowie in ihrer logischen Kohärenz –, oder aber man wähle bestimmte wichtige Grundannahmen aus und verwende diese als Ausgangspunkt für eine unabhängige Formulierung basaler psychoanalytischer Prinzipien (1976, S. 5), eine Alternative, für die Klein sich entscheidet; der scheinbare Vorteil dieses selektiven Vorgehens liegt für ihn darin, daß er dabei problematische Konzepte der Metapsychologie einfach übergehen kann. Aber schon Hartmann (1939, S. 11) und Rapaport (1960, S. 106) haben darauf hingewiesen, daß Revisoren, die sich auf die Ablehnung oder Ersetzung einzelner Konzepte beschränken, ohne zugleich darzustellen, „wie ihre Revisionen die Theorie als Ganzes berühren," die vorhandene strukturelle Einheit der Metapsychologie verwischen:

„Die Theorie der Psychoanalyse wuchs während der 50 Jahre von Freuds Arbeit in sukzessiven Schüben. Hinzufügungen und Korrekturen lassen sie mehr als Flickwerk, denn als einen architektonischen Entwurf erscheinen, da deren Konsequenzen für den Aufbau des Systems häufig nur in einigen gelegentlichen Bemerkungen Freuds oder in isolierten Aufsätzen anderer Psychoanalytiker berührt wurden. Das allein schon verrät eine Lockerheit der Theorie und das Fehlen einer expliziten Regel, der entsprechend Revisionen und Hinzufügungen ins System einzuordnen wären. *Und doch besitzt die psychoanalytische Theorie eine eindrucksvolle strukturelle Einheit, obgleich diese unter den Schichten fortgesetzter Hinzufügungen und Modifikationen verborgen ist und niemals herausgelöst und unabhängig dargestellt wurde.*“ (ebd., Hervh. d. V.)

Was Rapaport hier vorschlägt, ist ein steiniger Weg! Es geht um nichts weniger als um eine *Archäologie der Argumentationsstruktur*, die den metapsychologischen Abhandlungen zugrunde liegt. Aber noch einmal: geht das überhaupt? Und wie soll das gehen? Und warum sollte das gehen? Beginnen wir mit der letzten Frage: Es geht, weil das „Flick“- oder besser: das „Stückwerk“ der psychoanalytischen Theorie *im Denken Freuds* seine Einheit, seine *virtuelle Konsistenz* hat. Meine These ist nämlich die: Wir können – sofern wir uns normaler geistiger Gesundheit erfreuen – *im Prinzip* nicht falsch denken, weil der für den Menschen spezifische korrekte Denkablauf *strukturell* in der Anlage unseres Erkenntnisorgans verankert ist; unser Denken kann uns natürlich zu allerlei fehlerhaften Schlüssen und falschen Verknüpfungen verführen, die dann nach Art der sekundären Bearbeitung unserer Träume die Quellen unserer (logischen) Fehler wie darunterliegend das *Richtige* bzw. *Zutreffende* oder *Passende* unserer Einsichten mit einem verwirrenden Geflecht von Begründungen überdecken. Freud hat sich darüber Gedanken gemacht:

„ (...) worin bestehen aber die *logischen Fehler?* Kurz gesagt, in der Nichtbeachtung der *biologischen Regeln* für den Denkablauf. Diese Regeln besagen, wohin sich jedesmal die Aufmerksamkeitsbesetzung zu richten und wann der Denkvorgang haltzumachen hat. Sie sind durch Unlustdrohungen geschützt, aus Erfahrung gewonnen und lassen sich ohne weiteres in die Regeln der Logik umsetzen, was im einzelnen zu erweisen sein wird. Die intellektuelle Unlust des Widerspruches, bei der der prüfende Denkablauf haltmacht, ist also nichts anderes als die zum Schutz der biologischen Regeln aufgespeicherte, die durch den unrichtigen Denkvorgang regegemacht wird.

Die Existenz solcher biologischer Regeln ist eben aus dem Unlustgefühl bei logischen Fehlern zu erweisen." (Freud, 1950c/1950a, S. 476)

Wir können uns also bei der Lektüre der metapsychologischen Schriften Freuds genau dieses „Unlustgefühl bei logischen Fehlern" als *Signal* zunutze machen und jeweils an diesen Stellen daran arbeiten, die unter einer bunten Fülle von scheinbar plausiblen Argumenten verborgenen *richtigen* Wege seines Denkens freizulegen. Genau in diesem Sinne bin ich unbeirrbar davon ausgegangen, daß man die metapsychologischen Texte Freuds (wie jede andere Äußerung: einen Traum, eine Erzählung etc.) lesen und durch Unterscheidung ihrer Oberflächen- und Tiefenstruktur die *konzeptuelle Einheit* und *logische Konsistenz* dieser Theorie herausarbeiten kann[21]. Nach dieser wäre also im Folgenden zu suchen, ungeachtet aller manifesten logischen Brüche und begrifflichen Unklarheiten der Metapsychologie, die (abgesehen von den tückischen Fallen einer am Phänomenologischen orientierten komplexen Terminologie) letztlich immer wieder auch daher rühren, daß Freud *eben nicht* zwischen den verschiedenen Ebenen theoretischer Aussagen unterschieden hat, wodurch die vorliegenden Stücke aus dem Gesamtkorpus Metapsychologie auf ganz unterschiedlichen Abstraktionsniveaus angesiedelt, gewissermaßen zu je unterschiedlichen Läuterungsstufen gelangt sind. D.h.: es gibt Unterschiede im Grad der Formalisierung, und zwar: sowohl zwischen den verschiedenen, in den gut 40 Jahren seines Schaffens publizierten Arbeiten, wie auch innerhalb jeder einzelnen Arbeit (z.B. theoretische Überlegungen neben klinischen Vignetten), wie auch innerhalb der über mehrere oder teilweise sogar alle Arbeiten hin entwickelten Konzepte (z.B. das Libidokonzept). Aber wenn man von der psychoanalytischen Theorie spricht, hat man ja die Fiktion eines einheitlichen Abstraktions- oder Formalisierungsniveaus vor Augen: das macht deutlich, welche Verzerrungen in der Argumentationsführung sowie in unserer Auffassung der Begriffe entstehen mußten –

und zugleich wird sichtbar, daß die Metapsychologie, so wie sie jetzt auf diesen unterschiedlichen Niveaus angesiedelt ist, bezogen auf diese eben eine gewisse „Richtigkeit“ hat. Das Schiefe entsteht also zum Teil auch dadurch, daß wir die Erwartung einer einheitlichen Abstraktionsebene an sie herantragen. Der Anspruch ist berechtigt, und das wäre nun die Aufgabe: die erforderliche Vereinheitlichung im Formalisierungsniveau der metapsychologischen Konzepte herzustellen – in der Tat, eine mühsame Ausgrabungs- und Entwicklungsarbeit.

Aber wie soll das gehen? Halten wir allen Einwänden auch inhaltlicher Art zum Trotz an dem Anliegen fest, daß es, ausgehend von einer wie auch immer elaborierten monistischen Beantwortung der mind-brain-Frage darum geht, die Metapsychologie definitiv im Grenzgebiet zwischen Seelischem und Somatischem zu situieren: nicht nur der Triebbegriff wäre dann ganz im Sinne Freuds ein „Grenzbegriff“, sondern die Metapsychologie würde so zur „Grenzwissenschaft“ zwischen Psychologie und Physiologie – sie würde zu einer *Meta-Psycho-Physiologie*, deren „proto“-Begriffe sowohl auf Psychisches wie auf Physiologisches *verweisen*. Und bleiben wir dabei, daß die Grundgedanken der Informations- und Systemtheorie bzw. ihrer Einheit: der Kybernetik, in *formaler* Hinsicht den geeigneten Orientierungsrahmen für eine solche übergeordnete Theorie bieten – auch wenn die ersten Versuche mit ihr nicht geglückt sind –, dann könnten wir sagen: Freuds Aufsätze, die gedacht waren als *Vorbereitung* einer Metapsychologie, können neu gelesen werden im Sinne einer *Proto-Kybernetik der Psycho-Physiologie.*[22] Mit den Möglichkeiten seiner Zeit hätte Freud in der Wahl des Begriffs „*Meta*psychologie“ diesen Weg angedeutet, den seine Theorie einmal nehmen könnte.

Die Metapsychologie: ein Überbau oder das Fundament der Psychoanalyse? Das war die Ausgangsfrage dieser Einleitung. Wir finden bei Freud beide Bezeichnungen: er beabsichtigt mit seinen metapsychologischen Arbeiten „die Klärung und Vertiefung der theoretischen Annahmen, die man einem psychoanalytischen System *zu Grunde* legen könnte,“ (1916-17f, S. 412, Anm.1, Hervh. d. V.) und hält sie zugleich für einen „*spekulativen Überbau* der Psychoanalyse, von dem jedes Stück ohne Schaden und Bedauern geopfert oder ausgetauscht werden kann, sobald eine Unzulänglichkeit erwiesen ist." (1925d, S. 58, Hervh. d. V.) Bleiben wir zuerst beim „spekulativen Überbau": zu diesem Begriff stimmt die Idee einer Metatheorie, verstanden als eine 3. Ebene „über" den Ebenen der klinischen Theorie (in Psychologie und Medizin) und der im Alltag wie in der Praxis erfahrbaren (psychischen wie somatischen) Phänomenologie; es stimmt im Bild zu der Forderung, daß die Metapsychologie eine „high level"-Theorie und sozusagen eine Theorie auf dem höchsten Abstraktionsniveau sein soll, und daß das metapsychologische Theoretisieren einer „Top down"-Strategie entspreche. Aber man muß vorsichtig sein im Umgang mit solchen Bildern, weil in ihnen Assoziationen mitschwingen, die unsere Einstellungen tönen können: so kann die Idee von „über" und „unter", „hoch" und „niedrig", also eines „höheren" Abstraktionsgrades, einer „high level"- im Gegensatz zu einer „low level"-Theorie, als *qualitativ* höher*wertig* mißverstanden werden, anstatt daß man sie als eine rein quantitativ bestimmte Unterscheidung im Sinne eines „mehr" oder „weniger" an Generalisierung, Abstraktion oder Konkretion auffaßt. Außerdem verleitet die Idee eines „Überbaus" zusammen mit der oben zitierten Einladung Freuds, einzelne Teile der Theorie im Falle ihrer Unzulänglichkeit auszuwechseln, zu der Annahme, man könne die Theorie der Psychoanalyse wechseln wie einen Hut mit der Mode, mal diesen oder jenen probieren, – erst das „power-engineering"-Modell, dann die Kybernetik und heute die Chaos-Theorie – je nach den aktuellen Erfordernissen, ohne daß das einen wesentlichen Einfluß habe auf die Psychoanalyse. Dieser oder jedenfalls einer ähnlichen Ansicht scheinen alle diejenigen Kritiker zu sein, die die Metapsychologie zu großen Teilen abschaffen oder in toto durch anderes ersetzen wollen. Allerdings bemerken Thomä & Kächele (1985) – die sich der Kritik von Gill, Holt, G.S. Klein und Schafer anschließen und für eine Theorie der Psychoanalyse plädieren, „die sich primär auf psychologische und tiefenpsychologische Hilfsvorstellungen stützt" (ebd., S. 25)[23], – daß ein „Verzicht auf diese Dachkonstruktion" Metapsychologie nicht so ohne weiteres zu leisten ist: „Metapsychologische Annahmen sind in der beobachtungsnahen klinischen Theorie enthalten, und sie beeinflussen das therapeutische Handeln des Analytikers auch dann, wenn er glaubt, völlig unvoreingenommen zuzuhören und sich der ‚gleichschwebenden Aufmerksamkeit' zu überlassen." (ebd., S. 14) Bezogen auf die Metapher von der Dachkonstruktion heißt das: „die Träger der Metapsychologie, im Mauerwerk mehr oder weniger gut sichtbar, durchziehen auch die unteren Stockwerke." (1985, S. 14) Aber was sagt uns dieses Bild über die „Metapsychologie"? Soll mit dem Verzicht auf diese „Dachkonstruktion" einschließlich ihrer den Praxisalltag durchziehenden „Träger" das psychoanalytische Arbeiten von Grund auf verändert werden? Oder soll dieses Dach nur sauber abgesägt werden, wobei das Mauerwerk in den unteren Stockwerken nicht beschädigt werden müßte? An solchen Vergleichen wird jedenfalls die Einschätzung der Metapsychologie erkennbar: man beläßt sie zwar noch (teilweise) an alter Stelle (vielleicht, damit es nicht hereinregnet), aber eher belastet sie – z. B. ihre „Träger" –, als daß sie selber trägt, und deshalb – so die Meinung dieser Kritiker – sollte man sie ersetzen.

Anders dagegen verhält es sich, wenn man die Metapsychologie als Grundlage oder Fundament betrachtet: dann wird schlagartig klar, daß man nicht einzelne Teile herausbrechen kann, ohne die ganze Konstruktion zum Wanken zu bringen oder ernsthaft zu gefährden. Schon gar nicht läßt sich dann diese Theorie für überflüssig erklären oder einfach abschaffen, ohne daß gleichsam das ganze Gebäude zusammenstürzt. Das mögen vielleicht manche für sinnvoll oder notwendig halten. Daß aber die Idee von der Metapsychologie als Grundlage und Fundament der Psychoanalyse mehr ist als nur ein Bild, das wird deutlich, wenn man in ihr den Versuch einer Konzeptualisierung der Einheit von Psyche und Soma erkennt. Ist diese Einheit vorhanden – wovon die monistische Position ausgeht – dann ist diese Einheit das Fundament des Psychischen, dann bestimmt sie die Gesetze der Psychologie und Physiologie, und dann kann man eine Theorie, die sich bemüht, etwas von ihr zu konzeptualisieren, nicht abschaffen wollen.[24] Insofern ist die Metapsychologie – so wie ich sie verstehe – auf jeden Fall das Fundament der Psychoanalyse, auch wenn sie gleichzeitig in anderer Hinsicht als eine Art Überbau aufgefaßt werden kann.

Zum Aufbau dieses Buches

Die Entwicklung des hier vorgestellten formalisierten Modells der psychoanalytischen Theorie erfolgt entlang einer chronologischen Lektüre, Sichtung und Aufarbeitung der metapsychologischen Schriften Freuds. Klinische Arbeiten wie seine Neurosenlehre, Falldarstellungen, Überlegungen zur Technik und seine Aufsätze zur angewandten Psychoanalyse werden dabei nicht berücksichtigt – oder nur insofern, als sich darin Abschnitte befinden, die sich mit metapsychologischen Fragen auseinandersetzen. Wir werden versuchen, jeden Schritt, den Freud auf dem Weg seiner Theoriebildung getan hat, nachzugehen und dabei auf Widersprüche, logische Brüche, Lücken oder Sprünge in seiner Darstellung stoßen, die uns zum Nachdenken anregen und mal zu einem vertieften Verständnis seiner Intentionen, mal zu alternativen Antworten auf offengebliebene Fragen führen. Die auf diese Weise entwickelten Lösungsvorschläge sollen jeweils festgehalten und in die nächste Etappe der theoretischen Konzeptualisierung mit hinübergenommen werden. Parallel zur chronologischen Lektüre wird also ein Modell der psychoanalytischen Theorie entstehen, das insofern neu ist, als es so explizit vorher nicht bestand und auch dadurch, daß es neue Gedanken und Einsichten enthält, die erst durch diese Überarbeitung entstehen konnten; insofern diese Untersuchung aber dazu beitragen sollte, den in der Metapsychologie von Freud bereits angelegten Grundstrukturen seines Modells der Psyche zur vollen Durchsetzung zu verhelfen, kann sie durchaus im besten Sinne dieses Wortes als konservativ verstanden werden.

Der Umgang mit der Metapsychologie erfolgt hier nach der strikt restriktiven Auffassung, die ich in dieser Einleitung dargelegt habe[25]: alle metapsychologischen Begriffe und Konzepte werden im Sinne von Konstrukten verwendet, deren Verknüpfung zu Sätzen, Hypothesen und Postulaten lediglich den Gesetzen der Logik unterworfen ist. Wir müssen also immer daran denken, daß wir, wenn wir hier z.B. von einem Trieb, vom Ich oder von der ödipalen Phase sprechen, *nicht* die konkreten Phänomene, die uns in der Praxis begegnen und die heute z.T. mit neueren Konzepten besser erfaßt werden können (Mertens, 1992, S. 17–20), meinen, *sondern ausschließlich Konzeptuali-*

sierungen von Prozessen und Strukturen, denen hypothetisch bestimmte Gesetzmäßigkeiten und Funktionen zugeordnet werden. Diesen Punkt möchte ich vor Beginn des Hauptteils nochmals kräftig herausstreichen: Es ist uns einigermaßen selbstverständlich, daß es so etwas wie „das Es" nur theoretisch, nicht aber konkret oder wirklich gibt; doch schon ein Begriff wie „das Unbewußte" kann zu Schwankungen in der Begriffsauffassung führen (und um diese auszuschalten, hat Freud ja den Begriff des *Ubw* durch den des *Es* ersetzt); denn jeder Analysand und jeder praktizierende Analytiker hat an seiner Wirkung die Existenz des Unbewußten erfahren, so daß es immer wieder nötig sein wird, sich klarzumachen: das Unbewußte (als Phänomen) ist erfahrbar, nicht aber *das System Ubw,* das ein Bestandteil der metapsychologischen Konstruktionen ist. Deshalb ist – innerhalb dieser restriktiven Auffassung von Metapsychologie – eine Frage wie: *gibt es einen Todestrieb?* ein konkretistisches Mißverständnis – oder müßte umformuliert werden zu: Ist es zweckmäßig / notwendig / heuristisch sinnvoll / logisch richtig / mit den übrigen Annahmen kompatibel, das *theoretische Konstrukt* „Todestrieb" in das Modell der Psyche einzuführen?[26] Die Ebene der Metapsychologie soll hier also ausschließlich den angenommenen Organisationsprinzipien vorbehalten bleiben, die wir postulieren, wenn wir davon ausgehen, daß sich in psychischen Abläufen gewisse Regelmäßigkeiten zeigen. Andererseits ist es praktisch kaum möglich, die Darstellung ganz auf das Formale zu beschränken und dabei von allen Inhalten abzusehen; ein so geschriebener Text würde völlig ungenießbar und kaum oder nur schwer zu lesen sein. Deshalb werden die Phänomene immer wieder zu Wort kommen, was schon allein durch die Arbeit an den Freudschen Texten gewährleistet ist; so werden wir z. B. bei der Behandlung des Ödipuskomplexes vom Kind, von Mutter und Vater und von den Kastrationsängsten sprechen, immer aber mit dem Ziel, die diesen Beziehungen zugrundeliegenden Organisationsprinzipien innerhalb des „psychischen Apparats" herauszuarbeiten und theoretisch darzustellen. Und genauso, wie von *psychischen Phänomenen* die Rede ist, werden gelegentlich (aber sehr zurückhaltend) *somatische, physiologische Phänomene* erwähnt und mitreflektiert, wobei es ebenfalls nicht um die konkreten meßbaren Facts, sondern um die Konzeption von Zusammenhängen, Interaktionen und Wirkungsweisen geht. Da diese fortgesetzt neu zu erbringende Differenzierungs- und Abstraktionsleistung in unserem Denken eine der schwierigsten Hürden bei dieser Auffassung der Metapsychologie ist, werde ich von Zeit zu Zeit und vor allem bei den dafür kritischen Stellen wieder daran erinnern.

Seit Freud hat sich eine Menge getan in der Präzisierung, Neuerung und Entwicklung seiner theoretischen Konzepte, und keiner, der sich heute mit der Metapsychologie befaßt, kann die Ergebnisse dieser vielfältigen Forschungsbemühungen ignorieren. Ist es da überhaupt noch adäquat, einen ähnlichen Weg einzuschlagen wie jenen, den uns Grubrich-Simitis in ihrem jüngsten Buch mit dem programmatischen Titel *Zurück zu Freuds Texten* (1993) weist? Ist es nicht ein untrügliches Zeichen für den vorwissenschaftlichen Status der Psychoanalyse, noch immer an den Aufsätzen ihres Gründervaters zu laborieren? Es gibt zwei wichtige Argumente, die für genau dieses Vorgehen sprechen und mir bedeutend wichtiger erscheinen, als alle Überlegungen zur Opportunität eines solchen Unternehmens innerhalb der scientific community: Erstens bin ich der Überzeugung[27], daß Freud in seiner Metapsychologie das bis heute interessanteste Modell zur Konzeptualisierung der Zusammenhänge zwischen psychischen und somatischen Vorgängen, und d. h. auch ein Modell der Funktionsweise unseres Gehirns entworfen hat, das in seinen Möglichkeiten längst noch nicht ausgeschöpft ist. Die Voraussetzung dafür, dies sichtbar zu machen, ist die hier vorgelegte Formalisierung der Metapsychologie; da die genauere Ausführung eines Nachweises solcher Kompatibilitäten auf der theoretischen Ebene den Umfang eines eigenen Buches beanspruchen würde, habe ich im Ausblick versucht, wenigstens *ein* Beispiel für die verschiedenen Möglichkeiten einer interdisziplinären Kommunikation via Metapsychologie kurz zu skizzieren. Zweitens spricht für dieses Vorgehen, daß bis heute alle Psychoanalytiker der verschiedenen Schulen vom Werk Sigmund Freuds ausgehen: Freud ist immer noch die Basislektüre, egal ob man Ichpsychologe, Objektbeziehungstheoretiker, Kleinianer oder Selbstpsychologe wird – was nur allzuoft viel mehr an den lokalen Gegebenheiten oder der

Ausrichtung des gerade freien Lehranalytikers, also: der zufälligen beruflichen Sozialisation liegt, als an wirklich erarbeiteten Überzeugungen. Deshalb bietet eine Überarbeitung dieser noch von allen zur Kenntnis genommenen Basistheorie die Chance einer Verortung der verschiedenen Richtungen innerhalb eines *gemeinsamen* Grundmodells; es kann gezeigt – wenn auch nicht in extenso ausdiskutiert – werden, daß es sich bei der Verschiedenheit der einzelnen Schulen eher um unterschiedliche Schwerpunktsetzungen in der Auffassung bestimmter Konzepte als um wirkliche Unvereinbarkeiten miteinander oder mit den Basiskonzepten der Freudschen Metapsychologie handelt.

Ausgehend davon, daß in den metapsychologischen Arbeiten Freuds die allen Psychoanalytikern gemeinsame theoretische Basis liegt, habe ich mich entschlossen, mich selbst und den Leser in eine Diskussion mit Freud allein zu verwickeln; wir haben es da mit einem überaus potenten Gesprächspartner zu tun, der immer noch unsere ganze Aufmerksamkeit und Konzentration verdient. Andererseits sind wir aber alle in unserem psychoanalytischen Denken mitgeprägt von den wissenschaftlichen Arbeiten und theoretischen Lösungsvorschlägen und Weiterentwicklungen durch die nachfreudianischen bis zeitgenössischen Psychoanalytiker; ihre Arbeiten haben unseren Blick verändert und unser Verständnis einiger Konzepte entscheidend vertieft und teilweise auch modifiziert. Ob wir es in jedem einzelnen Fall realisieren oder nicht: auf diesen Schultern steht jeder, der es heute unternimmt, Freud (neu) zu lesen und zu begreifen. Allein der Korpus an Schriften zur Metapsychologie ist gewaltig, zu jeder Frage, zu jedem Konzept gibt es kritische, konstruktive und erhellende Arbeiten. Ich habe in den vergangenen Jahren vieles zu den theoretischen Grundlagen der Psychoanalyse gelesen, aber sicher längst nicht alles. Um den Umfang dieses Buches in akzeptablen Grenzen zu halten, mußte ich mich in den Anmerkungen auf einige wenige Autoren beschränken; meine unter ökonomischen Gesichtspunkten getroffene Auswahl erfolgte nach zwei Kriterien: zum einen habe ich konzeptuelle *Parallelen* oder *Differenzen* bei anderen Autoren, die mir im Zusammenhang mit dem jeweiligen Diskussionsstand des Haupttextes interessant erschienen, angemerkt, dargestellt und wenn möglich kommentiert (manchmal leider auch nur namentlich erwähnt); zum anderen habe ich mich auf die bekannten „Klassiker" nach Freud bezogen in der Meinung, daß Autoren, die ihr Metapsychologieverständnis von diesen ausgehend begründen, im gleichen Sinne wie diese aus der hiesigen Perspektive verstehbar wären. Bei der Fülle an interessanten Arbeiten zur Metapsychologie muß man davon ausgehen, daß andere vor mir in verschiedenen Bereichen zu den gleichen oder ähnlichen Überlegungen und Schlußfolgerungen gekommen sind – was nur für ihre Richtigkeit spräche (darüber hinaus enthalten ja viele Arbeiten der klinischen Theorie kleinere bis umfangreichere Abschnitte, die zu metapsychologischen Fragen Stellung beziehen); deshalb möchte ich nicht ausschließen, daß ich den einen oder anderen Gedanken noch einmal entwickelt habe, der schon früher bei einem anderen Autor vielleicht aus einem anderen Kontext hervorgegangen ist. Folglich geht es mir auch nicht darum, für die einzelnen in dieser Untersuchung vorgetragenen Überlegungen Priorität zu beanspruchen – wohl aber zeichne ich mit der alleinigen Urheberschaft für *die hier vorgelegte Version des formalisierten Modells der Freudschen Metapsychologie als Ganzes* – wozu auch die Einführung des Terminus *Lethe* im Zusammenhang mit Freuds Todestriebkonzeption gehört. Es wäre interessant gewesen, dieses Modell am Schluß noch mit anderen metapsychologischen oder psychoanalytischen Modellen (als Ganze) vergleichend zu diskutieren, aber auch dieser Punkt entfiel aufgrund der räumlichen Beschränkung, die sich ein solches Unternehmen auferlegen muß. Man kann bei so einer Untersuchung eigentlich nur entweder in die Tiefe oder in die Breite gehen; ich habe versucht, auf der vollen Breite der Freudschen Metapsychologie in die Tiefe zu gehen – das Resultat der daraus hervorgegangenen Modellkonzeption mag dann in der ganzen Breite der zeitgenössischen Literatur zur psychoanalytischen Theorie wieder vertieft diskutiert werden.

Teil I
Die Grundlagen des Modells
(1895–1905)

Vor nun genau 100 Jahren, im September/Oktober 1895, konzipierte Freud in einem wahren Furor an wissenschaftlicher Begeisterung das theoretische Grundmodell der Psychoanalyse, seinen *Entwurf einer Psychologie* (1950c/1950a). Lange Jahre blieb diese Schrift im Dunkeln der Fließschen Speicher verborgen, bis sie in einer geradezu dramatischen Rettungsaktion auf dem Weg Berlin–Paris–Wien–Paris–London von Marie Bonaparte gegen den Willen Freuds vor ihrer Vernichtung bewahrt und 1950 in einer gekürzten Version erstmals publiziert wurde. Gewiß sind auch in den vorausgehenden Schriften Freuds bereits verschiedene Ansätze seines theoretischen Denkens untergebracht; aber die erste Fassung seiner *Gesamtkonzeption Metapsychologie* ist diese rohbelassene Skizze, mit der wir uns zu Beginn von Teil I ausführlich beschäftigen werden. Die gedanklichen Anstrengungen, die dabei zu leisten sind, lassen sich nicht vermeiden, denn es wird sich im späteren Verlauf unserer Überlegungen immer wieder zeigen, daß Freuds Denken in diesen frühen Überlegungen wurzelt und dort seine erste und manchmal auch klarste Ausformulierung findet. Danach werden die theoretischen Annahmen aus dem VII. Kapitel der *Traumdeutung* (1900a) keine besondere Mühe mehr bereiten; vielmehr wird es interessant sein, Freuds *Entwurfs*-Modell in der nun publizierten Version seines „psychischen Apparats" wiederzufinden, jetzt lediglich erweitert um einige „rein psychologische" Annahmen. Die *Drei Abhandlungen zur Sexualtheorie* (1905d) werden den Abschluß dieses ersten Teils bilden; sie zählen zwar nicht zum engeren Kreis der metapsychologischen Schriften, enthalten aber doch wichtige Aussagen zur Triebtheorie, weshalb wir sie diesbezüglich ebenfalls befragen werden.

Entwurf einer Psychologie (1895)

Der *Entwurf einer Psychologie* von 1895 ist die erste metapsychologische Arbeit Freuds und steht am Anfang der Entwicklung der Psychoanalyse. Es ist für das Verständnis und die Diskussion dessen, was Metapsychologie denn ist oder sein kann und soll, wichtig zu wissen, daß Freud diesen Begriff bildete, um damit das zu bezeichnen, was er in dieser frühen theoretischen Schrift versuchte, nämlich eine „Psychologie für den Neurologen" (Freud, 1985c, S. 129) zu entwerfen, genauer gesagt zweierlei: „nachzusehen, wie sich die *Funktionslehre des Psychischen* gestaltet, wenn man die *quantitative Betrachtung*, eine Art *Ökonomie der Nervenkraft,* einführt, und zweitens (...) *klare Annahmen über die normalen psychischen Vorgänge*" zu erstellen, um vor diesem Hintergrund „eine befriedigende *Gesamtauffassung* der neuropsychotischen Störungen" überhaupt erst zu ermöglichen (ebd., S. 130, Hervh. d. V.). In einem Brief an Fließ vom 13.2.1896 verwendet er diesen Terminus erstmals: „Die Psychologie – Metapsychologie eigentlich – beschäftigt mich unausgesetzt." Und zwei Jahre später, als Freud schon nicht mehr am *Entwurf* arbeitet, präzisiert er nochmals, was er sich darunter vorstellt: „Es scheint mir", so schreibt er an Fließ im Zusammenhang mit seiner Arbeit an der *Traumdeutung*, „als ob mit der Theorie der Wunscherfüllung nur die psychologische Lösung gegeben wäre, nicht die biologische, oder besser, metapsychische. (Ich werde Dich übrigens ernsthaft fragen, ob ich für meine hinter das Bewußtsein führende Psychologie den Namen Metapsychologie gebrauchen darf.)" (ebd., S. 329) Diese Überlegung Freuds macht deutlich, daß er in seine Konzeption einer Metapsychologie die „biologische Tiefendimension" psychischer Prozesse einschließen möchte (Grubrich-Simitis, 1987, S. 996), daß „hinter das Bewußtsein führen" eben alles meint, was nicht bewußt ist, und das ist nicht nur der Bereich des Vor- und Unbewußten, sondern der gesamte Bereich der Psyche bis hinein in die psychophysiologischen Prozesse. Damit bezeichnet der Begriff der Metapsychologie, den der *Entwurf* inauguriert, von Anfang an den theoretischen Ort, an dem Psychologie und Biologie *konzeptionell* zusammentreffen.

Es ist erstaunlich, wie viele der zentralen Begriffe der Psychoanalyse bereits in diesem frühen *Entwurf einer Psychologie* eingeführt werden. So findet man dort: das *Trägheits-*, *Konstanz-*, *Lust-* und *Unlustprinzip*, *Primär-* und *Sekundärprozeß*, die Unterscheidung von *Unbewußtem*, *Vorbewußtem* und *Bewußtem*, das *Ich* als gesonderte Instanz, *Besetzung*, *Abfuhr*, *Hemmung*, *Abwehr* und *Verdrängung*, *Halluzination* und *Realitätsprüfung*, die *wunscherfüllende Tendenz des Traumes* und dessen Ähnlichkeit mit den neurotischen Symptomen, die Bedeutung der Sprache und Ansätze zu einer Kognitionstheorie; daß darüber hinaus bereits in deutlichen Umrissen die Grundlagen der psychoanalytischen *Trieb- und Strukurtheorie* skizziert werden, soll gezeigt werden. Der *Entwurf* enthält somit das Fundament der Metapsychologie, er ist eigentlich der „Entwurf einer Metapsychologie", und die Tatsache, daß Freud diese Studie unvollendet ließ und sich nicht für ihre Publikation entschließen konnte, bedeutet nicht, daß er ihre Annahmen verwarf – denn den wichtigsten Gedanken des *Entwurfs* begegnen wir ja von da ausgehend in allen seinen theoretischen Schriften. Vielmehr gab es drei andere Gründe, die das Liegenlassen dieser Schrift bereits ausreichend erklären:

Erstens hatte Freud das Problem der Verdrängung hier noch nicht zu seiner Zufriedenheit lösen können, er war damit in eine Sackgasse geraten und das hatte seinen Schwung gebremst; mit dieser ungelösten Frage konnte aber das Ganze nicht als ein „Wurf" betrachtet werden, sondern nur als „Entwurf", als eine erste Skizze – und wer veröffentlicht schon seine Skizzen und Notizen? Man darf nicht vergessen: diese rund 100 Druckseiten entstanden in kürzester Zeit, zwischen Anfang September und Anfang Oktober 1895, zum Teil noch auf seiner Rückreise von Fließ während der Zugfahrt, weshalb Freud das Ganze als „Geschmier" bezeichnete (1985, S. 143); eine Publikationsfassung dieses Manuskripts, die er hätte verwerfen können, wurde aber nie erstellt.

Zweitens war sich Freud sicher der großen Nähe seiner Überlegungen zu Exners ein Jahr zuvor erschienenem Buch „Entwurf zu einer physiologischen Erklärung der psychischen Erscheinungen" (1894) bewußt; auf Ähnlichkeiten wie vor allem auf die Unterschiede beider Theorien hätte er sorgfältig und detailliert eingehen müssen, was zweifellos ein so mühsames wie schwieriges Unternehmen gewesen wäre.

Drittens aber erübrigte sich die Ausarbeitung und Veröffentlichung des *Entwurfs* für ihn offenbar dadurch, daß seine wesentlichen Bestandteile in das VII. Kapitel der *Traumdeutung* eingingen, ja man kann sagen, daß dieser theoretische Teil der *Traumdeutung* – von der Freud erklärt, sie sei „in allem Wesentlichen anfangs 1896 fertig" gewesen (1914d, S. 60) – die umgeschriebene und veröffentlichte Fassung des *Entwurfs* ist, denn ein Großteil aller dort getroffenen theoretischen Annahmen (mit Ausnahme der Mechanismen der Traumarbeit) leiten sich *nicht* aus Freuds Analyse des angeführten Traummaterials ab, sind also *nicht* direkt aus der „klinischen" Erfahrung gewonnen, sondern übernehmen die wichtigsten Gedanken und Theoreme aus der früheren „Psychologie für den Neurologen". Strachey, der von Anfang an den Reichtum dieser erstmals 1950 publizierten Schrift erkannte, findet es deshalb auch durchaus „keine Übertreibung zu behaupten, daß ein Großteil des siebenten Kapitels der *Traumdeutung*, ja sogar der späteren ‚metapsychologischen' Studien Freuds erst durch die Veröffentlichung des *Entwurfs* voll verständlich geworden sind." (Freud, S.A., 2, S. 17[28]) In diesem Sinne hat er die Publikation des *Entwurfs* im Rahmen der Standard Edition mit zahlreichen wertvollen Hinweisen begleitet, die die Verbindungslinien von hier erstmals formulierten Konzepten zu den späteren metapsychologischen Schriften aufzeigen. Auch Jones hat anerkannt, daß fast alle Themen, die der *Entwurf* behandelt, „in Freuds späteren Schriften, zum Teil erst dreißig Jahre später, weiterentwickelt wurden." (Jones, 1953, Bd.I, S. 452) Die Kenntnis dieser Arbeit, mit der Freud eine „naturwissenschaftliche Psychologie" begründen wollte, ist also für das Verständnis der Entwicklung der psychoanalytischen Theorie unentbehrlich.

Der Zugang zu dieser vollständig erst 1987 herausgegebenen frühen theoretischen Schrift Freuds fällt auch nach mehrfacher Lektüre (und trotz der umfangreichen Kommentare dieser Ausgabe) nicht leicht, weshalb der *Entwurf* zu den am wenigsten gelesenen Texten Freuds gehört[29]. Die Schwierigkeit besteht darin, über dem Verfolgen der detaillierten (und oft verwickelten) Darstellung der einzelnen hypostasierten neuronalen Verläufe die Grundvorstellungen im Auge zu behalten, die die *Gedankenführung* Freuds bei der Konstruktion seines Modells geleitet haben. Man kann diesen Text auf zweierlei Arten lesen: Konkret genommen, stellt er so etwas dar wie eine Theorie über die Funktionsweise des Nervensystems mit besonderer Berücksichtigung der psychischen Phänomene; orientiert man sich also an den *Inhalten* der sogenannten „Neuronentheorie" – und Freud meint tatsächlich, wenn er von einem Neuron spricht, ganz konkret eine Nervenzelle, und er verwendet bei seinen Überlegungen das, was er über dessen Tätigkeit und Funktion wußte und was er darüber hinaus noch vermutete – dann kann man leicht zu dem Schluß kommen, daß man es hier mit veralteten Neurologie-Vorstellungen aus dem letzten Jahrhundert zu tun hat, die heute keine Relevanz mehr haben[30], und von daher eine Trennung von derart „obsoleten" Postulaten der psychoanalytischen Theorie fordern. Sieht man hingegen immer wieder von den Inhalten der einzelnen Aussagen ab und konzentriert sich mehr auf die *Struktur* der Argumentation, dann werden auf einer abstrakteren Ebene die Umrisse eines *Modells der Organisationsprinzipien von Psyche und Soma* sichtbar – eines Modells, das grundlegend für die gesamte Metapsychologie Freuds geblieben ist. Das hier gewählte Vorgehen versucht deshalb, dem Gang der Überlegungen Freuds, der *logischen Struktur seiner Modellkonstruktion,* zu folgen – wobei man sich durchaus unter einem Neuron zunächst ein konkretes Neuron vorstellen kann, immer aber im Hinblick darauf, daß das Neuron oder auch das Nervensystem eine *funktionelle Einheit* darstellt, und daß immer nur die Frage der *Organisation* einer solchen (oder anderen) funktionellen Einheit im Blickpunkt unseres Interesses liegt. Ich würde also eine Argumentation der Art: „Freud behauptet in seiner Neuronentheorie x, und heute weiß man, daß y richtig ist", als basierend auf einer *konkretistischen* Auffassung verstehen, und dagegen den Versuch unternehmen, den Modellentwurf als ein *gesamthaft* zu betrachtendes System von Aussagen und Bezügen nachzuzeichnen, das auf verschiedene Aspekte des menschlichen Organismus anwendbar ist. Wir behalten also, so lange dies unserem Vorstellungsvermögen dienlich ist, die inhaltlichen, d.h. konkreten Aussagen über die neuronalen Aktivitäten gleichsam als „Anschauungsmaterial" bei, orientieren unsere Aufmerksamkeit aber *immer* an den formalen, d.h. abstrakten Aussagen über die Zusammenhänge und Funktionsmodi, die innerhalb dieses Modells vorgeschlagen werden. Oder nochmals anders und ganz dem vertrauten psychoanalytischen Denken gemäß ausgedrückt: die Inhalte können wechseln, können neuronale Prozesse, Trauminhalte, neurotische Symptome oder beliebige geistige Aktivitäten sein, was zur Debatte steht und prinzipiell gleichbleibend sein muß, das ist das Modell, das die Abläufe solcher und anderer Phänomene konzipiert.

Das allgemeine Funktionsprinzip und der quantitative Aspekt

Selbstbewußt und unumwunden gibt Freud im Eröffnungssatz seines *Entwurfs* sein Vorhaben bekannt, nämlich die „Absicht, eine naturwissenschaftliche Psychologie zu liefern, d.h. psychische Vorgänge darzustellen als quantitativ bestimmte Zustände aufzeigbarer materieller Teile [und sie] damit anschaulich und widerspruchsfrei zu machen." (1950c/1950a, S. 387) Schon nach diesem ersten Satz könnte man einhaken und den ganzen Versuch einer *„naturwissenschaftlichen Psychologie"*, in der Psychisches *quantifizierbar* und *materialisiert* darstellbar sein soll, als reduktionistisch und vom Ansatz her verfehlt verwerfen. Lassen wir uns nicht beirren, dann können wir darauf kommen, daß es hier um den Entwurf einer *„wissenschaftlichen* Psychologie" geht, die die psychischen (oder psychophysiologischen) Vorgänge wenigstens soweit „quantifiziert" darstellt, daß sie sozusagen mit einem *Plus*- oder *Minus*- oder auch einem *Null*-Zeichen versehen und im Sinne von *Mehr* oder *Weniger* innerhalb eines Modells geordnet werden können, wobei die Bestandteile dieses Modells seine quasi „materiellen Teile" sind. Sehen wir es so, dann haben wir über das, was *das Psychische an sich* ist, keine Aussage gemacht, wohl aber behauptet, die *Abläufe* des Psychischen erfolgten nach bestimmten Gesetzmäßigkeiten und ließen sich innerhalb eines Modells erfassen. Und „anschaulich und widerspruchsfrei" lassen sich solche Abläufe am besten mit Hilfe einfacher kybernetischer

Schaltbilder darstellen, oder indem man sie so weit formalisiert, daß sie in mathematische Gleichungen überführt werden können.[31]

Der *Entwurf* basiert auf zwei Hauptsätzen: der erste enthält das „Prinzip der *Trägheit*", der zweite die „Neuronentheorie". Das Trägheitsprinzip kann als das übergeordnete generelle Funktionsprinzip aufgefaßt werden, wozu die Neuronentheorie dann ein erstes Anwendungsgebiet darstellt, in welchem das Trägheitsprinzip exemplifiziert und entfaltet wird[32].

Das *Trägheitsprinzip* besagt, daß das zur Debatte stehende System (der Organismus, das Nervensystem) die Tendenz hat, in einem dauerhaften (stabilen) Zustand zu verharren und daß, wenn es durch die Einwirkung irgendwelcher Kräfte daraus vertrieben wird, jede Art von (Nerven-)Tätigkeit dahin zielt, es wieder in den ursprünglichen Zustand zurückzuführen. Wird der psychische Apparat von seiner Ausgangslage her der Einwirkung und dem Zuwachs einer gewissen Quantität von Erregung ausgesetzt, wird er sogleich versuchen, diese wieder loszuwerden. Neuronen haben also die Tendenz, sich ihrer (als fließende Quantitäten vorgestellten) Erregung durch Abfuhr zu entledigen. Erregungszufuhr (plus) und Erregungsabfuhr (minus) erfüllen zusammengenommen das Nullprinzip: $(+E) + (-E) = 0$. Da Null (d. h. irgendein Wert, der fiktiv als Null gesetzt wird) die *stabile* Ausgangsposition des Systems sein soll, ist das von Freud sogenannte Null- oder Trägheitsprinzip nichts anderes als das Prinzip der *Homöostase*. Alle wie auch immer in der Folge von Freud genannten Prinzipien – ob er sie nun als Trägheits-, Null- oder Konstanz-Prinzip bezeichnet (und wir werden sehen, auch das Lust-, Unlust- und Nirwana-Prinzip) – sind, *rein formal* betrachtet, ein und dasselbe, nämlich: Regulationsprinzipien im Dienste der Homöostase (wobei unter dem eingebürgerten Begriff *Homöostase* grundsätzlich die *dynamische Stabilität* des Systems zu verstehen ist). Das ist die Aussage des ersten Hauptsatzes und das Grundprinzip des Modells: *Jede Abweichung (hier: Zufuhr) vom Sollwert (hier: Null) führt zu Maßnahmen des Systems (hier: Abfuhr), die den Sollwert = das Gleichgewicht des Systems wieder einrichten: homöostatische Regulation (hier: Trägheitsprinzip).* Die einfachste Art der Darstellung dafür wäre:

$$\begin{array}{c}\text{Eingangs-}\\ \text{variable}\end{array} (+E) \rightarrow \begin{array}{c}\text{Gesetz:}\\ \text{Nullprinzip}\end{array} \rightarrow \begin{array}{c}\text{Ausgangs-}\\ \text{variable}\end{array} (-E)$$

Das, was den psychischen Apparat aus seiner Ruhe bringt, ist jeweils ein quantitativer Reiz. Freud unterscheidet zwischen exogenen und endogenen Reizen. Die Quantitäten der *exogenen* oder *Umweltreize* (z. B. ein auf das Auge fallender Lichtstrahl, ein Schlag auf die Hand) werden durch die „Nervenendapparate“ der Sinnesorgane auf Quotienten ihrer physikalischen Größe gebrochen, gelangen sodann über afferente Leitungen zu einer Gruppe von Neuronen, Freud nennt sie φ-Neurone (φ: phi für peripher), und werden von dort über die motorischen Neurone der efferenten Leitungen wieder „abgeführt“. Der Organismus reagiert also mit einer „Reizflucht“, die der Reizgröße proportional ist. Die *Reflexbewegung* ist Ausdruck des Trägheitsprinzips, indem die aufgenommenen Quantitäten an Erregung über die motorischen Neuronen wieder abgegeben werden, womit die Ausgangslage wiederhergestellt ist:

exogener Reiz → φ-Neurone → motorische Abfuhr

Für die *endogenen* Reize (z. B. Hunger, Frieren) ist das Verhältnis komplizierter: eine einfache motorische Abfuhr der Erregungsquantitäten bringt hier keine dauerhafte Entlastung, weil die Reizursache im Innern des Organismus ständig neue Erregungsquantitäten produziert. Die endogenen Reize bestehen aus „chemischen Produkten“, „entstammen Körperzellen und ergeben die großen Bedürfnisse, Hunger, Atem, Sexualität“ (ebd., S. 389); sie entstehen kontinuierlich, erreichen aber nur periodisch durch „Summation“ (d. h. wenn sie quantitativ einen gewissen Schwellenwert in den Reizleitungen überschritten haben) eine Reizgröße, die dann auf direktem Weg aus dem Körperinneren zum Kern der sogenannten ψ-Neuronen-Gruppe (ψ: psi für psychisch) gelangt. ψ ist dieser Quantität „Q schutzlos ausgesetzt und hierin liegt die *Triebfeder* des psychischen Mechanismus“ (ebd., S. 408): es entsteht ein Drang nach Reizabfuhr und d. h. nach Bedürfnisbefriedigung. Aber die endogenen Bedürfnisse lassen sich nur „unter bestimmten Bedingungen, die in der Außenwelt realisiert werden müssen“ (ebd., S. 389), befriedigen, weshalb nun das erforderlich ist, was Freud eine „spezifische Aktion“ nennt. Als Musterbeispiel für einen solchen Ablauf gilt die Reihe: Hunger – Schreien/

Suchverhalten – Auftauchen des nährenden Objekts / der Nahrung – Nahrungszufuhr – Beendigung des Hungerreizes. Die Abfolge ist jetzt:

endogener Reiz → ψ-Neurone → spezifische Aktion → Beendigung des Reizes.

Diese Sequenz, so erkennt Freud, geht über das Modell einer einfachen Reflexbewegung hinaus, und er zieht den Schluß: Die allein zur Beseitigung des endogenen Reizes führende spezifische Aktion erfordert eine Leistung, die mehr Energie verbraucht, als durch die Reizursache bereitgestellt wird, woraus folgt:

„Hiemit ist das Neuronensystem gezwungen, die ursprüngliche Tendenz zur Trägheit d. h. zum Niveau = 0 aufzugeben. Es muß sich Vorrat von Qη gefallen lassen, um der Anforderung der spezifischen Aktion zu genügen. In der Art, wie es dies macht, zeigt sich indes die Fortdauer derselben Tendenz modifiziert zum Bestreben, die Qη wenigstens möglichst niedrig zu halten und sich gegen Steigerung zu wehren, d. h. konstantzuhalten. Alle Leistungen des Nervensystems sind entweder unter den Gesichtspunkt der Primärfunktion oder [den] der Sekundärfunktion, die durch Not des Lebens aufgedrungen ist, zu bringen.“ (ebd., S. 390)[33]

Die „Not des Lebens“ entwickelt also aus der *absoluten* Null-Tendenz das Konstanzprinzip, gewissermaßen einen Kompromiß der Trägheit: wenn schon nicht gar keine Spannung durch Quantität von Erregung, dann doch möglichst wenig. Die ψ-Neuronengruppe muß sich also selber mit solchen Quantitäten ausrüsten (Speicherung), wenn sie einem Anstieg von endogenen Erregungsquantitäten im Organismus wirksam begegnen können will. Um diesen Vorgang zu verstehen, müssen wir jetzt bereits den zweiten Hauptsatz von Freuds *Entwurf*, seine „Neuronentheorie“, heranziehen:

„Hauptinhalt dieser neuen Erkenntnis ist, daß das Nervensystem aus distinkten, gleich gebauten Neuronen besteht, die sich durch Vermittlung fremder Masse berühren, die aneinander endigen wie an fremden Gewebsteilen, in denen gewisse Leitungsrichtungen vorgebildet sind, indem sie mit Zellfortsätzen aufnehmen, mit Axenzylindern abgeben. Dazu kommt noch reichliche Verzweigung mit Verschiedenheit des Kalibers.

Kombiniert man diese Darstellung der Neurone mit der Auffassung der Qη-Theorie, so erhält man die Vorstellung eines *besetzten* Neurons, das mit gewisser Qη gefüllt, andere Male leer sein kann. Das Trägheitsprinzip findet seinen Ausdruck in der Annahme einer *Strömung*, die von Zelleib oder -fortsätzen zum Axenzylinder gerichtet ist; das einzelne Neuron ist so Abbild des gesamten Nervensystems mit seinem zwiespältigen Bau, der Axenzylinder das Abfuhrorgan. Die Sekundärfunktion aber, die Aufspeicherung von Qη verlangt, ist ermöglicht durch die Annahme von Widerständen, die sich der Abfuhr entgegensetzen, und der Bau der Neurone legt es nahe, die Widerstände sämtlich in die *Kontakte* zu versetzen, die hiedurch den Wert von *Schranken* erhalten." (ebd., S. 390 f.)

Man beachte: während es sich bei den φ- und ψ-Neuronen lediglich um *theoretische Konstrukte* handelt, denen keine bestimmten, irgendwo im ZNS identifizierbaren Neurone oder Strukturen entsprechen[34], haben wir es jetzt mit konkreten Tatbeständen der Zellmorphologie und -physiologie zu tun. Dabei wird die einzelne Nervenzelle funktionell als „Abbild des gesamten Nervensystems" beschrieben. Wichtigster Punkt ist: es besteht eine „gewisse Leitungs*richtung*", in der die „Strömung"[35] erfolgt, und zwar von den „Zellfortsätzen" (Dendriten) in afferenter Richtung über den „Zelleib" (Nervenzelle) zum „Axenzylinder" (Axon) in efferenter Richtung. Überträgt man diese Beschreibung des zellphysiologischen Vorgangs in die Modellsprache, dann ergibt sich die Aussage: die Abläufe sind geordnet, *gerichtet*, die Eingangsvariable: Zufuhr eines Erregungsbetrags (plus) und die Ausgangsvariable: Abfuhr eines Erregungsbetrags (minus) sind vektorielle Größen (durch Betrag und Richtung bestimmt). Das Trägheitsprinzip ist die homöostatische Regulierung, die von der Nervenzelle in Richtung Axon erfolgt; die Nervenzelle fungiert demnach als Schalter, Schaltzentrale oder: als Regler, der das homöostatische Gesetz enthält:

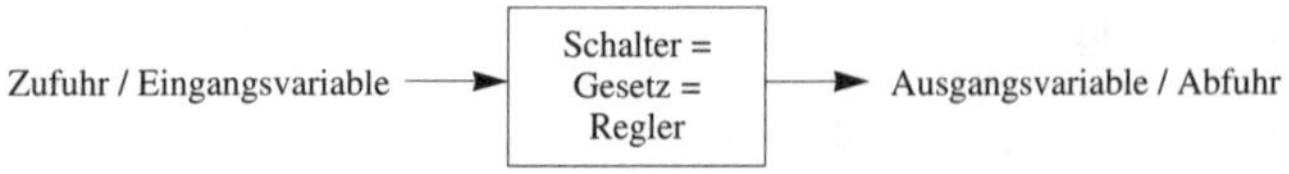

Dieses Grundprinzip gilt auch innerhalb der afferenten und efferenten Leitungen: um zu einem „zentralen" Schalter oder Regler zu gelangen, muß der Reiz mehrere Schwellen in den

Kontaktschranken passieren und ebenso ist seine Abfuhr über solche Schwellen geregelt – ohne solche „Abfuhr-Schwellen" wäre die Möglichkeit einer „Aufspeicherung", „Füllung" oder *Besetzung* von bestimmten Neuronen mit Erregungsquantitäten/Energie nicht erklärbar; und eine solche Speicherung von Energie schien Freud ja zur Ausübung (d. h. für den energetischen Mehraufwand) der spezifischen Aktion erforderlich. Das obige Schema kann also nochmals – und prinzipiell beliebig oft – unterteilt werden, wobei den Kontaktschranken ebenfalls die Funktion von Schaltern zukommt, sozusagen in bezug auf einen zentralen Haupt- oder Makro-Regler (übergeordnete Ebene) die Funktion von Sub- oder Mikro-Reglern (untergeordnete Ebenen):

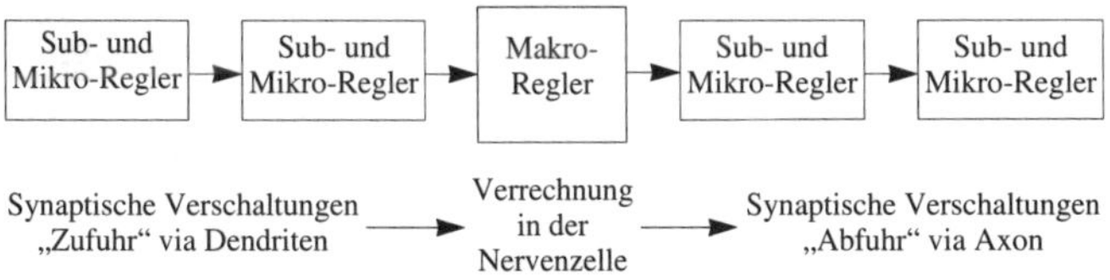

Da die Leitungen (des Nervensystems) eine mehrfache Gliederung aufweisen, haben die Reize verschiedene Widerstände (Schwellen) in den Leitungsschranken zu überwinden, bis sie zu den φ- bzw. ψ-Neuronen gelangen. Nun nimmt Freud an, daß diese Widerstände für die relativ großen exogenen Reizquantitäten praktisch unerheblich sind, für diese sind die Leitungsschranken zu den φ-Neuronen sozusagen voll durchlässig; für die geringeren endogenen Quantitäten aber stellen sie „Schwellen" dar, die zunächst eine Summation der Reize erforderlich machen, bevor diese die Schwellen zu den ψ-Neuronen passieren können. Erst ab einer bestimmten (aufsummierten) Quantität von Erregung werden auch die Leitungsschranken der ψ-Neurone durchlässig, es stellt sich eine *Bahnung* her, die nach dem Erregungsablauf *teilweise bestehen bleibt*. Und das ist jetzt für die Richtung künftiger Abläufe von Bedeutung, denn beim nächsten Durchgang endogener Erregung werden natürlich solche Leitungen (Neurone) bevorzugt durchlaufen, deren Widerstände in den Kontakten bereits einen niedrigeren Schwellenwert haben und damit einer schnelleren Abfuhr dienen. Freud nimmt also an, „durch den Leitungsvorgang selbst werde eine Differenzierung im Protoplasma und damit ein besseres Leitungsvermögen für fernere Leitungen geschaffen." (ebd., S. 391) Das ist ein ganz interessanter, nicht zu unterschätzender Punkt in seiner Theorie, denn damit ist gesagt: Der (wiederholte) Durchgang bestimmter (nach Qualität und Quantität spezifizierter) Erregungsgrößen durch die (neuronalen) Leitungen nimmt Einfluß auf die Reglergröße, das Schaltprinzip (die Synapse), und d. h.: der *Leitungsvorgang selbst ist strukturbildend, die energetische Aktivität des Systems führt zur Bildung von Struktur!* [36]

Die Bahnung beeinflußt also den Weg, den künftig gleichgeartete Erregungsabläufe nehmen werden. Nun überlegt Freud weiter: φ empfängt zwar exogene Reize, aber die resultierende Erregung der φ-Neuronen selbst ist eine endogene Erregung, die nicht nur den direkten Weg zur motorischen Abfuhr nimmt, sondern wie jede andere endogene Erregung auch nach ψ weitergeleitet wird. Dabei soll natürlich die sinnesspezifische Differenzierung von exogenen Reizen (visuelle, auditive, taktile etc.) und ihre Unterscheidbarkeit von den übrigen endogenen Reizen erhalten bleiben, und diese Trennung, so Freud, wird gewährleistet durch eine *Topik* der Repräsentation, nämlich „indem den anatomischen Verhältnissen nach die einzelnen Sinnesorgane durch φ nur mit bestimmten ψ-Neuronen in Verkehr stehen", weshalb er vorschlägt, „die ψ-Neurone in zwei Gruppen zu zerlegen, die Mantelneurone, die von φ aus, und die Kernneurone, die von den endogenen Leitungen aus besetzt werden." (ebd., S. 408) Auf diese Weise ist eine Gliederung der Reize nach ihrer Herkunft (Sinnesorgane / innere Organe) und Beschaffenheit (Quantität) garantiert, aber es entsteht sogleich die weitere Frage, ob dann ein größerer äußerer (Sinnes-)Reiz immer auch eine größere psychische Wirkung in ψ entfalten muß? Freuds Antwort:

„Hier scheint eine besondere Einrichtung vorzuliegen, welche neuerdings Q von ψ abhält. Die sensible ψ-Leitung ist nämlich in eigentümlicher Weise gebaut, sie verzweigt sich fortwährend und zeigt dickere und dünnere Bahnen, welche in zahlreichen Endstellen ausgehen, wahrscheinlich von folgender Bedeutung: Ein stärkerer Reiz geht andere Wege als ein schwächerer. 1 (Qη) z. B. wird nur den Weg I gehen und bei der Endstelle α einen Quotienten auf ψ übertragen. 2 (Qη) wird nicht in α den doppelten Quotienten übertragen, sondern auch den Weg II gehen können, der enger ist, und eine zweite Endstelle [β] nach ψ eröffnen. 3 (Qη) wird die engste Bahn [III] eröffnen und auch durch γ übertragen. So wird die einzelne φ-Bahn entlastet, die größere Quantität in φ sich dadurch ausdrücken, daß sie in ψ mehrere Neurone anstatt eines einzigen besetzt. Die einzelnen Besetzungen der ψ-Neurone können dabei ungefähr gleich sein. Wenn 1 (Qη) in φ eine Besetzung in ψ ergibt, so drückt sich 3 (Qη) aus durch Besetzung in $\psi_1 + \psi_2 + \psi_3$. *Quantität* in φ drückt sich also aus durch *Komplikation* in ψ. Hiedurch ist die Q von ψ abgehalten, bis zu gewissen Grenzen wenigstens." (ebd., S. 407 f.)

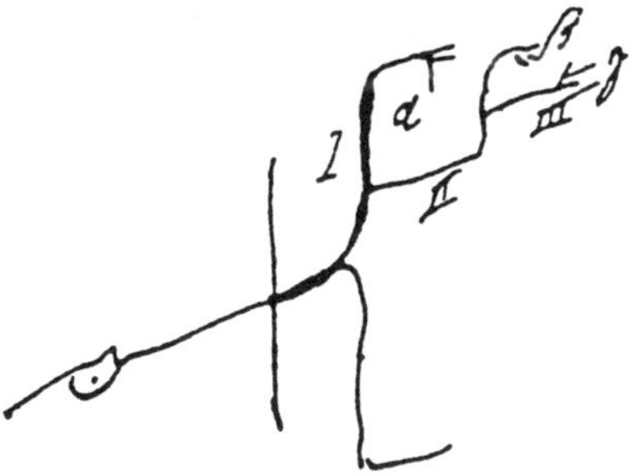

Abb. 5: ebd., S. 407

Diese Vorgänge so genau zu verfolgen ist notwendig, weil sie die präziseste Formulierung von Freuds Theorie der Strukturbildung enthalten[37] und damit grundlegend für seine späteren metapsychologischen Formulierungen sind. Man kann sich das auch so vorstellen: ein Erregungsquantum übersteigt die Schwelle von Bahn I; Bahn I läßt nur einen bestimmten Betrag durch; es verbleibt ein Restbetrag, der gerade so groß ist, daß er die „dünnere" Bahn II passieren kann, usw. Steigt also eine Erregung auf das notwendige Quantum an, dann tritt ein Zustand ein, „in dem die Leitung durchlässig geworden ist. Die Erfahrung lehrt weiter, daß nach Abfuhr des ψ-Reizes die Leitung ihren Widerstand wiederaufnimmt" – dies allerdings nicht in voller Höhe (ebd., S. 409) und es ist eben diese spezifische

Verringerung des Widerstands, diese besondere Erniedrigung der Schwellen durch den Ablauf des Erregungsvorgangs, die Freud als *Bahnung* bezeichnet. Dabei nimmt er an,

„daß die Bahnung, die nach dem Q-Ablauf übrigbleibt, nicht in der Aufhebung eines jeden Widerstandes besteht, sondern in der Herabsetzung desselben bis auf ein notwendig bleibendes Minimum. Während des Q-Ablaufes ist der Widerstand aufgehoben, nachher stellt er sich wieder her, allein je nach der durchgelaufenen Q bis zu verschiedener Höhe, so daß nächstes Mal bereits eine kleinere Q passieren kann u. dgl. Bei völligster Bahnung bleibt dann ein gewisser für alle Kontaktschranken gleicher Widerstand, der also auch Anwachsen von Q bis zu einer gewissen Schwelle fordert, damit diese passiere. Dieser Widerstand wäre eine Konstante." (ebd., S. 409 f.)

Die Theorie der Leitungswiderstände, Schwellen oder Kontaktschranken und ihrer Bahnung durch den Erregungsablauf nimmt eine ganz zentrale Position in Freuds Modellentwurf ein. Ihre Einführung hat verschiedene teils „inhaltliche" (auf die einbezogenen und zu erklärenden Phänomene ausgerichtete) teils „formale" (die Modellkonstruktion betreffende) Gründe: Erstens kannte Freud als Neuroanatom selbstverständlich aus seiner Arbeit am Mikroskop solche Leitungsschranken, das also, was kurz darauf als Synapse bezeichnet wurde, und er kannte auch die topische Repräsentation des Nervensystems; und da er eine „Psychologie für den *Neurologen*" schreiben wollte, liegt es nahe, daß er seine neuromorphologischen, -anatomischen und -physiologischen Kenntnisse mit seinem Modell in Übereinstimmung bringen wollte. Ein zweiter Grund für die Einführung der Leitungsschranken liegt in seiner Absicht, ein System zu konzipieren, das den „Übergang" vom Quantitativen zum Qualitativen darstellt. Freud schreibt:

„Während nämlich die Wissenschaft sich zur Aufgabe gesetzt hat, unsere Empfindungs*qualitäten* sämtlich auf *äußere Quanti[tät]* zurückzuführen, ist vom Bau des Nervensystems zu erwarten, daß es aus Vorrichtungen bestehe, um die äußeren *Quant[itäten]* in Qualitäten zu verwandeln, womit wieder die ursprüngliche Tendenz zur Abhaltung von *Quant[ität]* siegreich erscheint." (ebd., S. 401)

Wie immer man sich zu der Frage verhalten mag, als was Qualität, *psychische Qualität*, eigentlich aufzufassen sei, für das Modell selber ist das irrelevant, weil dieses nur die logische Struktur der Verknüpfung von Konstrukten präsentiert und insofern konkret weder von Materie (Quantität) noch von Geist (Qualität) handelt. Aber Freud sah sich im Rahmen seiner „wissenschaftlichen Psychologie" vor die Aufgabe gestellt, die zunehmende Differenziertheit und Komplexität der seelisch-geistigen Vorgänge bei gleichzeitig abnehmendem Verbrauch an bio-physikalischer Energie und relativ geringfügigen, in etwa gleichbleibenden neurophysiologischen Erregungsabläufen zu konzipieren. Dazu ist die Annahme der Leitungsschranken und der sogenannten „Komplikation", also der Divergenz in der Verteilung der Erregungsquantitäten, ein erster Schritt. Beide Einrichtungen tragen zu einer *stufenweisen* Abhaltung von Erregungs*quantitäten* bei: von den Nervenendapparaten der Sinnesorgane über die φ-Neurone zu den ψ-Neuronen „erhöhen" sich sozusagen die Schwellen fortgesetzt im Verhältnis zu den transportierten Erregungs*quantitäten* – oder andersherum ausgedrückt: an jeder Kontaktschranke wird der Erregungsablauf gebrochen, und d.h. soviel wie: die ihm entsprechende *Information* wird umgesetzt, transformiert, gleichsam „umformatiert", also: Erhaltung der Information bei abnehmendem Erregungstransfer bzw. Energieverbrauch.[38] Somit reflektiert der *Entwurf* nicht nur den hierarchischen „Aufbau des Nervensystems aus mehreren Systemen" (ebd., S. 399), sondern ist von seiner Anlage her bereits ein erstaunlich modernes Modell der Informationsverarbeitung.

Aber Freud verfolgte mit der Einführung der Kontaktschranken auch einen ganz konkreten Zweck. Er fühlte sich nämlich verpflichtet, innerhalb seiner „*Psychologie* für den Neurologen" das Phänomen „Gedächtnis" darzustellen, denn für ihn war klar: jede „irgend beachtenswerte psychologische Theorie muß eine Erklärung des ‚Gedächtnisses' liefern." (ebd., S. 391) Das Problem einer solchen Erklärung lag für ihn darin, „daß sie einerseits annehmen muß, die Neurone seien nach der Erregung dauernd anders als vorher, während doch nicht geleugnet werden kann, daß die neuen Erregungen im allgemeinen auf dieselben Aufnahmsbedingungen stoßen wie die früheren." (ebd.,

S. 391) Die „Rettung“ aus diesem Dilemma fand er in der Annahme, daß es eben die Schwellen der Kontaktschranken seien, die dauerhaft verändert würden, während die Rezeptoren der Neurone unverändert blieben. Der Lernprozeß der „Erinnerungszellen“ oder ψ-Neurone besteht dann in der – durch die Größe (Quantität) und Häufigkeit eines Eindrucks bewirkten – je verschiedenen Herabsetzung des Widerstands in den Kontakten der Leitungen, also der *Bahnung* der Leitungen, welche künftig Einfluß nimmt auf den Weg und die Verteilung der weiteren Erregungsabläufe. Damit hängt das Gedächtnis zum einen am Grad der Schwellen- bzw. der Widerstands-Herabsetzung in den Kontaktschranken, zum anderen an den Wegen, den Assoziationen, die dadurch *gebahnt* sind – und Assoziationen sind nichts anderes als Verbindungen = Verschaltungen mit anderen „Neuronen“. So kommt Freud zu dem generell gültigen Schluß: *„Das Gedächtnis ist dargestellt durch die zwischen den ψ–Neuronen vorhandenen Bahnungen.“* (ebd., S. 392) Und insofern es ja beim Gedächtnis um die *besondere* „Wegbevorzugung“ eines Erregungsablaufes gehe, fügt Freud sogleich hinzu: *„Das Gedächtnis sei dargestellt durch die Unterschiede in den Bahnungen zwischen den ψ-Neuronen.“* (ebd., S. 393)

Die eminente Bedeutung der Kontaktschrankentheorie des *Entwurfs* ist also nicht zu übersehen. Aber daß sie auch noch den Beweis für die enorme Sparsamkeit der theoretischen Grundannahmen und die *Stringenz* des ganzen Modellentwurfs liefert, das soll jetzt nochmals extra herausgestellt werden. Wir haben gesehen: Das Trägheitsprinzip des ersten Hauptsatzes ließ sich auf die Formel bringen

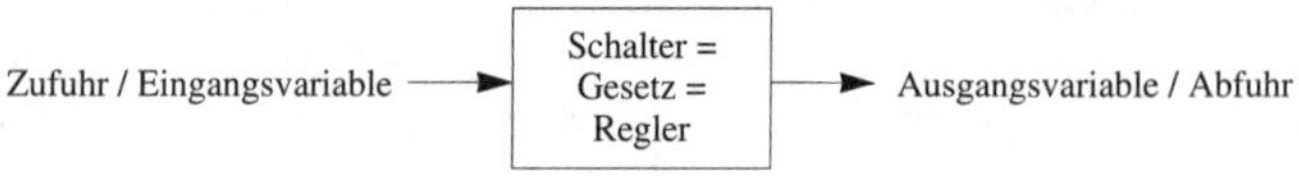

Wir haben erkannt, daß die Kontaktschrankentheorie auf der Anwendung dieses Trägheitsprinzips basiert: auch die Kontaktschranken in den Leitungen haben die Funktion von solchen Reglern, die je nach ihrer Position zu unterteilen wären in Mikro-, Sub- oder Makro-Regler. Dabei ist mit Freud anzunehmen, daß die verschiedenen Regler je nach dem Grad ihrer Bahnung und nach ihrer Position *unterschiedliche* Gesetze

(Schwellen) enthalten und zur Durchsetzung bringen, um den Ausgangszustand der Homöostase wieder einzurichten. Wir dürfen uns demnach unter Homöostase nicht *konkretistisch* ein *absolutes Gleichgewicht*, so wie es das erste *Null*-Prinzip anvisiert, vorstellen – schon die Abwandlung des Null-Prinzips zum Konstanz-Prinzip zeigte ja, daß das *Prinzip der homöostatischen Regulierung* auch bei einem Erregungsniveau, das über einem echten Nullwert liegt, realisiert sein kann – sondern als homöostatische Regulierung soll eben jede Maßnahme (Verschaltung) verstanden werden, die das System, gleich auf welcher Stufe seiner Organisation, einem dynamisch-stabilen Gleichgewicht zuführt. Und damit sind bereits die Grundlagen der Modellkonstruktion im *Entwurf* deutlich: *Das ganze System ist hierarchisch gegliedert, je nach Hierarchieniveau spezifisch reguliert und setzt sich aus nichts anderem zusammen, als aus (Eingangs- und Ausgangs-) Variablen sowie Reglern/Schaltern.*

Die Einführung des „Ich" und der qualitative Aspekt

Freuds Überlegungen zur Kontaktschranken-Theorie waren ausgegangen von der Annahme, daß die spezifische Aktion, die einen endogenen Reiz beseitigt, einen Mehraufwand an Energie erforderlich macht und daß sich die ψ-Neurone folglich einen gewissen Vorrat an Quantität anlegen müssen. Den Vorgang einer solchen „Speicherung" von Erregungsquantitäten kann man sich etwa so vorstellen: Wenn der Ablauf des Erregungsvorgangs von seiner Quelle über die φ- und/oder ψ-Neuronen bis zu einer wie auch immer gearteten „Abfuhr" über die verschiedenen dazwischengeschalteten Kontaktschranken wie über eine Treppe (nach oben) verläuft, d. h. wenn die Schwellen Stufe um Stufe (relativ zu den transportierten Größen) „höher" werden, dann kann auf jeder Stufe ein gewisser Vorrat an Erregungsquantitäten quasi „hängenbleiben" – eben jener, der die nächstfolgende Schwelle nicht mehr übersteigt. Das würde bedeuten, daß in aufsteigender Hierarchierichtung die Gesetze oder Schaltprinzipien der Regler auf einem von mal zu mal

„höheren Niveau" arbeiten. Oder anders herum ausgedrückt: Auf einer niedrigen Hierarchieebene werden noch große Quantitäten homöostatisch ausgeglichen, während durch die fortgesetzte Brechung der Erregungsquantitäten (Umsetzung des Informationswertes) auf den höheren, weit verzweigten und somit differenzierteren Ebenen nur noch vergleichsweise kleine Energiebeträge homöostatisch ausreguliert werden. Die auf jeder Hierarchieebene (insbesondere in den ψ-Kernneuronen) erfolgte Aufspeicherung von Erregungsquantität nennt Freud eine „Besetzung". *Die Bahnung der Kontaktschranken und die Besetzung der ψ-Kernneurone sind also das Resultat ein und desselben quantitativen Ablaufs.*[39] Und von dieser Annahme einer Besetzung her entwickelt Freund nun einen „dritten mächtigen Faktor", die *Hemmung*:

„Wenn ein anstoßendes Neuron gleichzeitig besetzt ist, so wirkt dies wie eine zeitweilige Bahnung der zwischen beiden liegenden Kontaktschranken und modifiziert den Ablauf, der sich sonst nach der einen gebahnten Kontaktschranke gerichtet hätte. Eine *Seitenbesetzung* ist also eine *Hemmung für den Qη-Ablauf*. (...) So wird eine Qη, die von außen (φ) her in *a* eindringt und unbeeinflußt nach dem Neuron *b* gegangen wäre, durch die Seitenbesetzung in *a* α so beeinflußt, daß sie nur einen Quotient nach *b* abgibt, eventuell gar nicht nach *b* gelangt." (ebd., S. 416 f.)

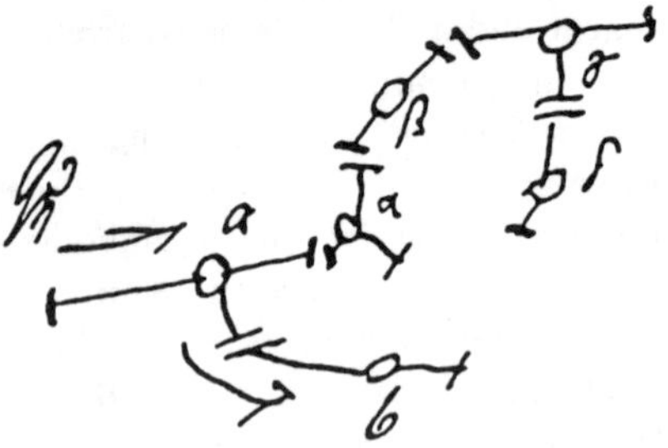

Abb. 6: ebd., S. 417

Damit hat Freud nun die entscheidenden Faktoren entwickelt, die die Abläufe innerhalb des psychischen Apparats sowohl steuern als auch (quantitativ) modifizieren: der Durchgang von Erregung führt zur *Bahnung* der Kontaktschranken, d.h. zur Veränderung des Widerstands bzw. der Schaltgesetze in den Reglern, wodurch die Erregung in bestimmte divergierende Richtungen (in die des geringsten Widerstands) geleitet wird; die *Divergenz* und die *Besetzung* der Neurone reduziert (modifiziert) die Erregungsquantitäten und trägt zu einer weiteren Steuerung der Abläufe bei, indem jede Besetzung als sogenannte Seitenbesetzung im Sinne einer weiteren Bahnung wirken kann; und diese Art der Steuerung stellt noch eine zusätzliche *Hemmung* für den Erregungsablauf dar. Was Freud hier versucht, könnte man auch so zusammenfassen: er möchte erstens die *Steuerung von Abläufen innerhalb seines Modells* darlegen, also die Frage beantworten, warum ein bestimmter Reiz einen ganz bestimmten Weg geht und welchen; und zweitens möchte er zeigen, wie die Bedeutung des Quantitativen in aufsteigender Linie abnimmt, bzw. dann ins „Qualitative“ überführt werden kann: die Quantität eines spezifischen (somatischen) Reizes verliert zunehmend an Bedeutung gegenüber der bestimmten Art und Weise, in der dieser Reiz verteilt, verschaltet, verknüpft, vernetzt oder eben assoziiert wird. Kurz: *die Bedeutung oder Information ist letztlich an die Verschaltung (nicht an die Quantität/Materialität) des Reizes gebunden.* Damit ist nicht nur der Übergang vom Somatischen (Quantität) ins Psychische (Qualität), sondern innerhalb des Modells auch der Übergang vom Primär- in den Sekundärvorgang, der ja wesentlich durch die Hemmung der Abfuhr gekennzeichnet ist, dargestellt.

Wichtig werden diese Thesen nun für die Einführung des *Ich*s. Das Ich wird aufgefaßt als eine *Organisation* in ψ, welche die Erregungsabläufe in bestimmter Weise beeinflußt. Seine Entstehung stellt Freud sich so vor,

„daß die regelmäßig wiederholte Aufnahme endogener Q in bestimmte Neurone (des Kernes) und die bahnende Wirkung, die von dort ausgeht, eine Gruppe von Neuronen ergeben wird, die konstant besetzt ist, also dem durch die sekundäre Funktion erforderten Vorratsträger entspricht. Das Ich ist also zu definieren als die Gesamtheit der jeweiligen ψ-Besetzungen, in denen sich ein bleibender von einem wechselnden Bestandteil sondert.“ (ebd., S. 416)

Damit liefert Freud eine *formale* Definition des Ichs: das Ich ist zusammengesetzt oder besteht aus einer Gruppe, einem Netz von besetzten Neuronen; es ist, nochmals mit anderen Worten, die Gesamtheit „eines Komplexes von Neuronen, die ihre Besetzungen festhalten, also für kurze Zeiträume ein Komplex konstanten Niveaus“ (ebd., S. 459), mithin eine Reihe assoziierter Regler, die mindestens „für kurze Zeiträume“ gemeinsam nach Schaltprinzipien auf einem in etwa gleich hohen Niveau arbeiten – wobei sich eben „ein bleibender von einem wechselnden Bestandteil sondert.“ D.h.: das Ich verfügt einerseits über einen *bleibenden* Anteil besetzter ψ-Neurone von relativ höherem Organisationsniveau – was einer konstanten homöostatischen Regulierung auf Ich- bzw. Sekundärprozeß-Niveau entspricht – sowie hinzukommend einen *wechselnden* Anteil solcher offenbar nur passager (höher) besetzter Neurone, die somit nicht zum eisernen Bestand der Ich-Neurone zu rechnen sind. Bereits in der *Interaktion* des wohl umfangreicheren bleibenden Kernbestands des Ichs mit den fluktuierenden Anteilen von nur vorübergehend auf Ich-Niveau operierenden Elementen (Neuronen) ist die *Dynamik der Ich-Organisation* angelegt.

Nach dieser *formalen* (oder auch „*neurophysiologischen*“) Modellskizze des Ichs – für Freud die „dunkelste Stelle“ (ebd.) seiner frühen Theoriebildung – entwickelt er nun das dazugehörende *psychologische* Gegenstück, indem er konkret aufzeigt, welche Folgen die Interaktion mit einem Objekt für die Ich-Bildung hat. Dabei wird das „Befriedigungserlebnis“ zu einem zentralen Paradigma, und das geht so: Wenn z. B. Hunger, d. h. die dem Hunger entsprechenden endogenen Reize, die diversen Kontaktschranken überwunden und die ψ-Kernneurone erreicht haben, dann, so Freud, ist ψ der Quantität „Q preisgegeben, und damit entsteht im Innern des Systems der Antrieb, welcher alle psychische Tätigkeit unterhält. Wir kennen diese Macht als den *Willen*, den Abkömmling der *Triebe*.“ (ebd., S. 410) Da haben wir sie also schon, die Triebe[40], die ein unverzichtbares Element der Freudschen Metapsychologie sind. Sie sind das bewegende Moment, die „Bewegung“ oder „Strömung“ von spezifischen Erregungsquantitäten (die Variablen), die, wenn alle Schwellen in den Kontaktschranken überwunden sind, die ψ-Neurone erreichen und damit die Aktivierung der homöostatischen Regulationsmaßnahmen einleiten. Und nun heißt es weiter:

„Die Erfüllung der Kern-Neurone in ψ wird ein Abfuhrbestreben, einen *Drang* zur Folge haben, der sich nach motorischem Weg hin entlädt. Der Erfahrung nach ist es die Bahn zur *inneren Veränderung* (Ausdruck der Gemütsbewegung, Schreien, Gefäßinnervation), die dabei zuerst beschritten wird. Alle solche Abfuhr wird aber (...) keinen entlastenden Erfolg haben, da die Aufnahme endogenen Reizes doch fortdauert und die ψ-Spannung wiederherstellt. Reizaufhebung ist hier nur möglich durch einen Eingriff, welcher im Körperinnern die Qη-Entbindung für eine Weile beseitigt, und dieser Eingriff erfordert eine Veränderung in der Außenwelt (Nahrungszufuhr, Nähe des Sexualobjektes), welche als *spezifische Aktion* nur auf bestimmten Wegen erfolgen kann. Der menschliche Organismus ist zunächst unfähig, die spezifische Aktion herbeizuführen. Sie erfolgt durch *fremde Hilfe*, indem durch die Abfuhr auf dem Wege der inneren Veränderung ein erfahrenes Individuum auf den Zustand des Kindes aufmerksam gemacht [wird]. Diese Abfuhrbahn gewinnt so die höchst wichtige Sekundärfunktion der *Verständigung* und die anfängliche Hilflosigkeit des Menschen ist die *Urquelle* aller *moralischen Motive*.“ (ebd., S. 410 f.)

Man sieht: Freud bezieht das „äußere Objekt“ von Anfang an in seine Darstellung der psychischen *und* neuralen Entwicklungsprozesse mit ein[41]. Die Beschreibung der ersten entscheidenden Interaktionen zwischen Mutter und Kind enthält somit die Grundfigur für jede Beziehung zwischen *innen und außen,* also einer Objektbeziehungstheorie[42], und liefert zugleich ein Muster für die Strukturierungs- bzw. Adaptations- und Lernprozesse innerhalb des psychischen Apparats. Schauen wir uns diesen letzteren Vorgang genauer an: Ein „hilfreiches Objekt“ ermöglicht erstmals die „spezifische Aktion“, die mit dem Drang zugleich die Ursache der endogenen Erregung, den Hunger, beseitigt. Dabei entsteht ein Befriedigungserlebnis, „welches die eingreifendsten Folgen für die Funktionsentwicklung des Individuums hat“ (ebd., S. 411). Es werden nämlich 1. die bestimmten Neurone im ψ-Kern, die von diesem Drang erfaßt werden, mit 2. einer Besetzung bestimmter Neurone des ψ-Mantels, die von der Wahrnehmung des hilfreichen Objekts aus erregt werden (visuelle, olfaktorische, gustatorische, taktile, auditive etc.) und 3. den „Abfuhrnachrichten von der ausgelösten Reflexbewegung" (ebenfalls sensible Erregungen), die an einer anderen Stelle im ψ-Mantel zu einer Besetzung führen und dort sozusagen ein „Bewegungsbild" der spezifischen Aktion abgeben, miteinander verknüpft. „Zwischen diesen Besetzungen und den Kern-Neuronen bildet sich dann eine Bahnung." (ebd., S. 411) Und diese Bahnung wird nun dazu führen, daß jede erneute endogene Erregung derselben Art, also jeder durch einen Bedürfnisreiz aus gleicher Quelle erzeugte Drang, nach dem „Grundgesetz der Assoziation durch Gleichzeitigkeit"[43] zu einer Reihe von sensorischen Erregungen = einem „Objektbild" und „sensiblen Erregungen (von Haut und Muskeln)" (ebd.) = einem „Bewegungsbild" führt[44]. Es ist sozusagen eine *endo-senso-motorische Assoziation zwischen Bedürfnis, Objekt und Aktion* gebahnt, und diese Assoziation dient hinfort als Erfolgsmuster der Orientierung und Koordination: mit ihrer Hilfe gelingt es dem Organismus von Mal zu Mal besser, gezielt ein Befriedigungserlebnis herbei-, eine „spezifische Aktion" durchzuführen.[45]

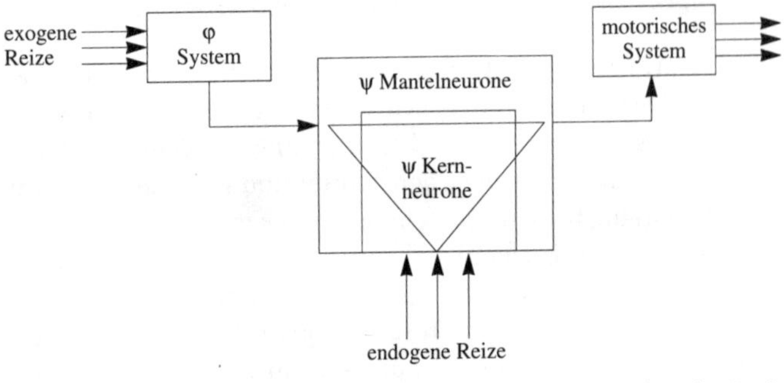

Abb. 7: Graphische Darstellung des φ-ψ-Systems. Die drei Ecken des Dreiecks stehen für den Triebreiz (unten), das Objektbild (links) und das Bewegungsbild (rechts), die in der Halluzination – zu einem Assoziationsmuster verknüpft – gemeinsam erregt werden.

Jetzt entsteht eine neue Schwierigkeit: Wenn künftig bei jedem Triebreiz aus gleicher Quelle die einmal assoziierten Objekt- und Bewegungsbilder wiederbesetzt, d. h. „erinnert" werden, wie soll dann der Organismus unterscheiden, ob das bei einem endogenen Reiz auf den Plan gerufene Objektbild eine Halluzination oder eine Realitätswahrnehmung ist, und folglich, wann es zweckmäßig ist, eine motorische Aktion durchzuführen? Oder nochmals anders gefragt: Wenn alles Psychische durch einen Kreisprozeß dargestellt werden kann, der die ψ-Kern- mit den ψ-Mantelneuronen zusammenschließt, wie soll dann unterschieden werden können, ob eine Erregung bloß von innen (Reproduktion) oder aber von außen (Rezeption) den psychischen Apparat affiziert? Nun könnte man meinen, diese Frage ließe sich rein quantitativ beantworten, indem man z. B. der Wahrnehmung im Gegensatz zur Erinnerung einen stärkeren Erregungsfaktor zusprechen würde – so daß dann auch Erinnerungsbilder nach Art der Halluzinationen ab einer gewissen Stärke wie Realitätswahrnehmungen erscheinen können – und in der Tat spielt das Quantitative bei dieser Unterscheidung eine Rolle. Aber Freud zielt hier auf die Frage der *qualitativen* Unterschiede, die er, mindestens zum Teil, an das *Bewußtsein* geknüpft sieht. Und dieses für jede Psychologie so interessante wie erklärungsbedürftige Phänomen, das Bewußtsein, harrt ja bisher noch einer Aufklärung innerhalb seines Modells. Freud überlegt:

„Bei der Wahrnehmung sind das φ- und das ψ-System mitsammen tätig; es gibt nun einen psychischen Vorgang, der sich wohl ausschließlich in ψ vollzieht, das Reproduzieren oder Erinnern, und dieser ist allgemein gesprochen qualitätslos. Die Erinnerung bringt de norma nichts von der besonderen Art der Wahrnehmungsqualität zustande. So schöpft man Mut zur Annahme, es gäbe ein drittes System von Neuronen, ω etwa, welches bei der Wahrnehmung miterregt wird, bei der Reproduktion nicht, dessen Erregungszustände die verschiedenen Qualitäten ergeben, d. h. *bewußte Empfindungen* sind." (ebd., S. 401)

Das sieht so aus, als ob Freud die Frage einer Unterscheidung von Erinnerung und Wahrnehmung, die für ihn mit der Frage nach dem Bewußtsein verknüpft ist, tautologisch durch die Einführung von Wahrnehmungs- oder Bewußtseins-Neuronen (ω/w: omega für Wahrnehmung) beantwortet.

„Bewußtsein ist hier die subjektive Seite eines Teiles der physischen Vorgänge im Nervensystem, nämlich der ω-Vorgänge, und Wegfall des Bewußtseins läßt das psychische Geschehen nicht ungeändert, sondern schließt den Wegfall des Beitrages aus ω in sich ein." (ebd., S. 404)

Kurz: Bewußtsein ist die Aktivität von Bewußtseins-Neuronen und Wegfall des Bewußtseins ist die Inaktivität der Bewußtseinsneurone. Freud bekennt:

„Nur durch solche komplizierte und wenig anschauliche Annahmen ist es mir bisher gelungen, die Phänomene des Bewußtseins in den Aufbau der quantitativen Psychologie einzubeziehen. Eine Erklärung, wieso Erregungsvorgänge in den ω-Neuronen Bewußtsein mit sich bringen, ist natürlich nicht zu versuchen." (ebd., S. 403)

Verfolgen wir trotzdem, wie Freud die ω-Neurone in sein System einbaut, dann zeigt sich zunächst einmal, daß er dabei seine Absicht einer fortschreitenden Reduktion des quantitativen Faktors weiterverfolgt, indem er vermutet, „daß das System ω von noch geringeren Quantitäten bewegt wird." (ebd., S. 402) Wenn aber in ω die Quantitäten bis auf das für Besetzung und Abfuhr erforderliche Minimum reduziert sein sollen, müsse es noch etwas anderes geben, was die enorme Flexibilität und Differenziertheit von Bewußtseinsvorgängen gewährleistet: und dieses andere findet Freud in der *zeitlichen* Charakteristik quantitativer Abläufe, der *Periode* oder Frequenz[46] der Erregung:

„So will ich annehmen, daß aller Widerstand der Kontaktschranken nur für die Q-Übertragung gilt, daß aber die *Periode* der Neuronenbewegung sich ungehemmt überallhin fortpflanzt, gleichsam als Induktionsvorgang (...), daß die ω Neurone unfähig sind, Q aufzunehmen, dafür sich die Periode der Erregung aneignen, und daß dieser ihr Zustand von Affektion durch die Periode bei geringster Qη-Erfüllung das Fundament des Bewußtseins ist." (ebd.)

Daß die Periode sich „ungehemmt überallhin fortpflanzt", heißt das nicht, daß die ω-Neurone die Periode oder Frequenz *aller* erregter Neuronenkomplexe, der φ-Neurone ebenso wie der ψ-Mantel- und ψ-Kernneurone, registrieren können? Jedenfalls kann Freud damit nebst der topischen Repräsentation noch eine je Sinnesorgan verschiedene Periode oder Frequenz der einzelnen Reize – er spricht in diesem Zusammenhang von „spezifischer Energie“ – in sein Modell einbeziehen, „und diese Modifikationen sind es, die sich durch φ über ψ nach ω fortsetzen und dort, wo sie fast quantitätsfrei sind, bewußte Empfindungen von Qualitäten erzeugen.“ (ebd., S. 403) Die ω-Neurone sind also auch nur „*fast* quantitätsfrei“, ihre Einführung übertritt somit nicht die Grenzen der Möglichkeiten des angelegten Modells. Ja, mehr noch: wenn wir uns jetzt wieder vergegenwärtigen, daß uns die Modellkonstruktion letztlich nicht unter materiellen, sondern nur unter strukturellen Gesichtspunkten interessiert, dann kann man ohne weiteres sagen: auch die Periode oder Frequenz läßt sich „quantitativ“ oder mathematisch, zumindest durch ein *mehr* (höher/„schneller“) oder *weniger* (niedriger) ausdrücken. Und d. h.: auch die ω-Neurone stellen ein System dar, das quantitative Reize (eben die Periode der Erregung) erhält und abführt, und diesem ω–System ordnet Freud die Wahrnehmung der Qualitäten, wie z. B. von verschiedenen Sinneseindrücken, aber auch von Lust und Unlust, sowie das Bewußtsein zu.

„Da uns eine Tendenz des psychischen Lebens, *Unlust zu vermeiden*, sicher bekannt ist, sind wir versucht, diese mit der primären Trägheitstendenz zu identifizieren. Dann wäre *Unlust* zu decken mit Erhöhung des Qη-Niveaus oder quantitativer Drucksteigerung, wäre die ω–Empfindung bei Qη-Steigerung in ψ. Lust wäre die Abfuhrempfindung. Da ω von ψ aus erfüllt werden soll, ergäbe sich die Annahme, daß bei höherem ψ-Niveau die Besetzung in ω zu-, bei fallendem Niveau dagegen abnimmt. Lust und Unlust wären die Empfindungen der eigenen Besetzung[,] des eigenen Niveaus in ω, wobei ω und ψ gewissermaßen kommunizierende Gefäße darstellen. Auf solche Weise kämen auch die quantitativen Vorgänge in ψ zum Bewußtsein, wieder als Qualitäten.

Mit der Lust- und Unlustempfindung schwindet die Eignung, sinnliche Qualitäten wahrzunehmen, die sozusagen in der Indifferenzzone zwischen Lust und Unlust liegen. Es wäre dies zu übersetzen, daß die ω-Neurone bei einer gewissen [Stärke der] Besetzung ein Optimum zeigen, die *Periode* der Neuronenbewegung aufzunehmen, bei stärkerer Besetzung Unlust ergeben, bei schwächerer Lust, bis die Aufnahmsfähigkeit mit dem Mangel an Besetzung schwindet.“ (ebd., S. 404 f.)

Damit hat Freud das Phänomen des *Qualitativen* auf quantitative Differenzen zurückgeführt, oder ins *Quantitative* übersetzt, und das ist wichtig, denn ein Modell kann nicht „fühlen", auf „Lust" oder „Unlust" reagieren, oder „bewußt" und „unbewußt" sein. Lust und Unlust können also innerhalb des Modells aufgefaßt werden als *phänomenal* „qualitative" Äquivalente von Annäherungen oder Abweichungen in bezug auf optimale und quantitativ auszudrückende Gleichgewichtszustände, wobei Homöostase auch an dieser Stelle von Freud nicht absolut, sondern bezogen auf eine gewisse Bandbreite von Erregungsquantitäten aufgefaßt wird, für die es eine obere, Unlust auslösende, und eine untere Grenze gibt, unterhalb derer nichts mehr wahrgenommen werden kann; die Wahrnehmung der verschiedenen „sinnlichen Qualitäten" liegt auf einer mittleren Ebene, in der sogenannten „Indifferenzzone zwischen Lust und Unlust".

Nun soll ω ja *bei jeder äußeren Wahrnehmung* von φ über ψ her – oder direkt von φ – erregt werden[47], und die ω-Erregung wird dann eine ω-Abfuhr zur Folge haben, von der wiederum eine Nachricht an ψ gelangt – weil ψ alle *Veränderungen* (Zunahme/Abnahme) von endogenen Erregungen registriert, also auch die in φ und ω. *„Die Abfuhrnachricht von ω ist dann das Qualitäts- oder Realitätszeichen für ψ."* (ebd., S. 421). Das gilt für alle einfachen Wahrnehmungsvorgänge. Aber auch eine intensive endogene Erregung in ψ allein – wenn also „das Wunschobjekt ausgiebig besetzt", also „gesucht" wird (ebd.) – könnte ein solches Qualitätszeichen in ω hervorrufen. Die für die Selbsterhaltung des Organismus so wichtige Ausgangsfrage nach der Unterscheidung zwischen einem Erinnerungsbild (Halluzination) und der Realitätswahrnehmung (wann also anstatt einer frustrierenden Leerlaufhandlung eine Befriedigungserfahrung zu erwarten ist), läßt sich deshalb quantitativ nur so beantworten, daß die Vorgänge in ψ einer (quantitativen) Hemmung unterliegen müssen, damit sie in ω nicht ein Realitätszeichen auslösen. Und diese Hemmung ermöglicht das Ich, dieses „Netz besetzter, gegeneinander gut gebahnter Neurone" (ebd., S. 417), welches eben einen Teil der Erregungsquantitäten in die Richtung der gebahnten Kontaktschranken auf die besetzten Neurone (darunter auch sogenannte Seitenbesetzungen) verteilt, wobei es die vorhandene Quantität an Erregung bindet und so das Erregungsniveau herabdrückt; in der „Annahme eines gleichsam gebundenen Zustandes“ in den Neuronen vereinigt Freud zwei Gegensätze, nämlich: „starke Besetzung und schwache Verschiebung“ von Quantitäten; und genau dieser Zustand ist es auch, der den Denkvorgang, die intensive Aufmerksamkeit ermöglicht (ebd., S. 459) – den Sekundärvorgang im Gegensatz zum Primärvorgang charakterisiert. Die zuletzt noch verbleibenden „ungebundenen“ („frei beweglichen“) Quantitäten in ψ reichen dann nicht mehr aus, in ω das Qualitätszeichen für die Realitätswahrnehmung hervorzurufen. Somit kann Freud ergänzen bzw. präzisieren: „Es ist demnach *die Ichhemmung, welche ein Kriterium zur Unterscheidung zwischen Wahrnehmung und Erinnerung ermöglicht.*“ (ebd., S. 421) Nun kann der Vorgang des Erinnerns aber auch Bewußtheit erlangen und Bewußtes ist ja an die – wenn auch minime – Abfuhr in ω geknüpft. Das Problem ist folgendes:

„Qualitätszeichen kommen normalerweise nur von W; also handelt es sich darum, aus dem Qη-Ablauf eine W[ahrnehmung] zu gewinnen. Wenn an den Qη-Ablauf eine Abfuhr geknüpft wäre (neben dem Rundlauf), so würde diese wie jede Bewegung eine Bewegungsnachricht liefern. Sind doch die Qualitätszeichen selbst nur Abfuhrnachrichten (...). Allein, es handelt sich darum, von allen Besetzungen solche Abfuhren zu erhalten. Sie sind nicht alle motorisch, müssen also zu diesem Zweck mit motorischen Neuronen in eine sichere Bahnung gebracht werden.

Diesen Zweck erfüllt die *Sprachassoziation.* Sie besteht in der Verknüpfung der ψ-Neurone mit Neuronen, welche den Klangvorstellungen dienen und selbst die engste Assoziation mit motorischen Sprachbildern haben. (...) Vom Klangbild gelangt die Erregung jedenfalls zum Wortbild, von diesem zur Abfuhr. Sind also die Erinnerungsbilder derart, daß ein Teilstrom von ihnen zu den Klangbildern und motorischen Wortbildern gehen kann, so ist die Besetzung der Erinnerungsbilder mit Abfuhrnachrichten begleitet, welche Qualitätszeichen, damit auch Bewußtseinszeichen der Erinnerung sind.“ (ebd., S. 455 f.)[48]

Erinnern oder Denken kann demnach nur dann bewußt werden, wenn es unter Verwendung „motorischer Wortbilder“, sogenannter „*Sprachabfuhrzeichen*“ erfolgt: „sie stellen die

Denkvorgänge den Wahrnehmungsvorgängen gleich, verleihen ihnen eine Realität und *ermöglichen deren Gedächtnis.*" (ebd., S. 456) Man könnte das auch so verstehen: Die über ein aktiviertes Assoziationsnetz ausgelöste geringfügige Innervation der Sprachmotorik ergibt die Abfuhrzeichen (= den quantitativen Betrag), die erforderlich sind, um innerhalb des Modells die Kriterien für Bewußtheit zu erfüllen. Kurz: *bewußtes Denken ist immer sprachlich kodiert.* Damit ist jetzt eine quantitative Unterscheidung zwischen Wahrnehmung und Vorstellung (bewußtem oder unbewußtem reproduzierendem Denken, Erinnerung) sichergestellt und es fehlt nur noch zu zeigen, wie beide z. B. zum Zwecke der Bedürfnisbefriedigung in Übereinstimmung gebracht werden können. Und das ist jetzt ganz einfach, denn wenn man berücksichtigt, „daß die Wahrnehmungsbesetzungen nie Besetzungen einzelner Neurone sind, sondern stets von Komplexen" von Neuronen (ebd., S. 423), und außerdem, daß das Bedürfnis ja ebenfalls eine ganze Assoziationskette von Neuronen des ψ-Kerns und ψ-Mantels, mithin ebenfalls einen *spezifischen Komplex* von Neuronen erregt, dann leuchtet ein, daß die „biologische Erfahrung" (die Persistenz von Ungleichgewichtszuständen) lehren wird, „daß es unsicher ist, Abfuhr einzuleiten, wenn die Realitätszeichen nicht den ganzen Komplex, sondern nur einen Teil davon bestätigen." (ebd.) Das ist ein interessanter Punkt, denn jetzt haben wir es mit der Erregung *zweier parallelgeschalteter Neuronenkomplexe* zu tun, von dem der eine den anderen bestätigen soll. Die „Wunschbelebung" wird also ein spezifisches *Muster*, eine spezifische Assoziationsreihe in ψ aktivieren bzw. „besetzen" und für die Gesamtwahrnehmung bei der Suchbewegung zur Vorgabe machen (selektive Wahrnehmung), wodurch erst beim Auftauchen einer Wahrnehmung in der Außenwelt, die über die φ- und ψ-Mantelneurone in ω ein entsprechendes, *passendes Muster* aktiviert, über die Rückmeldung nach ψ die spezifische quantitative Verstärkung (eine Art „Dopplung") eintritt, welche die definitive „Abfuhr" einleitet. Noch genauer betrachtet, müßte man sagen: Das Assoziationsmuster der Erinnerungsspur in ψ ist zusammengesetzt aus den Erregungsbeträgen der Neurone von Bedürfnisreiz, Befriedigungsobjekt und Befriedigungshandlung; das Assoziationsmuster der (äußeren) Wahrnehmung in ω enthält nur die Erregungsbeträge des (passenden) Befriedigungsobjekts; die Ausführung der Befriedigungshandlung *komplettiert* also das Muster in Verbindung mit dem Bedürfnisreiz und macht es dadurch *insgesamt* passender. Passung wäre damit, formal gesehen, ebenfalls nichts anderes als eine Art „Gleichgewichtszustand“ zweier Erregungsmuster (auf hierarchisch höherem Niveau).[49]

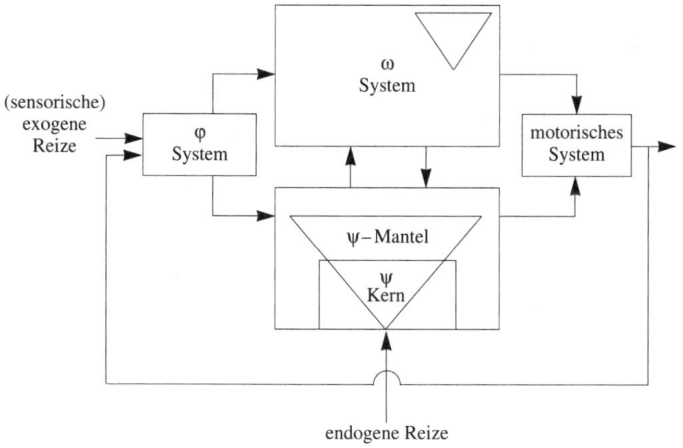

Abb. 8: Dieses Schema entspricht lediglich einer einfachen Darstellung der von Freud im *Entwurf* konstruierten Systeme und der über sie ablaufenden Prozesse des Referenzierens. Kybernetisch müßte der ψ-Komplex eigentlich durch zwei hintereinandergeschaltete Kästen dargestellt werden; die hier gewählte Fassung ist aber der Abb. 7 näher und macht den Vorgang des Referenzierens deutlicher. Beim Vorgang der Bedürfnisbefriedigung in der Realität soll das kleinere Dreieck im ω-System (Wahrnehmung eines passenden Musters) in Übereinstimmung gebracht werden mit dem Dreieck im ψ-System (welches für die Assoziation zwischen Bedürfnis, Befriedigungsobjekt und spezifischer Aktion steht).

Freud führt mit dem Komplex der ω-Neurone ein *drittes* System ein und allein diese Tatsache sollte uns davor bewahren, die ω-Neurone vorschnell als tautologische Pseudoerklärung für das Bewußtsein abschaffen zu wollen. Denn alle Modellvarianten Freuds sind gekennzeichnet durch die Dualiät der Variablen und eine Trias der Regler – ob es sich nun um die Systeme φ, ψ, und ω, das Ubw, Vbw und Bw oder die Strukturen Es, Überich,

Ich handelt. Es fragt sich also, ob diesem ω-System etwas besonderes eignet, was durch die beiden anderen bisher noch nicht hatte konzeptualisiert werden können? Und da hat sich nun gezeigt, daß das Postulat des ω-Systems eine *Referenzgröße* einführt, die offenbar die Funktion einer *Integration* bzw. eines *Vergleichs* von *Musterbildungen neuronaler Erregungskomplexe* hat – oder ermöglicht. Man kann sich das so vorstellen, daß beim einfachen Vorgang des „interesselosen Wohlgefallens", also bei einer sozusagen bedürfnisfreien Wahrnehmung (z.B. bei der sogenannten „gleichschwebenden Aufmerksamkeit") von φ aus die ψ-Mantelneurone und die ω-Neurone erregt werden, deren Abfuhr als Qualitäts- oder Realitätszeichen in den ψ-Mantelneuronen die Verstärkung bewirken, die dann das Phänomen der bewußten Wahrnehmung ermöglichen. Hingegen wird im Zustand der Bedürfnisspannung ein *bestimmtes* Muster von assoziierten Neuronen im ψ-Kern und ψ-Mantel erregt, zu dem das Erregungsmuster jeder nur zufälligen Wahrnehmung *unpassend* („unbedeutend") und damit insgesamt quantitativ unterschwellig bleibt, weil es jetzt zu einem Mustervergleich zwischen den Erregungskomplexen in ψ und ω kommt, die wie zwei Filter übereinandergelegt werden und nur im Falle einer *optimalen Passung der Muster* die nötige quantitative Verstärkung erfahren, welche in ω das Realitätszeichen für die bewußte Wahrnehmung des „Befriedigung verheißenden" Objekts auslöst. Man kann also sagen: ω ist das System, welches Bewußtsein und auch die Unterscheidung von inneren und äußeren Wahrnehmungen ermöglicht, indem es vor allem die Muster verschiedener Erregungskomplexe auf zwei Ebenen vergleicht respektive integriert und verarbeitet; ω arbeitet damit auf einem komplexeren Niveau als das ψ-System und könnte diesem insofern hierarchisch übergeordnet sein. Und da Freud das Bewußtsein an das ω-System knüpft, entspricht ω definitionsgemäß dem späteren System *Bw*, während die ψ-Vorgänge des Ichs von 1895 dem System Vbw entsprächen; und desgleichen würde in der späteren Strukturtheorie von 1923 das Ich in ψ wurzeln und ω einschließen.

Das Problem der Verdrängung

Das Funktionieren des psychischen Apparates, so wie er im *Entwurf* konstruiert wird, ist orientiert an den Reaktionsmöglichkeiten der drei Systeme φ, ψ und ω auf einen „normalen" Zuwachs an Erregung, d. h. auf Quantitäten von einer mittleren Bandbreite. Aber: „Alle Einrichtungen biologischer Natur haben ihre Wirksamkeitsschranken, außerhalb derer sie versagen" (ebd., S. 399), so erkennt Freud und führt dazu – als Gegenstück zum Befriedigungserlebnis – das Beispiel des Schmerzerlebnisses an. Der Schmerz wird definiert als ein „Hereinbrechen großer Q nach ψ" (ebd.). Diese Quantitäten, die von φ nach ψ und von dort in ω Drucksteigerung, also das Äquivalent für Unlust, bewirken, sind von einer Größenordnung, die alle Widerstände in den Kontaktschranken übersteigt, sie wirken sozusagen, „wie wenn der Blitz durchgeschlagen hätte", und hinterlassen in ψ „Bahnungen, die möglicherweise den Widerstand der Kontaktschranken völlig aufheben und dort einen Leitungsweg etablieren, wie er in φ besteht." (ebd., S. 400) Der Schmerz richtet also dauernde Bahnungen zur direkten, reflektorischen Abfuhr ein. Und ebenso, wie beim Befriedigungserlebnis eine Assoziation zwischen Wunsch, Objekt und Bewegungsbild entsteht, die in vergleichbaren Bedürfnislagen reaktiviert wird, hinterläßt das Schmerzerlebnis eine Assoziation zwischen dem Schmerz = Niveausteigerung in den ψ-Kernneuronen und damit auch in ω, sowie dem schmerzverursachenden (feindlichen) Objekt und der motorischen „Abfuhrreaktion" in den ψ-Mantelneuronen. Aber nun stößt Freud auf eine erste Schwierigkeit:

„Wird das Erinnerungsbild des Objektes (feindlichen) irgendwie neu besetzt, z.B. durch neue Wahrnehmung, so stellt sich ein Zustand her, welcher nicht Schmerz ist, aber doch Ähnlichkeit mit ihm hat. Er enthält Unlust und die Abfuhrneigung, die dem Schmerzerlebnis entspricht. Da Unlust Niveausteigerung bedeutet, fragt es sich nach der Herkunft dieser endogenen Quantität." (ebd., S. 413)

Diese Frage hätte Freud eigentlich ohne weiteres beantworten können: wenn durch das ursprüngliche Schmerzerlebnis bleibende Bahnungen etabliert worden sind, innerhalb derer der Kontaktschrankenwiderstand möglicherweise sogar völlig aufgehoben ist (wie wenn der Blitz durchgeschlagen hätte), dann bedürfte es ja gar keiner *zusätzlichen* „endogenen Quantität" zur „Niveausteigerung", dann würde ja eben aufgrund der Erniedrigung oder Aufhebung der Widerstände (Schwellen) in den Kontaktschranken (Reglern) der assoziierten Neurone (des ganzen Komplexes) die Wahrnehmung des feindlichen Objekts bereits Unlust („Niveausteigerung") und direkt „Abfuhr" auslösen – nicht aber Schmerz, weil es dafür wohl noch zusätzlicher sensorischer Wahrnehmung (Reizung = Zufuhr) bedürfte.

Aber Freud versucht dieses Problem anders zu lösen, indem er annimmt, es gebe zusätzlich noch „sekretorische Neurone" auch „Schlüsselneurone" genannt, zu denen bei außerordentlichen Erregungsquantitäten in ψ (wie z. B. im Schmerz) eine Bahnung hergestellt wird. Und diese Schlüsselneurone würden dann bei einer Wiederbesetzung der feindlichen Erinnerung aktiviert, d. h. sie würden ein Sekret (eine endogene Quantität) produzieren, das in ψ und ω eine Drucksteigerung verursachen würde, die in ω als „Unlust" registriert würde. Wollte man an der Einführung der Schlüsselneurone festhalten, (die interessanterweise keinen griechischen Buchstaben zur Kennzeichnung erhalten haben und somit von den φ-, ψ- und ω-Neuronenkomplexen deutlich unterschieden werden), dann müßte man annehmen, daß das System der Schlüsselneurone nur bei einer überschwelligen Erregung, die „ans Pathologische" streift und den Organismus einer Gefährdung aussetzt (ebd., S. 399), erregt wird, mithin über noch höhere Schwellen verfügt als das ψ- und das ω-System – oder, daß es überhaupt nur via ψ von ω aus erregt wird. So oder so wäre jedenfalls die Unlust der Schmerzerinnerung wiederum auf eine neuronale Basis gestellt und auf ihre „quantitative" Bedingung zurückgeführt. Bedeutsam ist das Beispiel der Schmerzerinnerung nun auch deshalb, weil Freud darin das Vorbild für die Verdrängung sieht:

„Schwieriger zu erklären ist die primäre *Abwehr* oder *Verdrängung*, die Tatsache, daß ein feindliches Erinnerungsbild stets so bald als möglich von der Besetzung verlassen wird. Indes dürfte die Erklärung darin liegen, daß die primären Schmerzerlebnisse durch reflektorische Abwehr zu Ende gebracht wurden. Das Auftauchen eines anderen Objektes anstelle des feindlichen war das Signal dafür, daß das Schmerzerlebnis beendet sei, und das ψ-System versucht, *biologisch* belehrt, den Zustand in ψ zu reproduzieren, der das Aufhören des Schmerzes bezeichnet. (...) Im vorliegenden Falle kann es leicht die bei Besetzung von feind[lichen] Er[innerungsbildern] jedesmal auftretende Qη-Steigerung sein, die zur gesteigerten Abfuhrtätigkeit, somit zum Abfluß auch von Er[innerungen] drängt." (ebd., S. 415)

Sofern das Ich in der Lage ist, durch entsprechende Seitenbesetzungen einen Großteil der Quantitäten in ψ zu binden, kommt es im Falle eines bloßen Erinnerungsbildes nicht zur vollen Unlustentwicklung und Abfuhr, sondern nur zur *Verdrängung* des „feindlichen" und Besetzung des „hilfreichen Objektbildes". Die Verdrängung benutzt sozusagen „ein Stück der Bahn zur inneren Veränderung" (ebd., S. 456), sie ist die Verschiebung oder Fortleitung der Erregung eines bestimmten Assoziationsmusters („Besetzung"), welches das (erste) „feindliche Objektbild" enthält, auf ein nachfolgendes, welches dem (zweiten) „hilfreichen/befriedigenden Objektbild" entspricht. Deshalb könnte man nun im Hinblick auf die Frage der Reaktivierung von gebahnten Erregungsmustern (Assoziationsketten) und der für die bewußte Wahrnehmung notwendigen Verstärkung folgendes beachten: während im Befriedigungserlebnis das die Befriedigungshandlung *auslösende* und das die Befriedigungshandlung *abschließende* Objekt identisch sind und gerade in dieser *Passung* die spezifische Verstärkung erfahren, konzipiert Freud eine *Diskrepanz* („mismatch") zwischen dem das Schmerzerlebnis *auslösenden* und dem das Schmerzerlebnis *abschließenden* Objekt (es gibt da zwei verschiedene Objekte), und daraus könnte man innerhalb des Modells zweierlei Schlußfolgerungen ziehen, nämlich erstens, daß in der Nicht-Identität der Erregungsmuster der beiden Objektbilder entweder die für die bewußte Wahrnehmung erforderliche quantitative Verstärkung in ω nicht erreicht wird (daß also der ganze Vorgang zwar wirksam, aber unterhalb der *Bewußtseins*schwelle verbleibt), oder daß das (abschließende) Befriedigungsobjekt (in der Befriedigungs- wie in der Schmerzerfahrung) als Endpunkt eines gebahnten Ablaufs immer Priorität hat, also ein allfälliges (auslösendes) Schmerzobjekt „verdrängt" oder ablöst; und zweitens, daß es bei einer starken Besetzung der Schmerzerfahrung in der Erinnerung gerade die *Diskrepanz der Erregungsmuster* (die Verschiedenheit von schmerzverursachendem und schmerzstillendem Objekt[50]) ist, die die Schmerzempfindung auslöst.[51]

Mit der Einführung der Schlüsselneurone meinte Freud, den Mechanismus der „normalen" Verdrängung erklärt zu haben. Für die pathologische Abwehr konnte der beschriebene Mechanismus jedoch nicht seine generelle Gültigkeit behalten. Zwar erkannte Freud für die hysterische Abwehr in Fortsetzung der „normalen", daß es auch hier als erste Bedingung „ein vom besetzten Ich ausgehender Abwehrvorgang" (ebd., S. 443) ist (Peinlichkeit), der eine Vorstellung durch eine andere ersetzt, aber diese Ersatzvorstellung sei im Gegensatz zur „normalen" nicht mehr flexibel, sondern eine „Symbolbildung so fester Art" (ebd.), daß sie einen hysterischen Zwang auszulösen vermag. Diese Symbol- und hysterische Zwangsbildung „fester Art" faßte Freud nicht im Sinne eines fixierten Assoziationskomplexes auf, der bei jeder neuen Wunschbelebung derselben Art wieder erregt („besetzt") und „durchlaufen" wird, sondern sah darin erneut eine (quantitative) Mehrleistung, „welche über die normale Abwehr hinausgeht" (ebd.) und die er deshalb innerhalb seines Modells ebensowenig zu erklären vermochte wie die seinen klinischen Forschungen entstammende zweite wesentliche Bedingung für die pathologische Abwehr, daß es sich dabei immer um eine Vorstellung handle, die dem sexuellen Bereich angehört (ebd., S. 442): „Es ist ganz unmöglich", überlegt Freud, „daß peinliche sexuelle Affekte an Intensität allen anderen Unlustaffekten so sehr überlegen seien. Es muß ein anderer Charakter der sexuellen Vorstellung sein, welcher erklären kann, daß einzig sexuelle Vorstellungen der Verdrängung unterliegen." (ebd., S. 444) Und das Problem der pathologischen Abwehr komplizierte sich für ihn noch weiter, indem Freud bedachte, daß bei der Zwangsneurose im Gegensatz zur Hysterie nicht die Vorstellung, sondern der Affekt verdrängt beziehungsweise verschoben wird, daß also bei der Zwangsneurose „Verdrängung ohne Symbolbildung stattfindet, ja daß Verdrängung und Substitution dort zeitlich auseinanderfallen. Somit bleibt der Vorgang der Verdrängung als Kern des Rätsels bestehen." (ebd.)

In der Hoffnung, die verschiedenen Versionen (Verläufe) von (pathologischen) Verdrängungsvorgängen mit Hilfe des normalen Abwehrmechanismus' erklären zu können, verstrickte sich Freud in immer komplizierter werdende Überlegungen, die seinem naturwissenschaftlichen Ideal der Einfachheit widersprachen – komplexe psychologische Prozesse (nicht Phänomene!) „mechanisch" (logisch/mathematisch), d.h. als Abläufe innerhalb seines Modells darzustellen. So betrachtete er schließlich seinen Versuch als gescheitert. Am 8.10.1895 schreibt er an Fließ:

„Was mir nicht zusammengeht, ist (...) die Aufklärung der Verdrängung, deren klinische Kenntnis übrigens große Fortschritte macht. (...) Aber die mechanische Aufklärung gelingt mir nicht, vielmehr ich will der leisen Stimme aufmerksam Gehör schenken, die mir sagt, meine Erklärungen schlügen nicht ein." (1985c, S. 146)

Warum Freud, der (1894a) das Konzept der pathologischen Abwehr entdeckt und als etwas „definitiv Neues" in die Neurosentheorie eingeführt hatte (Ellenberger, 1979, S. 671), an der mechanischen Darstellung der Verdrängung („wohl das widerspenstigste und auch für die psychoanalytische Theorie als Ganzes kritischste" Problem, so Sulloway, 1979, S. 170) scheiterte, soll später deutlich werden. Vorab dazu aber wenigstens ein Hinweis: Hätte sich Freud bei dieser Frage mehr auf das Basisaxiom seines Modells, das Trägheitsprinzip, zurückbesonnen, dem zufolge ein Erregungsanstieg (Eingangsvariable) das System (den Schalter) zu einer Maßnahme (homöostatische Regulierung) veranlaßt, welche die Erregung abführt (Ausgangsvariable), dann hätte er vielleicht diese „Abfuhr" (Ausgangsvariable) mit der Verdrängung in Verbindung bringen können, denn die Verdrängung dient ja erklärtermaßen keinem anderen Ziel als Unlust zu vermeiden, und Unlust ist, formal gesehen, das phänomenale Äquivalent einer überschwelligen Abweichung von strukturell etablierten Gleichgewichtszuständen. Daß Freud diese einfache, in den Grundannahmen seiner Modellkonstruktion bereits *enthaltene* „Lösung" nicht fand, könnte daran liegen, daß er die Verdrängung weniger als einen normalen adäquaten Vorgang der homöostatischen Regulation auffaßte, sondern den pathologischen Aspekt der Abwehr aus seiner klinischen Arbeit bei der Konzeption der Verdrängung immer schon (oder zu früh) mit im Blick hatte; die Verdrängung wurde deshalb mit einer Noxe, dem Schmerzerlebnis, in Verbindung gebracht und so nicht im Verein, sondern getrennt vom Befriedigungserlebnis konzipiert.[52]

Zusammenfassung

Damit ist der für unsere weiteren Überlegungen bedeutsame Grundriß des Modells aus dem *Entwurf einer Psychologie* herausgearbeitet. Das Modell funktioniert bzw. ist organisiert nach dem „Trägheitsprinzip", demzufolge jede Zufuhr von Erregungsquantitäten (von außen oder von innen) zu „Abfuhr"-Maßnahmen führt, die den ursprünglichen Zustand des ganzen Systems („Gleichgewicht") wiederherstellen. Dieser erste Hauptsatz des *Entwurfs* ließ sich formalisiert so darstellen:

$$\begin{array}{c}\text{Eingangs-}\\ \text{variable}\end{array}(+E)\rightarrow\begin{array}{c}\text{Gesetz:}\\ \text{Nullprinzip}\end{array}\rightarrow\begin{array}{c}\text{Ausgangs-}\\ \text{variable}\end{array}(-E)$$

Das Nervensystem reagiert zunächst einmal grundsätzlich gleich auf alle Erregungsabläufe innerhalb des Systems, unabhängig davon, ob es sich um endogene oder exogene Reize handelt. Da aber unmittelbare Abfuhr nicht geeignet ist, endogene Reize wirksam aufzuheben, modifiziert Freud in seinem nächsten Schritt das *Nullprinzip* zum *Konstanzprinzip*: das Neuronensystem speichert einen gewissen (möglichst niedrigen) Betrag an Erregungs-Quantitäten, den es zur Durchführung der bedürfnisbefriedigenden „spezifischen Aktion" braucht. Mit diesem Gedanken kommt Freud zum zweiten Hauptsatz seines Modells, der „Neuronentheorie", die interessante Überlegungen zur Frage der Strukturbildung enthält: Die neuronalen Leitungen sind mit Widerständen/Schwellen/Kontaktschranken ausgestattet, die die Fortleitung der Erregung in unterschiedlichem (zunehmendem) Maße erschweren. Passiert ein überschwelliger Erregungsbetrag eine solche Kontaktschranke, kommt es zu einer partiellen Erniedrigung des dortigen Schwellwerts; diese Erniedrigung des Widerstands führt dazu, daß bei einem nächsten Erregungsablauf diese Leitung mit dem niedrigeren Schwellwert bevorzugt durchlaufen wird; Freud bezeichnet diesen Vorgang als *Bahnung*. Da die Veränderung der Schwellwerte einer Modifikation der Schaltgesetze in den Kontaktschranken = Strukturen entspricht, ergibt sich: der Erregungsablauf führt zur Modifikation von Struktur und d.h.: der *Leitungsvorgang selbst ist strukturbildend, die energetische Aktivität des Systems führt zur Bildung von Struktur.* Der Aufbau des Systems erfolgt nach der Maßgabe einer zunehmenden Abhaltung von Erregungsgrößen (Brechung der Quantitäten auf jeder Stufe bzw. stufenweise „Verengung" der Leitungen bzw. relative Erhöhung der Schwellwerte); folglich bleiben auf jeder Stufe gewisse Erregungsquantitäten hängen, welche die nächsthöhere Schwelle nicht mehr übersteigen, und damit wird die zur Durchführung der spezifischen Aktion erforderliche Speicherung von Quantitäten möglich; Freud nennt dies eine *Besetzung*. Es ergibt sich: *Die Bahnung der Kontaktschranken und die Besetzung der Neurone sind das Resultat ein und desselben quantitativen Ablaufs.* Ein besetztes Neuron wirkt aber wie eine zeitweilige Bahnung und übt so zusätzlich noch einen anziehenden Einfluß auf die nachfolgenden Abläufe aus; Freud bezeichnet diesen Vorgang als *Hemmung* (für die Weiterleitung der Erregung). Damit sind die drei wichtigsten Faktoren der Strukturbildung, die *Bahnung*, die *Besetzung* und die *Hemmung*, erarbeitet. Von hier aus ergibt sich jetzt: *Das Gedächtnis des Systems besteht in der unterschiedlichen Bahnung der Neurone* und *das Ich läßt sich darstellen als ein Komplex besetzter Neurone, von dem eine steuernde und hemmende Wirkung auf alle Erregungsabläufe ausgeht.*

Realisiert werden diese Abläufe innerhalb dreier Systeme: das φ-System nimmt die peripheren Reize auf, das ψ-System empfängt die endogenen Reize und das ω-System ist für die bewußte Wahrnehmung zuständig. Da das System zwischen inneren und äußeren Reizen unterscheiden können muß, die Erregung der φ-Neurone selbst aber einen endogenen Reiz ergibt, differenziert Freud innerhalb des ψ-Systems zwischen den ψ-Kernneuronen (für endogene Reize) und den ψ-Mantelneuronen (welche die Erregung der φ-Neurone wie auch die der motorischen Neurone bei erfolgter „Abfuhr" anzeigen). Von hier aus konzipiert Freud das Paradigma einer Bedürfnis-Befriedigungs-Sequenz wie folgt: ein endogener Reiz (Hunger) bringt aufgrund der primären Abfuhrhandlungen (Schreien, Zappeln) das bedürfnisbefriedigende Objekt (Mutter, Brust) herbei, womit es zur adäquaten Befriedigungshandlung (Saugen) kommt; diese Sequenz führt zu einer Assoziation zwischen einem bestimmten endogenen Bedürfnis (in den ψ-Kernneuronen) sowie einem Objekt- und Bewegungsbild (in den ψ-Mantelneuronen), wonach bei jedem erneuten Reiz aus gleicher Quelle dasselbe Objekt- und Bewegungsbild wieder aktiviert wird; das ist die Konzeption der *Halluzination*. Von hier aus ergibt sich dann die Frage, wie das System zwischen Halluzination und Realitätswahrnehmung unterscheiden kann. Freuds Antwort: die endogenen Reize aktivieren einen Assoziationskomplex zwischen den ψ-Kernneuronen (Bedürfnis) und den ψ-Mantelneuronen (Objekt- und Bewegungsbild); die von außen an den Organismus herantretenden Wahrnehmungsreize werden aber nicht nur zu den ψ-Mantelneuronen weitergeleitet, sondern erregen gleichzeitig auch einen bestimmten Komplex der ω-Neurone. Damit ist die Unterscheidung von (Realitäts-)Wahrnehmung und Erinnerung (Halluzination) durch einen „Vergleich" der entsprechenden Erregungsmuster gewährleistet: eine Passung der Muster in ψ und ω ergibt die quantitative Verstärkung, die als „Realitätszeichen" die spezifische Aktion auslöst.

Keine Lösung fand Freud im *Entwurf* für das Problem der *Verdrängung*, die er analog zum (äußeren) Schmerzerlebnis zu konzeptualisieren versuchte. Mit der Einführung von sekretorischen oder Schlüsselneuronen wollte er seiner quantitativen Auffassung nachkommen, verstrickte sich dabei aber in immer kompliziertere Annahmen, die seiner Vorstellung von einer einfachen „mechanischen" (modellhaften) Erklärung widersprachen. Eine Klärung der metapsychologischen Konzeption der Verdrängung ist bis heute nicht erreicht worden; die in diesem Buch erarbeitete formalisierte Fassung der Metapsychologie macht hierzu einen Vorschlag.

Die Traumdeutung, VII. Kapitel (1900)

Die Anfänge und Grundlagen der psychoanalytischen Theorie (Metapsychologie) und damit das Modell vom „seelischen Apparat" wurden lange Zeit und werden zum großen Teil noch heute im VII. Kapitel der *Traumdeutung* gesehen. Das liegt hauptsächlich daran, daß die ganze Generation der „Gründerväter" der Psychoanalyse gar nichts von der Existenz des *Entwurfs* wußte; ihre Ausgangsbasis war deshalb – nebst den von Freud schon vor 1900 veröffentlichten theoretischen Teilen seiner Hysterie-Studien – Freuds *Traumdeutung*, und die Basisliteratur, die sie uns hinterlassen haben, tradiert diese Position bis in die heutige Zeit. Hinzu kommt, daß die erste (gekürzte) Veröffentlichung des *Entwurfs* 1950 ein starkes Argument für alle diejenigen gewesen ist, welche die Metapsychologie und mit ihr womöglich die ganze Psychoanalyse als auf den längst überholten Neurologievorstellungen des letzten Jahrhunderts basierend erkennen und ad acta legen wollten. Insbesondere die Hermeneutiker unter den Psychoanalytikern, die sich von dieser Position beeindrucken ließen, wiesen deshalb mit allem Nachdruck darauf hin, daß Freud den *Entwurf* ja nicht veröffentlicht, also verworfen habe, und daß die psychoanalytische Theorie erst nach dem *Bruch* mit dieser „neurologischen Träumerei", d.h. mit der *Traumdeutung* um 1900 entstanden sei, als Freud sich zugleich von der Hypnose, der Suggestion und der Drucktechnik losgesagt und hin zur *reinen Deutungsarbeit* gefunden habe. Ich bin der Meinung, daß diese Defensivhaltung die Forschung und Entwicklung der Psychoanalyse beeinträchtigt hat, indem sie von den Grundpositionen Freuds fortgeführt und die in ihnen liegenden Widersprüche unbearbeitet gelassen hat, weshalb die zeitgenössische Psychoanalyse trotz ihrer reichhaltigen Weiterentwicklung und bedeutsamer Neuerungen einzelner psychoanalytischer Konzepte diese ungelösten Probleme der Freudschen Theorie noch immer mit sich im Schlepptau führt.

Will man das VII. Kapitel der *Traumdeutung* als Basistext der Metapsychologie auffassen, dann ist es wichtig zu wissen, daß wesentliche Teile dieses VII. Kapitels aus Freuds *Entwurf einer Psychologie* von 1895 stammen. Gewiß ist der *Entwurf* viel reicher, reißt vieles an, womit sich die *Traumdeutung* gar nicht beschäftigt. Aber die zentralen Positionen, die zur Konstruktion des Modells vom psychischen Apparat gehören, sind alle dort schon versammelt, werden im VII. Kapitel lediglich wieder aufgenommen und nun publiziert. Deshalb geht es jetzt, wie wir im ersten Abschnitt dieses Kapitels sehen werden, teilweise um eine Art *Wiederlesen* der Grundannahmen aus dem *Entwurf,* diesmal in der von Freud publizierten Version – während wir uns im zweiten Abschnitt dann mit einigen neuen grundlegenden Überlegungen zu befassen haben. Zwei Fragestellungen sollen uns vor allem beschäftigen, nämlich erstens: wie sieht der *psychische Apparat* aus, den Freud konstruiert, wie funktioniert er? Und zweitens: wie versteht Freud das Kräftespiel zwischen Wunsch und Abwehr, d. h. welches *Trieb*konzept ist in diesem Kapitel implizit oder explizit enthalten, wie geht er mit dem bislang ungelösten Problem der *Verdrängung* um, und wie ist beides als Bestandteil der Konzeption vom psychischen Apparat vorgestellt?[53]

Nachdem sich Freud auf über 500 Seiten der Darstellung und Analyse der Traumvorgänge gewidmet hat, die Methode ihrer Deutung, ihr Motiv der Wunscherfüllung und die Mechanismen der Traumarbeit (Verdichtung, Verschiebung, Symbolisierung, Rücksicht auf Darstellbarkeit und sekundäre Bearbeitung) ausführlich erörtert hat, überrascht er den Leser mit der Einsicht, „wie unvollständig unsere Psychologie des Traumes geblieben ist“ und „daß die bequeme und behagliche Strecke unseres Weges hinter uns liegt.“ (1900a, S. 515) Freud realisiert, daß er an der Grenze des aus der Erfahrung Erschließbaren angelangt ist, und wechselt über auf die Ebene der *theoretischen Konstruktion*:

„Bisher haben alle Wege, die wir gegangen sind, wenn ich nicht sehr irre, ins Lichte, zur Aufklärung und zum vollen Verständnis geführt; von dem Moment an, da wir in die seelischen Vorgänge beim Träumen tiefer eindringen wollen, werden alle Pfade ins Dunkel münden. Wir können es unmöglich dahin bringen, den Traum als psychischen Vorgang *aufzuklären*, denn erklären heißt auf Bekanntes zurückführen, und es gibt derzeit keine psychologische Kenntnis, der wir unterordnen könnten, was sich aus der psychologischen Prüfung der Träume als Erklärungsgrund erschließen läßt. Wir werden im Gegenteil genötigt sein, eine Reihe von neuen Annahmen aufzustellen, die den Bau des seelischen Apparats und das Spiel der in ihm tätigen Kräfte mit Vermutungen streifen, und die wir bedacht sein müssen, nicht zu weit über die erste logische Angliederung auszuspinnen, weil sonst ihr Wert ins Unbestimmbare verläuft. Selbst wenn wir keinen Fehler im Schließen begehen und alle logisch sich ergebenden Möglichkeiten in Rechnung ziehen, droht uns die wahrscheinliche Unvollständigkeit im Ansatz der Elemente mit dem völligen Fehlschlagen der Rechnung. Einen Aufschluß über die Konstruktion und Arbeitsweise des Seeleninstruments wird man durch die sorgfältigste Untersuchung des Traums oder einer anderen *vereinzelten* Leistung nicht gewinnen oder wenigstens nicht begründen können, sondern wird zu diesem Zwecke zusammentragen müssen, was sich bei dem vergleichenden Studium einer ganzen Reihe von psychischen Leistungen als konstant erforderlich herausstellt. So werden die psychologischen Annahmen, die wir aus der Analyse der Traumvorgänge schöpfen, gleichsam an einer Haltestelle warten müssen, bis sie den Anschluß an die Ergebnisse anderer Untersuchungen gefunden haben, die von einem anderen Angriffspunkte her zum Kern des nämlichen Problems vordringen wollen.“ (ebd., S. 515 f.)

Diese Überlegung ist charakteristisch für Freuds Denken und steht so oder ähnlich an jedem Übergang von der klinischen Beobachtung und Theorie zur Metapsychologie: Die „Analyse der Traumvorgänge“ bzw. des jeweiligen Datenmaterials fördert zwar eine Reihe von Einsichten über psychische Mechanismen ans Licht; ihre Integration in ein umfassendes System ist dann aber nur aufgrund „*anderer Untersuchungen* (...), die von einem *anderen Angriffspunkte* her zum Kern des nämlichen Problems vordringen wollen“, möglich, nämlich: durch die *Konstruktion eines Modells* – Freud nennt es den „seelischen Apparat“. Der Aufbau dieses Modells, dessen Grundannahmen das auf einen Nenner bringen, was sich beim Vergleich „einer ganzen Reihe von psychischen Leistungen als konstant erforderlich herausstellt“, erfolgt *nach den Gesetzen der Logik* und mit dem Ziel einer möglichst weitgehenden Übersichtlichkeit und Einfachheit der in ihm unterzubringenden Positionen; seine Bestandteile sind *reine Konstrukte*, „Hilfsvorstellungen“ (ebd., S. 614), gesetzt, um die angenommenen Zusammenhänge darzustellen, nicht aber „Annahmen, die wir aus der Analyse der Traumvorgänge schöpfen." Natürlich regen die im klinischen Material allenfalls sichtbar werdenden Strukturen die Modellkonzeption ebenso an wie umgekehrt seine theoretischen Annahmen die Beobachtungen in der Praxis. Das Verhältnis von Theorie und Praxis in der Psychoanalyse ist somit erkennbar ein dialektisches, aber es bleibt dabei: die Konstruktion des Modells (Metapsychologie) ist ein von der klinischen Arbeit zu unterscheidendes Verfahren und nicht aus dieser ableitbar.[54]

Die Konstruktion des psychischen Apparats

Kommen wir nun zur ersten von Freud publizierten Fassung seines „seelischen Apparats". Die Grundannahme, die überhaupt dazu führt, ein solches „Instrument" zu entwickeln, ist Freuds Postulat der absoluten „Determinierung im Psychischen" (1900a, S. 519). Es gibt da nichts Ungeregeltes, nichts Willkürliches, keinen „der Zielvorstellungen entbehrenden Gedankenablauf", weder in den normalen psychischen Erscheinungen, noch in den neurotischen oder psychotischen Bildungen (ebd., S. 534), und auch der Traumwunsch gehorcht einer solchen strengen Bedingtheit (ebd., S. 557). Wenn aber alles Psychische streng determiniert ist, muß es letztlich auch auf das Determinierende zurückzuführen sein. Zweifellos beziehen die Hartnäckigkeit und der Elan Freuds bei der Erforschung des Psychischen aus genau dieser einen Grundannahme ihre Kraft.

Mit der Annahme der Determination ist die Hypothese einer *zeitlichen und räumlichen Orientierung* psychischer Abläufe verknüpft. Freud schlägt vor, sich den „seelischen Apparat" aus mehreren „Instanzen" oder „Systemen" (wir könnten auch sagen: Makrostrukturen) zusammengesetzt zu denken – er bezeichnet sie „der Kürze halber als ψ-Systeme" (ebd., S. 542) –, die einen bestimmten Aufbau haben und von den psychischen Vorgängen *nacheinander* durchlaufen werden. Psychisches ereignet sich demnach innerhalb einer bestimmten Verlaufs-*Richtung* (ein Gedanke, der auch das Konzept der „Regression" ermöglicht). Freud erläutert das so:

„Wir stellen uns also den seelischen Apparat vor als ein zusammengesetztes Instrument, dessen Bestandteile wir *Instanzen* oder der Anschaulichkeit zuliebe *Systeme* heißen wollen. Dann bilden wir die Erwartung, daß diese Systeme vielleicht eine konstante räumliche Orientierung gegeneinander haben, etwa wie die verschiedenen Linsensysteme des Fernrohres hintereinander stehen. (...) Es genügt uns, wenn eine feste Reihenfolge dadurch hergestellt wird, daß bei gewissen psychischen Vorgängen die Systeme in einer bestimmten zeitlichen Folge von der Erregung durchlaufen werden. (...)

Das erste, das uns auffällt, ist nun, daß dieser aus ψ-Systemen zusammengesetzte Apparat eine Richtung hat. All unsere psychische Tätigkeit geht von (inneren oder äußeren) Reizen aus und endigt in Innervationen. Somit schreiben wir dem Apparat ein sensibles und ein motorisches Ende zu; an dem sensiblen Ende befindet sich ein System, welches die Wahrnehmungen empfängt, am motorischen Ende ein anderes, welches die Schleusen der Motilität eröffnet. Der psychische Vorgang verläuft im allgemeinen vom Wahrnehmungsende zum Motilitätsende. Das allgemeinste Schema des psychischen Apparats hätte also folgendes Ansehen:“ (ebd.)

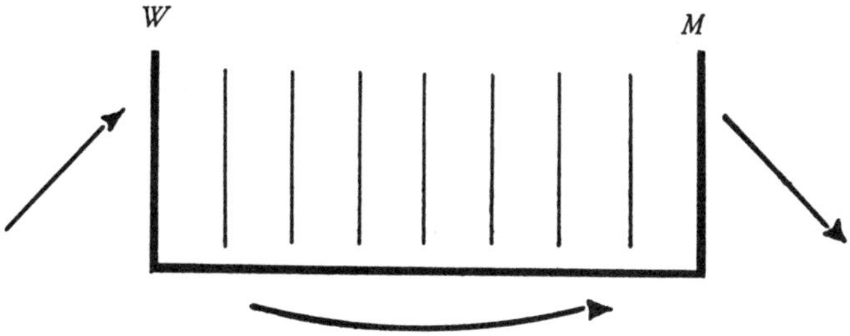

Abb. 9: ebd., S. 542

Damit postuliert Freud nichts anderes als im *Entwurf*, nämlich einen Apparat, innerhalb dessen die Vorgänge *gerichtet* verlaufen: vom Wahrnehmungsende (W) zum Motilitätsende (M). Freud erkennt in dieser Annahme „nur die Erfüllung der uns längst vertrauten Forderung, der psychische Apparat müsse gebaut sein wie ein Reflexapparat. Der Reflexvorgang bleibt das Vorbild auch aller psychischen Leistung.“ (ebd., S. 543)

Und da die Funktion, die dieser Reflexapparat zu erfüllen hat, darin besteht, „Anhäufung von Erregung zu vermeiden und sich möglichst erregungslos zu erhalten“ (ebd., S. 604), d. h. alle von außen zugeführten sensiblen Erregungen möglichst umgehend wieder abzuführen, weil nämlich „die Anhäufung der Erregung (...) als Unlust empfunden wird und den Apparat in Tätigkeit versetzt, um das Befriedigungsergebnis, bei dem die Verringerung der Erregung als Lust verspürt wird, wieder herbeizuführen“ (ebd.), haben wir wieder das vertraute einfache Schema vor uns:

(W-)Eingangs-variable (+E) → Gesetz: Nullprinzip → (M-)Ausgangs-variable (–E)

Wie im *Entwurf* überlegt Freud nun weiter, wie aus Wahrnehmungsreizen bleibende Erinnerungen werden: „Wir nehmen an, daß ein vorderstes System des Apparats die Wahrnehmungsreize aufnimmt, aber nichts von ihnen bewahrt, also kein Gedächtnis hat, und daß hinter diesem ein zweites System liegt, welches die momentane Erregung des ersten in Dauerspuren umsetzt.“ (ebd., S. 543) Die von den Wahrnehmungen ausgehenden Reize verursachen also „am sensiblen Ende eine erste Differenzierung“, die Freud „Erinnerungsspur“ nennt und deren Funktion das „Gedächtnis“ ist (ebd., S. 543). Das Gedächtnis verknüpft unsere Wahrnehmungen „nach ihrem einstigen Zusammentreffen in der Gleichzeitigkeit“; es entsteht eine „Assoziation“:

„Wir müssen also als die Grundlage der Assoziation vielmehr die Erinnerungssysteme annehmen. Die Tatsache der Assoziation besteht dann darin, daß infolge von Widerstandsverringerungen und Bahnungen von einem der Er-Elemente die Erregung sich eher nach einem zweiten als nach einem dritten Er-Element fortpflanzt.“ (ebd., S. 544)

Freud, der diese uns bereits bekannten Annahmen mit den unterschiedlichen „Abstufungen des Leitungswiderstands“ (ebd.), welche zu unterschiedlichen „Bedingungen der Neuronenerregung“ führen (ebd., S. 545), erklärt, gibt zu, diese die Zusammensetzung des psychischen Apparats betreffenden Annahmen „ohne Rücksicht auf den Traum und die aus ihm ableitbaren psychologischen Aufklärungen“ getroffen zu haben, kann nun aber für die Einführung eines „anderen Stückes des Apparats“ den „Traum als Beweisquelle“ heranziehen, die Beobachtung nämlich, „daß es uns unmöglich wurde, die Traumbildung zu erklären, wenn wir nicht die Annahme zweier psychischer Instanzen wagen wollten, von denen die eine die Tätigkeit der anderen einer Kritik unterzieht, als deren Folge sich die Ausschließung vom Bewußtwerden ergibt.“ (ebd.) Die kritisierende Instanz, die „unser waches Leben lenkt und über unser willkürliches, bewußtes Handeln entscheidet“ (ebd.), plaziert Freud ans motorische Ende und nennt sie das *Vorbewußte* bzw. das *System Vbw*; das dahinter liegende System nennt Freud das *Unbewußte*, das *System Ubw*, „weil es keinen Zugang zum Bewußtsein hat, *außer durch das Vorbewußte*, bei welchem Durchgang sein Erregungsvorgang sich Abänderungen gefallen lassen muß.“ (ebd., S. 546) Und er ergänzt 1919 in einer Fußnote: „Die weitere Ausführung dieses linear aufgerollten Schemas wird mit der Annahme zu rechnen haben, daß das auf *Vbw* folgende System dasjenige ist, dem wir das Bewußtsein zuschreiben müssen, daß also *W* = *Bw*.“ (ebd., Fußnote 1) Das Schema des psychischen Apparats sieht jetzt so aus:

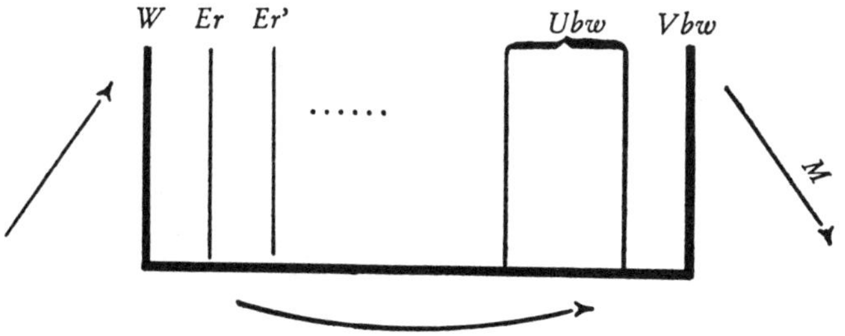

Abb. 10: ebd.

Einfach verstanden gibt es auch hier wieder einen Ablauf von der über W erfolgenden Erregungszufuhr über die Erinnerungssysteme, das Ubw und Vbw hin zur motorischen Abfuhr. Das Schema macht deutlich, daß die Erinnerungssysteme – und offensichtlich ist auch das Ubw ein bestimmter Komplex solcher

Erinnerungssysteme – die Funktion von Schaltern oder Reglern haben, die für die Wiederherstellung der Homöostase zuständig (oder mindestens daran beteiligt) sind. Denn wir wissen ja bereits aus dem *Entwurf*, daß eine unmittelbare Reizabfuhr allein den Gleichgewichtszustand des Gesamtsystems nicht herstellen kann; die endogenen Bedürfnisse des Organismus erfordern eine sogenannte spezifische Aktion, die einen komplizierteren Verlauf der Regulierungsmaßnahmen darstellt. An diesem Punkt seiner Modellkonstruktion angekommen, setzt Freud das „Befriedigungserlebnis" erneut als Paradigma, um phylo- wie ontogenetisch die Ausdifferenzierung des psychischen Apparats plausibel zu machen. Lesen wir also noch einmal, jetzt in der von Freud publizierten Fassung, wie er sich das dachte:

„Wir zweifeln nicht daran, daß auch dieser Apparat seine heutige Vollkommenheit erst über den Weg einer langen Entwicklung erreicht hat. Versuchen wir es, ihn in eine frühere Stufe seiner Leistungsfähigkeit zurückzuversetzen. Anderswie zu begründende Annahmen sagen uns, daß der Apparat zunächst dem Bestreben folgte, sich möglichst reizlos zu erhalten, und darum in seinem ersten Aufbau das Schema des Reflexapparats annahm, das ihm gestattete, eine von außen an ihn anlangende sensible Erregung alsbald auf motorischem Wege abzuführen. Aber die Not des Lebens stört diese einfache Funktion; ihr verdankt der Apparat auch den Anstoß zur weiteren Ausbildung. In der Form der großen Körperbedürfnisse tritt die Not des Lebens zuerst an ihn heran. Die durch das innere Bedürfnis gesetzte Erregung wird sich einen Abfluß in die Motilität suchen, die man als „Innere Veränderung" oder als „Ausdruck der Gemütsbewegung" bezeichnen kann. Das hungrige Kind wird hilflos schreien oder zappeln. Die Situation bleibt aber unverändert, denn die vom inneren Bedürfnis ausgehende Erregung entspricht nicht einer momentan stoßenden, sondern einer kontinuierlich wirkenden Kraft. Eine Wendung kann erst eintreten, wenn auf irgendeinem Wege, beim Kinde durch fremde Hilfeleistung, die Erfahrung des *Befriedigungserlebnisses* gemacht wird, das den inneren Reiz aufhebt. Ein wesentlicher Bestandteil dieses Erlebnisses ist das Erscheinen einer gewissen Wahrnehmung (der Nahrung im Beispiel), deren Erinnerungsbild von jetzt an mit der Gedächtnisspur der Bedürfniserregung assoziiert bleibt. Sobald dies Bedürfnis ein nächstes Mal auftritt, wird sich, dank der hergestellten Verknüpfung, eine psychische Regung ergeben, welche das Erinnerungsbild jener Wahrnehmung besetzen und die Wahrnehmung selbst wieder hervorrufen, also eigentlich die Situation der ersten Befriedigung wiederherstellen will. Eine solche Regung ist das, was wir einen Wunsch heißen; das Wiedererscheinen der Wahrnehmung ist die Wunscherfüllung, und die volle Besetzung der Wahrnehmung von der Bedürfniserregung her der kürzeste Weg zur Wunscherfüllung. Es hindert uns nichts, einen primitiven Zustand des psychischen Apparats anzunehmen, in dem dieser Weg wirklich so begangen wird, das Wünschen also in ein Halluzinieren ausläuft. Diese erste psychische Tätigkeit zielt also auf eine *Wahrnehmungsidentität*, nämlich auf die Wiederholung jener Wahrnehmung, welche mit der Befriedigung des Bedürfnisses verknüpft ist.“ (ebd., S. 570 f.)

Wie im *Entwurf* haben wir hier erstens den endogenen Reiz, nämlich die durch die „Körperbedürfnisse“ gesetzte innere „Erregung“, die „nicht einer momentan stoßenden, sondern einer kontinuierlich wirkenden Kraft“ entspricht, sodann zweitens eine „fremde Hilfeleistung“, die „Wahrnehmung“ des befriedigenden Objekts, und schließlich drittens das „Befriedigungserlebnis“, das als Erfolg einer (hier nicht explizit genannten, implizit aber enthaltenen) motorischen Handlung, die zwischen Subjekt und Objekt koordiniert werden muß, „den inneren Reiz aufhebt“. Das Bedeutsame an diesem Vorgang ist die „hergestellte Verknüpfung“ (eine erste Struktur) zwischen diesen drei Elementen des Befriedigungserlebnisses zu einem „Erinnerungsbild“, welches nun bei jeder erneuten inneren Erregung als *Halluzination* auf den Plan gerufen werden kann. Diese erste Tätigkeit des psychischen Apparats, das zur Halluzination führende Besetzen (Aktivieren) der Erinnerungsspur eines Befriedigungserlebnisses im Zustand der Bedürftigkeit, nennt Freud den „Primärvorgang“ (ebd., S. 607). Der Primärvorgang ist demnach nicht auf die reflexartige Abfuhr der Erregung beschränkt, sondern schließt bereits strukturierte Vorgänge wie die Besetzung (Aktivation) von Assoziationskomplexen mit ein; und d.h. bereits, das System Ubw ist (primär) strukturiert, der in ihm ablaufende Primärvorgang ist ein psychischer Prozeß erster Ordnung.

Gäbe es nur diesen Primärvorgang, dann würden immer wieder „große Besetzungsquantitäten (...) unzweckmäßig abströmen“, was die für die Durchführung einer spezifischen

Aktion „notwendige Quantität verringern“ würde (ebd., S. 605). Um nämlich „die Außenwelt zweckmäßig durch die Motilität verändern zu können, bedarf es der Anhäufung einer großen Summe von Erfahrungen in den Erinnerungssystemen und einer mannigfachen Fixierung der Beziehungen, die durch verschiedene Zielvorstellungen in diesem Erinnerungsmaterial hervorgerufen werden.“ (ebd.) Die „Erfahrungen in den Erinnerungssystemen“ sind innerhalb des psychischen Apparats repräsentiert durch die im Befriedigungserlebnis entstandenen Assoziationen zwischen bestimmten (endo- oder exogenen) Reizen, Objekt- und Bewegungsbildern. Die „Anhäufung“ oder „Summierung“ solcher „Erfahrungen“, die einer fortlaufenden Strukturbildung, einer Ausdifferenzierung des Assoziationsnetzes entspricht, führt zur Bildung eines zweiten Systems, dessen Tätigkeit die unmittelbar „vom Bedürfnisreiz ausgehende Erregung auf einen Umweg leite, der endlich über die willkürliche Motilität die Außenwelt so verändert, daß die reale Wahrnehmung des Befriedigungsobjekts eintreten kann.“ (ebd., S. 604) Die Tätigkeit dieses zweiten Systems bezeichnet Freud als „Sekundärvorgang“ (ebd., S. 607). Der Sekundärvorgang tritt ein als Folge eines höheren Komplexitätsgrades an Struktur bzw. assoziativer Vernetzung in den Erinnerungssystemen; er ist ein psychischer Prozeß zweiter Ordnung und dadurch vom Primärvorgang nicht prinzipiell, sondern graduell unterschieden. Relativ gesehen gilt, „daß die Tätigkeit des ersten ψ-Systems auf freies Abströmen der Erregungsquantitäten gerichtet ist, und daß das zweite System durch die von ihm ausgehenden Besetzungen eine Hemmung dieses Abströmens, eine Verwandlung in ruhende Besetzung, wohl unter Niveauerhöhung, herbeiführt.“ (ebd., S. 605) Der Sekundärvorgang hemmt bzw. begrenzt (quantitativ) die Halluzination auf ein Erinnerungsbild, das nun beim Aufsuchen der Befriedigungssituation im Sinne einer „probenden Denkarbeit“ (ebd.) wegweisend werden kann.

Freud setzt den psychischen Apparat aus verschiedenen Systemen zusammen und muß nun nach dem Ubw und dem Vbw natürlich noch das System Bw sowie die Beziehung des Bewußtseins zu Halluzination, Erinnerung, Wahrnehmung und Denken erläutern. In der Verteilung dieser psychischen Leistungen auf die drei verschiedenen Systeme setzt er, wie schon im *Entwurf*, fest, daß das „W-System" (W steht hier für die Wahrnehmungsreize) „für unser Bewußtsein die ganze Mannigfaltigkeit der sinnlichen Qualitäten" liefert, aber „kein Gedächtnis" hat, wohingegen „unsere Erinnerungen, die am tiefsten uns eingeprägten nicht ausgenommen, an sich unbewußt" sind (ebd., S. 544). Die Entstehung des Bewußtseins ist komplizierter:

„Das Bewußtsein nämlich, das uns ein Sinnesorgan für die Auffassung psychischer Qualitäten bedeutet, ist im Wachen von zwei Stellen her erregbar. Von der Peripherie des ganzen Apparats, dem Wahrnehmungssystem, in erster Linie; außerdem von den Lust- und Unlusterregungen, die sich als fast einzige psychische Qualität bei den Energieumsetzungen im Innern des Apparats ergeben. Alle Vorgänge in den ψ-Systemen sonst, auch die im Vbw, entbehren jeder psychischen Qualität und sind darum kein Objekt des Bewußtseins, insofern sie ihm nicht Lust oder Unlust zur Wahrnehmung liefern. Wir werden uns zur Annahme entschließen müssen, daß *diese Lust- und Unlustentbindungen automatisch den Ablauf der Besetzungsvorgänge regulieren.* Es hat sich aber später die Notwendigkeit herausgestellt, zur Ermöglichung feinerer Leistungen den Vorstellungsablauf unabhängiger von den Unlustzeichen zu gestalten. Zu diesem Zwecke bedurfte das Vbw-System eigener Qualitäten, die das Bewußtsein anziehen könnten, und erhielt sie höchst wahrscheinlich durch die Verknüpfung der vorbewußten Vorgänge mit dem nicht qualitätslosen Erinnerungssystem der Sprachzeichen. Durch die Qualitäten dieses Systems wird jetzt das Bewußtsein, das vorher nur Sinnesorgan für die Wahrnehmungen war, auch zum Sinnesorgan für einen Teil unserer Denkvorgänge. Es gibt jetzt gleichsam zwei Sinnesoberflächen, die eine dem Wahrnehmen, die andere den vorbewußten Denkvorgängen zugewendet." (ebd., S. 579 f.)

Unsere Überlegungen zum ω-System im *Entwurf* helfen, Klarheit in diese Überlegungen zu bringen. Freud erklärt hier, daß das Bewußtseinsorgan zwar zwei „Sinnesoberflächen" habe, aber von drei Seiten her erregbar sei, nämlich erstens durch Reize von der „Peripherie des ganzen Apparats, dem Wahrnehmungssystem" her (das sind Erregungen, die über das φ-System und die ψ-Mantelneuronen in ω zu einer Abfuhr gelangen, welche wiederum – zum zweiten Mal – in ψ registriert wird); zweitens „von den Lust- und Unlusterregungen, die sich (...) bei den Energieumsetzungen im Innern des Apparats ergeben", (damit sind die endogenen Erregungen in ψ gemeint, welche eine bestimmte Assoziation von Kern- und Mantelneuronen aktivieren, d.h. eine „Aufmerksamkeitsbesetzung" ergeben, die zur Vorgabe für die selektive Realitätswahrnehmung, die Registrierung von Assoziationsmustern der Wahrnehmung in ω wird); und drittens durch das erst im Laufe der Entwicklung entstehende „Erinnerungssystem der Sprachzeichen" (diese waren im *Entwurf* als „motorische Wortbilder" bzw. „Sprachabfuhrzeichen" dem motorischen System zugeordnet worden). Das von Freud skizzierte lineare Schema (Abb. 10) macht einen Kreisprozeß deutlich, der einfache Wahrnehmungen nur über das Ubw via (minimaler) M-Abfuhr zum Bewußtsein bringt – und hierin, d. h. in der Verfolgung der Pfeilrichtung, welche von der Motorik ausgehend gleichsam von unten wieder auf das W-System trifft, liegt, wenn auch nicht so übersichtlich dargestellt, die aus dem *Entwurf* herausgearbeitete Dopplung oder Referenzierung von zwei verschiedenen „Wahrnehmungsfiltern", die erst in der Passung von „äußerem" und „innerem" Erregungsmuster, der gleichartigen Affizierung beider „Sinnesoberflächen", die nötige Verstärkung zum Bewußtsein ergibt. Dem fügt das „Erinnerungssystem der Sprachzeichen" im Prinzip nichts Neues hinzu, da dieses dem motorischen System als späterer Erwerb gleichsam aufsitzt und lediglich die innerhalb dieser Konzeption nötigen Abfuhrzeichen bereitstellt, die dann in W registriert werden. Denken ist nach Freuds Konzeption an den Einsatz der Sprachzeichen und Bewußtsein an die Übereinstimmung von (endogen oder von exogen her aktivierten) Assoziationsmustern des Wahrnehmungssystems mit entsprechenden Mustern aus dem *„überlagernden* Sinnesorgan des Bw-Systems" gebunden (ebd., S. 621, Hervh. d. V.). Auch hier ist wieder zu sehen, daß das System Bw, welches entsprechend dem Grad der Integrationsfähigkeiten (Passung) von Mustern zweier Systeme erregt wird, auf einem höheren Organisationsniveau (Sekundärprozeß) arbeitet als der Primärprozeß, welcher demgegenüber „einfach" strukturiert ist.

Soweit in groben Zügen die Darstellung der Systeme und Funktionen des psychischen Apparats, wie Freud ihn im VII.

Kapitel der *Traumdeutung* konzipiert hat. Außer der Einführung der drei Systeme Ubw, Vbw und Bw hat sie im Vergleich zum *Entwurf* bisher nichts Neues gebracht, aber sie hat vielleicht die Kenntnis der Modellkonstruktion durch Wiederholung vertieft, und vor allem sollte damit deutlich geworden sein, daß Freud sich um 1900 weder von den Annahmen des *Entwurfs* distanziert, noch daß er das Modell der Psyche allein aus seiner Arbeit mit dem Traummaterial gewonnen hat; vielmehr sah er sich durch die Ergebnisse seiner empirischen Deutungsarbeit in der Brauchbarkeit der Grundlinien seines Denksystems von 1895 bestätigt. Gewiß ist die Terminologie jetzt „psychologischer", von Neuronen, Erregungsquantitäten, Leitungswiderständen, Bahnungen und dergleichen ist jetzt nur noch vereinzelt die Rede. Auch betont Freud gleich zu Beginn seiner theoretischen Ausführungen: „Wir wollen ganz beiseite lassen, daß der seelische Apparat, um den es sich hier handelt, uns auch als anatomisches Präparat bekannt ist, und wollen der Versuchung sorgfältig aus dem Wege gehen, die psychische Lokalität etwa anatomisch zu bestimmen." (ebd., S. 541) Stattdessen entschließt er sich, einmal ganz „auf psychologischem Boden" zu bleiben, und d.h.: er entwirft eine Theorie psychischer Prozesse, die er der Anschaulichkeit halber als Funktionen eines hypothetischen psychischen Apparats, bestehend aus mehreren Systemen, beschreibt, wozu er erklärt: „Diese Gleichnisse sollen uns nur bei einem Versuch unterstützen, der es unternimmt, uns die Komplikation der psychischen Leistung verständlich zu machen, indem wir diese Leistung zerlegen, und die Einzelleistung den einzelnen Bestandteilen des Apparats zuweisen." (ebd.) Dadurch gelingt es ihm, die im *Entwurf* angegangene und nicht bewältigte Komplexität der die psychophysiologischen und neuropsychologischen Zusammenhänge betreffenden Fragen beiseite zu lassen und psychische Abläufe als Grundfiguren eines einfachen und übersichtlichen Schemas innerhalb eines Modells abzubilden.

Trieb und Verdrängung, Wunsch und Zensur

Nachdem wir im vorigen Abschnitt die Hauptstrukturen des seelischen Apparats noch einmal, jetzt in der von Freud publizierten Fassung, skizziert haben, können wir uns nun die Konzeptualisierung von Wunsch und Abwehr vornehmen. Das ist nicht ganz einfach, denn Freud hat hier erneut mit dem Problem der Verdrängung zu kämpfen, woraus sich eine partielle Inkonsistenz seiner theoretischen Vorstellungen ergibt. Die nun folgende Untersuchung seiner Konzeption von Wunsch und Abwehr versucht deshalb, den sich daraus ergebenden Schwierigkeiten beizukommen, indem sie das „Kräftespiel" von Trieb und Verdrängung nach zwei Kategorien ordnet, nämlich zum einen nach der *prinzipiellen Gerichtetheit aller psychischen Prozesse* und zum anderen nach der *Unterscheidung von Primär- und Sekundärprozeß.*

Beginnen wir mit dem Verhältnis von Trieb und Wunsch. Daß der Traum eine Wunscherfüllung ist, und zwar die Erfüllung eines verdrängten infantilen sexuellen Wunsches, der aus dem Unbewußten wirkt, das weiß der Leser zu Beginn des VII. Kapitels bereits sehr gut. Freud wiederholt dieses wichtige Ergebnis seiner vielen Traumanalysen auch im letzten Kapitel mehrfach und mit Bestimmtheit: „Der Traum ist ein vollwichtiger psychischer Akt; seine Triebkraft ist alle Male ein zu erfüllender Wunsch" (ebd., S. 538). Der Wunsch, den der Traum zum Ausdruck bringt, hat seine „*Triebwurzeln*" (ebd., S. 529) im Unbewußten, „und wegen dieses letzteren Moments wollen wir das unbewußte System als den Ausgangspunkt der Traumbildung annehmen. *Diese Traumerregung wird nun wie alle anderen Gedankenbildungen das Bestreben äußern, sich ins Vbw fortzusetzen und von diesem aus den Zugang zum Bewußtsein zu gewinnen.*" (ebd., S. 547, Hervh. d. V.) Die „Triebkraft" des Traumes wirkt damit in einer bestimmten Richtung: vom Ubw zum Vbw zum Bw, oder – um es mit räumlichen Metaphern auszudrücken – *von innen nach außen.* Woran liegt das und wie geht das im einzelnen zu?

Nach Freud sind die „Triebkräfte organischer Herkunft" (ebd., S. 608); Paradebeispiele dafür sind Hunger und Sexualität; sie gehen aus von einem endogenen Reiz, einer somatischen Erregung, und veranlassen den Apparat zu Maßnahmen, welche geeignet sind, die Erregung direkt abzuführen oder über eine spezifische Aktion abzubauen; nochmals anders ausgedrückt: ein Bedürfnis/Wunsch, dessen Persistenz Spannung/ Unlust erzeugt, entwickelt einen Drang/ein Verlangen zur Befriedigung/nach Erfüllung, die als Lust erfahren wird. Der (erfolgreiche) Ablauf dieses Vorgangs hinterläßt eine Erinnerungsspur, die das Grundmuster abgibt, nach dem alle weiteren gleichartigen Triebvorgänge tendieren abzulaufen. Sobald sich ein gewisses Erregungsquantum angesammelt hat, drängt es zur Abfuhr, eben weil

„die *Anhäufung von Erregung* (...) als Unlust empfunden wird und *den Apparat in Tätigkeit versetzt,* um das Befriedigungserlebnis, bei dem die Verringerung der Erregung als Lust verspürt wird, wieder herbeizuführen. Eine solche, *von der Unlust ausgehende, auf die Lust zielende Strömung* im Apparat heißen wir einen Wunsch; wir haben gesagt, *nichts anderes als ein Wunsch sei imstande, den Apparat in Bewegung zu bringen,* und der *Ablauf der Erregung in ihm werde automatisch durch die Wahrnehmungen von Lust und Unlust geregelt.* Das erste Wünschen dürfte ein halluzinatorisches Besetzen der Befriedigungserinnerung sein.“ (ebd., S. 604, Hervh. d. V.)

Anhand dieses wichtigen Absatzes können wir uns den Unterschied zwischen Trieb und Wunsch klarmachen: Eine „von der Unlust ausgehende, auf die Lust zielende Strömung im Apparat“ nennt Freud einen Wunsch, und er fügt hinzu: „nichts anderes als ein Wunsch sei imstande, den Apparat in Bewegung zu bringen.“ Unlust ist aber das phänomenale Äquivalent einer „Anhäufung von Erregung“, Lust deren „Verringerung“. Der Trieb ist ein Erregungsvorgang im Organismus, formal ausgedrückt: eine Eingangsvariable, welche (am Schalter) homöostatische Regulationsmaßnahmen einleitet, nämlich die „von der Unlust ausgehende, auf die Lust zielende Strömung“. Diese Strömung hat einen Ausgangspunkt: die Bedürfniserregung (der endogene Reiz) verfolgt eine Richtung: hin auf das Befriedigungsobjekt, und nimmt ein Ende: mit der erfolgreich durchgeführten Befriedigungshandlung. Und die Verbindung dieser drei Fixpunkte des Triebablaufs (von denen jeder einzelne bereits eine komplexe Assoziation von Erregungen darstellt – so ist z. B. das Objektbild aus visuellen, auditiven, olfaktorischen, taktilen, kinästhetischen etc. Elementen aufgebaut) ergeben *zusammengenommen* den Wunsch. *Der Wunsch ist also nicht identisch mit dem Trieb, sondern mit der durch die Trieberregung aktivierten Assoziation zwischen Trieb, Objekt- und Bewegungsbild; d. h. der Wunsch umfaßt die gesamte Erinnerungsspur, nicht nur den Trieb*: „Das erste Wünschen dürfte ein halluzinatorisches Besetzen der Befriedigungserinnerung sein." Der Wunsch ist also ein *komplexeres Konzept* als der Trieb, er gehörte somit vielleicht eher auf die Ebene der klinischen Theorie; aber wenn man metapsychologisch mit dem Begriff des Wunsches arbeiten will, dann in dem Sinne, daß die durch eine Trieberregung aktivierte Erinnerungsspur ein *Erregungsmuster* ergibt, welches auf der nächsthöheren Ebene (z. B. dem System Bw / ω) wieder im Sinne einer Einheit (der aus diesem Ablauf resultierenden Erregungsquantität) wirken kann.[55]

Wenden wir uns nun den Begriffen von Widerstand und Zensur zu, und gehen wir einmal davon aus, daß der durch einen Trieb aktivierte Wunsch *von innen nach außen* gerichtet ist. Anhand seiner Traumanalysen hatte Freud beobachtet, daß „tagsüber dieser Weg, der durchs Vorbewußte zum Bewußtsein führt, durch die Widerstandszensur verlegt ist." (ebd., S. 547) Diese Widerstands-Zensur[56] ist die zweite Komponente im „Spiel der Kräfte": sie setzt sich dem Trieb-Wunsch *entgegen.* Ist der Trieb-Wunsch von innen nach außen gerichtet, dann muß die Widerstands-Zensur sozusagen von außen nach innen gerichtet sein, wobei diese räumlichen Metaphern auch, formal ausgedrückt, für ein Plus- und ein Minus-Zeichen stehen können. Diese „endopsychische Zensur", die im Wachen ihre volle Wirkung entfaltet, hält Freud im Schlafzustand für erheblich herabgesetzt, wiewohl nicht für aufgehoben, und erst dieses herabgesetzte Funktionsniveau der Zensur ermögliche ein Stück weit die Äußerung des Triebwunsches (von dem wir sonst gar nichts wüßten) und damit die Traumbildung (ebd., S. 531). Phänomenologisch äußert sich die Zensur beim Traumbericht durch „Zweifel an der richtigen Wiedergabe" (ebd., S. 520), durch „Veränderungen, die der Traum bei der Redaktion des Wachens erfährt" (ebd., S. 519), bis hin zum partiellen oder vollständigen „Vergessen" des Traums (ebd., S. 521); inhaltlich durch „Wertentziehung" (ebd., S. 520) der bedeutsamsten, den zentralen Triebwunsch enthaltenden Traumelemente oder deren „Verschiebung" auf Unbedeutsames (ebd., S. 536). Diese die Zensur charakterisierenden Vorgänge: Zweifel, Vergessen, Wertentziehung etc. entsprechen, formal gesehen, einem *Abzug*, einem *Minus*zeichen. Und nun erklärt Freud: alle diese Charakteristika des Traumes und der Traumerzählung, „seine Unkenntlichkeit als *Wunsch* und seine vielen Sonderbarkeiten und Absurditäten rühren von dem Einfluß der psychischen *Zensur* her, den er *bei der Bildung* erfahren hat" (ebd., S. 538, Hervh. d. V.). D.h.: Das komplexe Gebilde des Traumes ist immer schon das Ergebnis eines Zusammenspiels aus Wunsch und Zensur.

Traum = Wunsch (+) + Zensur (–)

Schauen wir uns das noch genauer an: Dem aus dem Ubw in Richtung Bw strebenden Trieb-Wunsch ist die Widerstands-Zensur entgegengerichtet, es kommt zu einer Dynamik, einem „Spiel der Kräfte", dessen Resultat nichts anderes sein kann als ein *Kompromiß,* und alle diese „Sonderbarkeiten", in deren Gewand der Wunsch schließlich als Traum das Bewußtsein erreicht, sind bereits Darstellungsformen eines solchen Kompromißergebnisses. Nennen wir die eine Kraft oder Variable den Trieb, dann sollten wir eigentlich in der anderen entgegengesetzt gerichteten Kraft oder Variablen die *Verdrängung* sehen, denn Trieb und Verdrängung sind *die* Gegenspieler par excellence. Freud äußert sich zum Konzept der Verdrängung in einer 1914 eingefügten Fußnote so:

„In einer Darstellung der Lehre von der Verdrängung wäre auszuführen, daß ein Gedanke durch das Zusammenwirken zweier ihn beeinflussender Momente in die Verdrängung gerät. Er wird von der einen Seite (der Zensur des Bw) weggestoßen, von der anderen (dem Ubw) angezogen, also ähnlich wie man auf die Spitze der großen Pyramide gelangt." (ebd., S. 553, Fußnote 1)

Verdrängung ist demnach ein Vorgang, der eine „stoßende" und eine „ziehende" Seite hat. Der Stoß war das Urbild für die Erregungszufuhr, die das System zu Maßnahmen der Erregungsabfuhr veranlaßt; der im Innern des Organismus entstehende Triebreiz wurde, analog dazu, nicht als einmaliger Stoß, sondern als kontinuierlich wirkende Kraft verstanden. Die Trieberregung aktiviert eine Befriedigungserinnerung, weshalb das befriedigende Objekt eine „Anziehung" ausübt – das „ziehende" Moment ist auch sehr schön im Begriff der Objektbe-*ziehung* enthalten. Kurz: Das Stoßen und Ziehen ist uns vom Trieb her bereits bekannt; der oben beschriebene Verdrängungsvorgang entspricht damit genau dem, was für den Trieb gelten soll: die Verdrängung ist ein *gerichteter* Vorgang, sie hat einen Ausgangspunkt, hier das Bw, und einen Anziehungspunkt, hier das Ubw. Das ergibt: der Trieb ist vom Ubw ins Bw gerichtet, die Verdrängung (hier Freuds Widerstands-Zensur) vom Bw ins Ubw; rein formal ausgedrückt, heißt das: dem Trieb ist ein Pluszeichen, der entgegengerichteten Verdrängung ein Minuszeichen zuzuordnen; die Verdrängung wäre somit von der Triebstrebung „abzuziehen", womit die verbleibenden Quantitäten der Trieberregung auf einen Faktor reduziert wären, der unterhalb der Schwelle zur Bewußtwerdung liegen könnte. Als gerichtete Größen oder Kräfte können demnach Trieb und Verdrängung wie zwei Variablen aufgefaßt werden, deren Verschaltung in einem Regler die Aufrechterhaltung der Homöostase ermöglicht. Und ebenso wie der Wunsch ein komplexer strukturiertes Gebilde ist als der Trieb, mit einer resultierenden Wirkung, die in die gleiche Richtung zielt wie dieser, so ist die Zensur ein komplexer strukturierter Vorgang als die Verdrängung, mit einer in gleicher Richtung wie diese resultierenden Wirkung: denn die Zensur schneidet einzelne Teile, Abschnitte aus dem Gesamtmuster der Erinnerungsspur heraus (z. B. das Objektbild), ersetzt sie (oder Teile davon, etwa die Nase, die Frisur) durch andere, verschiebt sie, entzieht ihnen die Wertung etc. – mithin scheint *auch die Zensur über bestimmte Assoziationsmuster* zu verlaufen, die ein Objekt- und ein Bewegungsbild enthalten könnten[57] – die Zensur wäre gewissermaßen eine Negativ-Assoziation[58] –, und daraus ergibt sich dann in erster Annäherung, daß Wunsch und Zensur, formal betrachtet, zwei durchaus verschiedene Muster mit entgegengesetzten Vorzeichen darstellen, die in eine Referenzbeziehung, eine Art Mustervergleich, gebracht werden, woraus die beobachteten Kompromißformationen resultieren. Somit gilt für die

Zensur (wie für den Wunsch), daß sie eigentlich bereits ein klinisches Konzept ist und metapsychologisch verwendet wiederum *gesamthaft* im Sinne einer Einheit, als ein *Erregungsmuster* aufzufassen wäre, aus dem eine *gerichtete* Kraft resultiert. Insofern stehen bei Freud die Begriffe Wunsch und Zensur in demselben antagonistischen Verhältnis wie Trieb und Verdrängung. Als einfache Grundvariablen sollen hier aber weiterhin Trieb und Verdrängung gelten.

Freud hat „diese dem Vorstellungskreis des Kampfes um ein Terrain entlehnten Bilder“ gewählt (ebd., S. 615), um damit das Grundprinzip allen psychischen Funktionierens anschaulich zu machen: nichts anderes treibt den psychischen Apparat zur Arbeit an als ein Trieb, jedes Triebgeschehen wird mit den entsprechenden Verdrängungsmaßnahmen beantwortet, und alles, was sich uns davon zeigt, sind die Kompromißleistungen zwischen Trieb und Verdrängung, bzw. auf einer komplexeren Ebene: Wunsch und Zensur. Aber Freud ordnet der Zensur nicht nur die Funktion der „Abhaltung vom Bewußtsein“ zu, sondern geht weiter: „Wir haben ferner Anhaltspunkte gefunden, die kritisierende Instanz mit dem zu identifizieren, was unser waches Leben lenkt und über unser willkürliches, bewußtes Handeln entscheidet.“ (ebd., S. 545) Und schließlich: „In der Zensur zwischen Ubw und Vbw, deren Annahme uns der Traum geradezu aufnötigt, haben wir also den Wächter unserer geistigen Gesundheit zu erkennen und zu ehren.“ (ebd., S. 573) Dem Einsatz der Zensur wird also auch Steuer- und Willkürfunktion zugeschrieben und ihr Bestand als Garant „unserer geistigen Gesundheit“ erkannt. Damit ist gesagt: *Das Spiel der Kräfte von Wunsch und Zensur ist der normale Ablauf allen psychischen Geschehens, weil nicht anders als über die Interaktion von Trieb und Verdrängung die Homöostase des Systems erhalten werden kann*; und „geistige Gesundheit“ ist der Ausdruck eines solchen dynamisch-stabilen Gleichgewichts innerhalb des psychischen Apparats.

Mit dem „Spiel der Kräfte“ hat Freud also einen Normalzustand beschrieben, der für den Schlaf ebenso gilt wie für den Wachzustand. Aber was an den merkwürdigen Kompromißbildungen des Traumes so augenfällig wird, verläuft im Wachen unauffällig, verfeinert (sekundärprozeßhaft), zeigt sich da am deutlichsten noch in den neurotischen Symptomen. Auch diese sind als Kompromißergebnisse eines Konflikts zwischen Trieb und Verdrängung zu begreifen: „Korrekter gesagt: Ein Anteil des Symptoms entspricht der unbewußten Wunscherfüllung, ein anderer der Reaktionsbildung gegen dieselbe." (ebd., S. 574, Anm. 1), d. h.: Aktion und Re-Aktion(sbildung) stehen dabei gegeneinander, halten einander offenbar das Gleichgewicht – denn die Funktion solcher Symptome ist: „Sie gestatten einerseits dem Ubw einen Ausweg für den Abfluß seiner Erregung, dienen ihm als Ausfallstor, und geben doch andererseits dem Vbw die Möglichkeit, das Ubw einigermaßen zu beherrschen." (ebd., S. 587) Die Formel lautet hier:

$$\text{Symptom} = \begin{matrix}\text{(ubw) Wunsch-}\\ \text{erfüllung}\end{matrix}\ (+) + \begin{matrix}\text{(vbw) Reaktions-}\\ \text{bildung/Zensur}\end{matrix}\ (-)$$

So formuliert, wird jetzt das „Spiel der Kräfte" zwischen Trieb und Verdrängung, Wunsch und Zensur, für Freud zu einem „Spiel der Erregungen zwischen Vorbewußtem und Unbewußtem" (ebd., S. 569). Was bedeutet das? Einerseits stellt Freud damit das Geschehen so dar, daß der Trieb dem Unbewußten, die Verdrängung hingegen dem Vorbewußten zugeordnet werden; das ist nicht neu – und entspricht auch der Einteilung von 1923, die das Ich als verdrängende Instanz charakterisiert. Aber zunächst ging er ja von zwei einander entgegengerichteten „Kräften" aus: Trieb und Verdrängung, und nun spricht er von zwei „psychischen Instanzen (...), von denen die eine die Tätigkeit der anderen einer Kritik unterzieht" (ebd., S. 545), von einem „Spiel der Erregungen zwischen Vorbewußtem und Unbewußtem," womit er beiden *Systemen* „Erregbarkeit" attestiert. Irritieren muß uns das nicht, denn auch hier haben wir es wieder mit einem Antagonismus zu tun, der in Freuds Modell paßt. Aber klarmachen sollte man sich, daß dieser Antagonismus jetzt zwischen *Systemen* postuliert wird, und das bedeutet, daß wir es bei den verschiedenen hier postulierten antagonistischen Strebungen jeweils mit verschiedenen Komplexitätsgraden zu tun haben: auf der einfachsten Ebene liegen Trieb und Verdrängung; auf einer komplexeren, umfassenderen oder strukturierteren Ebene befinden sich bereits Wunsch und Abwehr/Zensur; noch komplexer ist dann der Antagonismus zwischen den (Makro-) Strukturen der Systeme Ubw und Vbw, denn diese bestehen ja aus einem Assoziationsnetz verschiedenster Erinnerungsspuren: auch wenn das Ubw noch relativ einfach strukturiert ist und die in ihm ablaufenden Erregungsvorgänge demzufolge primärprozeßhaft erfolgen, enthält das Ubw doch bereits diverse Wünsche und damit die Erinnerungsspuren von ganz unterschiedlichen Befriedigungs- und Frustrationserlebnissen – und für den Sekundärprozeß des Vbw gilt dies natürlich noch in viel umfassenderem Maße. Und d.h.: auch Strukturen, gleich auf welchem Komplexitätsniveau, können als Einheiten zusammen- und aufgefaßt werden, deren *Aktivierung* innerhalb des psychischen Apparats antagonistische Wirkungen im Sinne der gerichteten Kräfte von Trieb und Verdrängung entfalten. Dieser Punkt führt immer wieder zu theoretischen Konfusionen und ist deshalb außerordentlich bedeutsam: *die Aktivierung der Systeme* (Ubw, Vbw, Bw) *führt zu Wirkungen, die wie Trieb und Verdrängung behandelt werden können*; sie sind aber nicht identisch mit diesen. *Innerhalb eines kybernetischen Modells vom psychischen Apparat kommt den Systemen (oder Strukturen) vielmehr die Funktion von Reglern oder Schaltern zu, während Trieb und Verdrängung die Variablen darstellen, die von diesen Reglern aus gesteuert werden.*

Jetzt wäre das Verhältnis von Trieb und Verdrängung zur Hemmung und beides wiederum in bezug auf den Primär- und Sekundärprozeß zu untersuchen. In seiner schematischen Darstellung des psychischen Apparats hatte Freud „die Richtung, nach welcher sich der psychische Vorgang aus dem Unbewußten im Wachen fortsetzt, die *progrediente*" genannt (wir hatten die Metapher „von innen nach außen" verwendet), wohingegen er vom Traum aussagt, „er habe regredienten Charakter." (ebd., S. 547) Die progrediente Richtung psychischer Abläufe hatte er beschrieben als ausgehend von einem endogenen Reiz (Trieb) hin zu einer (Objekt-)Wahrnehmung, die in eine motorische Aktion (Abfuhr) mündet. Die Erinnerungsspuren solcher *Abläufe* (die assoziierten Erregungskomplexe) werden in den verschiedenen Erinnerungssystemen gespeichert, die zwischen Triebberregung und Abfuhr sozusagen „eingelagert" werden; und es ist dieses im Lauf der Entwicklung zunehmend dichter werdende Assoziationsnetz[59] der „Erfahrungen in den Erinnerungssystemen" (ebd., S. 605), das nach Freud alle „vom

Bedürfnisreiz ausgehende Erregung auf einen Umweg leite." (ebd., S. 604) Dieser „Umweg" zwischen Trieberregung und Triebabfuhr bedeutet eine „Hemmung", eine Verzögerung des Triebablaufs *in progredienter Richtung*. Über den Ablauf des Triebgeschehens können wir daher erst einmal sagen: an der Basis, wo die Trieberregung ausgelöst wird, besteht die Tendenz zur unmittelbaren Abfuhr – ein zentrales Kennzeichen des Primärvorgangs; diese Tendenz zur Abfuhr wird durch die in den Erinnerungssystemen etablierten Umwege (Strukturen) gebremst oder *gehemmt*, und diese Hemmung charakterisiert den Sekundärvorgang.

Nun hatte Freud die Willkürhandlung, die ja als eine vorbewußte oder bewußte sicher dem Sekundärprozeß zuzuordnen ist, als Folge einer Leistung oder Mitwirkung der Zensur beschrieben. Im Gegensatz zur *progredienten* Verlaufsrichtung der im Sekundärprozeß gehemmten Triebabfuhr hatten wir der Zensur und der in ihr wirksamen Verdrängung aber eine zur Triebrichtung gegenläufige, mithin eine *regrediente* Richtung zugeordnet. *Also arbeiten im vorbewußten Sekundärprozeß eine gehemmte progrediente Triebtendenz und eine durch die Erinnerungssysteme womöglich ebenso gehemmte regrediente Verdrängungstendenz zusammen.* Das würde bedeuten: der Begriff der „Hemmung" bezieht sich sowohl für den Trieb als auch für die Verdrängung auf das Verhältnis der Erregungsabläufe zu den „Umwegen" der assoziierten Erinnerungssysteme – wobei grundsätzlich gilt: je verzweigter das Assoziationsnetz, desto differenzierter die homöostatische Regulierung.

Wenn sich aber der Begriff der *Hemmung* ausschließlich auf die Umwege, die Verteilung der Erregungsabläufe über die assoziativ vernetzten Erinnerungsspuren bezieht, dann muß man neben einer solchen gehemmten Trieb-Verdrängungs-Interaktion im Sekundärprozeß eine nur *relativ* „ungehemmtere" Trieb-Verdrängungs-Interaktion (ein solches „Kräftespiel") auch für den Primärprozeß im Unbewußten annehmen. Daß die Vorgänge im Primärprozeß „ungehemmt" oder, wie Freud es nennt, „ungebunden" ablaufen, wäre dann nur *relativ* zu den Sekundärvorgängen zu verstehen; d.h. gänzlich „ungehemmt" (unstrukturiert) sollte man sich auch die Primärvorgänge nicht vorstellen[60]. Es wird meist übersehen, daß das Ubw nach Freud in den Anfängen der Entwicklung des psychischen Apparats ebenfalls eine wenn auch primitivere Strukturierung durch die Erinnerungssysteme erfährt; diese primitive Strukturierung besteht in den „unbewußten Wunschregungen“, einem „großen Gebiet des Erinnerungsmaterials“, welches den „Kern unseres Wesens“ bildet (ebd., S. 609) – und solche Wunschregungen, solches Erinnerungsmaterial hatten wir ja als Assoziation zwischen Trieberregung, Objekt- und Bewegungsbild aufgefaßt. In diesem Sinne enthalten die unbewußten Wünsche von Anfang an die Strukturen jener basalen Subjekt-Objekt-Relationen, die in die Erinnerungsspuren der ersten Befriedigungssituationen eingetragen werden und innerhalb welcher die „Lust- und Unlustentbindungen automatisch den Ablauf der Besetzungsvorgänge regulieren.“ (ebd., S. 580) Solche primitive Regulierungsmaßnahmen oder zumindest erste Ansätze davon stellen ja auch die dem Primärprozeß zugeschriebenen Halluzinationen dar, die dann ein Stück weit den ersten Triebaufschub ermöglichen helfen. Und das bedeutet, daß wir uns die Arbeitsweise des Systems Ubw und den ihm eigenen Primärprozeß nicht anders vorstellen können als – wenn auch locker – strukturiert und insofern *primär gehemmt* durch eben die Assoziationsbahnen, die bereits in den ersten Erinnerungsspuren des Ubw niedergelegt sind. Mit anderen Worten: der Grad der Hemmung wird durch die Dichte des Assoziationsnetzes der Erinnerungssysteme vorgegeben, er ist im Primärprozeß des Unbewußten ein gering, im Sekundärprozeß des Vbw/Bw ein stark ins Gewicht fallender Faktor.

An dieser Stelle jedoch kompliziert Freud das vorliegende Problem dadurch, daß er versucht, den Vorgang der Hemmung durch den Sekundärprozeß in Beziehung „zur Regulierung durch das Unlustprinzip“ zu setzen (ebd., S. 605), wobei er – wie schon im *Entwurf* – versucht, das „Unlustprinzip“ am Beispiel der Schreck- oder Schmerzerfahrung als Prototyp der Verdrängung zu analysieren:

„Suchen wir uns das Gegenstück zum primären Befriedigungserlebnis auf, das *äußere Schreckerlebnis*. Es wirke ein Wahrnehmungsreiz auf den primitiven Apparat ein, der die Quelle einer Schmerzerregung ist. Es werden dann so lange ungeordnete motorische Äußerungen erfolgen, bis eine derselben den Apparat der

Wahrnehmung und gleichzeitig dem Schmerz entzieht, und diese wird bei Wiederauftreten der Wahrnehmung sofort wiederholt werden (etwa als Fluchtbewegung), bis die Wahrnehmung wieder verschwunden ist. Es wird aber hier keine Neigung übrig bleiben, die Wahrnehmung der Schmerzquelle halluzinatorisch oder anderswie wieder zu besetzen. Vielmehr wird im primären Apparat die Neigung bestehen, dies peinliche Erinnerungsbild sofort, wenn es irgendwie geweckt wird, wieder zu verlassen, weil ja das Überfließen seiner Erregung auf die Wahrnehmung Unlust hervorrufen würde (genauer: hervorzurufen beginnt). (...) Diese mühelos und regelmäßig erfolgende Abwendung des psychischen Vorgangs von der Erinnerung des einst Peinlichen, gibt uns das Vorbild und das erste Beispiel der *psychischen Verdrängung.*" (ebd., S. 605 f.)

Das klingt einleuchtend, ist aber in bezug auf die Konstruktion des psychischen Apparats problematisch: Der psychische Apparat hat nach Freud überhaupt die Aufgabe, „Anhäufung von Erregung zu vermeiden" (ebd., S. 604). Das ist die Grundannahme: Die Anhäufung von Erregung wird als Unlust empfunden, ihre Verringerung als Lust (ebd.). Die Erregung ist der entscheidende quantitative Faktor, der diesen „Reflexapparat" in Aktion versetzt, „und der Ablauf der Erregung in ihm werde automatisch durch die Wahrnehmungen von Lust und Unlust geregelt." (ebd.) Man kann das Prinzip dieser *automatischen Regulation* als Lust- oder als Unlustprinzip bezeichnen, ersteres bezieht sich auf den finalen, letzteres auf den kausalen Aspekt dieses Ablaufs, aber beide Aspekte kennzeichnen ein und dasselbe Prinzip (Freud entschied sich später für die Bezeichnung „Lustprinzip"). Nun erläutert Freud das *Lustprinzip* anhand des *Befriedigungserlebnisses*, und zwar im Zusammenhang mit einem *endogen* entstehenden *Trieb*, dem Hunger, das *Unlustprinzip* hingegen anhand der *Schmerzerfahrung*, im Zusammenhang mit einem *exogen* applizierten, also von außen nach innen wirkenden (Wahrnehmungs-)Reiz, der eine Fluchtbewegung provoziert, welche zum Prototyp der *Verdrängung* erklärt wird. Aber auch der von außen zugefügte Schmerz wirkt natürlich nicht außen, sondern innen – einmal ganz abgesehen davon, daß der Organismus öfter selbst die Quelle des Schmerzes in sich birgt. Beides, Hunger wie Schmerz, verursacht damit gleichermaßen einen quantitativen Anstieg an somatischer

Erregung, d. h. Unlust, die automatisch Regulierungsvorgänge in Kraft setzt zum Zwecke der Beseitigung dieser Unlust – wobei jede Wiederannäherung an den ursprünglichen Gleichgewichtszustand als lustvoll wahrgenommen wird. Und deshalb stellen Unlust und Lust zwar zwei verschiedene Erlebnismodalitäten beziehungsweise Anfang und Ende eines triebhaften, somato-psychischen Prozesses dar, nicht aber *zwei Prinzipien* dieses Ablaufes. Damit bleibt als einzig unterscheidendes Moment in den von Freud gewählten Beispielen der Befriedigungs- und der Schmerzerfahrung wiederum die Richtung des vorgestellten Ablaufs: der Trieb (Hunger) wirkt von innen nach außen, der (zugefügte) Schmerz als Vorbild der Verdrängung von außen nach innen, oder allgemeiner ausgedrückt: entgegengesetzt.

Wir hatten schon gesehen: Freud ordnet den einander entgegengesetzt gerichteten Kräften Trieb und Verdrängung die Instanzen des Unbewußten und des Vorbewußten zu, letzteren wiederum den Primär- und den Sekundärprozeß – und nun folgt eine Ergänzung: Sowohl der Primärprozeß als auch der Sekundärprozeß sind dem Lust-(Unlust-)prinzip unterworfen: „Zufolge des Unlustprinzips ist das erste ψ-System also überhaupt unfähig, etwas Unangenehmes in den Denkzusammenhang zu ziehen. Das System kann nichts anderes als wünschen." (ebd., S. 606) Wenn aber das erste System (Ubw) nicht nur dem Lust- („wünschen") sondern auch dem Unlustprinzip unterworfen ist und Freud das „Unlustprinzip" zum Vorbild der Verdrängung erhebt, dann wirkt also nicht nur der Trieb, sondern auch die Verdrängung im ersten System, dem Ubw. Und „das Unlustprinzip zeigt sich *auch* als Regulator für den Erregungsablauf des zweiten Systems." (ebd., S. 607, Hervh. d. V.) Das bedeutet dann: auch dort arbeiten Trieb und Verdrängung gegeneinander. Im Unbewußten verläuft dieser Vorgang primärprozeßhaft unter der Vorherrschaft des Lustprinzips; im Vorbewußten ist dieser Ablauf durch die dichter werdenden Assoziationsbahnen der Erinnerungssysteme gehemmt, d. h. sekundärprozeßhaft unter der Vorherrschaft des Unlustprinzips, also der Verdrängung, die ja für Willkürhandlungen und unsere „geistige Gesundheit" zuständig ist. Dann wären aber Trieb und Verdrängung nicht mehr auf die Systeme des Unbewußten und Vorbewußten verteilt, sondern in beiden wirksam, im Primärprozeß in relativ „ungebundener", im Sekundärprozeß in „gebundener" Form. Diese Konsequenz seiner – logisch richtigen und theoretisch wie formal zweckmäßigen – Annahme, daß, wenn der Primärprozeß dem „Unlustprinzip" unterworfen ist und das Unlustprinzip den Grund (das Vorbild) der Verdrängung abgibt, auch die Abläufe im Ubw der Verdrängung unterliegen müssen, wird von Freud jedoch übersehen. Er bleibt dabei, daß das erste System das treibende oder wünschende, das zweite das verdrängende oder hemmende ist, wobei er zwischen „Hemmung" und „Verdrängung" nicht immer klar unterscheidet.

Schauen wir uns zuletzt noch genauer an, welche Bedeutung dieser Auffassung der Trieb-Verdrängungs-Interaktionen im Primär- und Sekundärprozeß für die Frage der Bewußtwerdung und des Denkens zukommt. In progredienter Richtung verläuft der psychische Vorgang vom endogenen Triebreiz und/oder von den Erregungen der Sinnesorgane über das Assoziationsnetz der Erinnerungssysteme zum System der Sprachzeichen, das die bewußte Verarbeitung ermöglicht. Freud stellt sich das so vor, daß „von einer Zielvorstellung aus" im Sekundärprozeß „eine gewisse Erregungsgröße, die wir ‚Besetzungsenergie' heißen, längs der durch diese Zielvorstellung ausgewählten Assoziationswege verschoben wird" (ebd., S. 599) und daß das *Bewußtwerden* dieses Vorgangs an einen wenn auch minimalen quantitativen Faktor, eine bestimmte Erregungsgröße, gekoppelt ist, die vom System der Sprachzeichen beigesteuert wird – Freud spricht hier von einer „neuerlichen Überbesetzung, die das Bewußtsein vermittelt." Wir hatten diese „Überbesetzung" bereits als eine „Dopplung" oder Passung der Erregungsmuster in ψ und ω erkannt (ω wird in der *Traumdeutung* als das sogenannte „überlagernde Sinnesorgan des Bw-Systems" bezeichnet) und festgestellt, daß das Wesentliche an diesem Vorgang in der Referenzierung der Erregungsmuster, im *Mustervergleich* liegt; dazu stimmt, daß sich nach Freud das korrekte Denken vor allem „für die Verbindungswege zwischen den Vorstellungen", also für die *Relationen*, interessiert, „ohne sich durch die Intensitäten derselben beirren zu lassen." (ebd., S. 607 f.) Nun überlegt Freud: Ein vorbewußter Gedankengang kann auch

„vernachlässigt" werden; er hat dann eine solche Überbesetzung durch das System der Sprachzeichen nicht erhalten;

„von einem ‚unterdrückten' oder ‚verworfenen' ist sie wieder zurückgezogen worden; beide sind ihren eigenen Erregungen überlassen. (...) Ein so im Vorbewußten angeregter Gedankengang kann spontan erlöschen oder sich erhalten. Den ersteren Ausgang stellen wir uns so vor, daß seine Energie nach allen von ihm ausgehenden Assoziationsrichtungen diffundiert, die ganze Gedankenkette in einen erregten Zustand versetzt, der für eine Weile anhält, dann aber abklingt, indem die abfuhrbedürftige Erregung sich in ruhende Besetzung umwandelt." (ebd., S. 599)

Ein solcher latenter Gedanke kann nicht bewußt werden, weil der dafür minimal erforderliche Betrag an Erregung bereits nach allen Richtungen „diffundiert" ist[61]. Ein latenter Gedanke, ein sogenannter „Tagesrest", kann aber auch den regredienten Weg nehmen, „ins Unbewußte gezogen", verdrängt werden, und dort von einem „unbewußten Wunsch her Besetzung" finden (ebd., S. 600). Die „dem unbewußten Wunsch eigene Energie" (ebd.) diffundiert dann im Assoziationsbereich zwischen dem Tagesrest und dem verdrängten Erinnerungsmaterial des unbewußten Wunsches „über eine gewisse Sphäre von Zusammenhang, innerhalb derer alle Elemente, auch die an sich mittellosen, zur Darstellung gehoben werden." (ebd., S. 567) Der Unterschied zum sekundärprozeßhaften Ablauf der Erregung im Vbw besteht darin, daß im Bereich des Ubw – das eine vergleichsweise geringere Strukturierung durch Assoziationsbahnen aufweist – die Energien leichter verschiebbar sind, d. h. der unbewußte Gedankenzug unterliegt hier einer sogenannten primärprozeßhaften Einwirkung, den Mechanismen der Traumarbeit (Verdichtung, Verschiebung und Symbolisierung), wodurch er bzw. seine „Darstellung", komprimiert in ein Bild oder eine Szene, mit genau dem (quantitativen) Betrag ausgestattet wird, der notwendig ist, um das „Bewußtseinsorgan" auf der Seite der Wahrnehmung zu erregen.

„Wahrscheinlich ist es diese Abänderung des sonstigen psychischen Vorgangs, welche es ermöglicht, das System der *W* bis zur vollen sinnlichen Lebhaftigkeit in umgekehrter Richtung, von den Gedanken her, zu besetzen.

(...) Wenn wir den Traumvorgang als eine Regression innerhalb des von uns angenommenen seelischen Apparats ansehen, so erklärt sich uns ohne weiteres die empirisch festgestellte Tatsache, daß alle Denkrelationen der Traumgedanken bei der Traumarbeit verloren gehen oder nur mühseligen Ausdruck finden. Diese Denkrelationen sind nach unserem Schema nicht in den ersten Er-Systemen, sondern in weiter nach vorn liegenden enthalten und müssen bei der Regression bis auf die Wahrnehmungsbilder ihren Ausdruck einbüßen. *Das Gefüge der Traumgedanken wird bei der Regression in sein Rohmaterial aufgelöst.*“ (ebd., S. 548 f.)[62]

Das bedeutet nun für Freuds Konstruktion der Psyche: Ein psychischer Ablauf wird bewußt unabhängig davon, ob er in pro- oder regredienter Richtung erfolgt. Wird der psychische Apparat in progredienter Richtung vom Primär- zum Sekundärprozeß hin durchlaufen, dann verknüpft sich die Trieberregung mit dem (assoziierten) sinnlichen Wahrnehmungsbild und fügt im weiteren Verlauf dessen begriffliche Fassung hinzu, eine Kombination, in der sie uns schließlich bewußt wird; in regredienter Richtung löst sich die begriffliche Fassung wieder in ihr „Rohmaterial“ auf, aus dem sie hervorgegangen ist, in das Sinnesbild nämlich, das von der Trieberregung evoziert wurde. Aber der Traum liefert ja nicht nur das originale Sinnesdatum oder dessen archaische Fassung, sondern dessen für den Traum spezifische Bearbeitungsform (Traumarbeit); und auch die am anderen Ende des Spektrums stehende bewußte begriffliche Fassung eines psychischen Ablaufs steht nicht isoliert, sondern ist eingebettet in die für unser Denken spezifischen logischen Relationen. Damit können wir sagen: *Verläuft ein psychischer Prozeß in progredienter Richtung durch die („historisch“ geschichteten) Erinnerungssysteme, so generiert er dabei sämtliche logischen Relationen unserer kognitiven Funktionen, in regredienter Richtung hingegen generiert ein solcher Ablauf die Relationen der Traumarbeit: Verdichtung, Verschiebung, Rücksicht auf Darstellbarkeit und Symbolisierung.* Mit anderen Worten: die Arbeitsweise des psychischen Apparats, die Gesetze der Assoziation sind verschieden, je nachdem ob die Erinnerungssysteme in pro- oder in regredienter Richtung durchlaufen werden. Wir können weiterhin annehmen, daß innerhalb der Funktionsweisen von Primär- und Sekundärprozeß beide Verlaufsformen mit je verschiedener Dominanz vorkommen, daß also auch der Primärprozeß in progredienter Richtung erste Ansätze einer „Logik“ enthält, wie offenbar auch der Sekundärprozeß in regredienter Richtung partiell mit den Mechanismen der Verdichtung, Verschiebung und Symbolisierung arbeitet[63], und schließlich, daß es auf beiden Ebenen das „Spiel der Kräfte“ zwischen Trieb und Verdrängung ist, welches die Verschiebung des vorliegenden Erregungsquantums in pro- und regredienter Richtung bewirkt (und dies wahrscheinlich mehrfach, im Sinne eines Kreisens der Erregung – Freud spricht vom „Hin- und Herwogen der Erregung“, ebd., S. 582).

Zusammenfassung

Im VII. Kapitel der *Traumdeutung* skizziert Freud ein Modell vom psychischen Apparat, das in wesentlichen Teilen die Grundlinien seines *Entwurfs einer Psychologie* nachzeichnet. Der Apparat ist jetzt aus drei Systemen zusammengesetzt, die Freud das Unbewußte (Ubw), das Vorbewußte (Vbw) und das Bewußte (Bw) nennt. Dem Ubw ordnet er den Trieb und den Primärprozeß zu, dem Vbw die Widerstandszensur, die Hemmung und den Sekundärprozeß. Das Bw wird als ein „Sinnesorgan zur Wahrnehmung psychischer Qualitäten“ konzipiert, das auf Reize von drei Seiten her reagiert: auf die Lust und Unlust erzeugenden Vorgänge der inneren Erregungen (Triebgeschehen), sowie auf die Signale, die an seinen beiden „Sinnesoberflächen“ eintreffen, nämlich die Wahrnehmungs- und die Sprachzeichen. Ein Vorgang wird bewußt, sobald der „Aufmerksamkeitsmechanismus“ des Vbw die Wahrnehmungen (Besetzung) des Bw-Organs (über-)besetzt.

Obwohl sich Freud im VII. Kapitel der *Traumdeutung* bemüht, die neurologischen Begriffe gegen psychologische Termini auszutauschen, bleiben doch die Grundgedanken des *Entwurfs* bei seiner Entwicklung des psychischen Apparats wegweisend. Die Position der „endogenen Erregung“ aus dem *Entwurf* wird jetzt durch die Konzeption des *Wunsches* vertreten. Wir hatten hier differenziert und erkannt, daß der Wunsch ein komplexeres Konzept ist als der Trieb, insofern er nebst diesem auch die in den Erinnerungsspuren niedergelegten assoziierten Objekt- und Bewegungsbilder mit enthält; nimmt man aber den Wunsch als Einheit, so kann die aus ihm resultierende gerichtete Kraft ebenfalls – auf einer komplexeren Ebene – im Sinne eines Triebes aufgefaßt werden. Gegen den Wunsch richtet sich die „Widerstandszensur“, die auf der gleichen komplexeren Ebene wie der Wunsch die Funktion erfüllt, die der Verdrängung gegenüber dem Trieb zukommt. Analog zum Wunsch hatten wir die Zensur als Verknüpfung einer Verdrängungsstrebung mit einem Objekt- und einem Bewegungsbild aufgefaßt, d. h. als Erinnerungsspur eines Assoziationskomplexes, der eine Art Negativ-Muster ergibt. Desgleichen hatten wir auf einer noch komplexeren Ebene Freuds Diktum vom „drängenden Unbewußten“ und „verdrängenden Vorbewußten“ antagonistisch aufgefaßt, als eben zwei *in ihren Wirkungen* einander entgegengesetzt gerichtete Systeme. Wir bleiben aber dabei, daß der Trieb und die Verdrängung weiterhin als die Grundvariablen des Modells gelten sollen, die von den Strukturen im Sinne von Schaltern oder Reglern zum Zwecke der Aufrechterhaltung der Homöostase aktiviert werden.

Wir hatten bei all diesen Überlegungen die Modellkonzeption einerseits unter der Perspektive der Gerichtetheit psychischer Abläufe und andererseits im Hinblick auf die Funktionen von Primär- und Sekundärprozeß untersucht. Dabei war dem *Trieb* vorläufig (prototypisch) eine *Gerichtetheit von innen nach außen*, der *Verdrängung* ein quasi *von außen nach innen gerichteter Verlauf* zugeordnet worden und dies *sowohl innerhalb des Primär- als auch innerhalb des Sekundärprozesses.* Der Begriff der *Hemmung* wurde ganz *auf das Assoziationsnetz der Erinnerungssysteme bezogen* und für den Trieb wie auch für die Verdrängung in Anwendung gebracht; das die Hemmung ermöglichende Assoziationsnetz der Erinnerungssysteme wurde im Primärprozeß des Ubw als ein nur locker geknüpftes, im Sekundärprozeß als ein weitverzweigtes oder fein ausdifferenziertes betrachtet (weshalb die Hemmung im Primärprozeß relativ gering ausfällt – konzeptionell aber bedeutsam ist). Daraus ergibt sich in Übereinstimmung mit Freud die größere Tendenz zur unmittelbaren Abfuhr im Primärprozeß des Ubw und deren weitgehende Hemmung im Sekundärprozeß des Vbw.

Schließlich hatten wir noch aus Freuds Überlegungen zur Traumentwicklung gefolgert, daß ein progredienter psychischer Verlauf auf seinem Weg zum Bewußtsein die logischen Relationen unserer kognitiven Funktionen, ein regredienter Ablauf hingegen die Relationen der Traumarbeit generiert, und dies erneut mit unterschiedlicher Dominanz für den Primär- wie für den Sekundärprozeß gelten lassen.

Drei Abhandlungen zur Sexualtheorie (1905)

Nachdem Freud im *Entwurf* und im VII. Kapitel der *Traumdeutung* die Grundstrukturen und -funktionen des psychischen Apparats erarbeitet hat, wendet er sich in seiner nächsten großen theoretischen Schrift, den *Drei Abhandlungen zur Sexualtheorie* von 1905, der Konzeptualisierung des Triebes zu. Dies geschieht allerdings in einer teilweise sehr am Phänomenologischen, am klinischen Material orientierten Weise, so daß man diese Arbeit, vor allem in ihrer ersten Ausgabe, nicht durchgängig zu den metapsychologischen Schriften rechnen kann. Aber da diese wichtige Studie, die Freud ebenso wie die *Traumdeutung* bei jeder neuen Auflage überarbeitet und an den fortgeschrittenen Stand seiner Theoriebildung angepaßt hat, als Basiswerk seiner Trieblehre gilt und die Triebe ja eine zentrale Stellung innerhalb seiner Metapsychologie einnehmen, ist hier zweierlei von Interesse: erstens soll uns die Frage beschäftigen, wie Freuds Begriffsbestimmung des Triebes in die bis hierher erarbeitete Modellkonstruktion einzufügen ist; und zweitens lohnt es sich, zu untersuchen, ob sich *hinter* den verschiedenen Erörterungen der Sexualentwicklung und -pathologie *allgemeine Richtlinien seiner Argumentation* ausfindig machen lassen, die uns weiteren Aufschluß über die Funktion der Triebe und eventuell auch der Verdrängung in bezug auf die Strukturentwicklung des psychischen Apparats geben könnten. Mehr als in den beiden vorigen Kapiteln werden hier also die aus der praktisch-psychoanalytischen Arbeit gewonnenen klinisch-phänomenologischen Überlegungen Freuds zur Sprache gebracht – *dies aber immer nur im Hinblick auf etwaige metapsychologische Grundvorstellungen und -orientierungen, die seine Argumentation leiten.*

Dies ist auch im Auge zu behalten in bezug auf die Frage, *was* denn eigentlich der Gegenstand von Freuds Sexualtheorie sei? Einerseits soll der Begriff der Psychosexualität ja eine *virtuelle* Sexualität bezeichnen, die all die Phantasien umfaßt, die sich rund um die Sexualität im erweiterten Sinne ihres Begriffs ranken (z.B. in Form von Geburtstheorien, Kastrationsängsten etc.) und denen ja nichts in der Wirklichkeit Vorkommendes entspricht; andererseits läßt sich nicht übersehen, daß dieses „an die Biologie angrenzende Stück der Lehre" (1905d, S. 31) ganz konkret von organischen, physiologischen und neurochemischen Vorgängen handelt. Damit zeigt sich einmal mehr die Grenzstellung der Psychoanalyse zwischen Biologie und Psychologie[64]. Aber wiederum soll gelten, daß es uns für die metapsychologischen Fragen letztlich weder um die konkreten Phantasien, noch um die konkreten biologischen Vorgänge, sondern immer nur um die allgemeinen Organisationsprinzipien geht, die jetzt in den *Drei Abhandlungen* vermittels dieser bestimmten Art der Untersuchung und Auswahl des Materials zur Darstellung gelangen.

Rekapitulieren wir zunächst noch einmal kurz den Stand unserer Überlegungen: Im *Entwurf* wird die Entwicklung der Strukturen, die den psychischen Apparat bilden, geschildert als ein Vorgang, der ausgeht von der Verknüpfung (Assoziation) zwischen einem endogenen Reiz (Trieb) im ψ-Kern sowie einem komplexen Wahrnehmungsreiz (Objektbild) und einem motorischen Ablauf (Bewegungsbild) im ψ-Mantel. Bei jedem psychischen Vorgang werden entweder bestehende Assoziationen zwischen diesen drei Eckpfeilern des Triebgeschehens aktiviert bzw. reaktiviert oder neue gebahnt; auf diese Weise wird im Lauf der Entwicklung das Assoziationsnetz der Erinnerungssysteme erweitert und ausdifferenziert, wobei man die Möglichkeit wechselseitiger Beeinflussung zwischen diesen drei Eckpunkten des Triebgeschehens in Betracht ziehen könnte: der Triebreiz würde dann ebenso die Erinnerungsspur des befriedigenden Objekts und der dazugehörigen Befriedigungshandlung aktivieren, wie umgekehrt ein bestimmtes Handlungsmuster ein triebbefriedigendes Objektbild und Bedürfnis auf den Plan rufen oder die Wahrnehmung eines Objekts eine Triebhandlung stimulieren könnte. In allen diesen Fällen ginge es um die *Komplettierung* von gelernten Erregungsmustern – womit, formal gesehen, der Gedanke verbunden ist, daß diese Komplettierung einer homöostatischen Regulierung entspricht.

Gegenüber diesem dreidimensionalen Modell des *Entwurfs* hatte Freud in der *Traumdeutung* ein zunächst nur zweidimensionales (lineares) Schema skizziert, das den Trieb als Auslöser jedes psychischen Geschehens nur implizit enthält (und zwar einerseits in der Form der quantitativ bestimmten Lust- und Unlustentbindungen, andererseits als den Wunsch, der einzig den psychischen Apparat in Tätigkeit versetzt), explizit hingegen postiert Freud auf der einen Seite die Wahrnehmungsreize, auf der anderen die Motorik (der Freud auch das System der Sprachzeichen zurechnet), dazwischenliegend die Erinnerungssysteme, die einen differenzierten (gehemmten) Austausch zwischen beiden Seiten ermöglichen.

Fassen wir jetzt die Schemata beider Arbeiten zusammen, d. h. fügen wir dem linearen Modell der *Traumdeutung* (Abb. 9) die Position der endogenen Reize aus dem *Entwurf* (Abb. 7) hinzu, dann ergibt sich ein Modell, das wiederum aus den bekannten drei Eckpfeilern besteht (Abb. 11). Es enthält ein „Triebsystem“ (T), welches endogene Reize liefert, ein „Wahrnehmungssystem“ (W), welches die sensorischen (exogenen) Reize aufnimmt, die dann als Objektbilder in den Erinnerungsspuren gespeichert werden, und ein „motorisches System“ (M), das für die Abfuhr zuständig ist und dessen „Bewegungsbilder“ (insbesondere der spezifischen Aktion) ebenfalls in Form von Erinnerungsspuren (gestrichelte Linie) festgehalten werden. Das „motorische System“ ist für Freud vor allem ein Exekutivorgan, das dem Bewußtsein nahe steht, und dies auch aufgrund der „Sprachabfuhrzeichen“, die Freud als subliminale motorische Innervationen („motorische Wortbilder“) auffaßt und deshalb ebenfalls an das rechte Ende des Ablaufschemas setzt.

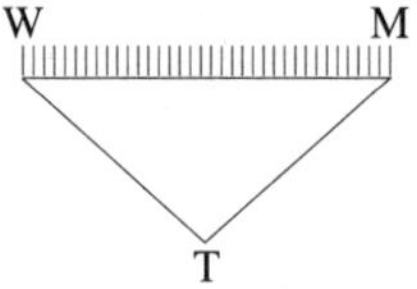

Abb. 11

Das ist das Grundschema, das vom *Entwurf* an die Darstellung sämtlicher psychischer Abläufe repräsentiert; es ist, wie wir in der *Traumdeutung* bemerkt haben, das *einfache Schema des Wunsches*, denn jeder Wunsch kann aufgefaßt werden als eine

Erinnerungsspur, die eine Triebregung mit einem Objekt- und einem Bewegungsbild assoziiert, und es gilt, wie im Folgenden immer deutlicher werden wird, von den psychischen Vorgängen der Mikroebene an – weil es die *Elementareinheit der Erinnerungsspur* darstellt – bis hin zu den komplex strukturierten und organisierten psychischen Prozessen der Makroebenen. – In dieses Schema sollen nun die folgenden Überlegungen zur Triebtheorie der *Drei Abhandlungen* eingetragen werden, d. h.: wir werden jetzt bei der weiteren Erarbeitung der Modellkonzeption immer wieder der Frage nachgehen, von welcher Seite innerhalb dieses Dreiecks jeweils die Rede ist.[65]

Das Triebkonzept

In den beiden oben genannten Arbeiten wurde der Ablauf von Trieberregung und -befriedigung paradigmatisch am Beispiel von Hunger und Nahrungsaufnahme dargestellt. Daran anknüpfend beginnt Freud mit seinen Überlegungen zur Sexualität:

„Die Tatsache geschlechtlicher Bedürfnisse bei Mensch und Tier drückt man in der Biologie durch die Annahme eines ‚Geschlechtstriebes' aus. Man folgt dabei der Analogie mit dem Trieb nach Nahrungsaufnahme, dem Hunger. Eine dem Worte ‚Hunger' entsprechende Bezeichnung fehlt der Volkssprache; die Wissenschaft gebraucht als solche ‚*Libido*'." (1905d, S. 33)

Damit sind bereits *die zwei Grundtriebe* genannt: der „Trieb nach Nahrungsaufnahme", der sich im Hunger zeigt, und der „Geschlechtstrieb", dessen Äußerungsformen Freud mit dem Mollschen Terminus „Libido" belegt (Moll, 1897); und ferner erhalten wir sogleich einen Hinweis darauf, daß Freud den Geschlechtstrieb „in Analogie mit dem Trieb nach Nahrungsaufnahme" konzipiert, mit dem sich Freud ja im *Entwurf* und im VII. Kapitel der *Traumdeutung* schon ausführlich befaßt hatte.

Vom Geschlechts- oder Sexual*trieb* unterschieden werden das Sexual*objekt* und das Sexual*ziel* (1905d, S. 34). Anhand von Beispielen aus der Sexualpathologie (Homo-, Pädo-, Zoophilie) zeigt Freud, daß es nötig ist, „die Verknüpfung zwischen Trieb und Objekt in unseren Gedanken zu lockern. Der Geschlechtstrieb ist wahrscheinlich zunächst unabhängig von seinem Objekt und verdankt wohl auch nicht den Reizen desselben seine Entstehung." (ebd., S. 47) Mit anderen Worten: der Geschlechts*trieb* wird von seiner Anlage her (wie in der Biologie) als ein endogener, somatischer Vorgang begriffen; das spezifische *Objekt* wird erst auf dem Weg der Erfahrung assoziiert. Das *Ziel* des Sexualtriebes ist zwar letztlich die Aufhebung des Triebreizes in der Triebbefriedigung, aber Freud definiert das Ziel im Hinblick auf den Handlungsaspekt: „Als normales Sexual*ziel* gilt die *Vereinigung* der Genitalien in dem als Begattung bezeichneten *Akte*, der zur Lösung der sexuellen Spannung und zum zeitweiligen Erlöschen des Sexualtriebes führt (Befriedigung analog der Sättigung beim Hunger)." (ebd., S. 48 f., Hervh. d. V.)

Mit dieser Differenzierung innerhalb seines Triebkonzepts hat Freud die im obigen Schema genannten Grundelemente beibehalten: der Sexualtrieb kann folglich dem T-System, das Sexualobjekt dem W-System und das Sexualziel dem M-System zugeordnet werden. Wichtig dabei ist, daß er den Trieb als unabhängig von seinem jeweiligen Objekt oder Ziel definiert. Objekt und Handlung sind also, wenngleich genetisch wohl präformiert[66], in der individuellen Entwicklungsgeschichte bis zu einem gewissen Grad variabel, während der Trieb und seine Entwicklung eine Konstante darstellen. Das wäre nun im einzelnen näher zu untersuchen. Freud führt ja eine ganze Reihe von neuen Begriffen in diesen *Drei Abhandlungen* ein: er spricht von den „Ursprüngen" und „Wurzeln" des Triebs, von „erogenen Zonen" oder „Quellen" der Erregung, von „Partialtrieben", „Triebkomponenten" und verschiedenen „Triebarten". Da scheint es hilfreich, sich Gedanken zu machen, wo diese einzelnen Begriffe innerhalb seines Modells jeweils einzuordnen sind.

Beginnen wir mit dem Trieb-System, hier T-System genannt: Freud geht davon aus, daß jeder Form von sexueller Betätigung etwas *zugrunde* liegt, „*was allen Menschen angeboren* ist, als Anlage in seiner Intensität schwanken mag und der Hervorhebung durch Lebenseinflüsse wartet. Es handelt sich um angeborene, in der Konstitution gegebene Wurzeln des Sexualtriebes“ (ebd., S. 71). Angeboren ist nicht nur das Vorhandensein eines Sexualtriebes, sondern auch die Stufenfolge seiner Reifungsschritte von der oralen, über die anale und phallische Phase bis hin zur erwachsenen Genitalität. Zwar fördern selbstverständlich adäquate Umwelteinflüsse die Entwicklung der infantilen Sexualität, aber es ist, wie Freud betont, „selbstverständlich, daß es der Verführung nicht bedarf, um das Sexualleben des Kindes zu wecken, daß solche Erweckung auch spontan aus inneren Ursachen vor sich gehen kann.“ (ebd., S. 91) Indirekt, so könnten wir sagen, spricht Freud hier von einem übergeordneten bzw. zentralnervösen Mechanismus oder Schalter, der – im Schema innerhalb des T-Systems – Steuerfunktion für die Reifungsschritte des Sexualtriebs übernimmt.

Verfolgt man die Entwicklungslinie des Sexualtriebes, dann stößt man sogleich auf die sogenannten „erogenen Zonen“, die eine wesentliche „Quelle“ sexueller Erregung darstellen, und die ihnen zugeordneten „Partialtriebe“:

„Eine weitere vorläufige Annahme in der Trieblehre, welcher wir uns nicht entziehen können, besagt, daß von den Körperorganen Erregungen von zweierlei Art geliefert werden, die in Differenzen chemischer Natur begründet sind. Die eine dieser Arten von Erregung bezeichnen wir als die spezifisch sexuelle und das betreffende Organ als die *‚erogene Zone‘* des von ihm ausgehenden sexuellen Partialtriebes.“ (ebd., S. 68)[67]

Freud nennt eine ganze Reihe von erogenen Zonen: die prominentesten sind der Reihe ihrer Aktivierung nach Mund, After und Genitale, des weiteren die Haut (insbesondere die Schleimhäute) in bezug auf Tast-, Temperatur- und Schmerzempfindungen, aber auch das Auge für den „Schautrieb“, und auf einer noch allgemeineren Ebene können überhaupt „rhythmische mechanische Erschütterungen des Körpers, an denen wir dreierlei Reizeinwirkungen zu sondern haben, die auf den Sinnesapparat der Vestibularnerven, die auf die Haut und auf die tiefen Teile (Muskeln, Gelenkapparate)“, (ebd., S. 102) erregend wirken. Unübersehbar hat Freud die „erogenen Zonen“ den verschiedenen Sinnesorganen entsprechend konzipiert: er nennt die erogenen Zonen der Proprio-, Extero-, Thermo-,

Nozi-, Tele- und Vestibularisreceptoren, die als *Sinnesorgane* alle innerhalb des Schemas dem W-System zuzuordnen wären. In der Ausgabe von 1905 spricht er sogar explizit „von einem Reize aufnehmenden Organ (Haut, Schleimhaut, *Sinnesorgan*). *Letzteres* soll hier als erogene Zone bezeichnet werden, als jenes Organ, dessen Erregung dem Trieb den *sexuellen Charakter* verleiht." (Freud, S.A., 5, S. 76, Hervh. d.V.) Kurz: eine *erogene Zone* ist zunächst einmal einfach ein *Sinnesorgan*, das aus dem W-System Sinnesreize vermittelt. Jeder Sinnesreiz kann erogen wirken – das erkennt Freud insbesondere am Studium der Sexualpathologie – aber ein Reiz, der in einem Moment sexuell stimulierend wirkt, kann in einem anderen diese Wirkung auch vermissen lassen. Die erogene Wirkung ist folglich noch an bestimmte Bedingungen gebunden. In seinem Kapitel über „das Problem der Sexualerregung" überlegt Freud, ob die Sexualspannung

> „eine Funktion der Samenanhäufung in den Reservoirs für die Geschlechtsprodukte sei. (...) Man würde so zur Annahme gedrängt, (...) daß die Anhäufung der Sexualstoffe die Sexualspannung schafft und unterhält, etwa indem der Druck dieser Produkte auf die Wandung ihrer Behälter als *Reiz auf ein spinales Zentrum wirkt, dessen Zustand von höheren Zentren wahrgenommen wird* und dann für das Bewußtsein die bekannte Spannungsempfindung ergibt. Wenn die Erregung erogener Zonen die Sexualspannung steigert, so könnte dies nur so zugehen, daß die erogenen Zonen in vorgebildeter anatomischer Verbindung mit diesen Zentren stehen, den Tonus der Erregung daselbst erhöhen, bei genügender Sexualspannung den sexuellen Akt in Gang bringen und bei ungenügender die Produktion der Geschlechtsstoffe anregen." (Freud, 1905d, S. 115, Hervh. d. V.)

Freud erkennt die Schwäche dieser Annahmen, die er unter Bezugnahme auf die Theorie Krafft-Ebings reflektiert, distanziert sich aber doch nie völlig von der Idee einer „chemischen Theorie", die in der Ausgabe der *Drei Abhandlungen* von 1920 so formuliert wird:

> „Wir dürfen nun glauben, daß im interstitiellen Anteil der Keimdrüsen besondere chemische Stoffe erzeugt werden, die vom Blutstrom aufgenommen die *Ladung bestimmter Anteile des Zentral-*

nervensystems mit sexueller Spannung zustande kommen lassen (...). Wie die Sexualerregung durch Reizung erogener Zonen bei vorheriger *Ladung der zentralen Apparate* entsteht, (...) kann keine zeitgemäße Aufgabe sein. Es genüge uns als wesentlich an dieser Auffassung der Sexualvorgänge, die Annahme besonderer, dem Sexualstoffwechsel entstammender Stoffe festzuhalten." (Freud, ebd., S. 117, Hervh. d. V.)

Freud konzentriert in diesem Abschnitt zwar seine Überlegungen auf den „Sexualstoffwechsel"; wichtiger in unserem Zusammenhang ist aber das *Organisationsprinzip*, an dem Freud offenbar festhalten wollte: die Interaktion von „bestimmten Anteilen des Zentralnervensystems" mit den peripher gelegenen erogenen Zonen – im Schema: das Zusammenwirken einer zentral (T) entstehenden Trieberregung mit einer peripher (W) erregten erogenen Zone, die beide „einen Beitrag" zur Erregung des zugehörigen Partialtriebs liefern.

„Das Sexualziel des infantilen Triebes besteht darin, die Befriedigung durch die geeignete Reizung der so oder so gewählten erogenen Zone hervorzurufen. Diese Befriedigung muß vorher erlebt worden sein, um ein Bedürfnis nach ihrer Wiederholung zurückzulassen, und wir dürfen darauf vorbereitet sein, daß die Natur sichere Vorrichtungen getroffen hat, um dieses Erleben der Befriedigung nicht dem Zufalle zu überlassen. Die Veranstaltung, welche diesen Zweck für die Lippenzone erfüllt, haben wir bereits kennengelernt, es ist die gleichzeitige Verknüpfung dieser Körperstelle mit der Nahrungsaufnahme. Andere ähnliche Vorrichtungen werden uns noch als Quellen der Sexualität begegnen. Der Zustand des Bedürfnisses nach Wiederholung der Befriedigung verrät sich durch zweierlei: durch ein eigentümliches Spannungsgefühl, welches an sich mehr den Charakter der Unlust hat, und durch eine *zentral bedingte*, in die peripherische erogene Zone projizierte Juck- oder Reizempfindung. Man kann das Sexualziel darum auch so formulieren, es käme darauf an, die projizierte Reizempfindung an der erogenen Zone durch denjenigen äußeren Reiz zu ersetzen, welcher die Reizempfindung aufhebt, indem er die Empfindung der Befriedigung hervorruft. Dieser äußere Reiz wird zumeist in einer Manipulation bestehen, die analog dem Saugen ist." (ebd., S. 85 f.)

Wieder sehen wir: Die sexuelle Erregung wird als eine „zentral bedingte, in die peripherische erogene Zone projizierte" Reizempfindung aufgefaßt. Freud konzipiert also den Sexualtrieb als einen zentralnervösen Steuermechanismus, der lediglich als solcher dem T-System zuzurechnen ist. Die erogenen Zonen, deren Erregungen „dem Trieb den sexuellen Charakter" verleihen, sind hingegen dem W-System zuzurechnen. Konkret betrachtet reagieren die erogenen Zonen sowohl auf die vom ZNS projizierten, als auch auf peripher (z. B. durch Manipulation) erzeugte Reize. Die Erregung eines Partialtriebes löst eine Manipulation (Handlung = Triebziel) aus, für die der andere der beiden Triebe, der Trieb nach Nahrungsaufnahme, das Vorbild für die spezifische Aktion – das Bewegungsbild (M) – abgibt: eine Manipulation „analog dem Saugen" wird nun als Befriedigungshandlung die innere Reizempfindung aufheben. Freud meint außerdem, der an eine einzelne erogene Zone gebundene Partialtrieb befriedige sich zuerst *autoerotisch*, er kenne *noch kein Objekt(bild)*, und damit kann er die „drei wesentlichen Charaktere einer infantilen Sexualäußerung" zusammenfassen:

„Dieselbe entsteht in Anlehnung an eine der lebenswichtigen Körperfunktionen, sie kennt noch kein Sexualobjekt, ist autoerotisch, und ihr Sexualziel steht unter der Herrschaft einer erogenen Zone." (ebd., S. 83).

Diese Annahmen lassen sich in unser Modell vom psychischen Apparat so einfügen: Es bedarf zunächst einer Reihe sensorischer Eindrücke des W-Systems, die – in „Anlehnung" an die Ernährungs- und Pflegeinteraktionen mit dem Objekt – in den Erinnerungssystemen gespeichert werden, bevor sich ein „Objektbild", eine psychische Repräsentanz[68] des bedürfnisbefriedigenden (Partial-)Objekts, *konstelliert*, von der erogenen Zone *differenziert* (wir könnten vielleicht auch sagen: *über der erogenen Zone erhebt*) und auf der W-Seite unseres Schemas *etabliert*; und diese Repräsentanz, dieses „Objektbild", steht hinfort in fester Assoziation zu diesem (Partial-)Trieb. Freud hat eine interessante Bemerkung gemacht, die aufschlußreich sein könnte bezüglich der Frage nach dem Übergang vom Autoerotismus zur Objektfindung. Er schreibt:

„Als die anfänglichste Sexualbefriedigung noch mit der Nahrungsaufnahme verbunden war, hatte der Sexualtrieb ein Sexualobjekt außerhalb des eigenen Körpers in der Mutterbrust. Er verlor es nur später, vielleicht gerade zur Zeit, als es dem Kinde möglich wurde, die *Gesamtvorstellung* der Person, welcher das ihm Befriedigung spendende Organ angehörte, zu bilden. Der Geschlechtstrieb wird dann in der Regel autoerotisch und erst nach Überwindung der Latenzzeit stellt sich das ursprüngliche Verhältnis wieder her. Nicht ohne guten Grund ist das Saugen des Kindes an der Brust der Mutter vorbildlich für jede Liebesbeziehung geworden. Die Objektfindung ist eigentlich eine Wiederfindung.“ (ebd., S. 123, Hervh. d. V.)

Ungeachtet der Tatsache, daß Freud hier eine lange Entwicklung, die über die Latenzzeit hinausreicht, zusammenfaßt, ließen sich im Anschluß an diesen Abschnitt folgende Überlegungen anstellen: Wenn man von der genetisch bedingten Stufenfolge in der Reifung der Partialtriebe (oral, anal, phallisch, genital) ausgeht und berücksichtigt, daß unserem Modell zufolge im Zuge wiederholter Erfahrungen jede (Partial-)Trieberregung mit einem (Partial-)Objekt- und einem Bewegungsbild assoziiert wird, dann kann man sagen: es bildet sich zuerst ein dem oralen Partialtrieb zugeordnetes Assoziationsgeflecht von Erinnerungsspuren: ein Objektbild, das allmählich umfassender wird, eine Art „Gesamtvorstellung der Person“ (z. B. zentriert um die Brust) ergibt, die dann im Moment der Reifung (Aktualisierung) des analen Partialtriebs gleichsam wieder „verloren“ wird: für diesen nächsten Partialtrieb muß sozusagen von Grund auf neu ein Assoziationsgeflecht von Erinnerungsspuren aufgebaut werden, welches dann das „anale Objekt“ enthält, das in der allmählich entstehenden „Gesamtvorstellung der Person“ sozusagen „wiedergefunden“ wird, usw. – wobei man sich schon denken kann, daß die definitive „Gesamtvorstellung der Person“ als eine Integration und damit ebenfalls als ein Wiederfinden der verschiedenen Partialtrieb-Objekte jetzt auf einem höheren (Komplexitäts-)Niveau aufzufassen sein wird. Freud ist der Meinung, daß erst mit dem Eintritt in die Pubertät der Sexualtrieb „in seine endgültige normale Gestaltung überführt“ wird:

„Der Sexualtrieb war bisher vorwiegend autoerotisch, er findet nun das Sexualobjekt. Er betätigte sich bisher von einzelnen Trieben und erogenen Zonen aus, die unabhängig voneinander eine gewisse Lust als einziges Sexualziel suchten. Nun wird ein neues

Sexualziel gegeben, zu dessen Erreichung alle Partialtriebe *zusammenwirken*, während die erogenen Zonen sich dem Primat der Genitalzone *unterordnen*." (ebd., S. 108)

Die Begriffe „zusammenwirken" und „unterordnen" zeigen an, daß es um eine Integration in einen hierarchisch organisierten Aufbau geht: Nicht mehr der einzelne von der erogenen Zone her erregte Partialtrieb, sondern die von den *integrierten Partialtrieben des Sexualtriebs* ausgelöste *gesamte Erogenität* und vermittels ihrer das darüber assoziierte *ganze Sexualobjekt* ist jetzt die „Quelle" der Erregung. Wo diese Integration, die vom T-System (der zentralnervösen Triebsteuerung) ausgehende hierarchische Einordnung der Partialtriebe und ihrer (Partial-) Objektrepräsentanzen unter das Primat der Genitalität nicht gelingt – z. B. in den Perversionen – da streben die Partialtriebe weiterhin unverändert und isoliert nach der Befriedigung einzelner erogener Zonen, und damit sozusagen nach dem oralen, analen oder phallischen (Partial-)Objekt.[69]

Das Konzept der Verdrängung

Die bisherigen Überlegungen haben sich ganz auf die Einteilung, Zuordnung und psychische[70] Entwicklung des (Sexual-) Triebs im Rahmen unseres T-W-M-Schemas konzentriert und die Frage der Verdrängung, die wir im vorangehenden Kapitel doch als die zweite wichtige Grundvariable des Modells erkannt hatten, außer acht gelassen. Von der Verdrängung ist in diesen *Drei Abhandlungen* auch erstaunlich wenig die Rede, obwohl Freud doch gerade die Sexualität als den „ungezügeltsten aller Triebe" bezeichnet (ebd., S. 60). Wir müssen also prüfen, ob hier die Verdrängung nicht in anderer, z. B. phänomenologischer Weise abgehandelt wird. Und tatsächlich bietet da die Diskussion der Perversionen und Neurosen immer wieder Gelegenheit, im Zusammenhang mit den Symptomen die Frage der Verdrängung aufzugreifen. So lesen wir, daß der hysterische Charakter „ein Stück Sexualverdrängung erkennen" lasse, eine „Steigerung der Widerstände gegen den Sexualtrieb", woraus Freud den Schluß zieht, „die widerspruchsvolle Rätselhaftigkeit der Hysterie durch die Feststellung des *Gegensatzpaares von übergroßem sexuellen Bedürfnis und zu weit getriebener Sexualablehnung* zu lösen." (ebd., S. 64, Hervh. d. V.) Die Neurose besteht also darin, daß die „allen Menschen angeborenen" Partialtriebe nicht integriert und auch nicht befriedigt, sondern verdrängt werden, während sie „in den günstigsten Fällen zwischen beiden Extremen" – d. h. zwischen der „Hypertrophie" (einem *Zuviel*) des einzelnen Partialtriebs in der Perversion und seiner „zu weit getriebenen" (und von daher als mißglückt zu bezeichnenden) Verdrängung (einem *Zuwenig*) in den symptomatischen Neurosen – „das sogenannte normale Sexualleben entstehen lassen." (ebd., S. 71) Kurz: Das normale Sexualleben resultiert aus einem normalen „Kampf" der Gegensätze zwischen Trieb und Verdrängung – womit weiterhin, in formaler Hinsicht, Trieb und Verdrängung als zwei Variablen mit entgegengesetzten Vorzeichen betrachtet werden können.

Außer der Erwähnung der Verdrängung im Zusammenhang mit den hysterischen Symptomen stößt man bei der Behandlung der Latenzperiode auf weitere Begriffe, die mit der Abwehr zu tun haben; Freud spricht von „Sexualschranken" (ebd., S. 134), von „Dämmen" und „Hemmnissen", die „zur wirksamen Unterdrückung" der Partialtriebregungen eingesetzt werden (ebd., S. 79).

„Während dieser Periode totaler oder bloß partieller Latenz werden die seelischen Mächte aufgebaut, die später dem Sexualtrieb als Hemmnisse in den Weg treten und gleichwie Dämme seine *Richtung* beengen werden (der Ekel, das Schamgefühl, die ästhetischen und moralischen Idealanforderungen). Man gewinnt beim Kulturkinde den Eindruck, daß der Aufbau dieser Dämme ein Werk der Erziehung ist, und sicherlich tut die Erziehung viel dazu. In Wirklichkeit ist *diese Entwicklung eine organisch bedingte, hereditär fixierte* und kann sich gelegentlich ganz ohne Mithilfe der Erziehung herstellen. Die Erziehung verbleibt durchaus in dem ihr angewiesenen Machtbereich, wenn sie sich darauf einschränkt, das organisch Vorgezeichnete nachzuziehen und es etwas sauberer und tiefer auszuprägen." (ebd., S. 78, Hervh. d. V.)

Die Wahl dieser Begriffe „Sexualschranken", „Dämme" oder „Hemmnisse" erinnert zunächst einmal an Freuds Theorie der

„Kontakt"- oder „Leitungsschranken" aus dem *Entwurf:* der Primärprozeß war dort durch geringe strukturelle Dichte und unmittelbare Abfuhr der Erregung gekennzeichnet worden; im Sekundärprozeß dagegen wurde der Erregungsvorgang über ein dichtes Netz von Assoziationen und d. h. über eine Vielzahl von Kontakt- oder Leitungs*schranken* geschickt, die wegen ihrer Schwellen (Dämme) eine *Hemmung* für die Abfuhr bedeuten. Also kann man sagen: In dem Maße, in dem das dem Sexualtrieb bzw. dessen Partialtrieben zugehörige Assoziationsnetz von Erinnerungsspuren zunehmend komplexere Einheiten herausbildet, Gruppen von Wunschregungen, die von den verschiedenen Partialtriebregungen aus aktiviert werden – in demselben Maß also, wie sich das Strukturgeflecht der Erinnerungsspuren verdichtet – nimmt auch die Anzahl der Kontaktschranken zu, verzweigen und verfeinern sich die Wege, die eine Erregung durchlaufen muß, und damit tritt dann genau die Hemmung ein, die Freud bereits für den Sekundärprozeß beschrieben hat. Das ist *ein* Element der Bändigung sexueller Regungen.

Als Sexualschranken werden von Freud genannt: der *Ekel*, das *Schamgefühl* sowie die *ästhetischen* und *moralischen Idealforderungen*. Bleiben wir einen Moment lang bei der *phänomenalen* Betrachtung dieser Sexualschranken, dann kann man sagen: Im wesentlichen steht der *Ekel* im Gegensatz zu den *oral-analen*, die *Scham* im Gegensatz zu den *anal-phallischen* und die *ästhetisch-moralischen Idealforderungen* im Gegensatz zu den *ödipalen* Triebstrebungen. Sodann fällt auf, daß der *Ekel* den unmittelbar somatischen Empfindungen des Verdauungstraktes noch sehr nahe steht, also auf das *Innere*, einen *Teil* des Körpers bezogen ist, die *Scham* der Verhüllung des *Äußeren*, insbesondere eines Teils, nämlich der Geschlechtsmerkmale, aber auch schon dem *Ganzen* des Körpers wie der *ganzen Person* gilt und schließlich die *ästhetischen* und *moralischen Idealforderungen* sozusagen nur noch indirekt auf die Körperlichkeit, direkt hingegen auf die *sozialen Bindungen* bezogen sind. Und das könnte bedeuten, daß Freud die Entwicklungslinie der Verdrängung parallel zu der der (Partial-)Triebe als einen gleichsam von innen nach außen[71] fortschreitenden Prozeß der Integration von Assoziationskomplexen, sozusagen von Partialeinheiten hin zu „Gesamtvorstellungen" des Objekts konzipiert. Dabei können wir (ganz im Sinne einer symmetrischen Ausgestaltung unseres Modells) wie im vorigen Kapitel annehmen, daß es bei einer solchen Entwicklung der Verdrängung gleichsam zu „Negativ-Komplexen" kommt, in denen eine bestimmte Verdrängung mit einem bestimmten (Teil-)Objekt und einer bestimmten Verdrängungshandlung zu einem bestimmten Muster assoziiert ist, welches von dem jeweils spezifischen Muster der sexuellen Wunschregung gleichsam „abgezogen" wird.

Daß die Entwicklung der Verdrängung die Triebentwicklung begleiten muß, ist eigentlich nur logisch. Aber Freud geht einen Schritt weiter: ebenso wie schon der Sexualtrieb von seiner biologischen Anlage her aufgefaßt wurde, bezeichnet er auch die Verdrängung – bzw. das, was wir in dieser Schrift für ein phänomenales Äquivalent der Verdrängung gehalten haben, nämlich: die „Sexualschranken", den „Aufbau dieser Dämme" als eine „*organisch bedingte, hereditär fixierte*" Entwicklung. D.h. nicht nur die Reifungsphasen der partialen Sexualtriebe, sondern auch diejenigen der dazugehörigen Verdrängungsmaßnahmen sind *anlagebedingt*; die Erziehung hat dabei lediglich die Aufgabe, „das *organisch Vorgezeichnete* nachzuziehen und es etwas sauberer und tiefer auszuprägen." Soll also das T-System im Modell grundsätzlich den hereditär fixierten zentralnervösen Steuermechanismen der (Partial-)Triebe entsprechen, so würde das T-System auch für die entsprechende Steuerung der Verdrängung zuständig sein, wohingegen deren einzelne Ausgestaltungen (Ekel, Scham, Moral) aus der Interaktion des T-Systems mit der Aktivierung der verschiedenen erogenen Zonen des W-Systems sowie den über ihnen etablierten Objektbildern und den spezifischen Abwehr-Aktionen des M-Systems entstünden.

Es ist im Vorangehenden immer wieder von verschiedenen Gegensätzen die Rede gewesen: vom Gegensatz zwischen Perversion und Neurose, Trieb und Verdrängung, psychisch und somatisch, Progression und Regression. Konzentrieren wir uns jetzt wieder auf die Ordnungsperspektive der grundsätzlichen „Gerichtetheit" aller psychischen Vorgänge (von der im obigen Zitat ebenfalls die Rede ist), dann zeigt sich, daß in den *Drei Abhandlungen* noch von einem weiteren Richtungsgegensatz die Rede ist, nämlich vom Gegensatz der Trieb*objekte*, und damit von der Trieb*richtung* innerhalb der Subjekt-Objekt-Dimension nach *innen* (Subjekt) und nach *außen* (Objekt). Auf der *phänomenalen* Ebene läßt sich dann zeigen: Die orale Einverleibung (Gier) und die anale Zurückhaltung (Geiz), verstanden als sexuelle Partialtriebregungen, sind psychische Abläufe, die nach *innen* gerichtet sind; beiden ist als „Verdrängungsmaßnahme“ der Ekel entgegengerichtet, der sich im „Ausspeien-“ und „Abstoßenwollen“, also in einer nach *außen* gerichteten psychischen Bewegung zeigt; umgekehrt streben dann aber die Partialtriebregungen der analen und phallischen Exhibition nach *außen*, und erhalten folglich ihren adäquaten Abwehrmechanismus in einer nach *innen* gerichteten Tendenz, nämlich der Scham, die das Sichtbare wieder ein Stück weit zurück- oder hineinnehmen will in die Verhüllung.

Wir hatten bisher innerhalb des Modells vom psychischen Apparat – so wie Freud ihn in der *Traumdeutung* konzipiert – provisorisch dem Trieb(-Wunsch) einen progredienten (vom Ubw zum Bw gerichteten), der entgegengesetzten Verdrängung einen quasi regredienten Verlauf zugeordnet und müssen jetzt präzisieren: sowohl der Trieb als auch die Verdrängung verzeichnen pro- und regrediente Tendenzen. Wenn aber sowohl die Aktivierung der Partialtriebe als auch diejenige der entsprechenden Verdrängung einem genetisch festgelegten Reifungsplan folgen, d. h. prinzipiell progressive Entwicklungsschritte darstellen, dann sollten – wie allgemein üblich – die Begriffe der Pro- und Regression für den genetischen (sowie den topischen und strukturellen) Aspekt reserviert bleiben, wohingegen für den Aspekt der (Trieb-)*Gerichtetheit innerhalb der Subjekt-Objekt-Dimension* die Begriffe der *Intro-* und *Extraversion* einzusetzen wären. Es wird nämlich immer wieder deutlich, daß Freud selber in solchen Dimensionen gedacht und seine Vorstellungen vom psychischen Apparat entwickelt hat, allerdings ohne dies jedesmal klar zu kennzeichnen. Die *Einführung der Begriffe der Intro- und Extraversion für die Subjekt- bzw. Objektgerichtetheit psychischer Verläufe im Hinblick auf die Gerichtetheit der Trieb- und Verdrängungsvorgänge* ist also im Prinzip nichts Neues[72] und dennoch wichtig für die weitere Differenzierung und Integration der verschiedenen Konzepte in ein formalisiertes konsistentes Modell der psychoanalytischen

Trieb- und Strukturtheorie. In erster schematischer Verallgemeinerung ließe sich dann sagen: einer introversiven, subjektgerichteten Triebstrebung ist jeweils eine extraversive Verdrängung zugeordnet und einer extraversiven, objektgerichteten Triebstrebung eine introversive Verdrängung[73].

Nun diskutiert Freud ja in den *Drei Abhandlungen* noch einige andere „Gegensatzpaare", nämlich unter den Perversionen den Sadismus und den Masochismus (ebd., S. 59), unter den Partialtrieben den Trieb der Exhibition und der Schaulust (ebd., S. 66) und für den Sexualtrieb: Liebe und Haß (ebd., S. 66), aktiv und passiv (ebd.), sowie männlich und weiblich (ebd., S. 120 ff.). Man kann diese Gegensatzpaare ohne weiteres im Hinblick auf ihre Subjekt- oder Objektgerichtetheit ordnen und dabei das Vorherrschen von aktiven oder passiven Strebungen unterscheiden. Freud erkennt:

„Wo ein solcher Trieb im Unbewußten aufgefunden wird, welcher der Paarung mit einem Gegensatze fähig ist, da läßt sich regelmäßig auch dieser letztere als wirksam nachweisen. Jede ‚aktive' Perversion wird also hier von ihrem passiven Widerpart begleitet; wer im Unbewußten Exhibitionist ist, der ist auch gleichzeitig Voyeur, wer an den Folgen der Verdrängung sadistischer Regungen leidet, bei dem findet sich ein anderer Zuzug zu den Symptomen aus den Quellen masochistischer Neigung." (ebd., S. 66)

Freud beschreibt zwar die gegensätzlichen Partialtriebe immer noch als Triebe, aber hier scheint bei ihm selbst schon die Frage auf, ob nicht die „Verdrängung sadistischer Regungen" zumindest im Dienst der „masochistischen Neigung" steht, ob damit nicht der Masochismus gewissermaßen die Verdrängung des Sadismus ist? Und was für die Sexualpathologie gilt, kann vielleicht auch als Hinweis auf das normale psychische Funktionieren verstanden werden. Anders ausgedrückt: es zeichnet sich hier bereits die von Freud 1910 kurzfristig formulierte Position ab, welche *die Verdrängung selbst einen Trieb heißt,* den er dann als Ichtrieb oder Ichinteresse bezeichnen wird. Begreift Freud hier schon indirekt oder im Prinzip die Verdrängung als einen Trieb oder etwas Triebähnliches, dann erklärt seine ausführliche Beschreibung der verschiedenen Gegensatzpaare unter den Partialtrieben in den *Drei Abhandlungen*, warum die

Fragen der Verdrängung in dieser Schrift nur eine nebengeordnete Rolle spielen – *die Behandlung der Verdrängung läuft hier gewissermaßen unter dem (Deck-)Namen des jeweiligen Triebgegensatzes.*

Zusammenfassung

Freuds Triebkonzept, wie er es in den *Drei Abhandlungen* darstellt, ist ein hierarchisch gegliedertes: An der Spitze dieser Hierarchie steht ein zentralnervöser Mechanismus, der die Reizbarkeit der peripheren erogenen Zonen steuert und die umgekehrt von dort ankommenden Reize registriert und verarbeitet; diese Steuerfunktion war im Modell dem T-System zugeordnet worden, womit das verortet wurde, was Freud unter dem Begriff *Trieb* versteht. Die erogenen Zonen – und zwar die orale, anale und genitale, aber auch alle übrigen Sinnesorgane – stehen gewissermaßen an zweiter Stelle in dieser Hierarchie; sie wurden im Modell dem W-System eingegliedert, das für jede Art von sensorischem Input zuständig ist und folglich innerhalb des Schemas auch die Stelle markiert, an der (in den Erinnerungssystemen) die Objektrepräsentanzen, also auch die des Sexualobjekts, gespeichert werden. Die Partialtriebe der erogenen Zonen werden (in genetisch festgelegter Reihen- und Zeitfolge) vom T-System aus aktiviert, vom W-System registriert, bestätigt oder dort exogen erregt, und diese Erregungen werden – so kann man hier schon annehmen – wieder zum T-System zurückgemeldet. Und was für die Triebe gilt, das soll auch für die Verdrängung gelten: Auch für diese wird ein zentraler Steuermechanismus im T-System angenommen, von dem aus die strukturbildende Aktivierung der je verschiedenen Verdrängungsformationen in Verbindung mit dem W- und dem M-System erfolgt. Bei jedem neuen Reifungs- und Entwicklungsschritt wird die Dominanz der einen erogenen Zone durch die Aktivierung des entsprechenden Verdrängungsmechanismus zugunsten der nächstfolgenden aufgegeben, wobei alle vorausgehenden sensorischen Beiträge zur sexuellen Erregung in das erweiterte Konzept integriert werden. Wie Freud betont, befriedigen sich die Partialtriebe der erogenen Zonen zunächst autoerotisch, d.h. die Ausgangsassoziation verknüpft den zentralen Trieberreger im T-System mit der Triebquelle: der erogenen Zone im W-System und dem Triebziel: der Befriedigungshandlung im M-System, noch bevor der Partialtrieb am W-System mit einem spezifischen (Teil-)Objekt(bild) assoziiert ist. Über das Triebziel, die zur Triebbefriedigung führende motorische Aktion, war hier vergleichsweise wenig zu lesen. Sie gehört im Schema dem M-System an und steht innerhalb der Hierarchie sicher ebenfalls unter dem direkten Einfluß des T-Systems, wahrscheinlich mit zunehmender Strukturierung zusätzlich auch unter dem Einfluß des W-Systems. Grundsätzlich waren wir von der Möglichkeit wechselseitiger Beeinflussung der drei Systeme ausgegangen, also wäre auch dem M-System eine eigene psychische Entwicklungslinie zuzuschreiben (wofür die psychophysiologische Reifung der Motorik und der Sprachentwicklung Anhaltspunkte liefert).

Die Untersuchung der wenigen Textstellen in den *Drei Abhandlungen*, in denen Freud sich zur Verdrängung äußert, haben gezeigt, daß bis hierher als einziges Kennzeichen der Verdrängung ihr „Gegensatz" zum jeweils abzuwehrenden Trieb festgehalten werden kann. Ein solcher Gegensatz findet sich aber auch in den „gegensätzlichen Partialtrieben", die Freud ausführlicher behandelt, woraus man schließen kann, daß bei diesen Gegensatzpaaren der eine Partialtrieb jeweils die Verdrängung des gegenteiligen anderen besorgt. Hinzu kommt, daß Freud die der Verdrängung dienenden Maßnahmen des Systems als „organisch bedingte, hereditär fixierte" bezeichnet, wodurch sie ihr Auslöse- oder Organisationszentrum ebenfalls im T-System erhalten und damit den Trieben gleichstellt werden. Wir hatten zur Vermeidung von gedanklichen Mißverständnissen nochmals auf die allgemein übliche Verwendung der Begriffe der Pro- und Regression hingewiesen, die für den genetischen, topischen, und den strukturellen Aspekt vorbehalten bleiben sollen, und für die Modellkonzeption die formalen Begriffe der Intro- und Extraversion in bezug auf die Subjekt- bzw. Objekt-Gerichtetheit der Trieb- wie der Verdrängungsvorgänge eingeführt. Dabei zeigt sich dann, daß die sexuellen Partial-Triebe wie auch ihre Verdrängung nicht nur pro- und regressiv, sondern auch extra- und introversiv gerichtet sind.

Teil II
Die Entwicklung des Modells
(1910–1915)

Die großen theoretischen Arbeiten Freuds sind bekanntlich im 5-Jahres-Abstand erschienen: 1895 der *Entwurf*, 1900 *Die Traumdeutung*, 1905 die *Drei Abhandlungen*, und tatsächlich findet man auch danach wieder bis 1910 keine wesentlichen Beiträge zur Metapsychologie. Dafür entsteht aber in der gesamten Zeitspanne zwischen 1910 und 1915 eine Reihe wichtiger Beiträge zur Theorie, denen wir uns nun zuwenden. In *Die psychogene Sehstörung in psychoanalytischer Auffassung* (1910i), *Formulierungen über die zwei Prinzipien des psychischen Geschehens* (1911b), *Einige Bemerkungen über den Begriff des Unbewußten in der Psychoanalyse* (1912g) sowie in Ausschnitten seines Aufsatzes über *Das Interesse an der Psychoanalyse* (1913j) konsolidiert Freud seine theoretischen Grundpositionen, er klärt auf der Grundlage der bisherigen Annahmen sein Trieb-Verdrängungs-Konzept und entwickelt von dieser Position her – wie gezeigt werden soll – das Realitätsprinzip. Damit schafft er zugleich die Grundlagen für seine *Einführung des Narzißmus* (1914c sowie zuvor 1911c). Nach dieser Neuerung entstehen 1915 noch einmal in kurzer Folge eine Reihe wichtiger metapsychologischer Schriften: *Triebe und Triebschicksale* (1915c), *Die Verdrängung* (1915d), *Das Unbewußte* (1915e) und die erst zwei Jahre später veröffentlichten Aufsätze *Metapsychologische Ergänzung zur Traumlehre* (1916-17f) und *Trauer und Melancholie* (1916-17g). Die Spanne zwischen 1910 und 1915 ist also eine für Freuds theoretische Arbeit äußerst fruchtbare Zeit, mit der wir uns nun in drei Schritten auseinandersetzen: zunächst mit den Aufsätzen bis 1913, sodann mit der *Einführung des Narzißmus* und danach mit den metapsychologischen Schriften von 1915.

Die Aufsätze bis 1913

Triebdualismus

Der nächste Schritt, den Freud eigentlich nur wie beiläufig in seiner Theorieentwicklung geht, soll hier als eine *grundlegende* – nicht eine vorläufige oder passagere – Position in seiner Trieb-Verdrängungs-Theorie aufgefaßt werden; sie ist von *zentraler Bedeutung* für die Modellkonstruktion und für alle in dieser Arbeit folgenden Überlegungen:

In einer kleinen Schrift, *Die psychogene Sehstörung in psychoanalytischer Auffassung*, erklärt Freud auf der Grundlage seiner bisherigen Überlegungen das Triebsystem als ein dualistisches: er unterscheidet die Sexualtriebe von den Selbsterhaltungs- oder Ichtrieben; sodann bestimmt er das Verhältnis von Trieb und Vorstellung und definiert schließlich *die Verdrängung als einen Trieb, und zwar als denjenigen Trieb, der dem jeweils anderen gerade entgegengesetzt ist.* Verfolgen wir die Entwicklung seiner Gedanken:

„Wir sind auf die Bedeutung der Triebe für das Vorstellungsleben aufmerksam geworden; wir haben erfahren, daß sich *jeder Trieb durch die Belebung der zu seinen Zielen passenden Vorstellungen zur Geltung zu bringen sucht.* Diese Triebe vertragen sich nicht immer miteinander; sie geraten häufig in einen Konflikt der Interessen; *die Gegensätze der Vorstellungen sind nur der Ausdruck der Kämpfe zwischen den einzelnen Trieben.* Von ganz besonderer Bedeutung für unseren Erklärungsversuch ist der unleugbare *Gegensatz zwischen den Trieben, welche der Sexualität*, der Gewinnung sexueller Lust, dienen, *und den anderen, welche die Selbsterhaltung des Individuums zum Ziele haben,* den Ichtrieben. Als ‚*Hunger*' oder als ‚*Liebe*' können wir nach den Worten des Dichters alle in unserer Seele wirkenden organischen Triebe klassifizieren." (1910i, S. 97 f., Hervh. d. V.)

Im *Entwurf* und in der *Traumdeutung* hatte Freud den „Hunger" paradigmatisch für den Trieb gesetzt und für diesen das grundsätzliche Verlaufsmuster: „endogener Reiz – äußeres Objekt – spezifische Aktion" beschrieben, das im Schema das T-, W- und M-System in einer Assoziation der Gleichzeitigkeit (der Erregung) zusammenschließt.[74] Der Hunger beziehungsweise der Selbsterhaltungs- oder Ichtrieb war also der erste von Freud beschriebene Trieb, der grundlegend für sein Triebverständnis wurde, und für den Sexualtrieb hatte Freud das gleiche Ablaufschema angenommen wie für den Ichtrieb. Weiter hatte er erklärt, daß sich an diesen der Selbsterhaltung dienenden Ichtrieb zu Beginn der Entwicklung die Partialtriebe der Sexualität, d. h. der Sexualtrieb, „anlehnt", denn beiden Trieben „stehen im allgemeinen die nämlichen Organe und Organsysteme zur Verfügung" (ebd., S. 98), weshalb Freud auch annimmt, daß die Erregung und Befriedigung des Ichtriebs den Sexualtrieb solange stimuliert (miterregt), bis beide sich voneinander „ablösen" und in einen Gegensatz (der Interessen) zueinander treten. Das ist in Kürze Freuds erste Triebtheorie, die „alle in unserer Seele wirkenden organischen Triebe" auf diese beiden Grundtriebe, den Ich- und den Sexualtrieb, zurückführt.

Die zweite hier von Freud aufgestellte These ist, daß „sich jeder Trieb durch die Belebung der zu seinen Zielen passenden Vorstellungen zur Geltung zu bringen sucht", d. h. die verschiedenen Gruppen von Vorstellungen erlauben Rückschlüsse auf die ihnen zugrunde liegenden Triebe. Das ist an sich nichts Neues; schon im *Entwurf* und in der *Traumdeutung* hatte Freud gezeigt, wie nach einer Reihe gleicher Erfahrungen ein endogener Reiz (im ψ-Kern / im T-System) ein bestimmtes Objektbild (im ψ-Mantel / im W-System) auf den Plan ruft (Halluzination, Vorstellung). Dieses Theorem ist also von Anfang an in Freuds Theorie enthalten und es ist ein wichtiger Punkt in seiner Metapsychologie: *die Vorstellungen sind triebgesteuert*[75], *sie sind der Ausdruck der Triebregungen,* sie sind aber nicht identisch mit den Trieben, der Begriff des Triebes läßt sich in der psychoanalytischen Theorie also *nicht* durch den der Vorstellung bzw. Repräsentanz ersetzen.

Auf der Grundlage dieser Annahmen eines Triebdualismus sowie des beschriebenen Verhältnisses von Trieb und Vorstellung wird der Konflikt jetzt definiert als die Unvereinbarkeit verschiedener (gleichzeitig aktivierter) Vorstellungen, wobei gilt: „die Gegensätze der Vorstellungen sind nur der Ausdruck der Kämpfe zwischen den einzelnen Trieben". Der Kampf läuft darauf hinaus, daß die eine Gruppe von Vorstellungen „die Isolierung und Unbewußtheit" der anderen bewirkt. Der „Prozeß, der ein solches Schicksal für die eine Gruppe herbeiführt, heißt (...) ‚Verdrängung'". (ebd., S. 96 f.) Der Vorgang der Verdrängung ist demnach ein „Kampf", bei dem der eine der beiden Triebe den „Sieg" über den anderen „erringt", also ein dynamischer Prozeß, bei welchem der eine Trieb und die ihm assoziierten Vorstellungsmuster sozusagen „quantitativ"[76] das Übergewicht über den anderen Trieb und dessen Vorstellungsmuster er- oder behält. *Die Verdrängung ist also nichts anderes als die Aktivität des jeweils antagonistischen Triebs.* Obwohl das in dieser kleinen Schrift ganz klar und unmißverständlich zum Ausdruck kommt, und obwohl Freud offenbar immer, wie er noch 1925 schreibt, dieses Konzept der Verdrängung im Hintergrund seiner Überlegungen hatte, daß nämlich

„die psychoanalytische Trieblehre immer streng dualistisch gewesen war und zu keiner Zeit versäumt hatte, neben den Sexualtrieben *andere* anzuerkennen, denen sie ja die Kraft zur *Unterdrückung* der Sexualtriebe zuschrieb. Der Gegensatz hatte zuerst geheißen: Sexual- und Ichtriebe, in späterer Wendung der Theorie lautete er: Eros und Todes- oder Destruktionstrieb" (1925e, S. 105, Hervh. d. V.)

– obwohl dies fest verankert ist in seinen theoretischen Grundvorstellungen, obwohl also diese Auffassung eigentlich – wir könnten sagen: immer schon – *da* ist, ist sie doch in vielen Schriften Freuds (sozusagen an der Bewußtseinsoberfläche seiner theoretischen Überlegungen) *nicht da*. Die in der Psychoanalyse vieldiskutierte Frage nach der Natur der Verdrängung: welcher Größe denn die Kraft zugeschrieben werden kann, einen Trieb zu verdrängen[77], wird hier von Freud klar und einfach in der Logik seines Modells beantwortet: Wenn es nur zwei Grundtriebe geben soll (Dualismus), von denen der eine die Kraft zur Unterdrückung = Verdrängung des anderen hat, dann ist die Verdrängung als *Trieb*vorgang aufzufassen, und folglich gilt: *die Aktivierung des Sexualtriebs aktiviert den Ichtrieb als Verdrängung und die Aktivierung des Ichtriebs aktiviert den Sexualtrieb als Verdrängung*[78]. Also werde ich von jetzt ab, wenn ich *auf der Ebene der Metapsychologie* den Begriff *Verdrängung* gebrauche, nichts anderes meinen, als den dem jeweils anderen entgegengesetzten *Trieb*. Diese Auffassung trägt entscheidend zur Klärung, Vereinheitlichung und Formalisierung des Modells bei: Die *Trieb-Verdrängungs-Theorie* erscheint so in der einfacheren Gestalt einer *dualistischen (antagonistischen) Triebtheorie*, und damit gibt es innerhalb des Modells (vom psychischen Apparat) jetzt nur noch *Triebe als Variablen* und *Strukturen als Schalter*.

Freud, der bei diesen Überlegungen – wie so oft in seiner Theoriebildung – von der hysterischen Störung ausgeht, entwickelt nun aber nicht das allgemeine Prinzip des Trieb-Verdrängungs-Vorgangs, sondern nur den prominenten Spezialfall, der für die ganze Psychoanalyse zur Leitlinie und für deren Kritiker zum Angriffspunkt wurde: die Entwicklung, Äußerung und Verdrängung des Sexualtriebes, also die eine von zwei in seinem Modellentwurf möglichen Varianten, und zwar diejenige, in der *der Sexualtrieb vom Ichtrieb verdrängt* wird. Der andere Fall, die Verdrängung des Ichtriebs durch den Sexualtrieb, ist in seinem Werk nur implizit enthalten, nicht aber systematisch konzeptualisiert[79]. Am Beispiel der psychogenen Sehstörung führt Freud vor, wie die „übergroßen Ansprüche" (da ist wieder der quantitative Faktor!) des Sexualtriebs, der „sexuellen Schaulust", die „Gegenwehr der Ichtriebe" beziehungsweise „die Verdrängung von seiten des Ichs" auf den Plan rufen mit dem Resultat, daß jetzt (gegebenenfalls selektiv) überhaupt nichts mehr gesehen wird (ebd., S. 99). Freud hat in anthropomorphisierender Weise zwei Erklärungen für diesen Vorgang angeboten:

„Es macht den Eindruck, als ginge die Verdrängung von seiten des Ichs zu weit, als schütte sie das Kind mit dem Bade aus, indem das Ich jetzt überhaupt nichts mehr sehen will, seitdem sich die sexuellen Interessen im Sehen so sehr vorgedrängt haben. Zutreffender ist aber wohl die andere Darstellung, welche die Aktivität nach der Seite der verdrängten Schaulust verlegt. Es ist die Rache, die Entschädigung des verdrängten Triebes, daß er, von weiterer psychischer Entfaltung abgehalten, seine Herrschaft über das ihm dienende Organ nun zu steigern vermag. Der Verlust der bewußten Herrschaft über das Organ ist die schädliche Ersatzbildung für die mißglückte Verdrängung, die nur um diesen Preis ermöglicht war." (ebd.)

„Für das Auge pflegen wir die dunklen psychischen Vorgänge bei der Verdrängung der sexuellen Schaulust und bei der Entstehung der psychogenen Sehstörung so zu übersetzen, als erhöbe sich in dem Individuum eine strafende Stimme, welche sagte: ‚Weil du dein Sehorgan zu böser Sinneslust mißbrauchen wolltest, geschieht es dir ganz recht, wenn du überhaupt nichts mehr siehst', und die so den Ausgang des Prozesses billigte. Es liegt dann die Idee der Talion darin." (ebd., S. 100)

Die psychoanalytische Theorie ist wegen solcher Anthropomorphismen vielfach kritisiert worden. Aber Freud bewegt sich hier zunächst einmal ganz innerhalb seiner Theorie, wenn er in obigem Zitat die *Vorstellungen* zu Wort kommen läßt, mit denen sich die Triebe zum Ausdruck bringen. Dieser Vorgang wäre jetzt noch auf die formale Ebene zurückzuführen. Da liegt es in der Konsequenz seiner Auffassung des *Verdrängungsvorgangs als Triebgeschehen*, daß es wiederum der „quantitative" Faktor ist, der den Ausgang des Konflikts entscheidet: ein „übergroßer" sexueller Trieb zieht nach dem Prinzip der „Talion" eine „übergroße" Verdrängungsmaßnahme nach sich – aus dem sexuellen „*Zuviel*" wird für das Auge ein gesehenes „*Zuwenig*". Und damit ist wieder die in Freuds *Traumdeutung* angedeutete Tätigkeit der Widerstandszensur (die wir innerhalb des T-W-M-Schemas als Assoziationsmuster der Verdrängung verstanden hatten) beschrieben, die in einem Herausschneiden bzw. Ausblenden ganzer Vorstellungsmuster besteht. Es ist somit der die Verdrängung bewirkende Ichtrieb, der „nichts mehr sehen will"[80]. Formal entscheidend für die Konzeption dieses Vorgangs der neurotischen Symptombildung ist jedenfalls die Annahme, daß ein wie auch immer geartetes „Quantum" Ichtrieb ein entsprechendes „Quantum" Sexualtrieb verdrängt. Im Falle der sogenannten „Verdrängung des Sexualtriebs" ist der Ichtrieb „stärker", im Falle der „Wiederkehr des Verdrängten" liegt ein „Erstarken" des Sexualtriebs vor. Der *Sexualtrieb* verfolgt demnach innerhalb der Subjekt-Objekt-Dimension die *extraversive*, auf das *Bewußte*, das *Äußere*, das *Objekt* gerichtete Tendenz, der *Ichtrieb*, als verdrängende Kraft, die *introversive*, auf das *Subjekt*, das *Innere*, das *Unbewußte* bezogene Tendenz. So macht es den Anschein, als ob Freud, wie schon im *Entwurf*, das optimale Funktionieren des psychischen Apparats bezüglich des Triebgeschehens quantitativ auf einem mittleren Erregungsniveau ansiedelt; was darüber liegt, was zu stark und damit quasi zu weit nach außen tendiert, löst Unlust – und von daher Verdrängung – aus, was darunter liegt – und das wäre dann das zu stark und quasi zu weit nach innen genommene Verdrängte – wird nicht mehr wahrgenommen (1950c/1950a, S. 405) – womit die Regulierung der psychischen Funktionen wieder auf das bekannte Lust-Unlust-Prinzip zurückgeführt wäre.

Realitätsprinzip

In seinen *Formulierungen über die zwei Prinzipien des psychischen Geschehens* (1911b) befaßt sich Freud erneut mit der Verdrängung. Er bemerkt, daß der Neurotiker die *Tendenz* habe, sich von der unerträglichen Wirklichkeit *abzuwenden*, der Psychotiker *leugne* sie sogar – und dazu erklärt er: „Die Einführung des Verdrängungsprozesses in die Genese der Neurose hat uns gestattet, in diesen Zusammenhang Einsicht zu nehmen." (ebd., S. 230) „Abwenden" und „leugnen" werden aufgefaßt als Vorgänge der Verdrängung, woraus sich ergibt, daß die Verdrängung – wie in der *Psychogenen Sehstörung* – insgesamt als ein *Zuwenig*, ein *Abzug* von der Realitätswahrnehmung, wir können sagen: als ein Triebgeschehen (denn es gehorcht ja einem neurotischen Wunsch) mit einem *Minus*zeichen verstanden wird[81]. Im nächsten Schritt verbindet Freud diese Überlegungen zur Verdrängung mit den „unbewußten seelischen Vorgängen", der primären Arbeitsweise des psychischen Apparats, und hält fest:

„Die oberste Tendenz, welcher diese primären Vorgänge gehorchen, ist leicht zu erkennen; sie wird als das Lust-Unlust-Prinzip (oder kürzer als das Lustprinzip) bezeichnet. Diese Vorgänge streben danach, Lust zu gewinnen; von solchen Akten, welche Unlust erregen können, zieht sich die psychische Tätigkeit zurück (Verdrängung)." (ebd., S. 231)

Das ist ein wichtiger Punkt, denn d. h. ja: die Verdrängung steht direkt im Dienst des Lustgewinns, sie verhindert eine Übererregung des Systems, sie vermindert (Unlust erzeugende) Spannung – und zwar auch im Unbewußten, in den Primärvorgängen. Damit ist ein automatischer Regulationsmechanismus des Psychischen (1900a, S. 580) beschrieben, insofern nämlich *Spannungsreduktion* (ein Minus), wenn sie nicht durch Befriedigung von außen herbeigeführt wird, *von innen durch den Vorgang der Verdrängung ermöglicht wird*. So gesehen ist die Verdrängung zwar eine Grundvariable der Modellkonstruktion, muß aber – wie alle Triebabläufe – im Lauf der Entwicklung erst noch (in Form von T-W-M-Assoziationen: Erinnerungsspuren) formiert und ausdifferenziert werden.

Als Paradebeispiel dafür greift Freud erneut auf das Befriedigungserlebnis des Hungers zurück. Der Hunger stört den „psychischen Ruhezustand" = das Gleichgewicht des Systems, und nötigt es zu Maßnahmen der homöostatischen Regulation, nämlich: „In diesem Falle wurde das Gedachte (Gewünschte) einfach halluzinatorisch gesetzt." (1911b, S. 231) Die Halluzination hat also die Funktion, den Gleichgewichtszustand des Systems wieder einzurichten. Die Halluzination ist die Vorstellung der Realität einer Befriedigungssituation, mit anderen Worten: die Besetzung (Aktivation) einer Erinnerungsspur, die eine Spannungsreduktion beeinhaltet (signalisiert), und somit steht die Halluzination im Dienst des Lustprinzips, im Dienst der Homöostase.

Wir haben jetzt zwei verschiedene Aussagen: zuerst hatten wir gesagt, die *Verdrängung* steht im Dienst des Lustgewinns = der homöostatischen Regulation, und jetzt hat sich ergeben: die vom *Trieb* ausgehende *Halluzination* der Befriedigungssituation steht im Dienst des Lustgewinns = der homöostatischen Regulation. Um den Zusammenhang dieser beiden Aussagen zu verstehen, wäre noch einmal zu fragen: was ist das eigentlich, *formal* betrachtet, eine Halluzination, bzw. welchen *metapsychologisch* relevanten Vorgang skizziert Freud im Paradigma der Bedürfnis-Befriedigungs-Sequenz? Der Sachverhalt ist denkbar einfach: Der Säugling hat Hunger = eine Selbsterhaltungstriebregung meldet sich; er schreit und veranlaßt so die Mutter, ihn zu stillen = sein Nahrungsbedürfnis zu befriedigen. Befriedigung als solche gibt es aber nicht innerhalb eines Modells, d. h. formal ausgedrückt ist die Aussage: die Nahrung *befriedigt* den Trieb äquivalent mit der Aussage: die Nahrung *verdrängt* den Trieb – denn: Befriedigung heißt metapsychologisch gesprochen: Rückkehr zur Homöostase, sozusagen zur Nullspannung, und wenn wir einen Trieb mit einem *Plus*-, seine Verdrängung mit einem *Minus*zeichen versehen – oder umgekehrt im von Freud diskutierten Beispiel: den Hunger (als Mangel) mit einem *Minus*-, die Nahrung sodann mit einem *Plus*zeichen, dann addieren sich beide zum erstrebten Ausgangs- oder Gleichgewichtszustand *Null* (Nullprinzip)[82]. Betrachten wir diese Elemente als konstitutiv für die Halluzination, dann ist die Halluzination der Befriedigungserfahrung zusammengesetzt aus einer zunächst unbegrenzten = „psychotischen" Vorstellung der exzessiven ersten Triebregung: „Hunger" und einer zunächst ebenso unbegrenzten = „psychotischen" Vorstellung der exzessiven zweiten, verdrängenden Trieberregung: „Brust", woraus sich die allgemeine Gleichung ergibt:

$$\text{Halluzination} = \frac{\text{„psychotische"}}{\text{Vorstellung}}(-) + \frac{\text{„psychotische"}}{\text{Vorstellung}}(+)$$

oder im hier diskutierten Beispiel:

$$\text{Halluzination} = \frac{\text{„Hunger"-}}{\text{Vorstellung}}(-) + \frac{\text{„Brust"-}}{\text{Vorstellung}}(+)$$

was formal äquivalent ist mit der Gleichung:

$$\text{Halluzination} = \frac{\text{Selbsterhaltungstrieb-}}{\text{Vorstellung}}(-) + \frac{\text{Sexualtrieb-}}{\text{Vorstellung}}(+).$$

Damit ist nichts über die *Inhalte* der „psychotischen" Anteile der „Hunger"- wie der „Brust"-Vorstellung gesagt, sondern lediglich das Postulat der triebdefinierten (vektoriellen) Unbegrenztheit mit einem vertrauten Begriff aus der Psychopathologie verknüpft. Die eigentlich interessante Frage ist jetzt aber, was denn letztlich noch als Halluzination übrigbleibt, wenn sich doch – rein rechnerisch – eine Plus- und eine Minus-Vorstellung zu einer Null-Vorstellung addieren? Den Grundannahmen unserer Modellkonzeption entsprechend steht *Null* für den Gleichgewichtszustand (Nullprinzip) des psychischen Apparats, und *der Gleichgewichtszustand ist der optimale Funktionszustand des Systems*. Es geht also bei dieser Rechnung auf Null nicht um Nichts, sondern vielmehr um Gleich-Gewicht, d. h. um die *Passung zweier Erregungs-Muster:*

Abb. 12

Die Graphik macht deutlich, daß *Passung* sozusagen *Verstärkung und Verbindung* bedeutet: im Überschneidungsbereich beider Erregungsmuster ist ein Gleichgewichtszustand im Sinne einer für das System optimalen Verstärkung und Verbindung zwischen den Vorstellungs- bzw. Erregungsmustern von Trieb und Verdrängung erreicht, wohingegen die gleichsam ausufernden, exzessiven Anteile beider Trieb-Vorstellungen, die „psychotischen" Ränder beider Muster, mangels Verstärkung entfallen bzw. unterschwellig bleiben. Was also übrigbleibt bei der durch Hunger ausgelösten Halluzination ist das Resultat einer Verrechnung aus einer insgesamt sehr komplexen Kombination von Erregungsmustern der beiden entgegengesetzt gerichteten Triebe. Auf das konkrete Beispiel bezogen, können wir sagen: Der (wiederholte) Eintritt des befriedigenden = verdrängenden Objekts in diesen unbefriedigten = drängenden Vorgang markiert für den Trieb ein *„Arrivé"*, eine Grenze, an der eine bestimmte Musterkombination hervorgehoben und verstärkt wird: eine erste „Realitätserfahrung erscheint", die im psychischen Apparat eine Erinnerungsspur bildet[83]. *„Arrivé"* bedeutet also die Passung einer Trieb-Frage und ihrer Befriedigungs-/Verdrängungs-Antwort, eines spezifischen Frage-Musters mit seinem Antwort-Muster.

Mit dieser Auffassung haben wir nun eine differenziertere Sicht der Halluzination gewonnen: im *Entwurf* und auch noch im VII. Kapitel der *Traumdeutung* charakterisiert Freud die Halluzination als eine von einer bestimmten Trieberregung ausgelöste Reproduktion der Befriedigungserfahrung: eine *Wunsch-Erfüllung*. Jetzt sehen wir, daß diese Halluzination zusammengesetzt ist aus *zwei* entgegengesetzt gerichteten Wünschen. Wir können somit definitorisch festlegen: unter dem

Wunsch verstehen wir eine einfache T-W-M-Assoziation; die Halluzination ist dagegen immer eine gedoppelte T-W-M-Assoziation – mit anderen Worten: die Halluzination ist zusammengesetzt aus *zwei* Wünschen, einem Trieb-Wunsch und einem Verdrängungs-Wunsch, sie ist ein (±)Wunsch.[84]

Dies bildet den Grundgedanken für das Verständnis der Abfolge der ersten Trieb-Verdrängungs-Interaktion, die in der Halluzination repräsentiert ist. Ökonomisch gesehen, löst ein Zuwachs an Trieberregung nach der einen (z.B. der Subjekt-) Seite hin immer die Verdrängung nach der anderen (der Objekt-) Seite hin aus; man kann sich diesen Vorgang in stufenlos ansteigender Linie vorstellen, wobei jeweils eine der beiden zugleich aktivierten Triebstrebungen in Führung läge und ab einem gewissen Grad von Erregung von der anderen abgelöst würde (Umschwung); oder man kann davon ausgehen, daß an einem bestimmten Punkt der Erregung des einen Triebs automatisch (Alles-oder-Nichts-Prinzip) der entgegengesetzte andere Trieb in Aktion tritt, wobei jeweils der Wechsel der Trieb*richtung* im Dienst der Verhinderung einer Übererregung des ganzen Systems stünde. (Die Auslösung eines solchen Umschwungs oder Wechsels wird von einem Schalter des Systems: einer Struktur besorgt; ein Trieb kann sozusagen nur *treiben*, nicht *schalten*.) Wie weit das dabei entstehende Spannungsniveau ansteigt, hängt zuerst von der genetisch determinierten[85], d.h. formal ausgedrückt: von der als Minimalbedingung des Modells *gesetzten*, sodann von der durch ein äußeres Befriedigungsobjekt *eingeführten*[86] und schließlich von dem aufgrund dieser Interaktion *erworbenen* = modifizierten Zustand der (psychischen) Struktur ab. Das Einsetzen der Halluzination stellt somit einen entscheidenden Entwicklungsschritt dar, nämlich das Etablieren einer psychischen Struktur – anders ausgedrückt: die Modifikation eines Schaltgesetzes, wodurch eine von beiden antagonistischen Trieben ausgehende T-W-M-Assoziation neu kombiniert wird. Die Halluzination ist die erste Manifestation einer solchen „von außen" gesetzten innerpsychischen Grenze für den (Selbsterhaltungs-)Trieb, die erste innere Repräsentanz der äußeren Realität; sie ist erst dann möglich, wenn der psychische Apparat diese Erfahrung einer *subjekt-objekt-bezogenen Triebbegrenzung* strukturell, d.h. in Form eines Schaltgesetzes festhalten kann und im Falle einer erneuten Trieberregung an *dieser* Grenze selbsttätig den Verdrängungsvorgang, die Reduktion der Gesamterregung des Systems, einleitet[87]. *Die Halluzination entsteht an dieser Grenze, sitzt genau am Umschlag zwischen Trieb und Verdrängung und enthält und verbindet die (Subjekt- und Objekt-)Vorstellungen beider Triebe, des Selbsterhaltungs- und des Sexualtriebs.* Daraus ergibt sich der allgemeine Satz: *psychische Struktur entsteht genau dann und genau da, wo eine Triebtendenz umschlägt in eine Verdrängungstendenz und repräsentiert deshalb immer ein bestimmtes Zuordnungsverhältnis beider Triebe*[88].

Nun geht Freud einen Schritt weiter, denn das Halluzinieren ist ersichtlich kein das Überleben = die Selbsterhaltung des Organismus auf Dauer garantierender Vorgang, weshalb er sich in dieser Arbeit für die Konzeption der „Beziehung des Neurotikers und des Menschen überhaupt zur Realität" interessiert (ebd., S. 231).

„Erst das Ausbleiben der erwarteten Befriedigung, die Enttäuschung, hatte zur Folge, daß dieser Versuch der Befriedigung auf halluzinatorischem Wege aufgegeben wurde. Anstatt seiner mußte sich der psychische Apparat entschließen, die realen Verhältnisse der Außenwelt vorzustellen und die reale Veränderung anzustreben. Damit war ein neues Prinzip der seelischen Tätigkeit eingeführt; es wurde nicht mehr vorgestellt, was angenehm, sondern was real war, auch wenn es unangenehm sein sollte. Diese Einsetzung des *Realitätsprinzips* erwies sich als ein folgenschwerer Schritt." (ebd., S. 231 f.)

Das scheint viel klarer zu sein, als Freud es hier auslegt. Was kann das denn überhaupt innerhalb eines *Modells* sein: *Realität*, und wie geht das vor sich, diese Einsetzung des Realitätsprinzips? Freud spricht hier von einer „Reihe von Adaptierungen des psychischen Apparats" (ebd., S. 232), die er wie folgt beschreibt:

„Die erhöhte Bedeutung der äußeren Realität hob auch die Bedeutung der jener Außenwelt zugewendeten Sinnesorgane und des an sie geknüpften *Bewußtseins*, welches außer den bisher allein interessanten Lust- und Unlustqualitäten die Sinnesqualitäten auffassen lernte. Es wurde eine besondere Funktion eingerichtet, welche die

Außenwelt periodisch abzusuchen hatte, damit die Daten derselben im vorhinein bekannt wären, wenn sich ein unaufschiebbares inneres Bedürfnis einstellte, die *Aufmerksamkeit*. Diese Tätigkeit geht den Sinneseindrücken entgegen, anstatt ihr Auftreten abzuwarten. Wahrscheinlich wurde gleichzeitig damit ein System von *Merken* eingesetzt, welches die Ergebnisse dieser periodischen Bewußtseinstätigkeit zu deponieren hatte, ein Teil von dem, was wir *Gedächtnis* heißen." (ebd., S. 232 f.)

Realität wird dem psychischen Apparat durch die Sinnesorgane – via das φ-, bzw. W-System – vermittelt und manifestiert sich im *Bewußtsein*, dem ω-, bzw. Bw-System. Innerhalb des Modells ist das Phänomen (die Qualität) Bewußtsein ein *Prozeß*, d.h. eine Funktion oder Aktivität eines Systems, eines hierarchisch übergeordneten Schalters, einer Makro-Struktur; und eine solche Makrostruktur ist nichts anderes als die Organisation von sowohl parallel geschalteten wie auch hierarchisch gegliederten Mikro- und Sub-Strukturen. Diese Mikro-, Sub- und Makro-Strukturen sind unterschiedlich komplex organisierte Erinnerungsspuren, das von Freud sogenannte „System von *Merken*" bzw. das „*Gedächtnis*". Das Gedächtnis des für die Realitätswahrnehmung zuständigen Bewußtseinsorgans (System Bw) enthält somit die Erinnerungsspuren prinzipiell sämtlicher von den Sinnesorganen her vermittelter Wahrnehmungen und insbesondere derjenigen, die eine besondere *Aufmerksamkeit* erhalten haben. Die Aufmerksamkeit ist „eine besondere Funktion (...), welche die Außenwelt periodisch abzu*suchen*" hat, welche „den Sinneseindrücken *entgegengeht*" (ebd., Hervh. d.V.), d.h. ein *gerichteter* Vorgang, und gerichtete Vorgänge sind auf der formalen Modellebene nichts anderes als Triebvorgänge. Wir befinden uns damit vollständig in den bereits erarbeiteten Grundlagen unserer Modellkonzeption, wenn wir somit das Makro-System *Bw* als einen aus einer Unzahl von T-W-M-Assoziationen zusammengesetzten Strukturkomplex verstehen. Nun wäre die Frage, wie sich die Halluzination zur Realitätswahrnehmung verhält. Freud gibt dazu zwei Erklärungen, die diesen Vorgang erhellen:

„Mit der Einsetzung des Realitätsprinzips wurde eine Art Denktätigkeit abgespalten, die von der Realitätsprüfung frei gehalten und allein dem Lustprinzip unterworfen blieb. Es ist dies das *Phan-*

tasieren, welches bereits mit dem Spielen der Kinder beginnt und später als *Tagträumen* fortgesetzt die Anlehnung an reale Objekte aufgibt." (ebd., S. 234)

„An Stelle der Verdrängung, welche einen Teil der auftauchenden Vorstellungen als unlusterzeugend von der Besetzung ausschloß, trat die unparteiische *Urteilsfällung*, welche entscheiden sollte, ob eine bestimmte Vorstellung wahr oder falsch, das heißt im Einklang mit der Realität sei oder nicht, und durch Vergleichung mit den Erinnerungsspuren der Realität darüber entschied." (ebd., S. 233)

Phantasieren und Tagträumen sind dadurch charakterisiert, daß sie die Anlehnung an reale Objekte, den Bezug zur Realität missen lassen können. Das gleiche gilt für die Halluzination der Befriedigungserfahrung in Abwesenheit eines realen Befriedigungsobjekts. Halluzinieren, Phantasieren und (Tag-)Träumen findet auf einer Strukturebene statt, die *abgespalten* ist von der Strukturebene (den Erinnerungsspuren) der Realität[89]. Wie ist nun innerhalb des psychischen Apparats eine *Urteilsbildung* darüber möglich, ob eine Wahrnehmung eine Halluzination oder eine Realitätswahrnehmung ist? Die Antwort hatte Freud schon im *Entwurf* mit der Erklärung des ω-Systems gegeben; sie lautet hier: durch *„Vergleichung mit den Erinnerungsspuren der Realität"*. Das Etablieren einer zweiten Strukturebene der Realität über (oder neben) der ersten Strukturebene der Halluzination/Phantasie ermöglicht ein *Vergleichen* von Erinnerungsspuren, ein *Referenzieren von Musterbildungen*, mit dem Erfolg, daß wiederum nur im Falle einer *Passung* des Musters der ersten mit dem der zweiten Ebene die notwendige Verstärkung (der Erregung) eintritt, die innerhalb des psychischen Apparats als Realitätszeichen „gewertet" wird, und „werten" heißt hier: „Abfuhr" auslösen.[90] Die sogenannte „Abfuhr", die eine Art *Komplettierung* des psychischen Ablaufs darstellt und insofern der integrale Bestandteil eines homöostatischen Regulationsvorgangs ist, erfolgt also nach der Einrichtung der Realitätsebene lediglich auf einem komplexeren Organisationsniveau:

„Die motorische *Abfuhr*, die während der Herrschaft des Lustprinzips zur Entlastung des seelischen Apparats von Reizzuwächsen gedient hatte und dieser Aufgabe durch ins Innere des Körpers gesandte Innervationen (Mimik, Affektäußerungen) nachgekommen war, erhielt jetzt eine neue Funktion, indem sie zur zweckmäßigen Veränderung der Realität verwendet wurde. Sie wandelte sich zum *Handeln.*" (ebd.)

Das Handeln ist nichts anderes als die seit dem *Entwurf* bekannte „spezifische Aktion", die dem M-System zugerechnet wird. Nun fragt es sich, was passiert, wenn das halluzinierte Befriedigungsobjekt nicht in der Realität vorhanden ist, das besondere Erregungsmuster der ersten Ebene nicht oder nur unvollständig auf der zweiten Ebene aktiviert ist? Verstehen wir beide Ebenen als *Assoziations- oder Muster*komplexe von Erinnerungsspuren, dann ist klar, daß nicht nur irgendwelche Einzelelemente, sondern ganze *Sequenzen* gespeichert sind, und diesen *folgt* nun gewissermaßen die *Suchbewegung* so lange, bis es zur *Identität* von Wunsch- und Wahrnehmungsbild, zu einer *Passung* der Erregungsmuster von erster und zweiter Ebene kommt[91]. Und Passung heißt wieder Komplettierung und damit „Abfuhr" bzw. Auslösung der spezifischen Aktion und damit homöostatische Regulation.

Drücken wir diesen Vorgang der Realitäts-Wahrnehmung aus der Perspektive der Trieb-Verdrängungs-Interaktion aus. Freud stellt fest, daß die „Ablösung des Lustprinzips durch das Realitätsprinzip" zuerst an den Ichtrieben vor sich geht, „währenddem die Sexualtriebe noch eine längere Weile dem baren Lustprinzip, dem Phantasieren, frönen" (ebd., S. 234), d.h.: die Phantasien gehen von den Sexualtrieben, die Realitätswahrnehmung von den Ichtrieben aus. Weiter macht er deutlich, daß die Urteilsfällung *„an Stelle der Verdrängung"* – d.h. in derselben Funktion wie die Verdrängung – in Kraft tritt: die Position des Drängenden wird von den Sexualtrieben gehalten, die Verdrängung wird vom Ichtrieb besorgt. Daraus ergibt sich nun die Einsicht: Realität entsteht genau dann und genau da, wo die „drängende" Halluzination auf eine ihr spezifische „verdrängende" Realitätswahrnehmung stößt; *Realität* ist also innerhalb des psychischen Apparats durch eine *Struktur* oder *Grenze* repräsentiert, in welche die Erregungsbeträge beider Ebenen (Triebe) eingehen, bzw. durch ein Muster, in welchem die Vorstellungsanteile beider Ebenen durch *Passung* Verstärkung erfahren; Realität ist das Ergebnis einer Verrechnung, eines Referenzierens beider Ebenen. Nehmen wir jetzt die aus einem (±)Wunsch zusammengesetzte Halluzination wiederum als eine treibende (+)Einheit, dann können wir sagen: Die vom Wunsch nach Befriedigung gesteuerte (+)Halluzination/Phantasie stellt *mehr* vor, als in Wirklichkeit da ist, sie schießt gewissermaßen über die in Wirklichkeit vielleicht noch gar nicht vorhandenen Befriedigungsmöglichkeiten hinaus (das ist wiederum ihr „psychotischer" Anteil: „Wahn"vorstellung); die (–)Realitätswahrnehmung, die selbst ebenfalls viel umfassender ist als die spezifische Wunschvorstellung der Halluzination, schneidet aus dieser die „psychotischen" Anteile aus (indem die „überschüssigen" Anteile der Halluzination/Phantasie keine Verstärkung erfahren). Bei diesem Vorgang wird also der (±)Wunsch (der primären Ebene) zur Vorgabe für die spezifische Suchbewegung (auf der sekundären Ebene) und „extrahiert" (siehe Abb. 12) aus der umfassenderen Realitätswahrnehmung das Befriedigungsobjekt (selektive Wahrnehmung). Der ganze Ablauf zwischen der Wunscherregung der 1. Ebene und dem Auffinden des gesuchten Objekts in der Realität, der 2. Ebene, ist vorstellbar als ein mehrfaches Kreisen, ein Hin und Her, ein Abtasten von Musterbildungen, ein wiederholtes „Vergleichen" der Erinnerungsspuren auf der Ebene der Halluzination mit den von der Wahrnehmung her aktivierten Erinnerungsspuren der Realitätsebene – woraus sich am Ende ergibt:

$$\begin{array}{c}\text{Psychische}\\ \text{Realität}\end{array} = \begin{array}{c}\text{Wahrnehmung der}\\ \text{Halluzination}\end{array}(+) + \begin{array}{c}\text{„Realitäts"-/}\\ \text{Sinneswahrnehmung}\end{array}(-).$$

Damit haben wir jetzt dreimal *dasselbe Prinzip*, jeweils *auf einer anderen Komplexitätsstufe* beschrieben:

1. Trieb(+) und Verdrängung(–) sind die einfachen Variablen des Modells; wir hatten gesagt: an einem bestimmten Punkt der Erregung des einen Triebs wird der entgegengesetzte andere erregt, womit die homöostatische Regulation des Systems gewährleistet ist.

2. Das Konzept des Wunsches stellt gewissermaßen das nächsthöhere Komplexitätsniveau dar: der einfache Wunsch ist bereits eine T-W-M-Assoziation; ein von einem bestimmten Bedürfnis ausgehender Wunsch führt zu einer Halluzination/Phantasie, die im Überschneidungsbereich (durch Passung = Verstärkung und Verbindung) der von beiden Trieben ausge-

henden Erregungsmuster (Vorstellungen) entsteht; genau genommen ist also die Halluzination/Phantasie – oder der komplette Wunsch – zusammengesetzt aus zwei Wünschen, einem (+)Wunsch und einem (–)Wunsch: ein (±)Wunsch. Die befriedigende Halluzination ist eine Maßnahme im Dienst der homöostatischen Regulierung und stellt zugleich ihre vorläufige Realisierung dar.

3. Die Einführung des sogenannten „Realitätsprinzips" stellt ein noch komplexeres Organisationsniveau des psychischen Apparats vor. Hier hat sich ergeben, daß Realität durch das Verschalten bzw. Referenzieren zweier komplexer Strukturebenen entsteht: der Ebene der Halluzination/Phantasie mit der Ebene der sogenannten Realitätswahrnehmung; gesamthaft gesehen, ergibt sich psychische *Realität* als die Summe oder Passung der umfassenderen („psychotischen") Halluzination/Phantasie(+) und der umfassenderen (z.T. irrelevanten) „Realitäts"-/Sinneswahrnehmung(–). Die aus dieser Verrechnung resultierende, im Bereich der Passung entstehende *psychische Realität* ist eine Strukturbildung, die wiederum im Dienst der Homöostase erfolgt: sie hat nämlich, wie Freud erklärt, „nichts anderes zu tun, als nach Nutzen zu streben und sich gegen Schaden zu sichern." (ebd., S. 235)

Diese formal vereinheitlichende Auffassung impliziert wiederum dreierlei:

1. Wenn gelten soll, daß psychische Struktur genau dann und genau da entsteht, wo eine Triebtendenz umschlägt in eine Verdrängungstendenz, dann kann man eine *Struktur* auch eine *Trieb-Verdrängungs-Einheit* nennen, d. h.: die Struktur ist der Schalter (der Regler), der die antagonistischen Triebe, das Verschaltete (die Variablen), homöostatisch reguliert.[92]

2. Die *Aktivierung einer Struktur* bzw. eines (±)Musters, gleich auf welchem Komplexitätsniveau, *resultiert* wiederum gesamthaft in einer *Erregung* (mit einem [+] oder [–]Zeichen), die von einer anderen Struktur (evtl. desselben Komplexitätsniveaus) formal als *Trieb* aufgefaßt werden kann; auf diese Weise können ganze Vorstellungsgruppen, sogar Systeme (z. B. das *Ubw* vs. das *Bw*) antagonistische Wirkungen aufeinander entfalten, die sich wie Trieb und Verdrängung verhalten (bzw. verrechnen lassen).

3. Das von Freud sogenannte „Realitäts*prinzip*" ist kein neues oder anderes *Prinzip*, es ist ein neues Komplexitäts- oder Struktur*niveau*; es gibt nur *ein* Regulations*prinzip*, und das ist das *homöostatische*, das von Freud sogenannte „Lustprinzip" – weshalb er auch schreiben konnte: „In Wirklichkeit bedeutet die Ersetzung des Lustprinzips durch das Realitätsprinzip keine Absetzung des Lustprinzips, sondern nur eine *Sicherung* desselben." (ebd., S. 235 f., Hervh. d. V.)

Die Entstehung des Ichs

Wir haben uns jetzt mit den beiden antagonistischen Trieben, ihrer, wie sich zeigte, strukturbildenden Interaktion im Trieb-Verdrängungs-Prozeß sowie mit den Vorstellungen befaßt, die Freud als Ausdruck der Triebe begreift und die wir, sobald sie die Gestalt einer Halluzination/Phantasie annehmen, am äußersten Punkt einer Triebextension verortet haben, dort also, wo die Erregung des einen Triebs und des ihm entsprechenden Wunsches (T-W-M-Assoziation) die Erregung der Verdrängung = des anderen Triebs und des ihm entsprechenden Wunsches (T-W-M-Assoziation) auslöst. Nun verknüpft Freud aber seine triebtheoretischen Überlegungen dieser Jahre – wenn auch nur in einigen Nebensätzen – mit der Weiterentwicklung seines Konzepts vom *Ich*, also mit Vorläufern seiner späteren Strukturtheorie, und dies soll jetzt im Zusammenhang mit den bisherigen Ergebnissen diskutiert werden.

Freud schlägt nämlich vor, für diejenige Vorstellungsgruppe, die die Verdrängung bewirkt – und das ist seiner Meinung nach die *Vorstellungsgruppe des Ichtriebs* – den „jeweilig anders zusammengesetzten Sammelbegriff des Ichs" zu verwenden (1910i, S. 97). Das Ich wird also definiert als eine vom Ichtrieb gesteuerte Vorstellungsgruppe. Damit greift Freud auf seine beiden ersten Ich-Konzeptionen zurück: Im *Entwurf* hatte er die Entstehung des Ichs aus der wiederholten Besetzung der in der Halluzination repräsentierten Befriedigungserfahrung des Hungers (Ichtrieb) abgeleitet und das Ich definiert „als die Gesamtheit der jeweiligen ψ-Besetzungen, in denen sich ein bleibender von einem wechselnden Bestandteil sondert“ (1950c/1950a, S. 416), beziehungsweise als einen „Komplex von Neuronen, die ihre Besetzungen festhalten.“ (ebd., S. 459) Und in der *Traumdeutung* hatte er vorgeschlagen, „anstatt des Gegensatzes von ‚Bewußt‘ und ‚Unbewußt‘ den von ‚Ich‘ und ‚Verdrängt‘“ einzusetzen (1900a, S. 563), wonach das „Ich“ die bewußte und verdrängende, das „Verdrängte“ die unbewußte und drängende Instanz darstellt. In seiner Ich-Definition von 1910 sind dann die 1895 vorgenommene Herleitung vom Ichtrieb und die 1900 postulierte Funktion des Ichs als einer verdrängenden Instanz zusammengefaßt. Nur sieht man jetzt vielleicht deutlicher, wie Freud sich das gedacht haben könnte: daß nämlich das *Ich* als Makro-Struktur entsteht, wenn nach einer Reihe gleichlautender Erfahrungen bestimmte vom Ichtrieb ausgehende und immer wieder aktualisierte Vorstellungen in eine feste assoziative Beziehung zueinander treten und so eine *konstant assoziierte (besetzte oder besetzbare) Vorstellungsgruppe* bilden, die als ein zunehmend komplexer werdendes Organisations- und Verdrängungszentrum fungiert.

Versteht man so das *Ich* als eine vom Ichtrieb gesteuerte feste Vorstellungsgruppe, dann entsteht sogleich die Frage, ob Freud zu diesem Zeitpunkt seiner Theoriebildung auch für den Sexualtrieb eine vergleichbare Instanz innerhalb des psychischen Apparats vorsieht. Auch die Erregung des Sexualtriebs bzw. seiner Partialtriebe wird ja mit der Wahrnehmung eines befriedigenden Objekts und einer spezifischen Befriedigungsaktion in den Erinnerungssystemen zu einer T-W-M-Assoziation verknüpft; d.h.: alles, was den sexuellen Partialtrieben an „Erfahrungen“ (Abläufen) zuzuordnen ist, müßte dann ja ebenfalls eine Gruppe assoziierter Vorstellungen ergeben, die (entsprechend dem Ich) in der Funktion einer Makro-Struktur eine Art Organisationszentrum innerhalb des psychischen Apparats darstellt. Diese Instanz scheint nun, wie in der *Traumdeutung* vorgeschlagen, das System *Ubw*, das dynamisch Unbewußte zu sein, das Freud als „das Verdrängte“ vom nur deskriptiv Unbewußten unterscheidet (1912g). Man kann diesen Gedankengang noch genauer im Zusammenhang mit Freuds Einführung des Realitätsprinzips studieren:

„Während aber diese Entwicklung an den Ichtrieben vor sich geht, lösen sich die Sexualtriebe in sehr bedeutsamer Weise von ihnen ab. Die Sexualtriebe benehmen sich zunächst autoerotisch, sie finden ihre Befriedigung am eigenen Leib (...). Wenn dann später bei ihnen der Prozeß der Objektfindung beginnt, erfährt er alsbald eine lange Unterbrechung durch die Latenzzeit, welche die Sexualentwicklung bis zur Pubertät verzögert. Diese beiden Momente – Autorerotismus und Latenzperiode – haben zur Folge, daß der Sexualtrieb in seiner psychischen Ausbildung aufgehalten wird." (1911b, S. 234)

Freud äußert sich hier zunächst einmal zu den zeitlichen Aspekten der Entwicklung; er ist der Meinung, daß die unter Führung der Ichtriebe erfolgende Strukturentwicklung früher und schneller erfolgt als eine entsprechende Strukturentwicklung unter Führung der Sexualtriebe. Betrachten wir eine solche Entwicklung noch einmal unter Einbezug des Phänomenologischen: Beim Anstieg einer nach innen auf die Selbsterhaltung gerichteten Ichtriebregung (Hunger) hatten wir an einem bestimmten Punkt die Auslösung der Verdrängung durch den Sexualtrieb postuliert, und diese Trieb-Verdrängungs-Interaktion hatte sich durch Schreien und Zappeln über das motorische System gewissermaßen nach außen manifestiert. Ebenso können wir jetzt sagen, daß beim Anstieg einer nach außen gerichteten Sexualtriebregung an einem bestimmten Punkt der Erregung die Auslösung ihrer Verdrängung durch den Ichtrieb einsetzt, was sich durch sogenannte autoerotische Manipulationen, z.B. durch das Saugen am Daumen oder das Streicheln/Reiben einer Hautstelle, über das motorische System mit einer quasi nach innen gerichteten Aktion kundtut; die im Dienst des Ichtriebs primär der Selbsterhaltung (Nahrungsaufnahme: Saugen, Körperpflege: Reiben) dienende motorische Aktion „verdrängt" den (oral-)erotischen Partialtrieb, führt ein Stück weit zu seiner Befriedigung, setzt die wachsende sexuelle Triebspannung herab. Und es wäre auch in diesem Fall der wiederholte Eintritt des Objekts in diesen Kreislauf von Triebrerregung und -befriedigung, der dem sexuellen Partialtrieb ein „*Arrivé*", eine Grenze, eine erste psychische Struktur, eine erste Wunschvorstellung: die Halluzination des lustspendenden Objekts verschaffen würde: so „erfahren die Sexualtriebe jene

Veränderungen, die sie vom anfänglichen Autoerotismus durch verschiedene Zwischenphasen zur Objektliebe im Dienste der Fortpflanzungsfunktion führen." (ebd., S. 237) Nach der organisch angelegten, zunächst automatisch einsetzenden *agierten* Verdrängungsmaßnahme ist es deren Ersatz durch eine *phantasierte* Befriedigung beziehungsweise Spannungsreduktion, die sich im progressiven Sinne als strukturbildend erweist und den Ich- und den Sexualtrieb „in seiner psychischen Ausbildung" fördert.

Die hiermit aufgezeigte *Strukturentwicklung beider Triebe* – worunter die von ihnen ausgehenden immer komplexer werdenden Vorstellungseinheiten (gedoppelte T-W-M-Assoziationen) zu verstehen sind – verläuft gegensinnig: Die Bewegung hin zur Realität erfolgt für den introversiven Ichtrieb von außen (Erhaltung durch das Objekt) nach innen (Selbst-Erhaltung), für den extraversiven Sexualtrieb von innen (Autoerotismus) nach außen (Objektliebe). Von daher kam Freud wohl zu zwei theoretischen Schlußfolgerungen: erstens, daß der Sexualtrieb der *nach außen drängende Trieb* im eigentlichen Sinne, der *nach innen* gerichtete Ichtrieb dagegen das *Ver-drängende* sei, und zweitens, daß die vom Sexualtrieb nach außen verdrängten *Ichtriebvorstellungen das Ich* (das System Bw), die vom Ichtrieb nach innen verdrängte *Vorstellungsgruppe der Sexualtriebe* dagegen *das Verdrängte* (das System Ubw) ergeben. Diesem Resultat seiner metapsychologischen Annahmen kann man zustimmen unter zwei Voraussetzungen: erstens, daß man die *Entstehung der Strukturen beider Triebe jeweils als Folge ihrer zunehmend komplexer werdenden Interaktion auffaßt,* und ihre topische Position begreift als eine *spiegelbildliche Projektion*, nämlich: der zum Bewußten drängenden Sexualtriebe ins Unbewußte einerseits und der zum Unbewußten drängenden Ichtriebe ins Bewußte andererseits, und zweitens, daß damit noch nicht alles geklärt ist.

Fragen wir weiter: Was ist das Ich? Es läßt sich jetzt nicht mehr einfach als eine vom Ichtrieb gesteuerte Vorstellungsgruppe bezeichnen, wenn doch Vorstellungen nur am Umschlagspunkt von der einen Triebstrebung in die sie verdrängende andere gedacht werden sollen, wenn also Vorstellungen immer die T-W-M-Assoziationen beider Triebe in ihren jeweiligen Anteilen enthalten. Ohnehin wäre es theoretisch nicht ratsam, das Ich aus den Vorstellungen der Ichtriebe allein zusammengesetzt zu denken, weil sonst, wie Freud dies sah, die assoziierte Vorstellungsgruppe der Sexualtriebe völlig in das System Ubw (das Verdrängte) verbannt wäre, und das hätte zweierlei zur Folge: erstens würde man damit nur der verdrängten, bewußtseins*un*fähigen Gruppe von Sexualvorstellungen eine (z.B. drängende) Funktion zuerkennen, nicht aber würde etwa einer Gruppe von bewußtseins*fähigen* Sexualvorstellungen ein (eben der libidinöse!) Beitrag zur Aufrechterhaltung der Ichfunktionen zugedacht; und zweitens ließe sich so die Vorstellungsgruppe des Sexualtriebs, das System Ubw = das Verdrängte, nur über den Ichtrieb, die Verdrängung, definieren, wohingegen für das Ich als Instanz des Ichtriebes keine solche Bezugnahme auf den Sexualtrieb nötig wäre. Eine andere Einteilung würde diese kritischen Punkte ausräumen:

Beschließen wir zunächst, denjenigen Trieb, den Freud abwechselnd mal einen Selbsterhaltungs-, mal einen Ichtrieb nennt, konsequent als *Selbsterhaltungstrieb* zu bezeichnen; begrifflich wäre dadurch präziser zwischen Trieb und Struktur unterschieden, da wir unvermeidlich mit dem *Ich* immer die Makrostruktur Ich von 1923 verknüpfen, weshalb der Begriff „Ichtrieb" unserem Verständnis suggerieren könnte, daß es einen besonderen Trieb gäbe, der von dieser Makrostruktur Ich ausginge, und das ist hier ausdrücklich nicht die Meinung[93]. Durch eine solche Festlegung auf den Terminus *Selbsterhaltungstrieb* entstünde bereits ein Freiraum für eine neue Definition der Makrostruktur Ich bezüglich ihres Verhältnisses zu den Trieben, die sich auch in die spätere Ichkonzeption von 1923 überführen ließe.[94] Geht man weiter davon aus, daß zu Beginn der Ontogenese (= der Strukturentwicklung des psychischen Apparats) die im Trieb-Verdrängungs-Vorgang aktivierten Vorstellungsrepräsentanzen beider Triebe noch nicht oder nur ungenügend differenzierbar sind, d.h.: daß die Vorstellungsgruppe (assoziierte T-W-M-Einheiten) der Selbsterhaltungstriebe immer im Verein mit derjenigen der ihre Verdrängung bewirkenden Sexualtriebe auftritt, und umgekehrt, dann wird ihre sogenannte „Anlehnung" als eine *entwicklungsbedingte Verschränkung* deutlich: während nämlich die Vorstellungsgruppe der *Selbst*erhaltungstriebe zu Anfang noch die Repräsentanzen des nährenden, erhaltenden *Objekts* mit einschließt und ihre Grenzen erst sukzessive zurücksteckt auf die psychischen und somatischen Dimensionen der eigenen zu bewahrenden Person, muß der Sexualtrieb erst über das Stadium des „Autoerotismus" von der eigenen Person – dem *Selbst* – hin auf die psychische Repräsentanz des *Objekts* gerichtet werden. Das macht deutlich, daß vor allem *zu Beginn der Strukturentwicklung die entstehenden Vorstellungsgruppen der partialen Selbsterhaltungs- und Sexualtriebe noch gleichsam zwei sich zu weiten Teilen überschneidende Mengen bilden.* Und von daher können wir auch in erster Annäherung die Hypothese aufstellen, daß *das sich allmählich entwickelnde Ich*, wenn man es definiert als eine Makro-Struktur, als ein psychisches Organisationszentrum, das sowohl die Belange des Subjekts als auch seine Orientierung hin auf das Objekt koordiniert, *aus dieser Schnittmenge von Selbsterhaltungs- und Sexualvorstellungen hervorgeht.*

Freud spricht von der „Anlehnung" der partialen Sexualtriebe an die Selbsterhaltungstriebe sowie ihrer „Ablösung" von diesen. Was metapsychologisch unter dem Begriff der „Anlehnung" zu verstehen wäre, ist inzwischen deutlicher geworden: Abgesehen davon, daß sie – der hier erarbeiteten Konzeption zufolge – in den auf allen Komplexitätsstufen wirksam werdenden Verschaltungsvorgängen von *Trieb* und *Verdrängung* enthalten ist, können wir uns den Aufbau des psychischen Apparats jetzt so vorstellen, daß diese „Anlehnung" der Sexual- an die Selbsterhaltungstriebe an der Basis, im primären strukturbildenden Prozeß der Trieb-Verdrängungs-Abläufe, immer in einer relativ *einfachen* Version erhalten bleibt: der Primärprozeß enthielte also die – noch nicht eindeutig um die jeweilige „Trieb"vorstellung zentrierten – Vorstellungen des Selbsterhaltungstriebs mit den entsprechenden Anteilen der zu seiner Verdrängung aktivierten Sexualvorstellungen sowie die Vorstellungen des Sexualtriebs mit den entsprechenden Anteilen der zu seiner Verdrängung aktivierten Selbsterhaltungsvorstellungen. Der für das System Ubw eingesetzte Primärprozeß ließe sich demnach als die Aktivierung eines relativ *einfachen Antagonismus* von introversiven Selbsterhaltungs- und extraversiven

Sexualtriebregungen einschließlich der ihnen entsprechenden Vorstellungsrepräsentanzen kennzeichnen.

Dieser einfache Antagonismus könnte auch noch für die sogenannte *Wurzel* (die Anfänge der Strukturbildung) des Ichs gelten, von dem es später heißen wird, daß es vom Es nicht scharf getrennt sei, sondern mit diesem zusammenfließe (1923b, S. 251). Aber *nach* der von Freud postulierten „Ablösung" der Sexual- von den Selbsterhaltungstrieben läge dieser Antagonismus in einer gleichsam *gedoppelten Version* vor: Es hätten sich dann nämlich zwei verschiedene Vorgänge ereignet: Zum einen hätte sich in bezug auf den Selbsterhaltungstrieb die der Selbsterhaltung dienende Vorstellungsgruppe aus der Vorstellungsgruppe ihrer sexuellen Verdrängung klar herausgehoben, und ebenso hätte die vom Sexualtrieb ausgehende Vorstellungsgruppe sich aus der ihre Verdrängung bewirkenden Vorstellungsgruppe der Selbsterhaltungstriebe herausgehoben – und *herausheben* heißt soviel wie dominant oder führend werden, „quantitativ" das „Übergewicht" haben. Beide somit zunehmend komplexer strukturierte Vorstellungsgruppen unter der dominanten Steuerung jeweils eines Triebs müßten sich dann noch voneinander „loslösen". Und „Loslösung" kann an diesem Punkt nichts anderes heißen, als daß die beiden Hauptstrebungen des Sexual- und des Selbsterhaltungstriebs mit den von ihnen gebildeten Vorstellungsgruppen innerhalb der Organisation des psychischen Apparats eine gewisse Eigenständigkeit bzw. Unabhängigkeit voneinander erreichen, indem sie (auf assoziativem Wege) gleichsam zwei Äste bilden, von denen jeder unter der dominanten Führung eines Triebs stünde, dem der jeweils antagonistische Trieb (Verdrängungsanteil) rezessiv zugeordnet wäre. So gesehen geht es bei der in Frage stehenden „Loslösung" um eine Differenzierung der Haupttriebrichtungen und ihrer Vorstellungen (gedoppelte T-W-M-Assoziationen) in zwei getrennte Äste – die ich für das anschauliche Schema die *Subjektschiene* und die *Objektschiene* nennen möchte – und darum, daß innerhalb jeder Schiene die dem jeweiligen *Trieb* zugeordneten Vorstellungen dominant, die seiner Verdrängung entsprechenden Vorstellungen dagegen rezessiv werden. Die einfache Graphik soll diese theoretischen Vorstellungen anschaulich machen.

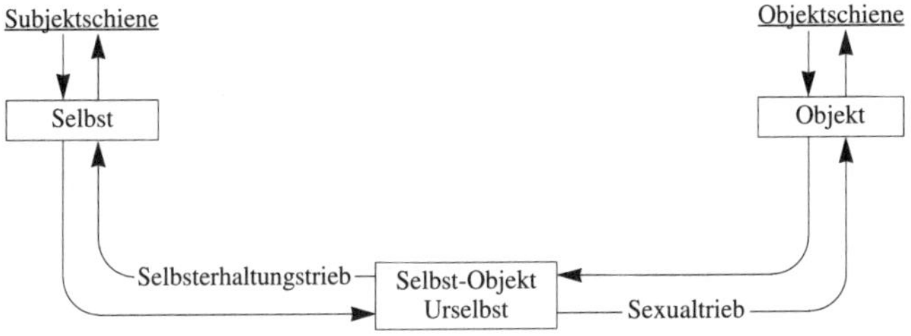

Abb. 13: Der hiermit eingeführte Begriff der *Schiene* (Subjektschiene, Objektschiene) unterstreicht 1) in bezug auf den Triebaspekt die theoretische Annahme *gerichteter* Bewegungen ganz im Sinne von Freuds Idee einer Libido*verschiebung* und 2) in bezug auf den Strukturaspekt die Bedeutung solcher Besetzungsverschiebungen innerhalb von hierarchisch angeordneten Strukturkomplexen. Im Sockel der Graphik ist eine einfachste Trieb-Verdrängungs-Verschaltung eingetragen, eine erste primitive Strukturebene, der wir mit Jacobson (1964) das *Urselbst* oder mit Kohut (1971) das *Selbst-Objekt* zuordnen könnten. Auf der Subjekt- wie auf der Objektschiene ist sodann je ein Strukturkomplex: das *Selbst* und das *Objekt* eingetragen; Vorstellungsgruppen am Fuß einer jeden Schiene (unten) können als relativ einfache (sogenannt „primitive") und Vorstellungsgruppen an der Spitze einer jeden Schiene (oben) als relativ komplex zusammengesetzte (sogenannt „reife") Einheiten von Selbst bzw. Objekt gelten. Damit wird deutlich, was konzeptionell gemeint ist, wenn die Rede davon ist, daß auf allen Entwicklungs- respektive Organisationsniveaus unterschiedlich umfangreich bzw. komplex integrierte Gruppen von Vorstellungen sowohl des Selbst wie des Objekts vorkommen und aktiviert werden können.

Gelingt eine solche Differenzierung, dann kann man auf jeder Schiene auf unterschiedlichem Niveau Vorstellungsgruppen herausgreifen, die unterschiedlich komplex organisierte Einheiten bilden, wobei von nun an eine Einheit auf der Subjektschiene als *Selbst*, eine entsprechende Einheit auf der Objektschiene als *Objekt* bezeichnet wird; Selbst und Objekt sind somit auf verschiedenen Ebenen unterschiedlich komplex organisierte und aus verschiedenen Anteilen zusammengesetzte konstante Vorstellungsgruppen oder Repräsentanzen, die beide wiederum innerhalb des Ichs antagonistische Wirkungen aufeinander ausüben[95]. Gelingt diese Loslösung aber nicht, dann liegt – ganz grob gesagt – eine Sexualisierung des Selbst und eine Funktionalisierung des Objekts (im Dienste der Selbsterhaltung) vor. Es ist demnach gerade die „Loslösung" der Sexual- von den Selbsterhaltungstrieben, die einen weiteren Niveausprung in Richtung auf eine Zunahme an Komplexität der Verschaltungen von Trieb und Verdrängung einführt und ermöglicht. Damit wäre in erster Annäherung eine Ich-Definition erreicht, welche die Trieb-Verdrängungs-Interaktion in ihrem Strukturbegriff enthält, offen ist für die differenzierteren Auffassungen der Objektbeziehungstheorien einschließlich der Konzepte vom *intra*systemischen Konflikt und in der Idee einer mehrfachen strukturellen Verdichtung die von Freud formulierten Bedingungen für den Sekundärprozeß enthält: nämlich die sogenannt hohe Besetzung mit gebundener Energie bei geringer Verschiebung bzw. Abfuhr.

Geht man davon aus, daß diese Figur (Abb. 13) eine wichtige Achse des Ichs darstellt, dann zeigt sich, daß das Ich an seiner Wurzel, wie oben dargelegt, aus der relativ *einfachen* Schnittmenge von Selbsterhaltungs- und Sexualvorstellungen hervorgeht und in seiner ausdifferenzierten Form (nach der Ablösung der Sexual- von den Selbsterhaltungstrieb-Vorstellungen) aus einer gedoppelten bzw. immer komplexer werdenden Schnittmenge von Vorstellungen beider Triebe zusammengesetzt ist. Gesamthaft gesehen entspricht die Aktivität der Makrostruktur *Ich* innerhalb des psychischen Apparats derjenigen Resultierenden, die sich aus der Verrechnung sämtlicher jeweils aktivierter Verschaltungen (Trieb-Verdrängungs-Abläufe) auf allen Organisationsniveaus des psychischen Apparats ergeben; und die Verschaltungen verfolgen wiederum keinen anderen Zweck als den der homöostatischen Regulierung. Wir sehen jetzt: Diese Darstellung und Einführung des Ichs steht deshalb im Zusammenhang mit Freuds Einführung des Realitätsprinzips, weil er mit dem Realitätsprinzip vorführt, wie zunehmend komplexer werdende *Vorstellungsgruppen* miteinander *referenziert* werden können; die Einführung des sogenannten Realitätsprinzips führt das Referenzieren der horizontalen Ebenen (Wunsch und Wahrnehmung) ein, die Einführung des Ich macht auf das Referenzieren der vertikalen Ebenen (Subjekt- und Objektschiene) aufmerksam. Es geht also bei diesen Überlegungen darum, eine Vorstellung davon zu entwickeln, wie rasch sich bei einem immer gleichen Grundprinzip die Komplexität der metapsychologisch dargestellten psychischen Prozesse durch die Einführung der Realitätsebene wie der Subjekt- und Objektschienen erhöht.

Zusammenfassung

Die aus den Aufsätzen bis 1913 herausgearbeiteten theoretischen Positionen betreffen gleichermaßen den Trieb- wie den Strukturaspekt des Modells vom psychischen Apparat und zwar auf unterschiedlichen, zunehmend komplexer werdenden Niveaus: Im ersten Abschnitt dieses Kapitels hatten wir erkannt, daß Freud den Begriff der *Verdrängung* metapsychologisch im Sinne der Aktivität des jeweilig antagonistischen Triebs verwendet. Folglich gilt: *die Aktivierung des Sexualtriebs führt zur Aktivierung des Selbsterhaltungstriebs als Verdrängung und die Aktivierung des Selbsterhaltungstriebs führt zur Aktivierung des Sexualtriebs als Verdrängung*. Dies hat Bedeutung für die Formalisierung des Modells, insofern dadurch die Trieb-Verdrängungs-Theorie als dualistische bzw. antagonistische Triebtheorie konzipiert ist, weshalb es jetzt auf der metapsychologischen Ebene, kybernetisch ausgedrückt, nur noch Triebe als Variablen und Strukturen als Schalter gibt. Wir hatten festgelegt, daß die Homöostase, die dynamische Stabilität des Gesamtsystems, durch diesen Antagonismus gesichert ist.

Jedem Trieb ist nach Freuds Bestimmung eine „Vorstellung", genauer gesagt: ein „Wunsch" im Sinne einer einfachen T-W-M-Assoziation zugeordnet, und dies gilt sowohl für den Trieb (in der herkömmlichen Verwendungsweise dieses Begriffs) als auch für seine Verdrängung. Von da aus hatte sich für Freuds Bedürfnis-Befriedigungs-Paradigma ergeben, daß die Halluzination der Befriedigungserfahrung zusammengesetzt ist aus einer zunächst unbegrenzten = „psychotischen" Vorstellung der exzessiven ersten Triebregung: „Hunger" und einer zunächst ebenso unbegrenzten = „psychotischen" Vorstellung der exzessiven zweiten, verdrängenden Trieberregung: „Brust". Die Halluzination/Phantasie entsteht aus der Verrechnung der von beiden Trieben (Trieb und Verdrängung) ausgehenden Erregungsmuster und zwar durch Passung (= Verstärkung und Verbindung) ihrer Vorstellungsanteile (die „psychotischen" Ränder entfallen bei dieser Verrechnung). Genau besehen ist also die Halluzination/Phantasie – oder der psychisch komplette, auf der untersten Stufe elaborierte Wunsch – zusammengesetzt aus zwei Wünschen, einem (+)Wunsch und einem (–)Wunsch: ein (±)Wunsch.

Die Aktivierung einer Struktur, auch einer komplexeren Struktur, resultiert wiederum gesamthaft in einer Erregung, die von einer anderen Struktur wie ein Trieb wahrgenommen wird, weshalb ganze Vorstellungsgruppen und Systeme wie entgegengesetzt gerichtete Triebe antagonistische Wirkungen aufeinander ausüben können. In dieser Weise lassen sich die Erregungen/Muster der bedürfnisbefriedigenden Halluzinationen verrechnen mit den Erregungen/Mustern der „Realitäts"- oder Sinneswahrnehmungen, woraus sich ergibt, daß psychische Realität eine Struktur ist, die im Referenzieren von Musterbildungen der Ebenen von Halluzination und „Realitäts"wahrnehmung entsteht. Im Verhältnis zu der zunächst besprochenen Halluzination stellt das von Freud sogenannte Realitätsprinzip lediglich einen komplexeren Verrechnungsprozeß dar, indem es zwei bereits komplexe Strukturebenen miteinander verschaltet. Das Realitätsprinzip ist also kein neues Prinzip – denn auch hier geht es wie von Anfang an nur um die Aufrechterhaltung der Homöostase – sondern ein neues Komplexitätsniveau.

Eine weitere Zunahme an Komplexität ergab sich schließlich durch eine Untersuchung dessen, was Freud zu diesem Zeitpunkt bereits vage unter dem Begriff *Ich* versteht. Hier hatten wir vorausschauend auf den Strukturbegriff von 1923 erkannt, daß das Ich aus der Schnittmenge von sowohl unter der dominanten Steuerung des Selbsterhaltungstriebs erzeugten wie unter der dominanten Steuerung des Sexualtriebs erzeugten Vorstellungen entsteht, wobei immer gilt, daß in jeder dieser Vorstellungen die T-W-M-Assoziationen *beider* Triebe enthalten sind, jeweils mit einem dominanten „Trieb"- und einem rezessiven „Verdrängungs"-Anteil. Bei der Ablösung der Sexual- von den Selbsterhaltungstrieb-Vorstellungen bilden sich gleichsam zwei Äste des Triebgeschehens, die innerhalb des Schemas die Subjekt- und die Objektschiene genannt werden sollen. Das Ich bestünde demnach an seiner Wurzel aus Vorstellungen, die einen (relativ) einfachen Trieb-Antagonismus repräsentieren, wohingegen seine differenzierteren Anteile dynamisch durch einen (mehrfach) gedoppelten = komplexer strukturierten Antagonismus zwischen Vorstellungsgruppen auf der *Subjektschiene*: dem *Selbst* bzw. einer Selbstrepräsentanz und Vorstellungsgruppen auf der *Objektschiene*: dem *Objekt* bzw. einer Objektrepräsentanz charakterisiert wären. Läßt man dies gelten, dann müßte die Entwicklung der Ich-Funktionen dem Differenziertheitsgrad der zunehmend voneinander unterscheidbar werdenden Vorstellungsgruppen der Selbsterhaltungs- und der Sexualtriebe entsprechen. Diese Darstellung des Ichs entspricht den Voraussetzungen des Sekundärprozesses ebenso wie einer Konzeptualisierung *intra*systemischer Konflikte, die – wiederum vereinfacht ausgedrückt – mindestens vier verschiedene Bestandteile aufweisen: einen dominanten Selbsterhaltungs- und einen rezessiven Sexualtrieb-Vorstellungsanteil und einen dominanten Sexualtrieb- und einen rezessiven Selbsterhaltungstrieb-Vorstellungsanteil, die miteinander verrechnet werden.

Die Einführung des Narzißmus (1914)

Trieb- und Strukturaspekt

Jetzt sind die wesentlichen Voraussetzungen erarbeitet, um Freuds Einführung des Narzißmus unter einer neuen Perspektive zu überdenken. Genaugenommen haben wir dieser „legitimen Weiterbildung der Libidotheorie" (1914c, S. 140) schon etwas vorgearbeitet – was ganz dem chronologischen Gang unserer Untersuchung entspricht, denn Freuds erste Überlegungen zum Narzißmus finden sich bereits in seinen Aufsätzen *Eine Kindheitserinnerung des Leonardo da Vinci* (1910c), dem Fall Schreber (1911c), sowie in *Totem und Tabu* (1912-13a). Freud beschäftigt sich da mit der Entstehung der Homosexualität bei Knaben, mit dem pathologischen Größenwahn des Schizophrenen sowie mit dem beim fiktiven Urmenschen und beim Kind erkannten Phänomen des magisch-animistischen Denkens (einer Spielart von Größenwahn und Omnipotenz), und kommt aufgrund dieser Beobachtungen und Überlegungen in seiner berühmten Arbeit *Zur Einführung des Narzißmus* (1914c) zu der Erkenntnis, daß „einzelne Züge des narzißtischen Verhaltens" und damit „eine als Narzißmus zu bezeichnende Unterbringung der Libido in viel weiterem Umfang in Betracht" kommt, als bisher angenommen, so daß diese „eine Stelle in der *regulären* Sexualentwicklung des Menschen beanspruchen könnte." (ebd., S. 138, Hervh. d. V.) Damit ist die Tür geöffnet für eine über die klinische Ebene hinausreichende *metapsychologische Konzeption des Narzißmus*, die eine konsequente Fortsetzung seiner Konstruktion des psychischen Apparats darstellt. Beginnen wir mit einer zusammenfassenden Übersicht:

„Untersuchungen der letzten Zeit haben uns auf *ein Stadium in der Entwicklungsgeschichte der Libido* aufmerksam gemacht, welches *auf dem Wege vom Autoerotismus zur Objektliebe* durchschritten wird. Man hat es als N a r z i s s i s m u s bezeichnet; ich ziehe den vielleicht minder korrekten, aber kürzeren und weniger übelklingenden Namen N a r z i ß m u s vor. Es besteht darin, daß das in der Entwicklung begriffene Individuum, welches seine *autoerotisch arbeitenden Sexualtriebe zu einer Einheit zusammenfaßt,* um ein Liebes*objekt* zu gewinnen, *zunächst sich selbst, seinen eigenen Körper zum Liebesobjekt nimmt,* ehe es von diesem zur Objektwahl einer fremden Person übergeht. Eine solche zwischen Autoerotismus und Objektwahl vermittelnde Phase ist vielleicht *normalerweise unerläßlich*; es scheint, daß viele Personen ungewöhnlich lange in ihr aufgehalten werden, und daß von diesem Zustande viel für spätere Entwicklungsstufen erübrigt. An diesem zum Liebesobjekt genommenen *Selbst* können bereits die Genitalien die Hauptsache sein. Der weitere Weg führt zur Wahl eines Objekts mit ähnlichen Genitalien, also über die homosexuelle Objektwahl zur Heterosexualität." (1911c, S. 296 f., Kursiv d. V.)

Man erkennt an dieser Passage sehr gut, daß die Konzeption des Narzißmus wiederum einen Trieb- und einen Strukturaspekt enthält: Der Triebaspekt betrifft die Libido, den Sexualtrieb, der Strukturaspekt betrifft seine Entwicklungsgeschichte: die Bildung von Vorstellungskomplexen – sei es das Selbst oder das Objekt[96]. Freud erklärt hier, daß der Narzißmus ein *reguläres* (Durchgangs-)Stadium in der Libidoentwicklung auf dem Weg vom Autoerotismus zur Objektfindung ist. Wie wir bei der Besprechung der *Drei Abhandlungen* bereits gesehen hatten, ist der Autoerotismus eine Phase, in der die Erregung der Partialtriebe an den einzelnen erogenen Zonen noch zu separaten (lokalen) Befriedigungserfahrungen führt. Die dabei entstehenden Erinnerungsspuren, die zunächst noch voneinander separierte Vorstellungsgruppen der Sexualtriebe (Partialobjekte im Sinne von Partial-Selbst- und Partial-Objekt-Einheiten) bilden, werden, wie Freud hier schreibt, in einem nächsten Entwicklungsschritt zu einer ersten „Einheit zusammengefaßt, um ein Liebesobjekt zu gewinnen". Das aus einer solchen Zusammenfassung (Assoziation) hervorgehende erste Objekt ist aber noch kein „äußeres" Objekt, sondern der „eigene Körper", das eigene „*Selbst*" (Freud verwendet hier genau diesen Begriff *Selbst,* den wir in Abb. 13 zur Bezeichnung einer fest assoziierten Vorstellungsgruppe auf der *Subjektschiene* plaziert hatten). Diese libidinöse Besetzung des im Narzißmus zusammengefaßten Selbst soll eine „normalerweise unerläßliche" Voraussetzung für die weitere Entwicklung auf dem Weg hin zur „Objektwahl einer fremden Person" sein. Und da Freud die Entwicklung seines

Modells immer symmetrisch vorantreibt, ergänzt er mit Bezug auf die Selbsterhaltungstriebe: „Narzißmus in diesem Sinne wäre keine Perversion, sondern die libidinöse Ergänzung zum Egoismus des Selbsterhaltungstriebes, von dem jedem Lebewesen mit Recht ein Stück zugeschrieben wird." (1914c, S. 138 f.) Veranschaulichen wir uns diese Verhältnisse graphisch:

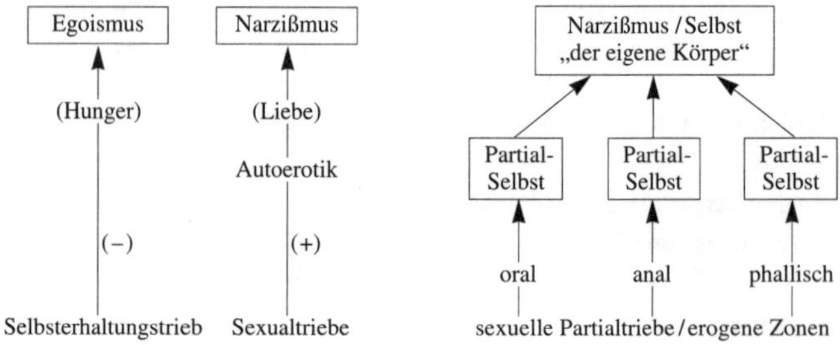

Abb. 14: Die entgegengesetzte Ausrichtung der Triebe (Pfeile) ist hier durch die entgegengesetzten Vorzeichen dargestellt, die Kästen repräsentieren Vorstellungsgruppen = Strukturen.

„Wie verhält sich der Narzißmus", so fragt Freud noch einmal, „zum Autoerotismus, den wir als einen Frühzustand der Libido beschrieben haben?" (ebd., S. 141) Seine etwas änigmatisch ausfallende Antwort:

„Es ist eine notwendige Annahme, daß eine dem Ich vergleichbare Einheit nicht von Anfang an im Individuum vorhanden ist; das Ich muß entwickelt werden. Die autoerotischen Triebe sind aber uranfänglich; es muß also irgend etwas zum Autoerotismus hinzukommen, eine neue psychische Aktion, um den Narzißmus zu gestalten." (ebd., S. 142)

Diese unbestimmte „neue psychische Aktion", die den Narzißmus gestalten soll, besteht in der Ausbildung von assoziativen Verknüpfungen zwischen den Einzelvorstellungen der partialen Sexualtriebe. Unübersehbar beschreibt Freud damit einen Vorgang der *Strukturbildung*, den er bereits für den Selbsterhaltungstrieb skizziert hatte: dort hatte die Verbindung einer Reihe von Vorstellungen des von ihm sogenannten *Ich*triebs zu einer festen Vorstellungsgruppe geführt, welche Freud das *Ich* genannt hatte – und hier liegt einer der Hauptpunkte der Verwirrung hinsichtlich seines Narzißmuskonzepts[97]: wenn Freud zu diesem Zeitpunkt vom Ich spricht, meint er *nicht* die Makrostruktur Ich, von der im letzten Kapitel schon die Rede war, sondern lediglich die assoziierte Vorstellungsgruppe des Selbsterhaltungstriebs, also das, was wir als das *Selbst* bezeichnet und auf der *Subjektschiene* verortet hatten; es gilt hier: Ich = Selbst bzw. eine Vorstellungsgruppe auf der Subjektschiene. Und nun soll der Sexualtrieb eine diesem Selbst – oder in den Worten Freuds: diesem „*Ich* vergleichbare Einheit" gestalten. Eine dem *Selbst* vergleichbare Einheit ist das *Objekt* = eine Vorstellungsgruppe auf der Objektschiene (siehe Abb. 13). Die Frage ist: wie kommt es zur Ausbildung einer solchen – der Vorstellungsgruppe des „Ichtriebs" analogen – Vorstellungsgruppe des Sexualtriebs? Es geht hierbei um eine Frage der Strukturentwicklung: daß nämlich im Zuge der fortgesetzten Ausbildung von Erinnerungsspuren die zunächst noch vereinzelten Vorstellungen sich zu immer umfangreicher werdenden Gruppen zusammenschließen, die in aufsteigender Hierarchielinie in zunehmend komplexer organisierte Einheiten integriert werden, um sich jeweils an einem bestimmten Punkt der Entwicklung wieder zu differenzieren. Dieses *Prinzip der Integration und Differenzierung* soll für den Sexualtrieb ebenso gelten wie für den Selbsterhaltungstrieb. Freud entwickelt die Annahme, daß sich die Vorstellungen des Sexualtriebs: die Objektvorstellungen, schrittweise vom Autoerotismus (erogene Zonen als vereinzelte *Teil*objekte) über den sogenannt primären Narzißmus[98] (das eigene „Selbst", der eigene Körper als Sexual- und Selbstobjekt im Sinne eines integrierten *Ganz*objekts) hin zum Stadium der Objektliebe (der „andere" als vom Selbst differenziertes Liebesobjekt) entfalten[99].

„Wir bilden so die Vorstellung einer ursprünglichen Libidobesetzung des Ichs, von der später an die Objekte abgegeben wird, die aber, im Grunde genommen, verbleibt und sich zu den Objektbesetzungen verhält wie der Körper eines Protoplasmatierchens zu den von ihm ausgeschickten Pseudopodien. Dieses Stück der Libidounterbringung mußte für unsere von den neurotischen Symptomen ausgehende Forschung zunächst verdeckt bleiben. Die Emanationen dieser Libido, die Objektbesetzungen, die ausgeschickt und wieder zurückgezogen werden können, wurden uns allein auffällig. Wir sehen im Groben einen Gegensatz zwischen Ichlibido und Objektlibido. Je mehr die eine verbraucht, desto mehr verarmt die andere. (...) Endlich folgern wir für die Unterscheidung der psychischen Energien, daß sie zunächst im Zustande des Narzißmus beisammen und für unsere grobe Analyse ununterscheidbar sind, und daß es erst mit der Objektbesetzung möglich wird, eine Sexualenergie, die Libido, von einer Energie der Ichtriebe zu unterscheiden." (1914c, S. 140 f.)

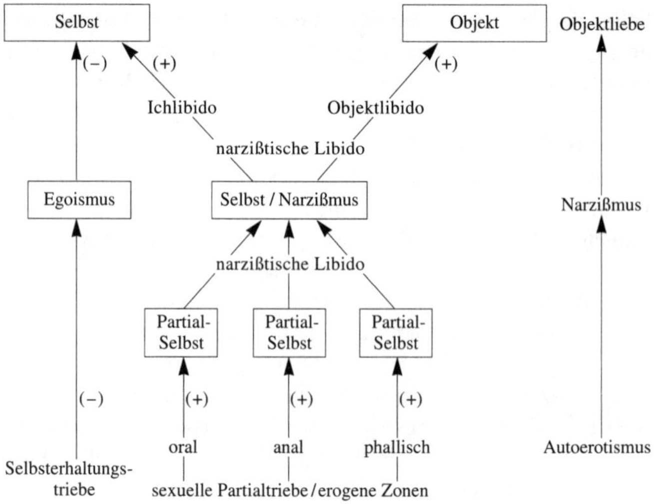

Abb. 15

Freuds Diktum von einer „ursprünglichen *Libidobesetzung des Ichs*" = des *Selbst* läßt sich nun lesen als *Libidobesetzung von Vorstellungsgruppen (Strukturen) auf der Subjektschiene* – und diese Vorstellungsgruppen auf der Subjektschiene sind ein *Bestandteil* (sozusagen die Hälfte) der späteren *Makrostruktur Ich* – was durch die erweiterte Graphik (Abb. 13 und 15) anschaulich gemacht wird. Nun ist Freud aber durch den neu aufgestellten „Gegensatz zwischen Ichlibido und Objektlibido" mit seiner dualistischen Triebtheorie in Schwierigkeiten geraten:

„Wenn wir dem Ich eine primäre Besetzung mit Libido zuerkennen, wozu ist es überhaupt noch nötig, eine sexuelle Libido von einer nicht sexuellen Energie der Ichtriebe zu trennen? Würde die Zugrundelegung einer einheitlichen psychischen Energie nicht alle Schwierigkeiten der Sonderung von Ichtriebenergie und Ichlibido, Ichlibido und Objektlibido ersparen?“ (ebd., S. 141 f.)

Die Unklarheiten sind vor allem terminologischer Art. Am Dualismus der Triebe zweifelt Freud keinen Augenblick: „lassen wir uns nicht abhalten, die ersterwähnte Annahme eines Gegensatzes von Ich- und Sexualtrieben (...) konsequent fortzuführen.“ (ebd., S. 145) Aber es klingt für ihn selbst verwirrend, von Ichtrieben, von deren Energie, dem Ichinteresse, und von Ichlibido zu reden – und zudem, auf der Seite der psychischen Strukturen, scheint Freud auch gespürt zu haben, daß es zu einer Konfusion kommen würde zwischen dem Ich als Vorstellungsgruppe der Ichtriebe, sodann der späteren Makrostruktur Ich, die zu diesem Zeitpunkt schon die Umrisse einer Bewußtseins- und Kontroll-Instanz der gesamten psychischen Persönlichkeit gewonnen hatte, und schließlich dem Ich im Gegensatz zum äußeren Objekt –, einmal ganz abgesehen davon, wie diese im Inneren des psychischen Apparats als repräsentiert gedacht werden sollten. Es ist faszinierend nachzulesen, wie Freud, allen Unbequemlichkeiten zum Trotz mit einem unbeirrbaren Gespür für das theoretisch Richtige an seiner metapsychologischen Neuerung, den erahnten *Zusammenhang* zwischen dem grundsätzlichen Triebantagonismus und seiner gerade erkannten Ausdifferenzierung des Sexualtriebs festhält[100]:

„Die Sonderung der Libido in eine solche, die dem Ich eigen ist, und eine, die den Objekten angehängt wird, ist eine unerläßliche *Fortführung* einer ersten Annahme, welche Sexualtriebe und Ichtriebe voneinander schied.“ (ebd., S. 143, Hervh. d. V.)

Lesen wir dieses Zitat so: Die Sonderung der Libido in eine solche, die der Subjektschiene und eine, die der Objektschiene zugeführt wird, ist eine unerläßliche Fortführung einer ersten Annahme, welche Sexualtriebe und Selbsterhaltungstriebe voneinander schied – weil sich aus dieser Annahme nämlich ergeben hatte, daß alle Strukturen (Vorstellungsgruppen) – seien sie nun auf der Subjekt- oder der Objektschiene des psychischen Apparats – jeweils *von beiden Trieben* konstituiert werden, das Resultat einer Verschaltung beider Triebe darstellen, am Umschlagspunkt von der einen zur anderen Triebtendenz sitzen.

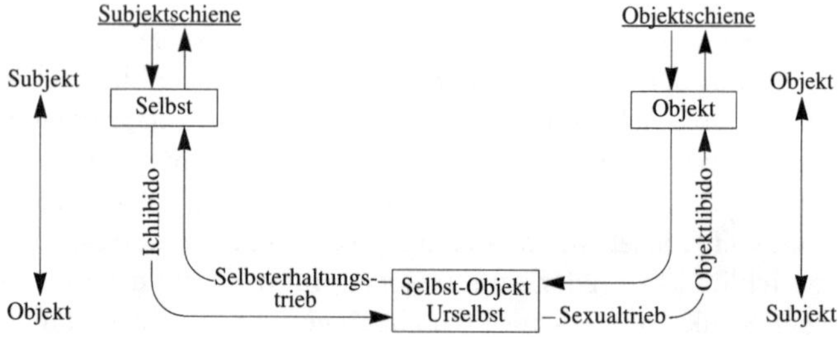

Abb. 16: Dieses Schema veranschaulicht, in welchen Bereichen Freud von Ichlibido und wo von Objektlibido spricht. Weiterhin wird sichtbar, daß die komplexen Strukturgeflechte von Erinnerungsspuren resp. Vorstellungsgruppen – das *Selbst* und das *Objekt* – immer von beiden Trieben besetzt, gebildet oder gehalten werden. Hinzugefügt sind am rechten und linken Rand die Dimensionen der Ausrichtung hin auf das eigene Subjekt bzw. auf das Objekt – die auf beiden Schienen gegenläufig angeordnet sind.

Konzentrieren wir uns jetzt auf die Triebe: wir sind davon ausgegangen, daß jeder der beiden Triebe bzw. seine Erregung von einem Verdrängungsanteil begleitet und begrenzt wird: der extraversive Sexualtrieb wird durch den Selbsterhaltungstrieb begrenzt, und umgekehrt wird auch der introversive Selbsterhaltungstrieb durch den Sexualtrieb begrenzt. Diese für die Strukturtheorie konstitutive Interdependenz des Triebgeschehens paßt zu Freuds Vorstellung von der Energieverteilung nach Art eines Systems kommunizierender Röhren: die libidinöse Besetzung der Objektvorstellungen kann ausgeschickt, verstärkt und wieder zurückgezogen werden; das ergibt den Gegensatz von Ichlibido und Objektlibido, „je mehr die eine verbraucht, desto mehr verarmt die andere", d. h.: je stärker die Besetzung der Strukturen auf der Subjektschiene wird (z. B. bei Schlaf, Krankheit[101], Hypochondrie) desto geringer werden die Energiebesetzungen auf der Objektschiene und umgekehrt, je mehr Libido auf der Objektschiene gebunden ist (z. B. in der

Verliebtheit), desto mehr verarmen die Libidobesetzungen auf der Subjektschiene. Nehmen wir die Abbildung 15 hinzu, dann zeigt sich: die Libido äußert sich zuerst in der Form der *autoerotischen Partialtriebregungen*, danach als *narzißtische Libido* und schließlich als *Ich- und Objektlibido*.

Man kann sich fragen, ob eine Unterscheidung zwischen Ichlibido und narzißtischer Libido zweckmäßig ist. Terminologisch soll hier von jetzt an gelten: als *narzißtisch* wird die Libido in der Phase des primären Narzißmus – also *vor* der Ausdifferenzierung der Subjekt- und Objektschienen (im Sockel unserer Graphik) – bezeichnet, in der *strukturbedingt* eine klare Zuordnung (Assoziation) der verschiedenen Gruppen von Selbsterhaltungs- und Sexual*vorstellungen* noch nicht abgesichert ist, wie dies dann auch für sämtliche Regressionen auf den sekundären (pathologischen) Narzißmus zutrifft[102]; als *narzißtische oder Ichlibido* kann man den Betrag an Libido bezeichnen, der bei bereits differenzierter psychischer Struktur als Verdrängungsanteil auf der Subjektschiene an die vom Selbsterhaltungstrieb dominant gesteuerten Vorstellungsgruppen gebunden ist (dem entspricht in etwa eine gute narzißtische Selbstbesetzung). Problematisch ist der Begriff der Ichlibido hingegen dann, wenn man ihn auf die *Makrostruktur Ich* bezieht, d. h. wenn man damit die bei struktureller Reife in der Makrostruktur Ich zur Verfügung stehende und aktualisierbare (selbst- wie objektorientierte) Libido meint. Damit würde man einen Gegensatz von Eslibido (ein Terminus, der so bei Freud gar nicht vorkommt) und Ichlibido anvisieren. Bekanntlich hat Freud ja sowohl das Es (1923b, 1940a) wie auch das Ich (1906c, 1920g, 1923b, 1925d, 1933a) als Reservoir der Libido bezeichnet, und der Streit darüber, ob nun das Es oder das Ich das „eigentliche" Libido-Reservoir sein soll, wird ebenso überflüssig wie ein eigens auf die Makrostruktur Ich bezogener Begriff von Ichlibido, wenn wir daran denken, daß das ganze Modell des psychischen Apparats ja aus nichts anderem als aus den beiden Trieben (worunter die Libido als Energie des Sexualtriebs fällt) und den Strukturen (als Trieb-Verdrängungs-Einheiten bzw. als den Schaltgesetzen zur Aufrechterhaltung der Homöostase) konstruiert und entwickelt wird; dann nämlich gibt es in allen drei späteren Makrostrukturen (Es, Ich, Überich) Besetzungen von Vorstellungen mit Libido – und insofern es sich um (potentiell) dauerhafte Besetzungen handelt, enthält dann jede Makrostruktur ein solches Energie- bzw. Libidoreservoir. Ich schlage deshalb zur Vermeidung von Mißverständnissen in der vielfältigen Narzißmusdebatte vor, den Begriff der Ichlibido *nicht global* auf die Makrostruktur Ich zu beziehen, sondern *spezifisch* einzusetzen für die Energie des Sexualtriebs, die zur Besetzung der *auf der Subjektschiene organisierten Vorstellungsgruppen* innerhalb der Makrostruktur Ich (sowie des Ichideals) postuliert wird. D.h.: grundsätzlich soll die Energie des Sexualtriebs mit dem Begriff Libido bezeichnet werden; und je nachdem, welche Strukturen vom Sexualtrieb besetzt werden, spricht man von narzißtischer Libido (im Sockel der Graphik), von narzißtischer oder Ichlibido (auf der Subjektschiene) oder von Objektlibido (auf der Objektschiene)[103].

Das Ichideal

Wenn man so auf der Strukturentwicklungslinie der Triebe den (primären) Narzißmus als ein reguläres Durchgangsstadium versteht, dann erhebt sich sogleich die Frage, was denn mit den Erinnerungsspuren, den Vorstellungsrepräsentanzen dieser Phase, im weiteren geschieht? Freuds scharfer Beobachtung ist es nicht entgangen, daß auch der normale Erwachsene Spuren seines einstigen, der Phase seines infantilen Narzißmus entstammenden „Größenwahns" zeigt, wenngleich in moderater Form. Also überlegt er:

„Was ist aus seiner Ichlibido geworden? Sollen wir annehmen, daß ihr ganzer Betrag in Objektbesetzungen aufgegangen ist? Diese Möglichkeit widerspricht offenbar dem ganzen Zuge unserer Erörterungen; wir können aber auch aus der Psychologie der *Verdrängung* einen Hinweis auf eine andere Beantwortung der Frage entnehmen." (1914c, S. 160, Hervh. d. V.)

Da wir die Verdrängung als einen Triebvorgang verstanden haben, wäre der eine Teil der Antwort wiederum *triebtheoretisch*, der andere komplementäre Teil *strukturtheoretisch* zu formulieren. Beginnen wir beim Triebvorgang und konzentrieren wir uns dabei zunächst ganz auf den Sockel unserer Graphik (Abb. 16), die Phase des primären Narzißmus, die gewissermaßen die Plattform bildet, von der aus die Differenzierung der Subjekt- und Objektschienen anhebt; und *wie* es überhaupt zu einer solchen Verzweigung in zwei unterschiedlich ausgerichtete Äste des Triebgeschehens kommt, war bisher noch gar nicht dargestellt worden.

Orientieren wir uns dafür am axiomatisch gesetzten Trieb*antagonismus* von Selbsterhaltungs- und Sexualtrieb, dann läßt sich für den Anfang der Strukturentwicklung geltend machen: Je geringer die strukturelle Verflechtung (Assoziationen von T-W-M-Einheiten), desto geringer die Hemmung der Erregungsabläufe[104] und desto exzessiver die Triebausschläge, bzw. desto größer die zur Verrechnung zu bringenden aktivierten Quantitäten. In der für die graphische Darstellung am besten geeigneten *räumlichen Metaphorik* ausgedrückt, heißt das: Exzessive Strebungen des extraversiven Sexualtriebs nach außen mobilisieren exzessive Strebungen des introversiven Selbsterhaltungstriebs nach innen und umgekehrt. Ihre jeweilige Verschaltung etabliert ein relatives und passageres Gleichgewicht, das sich – je nach der besonderen Kombination der Trieb-Verdrängungs-Erregung – das eine Mal mehr auf der Seite des *Egoismus* der Selbsterhaltungstriebe (siehe Abb. 14), das andere Mal mehr auf der Seite des *Narzißmus* der Sexualtriebe befindet – und letztlich auf *die relative Mitte* zwischen beiden Extremen tendiert (insofern Egoismus und Narzißmus besetzbare Strukturen sind, fungieren sie hier als Trieb*objekte*, denn auch das „äußere" Objekt ist innerhalb des Modells nicht anders denn als eine Struktur, ein Repräsentanzen-Komplex, darstellbar). *Jede Verschaltung zwischen Trieb und Verdrängung setzt eine Struktur*, die für den nächsten Trieb-Verdrängungs-Ablauf eine Art Orientierungspunkt abgibt; da keine Triebstrebung und ihre Verschaltung mit der ihr vorausgehenden oder nachfolgenden völlig identisch ist, erfolgt die Strukturbildung nicht punktuell oder entlang einer Linie, sondern tendiert dazu, sich um den Bereich der Mitte zwischen beiden Extremen zu gruppieren und anzuhäufen[105]. Je stabiler die Assoziationen zwischen den verschiedenen „angehäuften" T-W-M-Einheiten werden und je integrierter solche Komplexe funktionieren, desto größer wird der von ihnen ausgeübte Einfluß auf die Organisation der Triebverläufe. Deshalb gilt für die einzelne (Mikro-)Struktur wie für die umfassenderen (Sub- und Makro-)Strukturkomplexe: sie sind – aufgrund ihrer hierarchisch angeordneten Positionen in je unterschiedlichem Maße – „Attraktoren“[106] für die weitere Strukturbildung. Die graphische Darstellung illustriert diesen Gedankengang:

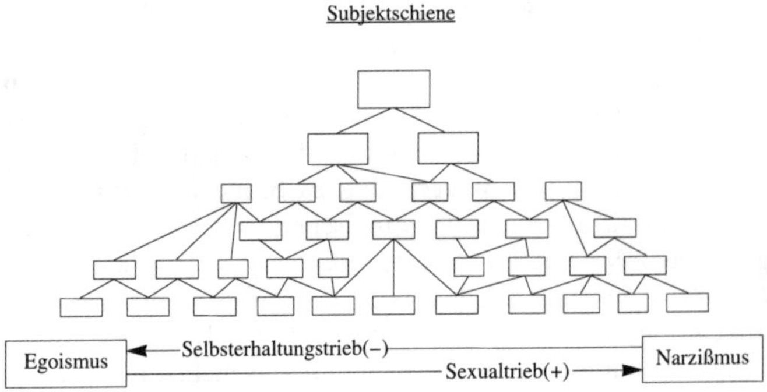

Abb. 17: Jeder Kasten stellt eine Struktur = eine Trieb-Verdrängungs-Einheit dar, d. h.: an jeder Struktur ist sowohl der Selbsterhaltungs- wie der Sexualtrieb konstitutiv beteiligt, was nur für die Kästen Egoismus und Narzißmus explizit eingetragen ist. Die Strukturen werden untereinander assoziiert und zu Einheiten integriert, woraus sich in schematischer Vereinfachung der hierarchische Aufbau der Subjektschiene ergibt.

Machen wir uns diese Annahme nochmals mit Freud ganz klar – denn es ist keineswegs so, daß hier einfach ein moderner, aber systemfremder Begriff: der des „Attraktors“, in die Metapsychologie nach Art einer Scheinerklärung eingepflanzt wird. Faszinierenderweise hat Freud nämlich bereits 1895 im *Entwurf* das *Prinzip* des Attraktors beschrieben. Er zeigt dort (1950c/1950a, S. 416 f.) im Zusammenhang mit seiner Konzeption der (neuronalen) Strukturbildungsprozesse 1) daß der Erregungsablauf zur *Bahnung* der neuronalen Kontaktschranken führt, 2) daß es dabei zur *Besetzung* von ψ-Kernneuronen kommt, und 3) daß solche besetzte Neurone eine *Hemmung* für die nachfolgenden Erregungsabläufe bewirken – und zwar deshalb, weil die Besetzung „wie eine zeitweilige Bahnung“ *über-*

geordneter Art wirkt, wodurch der Ablauf in der Weise modifiziert wird, daß eine Erregung, die sich sonst entlang der gebahnten Neurone verteilt hätte, jetzt *in Richtung auf das besetzte Neuron zuläuft*. Das besetzte Neuron des *Entwurfs* entspricht unserem Begriff der Struktur als einer Trieb-Verdrängungs-Einheit – und daraus folgt, daß vom Setzen und Besetzen einer solchen Struktur eine *Anziehung* auf nachfolgende Erregungsabläufe ausgeht, mit anderen Worten: daß *das Setzen einer solchen Struktur für die nachfolgenden Abläufe ein Attraktor – und zugleich ein modifizierender Faktor der Hemmung ist.* Nun hatten wir weiterhin angenommen, daß keine Triebstrebung mit der ihr vorausgehenden oder nachfolgenden völlig identisch verschaltet wird, weshalb die Strukturbildung nicht entlang einer Linie erfolgt, sondern sich um einen mittleren Bereich anlagert, und auch für diese Annahme läßt sich jetzt eine systemimmanente Erklärung nachtragen: Wenn eine hypothetisch erste Trieberregung mit ihrer Verdrängung verschaltet wird und eine Struktur bildet, die auf die nachfolgende zweite im Sinne eines Attraktors einwirkt, dann wird die zweite Erregung – und sei sie auch völlig identisch mit der ersten – auf andere Bedingungen stoßen als die erste, ihr Ablauf wird modifiziert durch den ersten Attraktor – und die dritte und jede nachfolgende Erregung wird durch die im voraus etablierten oder verstärkten oder phasenweise zu hierarchisch übergeordneten Komplexen zusammengefaßten Strukturen (Attraktoren) immer auf neue Bedingungen stoßen, die Einfluß nehmen auf die je passende Art der Verschaltung – woraus uns eine ahnende Vorstellung erwächst über die unendliche Vielfalt, die bei den Strukturbildungsprozessen dieser Konzeption realisiert werden kann.

Konzipiert man so die Entwicklung der Subjektschiene, an deren Fuß sich die ersten Strukturen des sogenannt „primitiven“ Selbst etablieren (und an deren Spitze später die Strukturen des sogenannt „reifen“ Selbst sitzen werden), dann bliebe jetzt noch aufzuzeigen, wie es – mit geringer zeitlicher Verzögerung – zur Ausbildung der Objektschiene kommt: Für den konkreten Organismus (Ebene der Phänomenologie) ließen sich da natürlich reifungsbedingte Faktoren (ein Erstarken dessen, was unter den Sexualtrieb zu subsumieren wäre) anführen; das aber wäre ein *materielles* Argument, das im Rahmen unserer *formalisierten*

Theorie nicht zulässig wäre. Innerhalb unseres metapsychologischen Modells könnte man hingegen sagen: je mehr sich das Strukturgeflecht auf der Subjektseite des psychischen Apparats verdichtet, desto stärker ist dort die Hemmung „nach innen" für den introversiven Selbsterhaltungstrieb, und desto weiter „nach außen" werden dann die Strebungen des extraversiven Sexualtriebs „hinausreichen" – womit der Schwerpunkt der Homöostase – im Sinne einer *dynamischen* Stabilität – sukzessive nach außen verlagert wird. Systemisch gesehen sind es also strukturbedingte Verschiebungen des Gleichgewichts, und damit wiederum passagere Instabilitäten, die einen neuen homöostatischen Regulationsvorgang auslösen, der einen neuen Strukturbildungsprozeß unter der Ägide eines neuen „Ordners"[107] initiiert: Dabei kann die Entwicklung (Ausdifferenzierung) der Objektschiene im Prinzip ebenso gedacht werden wie diejenige der Subjektschiene: daß, um es nochmals anders zu formulieren, die „anziehende Kraft" eines Attraktors auf der Subjektschiene mit zunehmender Dichte der ihn umlagernden Strukturen abnimmt, weshalb es an einem bestimmten Punkt der Strukturbildung zu einer Art „Sprung" auf die Objektseite des psychischen Apparats kommt (eine exzessive Sexualtrieberregung reicht sozusagen weit über die Strukturen der sich formierenden Subjektschiene hinaus); dort wird eine erste Struktur = Attraktor gesetzt, um die sich nach und nach weitere Strukturen von ähnlicher Triebbeschaffenheit (Dominanz des Sexualtriebs) etablieren, anlagern und anhäufen, aus denen allmählich die Objektschiene erwächst. – Schließen wir diese Überlegungen hier vorerst ab mit der Annahme, daß beide Schienen der Trieborganisation zunehmend nach Art *parallel geschalteter* Strukturkomplexe, als Substrukturen der Makrostruktur Ich, funktionieren sollen. Diese Darstellung der Ausbildung der Objektschiene neben der Subjektschiene entspricht im übrigen ganz dem, was Freud *in seiner Sprache* für die Grenzen der Selbstliebe und die Entwicklung der Objektliebe *so* darstellt (wobei das, was bei ihm *Unlust* und *Spannung* heißt, für die Abweichung von Gleichgewichtszuständen = *Instabilitäten* steht):

„Natürlich wird unsere Wißbegierde hier die Frage aufwerfen, warum eine solche Libidostauung im Ich als unlustvoll empfunden werden muß. Ich möchte mich da mit der Antwort begnügen, daß Unlust überhaupt der Ausdruck der höheren Spannung ist, daß es also eine Quantität des materiellen Geschehens ist, die sich hier wie anderwärts in die psychische Qualität der Unlust umsetzt; für die Unlustentwicklung mag dann immerhin nicht die absolute Größe jenes materiellen Vorganges entscheidend sein, sondern eher eine gewisse Funktion dieser absoluten Größe. Von hier aus mag man es selbst wagen, an die Frage heranzutreten, woher denn überhaupt die Nötigung für das Seelenleben rührt, über die Grenzen des Narzißmus hinauszugehen und die Libido auf Objekte zu setzen. Die aus unserem Gedankengang abfolgende Antwort würde wiederum sagen, diese Nötigung trete ein, wenn die Ichbesetzung mit Libido ein gewisses Maß überschritten habe. Ein starker Egoismus schützt vor Erkrankung, aber endlich muß man beginnen zu lieben, um nicht krank zu werden, und muß erkranken, wenn man infolge von Versagung nicht lieben kann.“ (1914c, S. 151 f.)

Befassen wir uns jetzt mit den Vorstellungsrepräsentanzen der Triebe, der Strukturseite des Narzißmus. Wir waren davon ausgegangen, daß Vorstellungen am Umschlagspunkt von einer Trieb- zu der entsprechenden Verdrängungserregung sitzen, also von beiden Trieben gebildet und „gehalten“ werden. Dann haben Vorstellungen *konzeptionell* immer eine *Vorder-* und eine *Rückseite*[108]: die Vorderseite wird durch den jeweils dominanten Trieb, die Rückseite durch seine Verdrängung bestimmt. Das soll prinzipiell für alle Vorstellungen im Sinne solcher gedoppelter T-W-M-Einheiten und für alle Vorstellungskomplexe gleich welcher Größenordnung gelten. Wir müßten demnach sagen, daß die (dominanten) Vorstellungen des Selbsterhaltungstriebs auf der Subjektschiene um das *Selbst* als Vorderseite zentriert sind, während die (dominanten) Vorstellungen des Sexualtriebs auf der Objektschiene das *Objekt* zur Vorderseite haben. Das soll zumindest für den Zeitpunkt *nach* der Ausdifferenzierung der Subjekt- und Objektschiene gelten.

Nicht so eindeutig ist diese Zuordnung *vor* dieser Differenzierung: Freud hatte ja den primären Narzißmus als libidinöse Besetzung des Ichs = der Selbsterhaltungstrieb-Vorstellungen beschrieben – so daß man sich fragen kann, welche der beiden Seiten hier dominant ist? Wir haben gesagt: zu diesem frühen Zeitpunkt der Trieb-Struktur-Entwicklung löst die exzessive sexuelle Triebstrebung eine ebenfalls exzessive gegenläufige

Verdrängungstendenz durch den Selbsterhaltungstrieb aus – was im Endeffekt dazu führt, daß der Sexualtrieb nicht weiter („hinaus"-)kommt als bis zum „Selbst", der späteren Objektvorstellung des Selbsterhaltungstriebs. Ebenso können wir auch umgekehrt mit Freud festhalten, daß die Vorstellungsgruppe der Selbsterhaltungstriebe zu Beginn eben nicht das eigene Selbst, sondern die (nährende) Mutter, also ein „äußeres" potentiell sexuelles Liebesobjekt repräsentiert. Wie im letzten Kapitel bereits angedeutet, erweist sich damit Freuds Postulat einer „Anlehnung" der Sexualtriebe an die Selbsterhaltungstriebe als Konzeption einer entwicklungs- und strukturbedingten *Verschränkung* der beiden Trieb*vorstellungen* bzw. *-repräsentanzen*: Die frühen exzessiven *Sexualtrieb*erregungen besetzen sozusagen die Repräsentanzen, die später dem Selbsterhaltungstrieb zugeordnet sind: *das Selbst;* und umgekehrt besetzen die Erregungen des *Selbsterhaltungstriebs* die eigentlichen Repräsentanzen des Sexualtriebs: *das Objekt*. Bedeutet das nicht, daß im Stadium des primären Narzißmus weniger die jeweilige Trieb- als vielmehr die Verdrängungsrepräsentanz dominant wird – oder vielmehr: daß hier die Objektrepräsentanzen der Triebe gleichsam *vertauscht* sind[109]? Und hieße das nicht, daß diese früh gebildete Vorstellungsgruppe am Fuß der Subjektschiene statt um das Selbst *um das Objekt* (im Sinne eines solchen narzißtisch besetzten Selbst-Objekts) zentriert ist?

Jedenfalls geht – wie Freud schon im *Entwurf* gezeigt hatte – mit der Zunahme an struktureller Dichte immer eine wachsende *Hemmung* der Erregungsabläufe einher. Eine solche strukturbedingte Hemmung haben wir oben als Auslöser für die Differenzierung von Subjekt- und Objektschiene erkannt, und dasselbe Prinzip können wir jetzt noch einmal *innerhalb* der Subjektschiene in Anschlag bringen. Es wäre demnach wieder anzunehmen, daß sich von einem bestimmten Grad der strukturbedingten Hemmung an nachfolgende Erregungen des Selbsterhaltungstriebs nicht mehr innerhalb des bereits etablierten Regulationsmodus verschalten ließen, so daß es zu einem *Sprung* auf ein neues, hierarchisch übergeordnetes Niveau der homöostatischen Regulation käme – oder man könnte auch sagen, daß die „anziehende Wirkung" eines Attraktors („primitives Selbst") mit der zunehmenden Dichte der ihn umlagernden Strukturen (nach außen hin) abnimmt, oder daß aus dem Gesamt an Verschaltungen innerhalb des narzißtischen Strukturkomplexes eine Erregung resultiert, die einen homöostatischen Regulationsmodus (Gesetz) von hierarchisch übergeordnetem Niveau und damit eine neue Struktur, wiederum in der Funktion eines Attraktors, etabliert. Bildlich gesprochen heißt das, daß die Trieberregungen von einem bestimmten Besetzungsgrad des narzißtischen Strukturkomplexes an über das Niveau des „primitiven" Selbst hinausreichen (im *Entwurf* hatte es geheißen: neue Kontaktschranken eröffnen = zu neuen Bahnungen und Besetzungen führen) und dabei neue Strukturen weiter oben auf der Subjektschiene setzen, die wiederum als Attraktoren für weitere Strukturbildungsvorgänge fungieren und allmählich das entstehen lassen, was wir als die Vorstellungsgruppe des „reifen" Selbst bezeichnet haben. Betrachtet man die Subjektschiene gesamthaft als eine *integrierte* Organisationseinheit, dann entspräche die Ausbildung eines „reifen" Selbst über dem archaischen oder „primitiven" Selbst sowie ihr dynamisches Aufeinander-Bezogensein wiederum dem generellen *Prinzip der Integration und Differenzierung*[110].

Daraus ergibt sich nun: die assoziierte Vorstellungsgruppe am Fuß der Subjektschiene ist um das „primitive" oder „archaische" *(Selbst-)Objekt* als Attraktor im Sinne einer Organisationseinheit zentriert, wohingegen die Vorstellungsgruppe an der Spitze der Subjektschiene um das „reife" *Selbst* als Attraktor im Sinne einer Organisationseinheit zentriert ist. Was für die einzelne Vorstellung (gedoppelte T-W-M-Einheit) gilt: daß sie eine Vorder- und eine Rückseite hat, wovon die eine die Trieb-, die andere die Verdrängungsrepräsentanz enthält, das gilt auch für die ganze Subjektschiene (d. h. das Konstruktionsprinzip in diesem Modell ist überall das gleiche): Die verschiedenen, hierarchisch angeordneten, unterschiedlich komplex organisierten und *dominant vom Selbsterhaltungstrieb* gesteuerten Vorstellungsgruppen im oberen Teil der Subjektschiene: das *reife Selbst* finden ihren *Widerpart,* ihre „Verdrängungsrepräsentanz", in der dominant *mit narzißtischer Libido* besetzten Vorstellungsgruppe im unteren Teil der Subjektschiene: *das primitive (Selbst-)Objekt*; und diese in der Phase des primären

Narzißmus gebildeten und assoziierten Strukturen nennt Freud jetzt das „Ichideal“:

„Wir können sagen: der eine habe ein Ideal in sich aufgerichtet, an welchem er sein aktuelles Ich mißt (...). *Die Idealbildung wäre von seiten des Ichs die Bedingung der Verdrängung.*

Diesem *Idealich* gilt nun die Selbstliebe, welche in der Kindheit das wirkliche Ich genoß. Der Narzißmus erscheint auf dieses neue *ideale Ich* verschoben, welches sich wie das infantile im Besitz aller wertvoller Vollkommenheiten befindet. Der Mensch hat sich hier, wie jedesmal auf dem Gebiete der Libido, unfähig erwiesen, auf die einmal genossene Befriedigung zu verzichten. Er will die narzißtische Vollkommenheit seiner Kindheit nicht entbehren, und wenn er diese nicht festhalten konnte, durch die Mahnungen während seiner Entwicklungszeit gestört und in seinem Urteil geweckt, sucht er sie in der neuen Form des *Ichideals* wieder zu gewinnen. Was er als sein Ideal vor sich hin projiziert, ist der Ersatz für den verlorenen Narzißmus seiner Kindheit, in der er sein eigenes Ideal war.“ (ebd., S. 161, Hervh. d. V.)

In der Phase des primären Narzißmus ist das „Ich“ = das Selbst sein eigenes Ideal, fällt mit diesem zusammen; genauer gesagt hat das *Ideal* gleichsam seine libidinös besetzte Vorderseite in den Repräsentanzen, die in der Phase des primären Narzißmus gebildet wurden, während auf seiner Rück- und Schattenseite der Egoismus als Repräsentanzengruppe der Selbsterhaltungstriebe sitzt (1916-17f, S. 413). In dieser Entwicklungsphase werden also Vorstellungen und damit Strukturen gebildet, die in fester assoziativer Verbindung eine Organisationseinheit am Fuß der Subjektschiene ergeben, welche als *Ichideal* zum Ausgangspunkt eines neuen Strukturkomplexes wird: das narzißtisch besetzte Selbst aus der Phase des primären Narzißmus bildet gleichsam den Kern oder Attraktor für die Entwicklung einer neuen strukturellen Funktionseinheit (einer „Säule“). Wir hatten weiterhin gesehen, wie die Strukturentwicklung zu fortgesetzt „reiferen“, also „realeren“ (und damit weniger „idealen“) = komplexer organisierten, funktionell integrierten Einheiten des Selbst führt, die gleichsam zur Spitze der Subjektschiene emporwachsen. Deshalb gilt: „Die Entwicklung des Ichs besteht in einer Entfernung vom primären Narzißmus und erzeugt ein intensives Streben, diesen wieder zu gewinnen.“

(1914c, S. 167 f.) Dieses Streben zurück zum Narzißmus ist nichts anderes als die Aktivität (die Folge der Erregung) des Sexualtriebs, und das „Objekt" dieser narzißtischen Strebung ist die verlassene narzißtische Position aus den Anfängen der Strukturentwicklung: das Ichideal. Wir können auch sagen: beide, das *reife Selbst* (Real-Selbst) und das *Ichideal* (organisiert um das Ideal-Selbst) wirken im Sinne von *antagonistischen Attraktoren* auf die Trieb- und Strukturbildungsvorgänge auf der Subjektschiene ein. Das *reife Selbst* als Vorstellungsgruppe des Selbsterhaltungstriebs an der Spitze der Subjektschiene erhält damit sein bleibendes Gegengewicht durch das *Ichideal* (Ideal-Selbst) als Vorstellungsgruppe der narzißtischen Libido am Fuß der Subjektschiene („projiziert" dies – von der Spitze her betrachtet – gleichsam vor sich hin). Und da die narzißtische Libido auf der Subjektschiene in der Funktion der *Verdrängung* eingesetzt wird, gilt: „Die Idealbildung wäre von seiten des Ichs die Bedingung der Verdrängung". Die Verdrängung führt zur „Befriedigung durch die Erfüllung dieses Ideals" (ebd., S. 168), wenn die narzißtische Strebung auf der Subjektschiene am Ichideal (Ideal-Selbst) ihr *Arrivé* findet. Kurz: Das Ichideal ist zu diesem Zeitpunkt seiner Konzeptualisierung ein dominant libidinös (narzißtisch) besetzter Strukturkomplex am Fuß der Subjektschiene und funktionell ganz auf diese bezogen. Damit wird deutlich, daß das Ichideal zwar direkt als Korrektiv der Selbsterhaltungstriebstrebungen auf der Subjektschiene wirkt, nur indirekt aber auf die Vorgänge des Sexualtriebs auf der Objektschiene Einfluß nehmen kann (siehe Abb. 18):

„Wer seinen Narzißmus gegen die Verehrung eines hohen Ichideals eingetauscht hat, dem braucht darum die Sublimierung seiner libidinösen Triebe nicht gelungen zu sein. Das Ichideal fordert zwar solche Sublimierung, aber es kann sie nicht erzwingen; die Sublimierung bleibt ein besonderer Prozeß, dessen Einleitung vom Ideal angeregt werden mag, dessen Durchführung durchaus unabhängig von solcher Anregung bleibt." (ebd., S. 161 f.)

Im Triebmodell der „kommunizierenden Röhren" ist diese Vorstellung impliziert: ein „hohes Ideal" bindet ein großes Quantum an libidinöser Energie auf der Subjektschiene, die dann auf der Seite der Objektschiene fehlen mag. Betrachtet man dies als einen Vorgang der indirekten Hemmung, dann ließe sich darin eine „Anregung" zur Sublimierung erkennen; die Durchführung der Sublimierung der Libido selbst bliebe dabei aber immer noch von den strukturellen Gegebenheiten auf der Objektschiene abhängig.

„Es liegt nahe, die Beziehungen dieser Idealbildung zur Sublimierung zu untersuchen. Die *Sublimierung* ist ein *Prozeß an der Objektlibido* und besteht darin, daß sich der Trieb auf ein anderes, von der sexuellen Befriedigung entferntes Ziel wirft; der Akzent ruht dabei auf der Ablenkung vom Sexuellen. Die *Idealisierung* ist ein *Vorgang mit dem Objekt*, durch welchen dieses ohne Änderung seiner Natur vergrößert und psychisch erhöht wird. Die *Idealisierung ist sowohl auf dem Gebiete der Ichlibido wie auch der Objektlibido möglich*. So ist zum Beispiel die Sexualüberschätzung des Objekts eine Idealisierung desselben. *Insofern also Sublimierung etwas beschreibt, was mit dem Trieb, Idealisierung etwas, was am Objekt vorgeht, sind die beiden begrifflich auseinanderzuhalten.*" (ebd., S. 161, Hervh. d. V.)

Man sieht hier deutlich, daß Freud, dessen Auffassung vom „Trieb" immer in Richtung „Sexualtrieb" läuft, die Sublimierung zunächst für einen Vorgang der Trieblenkung hält, der nur auf der Objektschiene statthat: nicht die narzißtische oder Ichlibido, sondern nur die Objektlibido ist sublimierbar, vom rein Sexuellen ablenkbar. Anschließend bestimmt er aber per definitionem, daß die Sublimierung grundsätzlich etwas ist, „was mit dem Trieb (...) vorgeht". Da die Frage der *Trieblenkung* (z. B. die Sublimierung) theoretisch eine Frage der *Organisation des Systems* ist und nicht an die (+/–)Gerichtetheit nur eines der beiden Triebe geknüpft sein kann, läßt sich hier ohne weiteres ergänzen, daß man auch von einer *Sublimierung der narzißtischen oder Ichlibido sowie des Selbsterhaltungstriebs* ausgehen muß[111]. Während die Sublimierung etwas ist, was mit dem Trieb geschieht, ist die *Idealisierung* ein Vorgang am Objekt, betrifft also die *Besetzung der Strukturen*, was ganz in Übereinstimmung mit der hier vorgeschlagenen Konzeption ist, wenn Freud erklärt, daß die Idealisierung sowohl auf dem Gebiet der Ichlibido (der Subjektschiene) als auch der Objektlibido (der Objektschiene) möglich sei. Für ersteres haben wir bereits das Ichideal als Strukturkomplex erkannt; für letzteres nennt Freud als

Beispiel „die Sexualüberschätzung des Objekts" oder kurz: das „Sexualideal" (ebd., S. 168). Auch die Dynamik auf der Objektschiene wird demnach von der Einwirkung einer libidinös besetzten Struktur mitbestimmt – steht also, wie Freud das auf der Ebene des Phänomenologischen sehr schön beschreibt, unter dem „Vorbild" einer libidinösen Orientierung.

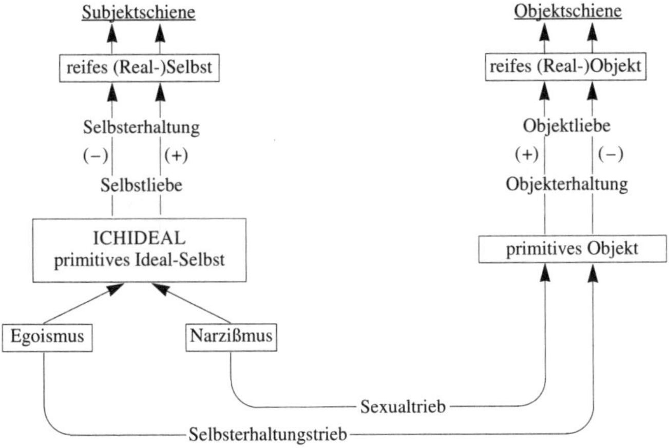

Abb. 18: Das Ichideal entsteht als *Integrationsprodukt* aus den Strebungen, die vom *Egoismus* und *Narzißmus* ausgehen; die Gleichstellung von Egoismus und Narzißmus impliziert, daß schon der Egoismus ein Integrationsprodukt aus (bei Freud nicht genannten) Teilvorstellungen des Selbsterhaltungstriebs ist (analog zu den Teil-Objekten des Sexualtriebs). Egoismus und Narzißmus sind dann die ersten *Differenzierungsprodukte* der beiden Triebvorstellungen, die im Ichideal wieder *integriert* werden. Deutlich wird ferner der Antagonismus von *reifem (Real-)Selbst* und *Ideal-Selbst* (als Teil des Ichideals) sowie analog auf der Objektschiene von reifem (Real-)Objekt (welches zum *Sexualideal* „erhöht" werden kann) und dem frühen *primitiven Objekt.* Analog zur Selbsterhaltung ist auf der Objektschiene der Begriff der „Objekterhaltung" eingetragen, der für die den Sexualtrieb dort begrenzende Funktion des Selbsterhaltungstriebs steht; Genaueres dazu im Zusammenhang mit der Entstehung des Überichs.

Damit wird erkennbar, daß Freuds Überlegungen zur Idealbildung, d. h. zum Ich- und Sexualideal, zwar ausschließlich vom libidinösen Trieb her entwickelt werden, dabei aber doch auf beiden Schienen des Triebgeschehens zum Einsatz kommen: für die vom Selbsterhaltungstrieb dominierte Subjektschiene repräsentiert die Vorstellungsgruppe des *Ichideals* die Orientierung des *verdrängenden* Parts, für die vom Sexualtrieb dominierte Objektschiene ist die Vorstellungsgruppe des *Sexualideals* die Orientierung für den *drängenden* Part (siehe Abb. 18). Freuds geniale Entdeckung der Idealbildung im Zusammenhang mit seiner Untersuchung des Narzißmus hat gleichsam den *libidinösen Orientierungsrahmen für die Subjekt- wie die Objektschiene* zwischen dem Ich- und dem Sexualideal aufgespannt. Damit wird auch deutlich, daß Freud sich in seiner Darstellung zwar jeweils auf einen Trieb – und das ist in der Regel der Sexualtrieb – konzentriert, daß überall aber die jeweils außer acht gelassene andere Triebkomponente – und das ist zumeist der Selbsterhaltungstrieb – auf der Rückseite seiner theoretischen Phantasie mitläuft, ja daß ohne die Bewußtmachung dieses triebtheoretischen Gegenstücks seiner Konzepte die Logik seiner Metapsychologie von Einbrüchen oder Sprüngen durchzogen bleiben muß.

Zusammenfassung

Freuds Einführung des Narzißmus in die Metapsychologie warf für ihn selbst wie für seine Nachfolger eine Reihe von Fragen auf, die insbesondere die Einpassung dieses Konzepts in das bestehende Modell vom psychischen Apparat betrafen. Verwirrung entstand in bezug auf die Einteilung der Triebe und später in bezug auf die Frage, ob Narzißmus etwas Triebhaftes oder etwas Vor- oder Außertriebhaftes sei. Versucht man jedoch im Sinne unserer bisherigen Ergebnisse, ganz klar zu unterscheiden zwischen Aussagen, die den Triebaspekt und solchen, die den Struktur(entwicklungs)aspekt des Narzißmus betreffen, dann wird deutlich, wie Freud mit der Einführung dieses Konzepts die Weiterentwicklung seiner Modellkonstruktion betreibt. Er hält fest an seiner Grundannahme eines Triebantagonismus von Selbsterhaltungs- und Sexualtrieb und demonstriert für den letzteren das Strukturentwicklungsprinzip von *Integration und Differenzierung*: rein formal betrachtet, ist dies die wesentliche Erweiterung und Neuerung in seinem Modell der Psyche.

Ausgehend von den sexuellen Partialtrieben, deren Erregung in der Phase des Autoerotismus zur Ausbildung von strukturell noch unverbundenen Vorstellungseinheiten über oder entsprechend den erogenen Zonen führt (Teil-Selbst-Objekte), postuliert Freud einen ersten Schritt der *Integration* in der Zusammenfassung dieser noch vereinzelten Strukturen zum narzißtisch besetzten Selbst (auch dem Körper als einem ganzen Objekt). Diese Phase des Narzißmus bildet gleichsam die Plattform, von der aus in einem nächsten Schritt eine *Differenzierung* erfolgt: es bildet sich das aus, was wir im vorangehenden Kapitel bereits als Subjekt- und Objektschiene bezeichnet hatten, d.h. zwei getrennte Organisationseinheiten der Triebvorstellungen (Subjekt- und Objektschiene), die jeweils um eine Vorstellungsrepräsentanz (Selbst oder Objekt) zentriert sind. Ein weiteres Beispiel für den (dynamischen) Wechsel von Integration und Differenzierung in der strukturellen Entwicklung hatte sich durch Hervorhebung dessen gezeigt, was im Hintergrund von Freuds Konzeptualisierungsbemühungen auf Seiten des Selbsterhaltungstriebs postuliert wird: Hier hatten wir den Egoismus (der Selbsterhaltungstriebe) als Pendant zum Narzißmus der Sexualtriebe aufgefaßt – d.h. als ersten Schritt einer *Integration* von noch unbekannten (ungenannten) Einzelvorstellungen (Teilobjekten) des Selbsterhaltungstriebs – woraus sich im weiteren ergab, daß nach einer noch schwer differenzierbaren primären Trieb-Struktur-Entwicklungsphase (einzutragen im Sockel unserer Graphik) die Ausbildung von *Egoismus* und *Narzißmus* (im Sinne von strukturellen Einheiten) das Ergebnis einer ersten strukturellen *Differenzierung* von Selbsterhaltungs- und Sexualvorstellungen darstellt; von hier aus ließ sich die *Integration* dieser beiden Vorstellungsgruppen in den Strukturkomplex des Ichideals aufzeigen. Wir können damit sagen: der strukturelle Aufbau des hierarchisch gegliederten psychischen Apparats ist durch den Wechsel von Differenzierung und Integration zu beschreiben.[112]

In Weiterführung unserer Annahme aus dem vorhergehenden Kapitel, daß grundsätzlich jede Vorstellung bzw. Vorstellungsgruppe von *beiden* Trieben konstituiert wird, hatten wir daran festgehalten, daß auf beiden Schienen der Trieborganisation neben der Dominanz des einen Triebs jeweils ein rezessiver

Verdrängungsanteil des anderen Triebs mitzudenken ist, woraus sich eine terminologische Klärung ergab: wir hatten die Libido *vor* der Ausdifferenzierung von Subjekt- und Objektschiene (also für eine Phase, die im Sockel unserer Graphik repräsentiert ist) als *narzißtisch* bezeichnet; nach der Ausdifferenzierung der beiden Schienen soll die auf der Subjektschiene im Dienst der Verdrängung eingesetzte Libido als *narzißtische oder Ichlibido* bezeichnet werden, wohingegen die der Objektschiene zugeführte Libido mit Freud als *Objektlibido* bezeichnet wird. Weiterhin wurde der Begriff der Idealisierung mit Freud allgemein auf das Objekt bezogen, welches innerhalb des psychischen Apparats durch eine Struktur (Strukturkomplex) repräsentiert wird, wobei sich ergab, daß als struktureller Niederschlag aus der Phase der Selbstidealisierung (primärer Narzißmus) das *Ichideal* am Fuß der Subjektschiene etabliert wird: es enthält auf seiner Vorderseite die libidinös besetzten Repräsentanzen aus der Phase des primären Narzißmus, auf seiner Rückseite die im Egoismus zusammengefaßten Repräsentanzen des Selbsterhaltungstriebs. Die Idealisierung des Objekts wäre dann als sogenanntes *Sexualideal* an der Spitze der Objektschiene einzutragen. Mit diesem Postulat eines Ich- und eines Sexualideals ist ein libidinöser Orientierungsrahmen gesetzt, der Einfluß nimmt auf die Dynamik der Triebvorgänge innerhalb der Subjekt- und Objektschiene.

Die hier verfolgte Absicht ist die: jedes Funktions- und Organisationsprinzip, das für die Mikroebene postuliert wird, soll auch für jede komplexere Ebene, sei es eine zwischengeordnete Sub- oder eine hierarchisch übergeordnete Makroebene Geltung haben. Insofern ist die Folge unserer bisherigen Überlegungen, daß von der ersten „Halluzination“ an prinzipiell jede Vorstellung eine triebbestimmte Vorder- und eine verdrängungsbestimmte Rückseite hat, auch anwendbar auf die Gesamtorganisation der Subjektschiene: der um das *reife Selbst* zentrierten Vorstellungsgruppe des Selbsterhaltungstriebs an der Spitze der Subjektschiene steht das Ichideal als die um das narzißtisch besetzte Ideal-Selbst zentrierte Vorstellungsgruppe des Sexualtriebs entgegen; mit anderen Worten: das *reife Selbst* ist gleichsam die Vorderseite, das *Ideal-Selbst* die Rückseite der auf der Subjektschiene organisierten Vorstellungsgruppen.

Im Versuch, eine genauere Vorstellung von den Strukturbildungsvorgängen und damit auch von der Ausbildung dieser Subjekt- und Objektschienen zu gewinnen, hatten wir gesehen, daß mit jeder im Dienste der Homöostase erfolgenden Verschaltung eines Triebs mit der ihm entsprechenden Verdrängung (d.h. mit der Verschaltung der beiden antagonistischen Triebe) eine (Mikro-, Sub- oder Makro-)Struktur etabliert wird, die im Sinne eines *Attraktors* Einfluß auf die weiteren Strukturbildungsprozesse nimmt. So ergab sich, daß sich die Subjektschiene in etwa um die Mitte zwischen dem Egoismus der Selbsterhaltungstriebe und dem Narzißmus der Sexualtriebe aufbaut. Weiter sind wir davon ausgegangen, daß jedem Strukturkomplex eine maximale Dichte (Größe) entspricht, und daß es deshalb – bzw. wegen der Zunahme der von einem Strukturkomplex ausgehenden Hemmung oder wegen der Abnahme seiner Wirkung als Attraktor – an gewissen Punkten der Strukturentwicklung zu einem sogenannten *Sprung* auf ein anderes, neues Organisationsniveau kommt: diese Überlegung konnte sowohl für die Entstehung der Objektschiene als auch für das Etablieren neuer „reiferer" Strukturniveaus innerhalb der beiden Schienen der Trieborganisation herangezogen werden.

Das Trieb-Struktur-Verständnis um 1915

Die Definition des Triebbegriffs und die Einteilung des Triebkonzepts

Nachdem Freud mit der Einführung des Narzißmus zu einer differenzierteren Sicht des Sexualtriebs – d.h. eigentlich: der von ihm ausgehenden Strukturentwicklung – gelangt ist, scheint es ihm notwendig, auf der Ebene der Metapsychologie eine *Differenzierung seines allgemeinen Triebkonzepts* vorzulegen, wobei er verschiedene, in früheren Schriften formulierte Definitionsversuche wieder aufnimmt und zusammen mit neuen Annahmen in ein Schema einträgt, das für eine vertiefte Reflexion dessen, was Freud unter dem Begriff der Triebschicksale abhandelt, von Bedeutung ist. Beginnen wir mit den Grundannahmen bzw. -voraussetzungen seiner Theorie, deren erste den Struktur-, deren zweite den Triebaspekt nochmals klar herausstellt:

„Die wichtigste dieser Voraussetzungen haben wir bereits angeführt; es erübrigt uns nur noch, sie ausdrücklich hervorzuheben. Sie ist *biologischer* Natur, arbeitet mit dem Begriff der Tendenz (eventuell der Zweckmäßigkeit) und lautet: Das Nervensystem ist ein Apparat, dem die Funktion erteilt ist, die anlangenden Reize wieder zu beseitigen, auf möglichst niedriges Niveau herabzusetzen, oder der, wenn es nur möglich wäre, sich überhaupt reizlos erhalten wollte. Nehmen wir an der Unbestimmtheit dieser Idee vorläufig keinen Anstoß und geben wir dem Nervensystem die Aufgabe – allgemein gesprochen: der *Reizbewältigung*." (1915c, S. 213)

Was Freud hier beschreibt und als eine Funktion des Nervensystems wie seines psychischen Apparats ausweist, ist das *Grundaxiom der homöostatischen Regulation*. Absolute Homöostase wäre durch vollkommene Reizlosigkeit gegeben, relative Homöostase durch ein Herabsetzen der Reize auf ein „möglichst niedriges Niveau" – und nimmt man diese Aussagen weniger von ihrer konkreten, materiellen denn von ihrer formalen Seite her, dann betrifft diese Passage ganz allgemein die Maßnahmen des Systems bei eintretenden Instabilitäten zugunsten oder in Richtung auf eine Optimierung von inneren Gleichgewichtszuständen (dynamische Stabilität). Es geht dabei um nichts anderes als um Reizbewältigung, und Reize gibt es nur aus zwei Richtungen: von außen (freie Eingangsvariable) oder von innen. Stellen wir vorläufig zurück, auf welche Weise äußere Reize innerhalb unseres Modells als wirksam gedacht werden können, dann bleiben die inneren Reize, und das sind die Triebe.

„Wenden wir uns nun von der biologischen Seite her der Betrachtung des Seelenlebens zu, so erscheint uns *der Trieb* als ein *Grenzbegriff zwischen Seelischem und Somatischem*, als psychischer Repräsentant der aus dem Körperinnern stammenden, in die Seele gelangenden Reize, als ein Maß der Arbeitsanforderung, die dem Seelischen infolge seines Zusammenhanges mit dem Körperlichen auferlegt ist." (ebd., S. 214, Hervh. d. V.)

Das ist die zentrale Definition des *Triebbegriffs*, die so oder in ähnlicher Fassung das Werk Freuds durchzieht. Das Entscheidende daran ist: der Trieb ist ein *Grenzbegriff*, er umfaßt bei Freud ebenso das Somatische wie das Psychische, er „repräsentiert" nämlich *psychisch* den spezifischen physiologischen Reiz und *physiologisch* das (Maß an Arbeitsanforderung), was psychisch zu bewältigen ist. Man muß sich bei dieser Definition gar nicht streiten, ob denn der Triebbegriff mehr der psychischen oder mehr der physiologischen Seite zuzurechnen ist, Freud nennt *gleichgewichtig* beide Anteile; und geht man von der hier erarbeiteten *formalisierten* Fassung der Metapsychologie aus, dann ist der Triebbegriff sowieso *weder ein psychischer noch ein somatischer, sondern ein abstrakter: eine Konstruktvariable*, und *als solche* soll der Trieb dann sowohl auf das Psychische wie auf das Physiologische *zutreffen* bzw. *anwendbar* sein.

Wenn jedoch überhaupt eine Seite gewichtet wird, dann ist es in bezug auf die metapsychologische Konstruktion bei Freud 1915 eindeutig nicht die psychische – denn es scheint ihm „überhaupt zweifelhaft, ob es möglich sein wird, auf Grund der Bearbeitung des psychologischen Materials entscheidende Winke zur Scheidung und Klassifizierung der Triebe zu gewinnen" (ebd., S. 217) – sondern es ist die somatisch-physiologische: Freud betont die *biologische Natur* der Reizbewältigung wie der Triebe, er setzt den von ihm konstruierten Apparat mit dem Nervensystem gleich, denn es ist für ihn „ein unerschütterliches Resultat der Forschung, daß die seelische Tätigkeit an die Funktion des Gehirns gebunden ist, wie an kein anderes Organ" (1915e, S. 273) – wobei er allerdings erkennt, daß eine „Lokalisation der seelischen Vorgänge", also das Herstellen einer konkreten materiellen Verbindung der von ihm auf der metapsychologischen Ebene postulierten psychischen Topik mit den Erkenntnissen „von der Ungleichwertigkeit der Gehirnteile und deren Sonderbeziehung zu bestimmten Körperteilen und geistigen Tätigkeiten" eine schwierige Aufgabe ist, deren Lösung „derzeit nicht möglich ist" (ebd.):

„Unsere psychische Topik hat *vorläufig* nichts mit der Anatomie zu tun; sie bezieht sich auf Regionen des seelischen Apparats, wo immer sie im Körper gelegen sein mögen, und nicht auf anatomische Örtlichkeiten." (ebd.)

Konzentrieren wir uns jetzt auf das, was Freud in der Einleitung von *Triebe und Triebschicksale* mit einer Reflexion über den allgemeinen Gang der wissenschaftlichen Entwicklung als Vorhaben dieses Aufsatzes ankündigt: nämlich die „abstrakte Idee" seines Triebbegriffs „schärfer (zu) erfassen", in „Definitionen (zu) bannen" und „fortschreitend so ab(zu)ändern", daß sie als ein „wissenschaftlicher Grundbegriff" letztlich „in großem Umfange brauchbar und dabei durchaus widerspruchsfrei" wird (1915c, S. 210 f.). Damit bleiben wir auf unserer formalisierten Ebene der Metapsychologie, wenn es jetzt um eine terminologische Differenzierung innerhalb von Freuds *Triebkonzept* geht[113].

Die zwei Urtriebe. Beginnen wir an der Basis, dem hier sogenannten T-System. Freud gibt zu, daß man beliebig viele Triebe aufstellen könnte, einen Spieltrieb, einen Destruktionstrieb, einen Geselligkeitstrieb etc. (1915c, S. 216), daß aber solche „spezialisierten Triebmotive eine weitere *Zerlegung* in der Richtung nach den Triebquellen gestatten" (ebd., Hervh. d. V.), weshalb es zweckmäßig sei, nur „die weiter nicht zerlegbaren Urtriebe" als Grundaxiome einer wissenschaftlichen Theorie gelten zu lassen.

„Ich habe vorgeschlagen, von solchen Urtrieben zwei Gruppen zu unterscheiden, die der *Ich-* oder *Selbsterhaltungstriebe* und die der *Sexualtriebe*. Dieser Aufstellung kommt aber nicht die Bedeutung einer notwendigen Voraussetzung zu, wie z. B. der Annahme über die biologische Tendenz des seelischen Apparats (s. o.); sie ist eine bloße Hilfskonstruktion, die nicht länger festgehalten werden soll, als sie sich nützlich erweist, und deren Ersetzung durch eine andere an den Ergebnissen unserer beschreibenden und ordnenden Arbeit wenig ändern wird." (ebd., S. 217 f.)

Das Postulat zweier Urtriebe ist also lediglich eine nützliche *Konstruktion* – nicht etwas, was es „wirklich" gibt – ihre Ersetzung durch eine andere wäre denkbar; Freud erklärt, daß er über die Einsicht in den Konflikt der Psychoneurosen zwischen den Ansprüchen der Sexualität und denen des Ichs zu dieser Auffassung gekommen sei, daß er sich damit jedenfalls nicht im Widerspruch zu den Erkenntnissen der Biologie befinde und letztlich „noch kein Argument gefunden [habe], welches der Gegenüberstellung von Ich- und Sexualtrieben ungünstig wäre." (ebd., S. 217) Wir können sagen: es ist nicht entscheidend, ob man die beiden Urtriebe Selbsterhaltungs- und Sexualtrieb nennt oder ihnen andere Namen gibt, entscheidend für das System ist, daß es sich um *zwei* Triebe handelt, die in einem *antagonistischen* Verhältnis zueinander stehen; denn dies ist eine „notwendige Voraussetzung" für die Erfüllung der „biologischen Tendenz des seelischen Apparats": seine homöostatische Regulierung. Freud überlegt weiter:

„Soll man annehmen, daß die verschiedenen aus dem Körperlichen stammenden, auf das Seelische wirkenden Triebe auch durch *verschiedene Qualitäten* ausgezeichnet sind und darum in qualitativ verschiedener Art sich im Seelenleben benehmen? Es scheint *nicht gerechtfertigt;* man reicht vielmehr mit der einfacheren Annahme aus, daß die *Triebe alle qualitativ gleichartig* sind und *ihre Wirkung nur den Erregungsgrößen, die sie führen, verdanken, vielleicht noch gewissen Funktionen dieser Quantität.* Was die psychischen Leistungen der einzelnen Triebe von einander unterscheidet, läßt sich auf die Verschiedenheit der Triebquellen zurückführen." (ebd., S. 216, Hervh. d. V.)

Diese Überlegung Freuds mag zuerst erstaunen: wie sollten sich ein Selbsterhaltungs- und ein Sexualtrieb qualitativ *nicht* unterscheiden? Was hat es dann für einen Sinn, zwei Triebe anzunehmen, wenn sich ihre psychischen Leistungen doch erst aufgrund der Verschiedenheit ihrer jeweiligen Trieb*quellen* (also nicht schon am T-System, sondern erst auf der Höhe des W-Systems) voneinander differenzieren lassen? Stellt das nicht die ganze bisherige Modellkonstruktion in Frage? Im Gegenteil: Es ist beeindruckend, wie Freud – unbeirrt von jeder doch so naheliegenden, an der psychischen Phänomenologie orientierten Annahme, die zwei verschiedene Triebe auch mit zwei verschiedenen Qualitäten ausstatten möchte – mit einer viel „einfacheren" und damit wissenschaftlich interessanteren Annahme auskommt, die der hier vorgeschlagenen formalisierten Auffassung des Triebbegriffs entspricht. Wir hatten innerhalb unseres Modells den Trieben eine Richtung, d. h. ein (+/–)Vorzeichen, der Triebenergie einen Betrag, eine „Erregungsgröße", also eine Quantität, zugeordnet. Und genau das fordert Freud jetzt für seine Triebe: sie sind, formal betrachtet, „*qualitativ* gleichartig" und verdanken ihre unterschiedliche „Wirkung nur den Erregungs*größen*, die sie (die Triebe) führen", sowie „vielleicht noch gewissen Funktionen dieser Quantität." Die Beträge sind qualitativ gleichartig und die „gewissen Funktionen" ergeben sich aus den gegensätzlichen Vorzeichen. Wir hatten die Erregungsgrößen des Sexualtriebs (willkürlich) mit einem (+)Zeichen ausgestattet, die des Selbsterhaltungstriebs mit einem (–)Zeichen, und damit ist die Verschiedenheit der beiden Triebe hinsichtlich ihrer Wirkung vom T-System an gewährleistet bei einem ausschließlich quantitativ bestimmten Energiebegriff. Auch der hier neu eingeführte *Drang* (der einerseits dem motorischen Ausdruck des Triebs [M] entsprechen soll, andererseits eine Erläuterung des allgemeinen abstrakten Triebbegriffs darstellt), fügt sich in unsere Unterscheidung der Triebe hinsichtlich der entgegengesetzten Vorzeichen:

„Unter dem *Drange* eines Triebes versteht man dessen motorisches Moment, die Summe von Kraft oder das Maß von Arbeitsanforderung, das er repräsentiert. Der Charakter des Drängenden ist eine allgemeine Eigenschaft der Triebe, ja das Wesen derselben. Jeder Trieb ist ein Stück Aktivität; wenn man lässigerweise von passiven Trieben spricht, kann man nichts anderes meinen als Triebe mit passivem Ziele." (ebd., S. 214 f.)

Die „Summe von Kraft“, das „Maß von Arbeitsanforderungen“ wird durch die Erregungsgröße, den Energiebetrag (Quantität) repräsentiert. Als allgemeine Eigenschaft der Triebe ist das Drängende nichts anderes als das Aktivierende, gleichgültig, ob es sich um sogenannt aktive (+)Triebe oder passive (–)Triebe handelt. Es kann innerhalb unseres Modells auf der Triebseite nichts anderes geben als Trieb*aktivitäten* oder (relative) Trieb*inaktivitäten*, auf der Strukturseite „passive“ Gleichgewichts- (Ruhe-) oder aktivierende Ungleichgewichtszustände. Die Passivität liegt immer auf der phänomenologischen Ebene und ist metapsychologisch nur entweder als (0)Aktivität oder als (–)Aktivität darstellbar – und in diesem letzteren Falle wäre Passivität als Ausdruck der (–)Aktivität des Selbsterhaltungstriebs zu verstehen, wenn wir eine vorläufige Zuordnung der phänomenalen Passivität zu den Selbsterhaltungstriebstrebungen vornehmen.

Die Triebquellen. Im Kapitel über die *Drei Abhandlungen* hatten wir dem T-System eine hierarchisch übergeordnete Position – vergleichbar mit einer zentralnervösen Struktur – eingeräumt und die Triebquellen (z. B. die erogenen Zonen) entsprechend den Grundannahmen des *Entwurfs* dem W-System eingeordnet, da sie die entscheidenden *sensorischen* Eindrücke aus der Peripherie des psychischen Apparats vermitteln. Wie man sieht, unterscheidet Freud auch 1915 zwischen den Trieben und den Triebquellen[114], wenn er postuliert, daß eine psychische und damit qualitative Differenzier*bar*keit der einzelnen Triebe auf die Verschiedenheit der einzelnen Triebquellen zurückzuführen sei.

„Unter der *Quelle* des Triebes versteht man jenen somatischen Vorgang in einem Organ oder Körperteil, dessen Reiz im Seelenleben durch den Trieb repräsentiert ist. Es ist unbekannt, ob dieser Vorgang regelmäßig chemischer Natur ist oder auch der Entbindung anderer, z. B. mechanischer Kräfte entsprechen kann. Das Studium der Triebquellen gehört der Psychologie nicht mehr an; obwohl die Herkunft aus der somatischen Quelle das schlechtweg Entscheidende für den Trieb ist, wird er uns im Seelenleben doch nicht anders als durch seine Ziele bekannt. Die genauere Erkenntnis der Triebquellen ist für die Zwecke der psychologischen Forschung nicht durchwegs erforderlich. Manchmal ist der Rückschluß aus den Zielen des Triebes auf dessen Quellen gesichert.“ (1915c, S. 215 f.)

Die Quelle des Triebs ist ein Vorgang in einem Organ, der einen Reiz auslöst, einen Triebreiz, genauer gesagt, einen Partialtriebreiz, der uns durch einen von ihm ausgehenden Drang bzw. durch seine Ziele: das Ausführen einer spezifischen Befriedigungshandlung, bekannt wird. Für den Sexualtrieb heißt das: an der Triebquelle, einer erogenen Zonen (oral, anal, genital) wird ein Partialtrieb erregt, der zu einer Befriedigungshandlung drängt. Nehmen wir als Gegenbeispiel den Selbsterhaltungstrieb: Wenn gelten soll, daß ein „Rückschluß aus den Zielen des Triebes auf dessen Quellen" möglich ist, dann ergibt sich ein Rückschluß vom Triebziel der Nahrungsaufnahme auf die Triebquelle des Hungers: den Magen – und man beachte, daß sich auch hier wieder die Triebquelle: der Magen, mit ihrem Partialtrieb: dem Hunger, vom übergeordneten Urtrieb, dem Selbsterhaltungstrieb, unterscheidet. D. h.: ebenso wie es im konkreten somatischen Bereich ein *Zusammenwirken* gibt von neurophysiologischen Vorgängen, die sich im Gehirn ereignen und solchen, die sich im Magen abspielen – woraus gesamthaft das resultiert, was wir als Hunger erfahren[115], gibt es auf der Modellebene eine Interaktion, eine Assoziation, eine Verschaltung von einer zentralen Erregung des Selbsterhaltungstriebs im T-System mit Partialtrieberregungen im W-System, die gesamthaft das Triebziel der Nahrungsaufnahme evozieren. Der zentral positionierte Selbsterhaltungstrieb ist die umfassendere, hierarchisch übergeordnete Größe, welche die verschiedenen ihm zugeordneten Partialtriebe steuert und koordiniert. Wir können, dem Bedeutungsumfang des Begriffs *Selbsterhaltung* folgend, bereits eine Reihe von solchen Triebzielen formulieren: neben der Nahrungs- und Flüssigkeitsaufnahme die Ausscheidung von Verdauungsprodukten, die Atmung, das Aufrechterhalten der Körpertemperatur etc. – womit sich auch die bei Freud fehlenden, oder jedenfalls nicht explizit als solche bezeichneten *Quellen des Selbsterhaltungstriebs* nachtragen lassen: es sind dies der Magen, der Darm, die Nieren, die Leber etc.: mithin die *inneren Organe*, die ich von jetzt an (in terminologischer Entsprechung zu den *erogenen Zonen* als den Triebquellen des Sexualtriebs) als die *biogenen Zonen des Selbsterhaltungstriebs* bezeichnen werde. Diese Bestimmung paßt zu unserer schematischen Einteilung (wie sie für ein formalisiertes Modell adäquat ist), der zufolge der Sexualtrieb der nach *außen* gerichtete Trieb ist – und insofern im wesentlichen die *außen* liegenden Organe, die klassische Trias: Mund, Anus, Genitale, sowie die nach außen orientierten Sinnesorgane: Auge, Ohr, Nase, Haut als Triebquellen bzw. *erogene Zonen* aktiviert, wohingegen der Selbsterhaltungstrieb der nach *innen* gerichtete Trieb ist und insofern die *inneren* Organe, zu denen auch die nach innen orientierten Sinnesorgane zu rechnen wären, als Triebquellen bzw. *biogene Zonen* aktiviert. Der Sinn dieser terminologischen Neuerung bzw. Ergänzung liegt einerseits in der so wiedergewonnenen Symmetrie der Modelleinteilung (bisher gab es nur für den Sexualtrieb spezifische Zonen) und andererseits darin, daß wir auf der metapsychologischen Ebene ja nicht vom Magen, sehr wohl aber von einer biogenen Zone sprechen können.[116]

Die Triebziele. Von den Triebzielen war im obigen Zitat bereits die Rede: „Das Ziel eines Triebes ist allemal die Befriedigung, die nur durch Aufhebung des Reizzustandes an der Triebquelle erreicht werden kann." (ebd., S. 215) Diese Definition zielt auf die Wiederherstellung der Homöostase, genauer gesagt: auf die Reizaufhebung am W-System, und im besonderen auf den Akt, der dazu erforderlich ist; denn in den *Drei Abhandlungen* hatte Freud gezeigt, daß das *Ziel* die *adäquate Aktion* ist. Als Befriedigungs*handlung* hatten wir sie dem M-System zugerechnet. Damit sind jetzt wieder das T-, W- und das M-System in Freuds Triebkonzept zusammengeschlossen, weshalb der Begriff des Trieb*ziels* auch noch die Zusatzbedeutung einer *Komplettierung* des allgemeinen Ablaufs eines jeden psychischen Vorgangs erhält: Im Zusammenschluß der Erregungen dieser drei Systeme: einer Trieberregung im T-System, die zu einer Aktivierung eines Partialtriebs im W-System führt und eine Triebhandlung im M-System auslöst (Triebziel), haben wir eine komplette psychische Einheit: eine T-W-M-Einheit vorliegen, die alle Bestandteile von Freuds Triebkonzept enthält. Die These ist, daß *alle* psychischen Abläufe über diese drei Systeme erfolgen und jedes dieser drei Systeme involvieren. Wir können sagen: dem T-System kommen dabei übergeordnete koordinierende und initiierende, dem W-System rezeptive und spezifizierende Funktionen zu, während das M-System die Aufgaben eines Effektor-Systems erfüllt. Vergessen wir dabei aber nicht, daß gleichsam auf der Rückseite dieser Einheit gleichzeitig ein entsprechender Vorgang mit umgekehrtem Vorzeichen abläuft, daß sich also in der hier erarbeiteten Konzeptualisierung zum einfachen Triebvorgang der entsprechende Verdrängungsvorgang hinzuaddiert, weshalb es sich dann jeweils um *gedoppelte T-W-M-Einheiten* handelt. Anders ausgedrückt: die „Aufhebung des Reizzustandes" ist formal betrachtet dasselbe wie die „Verdrängung" dieses Triebreizes, welche das System in den Gleichgewichtszustand zurückführt – und das Triebziel ist, *formal* bzw. rein rechnerisch gesehen: diese „Verdrängung" auszulösen und damit die Reizaufhebung einzuleiten. Alle Vorgänge in den T-W-M-Systemen sind somit immer aus zwei Komponenten zusammengesetzt: einer Trieb- und einer Verdrängungskomponente. Und insofern könnten wir auch sagen: *Das Gleichgewicht des Systems liegt in der Vollständigkeit seiner Abläufe;* und dort, wo es nicht zu einer solchen Komplettierung kommt, persistiert eine *Tendenz zur Komplettierung.*

Damit ist das Fundament für die schematische Einteilung gelegt: An der Basis des hierarchisch übergeordneten T-Systems befinden sich die beiden antagonistischen Triebe, der Selbsterhaltungs- und der Sexualtrieb; an der Basis des W-Systems haben wir die Triebquellen plaziert: die biogenen und die erogenen Zonen mit den von ihnen ausgehenden Partialtrieben; und an der Basis des M-Systems befinden sich die im *Entwurf* sogenannten Bewegungsbilder, d. h. die Muster der spezifischen Aktion, die Handlungsrepräsentanzen[117]. Von hier aus können wir aufstocken:

Das Objekt. Seit dem *Entwurf* ist das Objekt ein wichtiger Bestandteil von Freuds Triebkonzept. Bereits in den *Drei Abhandlungen* wurde es in der Differenzierung von Quelle, Objekt und Ziel ausführlich behandelt; da das „Objektbild" dem psychischen Apparat über die Sinnesorgane (das φ-System) vermittelt wird, hatten wir es dem W-System eingeordnet, wo es jetzt im Schema seinen Platz *über* den biogenen und erogenen Zonen erhält.

„Das *Objekt* des Triebes ist dasjenige, an welchem oder durch welches der Trieb sein Ziel erreichen kann. Es ist das variabelste am

Triebe, nicht ursprünglich mit ihm verknüpft, sondern ihm nur infolge seiner Eignung zur Ermöglichung der Befriedigung zugeordnet. Es ist nicht notwendig ein fremder Gegenstand, sondern ebensowohl ein Teil des eigenen Körpers. Es kann im Laufe der Lebensschicksale des Triebes beliebig oft gewechselt werden; dieser Verschiebung des Triebes fallen die bedeutsamsten Rollen zu." (1915c, S. 215)

Verfolgen wir hier eine genetische Linie, dann können wir sagen: zu Anfang ist das Objekt des Triebs noch „ein Teil des eigenen Körpers", z.B. eine erogene Zone. Hier fallen Quelle und Objekt gewissermaßen zusammen, genauer gesagt: die Quelle *ist* das Objekt des Triebs – was ein Hinweis auf einen Besetzungs- und Bahnungsvorgang im Zuge der Trieb-Struktur-Reifung sein kann: die Verknüpfung der Erregungen beider Triebe vom T-System her mit den zu assoziierenden biogenen und erogenen Zonen im W-System muß erst Schritt für Schritt *hergestellt* werden: „Es scheint phylogenetisch festgelegt, in welcher Reihenfolge die einzelnen Triebregungen aktiviert werden, und wie lange sie sich äußern können, bis sie dem Einfluß einer neu auftretenden Triebregung oder einer typischen Verdrängung unterliegen." (1905d, S. 143) Freud hat die Phase, in der eine erogene Zone noch ein gleichsam organisches Objekt des Sexualtriebs ist, als *Autoerotismus* bezeichnet. In dieser Phase soll für die „Komponenten der späteren Sexualfunktion" gelten: „ihr Objekt verschwindet gegen das Organ, das ihre Quelle ist, und fällt in der Regel mit diesem zusammen." (1915c, S. 225) Im Autoerotismus wird ein Trieb (T) direkt an der Triebquelle als seinem ersten Objekt (W) mit Hilfe der Masturbation als der spezifischen Aktion (M) befriedigt = das Triebziel erreicht, der Ablauf komplettiert. Und wie von hier aus die Objektentwicklung anhebt, hat Freud so beschrieben:

„Ursprünglich war die Aktion [der Masturbation] eine rein autoerotische Vornahme zur Lustgewinnung von einer bestimmten, erogen zu nennenden Körperstelle. Später verschmolz diese Aktion mit einer Wunschvorstellung aus dem Kreise der Objektliebe und diente zur teilweisen Realisierung der Situation, in welcher diese Phantasie gipfelte." (1908a, S. 193)

Die autoerotische Aktion „verschmilzt“ bzw. wird verknüpft/assoziiert mit einer (wir können sagen: hierarchisch übergeordneten) „Wunschvorstellung aus dem Kreise der Objektliebe“, die *über* der erogenen Zone etabliert wird. Damit wären das Entstehen der Objektvorstellung als Reifungs- und Entwicklungsschritt ausgewiesen, eine Linie vom *„somatischen“ Objekt* (Triebquelle: biogene und erogene Zonen) zum *Teil-Selbst-Objekt* zum primitiven *Ganz-Selbst-Objekt* bis hin zum *reifen Selbst* und *reifen Objekt* aufgezeigt und die *Objektrepräsentanz* innerhalb des W-Systems sozusagen in der zweiten Etage über der Triebquelle einzutragen[118]. Außerdem bleibt grundsätzlich festzuhalten, daß das Objekt ein ebenso essentieller wie variabler Teil des Triebvorgangs ist: *keine Triebbefriedigung ohne Objekt* – wobei unter diesen übergeordneten Objektbegriff das jeweils spezifische Objekt fällt, sei es eine Triebquelle, sei es ein Teil-Objekt, oder – je nachdem, ob sich ein Vorgang auf der Subjekt- oder der Objektschiene abspielt – eine dominante *Selbst*vorstellung (mit einem rezessiven *Objekt*anteil) oder eine dominante *Objekt*vorstellung (mit einem rezessiven *Selbst*anteil). Dieser Variabilität des Objekts „fallen die bedeutsamsten Rollen zu“ bei der Erörterung der sogenannten Triebschicksale bzw. bei dem, was Freud hier als „Verschiebung des Triebes“ bezeichnet.

Der Affekt. Den parallelen Entwicklungsschritt auf Seiten des M-Systems nimmt Freud gleich darauf in seiner Untersuchung *Die Verdrängung* (1915d) vor, wo er eine insbesondere für seine Abwehrlehre bedeutsame Differenzierung seines Triebkonzepts entwickelt, die Trennung von Vorstellung (Selbst oder Objekt) und Affekt:

„In den bisherigen Erörterungen behandelten wir die Verdrängung einer Triebrepräsentanz und verstanden unter einer solchen eine Vorstellung oder Vorstellungsgruppe, welche vom Trieb her mit einem bestimmten Betrag von psychischer Energie (Libido, Interesse) besetzt ist. Die klinische Beobachtung nötigt uns nun zu zerlegen, was wir bisher einheitlich aufgefaßt hatten, denn sie zeigt uns, daß etwas anderes, was den Trieb repräsentiert, neben der Vorstellung in Betracht kommt, und daß dieses andere ein Verdrängungsschicksal erfährt, welches von dem der Vorstellung ganz verschieden sein kann. Für dieses andere Element der psychischen

Repräsentanz hat sich der Name *Affektbetrag* eingebürgert; er entspricht dem Triebe, insofern er sich von der Vorstellung abgelöst hat und einen seiner Quantität gemäßen Ausdruck in Vorgängen findet, welche als Affekte der Empfindung bemerkbar werden. Wir werden von nun an, wenn wir einen Fall von Verdrängung beschreiben, gesondert verfolgen müssen, was durch die Verdrängung aus der Vorstellung und was aus der an ihr haftenden Triebenergie geworden ist." (1915d, S. 254 f.)

Freud bezieht hier ein Stück seiner klinischen Erfahrung mit in seine Modellkonstruktion ein. Auf unser Schema zurückgeführt, zeigt sich dabei: die „Vorstellung oder Vorstellungsgruppe", allgemein ausgedrückt: die *Objekt*repräsentanz, mit oder an der sich ein Trieb bemerkbar macht, entspricht der psychischen *Wahrnehmung* des Triebs, ist also ein Bestandteil des W-Systems, während die Stärke des Triebs (Triebenergie), einen „*seiner Quantität gemäßen Ausdruck*" in den Affekten findet, welche als „Abfuhrvorgänge" (1915e, S. 277) dem M-System einzureihen sind. Und wenn Freud die zunächst einheitlich aufgefaßte Triebvorstellung jetzt unterteilt in (W)Vorstellung und (M)Affekt, dann entspricht der Affekt im M-System auch genau dem Entwicklungsniveau, welches die Objektrepräsentanz im W-System innehat: die Affektrepräsentanz wäre also im M-System ebenfalls in der zweiten Etage *über* der Handlungsrepräsentanz einzuordnen. Der Affekt löst gewissermaßen das Agieren ab, ist insofern die *Empfindung* einer Triebhandlung. Eine *Trieberregung* im T-System schlägt sich also an einer *Objektrepräsentanz* im W-System nieder und aktiviert eine *Affektrepräsentanz* im M-System – in der vollständigen Fassung heißt das: eine Trieb-Verdrängungs-Einheit, die vom T-System ausgeht, ist psychisch durch eine Selbst- und Objektvorstellung sowie einen Affekt vollständig repräsentiert[119].

Sachvorstellung und Wortvorstellung. In seiner kurz darauf verfaßten Studie *Das Unbewußte* (1915e) geht Freud noch einen Schritt weiter; er zerlegt die Objektvorstellung noch einmal in die sogenannte *Sachvorstellung* und die *Wortvorstellung*:

„Was wir die bewußte Objektvorstellung heißen durften, zerlegt sich uns jetzt in die *Wortvorstellung* und in die *Sachvorstellung*, die in der Besetzung, wenn nicht der direkten Sacherinnerungsbilder, doch entfernterer und von ihnen abgeleiteter Erinnerungsspuren besteht." (ebd., S. 300)

Die zumindest teilweise auf direkte Sinneswahrnehmungen zurückzuführenden Sachvorstellungen sind in unserem Schema wiederum Bestandteil des W-Systems – und da Freud sie von den Objektvorstellungen unterscheidet und für ihre Herkunft auch „entferntere" und von den direkten Erinnerungsbildern lediglich „*abgeleitete* Erinnerungsspuren" gelten läßt (wonach Sachvorstellungen auch durch Vorgänge der Generalisierung, Kombination etc. entstehen können), sollen jetzt die *Sachrepräsentanzen* (dem Bedeutungsgehalt dieses Begriffs: *Sache*, *Ding* folgend) als abstrakteste, sozusagen vom persönlichen Objektbezug entfernteste Vorstellungseinheiten, in der dritten Etage *über* den Objektrepräsentanzen im W-System plaziert werden[120]. Den Wortvorstellungen hatte Freud wegen der sie begleitenden „leisen motorischen Enervationen" schon im *Entwurf* einen Platz im M-System eingeräumt, d. h. wie die Sachrepräsentanz wäre auch die Wortrepräsentanz in der dritten Etage *über* der Affektrepräsentanz im M-System einzutragen: der sprachliche Ausdruck kann somit als Äquivalent eines Affekts wie einer Triebhandlung aufgefaßt werden – und in diesem Sinne hat Freud ja auch das Denken als *Probehandeln* aufgefaßt. Es macht überhaupt den Anschein, als ob es Freud mit dieser dritten Differenzierung innerhalb seines Triebkonzepts, der Einführung von Sach- und Wortrepräsentanzen, nicht nur – wie der Titel dieses Aufsatzes signalisieren könnte – um die Konzeptualisierung des Unbewußten und seine Unterscheidung vom Bewußten geht, sondern auch um die Eingliederung des *Denkens*, der kognitiven Funktionen, in sein Modell vom psychischen Apparat – wozu sich erste, ähnlich gestaltete Ansätze in seiner Aphasie-Studie, dem *Entwurf* und der *Traumdeutung* finden. Darauf kann Freud jetzt zurückgreifen:

„Auf den letzten Seiten der 1900 veröffentlichten *Traumdeutung* ist ausgeführt, daß die Denkvorgänge, d. i. die von den Wahrnehmungen entfernteren Besetzungsakte an sich qualitätslos und unbewußt sind und ihre Fähigkeit, bewußt zu werden, nur durch die Verknüpfung mit den Resten der Wortwahrnehmungen erlangen. Die Wortvorstellungen entstammen ihrerseits der Sinneswahrnehmung in gleicher Weise wie die Sachvorstellungen, so daß man die Frage aufwerfen könnte, warum die Objektvorstellungen nicht mittels ihrer eigenen Wahrnehmungsreste bewußt werden können. Aber wahrscheinlich geht das Denken in Systemen vor sich, die von den ursprünglichen Wahrnehmungsresten so weit entfernt sind, daß sie von deren Qualitäten nichts mehr erhalten haben und zum Bewußtwerden einer Verstärkung durch neue Qualitäten bedürfen. Außerdem können durch die Verknüpfung mit Worten auch solche Besetzungen mit Qualität versehen werden, die aus den Wahrnehmungen selbst keine Qualität mitbringen konnten, weil sie bloß Relationen zwischen den Objektvorstellungen entsprechen. Solche erst durch Worte faßbar gewordene Relationen sind ein Hauptbestandteil unserer Denkvorgänge." (ebd., S. 301)

Es kann hier keine differenzierte Studie über eine psychoanalytische Theorie der kognitiven Funktionen vorgelegt werden[121], aber es ist wichtig festzuhalten, daß diese (und andere) Ausführungen Freuds über das Denken (das bei ihm immer an den Einsatz der Wortrepräsentanzen und die Verarbeitung der „*Relationen* zwischen den Objektvorstellungen" gebunden ist) sowie seine Eingliederung in die hier nur deutlicher herausgearbeiteten W- und M-Systeme *das Denken metapsychologisch als einen ebenfalls vom T-System aus gesteuerten Triebvorgang* und damit als eine Funktion seines Modells der Psyche ausweist.

Überblicken wir die Ergebnisse dieses Abschnitts über die terminologische Ausdifferenzierung von Freuds Triebkonzept im weiteren Sinne, dann ergibt sich eine schematische Einteilung (siehe Abb. 19), die zunächst einmal zweierlei verdeutlicht: erstens hebt sie die Entwicklungslinie der einzelnen Funktionen (von unten nach oben in progressiver Richtung) hervor und macht so auch ihre wechselseitige Beziehung und Abhängigkeit voneinander deutlich; zweitens soll dadurch sichtbar werden, daß Freuds erweiterter Triebkonzeption entsprechend jede psychische Einheit – und zwar von der einfachsten bis zur komplexesten – als eine T-W-M-Einheit immer *zusammengesetzt* ist, d. h. mindestens je einen Bestandteil dieser drei Systeme involviert – wobei wieder hinzuzufügen ist, daß der komplette psychische Ablauf im Sinne einer Trieb-Verdrängungs-Einheit einer gedoppelten T-W-M-Einheit entspricht.

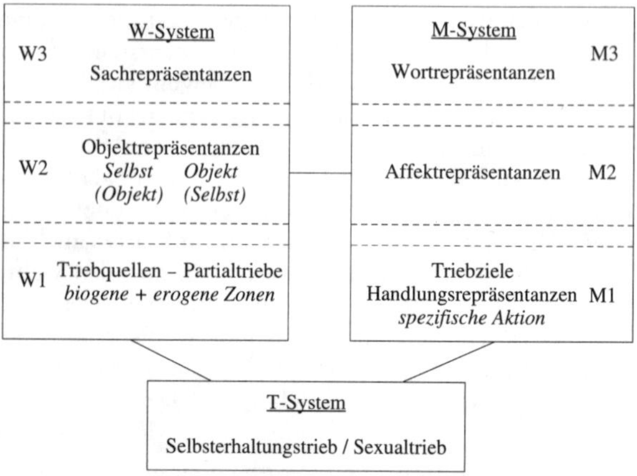

Abb. 19 enthält sämtliche Komponenten des ausdifferenzierten Triebkonzepts, aufgeteilt nach ihrer Zugehörigkeit zu den drei Systemen, die zusammen einen vollständigen psychischen Ablauf repräsentieren, eine T-W-M-Einheit: Das T-System enthält nur einen Eintrag: Selbsterhaltungs- und Sexualtrieb. Für das W- und das M-System sind drei Entwicklungsniveaus mit nach oben zunehmender Abstraktion dargestellt, wobei innerhalb des M-Systems die Entwicklungslinie von *Handeln – Fühlen – Denken* deutlich wird.[122]

Wir haben in diesem T-W-M-Schema unter dem allgemeinen Begriff der *Objektrepräsentanz* (W2) das *Selbst* und das *Objekt* eingetragen – womit immer deren Repräsentanz gemeint ist – und dieselben Begriffe haben wir auch innerhalb unserer Subjekt-Objekt-Schiene (z. B. Abb. 16, 18) verwendet. Dieser Terminus taucht somit innerhalb zweier verschiedener Orientierungsrahmen auf, und nun müssen wir präzisieren: Die Selbst- und Objektrepräsentanzen innerhalb des W-Systems entsprechen eher dem komplexen sensorischen Wahrnehmungsmuster, d. h. die Selbst- und Objektrepräsentanzen innerhalb des T-W-M-Schemas betreffen das Selbst und das Objekt differenziert von den allenfalls hinzuassoziierbaren Affekt-, Handlungs-, Wortrepräsentanzen etc. – wohingegen die Selbst- und Objektrepräsentanzen der Subjekt- und Objektschiene komplexere Musterbildungen darstellen, Konfigurationen von Selbst und Objekt, die

Bestandteile aus allen drei Bereichen des T-W-M-Systems umfassen. Mit anderen Worten: eine Objektrepräsentanz innerhalb des T-W-M-Schemas ist die psychische Repräsentanz eines komplexen sensorischen *Perzepts*; eine Objektrepräsentanz auf der Objektschiene ist ein *Konzept* von höherem Integrationsniveau, enthält nämlich je spezifisch aktualisierte Trieb- und Partialtriebanteile, die zugehörigen Affekte, Sach- und Wortvorstellungen und ist auf ein bestimmtes Triebziel ausgerichtet – wobei durchaus der eine oder andere Bestandteil aus den drei W-M-Etagen fehlen mag. Das bedeutet, daß in der hier entwickelten Konzeption die je spezifisch ablaufenden Vorgänge innerhalb des T-W-M-Schemas *in ihrem Resultat* wiederum repräsentiert werden in den Selbst- und Objektrepräsentanzen der Subjekt- und Objekt-Schiene.

Triebschicksale

Mit der jetzt vorliegenden Ausdifferenzierung unseres T-W-M-Schemas sind nun auch günstige Voraussetzungen gegeben, klarer zu sehen, was Freud unter dem Begriff *Triebschicksal* zu konzeptualisieren versucht. „Triebe und Triebschicksale" hat er seine Arbeit genannt und damit zum Ausdruck gebracht, daß es ihm nicht nur um eine konzeptuelle Erläuterung und Einteilung seiner Triebe geht, sondern auch um deren „Schicksal". Was versteht er unter diesem schönen Namen „Triebschicksal"? Schicksale sind so etwas wie die *Wege*, die *Wende-* und *Knotenpunkte*, welche die „Triebe im Laufe der Entwicklung und des Lebens erfahren können" (1915c, S. 219). Nun hatten wir aber festgelegt, daß ein Trieb eine einsinnig gerichtete Größe ist und seine Richtung entweder durch ein (+) oder durch ein (–)Zeichen markiert, d. h.: der Trieb, als Grundvariable unseres formalisierten Modells, kann für sich allein zwar „Wege" (in einer Richtung) nehmen, nicht aber Wendungen vollziehen oder Knotenpunkte aufweisen. Es muß also noch etwas zum einfachen Trieb hinzukommen. Freud formuliert das so:

„Mit Rücksicht auf *Motive*, welche einer *direkten Fortsetzung der Triebe entgegenwirken*, kann man die *Triebschicksale* auch als

Arten der *Abwehr* gegen die Triebe darstellen." (ebd., S. 219, Hervh. d. V.)

„Motive" sind auf der formalen Ebene der Metapsychologie nichts anderes als Triebe – oder deren Vorstellungen. Einer „direkten Fortsetzung" des einen Triebs kann nur der antagonistische andere Trieb, also die Verdrängung, „entgegenwirken". Damit haben wir wieder das formalisierte Trieb-Verdrängungs-Konzept, in dem die Verdrängung metapsychologisch als die Aktivität des jeweils antagonistischen Triebs definiert ist. Ein Triebschicksal ist sozusagen die *Verschaltung* (Knotenpunkt) eines *Triebs* (Weg) mit einer *Verdrängung* (Wende). Und so sind bei Freud die Triebschicksale auch nichts anderes als „Arten der Abwehr" – metapsychologisch ausgedrückt: Vorgänge der Verdrängung. Interessant ist, daß Freud ohne weitere Begründung meint, sich bei der Untersuchung der Triebschicksale auf „die besser bekannten Sexualtriebe einschränken" zu müssen (ebd.). Darin wird deutlich, daß er unter dem Triebbegriff immer in erster Linie den Sexualtrieb versteht; eine Verdrängung des Selbsterhaltungstriebs bzw. dessen Triebschicksale kann er sich offenbar nicht recht vorstellen[123]. Obwohl Freud fünf Jahre zuvor die Verdrängung als den jeweils antagonistischen Trieb erkannt hat (1910i), obwohl seine Definition des Triebbegriffs und die Ausdifferenzierung seines Triebkonzepts prinzipiell für beide Triebe gilt, und obwohl er gerade ausdrücklich eine qualitative Unterscheidung zwischen den beiden Trieben zurückgewiesen hatte – woraus sich auch ihre gleiche Behandlung ergeben hätte – verfehlt er hier die Möglichkeit, auch die Triebschicksale als Wege der Verschaltung innerhalb seines Modells auf beide Triebe anzuwenden. Daß er die Darstellung der Triebschicksale auf den Sexualtrieb einschränkt und sich anschließend in seiner nächsten Arbeit über *Die Verdrängung* besonders ausführlich mit Äußerungsformen des Selbsterhaltungstriebs (Hunger, Schmerz etc.) befaßt, könnte sogar den Eindruck erwecken, als ob Freud jedem der beiden Triebe einen eigenen Aufsatz widmen wollte – und damit doch wieder die Verdrängung als Äußerung des Selbsterhaltungstriebs aufgefaßt hätte. Dieser Punkt ist zweifellos nicht vollständig geklärt bei ihm, denn die Verdrängung wird doch immerhin auch als ein

Triebschicksal genannt. Ich werde also alle Überlegungen Freuds über die Triebschicksale und die Verdrängung prinzipiell als für beide Triebe bzw. den kompletten Trieb-Verdrängungs-Vorgang gültig betrachten.

Freud führt vier verschiedene Möglichkeiten solcher Triebschicksale in folgender Reihenfolge auf:

Die *Verkehrung ins Gegenteil*,
die *Wendung gegen die eigene Person*,
die *Verdrängung* und
die *Sublimierung*.

Lesen wir zunächst etwas ausführlicher Freuds Erläuterung der beiden ersten Triebschicksale:

„Die *Verkehrung ins Gegenteil* löst sich bei näherem Zusehen in zwei verschiedene Vorgänge auf, in die *Wendung* eines Triebes *von der Aktivität zur Passivität* und in die *inhaltliche Verkehrung*. Beide Vorgänge sind, weil wesensverschieden, auch gesondert zu behandeln.

Beispiele für den ersteren Vorgang ergeben die Gegensatzpaare Sadismus-Masochismus und Schaulust-Exhibition. Die Verkehrung betrifft nur die *Ziele* des Triebes; für das aktive Ziel: quälen, beschauen, wird das passive: gequält werden, beschaut werden eingesetzt. Die inhaltliche Verkehrung findet sich in dem einen Falle der Verwandlung des Liebens in ein Hassen.

Die *Wendung gegen die eigene Person* wird uns durch die Erwägung nahegelegt, daß der Masochismus ja ein gegen das eigene Ich gewendeter Sadismus ist, die Exhibition das Beschauen des eigenen Körpers mit einschließt. Die analytische Beobachtung läßt auch keinen Zweifel daran bestehen, daß der Masochist das Wüten gegen seine Person, der Exhibitionist das Entblößen derselben mitgenießt. Das Wesentliche an dem Vorgang ist also der Wechsel des *Objektes* bei ungeändertem Ziel.

Es kann uns indes nicht entgehen, daß Wendung gegen die eigene Person und Wendung von der Aktivität zur Passivität in diesen Beispielen zusammentreffen oder zusammenfallen. Zur Klarstellung der Beziehungen wird eine gründlichere Untersuchung unerläßlich.

Beim Gegensatzpaar Sadismus-Masochismus kann man den Vorgang folgendermaßen darstellen:

a) Der Sadismus besteht in Gewalttätigkeit, Machtbetätigung gegen eine andere Person als Objekt.

b) Dieses Objekt wird aufgegeben und durch die eigene Person ersetzt. Mit der Wendung gegen die eigene Person ist auch die Verwandlung des aktiven Triebzieles in ein passives vollzogen.

c) Es wird neuerdings eine fremde Person als Objekt gesucht, welche infolge der eingetretenen Zielverwandlung die Rolle des Subjekts übernehmen muß.“ (1915c, S. 219 f.)

Es kann hier keinesfalls um eine Diskussion der *klinischen Theorie* von Sadismus-Masochismus oder Schaulust-Exhibition gehen; dazu wäre klinisches Material erforderlich. Aber wir können versuchen, die von Freud ins Auge gefaßten *formalen Prinzipien* aus den klinischen Beispielen herauszuarbeiten, genauer gesagt: wir werden unsere Aufmerksamkeit darauf richten, was das Schicksal eines Triebvorgangs im einzelnen ist, *wo* dieser Triebvorgang stattfindet und *wie*: *welche Wende* er nimmt, *wohin* er verschoben oder abgelenkt wird. Diese Art der Betrachtung ist zulässig, weil Freud mit Hilfe von Beispielen aus der *klinischen Theorie* darstellt, was er *metapsychologisch* unter dem Begriff *Triebschicksal* verstanden haben möchte – im Beispiel hier: die Vertauschung von Aktivität und Passivität, von Subjekt und Objekt, von Lieben und Hassen – kurz: die Vertauschung der Triebe (T), der Objekte (W) und der Affekte (M). Betrachten wir uns dies für jedes System einzeln:

Die *Verkehrung ins Gegenteil* löst sich in zwei Teilvorgänge auf: erstens die *Wendung von der Aktivität zur Passivität* – das betrifft zunächst einmal das Triebziel, die adäquate Aktion (gequält werden statt quälen) und insofern die unterste Etage des M-Systems; zweitens die *Verwandlung von Lieben in Hassen* – das ist eine Affektverwandlung, und damit ereignet sich dieses Triebschicksal auf der zweiten Etage des M-Systems.

Bei der *Wendung gegen die eigene Person* ist der Wechsel des *Objekts* das Wesentliche: dieser Vorgang der Vertauschung einer Objektvorstellung ereignet sich auf der zweiten Etage des W-Systems: dort wird das *Objekt* mit dem *Selbst* vertauscht – wobei offen ist, ob dieser Vorgang auf der Objektschiene verbleibt (dann würde es sich vielleicht um eine „Umkehr“ der Objektvorstellung handeln, bei der es zu einer dominanten Besetzung ihrer „Rückseite“ käme) oder ob es zu einem Wechsel hinüber auf die Subjektschiene käme (dann würde statt einer

Vorstellungseinheit auf der Objekt- eine solche auf der Subjektschiene besetzt).

Was wäre aus Freuds Darstellung über die Vorgänge im T-System zu erfahren? Erinnern wir uns an Freuds Mahnung, das passive Ziel auch als aktive Triebstrebung aufzufassen (ebd., S. 214 f.) – und wir hatten die phänomenale Passivität vorläufig mit der Aktivität des Selbsterhaltungstriebs in Zusammenhang gebracht – dann wäre die Wendung von der Aktivität zur Passivität vom Sexualtrieb aus gesehen als antagonistische Erregung zu verstehen: der auf das Objekt gerichtete Sexualtrieb wird durch den auf das *Selbst* gerichteten Selbsterhaltungstrieb verdrängt. Dazu paßt außerdem, daß beim Sadismus-Masochismus die sexuelle Erregung lediglich als sekundäre (wenn auch angestrebte) Folge einer primären Schmerz- und Unlusterregung entsteht – und die *Schmerz*erregung muß innerhalb unseres Modells den *Selbsterhaltungs*trieb aktivieren – dessen Erregungen dann „auf die Sexualerregung übergreifen und einen lustvollen Zustand erzeugen“ (ebd., S. 221).

Freud beschreibt anhand des Gegensatzpaares Sadismus-Masochismus vielleicht nur die extreme (pathologische) Version eines allgemeinen Trieb-Verdrängungs-Schicksals[124], an der sich besonders deutlich zeigen läßt, wie ein solcher Ablauf zu einer „Vertauschung“ der Musterbesetzungen in jedem einzelnen der drei T-W-M-Systeme führt. Damit wird nun ein weiterer Vorteil unserer Einteilung (Abb. 19) deutlich – und das ist vielleicht auch die Absicht, die Freud mit dieser Ausdifferenzierung seines Triebkonzepts verfolgt: sie ermöglicht einen Überblick und eine erste Ordnung innerhalb der ganzen Vielfalt an verschiedenen „Triebschicksalen“. Schöpfen wir also den Gewinn aus der hier erarbeiteten formalisierten und in ein Schema gebrachten Fassung ab, indem wir einige Folgerungen für den Trieb-Verdrängungs-Vorgang daraus ableiten. Wir hatten postuliert, daß jede psychische Einheit mindestens je einen Bestandteil der T-W-M-Systeme enthält und daß der komplette psychische Ablauf eine Trieb-Verdrängungs-Einheit und insofern eine gedoppelte T-W-M-Einheit darstellt – und das soll immer auch heißen, daß in jedem der drei Systeme ein Trieb- und ein Verdrängungsvorgang wirksam wird. Welche Kombinationsmöglichkeiten lassen sich aus dieser Annahme ableiten, bzw. was ergibt sich daraus für das Verständnis der Triebschicksale?

Für das T-System ist das ganz einfach: entweder verdrängt der Selbsterhaltungstrieb den Sexualtrieb oder der Sexualtrieb verdrängt den Selbsterhaltungstrieb. Andere Möglichkeiten sind bisher nicht ersichtlich. Anders beim W-System: Hier kann der *Trieb* eine Quelle, eine Objektrepräsentanz und/oder eine Sachrepräsentanz besetzen – und ebenso kann die *Verdrängung* (der antagonistische Trieb) eine Quelle, eine Objektrepräsentanz und/oder eine Sachrepräsentanz besetzen. Die einfachste Version könnte so aussehen, daß Trieb und Verdrängung z. B. dasselbe Objekt besetzen: hier wären die Fragen der Passung relativ leicht und in Abhängigkeit von den je aktivierten Quantitäten zu beantworten. Nicht mehr so einfach ist der Fall, daß die Triebbesetzung einer erogenen Zone die Verdrängungsbesetzung einer biogenen Zone nach sich zieht, denn das hieße, daß der Triebkonflikt nicht am selben „Objekt" (Struktur) ansetzt, sondern zwischen zwei verschiedenen „Objekten", aber immerhin noch auf derselben Etage ausgetragen wird; es wäre aber auch ein Besetzungsvorgang konzipierbar, der einen Etagensprung einschließt, z. B. daß der Trieb eine Trieb*quelle*, die Verdrängung hingegen ein Verdrängungs*objekt* besetzt; oder auch innerhalb der Objektrepräsentanzen (zweite Etage) ließe sich der Vorgang komplizieren, je nachdem, ob der Verdrängungsvorgang auf derselben oder der gegenüberliegenden Schiene der Trieborganisation ansetzt. Unverkennbar das variabelste und am vielfältigsten zu besetzende Niveau innerhalb des W-Systems ist die dritte Etage: die potentiell unendliche Menge von Sachrepräsentanzen, die x-fach gegeneinander ausgetauscht werden können[125]. Aus all dem ergeben sich gleichsam unendlich viele Möglichkeiten: da sowohl der Trieb als auch die Verdrängung jeweils komplex organisierte *Vorstellungsmuster* besetzen, kann der Trieb prinzipiell alle drei Etagen des W-Systems gleichzeitig und mehrfach und dabei an je unterschiedlichen Stellen auf der Subjekt- und der Objektschiene besetzen, und ebenso kann die Verdrängung verfahren, d. h.: die Muster rekrutieren ihre Bestandteile aus allen drei Etagen, woraus letztlich – zumal wenn man statt von einer Einzelvorstellung von Sequenzen, szenischen Abfolgen solcher Vorstellungen ausgeht – eine rechnerisch unbegrenzte Menge an Variationsmöglichkeiten für die durch einen Trieb-Verdrängungs-Vorgang bewirkte Aktivierung von Musterbildungen innerhalb des W-Systems resultiert. Und dasselbe können wir für das M-System annehmen: auch dort sind alle möglichen Kombinationen von Trieb-Verdrängungs-Besetzungen auf allen drei Etagen gleichzeitig und mehrfach und in unterschiedlicher Gewichtung denkbar, wobei wieder die Variationsmöglichkeiten auf der dritten Etage, der Ebene der Wortrepräsentanzen, am vielfältigsten sind; aber auch die Anwendung unseres Postulats eines Trieb-Verdrängungs-Austauschs auf der Ebene der Affektrepräsentanzen – z. B. bei der Besetzung von Kombinationen von zwei oder (mehreren) verschiedenen Affektrepräsentanzen, wovon die eine vom Trieb, die andere von der Verdrängung her aktiviert wird – macht eine große Bandbreite von affektiven „Mischungsverhältnissen“ und damit die Feinmodulation emotionaler Schattierungen konzeptionell darstellbar; ganz zu schweigen von der unendlichen Vielfalt differenziertester Handlungsabläufe, die ebenso als Trieb-Verdrängungs-Verschaltungen innerhalb der untersten Etage des M-Systems konzeptualisiert wären.

Noch einmal vergrößert wird das Spektrum der Möglichkeiten, wenn man sich klar macht, daß der Verdrängungsvorgang in unterschiedlicher Weise mit den Besetzungen innerhalb des W- und des M-Systems verfahren kann; hierfür hat Freud verschiedene Beispiele diskutiert – so etwa, daß es bei der Zwangsneurose zu einem *Objektwechsel* (W) bei *gleichbleibendem Triebziel* (M) kommt, oder die umgekehrte Version, daß eine *Vorstellung* (W) *erhalten* bleibt, der zugehörige *Affekt* (M) aber *verdrängt* oder *verwandelt* wird und ähnliches mehr. Diese hier nur grob skizzierte Vielfalt an Kombinationsmöglichkeiten, die im Trieb-Verdrängungs-Vorgang realisiert werden können, läßt sich mit Hilfe der schematischen Einteilung unseres T-W-M-Systems (Abb. 19) besser konstruieren: das Schema ermöglicht es, Hypothesen aufzustellen, an welchen Stellen und in welcher Weise der Trieb-Verdrängungs-Vorgang ansetzen und aktiv werden kann, welche Bestandteile dabei verändert oder ausgetauscht werden können: zunächst innerhalb des T-Systems (von dem aus die W- und M-Systeme erregt werden): die Triebe, dann innerhalb des W-Systems: die Triebquellen, die Objektrepräsentanzen und die

Sachrepräsentanzen, sowie innerhalb des M-Systems: die Handlungsrepräsentanzen, die Affektrepräsentanzen und die Wortrepräsentanzen. Dabei zeigt sich: was auf diese Art als *Triebschicksal* dargestellt werden kann, beruht auf der Anwendung unseres einfachen Schemas, welches von der ersten psychischen Konfiguration an gelten soll: Halluzination = (+)Vorstellung/Wunsch + (–)Vorstellung/Wunsch, jetzt differenziert und erweitert um die einzelnen Bestandteile des ausgearbeiteten Triebkonzepts, wonach der Trieb-Verdrängungs-Vorgang prinzipiell an allen Bestandteilen und auf jeder Etage der T-W-M-Systeme ansetzt – und das in den unterschiedlichsten Kombinationen.

Bis hierher wurde der Trieb-Verdrängungs-Vorgang so dargestellt, als sei er ein quasi einmalig ablaufender doppelt geführter Vorgang, bei dem von beiden antagonistischen Trieben aus (quantitativ) unterschiedliche Erregungsgrößen zur Besetzung von Musterkomplexen (Repräsentanzen) auf allen drei Niveaus des W- und M-Systems verwendet werden. Aber man muß sich darauf gefaßt machen, daß das Ganze mit Freud noch weitaus komplexer zu konzeptualisieren ist (und gerade da hilft der Einsatz des T-W-M-Schemas, den Überblick zu bewahren). Die Aussage, daß *ein Trieb eine Verdrängung auslöst*, ist einerseits auf das grundlegende Organisationsprinzip (sämtlicher Vorgänge innerhalb) des psychischen Apparats bezogen, andererseits aber, wenn man sie auf den einzelnen psychischen Ablauf bezieht, entweder als *schematische Vereinfachung* oder aber als das *Endergebnis* eines ungemein komplexen Prozesses aufzufassen, der zuvor viele verschiedene Verschaltungen passiert hat – und orientiert man sich an den konkreten neuronalen Verschaltungen innerhalb unseres Zentralnervensystems, dann muß man sagen: tausende von neuronalen Verschaltungen innerhalb von Bruchteilen von Sekunden. Hinter dem grundlegenden Organisationsprinzip, das in der einfachen Gleichung enthalten ist:

resultierende Vorstellung = (+)Vorstellung + (–)Vorstellung,

die für *alle* Bestandteile des Triebkonzepts auf allen Etagen des T-W-M-Systems gilt – z. B. auch:

resultierender Affekt = (+)Affekt + (–)Affekt,

verbirgt sich also unter Umständen oder der Möglichkeit nach ein sehr verschlungenes *Triebschicksal*, von dem wir phänomenal nur das Endergebnis zu fassen bekommen – und von dem aus der praktizierende Analytiker vielleicht auf den auslösenden Trieb und die eingesetzte Verdrängung zurückschließen kann, dessen individuelle Wege aber nur durch eine sorgfältige und minutiöse Analyse erschlossen werden können[126], wobei selbstverständlich eine lange Strecke dieses Wegs gar nicht über die (Zeit-)Schwelle der Wahrnehmbarkeit und dynamisch nicht in den Zustand der Bewußtheit gehoben werden kann. Das heißt: In unserem einfachen kybernetischen Modell:

Trieb → Schalter → Verdrängung

ist der Schalter immer noch sozusagen eine Black box, in der beliebig viele weitere Verschaltungen stecken können. Freud hat das genau erkannt. Seine Metapsychologie der Verdrängung führt ihn nämlich zu dem Schluß, man dürfe „sich den Verdrängungsvorgang nicht wie ein einmaliges Geschehen mit Dauererfolg vorstellen, etwa wie wenn man etwas Lebendes erschlagen hat, was von da an tot ist“ (1915d, S. 253); vielmehr sei der Vorgang der Verdrängung ein *dynamischer Prozeß,* der sich, von der *Urverdrängung* ausgehend, in verschiedene *Einzelschritte* zerlegen lasse:

„Wir haben also Grund, eine *Urverdrängung* anzunehmen, eine erste Phase der Verdrängung, die darin besteht, daß der psychischen (Vorstellungs-) Repräsentanz des Triebes die Übernahme ins Bewußte versagt wird. (...) Die zweite Stufe der Verdrängung, die *eigentliche Verdrängung*, betrifft psychische Abkömmlinge der verdrängten Repräsentanz, oder solche Gedankenzüge, die anderswoher stammend, in assoziative Beziehung zu ihr geraten sind. Wegen dieser Beziehung erfahren diese Vorstellungen dasselbe Schicksal wie das Urverdrängte. Die eigentliche Verdrängung ist also ein Nachdrängen.“ (1915d, S. 250)

Die *Urverdrängung* ist der gesetzte Ausgangspunkt für die folgenden Abläufe: es handelt sich dabei um eine hypothetisch erste Verdrängung, mithin eine Trieberregung, die eine Vorstellungsrepräsentanz dominant besetzt. Sodann bilden sich „psychische Abkömmlinge der verdrängten Repräsentanz“: als psychische *Abkömmlinge* repräsentieren sie denselben Trieb, weshalb sie auch „dasselbe Schicksal wie das Urverdrängte“ erfahren. Das heißt: der Besetzungsvorgang verläuft von der Urverdrängung zu einer Vorstellung, von dort zu einer nächsten und weiter zu einer übernächsten, wobei jede Besetzungsstelle, jeder Abkömmling, eine *Verschaltung* mit dem antagonistischen Trieb bedingt und darstellt. Nennen wir diese untereinander verbundenen Abkömmlinge der Urverdrängung für die hiesige Darstellung: die „Verdrängungs-Kette". Außerdem gibt es „Gedankenzüge, die *anderswoher* stammend, in assoziative Beziehung" zum Urverdrängten geraten sind. Gedankenzüge sind wiederum Ketten von Triebrepräsentanzen, und „anderswoher stammend" kann so viel heißen wie: vom antagonistischen Trieb her besetzt. Diese Gedankenzüge – nennen wir sie: die „Trieb-Kette" – sind in *„assoziative Beziehungen"* zum Urverdrängten geraten; die Trieb-Kette hängt jetzt mit der Verdrängungs-Kettte zusammen und erfährt deshalb dasselbe Schicksal wie diese. Wir können sagen: das Urverdrängte wirkt wie ein Attraktor auf alle Besetzungen, die mit ihm assoziativ verbunden = verschaltet sind. Diesen zweiten und potentiell unendlichen Vorgang bezeichnet Freud als *Nachdrängen*: „Die eigentliche Verdrängung ist also ein Nachdrängen." Da Freud die „eigentliche Verdrängung" von der „Urverdrängung" abhebt, könnten wir provisorisch die *Urverdrängung* als den Grundvorgang dem T-System zuordnen, während sich deren Ausgestaltung, der einzelne Ablauf der *Verdrängung*, in den W-M-Systemen abspielt. Der Vorgang der „eigentlichen Verdrängung" (das „Nachdrängen") erweist sich so, gesamthaft gesehen, als ein in viele Teilschritte zerlegbarer, beide Triebe involvierender Vorgang der Besetzung von diversen Repräsentanzen. Denn alles in allem erkennt Freud, daß „die Verdrängung die Triebrepräsentanz nicht daran hindert, im Unbewußten fortzubestehen, *sich weiter zu organisieren, Abkömmlinge zu bilden* und *Verbindungen anzuknüpfen*" (1915d, S. 251, Hervh. d. V.), wobei gleich eine ganze „Anzahl" von „eingeschobenen Mittelgliedern" entsteht, mit denen je einzeln und „höchst individuell" verfahren wird: jedes Mittelglied, jede „Ersatzbildung" (ebd., S. 256), jeder Abkömmling kann „sein besonderes Schicksal haben" = im Fortgang der Trieberregung seine besondere Verschaltung erfahren (Freud spricht sogar von einem *Wuchern im Dunkeln*, von einer „ungehemmten *Entfaltung* in der Phantasie"). Dabei ist die Verdrängung in ihrer Arbeit an jeder einzelnen Repräsentanz nicht nur außerordentlich „*individuell*, sondern auch im hohen Grade *mobil.*“ (ebd., S. 253). Die Frage wäre also: Wenn Freud von einem *höchst individuellen* Verdrängungsvorgang und einem *je besonderen Triebschicksal* ausgeht – ob wir da mit unserer einfachen (+/–)Theorie der Trieb-Verdrängungs-Verschaltung auskommen (die selbstverständlich grundsätzlich weiterhin gelten soll), oder ob es da noch eines Zusatzes bedarf? Freud selber versucht an dieser Stelle, einen Schritt weiter vorzudringen:

„Wir wollen nun Einblick in den Mechanismus des Verdrängungsvorgangs gewinnen und vor allem wissen, ob es nur einen einzigen Mechanismus der Verdrängung gibt oder deren mehrere, und ob vielleicht jede der Psychoneurosen durch einen ihr eigentümlichen Mechanismus ausgezeichnet ist. (...) Beschränken wir die Beobachtung auf die Erfolge an dem Vorstellungsanteil der Repräsentanz, so erfahren wir, daß die Verdrängung in der Regel eine *Ersatzbildung* schafft. Welches ist nun der Mechanismus einer solchen Ersatzbildung, oder gibt es hier auch mehrere Mechanismen zu unterscheiden?“ (ebd., S. 256)

Freud fragt sich, ob es nicht *mehrere* „Mechanismen der Verdrängung“ gibt, und erkennt, daß es tatsächlich „*sehr verschiedene* Mechanismen der Ersatzbildung“ gibt (ebd., S. 257); er hofft sogar, es ließe sich nachweisen, daß „jede der Psychoneurosen durch einen ihr eigentümlichen Mechanismus ausgezeichnet“ sei (ebd., S. 256). Und er arbeitet einige solcher unterschiedlicher Mechanismen heraus, die uns hier wiederum nur unter formalen, nicht unter klinischen Gesichtspunkten interessieren sollen; und zwar steht jetzt, nach der Klärung des *wo* (T-W-M-Systeme), die Frage an, *wie* diese Vorgänge verlaufen, welche *Richtungsänderungen* dabei auszumachen sind. Für die Verwandlung von Sadismus in Masochismus hatte Freud bereits die *Verkehrung ins Gegenteil* (M) und die *Wendung gegen die eigene Person* (W) als Triebschicksale bzw. Abwehrmechanismen erläutert; das *wie* der Abwehr hatte sich dabei als *antagonistische Erregung* in allen drei T-W-M-Systemen bezeichnen lassen. Im Vergleich mit dem Masochismus ergibt sich für Freud bei der Zwangsneurose aber ein anderes Triebschicksal: hier nämlich

„findet sich die Wendung gegen die eigene Person ohne die Passivität gegen eine neue. (...) Aus der Quälsucht wird Selbstquälerei,

Selbstbestrafung, nicht Masochismus. Das aktive Verbum wandelt sich nicht in das Passivum, sondern in ein *reflexives Medium.*" (1915c, S. 221, Hervh. d. V.)

Die Zwangsneurose ist durch einen Objektwechsel (W) bei gleichbleibendem Triebziel (M) beschreibbar, wobei das Charakteristische das *Reflexive* zu sein scheint: wenn also der ganze Vorgang dominant innerhalb derselben Triebstrebung verbliebe, ließe sich dieser Mechanismus als eine Art *recurrente Erregung,* als *Feedback-Erregung* des ursprünglichen (ersten) Triebs innerhalb des W-Systems auffassen – vielleicht in Kombination mit einer *antagonistischen Hemmung* der Verdrängung im M-System – wobei diese antagonistische Hemmung z. B. dadurch charakterisierbar wäre, daß der Antagonist gehemmt wird, ohne vorher erregt worden zu sein – in diesem Fall spricht man von *Feedforward-Hemmung*[127] – oder man könnte formal den Vorgang der antagonistischen Hemmung innerhalb des M-Systems zerlegen in eine vorausgehende *antagonistische Erregung* der Verdrängungsstrebung (an klinisch nicht in Erscheinung tretenden Repräsentanzen) und eine nachfolgende *Feedback-Hemmung* innerhalb der Verdrängungsstrebung (d. h.: *die Verdrängung* der Quälsucht *wird gehemmt*). Letztere Version betont als Hauptcharakteristikum der Zwangsneurose das von Freud hervorgehobene *Reflexive*: ein *erregendes Feedback des Triebs* im W-System und ein *hemmendes Feedback der Verdrängung* im M-System.

Als weiteres Beispiel führt Freud den Fall einer Angsthysterie (Phobie) an, die aus der Abwehr einer sexuellen Erregung resultiert und deren Ergebnis „eine *Angst* vor dem *Wolf* an Stelle eines *Liebe*sanspruches an den *Vater*" ist (1915d, S. 258). Bei dieser *Ablenkung* vom Sexuellen handelt es sich innerhalb des W-Systems um eine „*Verschiebung* längs eines in bestimmter Weise determinierten Zusammenhanges" (ebd., Hervh. d. V.), innerhalb des M-Systems hingegen um eine Affekt*verwandlung* (Liebe in Angst). – Auch bei der Sublimierung kommt es zu einer solchen *Verschiebung*, zu einer Ablenkung vom direkten Triebziel (M) und Triebobjekt (W), und das Interessante dabei ist: „die Sublimierung stellt den Ausweg dar, wie die Anforderung erfüllt werden kann, *ohne die Verdrängung herbeizuführen.*" (1914c, S. 162, Hervh. d. V.). Also scheint es bei der

Sublimierung um eine Verschiebung *innerhalb* derselben dominanten *Richtung* bzw. *Triebstrebung* zu gehen, ohne daß die Verdrängung, der antagonistische Trieb, zur Durchsetzung gelangt (d. h.: die Verdrängung bleibt rezessiv). Das Ergebnis einer Sublimierung könnte z. B. „ein *Interesse* für die *Zoologie* (Wolf) anstelle eines *Liebes*anspruchs an den *Vater*" sein[128]. Formal könnten wir eine solche *Ab-lenkung* vom direkten Sexualziel und -objekt als eine *laterale Erregung* bei gleichzeitiger *Hemmung* des ursprünglichen Triebziels und -objekts bezeichnen, weshalb dann alle nachfolgende Erregung ebenfalls die laterale Bahn nimmt (wir können auch sagen: das Objekt der Sublimierung wirkt als Attraktor für die nachfolgenden Erregungsabläufe). Die Verschiebung am W-Anteil ist bei der Angsthysterie dieselbe wie bei der gelungenen Sublimierung (der *Wolf* liegt sozusagen auf derselben Linie wie der *Vater*), aber im Unterschied zur Sublimierung, die auch am M-Anteil eine Verschiebung innerhalb derselben Richtung (*interessieren* statt *lieben*) zustande bringt, ist die Angsthysterie durch eine Affektverwandlung (*Angst* statt *Liebe*) am M-System charakterisiert. Damit könnten wir sagen: die Sublimierung ist formal darstellbar als ein Vorgang der *lateralen Erregung* auf Seiten des dominanten *Triebs* bei einer zeitweiligen oder partiellen *antagonistischen Hemmung* oder bei *unterschwelliger Erregung* auf Seiten *der Verdrängung*.

Bleibt zuletzt noch die *Verdrängung*[129], die Freud unter die Triebschicksale einreiht, weshalb in diesem Kapitel immerhin seine formale Fassung zu formulieren wäre, und das ist aus der hier gewählten Perspektive nicht mehr schwer: Da die Verdrängung in unserem Modell als der zum jeweiligen Trieb antagonistische Trieb definiert wurde, ist die Verdrängung nicht anders denn als *antagonistische Erregung* zu beschreiben[130] – wobei wieder im einzelnen zu untersuchen bliebe, welche genauen Wege der jeweilige Antagonist seinerseits nimmt, um sein Ziel: die Wiederherstellung der gestörten Homöostase, zu erreichen.

Inzwischen ist längst klar geworden, worauf ich mit meinen Überlegungen hinauswill. Natürlich könnten wir uns bei der Behandlung der Triebschicksale jeweils darauf beschränken festzustellen oder zu fragen, auf welcher Etage innerhalb der drei T-W-M-Systeme sich ein Trieb-Verdrängungs-Vorgang nachweisen läßt – und damit hat man schon viel zu tun und auch viel gewonnen. Dennoch wäre diese Auffassung noch zu einfach und würde auch manche Vorgänge im Detail ungeklärt lassen, deren genauere Analyse man sich meines Erachtens nicht ersparen kann. Fassen wir also Freuds Überlegungen zu den für bestimmte Neurosen spezifischen Triebschicksalen unter der Perspektive ihrer *Gerichtetheit* zusammen (denn Triebe sind hier *gerichtete Größen*), dann ergeben sich aus seiner Darstellung der Triebschicksale – *Verkehrung ins Gegenteil, Wendung gegen die eigene Person*, *Re-flexion* und *Verschiebung* – formal die Möglichkeiten der Weiterleitung bzw. Verschaltung einer Trieberregung entweder *zum Antagonisten* oder *nach vorn* oder *zur Seite* oder *zurück*. Deshalb schlage ich – und zwar ausdrücklich in Orientierung an den Organisationsprinzipien neuronaler Verschaltungen (d. h. in der Fortführung von Freuds Anliegen des *Entwurfs*), jedoch für die systemtheoretische Darstellung komplettierend – vor, für beide Triebe vorläufig folgende Möglichkeiten der Verschaltung anzunehmen:

die *antagonistische Erregung* und die *antagonistische Hemmung*,
die *Feedback-Erregung* und die *Feedback-Hemmung*,
die *Feedforward-Erregung* und die *Feedforward-Hemmung*[131] sowie
die *laterale Erregung* und die *laterale Hemmung*,

wobei zusätzlich die Prinzipien der *Divergenz*, *Konvergenz* und *Summation*[132] (zeitliche und räumliche Bahnung) wirksam werden können. Bei der Aufstellung dieser acht verschiedenen Möglichkeiten ist es zunächst einmal völlig unerheblich, ob sie sämtlich als zweckmäßig anzunehmen sind oder ob einige davon – als rechnerisch unhaltbar oder klinisch nicht nachweisbar – wieder ausgeschieden werden müssen und ob – was wahrscheinlich ist – andere zusätzliche zu formulieren wären[133]. Vielmehr geht es dabei um zweierlei: Erstens ermöglicht die Annahme solcher (und ähnlicher) Verschaltungsmodalitäten die formalisierte Darstellung der *Zusammengesetztheit* der Triebrepräsentanzen innerhalb von Mustern: z. B. kann ein hypothetisch einzelner auslösender Trieb *a* eine Reihe von Repräsentanzen via laterale Erregungen innerhalb derselben Triebstrebung aktivieren – eine Trieb-Kette bilden – *und gleich-*

zeitig nach dem Prinzip der Divergenz eine antagonistische Erregung *b* auslösen, die ihrerseits über einen Wechsel von verschiedenen Feedbacks und Feedforwards bei der Besetzung von Repräsentanzen – der Verdrängungs-Kette – am Ende über eine antagonistische Hemmung des auslösenden Triebs *a* die Verdrängungs-Kette an irgendeiner Stelle mit der Trieb-Kette verknüpft (verschaltet) und dabei den besonderen Verdrängungsmodus b_{mod} realisiert, woraus sich das allenfalls wahrnehmbare Resultat der Verschaltung dieser jetzt aus komplexen Mustern gebildeten Repräsentanz in einer spezifischen Besetzung ab_{mod} ergibt. Zweitens geht es dabei um den *quantitativen Faktor* des Triebgeschehens, der bei diesen Verschaltungen – rein rechnerisch – ins Gewicht fällt: z. B. muß es bei einer Feedback-Erregung zu einer quantitativen Erhöhung = Verstärkung der Erregung durch wiederholte bzw. Mehrfachbesetzung derselben Repräsentanz kommen, was an dieser etwa eine zeitliche Bahnung bewirkt oder das Prinzip der Divergenz verstärkt; oder es kann bei einer Feedforward-Hemmung zur Ausschaltung = Nichtaktivierung einer ganzen Sequenz von Repräsentanzen kommen, die unter der quantitativ dominanten Besetzung eines Triebes stehen – womit auch die sonst von diesen Besetzungen auf andere Repräsentanzen weitergeleiteten Erregungsbeträge entfallen; d. h.: es macht einen Unterschied, ob wir eine Feedforward-Hemmung des Antagonisten = ein Nichtbesetzen = Nicht-Aktivieren seiner Repräsentanzen annehmen oder eine antagonistische Erregung mit nachfolgender Feedback-Hemmung des Antagonisten = eine hemmende Besetzung = Aktivierung seiner (–)Repräsentanzen: denn ein *Nicht-Aktivieren des Antagonisten* nach dem Modus der Feedforward-Hemmung läßt die homöostatisch regulierenden (–)Beträge der Verdrängung entfallen – was z. B. für die Verwandlung von Liebe in Angst = Übererregung/Spannungsanstieg entscheidend sein mag –, wohingegen die *Aktivierung der Verdrängung* auch nach dem hemmenden Verschaltungsmodus die zur Erreichung der Homöostase nötigen (–)Beträge beisteuert[134]. Entscheidend ist, daß diese zunächst einmal rein rechnerisch zu betrachtenden Verschaltungsmöglichkeiten sämtliche Vorgänge in allen drei T-W-M-Systemen bestimmen. Machen wir uns diese Annahmen anhand einer graphischen Darstellung etwas klarer:

A) Antagonistische Hemmung B) Feedback-Hemmung C) Laterale Hemmung

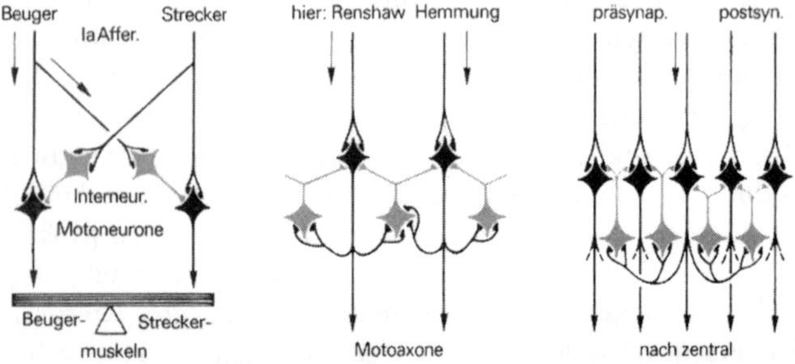

D) Feedback-Erregung

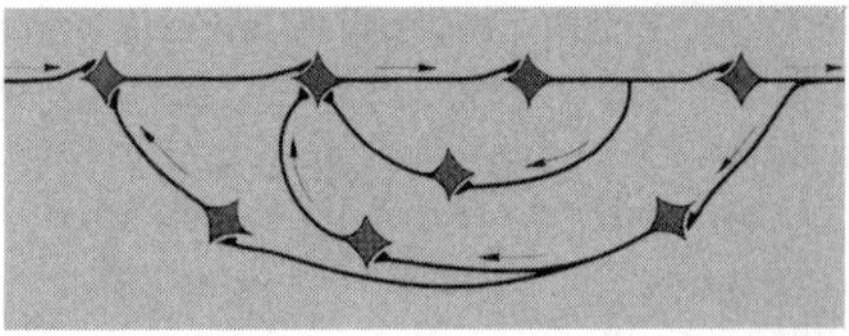

Abb. 20 (**A – G**) zeigt einige der einfacheren Verschaltungsmöglichkeiten, wie sie schematisch für die Physiologie kleiner Neuronenverbände erarbeitet wurden, und wie sie, auf unser Modell angewendet, kommentiert werden könnten. **A-C** zeigen „typische hemmende Schaltkreise"; die hemmenden Interneurone sind hellgrau markiert. (Alle Abbildungen und Zitate aus Schmidt, 1983, S. 106–113.) – Die Interneurone können innerhalb unseres Modells durch die von Freud sogenannten „eingeschobenen Mittelglieder" ersetzt werden; es wäre dies eine Besetzung von Repräsentanzen als Mittel, um die Verschaltungsmodalitäten z. B. der *antagonistischen Hemmung*, der *Feedback-Hemmung* sowie der *lateralen Hemmung* zu realisieren. Abbildung **D** präsentiert eine *Feedback-Erregung:* die „Neuronenverschaltung einer erregenden Rückkopplung. Diese hypothetische Verschaltung könnte bei entsprechender Dimensionierung zu einem Kreisen von Erregung führen." – Während hemmende Schaltkreise vielfach experimentell nachgewiesen worden sind, ist „die immer wieder vorgebrachte Ansicht, daß im ZNS auch positiv rückgekoppelte Schaltkreise vorliegen, die durch Rückkopplung von Erregung auf bereits erregte Zellen zu einem Kreisen der Erregung führen würden," nach wie vor umstritten (ebd., S. 112). Unabhängig von einem solchen Nachweis können wir die Feedback-Erregung aber *theoretisch* vorläufig *setzen*; dann würden etwa Repräsentanzen aus einem Assoziationskomplex den Platz der Interneurone einnehmen; die kreisende Erregung würde so die Besetzung dieses Komplexes verstärken.

E) Divergenz

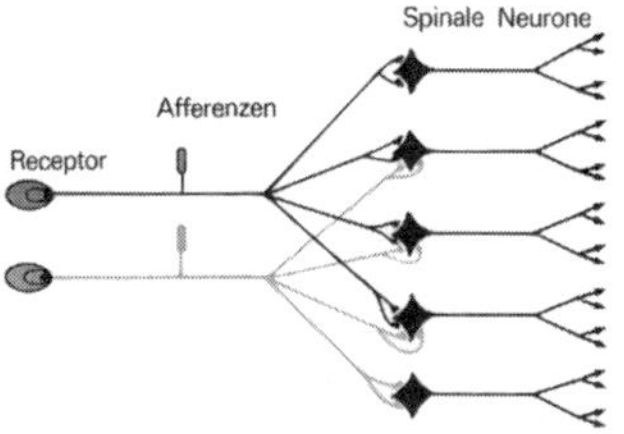

F) Konvergenz

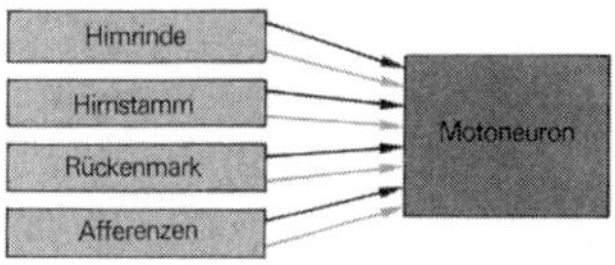

Abb. 20 **E** zeigt die „schematische *Divergenz* zweier Hinterwurzelfasern (Afferenzen) auf spinale Neurone. Die Axone dieser Neurone zweigen sich wiederum in zahlreiche Kollaterale auf." – Die *Divergenz* wäre z.B. für die Verzweigungen der vom T-System ausgehenden Erregungen auf die verschiedenen Etagen der W- und M-Systeme anzunehmen; oder für die von der Strukturebene des Narzißmus ausgehenden libidinösen Besetzungen in Richtung Subjekt- und Objektschiene. In Abbildung **F** ist die schematische Darstellung einer *Konvergenz* zu sehen: im genaueren geht es hier um die „auf ein Motoneuron konvergierenden erregenden und hemmenden Zuflüsse" – die Hemmung ist hellgrau markiert. – Die *Konvergenz* trifft z.B. zu für die mehrfache Besetzung einer Repräsentanz durch beide antagonistische Triebe – deren Zuflüsse wiederum von ganz verschiedenen Repräsentanzen herkommen können – wobei alle Beträge miteinander verrechnet werden; sie entspricht auch genau dem, was Freud mit dem Traummechanismus der „Verdichtung" beschrieben hat.

G) Räumliche Bahnung

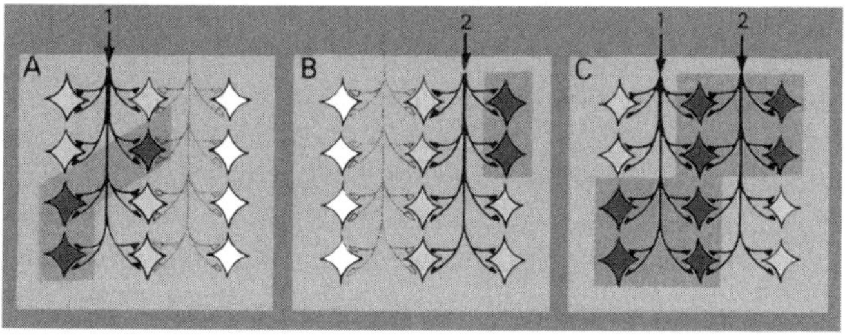

Mit der *Bahnung* hat Freud sich bereits ausführlich im *Entwurf* befaßt. Abbildung **G** zeigt als Beispiel die Auswirkung der gleichzeitigen Erregung zweier Zuflüsse: bei der *räumlichen Bahnung* divergieren die afferenten Zuflüsse 1 und 2 „zu je acht der insgesamt zwölf Neurone, wobei auf die mittlere Reihe mit vier Neuronen beide Zuflüsse konvergieren. *(A)* Aktivierung des Zustroms 1 führt zu unterschwelligen EPSP [= erregende postsynaptische Potentiale] in fünf Neuronen (hellgrau) und zu überschwelligen EPSP in drei Neuronen (dunkelgrau unterlegt). *(B)* Aktivierung des Zuflusses 2. Sechs Neurone sind unterschwellig, zwei überschwellig erregt. *(C)* Gleichzeitige Aktivierung der Zuflüsse 1 und 2 erregt alle Neuronen der mittleren Reihe überschwellig. Dadurch ist die Zahl der überschwellig erregten Neurone größer als die Summe der bei Einzelreizung erregten, 8 > 3 + 2." (ebd., S. 109) – Die *räumliche Bahnung* könnte z. B. schlagartig erhellen, warum die Deutung von Spaltungsprozessen, also das Konfrontieren mit nicht oder nur unterschwellig assoziierten Repräsentanzen, also das gleichzeitige, verbindende Erwähnen von 1 und 2, zum Zusammenschluß zweier vorher getrennt gehaltener Repräsentanzen zu einem vollständigen Muster – im Sinne einer Erlebniseinheit führt[135]. – Neben dieser *räumlichen Bahnung* gibt es noch die *zeitliche Bahnung*, die hier graphisch nicht dargestellt ist: Bei der zeitlichen Bahnung addieren sich kurz hintereinander ausgelöste unterschwellige EPSP in ihrer erregenden Wirkung auf ein Neuron und führen bei Erreichen der Schwelle zu einem fortgeleiteten Aktionspotential. „Zeitliche Bahnung ist von großer physiologischer Bedeutung, da viele nervöse Prozesse, z. B. Receptorentladungen, repetitiv ablaufen und sich dadurch an Synapsen zu überschwelligen Erregungen summieren können." (ebd., S. 107)

Überlegungen wie diese, welche Freuds *Triebschicksale* für die formalisierte Fassung des Modells vom psychischen Apparat als verschiedene Grundformen der Verschaltung ausweisen, die in unterschiedlicher Weise kombiniert sein können und für beide Triebe gelten, mögen vielleicht den Eindruck einer Überfremdung der Metapsychologie durch das Denken der Systemtheorie oder Neurophysiologie erwecken. Aber in Bezug auf die unglaubliche Komplexität der *in Wirklichkeit* ablaufenden psychophysiologischen Prozesse ist es nur adäquat, im Bereich der Metapsychologie eine Modellkonzeption zu erstellen, die solcher Vielfalt theoretisch wenigstens annähernd Raum gibt. Im übrigen hat Freud *von der Struktur her* genau so gedacht, wenn er die Triebschicksale als spezifische Wege der *Wendung*, der *Verkehrung* und der *Verschiebung* unter Nutzung verschiedener *Verbindungen* über alle möglichen *Abkömmlinge*, *Gedankenzüge* und *Mittelglieder* zu beschreiben versucht – und dies noch gesondert für den Vorstellungs- (W) und den Affektanteil (M). Wir können deshalb sagen: *Triebschicksale sind Trieb-Verdrängungs-Verschaltungen innerhalb der T-W-M-Systeme nach verschiedenen Modalitäten und mit unterschiedlicher Konsequenz für die aus solcher Verschaltung hervorgehenden*

Energiebeträge (Quantitäten), die an einer bestimmten Repräsentanz(enkonfiguration) aktiviert werden.

Diese Neuerung und weitere Differenzierung, die Freud unter dem Titel *Triebschicksale* vornimmt, hat natürlich Konsequenzen für die Auffassung der Bestandteile seines Triebkonzepts. Denn wenn wir jetzt deutlicher sehen als zuvor, daß das, was wir bisher – egal auf welcher Etage der W-M-Systeme – unter dem einheitlichen Begriff *Repräsentanz* gefaßt hatten, ein komplexer Ablauf einer Unzahl von Trieb-Verdrängungs-Verschaltungen nach unterschiedlichen Verschaltungsmodalitäten ist, wovon jeder einzelne einen Beitrag zum weiteren Verlauf und damit zum „Endergebnis" leistet, dann folgt daraus, daß der Begriff „Repräsentanz" nicht für etwas quasi Statisches, Fixiertes steht, sondern einen *dynamischen Prozeß* bezeichnet. Nun hatten wir allerdings bisher gesagt: die Repräsentanz ist eine Struktur, ein Schalter; und jetzt ergibt sich: die Repräsentanz ist ein Prozeß. Aber der Unterschied zwischen beiden Aussagen ist kein Widerspruch, sondern betrifft lediglich die jeweils gewählte Perspektive, d.h.: der Zusammenhang beider Aussagen besteht darin, daß der Strukturbegriff den Akzent auf eine bestimmte Konstellation zu einem bestimmten Zeitpunkt (Querschnitt) setzt, wohingegen der Prozeßbegriff auf eine dynamische Änderung über einen gewissen Zeitraum (Längsschnitt) bezogen ist, also die bestimmte Zusammensetzung von Einzelelementen verfolgt, die eine spezifische Funktionsweise der Struktur generiert[136]. Damit ist der stabile wie der flexible Anteil des Strukturbegriffs geklärt: Wir verwenden innerhalb unserer Überlegungen den Strukturbegriff meistens im (Querschnitt-)Sinne eines Schalters (der ein bestimmtes Gesetz enthält, eine spezifische Modalität zum Zwecke der Aufrechterhaltung der Homöostase realisiert); interessieren wir uns aber für die Veränderbarkeit von Strukturen (z.B. die Anpassung an aktuelle Erfordernisse oder Lernen), dann bedingt dies eine dynamische Betrachtungsweise, die den Strukturbegriff in der von Freud bereits angedeuteten Weise als Prozeßbegriff auffaßt.

Was heißt das jetzt für die Bestandteile der T-W-M-Systeme? Gehen wir davon aus, daß diese Bestimmung für *alle* Etagen der beiden W-M-Systeme gilt[137], und betrachten wir dies stellvertretend für die zweite Etage, d. h. für die Objektrepräsentanzen (W) und die Affektrepräsentanzen (M): In bezug auf die Objektrepräsentanzen mag man dem vielleicht noch leichterdings folgen, denn es versteht sich beinahe von selbst, daß so etwas wie eine Objektrepräsentanz gar nicht anders gedacht werden kann, denn als eine komplex zusammengesetzte Musterbildung, die viel eher einem *dynamischen Prozeß* (der eine Vielzahl von Trieb- und Verdrängungs-Ketten mit sowohl konstanten wie auch situationsspezifisch variierenden Bestandteilen involviert), denn einer fixierten Einheit entspricht. Schon allein eine noch relativ primitiv strukturierte Objektrepräsentanz „Mutter" enthält eine Unzahl von Einzelelementen, Erinnerungsspuren, gruppiert um dynamisch interagierende visuelle, gustatorische, haptische, akustische etc. Kerne (Attraktoren), zu denen situative, atmosphärische etc. Komplexe hinzutreten, die je nach Bedürfnislage (Trieberregung) in unterschiedlicher Weise aktualisiert werden können; hinzu kommen noch all die auf ihrer Rückseite mitlaufenden Besetzungen von Selbstrepräsentanzen, von denen wiederum je unterschiedliche Bestandteile aktiviert sein können. Die Besetzung einer bestimmten Objektrepräsentanz (hier verstanden als übergeordneter Musterkomplex) zu einem bestimmten Zeitpunkt ist somit niemals völlig identisch mit der Besetzung derselben Objektrepräsentanz zu einem früheren oder späteren Zeitpunkt: sie ist immer *je spezifisch* aktualisiert.

Auch innerhalb des M-Systems, für die Ebene der Affektrepräsentanzen, sollen diese Überlegungen gelten, woraus sich ergibt: *jeder Affekt ist das Resultat eines prinzipiell komplex zusammengesetzten, dynamisch verlaufenden Trieb-Verdrängungs-Prozesses.* Freuds Begriff der „Affektverwandlung", welche aus Liebe Angst macht, und seine Erklärung der dabei eingesetzten Mechanismen weisen eindeutig darauf hin, daß der Angst-Affekt das Ergebnis eines *Prozesses* ist, also nicht der Ausdruck einer einzigen, sondern einer bestimmten Kombination = Verschaltung von Sexual- und Selbsterhaltungstrieberregungen. Auch die verschiedenen von Freud diskutierten Verwandlungsmöglichkeiten des einen Affekts: *lieben* in die drei Gegensätze: *hassen*, *geliebt-werden-wollen* und *Indifferenz* (1915c, S. 226) – wovon der mittlere wiederum das Resultat einer „Wendung von der Aktivität zur Passivität" ist (ebd.) – machen deutlich, daß der Affekt für Freud der Ausdruck eines aus bestimmten energetischen (quantitativen) Kombinationen der beiden Grundtriebe resultierenden „Mischungsverhältnisses" ist: „Was ist nun im dynamischen Sinne ein Affekt? Jedenfalls etwas sehr Zusammengesetztes." (1916-17a, S. 410) Und daß in diese Zusammensetzung des einzelnen Affekts beide Triebe, genauer gesagt: viele verschiedene Trieb-Verdrängungs-Verschaltungen involviert sind, zeigt die anschließende Präzisierung: „Um mich verständlicher zu machen, der *Affektzustand* wäre ebenso gebaut wie ein *hysterischer Anfall,* wie dieser der Niederschlag einer *Reminiszenz.*" (ebd., Hervh. d. V.) Das hysterische Symptom, das der Anfall zur Darstellung bringt, ist bei Freud von Anfang an der Prototyp einer Trieb-Verdrängungs-Repräsentanz; und als ein solcher Niederschlag, als Reminiszenz (Erinnerungsspur), enthält der Affekt einen „Kern, welcher das genannte Ensemble zusammenhält" (ebd.) – wir können auch sagen: ein von einem solchen Kern (z. B. einer spezifischen Grundverschaltung) ausgehendes Ensemble (Muster, Konfiguration) entspricht einer *Affektrepräsentanz* (Erinnerungsspur). D. h.: ebenso, wie bestimmte Konfigurationen des W-Systems als komplexe Einheiten (und Attraktoren) gespeichert, fixiert oder dauerhaft repräsentiert sind (z. B. das Selbst), sind auch bestimmte wiederkehrende Verschaltungsmodalitäten der Trieb-Verdrängungs-Prozesse auf der Ebene der Affekte repräsentiert – und können deshalb auch als solche (global) besetzt werden.[138]

Damit hat sich gezeigt: Freuds Ausführungen über die Triebschicksale machen *konzeptuell* verständlich, wie eine derart große Bandbreite verschiedener *Vorstellungen* und *Affekte* aus nur zwei Grundtrieben entwickelt und nach einheitlichen Prinzipien organisiert dargestellt werden kann[139]. Verlassen wir an dieser Stelle die Mikroperspektive (die Zusammengesetztheit der einzelnen Repräsentanz) und wechseln noch einmal hinüber zur Makroperspektive (der dynamischen Organisation der einzelnen Bestandteile des Triebkonzepts innerhalb der T-W-M-Systeme), um auch dort die hier vorgeschlagenen Verschaltungsmodalitäten für das Verständnis der Triebschicksale fruchtbar zu machen. Wir hatten wiederholt gesagt, daß jede komplette psychische Einheit eine gedoppelte T-W-M-Einheit darstellt und im Zusammenhang mit Freuds Einteilung des Triebkonzepts das Etagen-Schema (Abb. 19) entwickelt. Dieses Schema steht für einen wesentlichen Bestandteil des dynamisch-stabilen Systems *psychischer Apparat,* das sein (relatives) Gleichgewicht über bestimmte Maßnahmen (Verschaltungsmodalitäten) realisiert. Betrachten wir uns diesen Zusammenhang nach dem Muster eines Regelkreises, wie er auch in der Physiologie verwendet wird (Abb. 21 A – H):

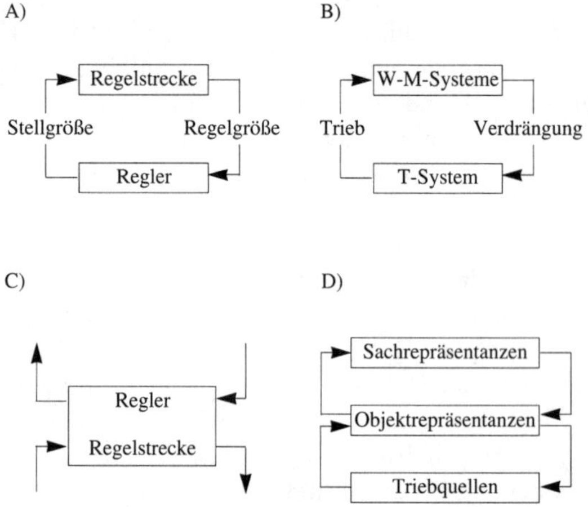

In 21 **A** ist die einfachste Version eines Regelkreises dargestellt: ein geschlossenes Wirkungsgefüge. Der *Regler* enthält den Sollwert des Systems. Die *Regelstrecke* enthält die „Geräte“, mittels derer die Regelung vollzogen werden kann. Die Maßnahmen des Systems zur Aufrechterhaltung oder Wiederherstellung der Homöostase bilden die *Stellgröße.* Die (mögliche) Abweichung vom Sollwert, also der aktuelle Istwert, wird als *Regelgröße* bezeichnet. In **B** wird das T-W-M-System nach dem Muster dieses einfachen Regelkreises dargestellt: Das T-System entspricht jetzt einem übergeordneten Regler, der den Sollwert (Homöostase) enthält; das W- und das M-System bilden zusammengenommen die „Geräte“, mittels derer der Gleichgewichtszustand wiederhergestellt werden kann: die Regelstrecke; die Stellgröße wird hier durch den (+)Trieb, die Regelgröße durch die (–)Verdrängung vertreten. (Nachdem wir die Verdrängung als den jeweils antagonistischen Trieb ausgewiesen hatten, spielt diese Aufteilung im Prinzip keine Rolle.) Da der Aufbau der W-M-Systeme über drei verschiedene

Etagen ebenfalls als hierarchisch organisiert gedacht wird, haben wir es aber mit einer *Kopplung von Regelkreisen* zu tun. Dabei zeigt sich nun, vergrößert in **C** dargestellt, daß eine Struktur, die von einer übergeordneten her gesehen die Funktion einer *Regelstrecke* ausübt, für eine ihr untergeordnete Struktur ein *Regler* ist. In **D** ist diese hierarchische Gliederung allein für das W-System skizziert: die Triebquellen sind hier der Regler für die Ebene der Objektrepräsentanzen: die Ebene der Objektrepräsentanzen ist für die Triebquellen die Regelstrecke, für die Ebene der Sachrepräsentanzen hingegen der Regler. Selbstverständlich läßt sich die einfache Gliederung des W-Systems nach demselben Verfahren noch beliebig weiter ausdifferenzieren – wobei zusätzlich Parallelverschaltungen (etwa zur Subjekt- und Objektschiene) in Betracht kommen. Werfen wir jetzt noch wenigstens einen kurzen Blick auf eine zusätzliche Komplikation innerhalb des Regelkreises:

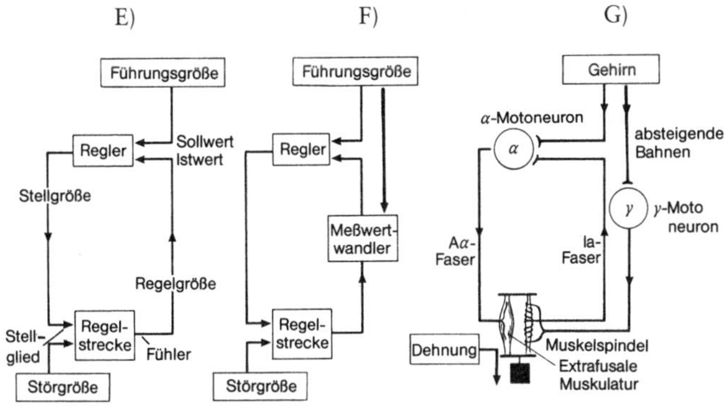

Abb. 21 **E – G** zeigen die genauere Darstellung eines Regelkreises und seine Anwendung auf den Dehnungsreflex (Graphik und Untertext nach Schmidt & Thews 1987, S. 341): **E**: Blockschaltbild eines einfachen Regelkreises. Die Linien mit Pfeilen geben die Wirkungsrichtung an, mit der sich die Elemente des Regelkreises, Regler und Regelstrecke, gegenseitig beeinflussen. Die Regelgröße ist ein Zustandswert der Regelstrecke, der konstant zu halten ist. **F**: Blockschaltbild eines erweiterten Regelkreises: die Führungsgröße greift hier, im Unterschied zu E, am Regler und am Meßwertwandler für den Istwert an. **G**: Schema des spinalen Dehnungsreflexes mit seiner Beeinflussung vom Gehirn. Die Darstellung soll die Entsprechung zum Regelkreis in F aufzeigen. – Übertragen wir wiederum diese Idee einer Parallel- oder Direktschaltung über einen Meßwertwandler auf unser Modell:

H)

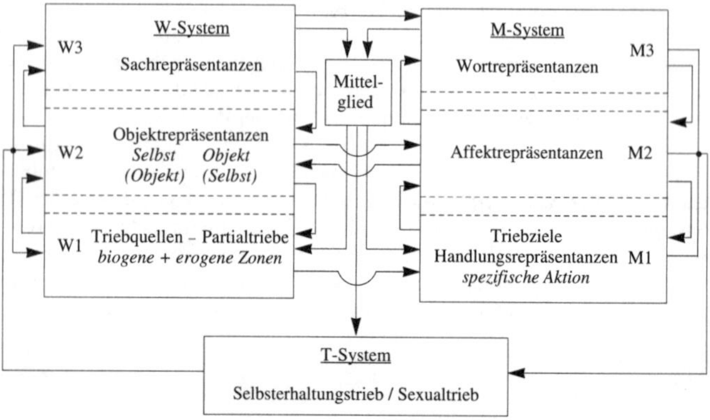

Abb. 21 H: Als Meßwertwandler können prinzipiell Repräsentanzen oder Repräsentanzengruppen im Sinne von „Mittelgliedern" eingesetzt werden (hier nur einmal dargestellt) – aber es können auch direkte Verbindungen vom T-System zu allen Etagen der W-M-Systeme (oder einzelnen ihrer Bestandteile) in dieser Funktion geschaltet sein, so daß sich zusätzlich zur hierarchischen Gliederung bzw. Kopplung der einzelnen Etagen direkte oder Parallelschaltungen ergeben, die in den Regulationsvorgang eingreifen.

Was bringt diese systemtheoretische Aufbereitung unseres Modells an Erkenntniszuwachs? Nicht die einzelnen provisorisch eingetragenen Pfeile (Verbindungen) sind daran interessant – davon könnte man (experimentell) noch beliebig viele weitere hinzufügen. Der Vorteil liegt vielmehr in der folgenden Überlegung: Betrachten wir die verschiedenen Etagen in unserem Schema (gesamthaft gesehen) als verschiedene Schalter innerhalb von gekoppelten Regelkreisen, dann läßt sich unser Postulat der verschiedenen Verschaltungsmodalitäten (antagonistische, Feedback-, Feedforward- und laterale Erregung sowie Hemmung) auf diese (Makro-)Schalter genauso anwenden wie zuvor auf die einzelne Repräsentanz (das Prinzip ist wieder für alle Ebenen innerhalb unseres Modells gültig und anwendbar): So kann etwa die Feedforward-Hemmung *eine ganze Etage* betreffen und damit *ausschalten* (z. B. beim katatonen Stupor [M1], den Anästhesien [W1], der Affektverödung [M2], dem Mutismus [M3]), oder eine assoziierte Gruppe innerhalb einer Etage (z. B. bei der Frigidität [W1] oder der hysterischen Lähmung des Arms [M1]), umgekehrt kann eine Feedback-Erregung zur Übererregung einer ganzen Etage führen (z. B. bei der katatonen Erregung [M1], den Hyperaesthesien [W1], der Affekt-Überflutung [M2], der Logorrhoe [M3]), oder das Prinzip der Konvergenz (etwa aller Beträge der W-M-Systeme) kann die *synthetische Funktion des Ichs* zur Darstellung bringen – und anderes mehr. Letztlich sind also *alle* Kombinationen von Erregung und Hemmung aller Bestandteile der T-W-M-Systeme auf diese Weise darstellbar – auch die scheinbar „unmöglichen“[140], die Freud unter den übergeordneten Begriff der *falschen Verknüpfung* gestellt hat, dessen Geltungsbereich auf alle Organisationsebenen des psychischen Apparats ausgedehnt werden kann. Damit zeigt sich, daß die Annahme solcher und ähnlicher verschiedener Verschaltungsmodalitäten einerseits die *Konzeptualisierung* der verschiedenen Störungsbilder auf der *formalen Ebene* ermöglicht (also ohne daß man dabei Aussagen verwenden muß, die eine bestimmte Störung mit einer *„Angst vor“* erklären – denn innerhalb eines formalisierten Modells gibt es eben keine Angst als Gefühlszustand – wohl aber in der klinischen Theorie), und andererseits vielleicht auch dem Kliniker Kriterien an die Hand gibt, die es ihm ermöglichen, bei der unendlichen Vielfalt an Störungsbildern eine erste grobe Orientierung zu gewinnen. Was Freud in seinem Aufsatz über die Triebschicksale zu formulieren versucht hat, ist somit von fundamentaler Bedeutung für das Verständnis des psychischen Apparats, seines Aufbaus und seines Funktionierens. Sein Modell der Psyche, das letztlich aus nichts anderem als aus den beiden Trieben (Variablen) und den hierarchisch angeordneten Strukturen (Schaltern) aufgebaut ist, folgt nach wie vor auf beeindruckende Weise dem Gebot der Sparsamkeit innerhalb wissenschaftlicher Erklärungen.

Das Unbewußte

Mit seinen Aufsätzen über die *Triebe und Triebschicksale* sowie die *Verdrängung* nähert sich Freud der metapsychologischen Konzeptualisierung des Herzstücks der Psychoanalyse: des *Unbewußten*, ja, man kann sagen, daß eigentlich alle seine Gedanken über die Triebschicksale und die Verdrängung – nach der Klärung des *Wo* und des *Wie* – auf die Frage zulaufen, *was* von einem psychischen Ablauf jeweils bewußt und was davon unbewußt ist oder wird. Die Versuchung läge hier nahe, das *Was* des Unbewußten auf seine Inhalte zu beziehen – und damit die Ebene der Metapsychologie gegen die viel buntere der Klinischen Theorie zu vertauschen –, aber Freud läßt sich da nicht verführen: seine Überlegungen sind trocken, rational und systematisch, er spricht von Mechanismen, von funktionellen Zustandsänderungen, von Aktivierung etc. und hält sich damit strikt an seine Kriterien für die metapsychologische Darstellung, nämlich: „einen psychischen Vorgang nach seinen *dynamischen*, *topischen* und *ökonomischen* Beziehungen zu beschreiben." (1915e, S. 281) Somit ist der Bereich abgesteckt, innerhalb dessen wir unter der hier gewählten formalisierten Perspektive einen Beitrag zur Konzeptualisierung des Unbewußten wie auch – in Abgrenzung davon – des Bewußten leisten können, und weil es, streng genommen, für einen psychischen *Apparat*, für ein *Modell*, weder Bewußtes noch Unbewußtes als solches gibt, müssen wir unseren Zugang zu dieser Fragestellung präzisieren. Da Freud die Begriffe Bewußtes und Unbewußtes einerseits für wechselnd aktualisierte *Zustände* des Psychischen, andererseits aber auch für zwei in ihrer Arbeitsweise unterschiedene *Organisationseinheiten* oder *Systeme* (*Ubw, Bw*) verwendet, ergeben sich die Fragen: Welches sind die formalen Kriterien dafür, daß ein psychischer Ablauf ein bewußter oder unbewußter genannt werden kann (phänomenologisch gesprochen: als ein solcher erscheint), und was charakterisiert die Arbeitsweise des Unbewußten (System *Ubw*) im Gegensatz zum Bewußten (System *Bw*)?

Die zentralen Positionen sind bekannt und sollen deshalb nur kurz erwähnt werden: Freud unterscheidet zwischen dem im deskriptiven Sinne Unbewußten und dem dynamisch Unbewußten. Ersteres umfaßt neben dem dynamisch Unbewußten auch alles Bewußtseinsfähige, also alles Latente, was ohne weiteres bewußt werden kann, sofern es die dazu nötige Besetzungsenergie erhält; Freud nennt dieses Latente deshalb auch das Vorbewußte. Da das Vorbewußte als „System Vbw die Eigenschaften des Systems Bw teilt" (ebd., S. 272), soll es im Zusammenhang mit diesem behandelt werden. Im Gegensatz zu diesem Vorbewußten kann das dynamisch Unbewußte trotz der ihm eignenden Wirksamkeit und Intensität der Besetzung (1912g, S. 434) nicht bewußt werden, solange die ihm anhaftende Verdrängung nicht aufgehoben ist; das dynamisch Unbewußte ist also das Verdrängte. Sprechen wir aber vom Unbewußten als dem System Ubw, so gilt, „daß das Verdrängte nicht alles Unbewußte deckt. Das Unbewußte hat den weiteren Umfang; das Verdrängte ist ein Teil des Unbewußten." (1915e, S. 264) Die Frage ist, was *neben* dem Verdrängten als weiterer Teil des Systems Ubw konzeptualisierbar ist? Grundsätzlich gilt, wie Freud schon im *Entwurf* und in der *Traumdeutung* ausgeführt hat, daß alle psychischen Prozesse im System Ubw nach dem Primärvorgang, solche im System Bw nach dem Sekundärvorgang ablaufen. Da aber sowohl Primär- wie auch Sekundärprozeßhaftes bewußt werden kann, ist die bloße Zuordnung einer Repräsentanz zu einem System bzw. Funktionsmodus auch kein zureichender Hinweis auf ihre Bewußtheit oder Unbewußtheit. Welche Bedingungen müssen also vorliegen, welche Arten von Abläufen angenommen werden, um davon ausgehen zu können, daß ein psychischer Vorgang bewußt wird oder andernfalls unbewußt bleibt? Diese Fragestellung impliziert schon eine erste Grundannahme Freuds, nämlich daß *jeder* psychische Vorgang zunächst eine Phase durchläuft, in der er unbewußt ist, und erst von da aus unter bestimmten Bedingungen bewußt wird. Und in der Tat ist es für Freud ein Ergebnis der psychoanalytischen Forschung,

> „daß ein psychischer Akt im allgemeinen zwei Zustandsphasen durchläuft, zwischen welche eine Art Prüfung (Zensur) eingeschaltet ist. In der ersten Phase ist er unbewußt und gehört dem System Ubw an; wird er bei der Prüfung von der Zensur abgewiesen, so ist ihm der Übergang in die zweite Phase versagt; er heißt dann ‚verdrängt' und muß unbewußt bleiben. Besteht er aber diese Prüfung, so tritt er in die zweite Phase ein und wird dem zweiten System zugehörig, welches wir das System Bw nennen wollen." (ebd., S. 271 f.)

Damit ist der Weg einer Triebstrebung vom Unbewußten zum Bewußten beschrieben: Ein „psychischer Akt", der „im allgemeinen" zunächst unbewußt ist, absolviert eine „Art Prüfung (Zensur)", und wenn er die Prüfung besteht, erfüllt er die Bedingungen für sein Bewußtwerden.[141] Wir können aber auch sagen:

die *Behandlung* durch die sogenannte Zensur führt dazu, daß ein psychischer Vorgang in einen Zustand *überführt* wird, der entweder den Bedingungen des Bewußten oder denjenigen des Unbewußten entspricht. Die Zensur hatten wir gleichgesetzt mit der *Verdrängung* (bzw. mit einem Komplex von Verdrängungsmaßnahmen = Triebschicksalen); also behandelt die Zensur die Triebstrebung mit einer Verdrängungsmaßnahme, und daraus ergibt sich: *Am Übergang vom System Ubw zum System Bw wird die unbewußte Triebstrebung mit einer Verdrängungsstrebung verknüpft, wodurch eine komplette Trieb-Verdrängungs-Einheit entsteht, und diese erfüllt* – wiederum unter bestimmten Voraussetzungen – *die Bedingungen für ihre Bewußtwerdung.* Diese These entspricht im Prinzip genau dem, was wir bereits für die Halluzination erarbeitet hatten: dort hatten wir gesehen, daß ein (+)Triebmuster + ein (–)Verdrängungsmuster nur *zusammen* (Passung) eine Halluzination ergeben, und dieses Postulat läßt sich nun ohne weiteres auf einer hierarchisch übergeordneten Ebene wieder einsetzen; tut man dies, dann sind in der obigen These für den Übergang eines psychischen Vorgangs vom System Ubw zum System Bw verschiedene Annahmen enthalten:

1) daß im System Ubw Repräsentanzen (Triebvorstellungen) oder auch Repräsentanzenketten (Muster) vorkommen, die (funktionell oder als Organisationseinheit betrachtet) *nur von einem Trieb her besetzt,* sozusagen *monofil* sind (einfache T-W-M-Einheiten, die vereinzelt oder auch in größerer Anzahl verkettet sein können), also keine kompletten Trieb-Verdrängungs-Einheiten darstellen – das wären solche, die erst durch die Zensur komplettiert würden;

2) ließen sich dann auch monofile Repräsentanzen(ketten) denken, die keine vollständigen T-W-M-Einheiten darstellen: z.B. könnte der W- oder der M-Anteil fehlen; es würde sich dann um *Fragmente* von monofilen Einheiten handeln, die sich gerade deshalb am Übergang zum System Bw nicht zu einer kompletten Trieb-Verdrängungs-Einheit verknüpfen ließen; zu diesen Fragmenten würden z.B. all die „psychotischen" Ränder zählen, die bei der Verschaltung zweier antagonistischer Triebvorstellungen keine Passung erfahren haben, weshalb sie in bezug auf ihre weitere Verarbeitung (Verschaltung) „entfallen";

3) ergäbe sich aus der Behandlung solcher Fragmente durch

die Zensur (Verdrängung) zwar eine Dopplung, d. h. eine Trieb-Verdrängungs-Einheit, die aber zugleich eine unvollständige T-W-M-Einheit wäre: solche sozusagen *duofile Fragmente* wären (aufgrund des Fehlens eines W- oder M-Anteils) nicht ausreichend homöostatisch reguliert und genau deshalb nicht bewußtseinsfähig; da sie aber von der Zensur bereits behandelt und verdrängt wurden, gehörten sie mit in den Bereich des dynamisch Verdrängten;

4) ergibt sich daraus als Kriterium für die Bewußtseinsfähigkeit eines „psychischen Aktes", daß er eine komplette Trieb-Verdrängungs-Einheit darstellt, die für beide Triebe über alle drei T-W-M-Systeme verläuft; solche komplette und bereits relativ komplex organisierte Einheiten können als homöostatisch reguliert im Sinne von dynamisch stabil und deshalb bewußtseinsfähig gelten: sie „bestehen die Prüfung" der Zensur.

Versuchen wir, diese Thesen fruchtbar zu machen. Da Freud seine wichtigsten Einsichten über das Unbewußte seinem Studium der Träume verdankt, sind weitere wichtige Hinweise zur Klärung der Frage nach den formalen Bedingungen des Psychischen im System Ubw seiner 1915 verfaßten *Metapsychologischen Ergänzung zur Traumlehre* zu entnehmen. Freud unterscheidet da zweierlei Regressionen, nämlich

„die der Ich- und die der Libidoentwicklung: die letztere reicht beim Schlafzustand bis zur Herstellung des *primitiven Narzißmus*, die erstere bis zur Stufe der *halluzinatorischen Wunschbefriedigung*." (1916-17f, S. 413)

Vergegenwärtigen wir uns dazu das Schema von den beiden Schienen der Trieborganisation (Abb. 18). Freud erklärt, daß im Schlaf eine Regression der Ich- und der Libidoentwicklung (= der [Ich-]Selbsterhaltungs- und der Sexualtriebe) erfolgt, wodurch die Besetzung der Objektschiene bis zur Position des „primitiven Narzißmus", die Besetzung der Subjektschiene bis hin zur „halluzinatorischen Wunschbefriedigung" zurückgezogen wird. Das heißt: Der Schlafzustand führt (auf der vertikalen Linie unseres Schemas) zu einer Regression der Triebbesetzungen bis auf die Position, die im Sockel unserer Graphik eingetragen ist. Orientieren wir uns an den zugewiesenen Funktionsbereichen beider Triebe, dann geraten wir im Falle des

Schlafs ganz in den Dominanzdistrikt des Selbsterhaltungstriebs: Der Schlaf ist ein *nach innen gerichteter* weitgehend *unbewußt* ablaufender Vorgang, der wichtige *restaurative* Aufgaben nicht nur im Bereich des Psychischen, sondern vor allem im *Somatischen* zu erfüllen hat (z. B. sind viele innere Organe [die biogenen Zonen] während des Schlafs am aktivsten). Insofern ist das Somatische eine wichtige Funktionsebene des Selbsterhaltungstriebs. Da wir von einem homöostatisch sich selbst regulierenden Modell der Psyche ausgehen, wäre anzunehmen, daß einer *Extension des Selbsterhaltungstriebs ins Somatische* eine *Extension des Sexualtriebs ins Psychische* entgegenwirkt. So gesehen, stünde die Traumhalluzination als eine libidinöse Reaktion homöostatisch im Dienst der Verdrängung einer andernfalls quasi zu weitreichenden Extension des Selbsterhaltungstriebs ins Somatische. Auch der Schlaf wäre damit als ein störbarer Gleichgewichtszustand aufzufassen: „Ein Traum zeigt uns an, daß etwas vorging, was den Schlaf stören wollte, und gestattet uns Einsicht in die Art, wie diese Störung abgewehrt werden konnte.“ (ebd., S. 414) Die Abwehr dieser Gleichgewichts-Störung wird vom Sexualtrieb besorgt, und der Traum – der „von libidinösen Triebkräften geschaffen“ wird (1900a, S. 167, Anm.) – markiert die Umschlagstelle von der introversiven, sozusagen ganz im Somatischen operierenden Selbsterhaltungstriebstrebung zur extraversiven ins Psychische reichenden Sexualtriebstrebung. Also wären die Traumelemente (und die unbewußten Wunschregungen) doch nicht als monofile Repräsentanzenketten des Sexualtriebs, sondern bereits als Trieb-Verdrängungs-Einheiten aufzufassen, deren Selbsterhaltungstriebanteile lediglich ganz im somatischen Bereich liegende Repräsentanzen besetzt hätten.

An dieser Stelle erhebt sich ein gewichtiges Argument: Wenn es für ein formalisiertes Modell kein Bewußtsein oder Unbewußtsein geben kann, dann kann es innerhalb einer solchen Theorie auch kein Somatisches oder Psychisches geben. Wodurch also sollen Somatisches und Psychisches innerhalb der hier absichtlich eng gesteckten Grenzen repräsentiert sein? Damit stehen wir unvermittelt an der Schwelle einer fundamentalen Frage, der Leib-Seele-Frage: wie verhält sich Somatisches zu Psychischem und umgekehrt Psychisches zu Somatischem, und was ist das überhaupt: Psychisches? Angesichts der gigantischen Menge an Literatur zu dieser Grundfrage der menschlichen Existenz – insbesondere auf Seiten der Philosophie – möchte man geneigt sein, dieses Feld anderen Disziplinen zu überlassen. Aber die Psychoanalyse kommt nicht darum herum, hier Stellung zu beziehen, wenn sie denn – was meine Absicht ist – festhalten möchte an dem Anspruch, daß die Metapsychologie ein Brückenmodell ist, das sowohl auf den Bereich des Somatischen wie den des Psychischen anwendbar und zutreffend sein soll. Also wagen wir es. Im vorangehenden Abschnitt habe ich so argumentiert, als ob es einen Bereich des Somatischen gäbe, in dem während des Schlafs vor allem der Selbsterhaltungstrieb aktiv ist, und ab einer bestimmten Grenze eröffnete sich dann der Bereich des Psychischen, in den hinein der Sexualtrieb seinen Traum entwirft. Das ist das bekannte Argument der Desomatisierung und Resomatisierung[142], aus dem sich eine Progressionslinie vom Somatischen über das Unbewußte und das Vorbewußte zum Bewußten, sowie im Extremfall allerdings auch die Vorstellung ableiten läßt, Psychisches sei ab einem bestimmten Moment quasi losgelöst vom Somatischen. Und genau das war niemals Freuds Position. Lesen wir noch einmal seine vielzitierte in Anlehnung an Jackson formulierte Position in seiner Aphasiestudie:

„Die physiologischen Vorgänge hören nicht auf, sobald die psychischen begonnen haben, vielmehr geht die physiologische Kette weiter, nur daß jedem Glied derselben (oder einzelnen Gliedern) von einem gewissen Moment an ein psychisches Phänomen entspricht. Das Psychische ist somit ein Parallelvorgang des Physiologischen (‚a dependent concomitant').“ (1891b, S. 98)

„Was ist nun das physiologische Korrelat der einfachen oder der für sie wiederkehrenden Vorstellung? Offenbar nichts Ruhendes, sondern etwas von der Natur eines Vorganges. Dieser Vorgang verträgt die Lokalisation, er geht von einer besonderen Stelle der Hirnrinde aus und verbreitet sich von ihr über die ganze Hirnrinde oder längs besonderer Wege. Ist dieser Vorgang abgelaufen, so hinterläßt er in der von ihm affizierten Hirnrinde eine Modifikation, die Möglichkeit der Erinnerung. Es ist durchaus zweifelhaft, ob dieser Modifikation gleichfalls etwas Psychisches entspricht; unser Bewußtsein weist nichts dergleichen auf, was den Namen ‚latentes Erinnerungsbild' von der psychischen Seite rechtfertigen würde.

Sooft aber derselbe Zustand der Rinde wieder angeregt wird, entsteht das Psychische als Erinnerungsbild von neuem." (ebd., S. 99 f.)

Freud setzt also keine Grenze nach oben: alle psychischen Vorgänge, auch die differenziertesten und elaboriertesten, setzen physiologische Vorgänge voraus, sind *abhängige Begleiterscheinungen* dieser. Aber er setzt eine Grenze nach unten, wenn er meint, daß jedem physiologischen Vorgang erst „von einem gewissen Moment an ein psychisches Phänomen entspricht." Diese Annahme ist nicht zwingend – stört vielmehr die logische Stringenz seines Modells. Wir können lediglich sagen, daß es erst von einem gewissen Moment an psychische Vorgänge (bewußte oder unbewußte) gibt, die wir *als solche* erkennen können – was nicht ausschließt, daß das Psychische auch *vor* dieser Grenze, also bis auf die zelluläre und molekulare Ebene hinunter ein derartiger Parallelvorgang des Physiologischen ist. Entfernen wir also die Grenze nach unten, dann lautet unsere These: es gibt nichts Physiologisches ohne Psychisches, und umgekehrt ist dann natürlich Psychisches niemals unabhängig von Physiologischem denkbar. Der Vorteil dieser Parallelisierung über die *ganze Bandbreite* möglicher Erscheinungen hinweg ist der, daß wir uns wieder, unbeirrt von etwaigen konkreten Gegebenheiten der einen oder anderen Seite, ganz auf der formalisierten Ebene des Modells weiterbewegen können.

Freud präzisiert die Beziehung zwischen Psychischem und Physiologischem am Beispiel einer Vorstellung: was für uns eine einfache Vorstellung, sozusagen etwas Elementares ist, ist physiologisch nicht etwas Einfaches, „was sich an einem Punkt lokalisieren läßt" (ebd.), sondern *„etwas von der Natur eines Vorganges"*: ein *Prozeß*. Wenn also das Psychische ein Parallelvorgang des Physiologischen und wenn das physiologische Korrelat einer psychischen Vorstellung ein physiologischer Prozeß ist, dann ist auch Psychisches nicht anders als in Prozeßbegiffen zu fassen. So weit, so klar: wir haben es auf beiden Seiten mit Prozeßbegriffen zu tun, mit komplexen Mustern, genauer gesagt: mit Muster*bildungen* und mit *Abfolgen* solcher Musterbildungen. Was heißt das jetzt für unsere Auffassung und Unterscheidung von Psychischem und Somatischem? Per defititionem soll gelten: Psychisches wird hier *konzipiert* als die *Folge* von allen Musterbildungen, die bei sämtlichen physiologischen Abläufen entstehen und die auf den verschiedenen Hierarchieniveaus ihrer Organisation zu spezifischen Konfigurationen (Komplexen) zusammentreten oder solche aktivieren. Das heißt: Nicht der neuronale Erregungsvorgang *als solcher* – der sich nach Freud prinzipiell lokalisieren und bis ins letzte Detail verfolgen ließe (auch wenn dafür wohl noch auf lange die nötigen Instrumente fehlen) und dessen Wiedererregung sogar „das Psychische als Erinnerungsbild von neuem“ entstehen läßt – nicht dieser neuronale Ablauf *per se* entspricht in unserer Modellkonstruktion dem Psychischen, auch nicht das bei einer solchen physiologischen Aktivität entstehende Muster *als solches* ist gleichzusetzen mit dem tatsächlich Psychischen; sondern *Psychisches wird hier aufgefaßt als die Folge solcher Musterbildungen*; mit anderen Worten: nicht die Erregung, sondern das dabei auftretende Muster läßt das Erinnerungsbild (wieder)entstehen. Das bedeutet zweierlei: Zum einen müssen wir davon ausgehen, daß dieselben Ausgangserregungen zu verschiedenen Zeitpunkten unterschiedliche Muster entstehen lassen und umgekehrt, daß unterschiedliche Ausgangserregungen in denselben Musterbildungen zusammenlaufen. Deshalb wäre eine schlichte eins-zu-eins-Beziehung zwischen bestimmten physiologischen und psychischen Erregungen verfehlt[143]. Zum anderen ergibt sich aus der obigen Definition in bezug auf eine Abgrenzung von Soma und Psyche, daß es uns zwar plausibel erscheint, wenn kurzgeschlossene Abläufe, z. B. auf der Mikroebene der Synapsen, uns nicht als psychische imponieren, während wir bei großräumigen Hirnaktivitäten gern auf psychische Aktivität schließen, daß dies aber nur eine Frage des Ausschnitts, nicht eine der prinzipiellen Differenzierung ist. Unter der hier gewählten Perspektive könnte man also lediglich sagen, daß die Musterbildungen auf der Mikro- oder Nanoebene *konzeptionell* die ersten basalen Bausteine des Psychischen darstellen, also Mikropsychisches außerhalb unseres (auch unbewußten) Wahrnehmungsvermögens zur Folge haben, und daß erst deren Integration zu größeren Einheiten – etwa auf dem Niveau des Primärprozesses – uns als etwas Psychisches greifbar wird; d. h.: *alle* Musterbildungen, vom Mikro- bis hin zum Makrobereich globaler Erregungen des Nervensystems, haben per definitionem innerhalb dieses formalisierten Modells Psychisches zur Folge. Diese Muster sind *als Muster* nichts Materielles mehr, und diese Muster sind *als solche* auch noch nichts Psychisches (denn als psychisch bezeichnen wir Gefühle, Gedanken, Erinnerungen, Wünsche etc.)[144]: *diese Muster und Musterbildungen sollen hier aufgefaßt werden als der Bereich der Metapsychologie und ihrer Konzeptualisierungen des Psychischen wie des Somatischen.* Und so ist erstens: Psychisches nicht auf Somatisches, Geistiges nicht auf Materielles *reduziert* – und beides doch in direkter Abhängigkeit voneinander *konzeptualisiert*, und zweitens: der Geltungsbereich der Metapsychologie weder auf Psychisches noch auf Somatisches *beschränkt*, sondern *im Grenzgebiet zwischen Psychischem und Somatischem situiert.*

Damit sind wir wieder bei den metapsychologischen Trieb- und Strukturbegriffen, deren Verknüpfung zu Theoriesätzen sich unter dieser Perspektive prinzipiell nach Art mathematischer Gesetze formulieren ließe: wir haben es da nämlich mit verschiedenen *Quantitäten von Erregung*, mit der *Länge des Wegs*, der *Anzahl der Verschaltungen* und der *Geschwindigkeit des Ablaufs* eines solchen Vorgangs zu tun. Und genau darauf zielen Freuds Bemühungen einer Konzeptualisierung des Systems Ubw und – in Abgrenzung zu diesem – des Systems (Vbw) Bw. Gehen wir diese Kriterien der Reihe nach durch. Eine Vorstellung (ein Komplex von Repräsentanzen) muß mit einer bestimmten *Quantität von Energie* besetzt = aktiviert sein, andernfalls kommt sie für eine aktuelle Berechnung gar nicht in Betracht (Schwellenwert). So kann sich eine von einer Triebregung besetzte Vorstellung

„unbeschadet der Verdrängung in sehr verschiedenen Zuständen befinden, *inaktiv sein*, d.h. *sehr wenig mit psychischer Energie besetzt*, oder *in wechselndem Grade besetzt* und damit *zur Aktivität befähigt.* (...) *Das quantitative Moment zeigt sich aber als entscheidend für den Konflikt;* sobald die im Grunde anstößige Vorstellung sich *über ein gewisses Maß verstärkt*, wird der Konflikt aktuell und gerade *die Aktivierung zieht die Verdrängung nach sich. Zunahme der Energiebesetzung wirkt also in Sachen der Verdrängung gleichsinnig wie Annäherung an das Unbewußte, Abnahme derselben wie Entfernung davon oder Entstellung.*“ (1915d, S. 254, Hervh. d. V.)

Einerseits ist eine Aktivierung: die Besetzung mit Triebenergie nötig, um einen „Abkömmling des Unbewußten“ zum Bewußtsein zu bringen, andererseits kann eine Zunahme an Energiebesetzung den Triebabkömmling gerade erst in die Verdrängung treiben. Dabei ist das *„quantitative Moment“*, entscheidend für diesen Vorgang[145]: eine Verstärkung der *Trieb*regung „über ein gewisses Maß (...) zieht die *Verdrängung* nach sich.“ Das ist zunächst nichts anderes als das homöostatische Regulationsprinzip des psychischen Apparats: um eine Übererregung des Systems nach der einen (+)Seite hin zu verhindern, muß eine Verdrängung nach der anderen (–)Seite hin eingeleitet werden. Das quantitative Moment bestimmt aber nicht allein über den Ausgang ins Bewußte oder Unbewußte. Mit entscheidend ist auch die Länge des Wegs, den ein psychischer Ablauf absolviert hat und die dabei passierte Anzahl an Verschaltungen:

„*Wie weit* die Entstellung und Entfernung vom Verdrängten gehen muß, bis der Widerstand des Bewußten aufgehoben ist, läßt sich allgemein nicht angeben. Es findet dabei eine feine Abwägung statt, deren Spiel uns verdeckt ist, deren Wirkungsweise uns aber erraten läßt, es handle sich darum, vor einer bestimmten *Intensität* der Besetzung des Unbewußten haltzumachen, mit deren Überschreitung es zur Befriedigung durchdringen würde. Die Verdrängung arbeitet *höchst individuell*; jeder einzelne Abkömmling des Verdrängten kann sein besonderes *Schicksal* haben; *ein wenig mehr oder weniger von Entstellung macht, daß der ganze Erfolg umschlägt.*“ (ebd., S. 252, Hervh. d. V.)

Wie wir im Abschnitt über die Triebschicksale gesehen hatten, geht Freud davon aus, daß Trieberregungen zu fortgeleiteten Besetzungen von Repräsentanzen und damit zur Aktivierung von langen Assoziationsketten führen, die über eine Unzahl von Verschaltungen ganze „Vorbauten“ um das Verdrängte herum errichten, wobei sich zeigt, daß nur die Repräsentanzen, die sich *„weit genug* von der verdrängten Repräsentanz entfernt haben, sei es durch Annahme von *Entstellungen* oder durch die *Anzahl* der eingeschobenen *Mittelglieder*,“ einen „Zugang zum Bewußten“ erhalten: *„Es ist, als ob der Widerstand des Bewußten gegen sie eine Funktion ihrer Entfernung vom ursprünglichen Verdrängten wäre.*“ (ebd., S. 251 f., Hervh. d. V.) Eine geringe Entfernung d. h. die Nähe zu einem verdrängten Komplex (Attraktor) hält die Vorstellung in der Verdrängung; aber die „Anziehung", die vom Unbewußten ausgeht, nimmt ab mit der „Entfernung" vom Verdrängten, mit der Einschaltung von „Mittelgliedern", mit dem „*Weg*", den eine Trieberregung über diverse Verschaltungen hinweg zurücklegt. Man könnte sagen: die Länge des Wegs bzw. der Assoziationskette steht in einem direkten Verhältnis zur Anzahl der Verschaltungen bzw. der dabei aktivierten Strukturen; der „Widerstand des Bewußten" nimmt jedenfalls mit der Anzahl dieser Verschaltungen ab, weil jede Verschaltung einer homöostatischen Regulierung entspricht. Viele Teilregulierungen zusammengenommen ergeben einen spezifischen Gleichgewichtszustand, und es scheint von der je erreichten Spezifität dieses Gleichgewichtszustands abzuhängen, ob ein Vorgang dem Ubw oder dem Bw angehört[146].

Nun ist ein Gleichgewichtszustand aber im Prinzip durch Trägheit bestimmt, d. h. es sind immer die Abweichungen von Gleichgewichtszuständen, die Bewegung in das System bringen und Regulierungsmaßnahmen aktivieren. Deshalb könnte Freuds Charakterisierung des im Ubw herrschenden Primärprozesses durch eine – im Vergleich zum Sekundärprozeß – „*weit größere Beweglichkeit* der Besetzungsintensitäten", welche zu ihrer stärkeren Verschiebung und Verdichtung führt (1915e, S. 285), sowohl als ein Zeichen für die *geringere Stabilität* bzw. Äquilibrierung der unbewußten Vorgänge verstanden werden wie auch für die *verstärkten Regulierungsmaßnahmen* (etwa im Sinne einer ersten groben Ordnung) innerhalb des Unbewußten – denn Verschiebung und Verdichtung sind ja gerade Vorgänge der Verschaltung, des Einbeziehens von regulierenden Strukturen. Wenn Freud also erkennt, daß „das System Ubw streng genommen nur als *Vorstufe* der höheren Organisation funktioniert" (ebd., S. 288, Hervh. d. V.), dann erteilt er ihm die Aufgabe einer *Vor-Regulierung*, einer ersten Äquilibrierung von Erregungszuständen: es geht um die Herstellung eines ersten relativ oder spezifisch dynamisch stabilen Gleichgewichtsbereichs, außerhalb dessen die Vorgänge nicht mehr als primärprozeßhaft bezeichnet werden können. Und dieser Bereich unter-, außerhalb, vor oder jenseits des Primärprozesses wird in der Theorie der Desomatisierung als nursomatisch angesehen (was phänomenologisch durchaus zutreffend ist). Da dieser Begriff jedoch zu den genannten Mißverständnissen führen kann, und da hier alles Physiologische bis hinein in den molekularen Bereich eine psychische Begleiterscheinung haben soll, möchte ich diesen Bereich als den *vorunbewußten (vubw) Bereich der Psyche* bezeichnen; das Unbewußte erhält so wie das Bewußte einen Vorbereich, der sich von ihm durch ein geringeres oder anderes homöostatisches Regulierungsniveau unterscheidet. Die allgemeine These ist also, daß es verschiedene Organisationsniveaus oder Funktionsbereiche mit homöostatischen Werten von jeweils einer gewissen Bandbreite gibt, innerhalb derer die Vorgänge der Musterbildung eingeteilt werden können in die *vorunbewußten*, die *unbewußten*, die *vorbewußten* und die *bewußten*. Der Primärprozeß wäre damit ein Prozeß erster Ordnung, die z. B. in der Integration = *Verdichtung* von Erregungsmustern besteht, also ein Prozeß auf primärem Organisationsniveau – auch wenn er im Vergleich mit den Sekundärvorgängen phänomenal wiederum nur als Chaos oder Unordnung erscheint.

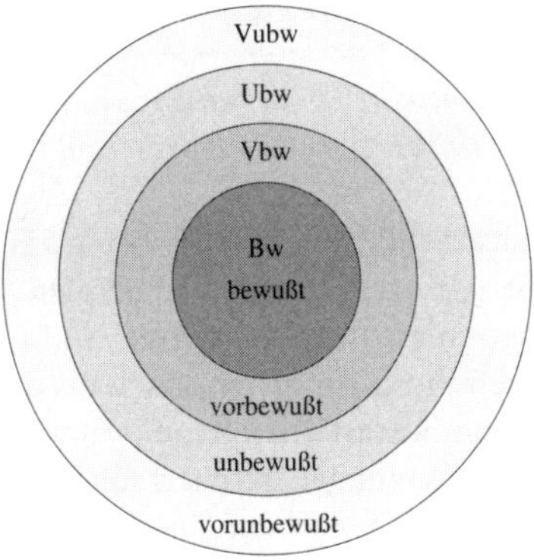

Abb. 22: Die Graphik stellt die Einteilung des Gesamtsystems Psyche in die vier verschiedenen Subsysteme dar, denen jeweils physiologische Funktionsmuster von spezifischer Komplexität (Organisationsniveau) entsprechen sollen. Die unterschiedliche Einfärbung der einzelnen Kreise soll eine unterschiedliche strukturelle Dichte bzw. homöostatische Regulierung der psychischen Abläufe in diesen Subsystemen anzeigen – wobei daran gedacht ist, daß es sich um eine Zunahme an Verschaltungen und damit auch um eine zunehmend differenziertere Homöostase (eingeschränkte Bereiche) in Richtung Bewußtes handelt.

Die obige Einteilung in die vier Subsysteme stellt schematisch vier verschiedene Funktions- oder Organisationsniveaus psychischer Abläufe dar. Da wir sowohl von einem *Kontinuum* der Abläufe als auch vom *Umschwung* der Abläufe eines Subsystems von einem Organisations- oder Komplexitätsniveau zum nächsten ausgehen können, rücken nun die *Grenzbereiche* zwischen den verschiedenen Subsystemen in den Blick. Wir hatten zu Beginn dieses Abschnitts überlegt, daß es im Unbewußten sogenannt *monofile Repräsentanzen(ketten)* beider Triebe geben könnte, und hatten als Beispiel dafür die einfachen T-W-M-Einheiten genannt. Darüber hinaus wären wir aber mit diesem Postulat in einen Widerspruch zu einer Grundthese unseres formalisierten Modells geraten, derzufolge jede komplette psychische Einheit eine sogenannt duofile = Trieb-Verdrängungs-Einheit sein soll. Jetzt zeigt sich, wie für die Idee der monofilen Repräsentanzen(ketten) ein zusätzlicher Bereich erschlossen werden kann, ohne daß wir dabei gegen die Ergebnisse unserer bisherigen Untersuchungen verstoßen: *als monofil sollen alle die Repräsentanzen(ketten) beider Triebe bezeichnet werden, die gleichsam solitär im Grenzbereich zweier verschiedener Subsysteme entstehen, operieren oder situiert sind*, genauer gesagt: *deren Triebanteil sich auf einem vom Verdrängungsanteil verschiedenen (höheren oder niedrigeren) Organisationsniveau befindet.*[147]

In bezug auf den Schlaf und Traum heißt das jetzt: die vom Selbsterhaltungstrieb ausgehenden Energien (Quantitäten) besetzen im Tiefschlaf Repräsentanzen im vorunbewußten Bereich (wir hatten ihn oben provisorisch als den somatischen bezeichnet); zur homöostatischen Regulierung dieser Vorgänge werden libidinöse Besetzungen aktiviert; und diese Besetzungen können genau dann als Traumvorgänge bewußt werden (d.h. über das unbewußte in das traum-bewußte Subsystem hineinreichen), wenn durch eine oder mehrere Verschaltungen Assoziationsketten in diesen Regulationsvorgang hineingezogen werden, deren Organisiertheitsgrad bereits dem Funktionsniveau des Bewußten entspricht[148]. Und ebenso können wir dann annehmen, daß es Repräsentanzen(ketten) gibt, die sich im Grenzbereich zwischen dem Unbewußten und dem Vorbewußten sowie natürlich auch zwischen dem Vorbewußten und

Bewußten befinden: Freuds Beispiele von den Fehlleistungen sowie vom Vergessen können als genau solche Repräsentanzen angesehen werden, deren eine Hälfte (oft ist das die vom Sexualtrieb besetzte) aufgrund bestimmter Assoziationen ins Unbewußte gezogen wird, d. h. deren Organisationsgrad (vorübergehend) nicht mehr den Bedingungen des Bewußten entspricht[149].

Werfen wir jetzt noch einen Blick auf Freuds Bemerkungen zum (Vor-)Bewußten. Im Vergleich zum Ubw sind die Vorgänge des Systems Vbw charakterisiert durch

> „eine *Hemmung* der Abfuhrneigung von den besetzten Vorstellungen. Wenn der Vorgang von einer Vorstellung auf eine andere übergeht, so *hält* die erstere einen Teil ihrer Besetzung *fest* und nur ein kleiner Anteil erfährt die Verschiebung. *Verschiebungen* und *Verdichtungen* wie beim Primärvorgang sind ausgeschlossen oder sehr *eingeschränkt*. Dieses Verhältnis hat J. Breuer veranlaßt, zwei verschiedene Zustände der Besetzungsenergie im Seelenleben anzunehmen, einen *tonisch gebundenen* und einen frei beweglichen, der Abfuhr zustrebenden. Ich glaube, daß diese Unterscheidung bis jetzt unsere tiefste Einsicht in das Wesen der nervösen Energie darstellt, und sehe nicht, wie man um sie herumkommen soll. Es wäre ein dringendes Bedürfnis der metapsychologischen Darstellung – vielleicht aber noch ein allzu gewagtes Unternehmen – an dieser Stelle die Diskussion fortzuführen.
>
> Dem System Vbw fallen ferner zu die Herstellung einer Verkehrsfähigkeit unter den Vorstellungsinhalten, so daß sie einander beeinflussen können, die zeitliche Anordnung derselben, die Einführung *der einen Zensur oder mehrerer Zensuren*, die Realitätsprüfung und das Realitätsprinzip." (1915e, S. 287 f., Hervh. d. V.)

Zusammengefaßt ergibt diese Darstellung für den Sekundärprozeß die bekannte Kurzformel: *hohe Besetzung* mit *gebundener Energie* bei *geringer Verschiebung*. Die Hemmung ist strukturbedingt, nimmt zu im selben Verhältnis, wie vermehrt Strukturen oder Strukturkomplexe in den Ablauf involviert sind – z. B. ist die Einschaltung der Realitätsprüfung im Sinne einer Verrechnung mit einer Referenzebene eine solche strukturelle Verdichtung für den Ablauf. Aber der Begriff der Hemmung sollte nicht zu der Annahme verleiten, die so *gehemmten* Vorgänge im Bw würden gewissermaßen *langsamer* vonstatten gehen als die ungehemmteren im Ubw. Der Begriff der Hemmung bezieht sich bei Freud nicht nur auf den Verlauf einer Erregung über bestimmte gebahnte Wege und die auf diesen Wegen liegenden Strukturen (Schalter), sondern vor allem auf die von ihm sogenannte Abfuhr, die das Ziel der Trieberregung ist. Machen wir hier hypothetisch eine Rechnung: Setzen wir fest, daß bei einer Trieberregung ein bestimmtes *Quantum* (+/–)Energie für den Besetzungsvorgang innerhalb eines oder aller Subsysteme des Systems freigesetzt wird, z. B. (+/–) 10 [Q]. Bestimmen wir weiterhin, daß der Erregungsablauf von seinem gedachten Anfang bis zu seinem Endpunkt die *Zeiteinheit* 1[t] benötigt; dann durchläuft dasselbe Quantum Energie in derselben Zeiteinheit im gering strukturierten Primärprozeß z. B. 10 *Schalter* oder *Strukturen* [S], im hochstrukturierten Sekundärprozeß z. B. 100 [S] – wobei die Anzahl der Schalter für die Länge des Weges steht. Unter dieser Voraussetzung ist also die *Geschwindigkeit* in den Sekundärprozeßabläufen weitaus höher (100/1) als in den Primärprozeßabläufen (10/1). Soll nun der *Intensitätsfaktor* [I] eines psychischen Ablaufes dem Quotienten aus der freigesetzten Triebenergie [Q] und der Geschwindigkeit des Ablaufs (der Weg-Zeit-Dimension = S/t) entsprechen, also:

$$I = Q : (S/t)$$

dann ergeben sich die folgenden Intensitäts-Quotienten:

für das Ubw: [I] = 10 [Q] : (10 [S] / 1 [t]) = 1

für das Bw: [I] = 10 [Q] : (100 [S] / 1 [t]) = 0,1

Das heißt: die Vorgänge des Ubw sind zwar langsamer, weisen aber aufgrund ihrer geringeren strukturellen Dichte (Verschaltung) einen größeren Intensitätsquotienten auf als die Sekundärvorgänge, die mit einer viel höheren Geschwindigkeit bei geringerer Intensität der Abläufe operieren[150]. Aus diesen Annahmen, daß jede Struktur = Schaltstelle einen Beitrag zur homöostatischen Regulierung leistet und daß der Sekundärvorgang durch strukturelle Verdichtung gekennzeichnet ist, läßt sich folgern, daß eine höhere Geschwindigkeit der Abläufe bei niedrigeren Intensitätswerten eine wichtige Voraussetzung für die vergleichsweise differenziertere Verrechnung von komplexen Musterbildungen im Vbw/Bw ist.

Für das allgemeine Verständnis der Einteilung in die verschiedenen psychischen Subsysteme bedeutet dies, daß für jedes einzelne ein bestimmter Organisationsgrad innerhalb der Verrechnung von Musterbildungen spezifisch und optimal ist und daß der psychische Ablauf jeweils ab einem bestimmten Komplexitätsgrad innerhalb dieser Organisation gleichsam umschwingt auf ein neues Organisationsniveau. Ob dieser Umschwung erfolgt, ist letztlich eine Frage der Passung innerhalb von Besetzungsvorgängen: kann ein Repräsentanzenkomplex an der Grenze von einem zum anderen Subsystem mit einem passenden anderen verschaltet werden, erreicht er das nächsthöhere Organisationsniveau. Freud nennt die Entscheidung darüber „Zensur"; die „Zensur" halbiert (verdrängt) die Intensität eines Ablaufs und verdoppelt zugleich seine Geschwindigkeit (z. B. auf Sekundärprozeßniveau), unterwirft ihn also einer je Subsystem (Vubw / Ubw / Vbw / Bw) spezifischen Modifikation. Und das ist nun auch gemeint, wenn Freud von unbewußter oder vorbewußter Besetzung spricht:

„Die verdrängte Vorstellung bleibt im Ubw aktionsfähig; sie muß also ihre Besetzung behalten haben. Das Entzogene muß etwas anderes sein. Nehmen wir den Fall der eigentlichen Verdrängung vor (des Nachdrängens), wie sie sich an der vorbewußten oder selbst bereits bewußten Vorstellung abspielt, dann kann die Verdrängung nur darin bestehen, daß der Vorstellung die (vor)bewußte Besetzung entzogen wird, die dem System Vbw angehört. Die Vorstellung bleibt dann unbesetzt oder sie erhält Besetzung vom Ubw her, oder sie behält die ubw Besetzung, die sie schon früher hatte. Also Entziehung der vorbewußten, Erhaltung der unbewußten Besetzung oder Ersatz der vorbewußten Besetzung durch eine unbewußte." (1915e, S. 279)

Bisher hatten wir gesagt: Bewußtes und Unbewußtes sind Systeme, und Besetzungen gehen von Trieben aus. Was also wäre eine unbewußte Besetzung z. B. im Gegensatz zu einer libidinösen Besetzung? Die Antwort liegt auf der Hand: *eine unbewußte libidinöse Besetzung unterscheidet sich von einer bewußten libidinösen Besetzung durch den Komplexitätsgrad ihrer Organisation.* Der Begriff *bewußte* oder *unbewußte Besetzung* bezieht sich folglich nicht direkt auf einen der beiden Triebe, sondern auf das Organisationsniveau (Anzahl und Art der Verschaltungen – bzw. Komplexität des von ihnen aktivierten Musters). Und damit läßt sich nun auch erklären, wie denn

Selbsterhaltungstriebstrebungen überhaupt sollen bewußt werden können – wenn wir doch bestimmt hatten, daß der Selbsterhaltungstrieb nach innen und auf das Unbewußte zielt: Es ist für die Besetzungsvorgänge beider Triebe letztlich ihre jeweilige Position innerhalb eines in vier Subsysteme unterteilten Spektrums von Homöostase (dynamischer Stabilität), d. h. ihr Organisationsgrad, der darüber entscheidet, ob ein Vorgang vorunbewußt, unbewußt, vorbewußt oder bewußt ist. Und deshalb erreichen auch Selbsterhaltungstriebbesetzungen, wenn sie eine genügend große Anzahl von Verschaltungen involvieren, Sekundärprozeßniveau und werden bewußt. Unsere Rede von der Gerichtetheit der beiden (+/–)Triebe auf das Bewußte (Sexualtrieb) oder Unbewußte (Selbsterhaltungstrieb) erweist sich so als eine handliche Metapher, der in den jetzt für die Systeme Vubw, Ubw, Vbw und Bw erarbeiteten Bestimmungen (Intensität und Geschwindigkeit = Funktionsniveau) die Möglichkeit ihrer rechnerischen Fundierung nachgereicht wird.

Mit der Einführung seines Konzepts einer *unbewußten* oder *(vor)bewußten Besetzung* war es Freud gelungen, für eine „Zweifelsfrage" seiner Metapsychologie eine faszinierend modern anmutende Antwort zu finden: Er hatte nämlich überlegt, ob ein psychischer Akt bei der „Umsetzung aus dem System Ubw in das System Bw (oder Vbw) (...) eine neuerliche Fixierung, gleichsam eine zweite Niederschrift der betreffenden Vorstellung (...) in einer neuen psychischen Lokalität" erfährt, „neben welcher die ursprüngliche unbewußte Niederschrift fortbesteht" oder ob „die Umsetzung in einer *Zustandsänderung* besteht, welche sich an dem nämlichen Material und an derselben Lokalität vollzieht." (ebd., S. 273, Hervh. d. V.) Die Annahme „einer bloß *funktionellen* Zustandsänderung" schien ihm „die von vornherein wahrscheinlichere, aber sie ist minder plastisch, weniger leicht zu handhaben." (ebd., S. 274) Mit der Einführung der Idee einer *unbewußten* und *vorbewußten Besetzung* – die Freud an dieser Stelle nicht weiter ausführt – war sein Entscheid getroffen: Verstehen wir unter einer „funktionellen Zustandsänderung" den Wechsel von einem zum anderen Sollwertbereich (Niveau) dynamischer Stabilität, und gehen wir von je spezifisch optimalen homöostatischen Werten für alle vier Subsysteme des Gesamtsystems Psyche aus – wobei wir den spezifischen Homöostasebereich des Ubw als Primärprozeß, den des Vbw/Bw als Sekundärprozeß bezeichnen –, dann zeigt sich, daß für einen psychischen Vorgang keine zweite oder dritte Niederschrift in einer anderen Lokalität besteht, sondern daß sich lediglich sein Organisiertheitsgrad ändert: „die funktionale Annahme hat hier die topische mit leichter Mühe aus dem Felde geschlagen." (ebd., S. 279)[151]

Von den zu Beginn dieses Kapitels aufgestellten Postulaten ist durch den bisherigen Gang der Überlegungen entwickelt worden, was wir im Genaueren unter den verschiedenen Subsystemen der Psyche und den in ihnen spezifischen Prozessen verstehen, was mit dem Begriff der monofilen Repräsentanz(enketten) gemeint ist, welche Funktion von den Zensuren ausgeübt wird, d. h. unter welchen Bedingungen ein psychischer Vorgang von einem Subsystem in das nächste überführt wird. Was nun noch ansteht, ist eine Erörterung unserer Annahme von den sogenannten monofilen oder duofilen *Fragmenten*, d. h. von Repräsentanzenketten, in denen ein W- oder ein M-Anteil fehlt; es empfiehlt sich somit, die folgenden Überlegungen Freuds vor dem Raster unseres (in drei Etagen) ausdifferenzierten T-W-M-Systems zu reflektieren (Abb. 19). Orientieren wir uns dabei zunächst wieder an seinen Überlegungen zum Schlaf und Traum, und nehmen wir demnach den Weg von oben (3. Etage) nach unten (1. Etage) der W-M-Systeme und weiter bis zum T-System. Freud schreibt:

„Bei der Traumarbeit handelt es sich offenbar darum, die in Worte gefaßten latenten Gedanken in sinnliche Bilder, meist visueller Natur, umzusetzen. Nun sind unsere Gedanken aus solchen Sinnesbildern hervorgegangen; ihr erstes Material und ihre Vorstufen waren Sinneseindrücke, richtiger gesagt, die Erinnerungsbilder von solchen. An diese wurden erst später Worte geknüpft und diese dann zu Gedanken verbunden. Die Traumarbeit läßt also die Gedanken eine *regressive* Behandlung erfahren, macht deren Entwicklung rückgängig, und bei dieser Regression muß all das wegfallen, was bei der Fortentwicklung der Erinnerungsbilder zu Gedanken als neuer Erwerb dazugekommen ist." (1916-17a, S. 183 f.)

Die Regression im Schlaf gibt einer rückläufigen Bewegung Raum: „Gedanken werden dabei in – vorwiegend visuelle –

Bilder umgesetzt, also Wortvorstellungen auf die ihnen entsprechenden Sachvorstellungen zurückgeführt." (1916-17f, S. 418 f.) Hatten wir für den normalen Ablauf im Wachzustand eine vom T-System ausgehende Besetzung des W- und des M-Systems postuliert, so zeigt sich an dieser Stelle ein Besetzungsrückzug von den Wortrepräsentanzen und zwar in der Weise, daß (an ihrer Stelle) die ihnen entsprechenden „sinnlichen Bilder", genauer gesagt: die „Sachvorstellungen", besetzt werden (weshalb sich der Traum auch wie ein Bilderrätsel lesen läßt). Wir können sagen: es erfolgt ein Rückzug der Besetzungen von den Wortrepräsentanzen (M3) zu den Sachrepräsentanzen (W3). Und derselbe Vorgang scheint sich auch in bezug auf die Affekte (M2) und die Motorik (M1) zu ereignen. Freud hatte bereits in der *Traumdeutung* notiert:

„Der Traum ist im allgemeinen *affektärmer* als das psychische Material, aus dessen Bearbeitung er hervorgegangen ist. Wenn ich die Traumgedanken rekonstruiert habe, so übersehe ich, wie in ihnen regelmäßig die intensivsten Seelenregungen nach Geltung ringen, zumeist im Kampfe mit anderen, die ihnen scharf zuwiderlaufen. Blicke ich dann auf den Traum zurück, so finde ich ihn nicht selten farblos, ohne jeden intensiveren Gefühlston. Es ist durch die Traumarbeit nicht bloß der Inhalt, sondern auch oft der Gefühlston meines Denkens auf das Niveau des Indifferenten gebracht. Ich könnte sagen, durch die Traumarbeit wird eine *Unterdrückung der Affekte* zustande gebracht." (1900a, S. 470, Hervh. d. V.)

„Wie nun im Schlafzustande die *Aussendung motorischer Impulse* gegen die Außenwelt *aufgehoben* erscheint, so könnte auch die zentrifugale Erweckung von *Affekten* durch das unbewußte Denken während des Schlafes *erschwert* sein." (ebd., S. 471, Hervh. d. V.)

Freud konstatiert also einen Besetzungsrückzug von den Affektrepräsentanzen (M2). Läuft der Vorgang ab wie auf der dritten Etage, dann würde es sich um einen Rückzug von (M2) nach (W2), also auf die Objektrepräsentanzen handeln. Dazu stimmen auch Freuds Überlegungen zur Frage der Bewußtheit und Unbewußtheit von Affekten bei der Verdrängung:

„es besteht aber im Vergleich mit der unbewußten Vorstellung der bedeutsame Unterschied, daß die unbewußte Vorstellung nach der

Verdrängung als reale Bildung im System Ubw bestehen bleibt, während dem unbewußten Affekt ebendort nur eine Ansatzmöglichkeit, die nicht zur Entfaltung kommen durfte, entspricht. Streng genommen und obwohl der Sprachgebrauch tadellos bleibt, *gibt es also keine unbewußten Affekte*, wie es unbewußte Vorstellungen gibt." (1915e, S. 277, Hervh. d. V.)

Die *Ansatzmöglichkeit* für den *Affekt* im Ubw läge demnach in den „unbewußten Vorstellungen", den *Objektrepräsentanzen* – und damit in den durch sie repräsentierten *Objektbeziehungen*. Freud erklärt diese Annahme damit, daß „Affekte und Gefühle Abfuhrvorgängen entsprechen, deren letzte Äußerung als Empfindungen wahrgenommen werden" (ebd.), und daß gerade diese Abfuhr im Schlaf gedrosselt sei – was eben auch die „motorischen Impulse" (M1) und ihre eventuelle Regression auf die ihnen entsprechenden erogenen und biogenen Zonen (W1) betrifft.

Zusammenfassend können wir also für den Schlaf und vielleicht auch für alle Regressionen ins System Ubw einen partiellen bis weitgehenden Besetzungsabzug aus allen drei Etagen des M-Systems festhalten, der bei den Wortrepräsentanzen (M3) am ausgeprägtesten erscheint, bei den Affekten (M2) noch deutlich (aber im Traum doch nicht durchgängig) zu verzeichnen ist und bei den Handlungsrepräsentanzen (M1) nur die sogenannt konkrete Abfuhr (Motorik), nicht aber ihre Repräsentation auf der Phantasieebene betrifft (im Traum wird viel gehandelt). Innerhalb des M-Systems (das hier mit Freud als „Abfuhr"- oder Effektorsystem fungiert), findet sozusagen eine Regression von oben nach unten statt, welche die oberen Teile stärker erfaßt als die unteren. Sehen wir die T-W-M-Systeme angeordnet auf einer Linie, dann ergibt sich sogleich die Frage, ob diese Regressionen auch das W-System erfassen und so zu einem Besetzungsrückzug bis hinunter auf das T-System führen. Freuds Antwort dazu ist:

„Ich meine wirklich, der Gegensatz von Bewußt und Unbewußt hat auf den Trieb keine Anwendung. Ein Trieb kann nie Objekt des Bewußtseins werden, nur die Vorstellung, die ihn repräsentiert. Er kann aber auch im Unbewußten nicht anders als durch die Vorstellung repräsentiert sein. Würde der Trieb sich nicht an eine Vorstellung heften oder nicht als ein Affektzustand zum Vorschein kommen, so könnten wir nichts von ihm wissen. Wenn wir aber doch von einer unbewußten Triebregung oder einer verdrängten Triebregung reden, so ist dies eine harmlose Nachlässigkeit des Ausdrucks. Wir können nichts anderes meinen als eine Triebregung, deren Vorstellungsrepräsentanz unbewußt ist, denn etwas anderes kommt nicht in Betracht.“ (ebd, S. 275 f.)

Fassen wir den Begriff „Trieb“ hier als Vertreter des T-Systems auf, dann sagt Freud an dieser Stelle: Ein vollständiger Besetzungsabzug der W-M-Systeme liegt außerhalb der Frage von Bewußt-Unbewußt – wäre also nur noch für das Vubw konzeptualisierbar[152]. Eine unbewußte Triebregung schließt also immer mindestens eine Vorstellungsrepräsentanz des W-Systems ein. Und damit ist zugleich noch etwas über den Zuständigkeitsbereich oder Umfang des Systems Ubw ausgesagt, nämlich daß auch die Vorgänge im System Ubw strukturiert sind: sie schließen die Besetzung von Repräsentanzen des W-Systems und – zumindest in einer kryptischen Fassung (Freuds „Ansatzmöglichkeit“) – auch Repräsentanzen des M-Systems ein.

Interessant sind Freuds Annahmen nun auch bezüglich der eingangs postulierten *Fragmente* mono- oder duofiler Repräsentanzen: nimmt man den Schlaf und Traum als einen paradigmatischen Zugang zur spezifischen Organisation des Ubw, dann wird deutlicher, daß der fehlende Bestandteil wohl in erster Linie der M-Anteil ist. Fehlt aber der M-Anteil, sind also die Strukturen des M-Systems nicht in den psychischen Ablauf involviert, dann fehlt die über diese Verschaltungen erfolgende homöostatische Regulierung, die das für das System Bw spezifische Organisationsniveau (den spezifischen funktionellen Zustand) einrichtet; und genau aus diesem Grund können wir behaupten, daß solche mono- oder duofilen Fragmente (normalerweise) nicht bewußtseinsfähig sind. Es ist also die *Komplettierung* der mono- oder duofilen Fragmente, die einen psychischen Ablauf (als eine vollständige Trieb-Verdrängungs-Einheit über alle drei T-W-M-Systeme) zum Bewußten bringt.

Bewegen wir uns jetzt gedanklich wieder in Richtung System Bw: Bewußtsein ist in der Regel an den Einbezug des M-Systems gekoppelt, weshalb Freud auch erklärt, „daß das System Bw normalerweise die Affektivität wie den Zugang zur Motilität beherrscht.“ (ebd., S. 277) Daß wir ein Bewußtsein allein in der

Besetzung der T-M-Systeme, d.h. unter Ausschluß des W-Systems, konzeptualisieren könnten, ist aufgrund der postulierten homöostatischen Spezifität (die beim Wegfall des W-Systems nicht erreicht werden könnte) auszuschließen. Genauer gesagt, ist also das Bewußte an die Bedingung einer vom T-System ausgehenden *gleichzeitigen bzw. aufeinanderfolgenden Besetzung der W-M-Systeme* geknüpft, der *Sekundärprozeß* von einer *koordinierten Aktivität der drei T-W-M-Systeme* abhängig. Man spürt deutlich, wie in Freud, an dieser Stelle seiner theoretischen Bemühungen angekommen, das Gefühl aufkommt, eine Entdeckung gemacht zu haben:

„Mit einem Male glauben wir nun zu wissen, wodurch sich eine bewußte Vorstellung von einer unbewußten unterscheidet. Die beiden sind nicht, wie wir gemeint haben, verschiedene Niederschriften desselben Inhaltes an verschiedenen Orten, auch nicht verschiedene funktionelle Besetzungszustände an demselben Orte, sondern die bewußte Vorstellung umfaßt die Sachvorstellung plus der zugehörigen Wortvorstellung, die unbewußte ist die Sachvorstellung allein. Das System Ubw enthält die Sachbesetzungen der Objekte, die ersten und eigentlichen Objektbesetzungen; das System Vbw entsteht, indem diese Sachvorstellung durch die Verknüpfung mit den ihr entsprechenden Wortvorstellungen überbesetzt wird. Solche Überbesetzungen, können wir vermuten, sind es, welche eine höhere psychische Organisation herbeiführen und die Ablösung des Primärvorganges durch den im Vbw herrschenden Sekundärvorgang ermöglichen." (ebd., S. 300)

Die „Verknüpfung" der Sachvorstellung mit der ihr entsprechenden Wortvorstellung, diese sogenannte „Überbesetzung", die „eine höhere psychische Organisation" herbeiführt und „die Ablösung des Primärvorganges durch den im Vbw herrschenden Sekundärvorgang" bewirkt, ist eine *funktionelle Zustandsänderung der Besetzungen* – aber nicht „an demselben Orte", sondern unter Einschluß eines „neuen Ortes", W3, wo wir in unserem T-W-M-Schema die Wortrepräsentanzen plaziert hatten. Und somit kann das Beispiel eines Zusammentreffens von Sachvorstellung und Wortvorstellung (W3-M3) übertragen werden auf die Verknüpfung von Objekt und Affekt (W2-M2) sowie Triebquelle und Triebhandlung (W1-M1): in allen diesen drei Fällen geht es um nichts anderes als um das

Einrichten einer komplexeren psychischen Organisation, einer differenzierteren homöostatischen Regulierung durch die Komplettierung eines psychischen Ablaufs zu einer vollständigen T-W-M-Einheit – die im optimalen Falle im System Bw die Besetzung aller drei Etagen der W-M-Systeme und möglichst vieler Strukturen und Strukturkomplexe innerhalb dieser involviert.

Erlauben wir uns am Schluß dieses Kapitels über das Unbewußte und das Bewußte noch eine etwas gewagte, aber vielleicht nicht uninteressante Spekulation. Wenn folgende vier Annahmen gelten, nämlich 1) daß es bei der Traumarbeit darum geht, „die in *Worte* gefaßten latenten Gedanken in sinnliche *Bilder*, meist visueller Natur, umzusetzen“ (1916-17a, S. 183, Hervh. d. V.), also „Wortvorstellungen auf die ihnen entsprechenden Sachvorstellungen“ zurückzuführen (1916-17f, S. 418); 2) daß die Schlaf-Regression (per definitionem) mit einer dominanten Strebung des nach innen und auf das Unbewußte gerichteten Selbsterhaltungstriebs zusammenhängt; 3) daß jeder Trieb durch eine ihm entsprechende Vorstellung repräsentiert ist; und 4) daß die einzelnen Subsysteme der Psyche (Bw, Vbw, Ubw und Vubw) durch verschiedene Organisationsniveaus voneinander unterscheidbar sind; dann ergibt sich daraus: Bei einer unter der dominanten Führung des Selbsterhaltungstriebs erfolgenden Regression ins Ubw/Vubw werden zuerst die Repräsentanzen des Selbsterhaltungstriebs unbewußt und vorunbewußt – wohingegen die zu seiner Verdrängung (Äquilibrierung) aktivierten Sexualtriebstrebungen noch auf einem bewußten oder vorbewußten Organisationsniveau verbleiben könnten. Zuerst verlieren sich aber bei der Regression nach Freud die Worte (Wortrepräsentanzen). Sollte sich daraus ableiten lassen, daß es eine vorrangige Beziehung des *Selbsterhaltungstriebs zu den Wortvorstellungen* einerseits, des *Sexualtriebs zu den Sachvorstellungen* andererseits gibt? Versuchen wir diese Hypothese, dann können wir sagen: die vom Sexualtrieb gesteuerte Sachvorstellung bildet die bewußtseinsfähigere extraversive Seite der Trieb-Verdrängungs-Einheit im System Ubw, deren introversives Pendant, die Wortvorstellung, als Vorstellungsrepräsentanz des Selbsterhaltungstriebs, dann nicht mehr auf einem bewußtseinsfähigen Organisationsniveau operiert – was *nicht* heißen muß, daß es im Unbewußten keine

Wortvorstellungen gäbe[153]. Für das System Bw gälte dann analog, daß die introversiv gerichteten Wortvorstellungen des Selbsterhaltungstriebs die bewußtseinsfähigere Seite der Trieb-Verdrängungs-Einheit bilden, vielleicht gerade deshalb, weil sie die extraversive Tendenz des Sexualtriebs und der von ihm besetzten Sachvorstellungen – sozusagen durch Benennung der Dinge – ein Stück weit begrenzen und damit gleichsam festhalten. Wenn also im Schlaf das Bild, im Wachen das Wort zur Bedingung von Bewußtheit wird (d. h.: wenn bei dominanter Selbsterhaltungstriebstrebung die Repräsentanz der verdrängenden Sexualtriebstrebung und bei dominanter Sexualtriebstrebung die Repräsentanz des verdrängenden Selbsterhaltungstriebs bewußt wird), hieße das nicht, daß von einer Trieb-Verdrängungs-Einheit tendenziell weniger die Trieb- als vielmehr die (am Ende eines Ablaufes besetzte) Verdrängungs-Repräsentanz bewußt wird? Entscheiden läßt sich das hier nicht, aber man kann auf diese Weise verstehen: So wie sich auf der Regressionslinie Richtung Ubw die Worte verlieren, so reduzieren sich auf der Progressionslinie im Bw die Bilder – unser Denken in Begriffen bis hin zu den logischen und mathematischen Symbolen ist ein Denken unter zunehmender Abstraktion = Reduktion der libidinös besetzten „sinnlichen Bilder“. Aber auch wenn das sinnliche Bild in der logisch-mathematischen Sprache nur noch in einer kryptischen Version (Ansatzmöglichkeit) enthalten ist, so wie das Wort im Traum hinter dem sinnlichen Bild verschwindet – erhalten bleibt dabei doch die hier postulierte Konzeption, die auf allen Stufen der Organisation eine komplette psychische Einheit als eine durch beide Triebe gedoppelte T-W-M-Einheit auffaßt.

Zusammenfassung

Mit seinen metapsychologischen Schriften des Jahres 1915 erreicht Freud einen neuen Gipfel seiner theoretischen Konzeptualisierungsbemühungen. Wie unser Versuch einer Formalisierung der einzelnen Argumentationsschritte ergeben hat, nimmt Freud zunächst eine Ausdifferenzierung seines erweiterten Triebkonzepts vor, das nun, über den beiden *Urtrieben* (Selbsterhaltungs- und Sexualtrieb), repräsentiert im *T-System* unseres Schemas, drei verschiedene Entwicklungsstufen (Etagen) innerhalb der W-M-Systeme vorstellt: Im *W-System* sind dies an der Basis die *Triebquellen* – und zwar die *erogenen Zonen* des *Sexualtriebs* und die hier eingeführten *biogenen Zonen* (innere Organe) des *Selbsterhaltungstriebs* –, von denen die verschiedenen *Partialtriebe* ausgehen; über diesen, auf der zweiten Etage, haben wir die *Objektrepräsentanzen* (Selbst und Objekt) angeordnet und auf der dritten Etage schließlich die *Sachrepräsentanzen.* Im M-System wurden an der Basis die *Triebziele* der *spezifischen Aktion* unter dem Begriff der *Handlungsrepräsentanzen* plaziert, darüber auf der zweiten Etage die *Affektrepräsentanzen* und schließlich auf der dritten Etage die *Wortrepräsentanzen.* Es macht den Eindruck, als präsentiere Freud mit dieser Ausdifferenzierung seines um die einzelnen Besetzungsbestandteile innerhalb der T-W-M-Systeme erweiterten Triebkonzepts zugleich ein Modell der Phylo- und Ontogenese des menschlichen Geistes.

Dieses Schema der T-W-M-Systeme erwies sich in der Folge als ein hilfreicher Orientierungsrahmen zur Diskussion dessen, was Freud unter dem Begriff der *Triebschicksale* erläutert. Wir hatten erkannt, daß *ein Triebschicksal die Verschaltung einer Trieb- mit einer Verdrängungserregung ist.* Acht verschiedene *Modalitäten* solcher Verschaltungen hatten wir zum Teil aus Freuds Analyse neurosenspezifischer Triebschicksale erarbeitet, und zwar: die *antagonistische Erregung* und die *antagonistische Hemmung*, die *Feedback-Erregung* und die *Feedback-Hemmung*, die *Feedforward-Erregung* und die *Feedforward-Hemmung* sowie die *laterale Erregung* und die *laterale Hemmung*; diese verschiedenen Verschaltungsmodalitäten können zusätzlich nach den Prinzipien der *Divergenz*, *Konvergenz* und *Summation* (zeitliche und räumliche Bahnung) wirksam werden. Die Anwendung dieser verschiedenen Verschaltungsmodalitäten ist auf jeden einzelnen Bestandteil innerhalb der T-W-M-Systeme wie auch auf größere Einheiten oder Substrukturen derselben bezogen möglich. Das T-W-M-Schema macht also eine Aussage darüber, *wo* ein solches Triebschicksal statthat, die Verschaltungsmodalitäten sagen, *wie* dieses Triebschicksal im Genaueren aussieht. Daraus folgt: *Triebschicksale sind Trieb-Verdrän-*

gungs-Verschaltungen innerhalb der T-W-M-Systeme nach verschiedenen Modalitäten und mit unterschiedlicher Konsequenz für die aus solcher Verschaltung hervorgehenden Energiebeträge, die an einer bestimmten Repräsentanz(enkonfiguration) wirksam werden.

Zuletzt hatten wir uns mit der Frage einer Konzeptualisierung *bewußter* und *unbewußter Vorgänge* sowie von spezifischen Organisationseinheiten, genannt das *Unbewußte* (System Ubw) und – in Unterscheidung von diesem – das *Bewußte* (System Bw) befaßt. Wir hatten festgestellt, daß *die verschiedenen Organisationseinheiten durch verschiedene funktionelle Zustände charakterisierbar* sind (Freud spricht von Primärprozeß und Sekundärprozeß), die jeweils durch den Komplexitätsgrad ihrer in den Ablauf involvierter Verschaltungen eingerichtet werden. Zwischen den verschiedenen Organisationseinheiten – wir hatten sie als Subsysteme des Gesamtsystems Psyche bezeichnet – sitzt die sogenannte *Zensur*, die einen psychischen Vorgang hinsichtlich seines Organisationsgrades überprüft bzw. ihm eine Behandlung (Verschaltung) zukommen läßt, die ihn für das nächsthöhere Niveau qualifiziert oder eben disqualifiziert. Im positiven Falle kommt es zu einer Art Umschwung des psychischen Ablaufes (Veränderung von Intensität und Geschwindigkeit) von einem Subsystem zum nächsten.

Unsere Überlegungen zur Konzeptualisierung des Unbewußten hatten uns auch mit der uralten *Leib-Seele-Frage* konfrontiert: da es für ein formalisiertes Modell weder Psychisches noch Somatisches *als solches* geben kann, mußten wir klären, in welcher Weise ein allfälliger Zusammenhang von physiologischen und psychologischen Vorgängen innerhalb unseres psychischen Apparats gedacht werden könnte. Unter Rückgriff auf Freuds in Anlehnung an die Theorie Jacksons formulierte Position, daß Psychisches eine „abhängige Begleiterscheinung" des Physiologischen ist, hatten wir uns entschieden, *Psychisches als die Folge aller bei allen physiologischen Abläufen entstehenden Musterbildungen zu konzeptualisieren.* Diese Musterbildungen sind *als solche* nichts Materielles mehr und sie sind auch noch nichts Psychisches, sie sind hier der Bereich der Metapsychologie und ihrer Konzeptualisierungen des Psychischen wie Somatischen. Damit ist weder eine Aussage darüber gemacht, was das Psychische *wirklich* ist, noch vertreten wir damit einen reduktionistischen Ansatz, sondern damit ist lediglich festgesetzt, wie hier gedacht wird: Die Metapsychologie dieser Konzeption ist eine abstrakte (Prozeß-)Theorie der Musterbildungen, situiert im Grenzgebiet zwischen den somatischen und psychischen Vorgängen. Indem so allen physiologischen Vorgängen – von der Mikroebene molekularer Vorgänge bis zur Makroebene weiträumiger und strukturierter Erregungsabläufe des ZNS – psychische Begleitvorgänge beigestellt sind, ergibt sich eine Modifikation der De- und Resomatisierungstheorien dahingehend, daß wir einen *vorunbewußten* (vubw) Bereich der Psyche postuliert haben, in dem die Abläufe auf einem niedrigeren oder anderen Komplexitätsniveau organisiert sind, als wir es für die (sogar unbewußte) Wahrnehmbarkeit von Psychischem voraussetzen. Wir haben also das Gesamtsystem Psyche unterteilt in die vier Subsysteme: das Vorunbewußte (Vubw), das Unbewußte (Ubw), das Vorbewußte (Vbw) und das Bewußte (Bw).

Mit dieser Einteilung des Gesamtsystems Psyche in die vier Subsysteme, denen je sowohl physiologische wie auch psychologische Funktionsebenen von spezifischer Komplexität (Organisationsniveaus von Prozessen der Musterbildung und -verrechnung) entsprechen, sind auch die Grenzbereiche zwischen den verschiedenen Subsystemen in den Blickpunkt unseres theoretischen Interesses gerückt. Wir haben angenommen, daß es Repräsentanzen(ketten) gibt, deren Triebanteil sich in einem vom Verdrängungsanteil verschiedenen Subsystem (Organisationsniveau) befindet (oder in dieses hineinreicht), und wir hatten diese funktionell unvollständigen Repräsentanzen(komplexe) als *monofile Repräsentanzen* bezeichnet – oder, wenn es sich beim fehlenden Bestandteil nicht um die eine Hälfte einer Trieb-Verdrängungs-Einheit, sondern um einen Bestandteil der W-M-Systeme handelt, als *duofile Fragmente*. Da die Vollständigkeit einer gedoppelten T-W-M-Einheit jeweils ein für ein bestimmtes Organisationsniveau spezifisches Minimum an Verschaltungen (homöostatische Regulierung) impliziert, werden monofile Repräsentanzen oder duofile Fragmente in der Regel nicht bewußt: ihnen fehlen die für das Bewußtwerden nötigen Verschaltungen, d. h. der für das System Bw gesetzte hochdifferenzierte Grad an dynamischer Stabilität seiner Abläufe. – Schließlich haben wir für das System Ubw und Bw (stellvertretend für alle vier Subsysteme der Psyche) eine hypothetische Rechnung aufgemacht, die ergeben hat, daß die Abläufe im geringstrukturierten System Ubw als relativ langsam, aber mit hoher Intensität, die Abläufe im hochstrukturierten System Bw hingegen als relativ schnell, aber mit niedrigerer Intensität erfolgen; die *Geschwindigkeit* sowie der *Intensitätsfaktor* der psychischen Abläufe können somit als wichtige Kriterien für den Differenziertheitsgrad in der Verrechnung von Musterbildungen in den verschiedenen Subsystemen der Psyche gelten.

Teil III
Die Gestalt des Modells
(1920–1925)

Der Übergang zur nächsten und letzten großen 5-Jahres-Etappe im theoretischen Denken Freuds wird von vielen Psychoanalytikern als eine Neuerung empfunden, die eher einen *Um-Bruch* auf der Entwicklungslinie der metapsychologischen Konzepte markiert denn eine Erweiterung und Ausdifferenzierung der bis hierher erarbeiteten Positionen: Freud konzipiert den Todestrieb, der bis heute von der Mehrheit – zugunsten der in seinem Schlepptau miteingeführten Aggression – abgelehnt wird, und er verabschiedet sich von seinem topischen Modell, das er durch seine Instanzenlehre, die Strukturtheorie, ersetzt – und obwohl die Strukturtheorie auf breite Zustimmung gestoßen und zum Basiskonzept der Metapsychologie avanciert ist, gilt die Überführung des topischen Modells in die Strukturtheorie als nicht restlos geklärt, weshalb es gleichsam zwei Lager unter den Analytikern gibt: solche, die ihr theoretisches Denken von den Instanzen Es, Überich und Ich her entwickeln, und andere, die es vorziehen, mit den Systemen Ubw, Vbw, Bw zu arbeiten. Damit wiederholt sich am Ende von Freuds langem wissenschaftlichem Weg – in der Einschätzung seiner Nachfolger – was ihm schon für den Anfang attestiert wurde: ähnlich wie man zwischen dem *Entwurf einer Psychologie* und der *Traumdeutung* einen Bruch im Denken Freuds erkennt, hält man die Einführung des Todestriebs für einen spekulativen Irrweg; ähnlich wie man den *Entwurf* aus dem Korpus der metapsychologischen Schriften ausklammert, möchte man auch das Todestriebkonzept lediglich auf persönliche Krisen Freuds zurückführen und so ad acta legen. Überblickt man aber die Thematik der vorausgehenden Arbeiten Freuds – *Die Verdrängung* (1915d), *Das Unbewußte* (1915e), *Zeitgemäßes über Krieg und Tod* (1915b), *Vergänglichkeit* (1916a), *Metapsychologische Ergänzung zur Traumlehre* (1916-17f) sowie *Trauer und Melancholie* (1916-17g) – dann entsteht der Eindruck, als habe Freud sich mit diesen Arbeiten schon seit längerem auf den Weg gemacht, immer tiefer in das große Gebiet dessen einzudringen, was überhaupt *außerhalb unseres Bewußten* liegt[154], daß er jetzt dabei ist, die Untiefen der Seele auszuloten bis hinein in einen Bereich, der mit dem Ende des Psychischen wie des Lebendigen und d. h. mit dem Tod zusammenfällt. Und erst nachdem er bis zur letzten Konsequenz vorgedrungen ist und auch den psychisch-physiologischen Tod (hier: das Aufhören jeglicher Musterbildung) in seine Konzeption mit eingeschlossen hat, kann er sich wieder zurück zum Leben, zum Bewußten und zur Konzeption des Ichs (1923b) wenden. So gesehen ist seine Einführung des Todestriebs gar nicht so überraschend, und es wäre jetzt zu prüfen, ob Freud mit dieser Konstruktion, an der er allen Widerständen zum Trotz bis an sein Lebensende festgehalten hat, seinem bisherigen Trieb-Struktur-Konzept nicht sogar noch eine weitere Dimension erschlossen hat.

Aber wie immer man auch solche Überlegungen einschätzen mag – die Arbeiten der letzten kreativen 5-Jahres-Phase im theoretischen Denken Freuds zeigen, wie hart er noch einmal um eine Klärung seines Triebkonzepts und um weitere Einsichten in den Aufbau und die Funktionsweise des seelischen Apparats gerungen hat. Das wird besonders deutlich in den beiden Hauptwerken dieser Phase: *Jenseits des Lustprinzips* (1920g) und *Das Ich und das Es* (1923b). Eine weitere Ausfaltung und Erläuterung einzelner in diesen Arbeiten bereits vorgetragener Überlegungen unternimmt Freud sodann in *Massenpsychologie und Ich-Analyse* (1921c), *Das ökonomische Problem des Masochismus* (1924c), sowie in der im Sommer 1925 entstandenen Arbeit *Hemmung, Symptom und Angst* (1926d). So reich und vielfältig die in diesen Arbeiten entwickelten Gedanken auch sind, werden wir uns doch wieder ganz auf die Untersuchung der beiden Grundaxiome unseres Modells, die Trieb- und die Strukturtheorie, beschränken müssen.

Die definitive Fassung der Triebtheorie (1920)

Lust und Unlust im Verhältnis zu Spannung und Erregung

Freuds metapsychologische Arbeiten sind alle zentriert um die Triebtheorie: ihre Einteilung und Bestimmung, und die Strukturtheorie: die Regulationsprinzipien des psychischen Apparats. Wir haben uns in dem Bemühen, eine formalisierte und logisch konsistente Fassung der psychoanalytischen Theorie zu erstellen, auf diese zwei Axiome beschränkt, wobei wir die Triebe als die Variablen, die Strukturen als die Schalter innerhalb eines dynamisch stabilen Systems betrachtet haben. Und wir haben dabei immer wieder festgestellt, daß beide Axiome nicht unabhängig voneinander zu konzeptualisieren und doch sorgfältig in unserem Denken zu unterscheiden sind. Ein Großteil der logischen Widersprüchlichkeiten im theoretischen Denken Freuds ist darauf zurückzuführen, daß diese Differenzierung in der *Zuordnung* der einzelnen (z.T. von den klinischen Phänomenen abgeleiteten) Theoreme entweder zu den Trieb- oder zu den Strukturaspekten seines Modells nicht immer gelungen ist. Dieses Problem ist bereits im Zusammenhang mit der Einführung des Narzißmus aufgetaucht und macht sich jetzt besonders bei der Entwicklung seines Konzepts vom Todestrieb bemerkbar. Von daher ist es nicht uninteressant zu beachten, daß Freud die beiden großen, der Neuerung seiner *Triebtheorie* gewidmeten Arbeiten, *Jenseits des Lustprinzips* und *Das ökonomische Problem des Masochismus* mit einer Diskussion der *Strukturtheorie* beginnt.

„In der psychoanalytischen Theorie nehmen wir unbedenklich an, daß der Ablauf der seelischen Vorgänge automatisch durch das Lustprinzip reguliert wird, das heißt, wir glauben, daß er jedesmal durch eine unlustvolle Spannung angeregt wird und dann eine solche Richtung einschlägt, daß sein Endergebnis mit einer Herabsetzung dieser Spannung, also mit einer Vermeidung von Unlust oder Erzeugung von Lust zusammenfällt.“ (1920g, S. 3)

„Wir haben uns entschlossen, Lust und Unlust mit der Quantität der im Seelenleben vorhandenen – und nicht irgendwie gebundenen – Erregung in Beziehung zu bringen, solcher Art, daß Unlust einer Steigerung, Lust einer Verringerung dieser Quantität entspricht." (ebd., S. 4)

Nach diesem Auftakt könnte man vermuten, daß Freud die *Revision seiner Triebtheorie* aus den frühen grundlegenden Annahmen seiner *Strukturtheorie* ableitet. Danach gilt: der „Ablauf der seelischen Vorgänge" wird eingeleitet durch „Spannung"; Spannung entsteht durch die Steigerung der „Quantität" einer „Erregung" und wird als „Unlust" empfunden; diese Unlust führt zu einer Reaktion oder Maßnahme des Systems, die auf die Abnahme der Spannung zielt, und diese Abnahme wird als „Lust" empfunden. Das ist nichts anderes als das „Prinzip der Neuronen-Trägheit" aus dem *Entwurf*, das Freud mit Bezug auf Fechner dort als „Trägheitsprinzip" und als Tendenz zum „Niveau = 0" bezeichnet. Auch jetzt bezieht sich Freud wieder auf Fechner, der „Lust und Unlust mit Stabilitäts- und Instablilitätsverhältnissen in psychophysische Beziehung" bringt (Fechner, zit. n. Freud, ebd.), und folgert: „Das Lustprinzip leitet sich aus dem Konstanzprinzip ab" und erweise sich damit als Spezialfall des Fechnerschen Prinzips der „Tendenz zur Stabilität" (ebd., S. 5). Die Durchsetzung dieser Tendenz zur Stabilität führt bei Fechner erst zu einer „approximativen" und sodann zu einer „absoluten" Stabilität, die zuletzt mit dem Nullprinzip (Null-Spannung) zusammenfällt. Null bedeutet dort: kein Mangel, keine Erregung, keine Spannung, keine Unlust – aber eigentlich auch keine Lust mehr, sondern bereits ein Jenseits der Lust, weil Lust ja eben auf der „Herabsetzung" von Spannung, nicht aber auf dem Nichtvorhandensein von Spannung beruht.

Schauen wir uns Freuds Annahmen genauer an: Zunächst einmal kann man mit Freud sagen, die *Lustempfindung* entsteht, wenn es zu einer Spannungsreduktion kommt, letztere ist sozusagen die metapsychologisch definierte Bedingung oder Grundlage der ersteren. Aber man kann nicht gut sagen: eine Empfindung reguliert einen Apparat, oder eine Empfindung bildet ein Prinzip. Es empfiehlt sich also, die erlebnismäßige (phänomenologische) Ebene der Betrachtung von der formallogischen Ebene zu trennen und sich für die Modellkonstruktion auf letztere zu beschränken. Dann bleibt die Aussage: Die Regulierung der Vorgänge (Triebabläufe) innerhalb des psychischen Apparats erfolgt nach dem Grundsatz, daß auftretende Spannungen abgebaut werden. Aber was ist Spannung? Spannung ist per definitionem ein Zustand, der zwischen zwei entgegengesetzt *gerichteten* Polen entsteht. Da Freud, wenn er von „Erregung" spricht, die zu Spannung und Unlust führt, immer die Erregung eines Triebs = einer *gerichteten* Größe meint, liegt auf der Hand, daß der *entgegengesetzt gerichtete* andere Pol von der Verdrängung, also dem Triebantagonisten gebildet wird. Das heißt: Spannung ist die Folge einer wie auch immer gearteten Erregung der beiden entgegengesetzt gerichteten Triebe. Dann bleibt noch die Frage: Wo werden Spannungen in unserem Modell überhaupt „wahrgenommen", also registriert? Die Antwort ist klar: ein Trieb kann eine Spannung zwar erzeugen, aber nicht registrieren, das Registrieren der Spannung und das Einleiten der Maßnahmen zum Abbau von Spannungen ist die Funktion der Struktur. Also können wir in bezug auf das allgemeine Regulationsprinzip des psychischen Apparats wie auch in bezug auf die Mikroebene des Modells (ein hypothetisch isolierter einfachster Schalter) Freuds Postulat so formulieren: die Erregung eines Triebs (Eingangsvariable) wird von der Struktur (Regler) als „Spannung" (Abweichung von einem Sollwert im Verhältnis der Erregungsgrößen beider Triebe) registriert und führt zu einer ausgleichenden Maßnahme: der spezifischen Aktivierung des jeweils anderen Triebs (Ausgangsvariable).

Wir hatten die Struktur als einen Schalter aufgefaßt, der ein bestimmtes Gesetz enthält. Dieses Gesetz bestimmt und reguliert das zulässige (quantitative) Erregungsverhältnis der beiden antagonistischen Triebe – also die Spannung zwischen den zwei entgegengesetzt gerichteten Polen – und definiert damit, was jeweils als *Homöostase* gelten soll. Wir können formal die Spannung, die einem bestimmten Gesetz zufolge für Homöostase steht, mit dem fiktiven Wert „0" bezeichnen, aber genausogut könnten wir dafür den Wert „1" oder irgendeinen anderen Wert setzen, das ist ganz willkürlich; d.h.: wenn Freud von einem *Nullprinzip* spricht, müssen wir nicht *konkretistisch* an Null-Spannung denken, wir können uns darunter auch eine beliebige Größe vorstellen, die der Einfachheit halber als „Null" *gesetzt* wird. Ohnehin bezieht sich Freud an dieser Stelle gar nicht auf sein erstes Trägheits- oder Null-Prinzip, sondern auf dessen durch die „Not des Lebens" modifizierte Version, das *Konstanzprinzip*. Das Konstanzprinzip sorgt dafür, daß innerhalb eines Systems ein bestimmter „Vorrat von Qη", also endogener (Erregungs-)Quantität, und damit eine bestimmte Spannung konstant aufrecht erhalten wird – weshalb Freud es als Spezialfall des Fechnerschen Prinzips der „Tendenz zur Stabilität" ausweist. Es ergibt sich somit für die Regulationsprinzipien des psychischen Apparats eine Reihe von *Null* über *Konstanz* zu *Stabilität* – der hier bereits die moderneren Begriffe *Homöostase* und *dynamische Stabilität* angefügt wurden. Wenn nun Gleichgewicht oder Stabilität nicht konkret durch „Null"-Spannung, sondern durch jeden in einem Schaltergesetz etablierten Wert bestimmt sein soll, dann kann prinzipiell jedes denkbare Erregungsverhältnis beider Triebe Stabilität bedeuten, also vereinfacht ausgedrückt: Verhältnisse wie 1:1, 1:2, 2:3, 3:4 etc.; und außerdem könnte ein solches Gesetz den Zusatz enthalten: ± c, wobei c eine Konstante wäre für die innerhalb der dynamischen Stabilität des betreffenden Systems zulässige Abweichung zugunsten der einen wie der anderen Triebdominanz[155]. Das bedeutet: das, was (auch immer) das Schaltergesetz ausdrückt, das ist der als *Gleichgewicht* definierte Bereich einer bestimmten *Spannung* zwischen beiden Trieben. Diese für jede Struktur (bzw. jeden Strukturkomplex) anders definierte Spannung – nennen wir sie die *Schalterspannung* – ist die Voraussetzung dafür, daß sich das System in einem optimalen Funktionszustand dynamischer Stabilität befindet, denn ohne eine solche Spannung wären kein „Energiefluß" und damit keine Besetzungsvorgänge und keine Musterbildung konzeptualisierbar.

Von hier aus gelangt man gedanklich sofort zu Erregungszuständen des Systems, die den Bereich der Schalterspannung übersteigen, die also eine gravierende *Abweichung* von den in den verschiedenen Strukturen (gleich auf welchem Hierarchie- oder Integrationsniveau) unterschiedlich definierten Stabilitäts-Werten darstellen. Solche Trieberregungen führen ebenfalls zu Spannung – nennen wir sie im Unterschied zu ersterer die

Systemspannung – und hierfür können wir mit Freud festsetzen, daß diese Spannung, diese Abweichung von den strukturell verankerten Gleichgewichts-Werten, (phänomenologisch) Unlust erzeugt, die Wiederherstellung der Homöostase hingegen Lust. Es ist somit die Abnahme der Systemspannung, die Lust erzeugt, nicht die Abnahme der Schalterspannung: das Absinken der Schalterspannung unter einen bestimmten Wert – z. B. auf Null – entspräche einer Abweichung von ihrem Spannungsoptimum – wandelte sich also in Systemspannung – und würde damit Unlust auslösen (nicht aber ein Jenseits der Lust). Die Abnahme der Systemspannung ist also nicht identisch mit der Abnahme der Schalterspannung, sondern die Abnahme der Systemspannung entspricht einer Annäherung an die Schalterspannung und wird deshalb als Bedingung der Lust konzipiert. Mit anderen Worten: wenn sich das System im Gleichgewicht befindet, dann befindet es sich nicht im Zustand der Null-Spannung, sondern in einem Zustand der optimalen Spannung (Schalterspannung) – und diese setzt eine bestimmte *Erregungsquantität* gerade voraus.[156].

„Die Tatsachen, die uns veranlaßt haben, an die Herrschaft des Lustprinzips im Seelenleben zu glauben, finden auch ihren Ausdruck in der Annahme, daß es ein Bestreben des seelischen Apparates sei, die in ihm vorhandene Quantität von Erregung möglichst niedrig oder wenigstens konstant zu erhalten. Es ist dasselbe, nur in andere Fassung gebracht, denn wenn die Arbeit des seelischen Apparates dahin geht, die Erregungsquantität niedrig zu halten, so muß alles, was dieselbe zu steigern geeignet ist, als funktionswidrig, das heißt als unlustvoll empfunden werden. Das Lustprinzip leitet sich aus dem Konstanzprinzip ab (...). Bei eingehenderer Diskussion werden wir auch finden, daß dies von uns angenommene Bestreben des seelischen Apparates sich als spezieller Fall dem Fechnerschen Prinzip der *Tendenz zur Stabilität* unterordnet, zu dem er die Lust-Unlustempfindungen in Beziehung gebracht hat." (ebd., S. 5)

Interpretieren wir das einmal so: Die *Schalterspannung* ist eine Größe, die sich auf das Verhältnis der Erregung beider Triebe bezieht, und dieses Verhältnis soll „konstant" gehalten werden, während die *Systemspannung* die Abweichung von diesem Verhältnis, also die Abweichung vom Gesetz der Schalterspannung darstellt, und diese Abweichung soll „möglichst niedrig" sein. Nun hat Freud aber offenbar, wenn er jede Steigerung der „Erregungsquantität" als „funktionswidrig" bezeichnet und für den psychischen Apparat ein „Bestreben" postuliert, die „vorhandene Quantität von Erregung möglichst niedrig oder wenigstens *konstant* zu erhalten," noch eine andere Art von Quantität als die einer einfachen Trieberregung im Blick – oder sagen wir: eine andere, höhere Organisationsstufe des Systems:

„Wir denken dabei nicht an ein einfaches Verhältnis zwischen der Stärke der Empfindungen und den Veränderungen, auf die sie bezogen werden; am wenigsten – nach allen Erfahrungen der Psychophysiologie – an direkte Proportionalität; wahrscheinlich ist *das Maß der Verringerung oder Vermehrung in der Zeit* das für die Empfindung entscheidende Moment." (ebd., S. 4, Hervh. d. V.)

Wir hatten im letzten Kapitel eine Größe oder „Quantität" eingeführt, die diesen *Zeitfaktor* enthält, die *Intensität.* Wir hatten gesagt: Die Intensität eines psychischen Ablaufs entspricht dem Verhältnis der jeweils aktivierten *Quantitäten* an Trieberregung zur *Geschwindigkeit* ihres Ablaufs (der Anzahl der Verschaltungen pro Zeiteinheit) I = Q : S/t. Mit dieser Gleichung hatten wir (auf der Makro-Ebene des Modells) für das dichter strukturierte *System Bw* einen *niedrigeren* Intensitätsfaktor errechnet als für das *System Ubw.* Beziehen wir jetzt die von Freud genannte „Erregungsquantität" auf diese Größe *Intensität*, dann ergibt sich für den Ablauf eines psychischen Vorgangs vom Ubw zum Bw der vertraute Satz: jede Annäherung an das *System Bw* geht mit einer *Verringerung* der Intensität der psychischen Abläufe einher (Sekundärprozeß); und da Psychisches vom *Ubw* zum *Bw* gerichtet sein soll, zeigt sich hier wieder die allgemeine Tendenz des Lustprinzips, nämlich: Erregungsquantitäten abzubauen oder niedrig zu halten, und damit wäre – anders herum gesagt – jede Intensität-Steigerung „funktionswidrig". So gesehen, bezieht sich Freuds Postulat von der Tendenz zur Abnahme der „Erregungsquantitäten" auf eine generelle *Entwicklungstendenz* innerhalb dieser Modellkonzeption und lautet: *die strukturelle Entwicklung innerhalb des psychischen Apparats folgt dem Lustprinzip, einer fortschreitenden Verringerung der zu verarbeitenden Erregungs- bzw. Inten-*

sitäts"quantitäten". Betrachten wir uns diesen *genetischen* Aspekt genauer:

Wir haben das Gesamtsystem Psyche in die vier Subsysteme Vubw, Ubw, Vbw und Bw unterteilt und jedes von ihnen durch ein anderes, in aufsteigender Linie höheres Organisationsniveau charakterisiert – was sich aus der zunehmenden Anzahl an Verschaltungen ergibt; damit verfügt also jeder funktionell integriert arbeitende Strukturkomplex, jedes Mikro-, Sub- und Makrosystem, über seine eigene Gleichgewichtslage, seinen spezifisch definierten Bereich dynamischer Stabilität. Was für das eine System (Ubw) recht ist (Gleichgewicht), ist für das andere (Bw) durchaus nicht mehr billig (Ungleichgewicht). Eben diesen Punkt hebt Freud jetzt hervor, indem er auf den (neurotischen) Konflikt als „Quelle der Unlustentbindung" (ebd., S. 6) zu sprechen kommt: die gegensätzlichen Pole sind hier „das zusammenhängende *Ich* und das *Verdrängte*" (ebd., S. 18), und es ist klar, daß die Befriedigung verdrängter Triebregungen

„dem Ich Unlust bringen muß, (…) aber das ist Unlust, die wir schon gewürdigt haben, die dem Lustprinzip nicht widerspricht, *Unlust für das eine System und gleichzeitig Befriedigung für das andere.*" (ebd., Hervh. d. V.)

Der *Konflikt* ist ein Herzstück der psychoanalytischen Theorie; Freud formuliert in diesem Zitat seine metapsychologische Grundlage: Lust (Gleichgewicht) für das eine System = Unlust (Ungleichgewicht) für das andere. Die Frage ist nun: wie läßt sich eine *Lösung* des Konflikts konzeptualisieren? Wir kennen die klinische Antwort Freuds: durch Bewußtmachen des Unbewußten. Das ist aber gerade das Problem, die Bewußtmachung des Unbewußten muß in bezug auf das „zusammenhängende Ich" zu einer Systemspannung führen, weil das „zusammenhängende Ich" (System Bw) durch eine andere Schalterspannung charakterisiert ist als das „Verdrängte" (System Ubw). Also wäre zu überlegen, ob diese Systemspannung in Schalterspannung umgewandelt werden könnte, und wie es dabei zu einer Modifikation der Schaltgesetze käme? Freud hatte schon im *Entwurf* den Gedanken entwickelt, daß der Durchgang von bestimmten Erregungsquantitäten durch die neuronalen Leitungen zu Bahnungen und Besetzungen führt, die künftige Erregungsabläufe *modifizieren* (eine häufig aktivierte Struktur unterliegt einer anderen Modifikation als eine selten aktivierte), d. h. der Leitungsvorgang selbst ist strukturbildend; mit anderen Worten: der Ablauf der Trieberregung modifiziert das Schaltgesetz einer Struktur und umgekehrt modifiziert das Schaltgesetz einer Struktur den Ablauf einer Trieberregung. Dieser Gedanke ist also nicht neu, aber es ist eben diese Interdependenz von Trieb- und Strukturvorgängen, die die Modellkonzeption an manchen Stellen so verwirrend erscheinen läßt. Anders aber wären *Lernen* und *Anpassung* im Rahmen der Strukturentwicklung nicht darstellbar.

Und genau darum geht es Freud, wenn er jetzt einige dem Lustprinzip scheinbar widersprechende Beispiele diskutiert: Patienten mit traumatischen Neurosen, die in ihren Angstträumen das Unlust erzeugende Trauma wiederholen; das Kind, das mit der Garnspule das schmerzliche Fortgehen der Mutter wiederholt; und den Analysanden, der in der Übertragung die peinlichen Erlebnisse seiner Kindheit wiederholt. Diese Vorgänge sind Unlust erzeugende psychische Aktivitäten und müßten insofern dem Lustprinzip widersprechen. Aber Freud erkennt in all diesen Fällen, „daß es auch unter der Herrschaft des Lustprinzips Mittel und Wege genug gibt, um das an sich Unlustvolle zum Gegenstand der Erinnerung und *seelischen Bearbeitung* zu machen", daß diese „in endlichen Lustgewinn auslaufenden Fälle" die „Existenz und Herrschaft des Lustprinzips" eigentlich gerade voraussetzen und *nicht* „für die Wirksamkeit von Tendenzen jenseits des Lustprinzips" sprechen (ebd., S. 15, Hervh. d. V.). Worum es nämlich bei dieser „seelischen Bearbeitung" geht, läßt sich anhand des Trauma-Beispiels zeigen: Das Trauma entsteht als Folge eines Einbruchs starker Erregungen (ebd., S. 29); das System reagiert mit einer „großartigen ‚Gegenbesetzung'", für die es von allen Seiten Besetzungsenergie herbeizieht (ebd., S. 30); wäre dieses höhere Quantum an Besetzungsenergie zum Zeitpunkt der traumatischen Einwirkung schon vorhanden gewesen, dann hätte die Verletzung keine traumatisierende Wirkung gehabt. Die Angstentwicklung stellt eine solche vorwegnehmende Gegenbesetzung dar, die das System vor einem traumatisierenden Einbruch schützen soll. Das ist der Grund für die Wiederholung des Unlustvollen: die Träume der Unfallneurotiker „suchen die Reizbewältigung unter Angstentwicklung nachzuholen, deren Unterlassung die Ursache der traumatischen Neurose geworden ist." (ebd., S. 32) Die Idee ist, daß die *wohldosierte* Erhöhung der Erregungsquantitäten von innen (welche Spannung und damit *Angst*[-Träume] auslöst) zu einem allmählichen Heraufsetzen der zulässigen Spannungswerte (Schaltergesetz) führt, und durch diese Modifikation seiner Schalterspannung kann das System künftig sein (relatives) Gleichgewicht besser bewahren. Es ist dieselbe „Not des Lebens", die im *Entwurf* bereits das Null-Prinzip durch „Speicherung" gewisser „Quantitäten" (Werte) zum Konstanz-Prinzip modifiziert hatte. Der Vorgang, den Freud hier als „seelische Bearbeitung" des Traumas bezeichnet, wandelt also Systemspannung sukzessive in Schalterspannung um: die Bandbreite an zulässigen Erregungs- und Spannungswerten, die innerhalb eines Schalters homöostatisch reguliert werden können, nimmt zu, die dynamische Stabilität des Systems ist gefestigt.

Wie wir uns diesen Vorgang im Genaueren vorstellen können, hat Freud angedeutet: die unzählige Male *wiederholte* Erregung der Unlust auslösenden (Systemspannung erzeugenden) Erinnerungsspur führt jedesmal zu einer erneuten Verschaltung (die Aktivierung einer Vorstellungs-/Erinnerungs-Repräsentanz *ist* eine solche Verschaltung von Trieb und Verdrängung an der von ihr besetzten Struktur); und da die anfangs bestehenden Strukturen diese Erregungsquantitäten nicht ausreichend homöostatisch regulieren können, entsteht bei jeder erneuten Aktivierung des traumatischen Komplexes ein Erregungsüberschuß, der eine *neue*, zusätzliche Verschaltung erforderlich macht, eine neue Struktur im Anschluß an die bestehende bildet. So ist es gerade das *Wiederholen*, das Reaktivieren überschwelliger Erregungen, das zur Anreicherung psychischer Struktur führt. Und da dieses von Mal zu Mal dichter werdende Netz von Schaltern im Verbund arbeitet, erhöht sich allmählich der in diesem Strukturbereich bestehende Toleranzwert für Spannungen. Von einer übergeordneten Perspektive aus betrachtet, heißt das: die *Schalterspannung* in diesem angewachsenen, integriert arbeitenden Strukturkomplex hat sich vergrößert. So klärt sich ein scheinbares Paradox in den strukturellen Annahmen der Freudschen Metapsychologie, daß nämlich ein gut strukturiertes System Bw („zusammenhängendes Ich") einerseits *größere* Spannungen tolerieren kann als das nach Freud auf sofortige „Abfuhr" tendierende System Ubw (das Verdrängte), anderseits aber bereits von geringen Quantitäten – und damit unter der Bedingung einer Spannung von *geringerer* Bandbreite – erregt werden soll (womit es sich für eine differenziertere Wahrnehmung qualifiziert): die Toleranzwerte in den Mikroschaltern des Bw sind kleiner als diejenigen im Ubw, aber die Zusammenschaltung vieler Mikrostrukturen zum „zusammenhängenden Ich" ergibt für diese Makrostruktur Ich gesamthaft gesehen eine Schalterspannung, die jene des nur locker strukturierten Ubw um vieles übersteigt.

Bisher hatten wir gesagt, daß jede Aktivierung einer solchen Erregung in den Erinnerungssystemen einer Verschaltung (bzw. einer Unzahl an Verschaltungen) und damit einer partiellen und im Endeffekt zunehmenden homöostatischen Regulierung entspricht; jetzt können wir präzisieren, daß die aktivierten Erregungsquantitäten im wiederholten Besetzen dieser Erinnerungsspuren (Erfahrungsmuster) zur Neubildung von Strukturen und damit einhergehend insgesamt zu einer Modifikation der (Makro-)Schalterspannung führen. Diese beiden Aspekte desselben Vorgangs bilden auch die formale, metapsychologisch ausformulierte Grundlage für Freuds Konzeption der Konfliktlösung: Unbewußtes in Bewußtes zu verwandeln – oder für das, was Freud später in den berühmten Satz kleiden wird: „Wo Es war, soll Ich werden." (1933a, S. 86) Wie er sich diesen Vorgang der strukturbildenden und strukturmodifizierenden Umwandlung von Systemspannung in Schalterspannung vorstellt, erklärt er hier nochmals so:

„Wir haben es als eine der frühesten und wichtigsten Funktionen des seelischen Apparates erkannt, die anlangenden Triebregungen zu ‚binden', den in ihnen herrschenden Primärvorgang durch den Sekundärvorgang zu ersetzen, ihre frei bewegliche Besetzungsenergie in vorwiegend ruhende (tonische) Besetzung umzuwandeln. Während dieser Umsetzung kann auf die Entwicklung von Unlust nicht Rücksicht genommen werden, allein das Lustprinzip wird dadurch nicht aufgehoben. Die Umsetzung geschieht vielmehr im Dienste des Lustprinzips; die Bindung ist ein vorbereitender Akt, der die Herrschaft des Lustprinzips einleitet und sichert." (1920g, S. 67)

Das *Binden* von Trieberregungen besteht in der *Umwandlung* frei beweglicher *Energie* in ruhende *tonische* (Tonus = Spannung!) *Besetzung*, d. h. in der Neubildung von Strukturen sowie in der Modifikation der in den Strukturkomplexen niedergelegten Schalterspannung. Je größer die zulässigen Spannungswerte sind, desto weniger können anlangende (Trieb-)Erregungsquantitäten zu einer Übererregung des Systems führen. Man kann sagen: die „Anpassung" oder „Lernfähigkeit" des psychischen Apparats besteht in der Speicherung der durch den Erregungsablauf generierten und spezifisch modifizierten Schalterspannung in den für die verschiedenen psychischen Funktionen zuständigen Strukturen, wobei wir davon ausgehen, daß die Strukturen eher für das Beharrungsvermögen, für die *Trägheit*, die *Konstanz,* die Triebe hingegen eher für die Flexibilität und die Veränderbarkeit in der Funktionsweise des psychischen Apparats zuständig sind; die Triebe arbeiten sozusagen an der Veränderung der Struktur, aber die Modifikation der Struktur, das dauerhafte Verschieben von Gleichgewichtslagen (Schalterspannung) ist ein nur allmählich erfolgender – und durch den hierarchischen Aufbau des Gesamtsystems zusätzlich „gebremster" – Prozeß.

Der Wiederholungszwang und die neue Definition und Einteilung der Triebe

Das Verhältnis von Spannung und Erregung zu Lust und Unlust so detailliert zu überdenken ist notwendig, weil es die erklärte Grundlage für die jetzt anstehende Revision von Freuds Triebtheorie ist. Lesen wir etwas ausführlicher, wie Freud argumentiert. Er beschäftigt sich mit der Tatsache, daß der Analysand in der Übertragung so viele infantile Situationen *wiederholt*, statt sie bloß zu erinnern, und dann heißt es:

„Um diesen ‚*Wiederholungszwang*', der sich während der psychoanalytischen Behandlung der Neurotiker äußert, begreiflicher zu finden, muß man sich vor allem von dem Irrtum frei machen, man habe es bei der Bekämpfung der Widerstände mit dem Widerstand des ‚Unbewußten' zu tun. Das Unbewußte, das heißt das ‚Verdrängte', leistet den Bemühungen der Kur überhaupt keinen

Widerstand, es strebt ja selbst nichts anderes an, als gegen den auf ihm lastenden Druck zum Bewußtsein oder zur Abfuhr durch die reale Tat durchzudringen. Der Widerstand in der Kur geht von denselben höheren Schichten und Systemen des Seelenlebens aus, die seinerzeit die Verdrängung durchgeführt haben." (1920g, S. 17)

Freud ersetzt nun das Bewußte durch das „zusammenhängende *Ich*" und das Unbewußte durch das „*Verdrängte*" und fährt fort:

„Nach dieser Ersetzung einer bloß deskriptiven Ausdrucksweise durch eine systematische oder dynamische können wir sagen, der Widerstand der Analysierten gehe von ihrem Ich aus, und dann erfassen wir sofort, der Wiederholungszwang ist dem unbewußten Verdrängten zuzuschreiben. (...)

Es ist kein Zweifel, daß der Widerstand des bewußten und vorbewußten Ichs im Dienste des Lustprinzips steht, er will ja die Unlust ersparen, die durch das Freiwerden des Verdrängten erregt würde, und unsere Bemühung geht dahin, solcher Unlust unter Berufung auf das Realitätsprinzip Zulassung zu erwirken. In welcher Beziehung zum Lustprinzip steht aber der Wiederholungszwang, die Kraftäußerung des Verdrängten? Es ist klar, daß das meiste, was der Wiederholungszwang wiedererleben läßt, dem Ich Unlust bringen muß, denn er fördert ja Leistungen verdrängter Triebregungen zutage, aber das ist Unlust, die wir schon gewürdigt haben, die dem Lustprinzip nicht widerspricht, Unlust für das eine System und gleichzeitig Befriedigung für das andere. Die neue und merkwürdige Tatsache aber, die wir jetzt zu beschreiben haben, ist, daß der Wiederholungszwang auch solche Erlebnisse der Vergangenheit wiederbringt, die keine Lustmöglichkeit enthalten, die auch damals nicht Befriedigungen, selbst nicht von seither verdrängten Triebregungen, gewesen sein können." (ebd., S. 18)

Daß der Widerstand vom Ich ausgeht, versteht sich; die ökonomische Erklärung dafür lautet: das Ich will sich die Unlust ersparen, die durch das Freiwerden des Verdrängten entstünde; wir haben uns im vorigen Abschnitt bereits mit dieser Situation auseinandergesetzt und können deshalb ohne weitere Erläuterungen zustimmen: dieser Widerstand steht im Dienst des Lustprinzips. So weit, so klar. Aber jetzt zieht Freud einen problematischen Schluß. Wenn der Widerstand vom Ich ausgeht, so meint er, „dann erfassen wir sofort, der Wiederholungszwang ist dem unbewußten Verdrängten zuzuschreiben." Wieso das?

Wieso nur dem unbewußten Verdrängten? Gehorcht nicht auch das „zusammenhängende Ich“ mit dem immer gleichen Arsenal an Verdrängungsantworten auf das immer wieder Drängende des Unbewußten unübersehbar einem Wiederholungszwang? *Unterliegt also nicht dieser gesamte Ablauf von Drängen und Verdrängen einem Wiederholungszwang?* Handelt es sich nicht bei dieser Reproduktion von Szenen, Beziehungskonfigurationen, ja ganzer Lebensschicksale um das Aktivieren komplexer Muster und Abfolgen solcher Muster? Und solche Muster haben wir als Trieb-Verdrängungs-Einheiten und damit als Strukturen aufgefaßt. Aus allen bisherigen Überlegungen folgt somit: *der Wiederholungszwang ist ein Strukturphänomen*, bzw. als Folge der Aktivität von Struktur zu konzeptualisieren: psychische Abläufe nehmen immer wieder dieselben, die am besten „gebahnten“ Wege, und deshalb kann der Wiederholungszwang nicht auf das Verdrängte beschränkt werden, sondern ist eine allen Systemen inhärente Struktureigenschaft.[157]

Diese Passage ist eine Gelenkstelle in der Argumentation für eine Neubestimmung und Neueinteilung von Freuds Trieblehre, und deshalb lohnt es sich, an diesem Punkt ganz genau zu differenzieren, ob die theoretische Annahme eines Wiederholungszwangs auf der Ebene der Metapsychologie ein Trieb- oder ein Strukturphänomen des Modells sein soll. – Freuds einseitige Zuordnung des Wiederholungszwangs zum unbewußten Verdrängten hat nämlich Folgen. Aus der „neuen und merkwürdigen“ Beobachtung, daß der Wiederholungszwang auch so viele Unlust erregende Erlebnisse aufbringt, folgert er an dieser Stelle nicht, daß es sich dabei um die im letzten Abschnitt ausführlich erörterte „seelische Bearbeitung“ von noch Unverarbeitetem handelt, daß es dabei um einen Prozeß der Strukturbildung und -modifikation im Dienst des Lustprinzips geht (vergleichbar den Angstträumen der traumatischen Neurosen), sondern er schöpft Mut zu der Annahme, „daß es im Seelenleben wirklich einen Wiederholungszwang gibt, der sich *über das Lustprinzip hinaussetzt*“ und damit ein *Jenseits* der Lust begründet (ebd., S. 21, Hervh. d. V.). Ja, es „gibt“ einen Wiederholungszwang innerhalb unseres Modells: als Strukturkonzept; nicht aber begründet dieser Wiederholungszwang ein *Jenseits* des Lustprinzips, sondern er ist der *Ausdruck* dieses Lust- bzw. Regulationsprinzips.[158]

Freud geht es beim Wiederholungszwang allerdings gar nicht so sehr um das Lustprinzip, sondern vielmehr um eine neue allgemeine *Triebdefinition* und die Einführung des *Todestriebs*: er nennt den Wiederholungszwang eine „*Kraftäußerung* des Verdrängten", hält ihn für „ursprünglicher, elementarer, *triebhafter* als das zur Seite geschobene Lustprinzip" (ebd., S. 22, Hervh. d. V.), erkennt in ihm „im hohen Grade den *triebhaften*, (...) den dämonischen Charakter" (ebd., S. 36, Hervh. d. V.) und kommt nach einigen weitausholenden, kühnen, aber nicht uninteressanten Spekulationen zu folgendem Schluß:

„Auf welche Art hängt aber das Triebhafte mit dem Zwang zur Wiederholung zusammen? Hier muß sich uns die Idee aufdrängen, daß wir einem allgemeinen, bisher nicht klar erkannten – oder wenigstens nicht ausdrücklich betonten – Charakter der Triebe, vielleicht alles organischen Lebens überhaupt, auf die Spur gekommen sind. *Ein Trieb wäre also ein dem belebten Organischen innewohnender Drang zur Wiederherstellung eines früheren Zustandes,* welchen dies Belebte unter dem Einflusse äußerer Störkräfte aufgeben mußte, eine Art von organischer Elastizität, oder wenn man will, die Äußerung der Trägheit im organischen Leben." (ebd., S. 38)

Diese Auffassung der Triebe will Freud selber *„befremdlich"* erscheinen (ebd.), weil die Triebe, so gesehen, nicht mehr „das zur Veränderung und Entwicklung drängende Moment" sind, sondern der „Ausdruck der konservativen Natur des Lebenden" (ebd.). Und das ist genau der Punkt: in unserer formalisierten Fassung der Metapsychologie ist der Trieb lediglich eine gerichtete Größe (Vektor) innerhalb des Modells vom psychischen Apparat; er geht vom T-System bzw. einer Triebquelle aus und verfolgt, virtuell unbegrenzt, nur eine Richtung; er kann von dieser Richtung abgelenkt werden (Triebschicksal), niemals aber kann eine solche gerichtete Größe zu einem „früheren Zustand" zurückkehren, also gewissermaßen sich selbst in die Gegenrichtung verkehren (auch die Feedback-Erregung ist immer eine progressive, nur strukturell bedingt eine „rückgewandte") – und deshalb kann der Trieb innerhalb der hier entwickelten Auffassung nicht in einem *„Drang zur Wiederherstellung eines früheren Zustandes"* bestehen. Man sieht ganz deutlich, daß diese neue Triebdefinition der Strukturdefinition entstammt, daß hier die Funktionen, die wir innerhalb des Modells dem Trieb (Variable) und der Struktur (Schalter) zuerkannt haben, in eins gesetzt werden: denn der „Ausdruck der *konservativen* Natur des Lebenden“, der „*Wiederholungszwang*“, beruht auf den *strukturellen* Gegebenheiten des Systems und nicht auf dem Prinzip der Triebhaftigkeit an sich.

Hinzu kommt, daß diese neue Triebdefinition *finalistisch* formuliert und von daher schon unvereinbar ist mit den strikten (sparsamen) Grundbedingungen unseres formalisierten Modells: den Trieben eine „Absicht“ zuzuordnen, ein bestimmtes Ziel erreichen zu wollen, „Früheres wiederherstellen (zu) wollen“ (ebd., S. 39), macht den Trieb zu einer *intelligenten* Größe, die *weiß*, was sie will, sich *erinnert,* was war (Erinnerung und Wissen sind Strukturphänomene) – und das paßt nicht zu einer Auffassung der Triebe, wie Freud sie noch drei Seiten zuvor, mit der Definition von 1915, vertritt, wenn er sie als „die Repräsentanten aller aus dem Körperinnern stammenden, auf den seelischen Apparat übertragenen Kraftwirkungen“ vom Typus „des frei beweglichen, nach Abfuhr drängenden Nervenvorganges“ bezeichnet (ebd., S. 35). Ein „Nervenvorgang“ kann zwar eine Richtung und einen bestimmten Verlauf nehmen, nicht aber ein bestimmtes Ziel „zu erreichen trachten.“ (ebd., S. 40)[159]

Freud scheint an dieser Stelle von seinen Überlegungen gleichermaßen irritiert wie fasziniert, und obwohl er merkt, daß er mit der definitiven Einführung dieser neuen allgemeinen Triebbestimmung eine Reihe von tiefgreifenden theoretischen Fragen aufwerfen würde, läßt er sich doch „verlocken, die Annahme, daß alle Triebe Früheres wiederherstellen wollen, in ihre letzten Konsequenzen zu verfolgen“ (ebd., S. 39). Von einem immer früheren Zustand gewissermaßen zum allerersten oder Ausgangszustand zu gelangen, führt unvermeidbar zu kosmologischen Spekulationen – wir würden heute sagen: zur Urknall-Theorie.

„Wenn wir es als ausnahmslose Erfahrung annehmen dürfen, daß alles Lebende aus inneren Gründen stirbt, ins Anorganische zurückkehrt, so können wir nur sagen: *Das Ziel allen Lebens ist der Tod*, und zurückgreifend: *Das Leblose war früher da als das Lebende.*

Irgendwann einmal wurden in unbelebter Materie durch eine noch ganz unvorstellbare Krafteinwirkung die Eigenschaften des Lebenden erweckt. (...) Die damals entstandene Spannung in dem vorhin unbelebten Stoff trachtete danach, sich abzugleichen; es war der erste Trieb gegeben, der, zum Leblosen zurückzukehren." (ebd., S. 40)

Ganz deutlich ist hier der Wechsel vom Struktur- zum Triebbegriff nachzulesen: die *Spannung* sollte abgeglichen werden: das Wahrnehmen und Ausgleichen von Spannung ist eine Funktion der Struktur; für Freud ist damit aber „*der erste Trieb gegeben*," nämlich der, die Spannung abzugleichen, „zum Leblosen zurückzukehren." Nun kann man natürlich mit der antagonistischen Zuordnung der Triebe argumentieren und sagen: die Erregung eines ersten Triebs nach der einen Seite (z. B. eine solche „ganz unvorstellbare Krafteinwirkung") führt zu einer Maßnahme der Struktur, die in der Erregung eines zweiten Triebs nach der anderen Seite besteht (z. B. „zum Leblosen zurückzukehren"); also „strebt" dieser zweite Trieb danach, diese frühere „spannungsfreie" Situation *wiederherzustellen*. Der Fehler einer solchen Argumentation ist aber der: *wann* der frühere Zustand erreicht ist, *worin* dieser besteht, wann also der Trieb sozusagen aufhören müßte zu streben, das bestimmt das Gesetz der Struktur: die Schalterspannung, nicht der Trieb. *Das Gedächtnis eines Systems besteht in seinen Strukturen,* nicht in seinen Trieben. In der hier entwickelten Auffassung ist und bleibt der Trieb lediglich eine in eine Richtung „strebende" Größe, und schon die antagonistische Anordnung der beiden Triebe ist ein Bestandteil der Strukturdefinition, gehört also nicht mehr in die Definition des (einzelnen) Triebs.

Es liegt in der Konsequenz dieses Gedankengangs, daß Freud den Trieb, der die Rückkehr zu einem solchen Urzustand anstrebt, einen *Todestrieb* nennt. Der Todestrieb ist damit der erste Trieb überhaupt und streng genommen – da das Leblose früher war als das Lebende – der einzige auf *Wiederholung* ausgerichtete Trieb. Ein Trieb braucht bei Freud aber immer einen Gegenspieler, und der Gegenspieler eines Todestriebes kann nichts anderes sein als ein *Lebenstrieb*. Damit sind die beiden neuen Triebe ins Werk gesetzt.

Bis hierher habe ich mich kritisch mit Freuds Argumentation

auseinandergesetzt mit dem Ergebnis, daß ich im Rahmen der hier entwickelten formalisierten Fassung der Metapsychologie das Konzept des *Wiederholungszwangs bestätigen* kann: als *Struktureigenschaft* des Systems. Hingegen kann ich der neuen *allgemeinen Triebdefiniton nicht zustimmen*, weil ich in ihr eine Entdifferenzierung der Funktionen von Trieb und Struktur erkenne. Ich halte also an der Gültigkeit der Triebdefinition von 1915 fest. Das bedeutet andererseits aber nicht, die Aufstellung eines *Lebens- und eines Todestriebs* abzulehnen! Bedenken wir: Alle unsere bisherigen Überlegungen haben sich bemüht, durch die vielen ergiebigen, oft aber auch sehr heterogenen Teile der Freudschen Metapsychologie hindurch zu den *Grundstrukturen ihrer Argumentation* vorzudringen, unbeirrt von den inhaltlich-klinisch-phänomenologischen Aspekten der Modellkonstruktion die *„Tiefenlogik"* im Denken Freuds herauszuarbeiten. Das ist bisher nur möglich gewesen, indem wir immer wieder davon ausgegangen sind, daß es unter der oft widersprüchlich erscheinenden *Oberfläche* der theoretischen Darstellungen und Begründungen eine logische *Grundstruktur* gibt, die das Ganze (als eine konsistente Einheit) zusammenhält. So auch jetzt: Wenn Freud, allen Befremdlichkeiten und Schwierigkeiten zum Trotz, diese neue Trieblehre aufstellt und zur letzten und definitiven seiner Theorie bestimmt, dann genügt es nicht, bei der Feststellung eines Bezugsfehlers stehenzubleiben und damit gleich eine ganze Konzeption zu negieren, sondern es gilt zu prüfen, ob darin nicht doch etwas Richtiges und Wichtiges zum Ausdruck kommt, etwas Neues, was sich zu diesem Zeitpunkt eben noch nicht anders als so hatte hervorarbeiten können – dies wenigstens sollte man konzedieren. Tut man dies, dann lautet hier die Frage nicht: gibt es *wirklich* einen Todestrieb? – sondern dann müssen wir uns fragen: Was bedeutet die Einführung eines Todestriebs *konzeptionell*, inwieweit läßt sich das neue Denken dem bisherigen anfügen, wie *paßt* es zu diesem, führt dieses vielleicht sogar fort?[160] Die Methode unseres Vorgehens ist einfach: wir orientieren uns wieder lediglich an den *gerichteten Bewegungen*, die in den Vorstellungen eines Textes zum Ausdruck kommen, sozusagen am „Vor-und-Zurück" der beschriebenen Phänomene, welches sich ja formal ohne weiteres in die beiden entgegengesetzt gerichteten (+/–)Vorzeichen der beiden Triebe übersetzen läßt. Lesen wir also unter diesem Gesichtspunkt die folgenden Zitatpassagen.

Freud führt paradigmatisch für den von ihm postulierten Lebenstrieb das Verhalten der Keimzellen an, welche „dem Sterben der lebenden Substanz *entgegen[arbeiten]*“ (ebd., S. 42, Hervh. d. V.), und überträgt sodann die mit diesem konkreten Beispiel aus der Biologie zum Ausdruck kommende Idee (Fortpflanzung erzeugt Leben) auf die Gruppe der *Sexualtriebe*; von diesen heißt es nun:

„Sie sind die eigentlichen *Lebens*triebe; dadurch, daß sie der Absicht der anderen Triebe, welche durch die Funktion zum *Tode* führt, *entgegenwirken*, deutet sich ein *Gegensatz* zwischen ihnen und den übrigen an, den die Neurosenlehre als bedeutungsvoll erkannt hat. Es ist wie ein *Zauderrhythmus* im Leben der Organismen; die eine Triebgruppe *stürmt nach vorwärts*, um das Endziel des Lebens möglichst bald zu erreichen, die andere *schnellt* an einer gewissen Stelle dieses Weges *zurück*, um ihn von einem bestimmten Punkt an nochmals zu machen und so die Dauer des Weges zu verlängern. Aber wenn auch Sexualität und Unterschied der Geschlechter zu Beginn des Lebens gewiß nicht vorhanden waren, so bleibt es doch möglich, daß *die später als sexuell zu bezeichnenden Triebe* von allem *Anfang* an in Tätigkeit getreten sind und ihre *Gegenarbeit* gegen das Spiel der *„Ichtriebe“* nicht erst zu einem späteren Zeitpunkte aufgenommen haben.“ (ebd., S. 43, Hervh. d. V.)

Die Annahme von zwei Trieben (1.), deren antagonistische Verschaltung an einer Struktur die dynamische Stabilität des Systems gewährleistet (2.): das sind die beiden Konstanten, die das ganze theoretische Denken Freuds durchziehen, das ist der Dreh- und Angelpunkt für die Konsistenz seines theoretischen Modells. Nun ist es nicht schwer, die oben zitierten Überlegungen Freuds auf diesen Antagonismus zu beziehen, die *Gegensätze* von *Leben* und *Tod*, von *sexuellen* und *„Ichtrieben“*, diesen *Zauderrhythmus* von *Vor* und *Zurück* mit unserer Konzeption in Verbindung zu bringen. Konzentrieren wir uns nämlich ganz auf den formalen Aspekt der Gerichtetheit, dann läßt sich unser Postulat von einem (+)Trieb und einem (–)Trieb ohne weiteres mit der neuen Bezeichnung zu einem (+)Lebenstrieb und einem (–)Todestrieb verbinden – wobei das Minus-Vorzeichen sogar noch besser zu einem Todes- als zu einem Selbsterhaltungstrieb zu passen scheint. So gesehen wird erkennbar, daß Freud mit der Neubenennung seiner Triebe lediglich die Linie ihrer Gerichtetheit auszieht und verlängert vom Individuellen: (+)*Sexualität* und (–)*Selbsterhaltung* auf das Allgemeine: (+)*Leben* und (–)*Tod*; womit sich der von ihm genannte neue „Gegensatz von Ich(Todes-)trieben und Sexual(Lebens-)trieben" (ebd., S. 46) ergibt. Und daß beide, allem phylogenetischen Bedenken zum Trotz, „von allem Anfang an in Tätigkeit getreten" sein sollen, ist eine *theoretische Setzung* Freuds im Dienst der dynamischen Stabilität des zu entwickelnden Systems. Bis hierher stürzt also die neue Trieblehre die alte nicht um, nein, sie generalisiert sie und untermauert sie dadurch geradezu. Freud muß das gefühlt und erahnt haben, denn er gibt sie nicht auf, obwohl er jetzt bei der Einteilung der Triebe und der Zusammenführung der in den verschiedenen Phasen entwickelten Triebkonzepte in ziemliche Kalamitäten gerät.

„Unser bisheriges Ergebnis, welches einen scharfen Gegensatz zwischen den ‚Ichtrieben' und den Sexualtrieben aufstellt, die ersteren zum Tode und die letzteren zur Lebensfortsetzung drängen läßt, wird uns gewiß nach vielen Richtungen selbst nicht befriedigen." (ebd., S. 46)

Unbefriedigend findet Freud eine solche Fortsetzung der alten in die neue Triebordnung, weil er sich von der semantischen Ebene seiner neuen Begriffe ver-leiten läßt, weil der Tod so schlecht als eine Verlängerung der Selbsterhaltung zu begreifen ist:

„Die Aufstellung der Selbsterhaltungstriebe, die wir jedem lebenden Wesen zugestehen, steht in merkwürdigem Gegensatz zur Voraussetzung, daß das gesamte Triebleben der Herbeiführung des Todes dient. Die theoretische Bedeutung der Selbsterhaltungs-, Macht- und Geltungstriebe schrumpft, in diesem Licht gesehen, ein; es sind Partialtriebe, dazu bestimmt, den eigenen Todesweg des Organismus zu sichern." (ebd., S. 41)

Formal betrachtet, hätte sich diese Schwierigkeit nicht ergeben, weil es innerhalb eines solchen Modells kein Leben, keine Sexualität, keine Selbsterhaltung und keinen Tod *als solche* gibt, sondern nur (±)Trieberregungen und Musterbildungen von unterschiedlicher Komplexität (Organisationsstufen). Mit diesem Konzept hätte sich die Frage von Leben und Tod anders gestellt; Freud versucht, sie allein von den Trieben her zu beantworten. Vergegenwärtigen wir uns also nochmals unser einfaches Schema der Trieborganisation, um vor diesem Hintergrund seine Einteilung und Zuordnung der Triebe kritisch nachzulesen:

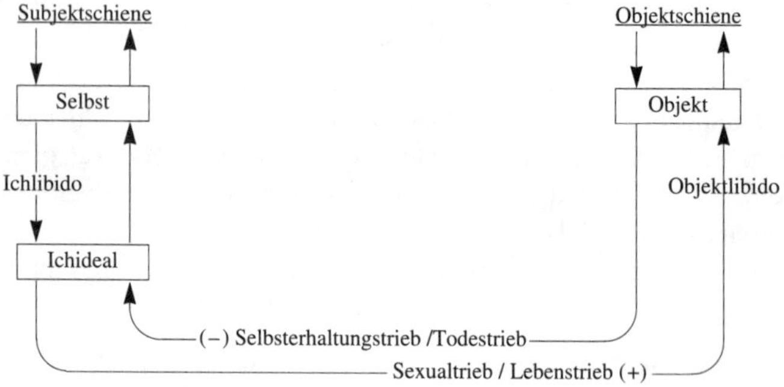

Abb. 23

Die erste Phase der Triebtheorie:

„An dieser Stelle finden wir den Anlaß, die langsame Entwicklung unserer Libidotheorie zu überschauen. Die Analyse der Übertragungsneurosen zwang uns zunächst den Gegensatz zwischen ‚Sexualtrieben', die auf das Objekt gerichtet sind, und anderen Trieben auf, die wir nur sehr ungenügend erkannten und vorläufig als ‚Ichtriebe' bezeichneten. Unter ihnen mußten Triebe, die der Selbsterhaltung des Individuums dienen, in erster Linie anerkannt werden." (ebd., S. 54)

Freud geht von der Gerichtetheit der Triebe aus: die *Sexualtriebe* sind nach *außen* gerichtet und damit auf das *Objekt*, im Schema repräsentiert durch die Strukturkomplexe auf der *Objektschiene*; die „Ich-" bzw. *Selbsterhaltungstriebe* sind nach *innen* gerichtet, also auf das *Selbst*, repräsentiert durch die Strukturkomplexe auf der *Subjektschiene*. Nun haben wir herausgearbeitet, daß jede psychische Einheit eine Trieb-Verdrängungs-Einheit darstellt und d.h., daß an jeder Struktur beide Triebe wirksam werden; wir müssen demnach ergänzen: der *Sexualtrieb* ist zusätzlich auch auf das *Selbst* und der *Selbsterhaltungstrieb* zusätzlich auch auf das *Objekt* gerichtet, beides jetzt in „*verdrängender*" Funktion und wiederum auf beiden Schienen der Trieborganisation.

Die zweite Phase der Triebtheorie:

„In bedächtigerem Fortschreiten fiel es nun der psychoanalytischen Beobachtung auf, wie regelmäßig Libido vom Objekt abgezogen und aufs Ich gerichtet wird (Introversion), und indem sie die Libidoentwicklung des Kindes in ihren frühesten Phasen studierte, kam sie zur Einsicht, daß das Ich das eigentliche und ursprüngliche Reservoir der Libido sei, die erst von da aus auf das Objekt erstreckt werde. Das Ich trat unter die Sexualobjekte und wurde gleich als das vornehmste unter ihnen erkannt. Wenn die Libido so im Ich verweilte, wurde sie narzißtisch genannt. *Diese narzißtische Libido war natürlich auch die Kraftäußerung von Sexualtrieben im analytischen Sinne, die man mit den von Anfang an zugestandenen ‚Selbsterhaltungstrieben' identifizieren mußte. Somit war der ursprüngliche Gegensatz von Ichtrieben und Sexualtrieben unzureichend geworden. Ein Teil der Ichtriebe war als libidinös erkannt;* im Ich waren – neben anderen wahrscheinlich – auch Sexualtriebe wirksam, doch ist man berechtigt zu sagen, daß die alte Formel, die Psychoneurose beruhe auf einem Konflikt zwischen den Ichtrieben und den Sexualtrieben, nichts enthielt, was heute zu verwerfen wäre." (ebd., S. 55 f., Hervh. d. V.)

Von der hier erarbeiteten Konzeption ausgehend, liegt der zentrale Fehlschluß von Freuds *Narzißmuskonzept* in der *Identifizierung* der Selbsterhaltungstriebe mit den Sexualtrieben. Der Gedanke, daß „Libido im Ich verweilt", macht es *nicht* erforderlich, sie mit den Selbsterhaltungstrieben zu *identifizieren*: verstehen wir unter dem „Ich" dieser Passage die Strukturkomplexe auf der Subjektschiene (das Ichideal, das Selbst), dann figuriert dort die narzißtische oder Ichlibido in bezug auf die Besetzungen durch die Selbsterhaltungstriebe in verdrängender Funktion; verstehen wir unter dem „Ich" die spätere Makrostruktur (Instanz) „Ich", dann umfaßt dieses Ich prinzipiell

Strukturbesetzungen auf der Subjekt- *und* der Objektschiene, also sowohl die vom Selbsterhaltungstrieb ausgehenden Besetzungen wie auch die vom Sexualtrieb ausgehenden (narzißtischen und objektlibidinösen) Besetzungen; aber in keinem Falle kommt es dabei zu einer Entdifferenzierung = Identifizierung von Selbsterhaltungs- und Sexualtrieben. Die Libido der hier erarbeiteten formalisierten Fassung ist und bleibt ausschließlich „die Kraftäußerung von Sexualtrieben", und damit ist „der ursprüngliche Gegensatz von Ichtrieben und Sexualtrieben" *nicht* „unzureichend geworden."

Die dritte Phase der Triebtheorie:

Freud meint, „den libidinösen Charakter der Selbsterhaltungstriebe jetzt betonen" zu müssen, „da wir den weiteren Schritt wagen, den Sexualtrieb als den alles *erhaltenden Eros* zu erkennen." (ebd.) In dieser Formulierung vom „alles *erhaltenden Eros*" sind Selbsterhaltungs- und Sexualtrieb in eins geschmolzen. Freud merkt selber, daß er damit (expliziter als in seiner *Narzißmus*-Arbeit) aus zwei Trieben einen gemacht hat und sieht sich unvermittelt in die Nähe von Jungs monistischer Trieblehre geraten:

„Nun aber finden wir uns plötzlich folgender Frage gegenüber: Wenn auch die Selbsterhaltungstriebe libidinöser Natur sind, dann haben wir vielleicht überhaupt keine anderen Triebe als libidinöse." (ebd., S. 56)

„In unserer Absicht läge dies Resultat allerdings nicht. Wir sind ja vielmehr von einer scharfen Scheidung zwischen Ichtrieben = Todestrieben und Sexualtrieben = Lebenstrieben ausgegangen. Wir waren ja bereit, auch die angeblichen Selbsterhaltungstriebe des Ichs zu den Todestrieben zu rechnen, was wir seither berichtigend zurückgezogen haben. Unsere Auffassung war von Anfang an eine *dualistische* und sie ist es heute schärfer denn zuvor, seitdem wir die Gegensätze nicht mehr Ich- und Sexualtriebe, sondern Lebens- und Todestriebe benennen. Jungs Libidotheorie ist dagegen eine monistische; daß er seine einzige Triebkraft Libido geheißen hat, mußte Verwirrung stiften, soll uns aber weiter nicht beeinflussen. Wir vermuten, daß im Ich noch andere als die libidinösen Selbsterhaltungstriebe tätig sind; wir sollten nur imstande sein, sie aufzuzeigen. (...) Es bleibt mißlich, daß uns die Analyse bisher immer nur in den Stand gesetzt hat, libidinöse Triebe nachzuweisen. Den Schluß, daß es andere nicht gibt, möchten wir darum doch nicht mitmachen." (ebd., S. 57)

Freud kann diesen Schluß nicht mitmachen, weil er sonst den ganzen Triebantagonismus, auf dem die Logik seines Modells von den psychischen Abläufen beruht, hätte aufgeben müssen. Sein Triebmodell ist und bleibt ein dualistisches bzw. ein *antagonistisches*, d. h., wie immer auch die einzelnen Unterteilungen der Triebe aussehen mögen, sie alle basieren letztlich auf zwei einander entgegengesetzt gerichteten Grundtrieben. Das konzeptionell Verwirrende und Mißliche liegt gerade darin, daß Freud die Zuordnung der Selbsterhaltungstriebe zu den Todestrieben hier wieder zurückzieht: er ordnet jetzt dem Lebenstrieb die Sexual- *und* die Selbsterhaltungstriebe ein und postuliert neben diesen eine noch unbekannte Gruppe von Todestrieben, für welche er nun einen Nachweis führen muß. Es lohnt sich, seine Argumentation, die den *Sadismus* (und in seiner Folge den *Masochismus* sowie die *Aggression* und *Destruktion*) als *Repräsentanten des Todestriebs* einführen, nochmals genau nachzulesen:

„Bei dem gegenwärtigen Dunkel der Trieblehre tun wir wohl nicht gut, irgend einen Einfall, der uns Aufklärung verspricht, zurückzuweisen. Wir sind von der großen Gegensätzlichkeit von Lebens- und Todestrieben ausgegangen. Die Objektliebe selbst zeigt uns eine zweite solche Polarität, die von Liebe (Zärtlichkeit) und Haß (Aggression). Wenn es uns gelänge, diese beiden Polaritäten in Beziehung zueinander zu bringen, die eine auf die andere zurückzuführen! Wir haben von jeher eine sadistische Komponente des Sexualtriebes anerkannt; sie kann sich, wie wir wissen, selbständig machen und als Perversion das gesamte Sexualstreben der Person beherrschen. Sie tritt auch in einer der von mir sogenannten ‚prägenitalen Organisationen' als dominierender Partialtrieb hervor. *Wie soll man aber den sadistischen Trieb, der auf die Schädigung des Objekts zielt, vom lebenserhaltenden Eros ableiten können?* Liegt da nicht die Annahme nahe, daß *dieser Sadismus eigentlich ein Todestrieb ist,* der durch den Einfluß der narzißtischen Libido vom Ich abgedrängt wurde, so daß er erst am Objekt zum Vorschein kommt. Er tritt dann in den Dienst der Sexualfunktion; im oralen Organisationsstadium der Libido fällt die Liebesbemächtigung noch mit der *Vernichtung* des Objekts zusammen, später trennt sich der sadistische Trieb ab und endlich übernimmt er auf der Stufe des Genitalprimats zum Zwecke der Fortpflanzung die Funktion, das Sexualobjekt so weit zu bewältigen, als es die Ausführung des Geschlechtsaktes erfordert. Ja, man könnte sagen, der aus dem Ich herausgedrängte Sadismus habe den libidinösen Komponenten den Weg gezeigt; späterhin drängen diese zum Objekt nach. Wo der ursprüngliche Sadismus keine Ermäßigung und Verschmelzung erfährt, ist die bekannte Liebe-Haß-Ambivalenz des Liebeslebens hergestellt." (ebd., S. 57 f., Hervh. d. V.)

In seinem Bemühen, ein Beispiel für den Todestrieb zu finden, orientiert sich Freud wieder an zwei Gegensätzen, nämlich an den so gegensätzlich erscheinenden *Affektrepräsentanzen* (M2): Liebe und Haß, bzw. an zwei (auch affektiv repräsentierten) *Handlungsrepräsentanzen* (M1): Zärtlichkeit und Aggression. Der hier entwickelten Auffassung zufolge sind aber sowohl Affekt- als auch Handlungsrepräsentanzen als *Muster*, d.h. als Trieb-Verdrängungs-Einheiten konzipiert, beziehen also immer die Besetzungen *beider* Triebe in je unterschiedlicher Dominanz und Modalität ihrer Verschaltungen ein. Dann aber läßt sich ein einzelner Trieb: der Todestrieb, nicht direkt aus einem Affekt (einer Trieb-Verdrängungs-Einheit: *Haß* oder *Aggression*) ableiten. Nachdem Freud sich aber entschlossen hat, „bei dem gegenwärtigen Dunkel der Trieblehre" diesem „Einfall" zu folgen, entwickeln sich die weiteren Zusammmenhänge schnell: Haß und Aggression verfolgen eine im äußersten Fall auf den Tod zielende „Schädigungsabsicht" und bilden so einen Gegensatz zum „lebenserhaltenden Eros". Freud erinnert an die von jeher erkannte „sadistische Komponente des Sexualtriebes" und fragt: „Wie soll man aber den *sadistischen Trieb*, der auf die *Schädigung des Objekts* zielt, vom *lebenserhaltenden Eros* ableiten können?" Insofern der Sadismus eine sexuelle Perversion ist, zielt er ja eigentlich primär *nicht* „auf die *Schädigung* des Objekts", sondern auf sexuelle Lust, auf *sexuelle Befriedigung* am Objekt – nur eben durch eine spezifische Aktion (Triebhandlung), die im Falle des Sadismus von einem perversen Strukturniveau ausgeht. Doch soll es hier wiederum nicht um die Analyse eines so komplexen *klinischen* Konzepts wie das des Sadismus (und später des Masochismus), sondern um die metapsychologische Argumentation gehen. Die zitierte Passage ist nämlich vor allem deshalb so wichtig, weil Freud mit diesem „Einfall" vom *Sadismus als Repräsentant des Todestriebs* die Weichen für sein letztes finalistisches Triebkonzept stellt. Dabei zeigt sich erneut das Problem einer Vermischung der Bestimmungen von Trieb und Struktur: Wenn der Tod als der Ur- und Ausgangszustand angesehen wird, den es wiederherzustellen gilt, und wenn der Sadismus mit seiner Schädigungsabsicht der Repräsentant des Todestriebes ist, dann ist *der Tod definiert als die Schädigung, die Zerstörung des Lebens* – anders und zur Verdeutlichung einmal umgangssprachlich formuliert, haben wir dann *nicht* eine einfache vektorielle Triebdefinition, für die ein Antagonismus etwa lauten würde: *der (–)Todestrieb will sterben, und der (+)Lebenstrieb will leben*; sondern die von Freud erarbeitete Definition lautet: *der Todestrieb will nicht, daß der Lebenstrieb lebt* – oder: *der Todestrieb will, daß der Lebenstrieb nicht lebt* (was auf das Gleiche hinauskommt) – in Freuds Worten: der Todestrieb will „*das Lebende* in den anorganischen Zustand überführen." (1940a, S. 71) Das heißt: hier wird der Todestrieb über den Lebenstrieb definiert, nämlich als eine „Verneinung" des Lebenstriebs, und das bedeutet strenggenommen: nicht als Trieb, sondern als *Triebschicksal* = als Trieb-Verdrängungs-Verschaltung unter Einbezug einer Struktur.

Freud greift zur Erläuterung des Sadismus auf das orale Organisationsstadium zurück, wo die „Liebesbemächtigung noch mit der *Vernichtung* des Objekts zusammenfällt" – und aus der *Vernichtung* ergibt sich die *Schädigungsabsicht*. Freud hätte aber stattdessen genauso gut formulieren können: die Liebesbemächtigung fällt im oralen Stadium noch mit der *Einverleibung* des Objekts zusammen: der Begriff der Einverleibung hätte einen ganz *nach innen gerichteten Vorgang* angezeigt – wohingegen die Vernichtung wie die Schädigungsabsicht ein *nach außen gerichteter* Vorgang ist. So kann die Wahl eines einzigen Begriffs alle nachfolgenden Überlegungen in eine bestimmte Richtung lenken, und das ist in diesem Fall keine stilistische Entscheidung, sondern hier steckt bereits das nächste Problem der neuen Triebauffassung: wir haben jetzt nämlich zunächst einmal *zwei nach außen gerichtete Triebe*: der Sexualtrieb (als Vertreter des Lebenstriebs) zielt auf das „äußere" Objekt und der Sadismus (als Vertreter des Todestriebs) zielt mit seiner Schädigungsabsicht ebenfalls auf das „äußere" Objekt. Allerdings schreibt Freud ja an dieser Stelle schon, daß „dieser Sadismus eigentlich ein Todestrieb ist, der durch den Einfluß der narzißtischen Libido vom Ich abgedrängt wurde, so daß er erst am Objekt zum Vorschein kommt": Der Sadismus ist demnach ursprünglich auf das „Ich" gerichtet und erst „durch den Einfluß der narzißtischen Libido" ein nach außen gewendeter Todestrieb:

„Klinische Beobachtungen haben uns seinerzeit zur Auffassung genötigt, daß der dem Sadismus komplementäre Partialtrieb des Masochismus als eine Rückwendung des Sadismus gegen das eigene Ich zu verstehen sei. Eine Wendung des Triebes vom Objekt zum Ich ist aber prinzipiell nichts anderes als die Wendung vom Ich zum Objekt, die hier als neu in Frage steht. Der Masochismus, die Wendung des Triebes gegen das eigene Ich, wäre dann in Wirklichkeit eine Rückkehr zu einer früheren Phase desselben, eine Regression. In einem Punkte bedürfte die damals vom Masochismus gegebene Darstellung einer Berichtigung als allzu ausschließlich; der Masochismus könnte auch, was ich dort bestreiten wollte, ein primärer sein." (1920g, S. 59)

Dieser Gedankengang zeigt die enorme Sensibilität Freuds für die logischen Grundstrukturen seiner theoretischen Phantasie: mit dem *Wechsel vom Sadismus zum Masochismus* als dem eigentlichen Repräsentanten des Todestriebs korrigiert er nämlich die *Ausrichtung* des Todestriebs: vom nach außen, auf das Objekt gerichteten Sadismus zum *nach innen,* auf das eigene „Ich" gerichteten *Masochismus*. Nicht korrigiert werden dabei die „Schädigungsabsicht" des Todestriebs – auch „Ursadismus" genannt (1924c, S. 377) – und die für den Masochismus wie zuvor für den Sadismus geltende Verknüpfung mit dem Sexual- bzw. Lebenstrieb, denn der Masochismus ist ebenfalls eine sexuelle Perversion. Dies bleibt auch so in Freuds späterer Arbeit, *Das ökonomische Problem des Masochismus*, wo er zwischen einem *erogenen*, einem *femininen* und einem *moralischen* Masochismus unterscheidet (1924c, S. 373 ff.); der erogene Masochismus ist der primäre, er „liegt auch den beiden anderen Formen zugrunde, er ist biologisch und konstitutionell zu begründen" (ebd., S. 373) – und entsteht infolge eines Vorgangs, den Freud als „infantilen physiologischen Mechanismus" der „libidinösen Miterregung" bezeichnet (ebd., S. 375). Schauen wir uns dieses Konzept noch genauer an in einer Passage, in der Freud nicht nur zwischen dem Todestrieb und seinen Repräsentanten (Sadismus / Masochismus) unterscheidet, sondern einige in bezug auf die Frage des *Organisationsniveaus* der Triebe interessante Überlegungen anstellt:

„Geht man ein Stück weiter zurück bis zur Annahme der zwei Triebarten, die wir uns im Lebewesen wirksam denken, so kommt man zu einer anderen (...) Ableitung. Die Libido trifft in (vielzelligen) Lebewesen auf den dort herrschenden *Todes- oder Destruktionstrieb*, welcher dies Zellenwesen *zersetzen* und jeden einzelnen Elementarorganismus in den Zustand der anorganischen Stabilität (wenn diese auch nur relativ sein mag) überführen möchte. Sie hat die Aufgabe, diesen *destruierenden Trieb* unschädlich zu machen, und entledigt sich ihrer, indem sie ihn zum großen Teil und bald mit Hilfe eines besonderen Organsystems, der Muskulatur, *nach außen ableitet, gegen die Objekte der Außenwelt richtet. Er heiße dann Destruktionstrieb*, Bemächtigungstrieb, Wille zur Macht. *Ein Anteil* dieses Triebes wird direkt *in den Dienst der Sexualfunktion* gestellt, wo er Wichtiges zu leisten hat. *Dies ist der eigentliche Sadismus*. Ein *anderer Anteil* macht diese Verlegung nach außen nicht mit, er verbleibt im Organismus und wird dort mit Hilfe der erwähnten sexuellen Miterregung *libidinös gebunden*; in ihm haben wir den *ursprünglichen, erogenen Masochismus* zu erkennen." (ebd., S. 376, Hervh. d. V.)

Verstehen wir das zunächst einmal so: Die beiden Grundtriebe, die vom *T-System* ausgehen, heißen jetzt Lebens- und Todestrieb. Die Libido des nach außen „gegen die Objekte" gerichteten Lebenstriebs trifft auf den nach innen gegen das eigene Selbst gerichteten Todestrieb. Beide Triebe werden verschaltet, in Freuds Worten: „vermischt" (ebd.); ein Anteil dieser Mischung wird „direkt in den Dienst der Sexualfunktion gestellt" und als Sadismus nach außen gegen das (Liebes-) Objekt gerichtet, während ein anderer Teil als „*ursprünglicher, erogener Masochismus*" im Innern verbleibt und sich weiterhin auf das eigene Selbst richtet. So also entstehen Sadismus und Masochismus. Da nun nach Freud die Unterscheidung der „psychischen Leistungen der einzelnen Triebe (...) auf die Verschiedenheit der *Triebquellen*" zurückzuführen ist (1915c, S. 217, Hervh. d. V.) und die beschriebene Mischung aus Lebens- und Todestrieb in beiden Fällen, beim Sadismus wie beim erogenen Masochismus, eine *sexuelle* Färbung erhält, können wir folgern, daß die Verschaltung von Lebens- und Todestrieb innerhalb unseres T-W-M-Schemas an den Triebquellen (W1), den erogenen (und biogenen) Zonen, erfolgt – wozu auch die an dieser Stelle erwähnte Ableitung nach außen über das motorische System (M1), die „Muskulatur", sehr gut paßt. Das heißt: Freud beschreibt bei seiner Darstellung der Interaktion von Lebens- und Todestrieb – aus der ein Repräsentant des Todestriebs hervorgehen soll – einen kompletten *T-W-M*-Ablauf, in den *beide* Triebe (Todes- und Sexual-/Lebenstrieb) involviert sind. Somit treten uns die *Repräsentanten* der beiden Grundtriebe immer schon als eine erst im W-System erfolgende „sehr ausgiebige, in ihren Verhältnissen variable Vermischung und Verquickung der beiden Triebarten" entgegen, weshalb Freud auch erkennt, daß wir in concreto, also klinisch-phänomenologisch, „überhaupt nicht mit reinen Todes- und Lebenstrieben, sondern nur mit verschiedenwertigen Vermengungen derselben rechnen sollten." (1924c, S. 376) Insofern können wir dann auch den Lebens- und den Todestrieb in ihrer „reinen" Form als die beiden *Grundtriebe* des Modells ganz für das *T-System* reservieren. Hingegen entstehen die sogenannten *Repräsentanten* der beiden Triebe erst über eine Verschaltung am Grunde des *W-Systems*. Wir können sagen: an den *erogenen Zonen* formiert sich der *Sexualtrieb* mit seinen beiden Komponenten, dem Sadismus und dem Masochismus (beide, je „Vermischungs"- bzw. Verschaltungs-Verhältnis in unterschiedlicher Dominanz), und an den *biogenen Zonen* formiert sich der *Selbsterhaltungstrieb* mit seinen verschiedenen zum Teil ebenfalls aggressiven Komponenten. So gesehen, würde der neue Dualismus von Lebens- und Todestrieb den alten Dualismus von Sexual- und Selbsterhaltungstrieb nicht ablösen, sondern gleichsam nach unten hin zum T-System verlängern; außerdem würde die Begriffswahl Lebens- und Todestrieb durch die in ihr vollzogene Ablösung von den spezifischen Aufgabenbereichen der Triebe innerhalb des Organismus

(Sexualität, Selbsterhaltung) einer eher generalisierten oder auch formalisierten (+/–)Fassung des Triebes entsprechen[161].

Freud spricht in der obige Zitatpassage von einem „*Todes- oder Destruktionstrieb*", der das „Zellenwesen *zersetzen*" möchte. In dieser Charakterisierung kommt die unterstellte „Schädigungsabsicht" zum Ausdruck, weshalb dann dem Lebenstrieb die Aufgabe zukommt, diesen „*destruierenden Trieb unschädlich* zu machen"; das geschieht durch Ableitung nach außen gegen die Objekte, woraufhin Freud erkennt: „Er heiße *dann* Destruktionstrieb". Eigentlich sollte man also *zuerst* von einem *Todestrieb* und *dann* von einem *Destruktionstrieb* sprechen. Nach den vorangehenden Überlegungen können wir sagen: der *Todestrieb* und der *Destruktionstrieb* sind *nicht* vollständig *identisch*. Der Destruktionstrieb geht – wie der Sadismus-Masochismus, wie der Haß und die Aggression – bereits aus einer „Triebmischung" hervor, resultiert aus einer Verschaltung der beiden antagonistischen Triebe, aus einer *Trieb-Verdrängungs-Einheit*, die zugleich eine vollständige *T-W-M-Einheit* involviert (z. B. das Objekt [W2], die Aggression [M1/2], den Haß [M2]). Freud hat diese Unterscheidung zwischen Todes- und Destruktionstrieb – die eine Unterscheidung hinsichtlich der *Organisationsstufe* des Triebvorgangs ist – nicht klar erkannt, manchmal spricht er in einem Atemzug von einem „Todes- oder Destruktionstrieb", dann wieder legt er eine solche Stufendifferenz nahe. Lesen wir dies nach in der Letztformulierung seiner Trieblehre aus dem *Abriß der Psychoanalyse*:

„Nach langem Zögern und Schwanken haben wir uns entschlossen, nur zwei Grundtriebe anzunehmen, den *Eros* und den *Destruktionstrieb*. (…) Das Ziel des ersteren ist, immer größere Einheiten herzustellen und so zu erhalten, also Bindung, das Ziel des anderen im Gegenteil, Zusammenhänge aufzulösen und so die Dinge zu zerstören. Beim Destruktionstrieb können wir daran denken, daß als sein letztes Ziel erscheint, das Lebende in den anorganischen Zustand zu überführen. Wir heißen ihn darum auch *Todestrieb*. Wenn wir annehmen, daß das Lebende später als das Leblose gekommen und aus ihm entstanden ist, so fügt sich der Todestrieb der erwähnten Formel, daß ein Trieb die Rückkehr zu einem früheren Zustand anstrebt. Für den Eros (oder Liebestrieb) können wir eine solche Anwendung nicht durchführen. Es würde voraussetzen, daß die lebende Substanz einmal eine Einheit war, die dann zerrissen wurde und die nun die Wiedervereinigung anstrebt." (1940a, S. 70 f.)

Die beiden Grundtriebe heißen jetzt: Eros und Destruktionstrieb. *Der Destruktionstrieb werde*, so Freud, aufgrund seines Triebziels („das Lebende in den anorganischen Zustand zu überführen") *auch Todestrieb genannt*. Das ist eine Gleichsetzung: zwei Namen für einen Trieb. Den Eros setzt er an dieser Stelle interessanterweise nicht wie ursprünglich (1920g, S. 66, Anm. 1) mit einem *Lebens-* sondern mit einem *Liebes*trieb gleich; wir können diese Akzentverschiebung entweder als eine (Wieder-)Annäherung an den Sexualtrieb (*Eros* nach dem griechischen Liebesgott), oder gerade umgekehrt als eine Differenzierung zwischen Lebens- und Liebestrieb (Eros) auffassen. Da ich der Meinung bin, daß eine terminologische Klärung wesentlich zu einer konzeptionellen Klärung beiträgt, möchte ich folgendes vorschlagen:

1) Die beiden vom T-System ausgehenden Grundtriebe sollen im weiteren ausschließlich als (+)*Lebens-* und (–)*Todestrieb* bezeichnet werden.

2) Ihre Verschaltung an den Triebquellen des W-Systems ergibt zwei spezifische Kombinationen („Mischungsverhältnisse"): die eine Formation, die über die erogenen Zonen und deren Partialtriebe verläuft, wird *Sexualtrieb* oder *Eros* genannt, die andere Formation, welche die biogenen Zonen und deren Partialtriebe einbezieht, wird *Selbsterhaltungstrieb* genannt.

3) Erst auf der nächsten Stufe der Verschaltung von Sexual- und Selbsterhaltungstrieb entsteht das, was Freud als *Destruktionstrieb* oder *Aggressionstrieb* (1933a, S. 110) bezeichnet: er erscheint auf Seiten des Sexualtriebs als erogener *Masochismus* oder *Sadismus*, auf Seiten des Selbsterhaltungstriebs z. B. als *Egoismus*.[162]

Für mich entsteht an dieser Stelle die Frage, ob es innerhalb der hier entwickelten Konzeption adäquat ist, einen Aggressions*trieb* zu postulieren, oder ob es nicht zutreffender wäre, statt von einem Aggressionstrieb von *Aggression* im Sinne einer Affekthandlung (M1/2) oder eines Affekts (M2) zu sprechen, die eben den Zweck der *Selbsterhaltung* verfolgt oder im Dienst der *Sexualität* steht. Diese Konzeptualisierung würde das erste Aggressionskonzept Freuds wieder aufnehmen, nämlich seine ursprüngliche *Ablehnung*, „einen besonderen Aggressions*trieb neben und gleichberechtigt* mit den uns vertrauten Selbsterhaltungs- und Sexualtrieben" zu setzen, und damit „an der gewohnten Auffassung festhalten, welche *jedem Triebe sein eigenes Vermögen, aggressiv zu werden*, beläßt" (1909b, S. 371 f., Hervh. d. V.). Sie würde auch das zweite Aggressionskonzept Freuds mit einbeziehen, welches die Aggression und ihr Gefühlsäquivalent, den Haß „immer in inniger Beziehung zu den Trieben der *Icherhaltung*" sieht (1915c, S. 231). Freuds Hinweis an dieser Stelle, daß der Haß „als Relation zum Objekt älter als die Liebe" sei (ebd.), könnte uns nämlich darauf aufmerksam machen, die *Strukturfrage* bei der Klärung des Aggressionskonzepts stärker zu berücksichtigen – etwa dahingehend, daß aggressive Triebhandlungen immer von einem regressiveren („unreiferen") Strukturniveau oder sogar allein von einem Strukturkomplex auf der Subjektschiene (der Schiene des „Ichtriebs") ausgehen. Die Logik dieser Annahme läge darin, daß jede Ausschaltung von Strukturen – erst recht eine Ausschaltung sämtlicher Strukturen der Objektschiene – einer Verringerung der von einem Triebvorgang zuvor durchlaufenen Verschaltungen („Hemmungen", homöostatischen Regulierungen) entspricht, wobei dann die Aggression („an-greifen") noch einem höheren Struktur- bzw. Verschaltungsniveau entspringt als die Destruktion („zer-stören")[163]. Freud hat in der bereits zitierten Letztformulierung seiner Trieblehre zwar von einem eigenständigen *Destruktionstrieb* – im Sinne eines *Todestriebs* – gesprochen, dann aber doch wieder die Destruktion als *Komponente* der Selbsterhaltung, die Aggression als *Komponente* der Sexualität – also den Destruktions- und Aggressions*trieb* als eine Ausprägung der Selbsterhaltungs- und Sexualtriebhandlungen – dargestellt:

„In den biologischen Funktionen wirken die beiden Grundtriebe gegeneinander oder kombinieren sich miteinander. So ist der Akt des Essens eine Zerstörung des Objekts mit dem Endziel der Einverleibung, der Sexualakt eine Aggression mit der Absicht der innigsten Vereinigung. Dieses Mit- und Gegeneinanderwirken der beiden Grundtriebe ergibt die ganze Buntheit der Lebenserscheinungen. (...) Veränderungen im Mischungsverhältnis der Triebe haben die greifbarsten Folgen. Ein stärkerer Zusatz zur sexuellen Aggression führt vom Liebhaber zum Lustmörder, eine starke Herabsetzung des aggressiven Faktors macht ihn scheu oder impotent." (1940a, S. 71)

Wie alle unsere bisherigen Überlegungen gezeigt haben, sind den „Vermischungs"- bzw. Verschaltungsvorgängen *im Prinzip* keine Grenzen gesetzt – wobei man aber doch von einigen bestimmten, für das menschliche Verhalten charakteristischen Kombinationen (Musterbildungen) ausgehen kann. Ob man allerdings die aus diesen „Mischungsverhältnissen" hervorgehenden typisierten Kombinationen jeweils als *Triebe* bezeichnen – und damit doch eine ganze Reihe von Trieben einführen sollte – ist deshalb äußerst fraglich[164], weil diese vielen verschiedenen Triebe um so mehr unseren Blick für die generellen (+/–)Tendenzen der beiden Grundtriebe (Variablen) verstellen, je höher der Organisationsgrad ihrer Verschaltungen ist. Deshalb warnt Freud diesbezüglich auch zu Recht:

„Welche Triebe darf man aufstellen und wie viele? Dabei ist offenbar der Willkür ein weiter Spielraum gelassen. Man kann nichts dagegen einwenden, wenn jemand den Begriff eines Spieltriebes, *Destruktionstriebes* (sic!), Geselligkeitstriebes in Anwendung bringt, wo der Gegenstand es fordert und die Beschränkung der psychologischen Analyse es zuläßt. Man sollte aber die Frage nicht außer acht lassen, ob diese einerseits so sehr spezialisierten Triebmotive nicht *eine weitere Zerlegung in der Richtung nach den Triebquellen gestatten, so daß nur die weiter nicht zerlegbaren Urtriebe eine Bedeutung beanspruchen können.*" (1915c, S. 216, Hervh. d. V.)

Mit den vorangehenden Überlegungen wäre der terminologische Gebrauch zumindest der vier wichtigsten Triebbegriffe – Lebens- und Todestrieb, Sexual- und Selbsterhaltungstrieb – mit Bezug auf ihre Organisationsstufe innerhalb des Modells geklärt und von der Destruktion und Aggression (sei es als Verhalten, sei es als Trieb) differenziert. Dann aber müssen wir uns noch mit zwei Zusatzannahmen Freuds befassen, die sich argumentativ von der Idee des „Zerstörerischen" des Todestriebs herleiten. Freuds Postulat, daß der Destruktionstrieb das Ziel hat, „Zusammenhänge aufzulösen und so die Dinge zu zerstören", weshalb er auch Todestrieb genannt werde, führt ihn nämlich zur gegensätzlichen Funktion des Lebenstriebs, und zwar der: „immer größere Einheiten herzustellen und so zu erhalten, also *Bindung*". Der Begriff der Bindung bezieht sich seit dem *Entwurf* auf einen Vorgang, bei dem sogenannte freie, bewegliche Triebenergie (Primärvorgang) in „ruhende (tonische) Besetzung" (Sekundärvorgang) „umgewandelt" wird (1920g, S. 67). Wir hatten im ersten Abschnitt dieses Kapitels bereits erarbeitet, daß das *Binden* von Triebenergie oder -erregung in einer Modifikation der in den *Strukturen* etablierten Schalterspannung besteht; und deshalb soll an dieser Stelle nur kurz noch einmal festgehalten werden: ein Trieb nach der hier verfolgten vektoriellen Auffassung kann nur „treiben" und zwar in einer Richtung; das „Binden" von Triebenergie resultiert hingegen ebenso wie das „Mischen" oder auch das „Neutralisieren" aus einer *Verschaltung* beider Triebe an der Struktur: ist somit ein *Strukturvorgang*. Dies gilt dann natürlich auch für das Gegenteil von Bindung, nämlich die Ent-bindung oder Ent-mischung (1923a, S. 233), die dem Todestrieb zugeschrieben wird. Bevor wir auf diesen Punkt nochmals ausführlicher zurückkommen werden, soll also unmißverständlich und generell innerhalb des hiesigen Modells gelten: *Bindung und Entbindung von Triebenergie liegt im Funktionsbereich der Struktur und gehört nicht in eine Triebdefinition.*

Bleibt zuletzt noch die aus der Schädigungsabsicht abgeleitete spezifische Wirkungsweise des Todestriebs: die *Aggression* und *Destruktion* – an dieser Charakterisierung hat Freud immer festgehalten – weshalb er ja auch vom „Aggressionstrieb oder Destruktionstrieb" spricht (1933b, S. 29) –, und es ist dieser Aggressionstrieb (seltener: Destruktionstrieb), der für die gesamte Psychoanalyse verbindlich wurde – während viele (die Mehrheit) den Todestrieb als Konzept ablehnen. Wenn wir jetzt mit den vorangehenden Überlegungen den Todestrieb von der Aggression separiert haben, dann fragt sich natürlich, was an ihre Stelle treten soll? Welche Charakteristik, welche spezifische Wirkung soll stattdessen einem Todestrieb zugedacht werden?

Einerseits war Freud mit der Revision seiner letzten Triebtheorie sicher zufrieden, denn bekanntlich fehlte bis zu diesem Zeitpunkt die Aggression als eigenständiges Konzept der Metapsychologie, weswegen er in ärgerliche Auseinandersetzungen mit Adler verwickelt worden war; jetzt war eine gute Gelegenheit gegeben, das Fehlende nachträglich einzubauen. Andererseits fragt sich Freud später zu Recht, warum er eigentlich so lange gebraucht habe, ehe er sich „zur Anerkennung eines Aggressionstriebes entschlossen“ habe (1933a, S. 110), nachdem doch die Aggression als menschliches Verhalten ein ganz ubiquitäres Phänomen sei, das selbstverständlich auch von ihm nicht übersehen worden war. Er vermutet, daß sein Zögern wie auch die Ablehnung, die seine letzte Triebtheorie erfahren hatte, in einem Wunschdenken über die grundsätzlich sittliche und gute Natur des Menschen begründet sei. Ich glaube nicht, daß diese Erklärung trifft: Die Ablehnung der Triebtheorie von 1920 durch die Analytikerkollegen galt ausschließlich dem Todestrieb, nicht aber einem „unsittlichen“ oder „bösen“ Aggressionstrieb, der sogleich als längst fällige Ergänzung für die psychoanalytische Theorie akzeptiert wurde, und auch Freud selber hatte sich bei seiner Theorieentwicklung nie von moralischen Vorbehalten beirren lassen – wie z. B. seine unvoreingenommene Erforschung des Sexualtriebs zeigt. Seine Frage spürt also einen wunden Punkt in seiner letzten und definitiven Triebtheorie auf.

Nennen wir – wie das zumeist geschieht – den einen der beiden Grundtriebe *Aggressionstrieb* oder Destruktionstrieb. Wir haben gesehen, daß Freud den Aggressionstrieb auf der Ebene der Metapsychologie *als Todestrieb* im Sinne eines primär *nach innen gerichteten Triebs* konzipiert – wofür er den Masochismus als *Vorläufer* des Sadismus zum Zeugen aufruft –, und wir haben diese Wendung verstanden als Korrekturmaßnahme zugunsten einer weiterhin aufrecht zu erhaltenden antagonistischen *Ausrichtung* der beiden Triebe. Genau das Gegenteil verstehen wir aber im Alltag unter dem Begriff „Aggression“, nämlich ein (latentes oder manifestes) *Angriffs*-Verhalten, das in erster Linie *nach außen*, auf ein äußeres Objekt *gerichtet* ist. Der alltägliche Gebrauch dieses Begriffs steht also seiner konzeptionellen Intention geradezu entgegen. Und da ein wie exakt auch immer definierter theoretischer Begriff, sobald er in der Alltagssprache in einer bestimmten Weise verwendet wird, unser Denken immer (und oft unmerklich) in eben diese Bahnen seines alltäglichen Sprachgebrauchs lenkt[165], birgt die Identifizierung eines Todestriebs mit einem Aggressions-(oder Destruktions-)trieb – oder ihre synonyme Verwendungsweise – eine Gefahr für die innere Logik unserer metapsychologischen Argumentation: Wir geraten dann nämlich in unserem Denken nur allzu leicht dahin, Eros und Aggressionstrieb wieder wie zwei nach *außen* gerichtete Triebe zu behandeln. Das ist, formal betrachtet, durchaus nicht gleichgültig, ja nicht einmal von zweitrangiger Bedeutung, weil sich nämlich an die Frage der Gerichtetheit der beiden Triebe (vektorielle Triebdefinition, -addition) die Bedingung der Möglichkeit ihrer homöostatischen Regulierung innerhalb des Modells vom psychischen Apparat knüpft.

Die Gerichtetheit der Triebe haben wir mit den (+/–)Vorzeichen zum Ausdruck gebracht, und wir haben mit der Triebdefinition von 1915 festgehalten, daß die Erregung eines Triebs immer als Aktivität aufzufassen ist, sei diese nun eine (+)Aktivität beim Lebenstrieb oder eine (–)Aktivität beim Todestrieb. Hier scheinen nun die Vorzeichen sehr gut zur alltäglichen Bedeutung von Eros und Aggressionstrieb, Liebe und Haß zu passen: die Liebe ist sozusagen eine positive = *„gute"*, der Haß, die Aggression ist eine negative = *„böse"* Triebaktivität. Das kann auf der klinisch-phänomenologischen Ebene so zutreffen – aber innerhalb unseres formalisierten Modells gibt es kein „gut" und „böse": die *quantitative* Auffassung kennt nur ein *mehr* oder *weniger*. Sollte also die ursprüngliche (–)Aktivität des Aggressionstriebs die (+)Aktivität des Eros verringern, derart etwa, daß der (eigentlich nach innen gerichtete) Aggressionstrieb dafür sorgt, daß der auf das geliebte Objekt gerichtete Eros nicht zu weit (nach außen) geht? Das stimmt nun aber gar nicht zu Freuds Einsicht: „Ein stärkerer Zusatz zur sexuellen Aggression führt vom Liebhaber zum Lustmörder, eine starke Herabsetzung des aggressiven Faktors macht ihn scheu oder impotent." (1933a, S. 71) Die Aggression ist hier nicht in einer (–)Funktion: etwa als Hemmung, Begrenzung, Verdrängung des Eros eingesetzt, sondern in einer (+)Funktion: (+)Eros und (+)Aggression machen den Menschen zum Liebhaber oder sogar zum Lustmörder, zu wenig (+)Aggression macht ihn scheu und impotent, führt dazu, daß der Eros nicht weit genug nach außen zum Objekt hin kommt. So ist die Aggression wieder in einer nach außen gerichteten Funktion eingesetzt, und damit stimmt unsere vektorielle Rechnung nicht mehr in Richtung auf ein Gleichgewicht der beiden (+/–)Triebe. Irgend etwas ist also schief bei dieser Konstruktion, die den Todestrieb zu einem aggressiven Trieb macht.

Aber Freud hat nicht nur das (Selbst-)Schädigende, Aggressive des Todestriebs erkannt; in seinen Überlegungen klingen noch ganz andere Saiten an:

„Es muß uns auch auffallen, daß die Lebenstriebe so viel mehr mit unserer inneren Wahrnehmung zu tun haben, da sie als Störenfriede auftreten, unausgesetzt Spannungen mit sich bringen, deren Erledigung als Lust empfunden wird, während *die Todestriebe ihre Arbeit unauffällig zu leisten scheinen.*" (1920g, S. 69, Hervh. d. V.)

„Wären nicht die im *Jenseits des Lustprinzips* angestellten Erwägungen und endlich die sadistischen Beiträge zum Eros, so hätten wir es schwer, an der dualistischen Grundanschauung festzuhalten. Da wir aber dazu genötigt sind, müssen wir den Eindruck gewinnen, daß *die Todestriebe im wesentlichen stumm sind* und der Lärm des Lebens meist vom Eros ausgeht." (1923b, S. 275, Hervh. d. V.)

„Wir könnten es so darstellen, als ob das Es unter der Herrschaft *der stummen, aber mächtigen Todestriebe* stünde, die *Ruhe haben* und den Störenfried Eros nach den Winken des Lustprinzips *zur Ruhe bringen wollen*, aber wir besorgen doch dabei die Rolle des Eros zu unterschätzen." (ebd., S. 289, Hervh. d. V.)

„Die Äußerungen des Eros waren auffällig und geräuschvoll genug; man konnte annehmen, daß *der Todestrieb stumm im Innern des Lebewesens an dessen Auflösung arbeite*, aber das war natürlich kein Nachweis." (1930a, S. 478)

Hören wir genau hin, dann ist der Todestrieb jetzt *leise* und *stumm*, leistet seine Arbeit *unauffällig* im *Innern*, möchte die vor Urzeiten entstandene Spannung *„abgleichen"* (1920g, S. 40), um damit eine *„Rückkehr* zum Anorganischen" einzuleiten (ebd., S. 41), er sucht *Ruhe*, möchte alles zur Ruhe bringen – so wie es *„das dem Todestrieb zugehörige Nirwanaprinzip"* (1924c, S. 372) vorstellig macht:

„Das stimmt nun aber gut zur Annahme, daß der Lebensprozeß des Individuums aus inneren Gründen zur Abgleichung chemischer Spannungen, das heißt zum Tode führt, während die Vereinigung mit einer individuell verschiedenen lebenden Substanz diese Spannungen vergrößert, sozusagen neue *Vitaldifferenzen* einführt, die dann *abgelebt* werden müssen. Für diese Verschiedenheit muß es natürlich ein oder mehrere Optima geben. Daß wir als die herrschende Tendenz des Seelenlebens, vielleicht des Nervenlebens überhaupt, das Streben nach Herabsetzung, Konstanterhaltung, Aufhebung der inneren Reizspannung erkannten (das *Nirwanaprinzip* nach einem Ausdruck von Barbara Low), wie es im Lustprinzip zum Ausdruck kommt, das ist ja eines unserer stärksten Motive, an die Existenz von Todestrieben zu glauben." (1920g, S. 60)

„Wir erhalten so eine kleine, aber interessante Beziehungsreihe: das *Nirwana*prinzip drückt die Tendenz des Todestriebes aus, das *Lust*prinzip vertritt den Anspruch der Libido." (1924c, S. 373)

Damit ist nun eine ganz andere Dimension des Todestriebs in den Vordergrund gerückt, deren metaphorische Umkleidung in der umfassenden Idee des *Nirwana*[166] eine zu den bisherigen Beschreibungen geradezu entgegengesetzte Tendenz zum Ausdruck bringt. Gleichsam als Schatten (als „Negativ"[167]) einer phänomenal aktiven, extraversiven Abwehrmaßnahme (Aggression) konzipiert, zeigt sich jetzt der Todestrieb in seinen *passiven, introversiven Zügen* – und dies besonders deutlich an den Stellen, die den Todestrieb an seinen *Auflösungstendenzen* erkennen, ihm den *Zerfall* als physiologischen Prozeß zuordnen, seine Tendenz als ein *Gleiten in den Tod* beschreiben und seinen Urvertreter im *Masochismus* erkennen, dessen Wirkungsweise im wesentlichen *stumm* vonstatten gehe[168]. Freud hat diese eher verborgene, stille, introversive Tendenz durchaus erkannt und weist uns damit einen Weg zu einer Konzeptualisierung des Todestriebs, die ganz innerhalb der bis hierher erarbeiteten formalisierten Fassung seiner Metapsychologie liegt:

Wir hatten zunächst den einen der beiden Grundtriebe, den Selbsterhaltungstrieb, als einen *nach innen, auf die eigene Person und auf das Unbewußte gerichteten Trieb* bezeichnet, dem phänomenal die Passivität zugeordnet wurde. Solche *introversiven passivierenden* Tendenzen haben wir jetzt auch in der Charakterisierung des Todestriebs gefunden. Rücken wir diese ins Zentrum unserer Überlegungen zum Todestrieb, dann sieht man: Mit seiner Beschreibung einer Tendenz zum Tode durch die „Herabsetzung" und „Aufhebung der inneren Reizspannung" bis hin zur absoluten Ruhe eines Nirwana hat Freud für den Todestrieb ein *quietistisches Agens* eingeführt: stumm und unauffällig und in verdrängender Funktion zum lauten Drängen des Lebenstriebs leistet er seinen Beitrag zum inneren Gleichgewicht des Organismus. So wie der Todestrieb dafür sorgt, daß der Lebenstrieb sich nicht in der unendlichen Weite der Außenwelt erschöpft, sorgt umgekehrt der Lebenstrieb dafür, daß der Todestrieb sich nicht in den stillen Innenwelten eines Nirwana verliert. Es ist klar, was die poetische Formulierung begründet: unmißverständlicher und direkter als sein Einfall von einer primär nach innen gerichteten Aggression und Schädigungsabsicht des Todestriebs läßt der von Freud fast wie im Traum schon nahezu vorformulierte Gedanke vom *Quietiv des Todestriebs* die einfache und immer gleiche Gestalt seines Modells vom psychischen Apparat erkennen: ein (+)Lebenstrieb, ein (–)Todestrieb und ihre Verschaltung an einer Struktur garantieren zusammen die dynamische Stabilität des ganzen Systems.

Sieht man es so, dann wird verständlich, warum Freud immer Schwierigkeiten hatte mit seiner Zuordnung der (Selbst-) Aggression zum Todestrieb, die manchmal für ihn und heute für die meisten in die Gleichung mündet: Todestrieb = Aggressions- oder Destruktionstrieb. Er hatte die „Stimme der Vernunft“, seinen inneren *Logos*, überhört, war den leisen richtigen Tönen seines Denkens nicht gefolgt, sondern hatte sich vom Lärmen der Aggression irritieren lassen. Deshalb verkannte Freud, was er eigentlich schon erkannt hatte: die *quietistische Tendenz des Todestriebs*. Und so leuchtet es auch ein, warum er für die *Energie* des Todestriebs nie einen geeigneten Namen finden konnte.

„Einen Anfangszustand stellen wir uns in der Art vor, daß die gesamte verfügbare Energie des Eros, die wir von nun ab *Libido* heißen werden, im noch undifferenzierten Ich-Es vorhanden ist und dazu dient, die gleichzeitig vorhandenen Destruktionsneigungen zu neutralisieren. (Für die Energie des Destruktionstriebes fehlt uns ein der Libido analoger Terminus.) Späterhin wird es uns verhältnismäßig leicht, die Schicksale der Libido zu verfolgen, beim Destruktionstrieb ist es schwerer.

Solange dieser Trieb als Todestrieb im Innern wirkt, bleibt er stumm, er stellt sich uns erst, wenn er als Destruktionstrieb nach außen gewendet wird.“ (1940a, S. 72)

Während die Energie zunächst der Sexual- und dann grundlegender: der Lebenstriebe unter dem von Moll (1897) übernommenen Namen *Libido* nahezu vom Beginn der Psychoanalyse an die theoretische Diskussion begleitet und bereichert hat, gab es für *die Energie des Triebantagonisten*, sei es des (Ich- bzw.) Selbsterhaltungstriebs, sei es des Todestriebs, zu keiner Zeit ein echtes Pendant[169]. Das *Ichinteresse* als Energiebegriff der Selbsterhaltungstriebe war immer eine Hilfskonstruktion, die offenbar sogar Freud selber nie recht überzeugt hat; jedenfalls wird dieser Begriff weder von ihm noch von seinen Nachfolgern besonders gern verwendet. Man spricht von libidinösen Besetzungen – aber von „interessierten“ oder „interessanten“ oder „Interesse“-Besetzungen kann man nicht sprechen: die Sprache macht uns hier direkt auf die Fehlkonstruktion dieses Energiebegriffs aufmerksam[170]. Mit der Einführung eines aggressiv bestimmten Todestriebs schien dann aber ein Ausweg aus dem alten Dilemma eröffnet: jetzt konnte man ohne weiteres von einer „Besetzung mit Libido und/oder Aggression“ bzw. von einer „libidinösen“ und/oder „aggressiven“ Besetzung sprechen. Damit machte man die Aggression zum Energiebegriff des Todestriebs – oder, wenn man es genau nimmt: die Aggression zum Energiebegriff des Aggressionstriebs. Ich halte diese Entscheidung aus den erörterten konzeptionellen Gründen für fehlleitend: sie lenkt unseren Blick nach außen auf die phänomenal aktivierenden Tendenzen anstatt nach innen auf die stillen passivierenden Strebungen, und sie spricht von einer höheren Stufe der Trieborganisation anstatt von einem ganz einfachen basalen Trieb. Verabschieden wir uns von der Aggression als Energiebegriff des Todestriebs, dann reißen wir aber die alte Lücke wieder auf. Was nun? Das Fehlen eines Energiebegriffs für den Todestrieb ist ein schwerwiegendes Problem, denn man kann ohne eine Vorstellung von dieser Energie nicht gut darüber nachdenken, was die vom Todestrieb ausgehenden Besetzungsvorgänge denn eigentlich bewirken sollen.[171]

Deshalb schlage ich im Hinblick auf die zuletzt herausgearbeiteten quietistischen Tendenzen des Todestriebs vor, die ihm zuzuschreibende Energie mit dem der griechischen Mythologie entlehnten Namen *Lethe* zu bezeichnen: *Lethe heißt Vergessen – ein Fluß im Hades oder an der Grenze zum Reich der Toten trägt diesen Namen: Lethe*[172]. Die griechische Mythologie, die Freud so oft bei der Wahl seiner theoretischen Begriffe konsultiert hat, kann uns also auch jetzt wieder etwas bieten, denn der Begriff der *Lethe* scheint mir den von Freud für einen Energiebegriff des Todestriebs postulierten Erfordernissen in jeder Hinsicht zu entsprechen:

– *Lethe* ist ein der *Libido* sowohl analoger wie auch äquivalenter Begriff;

– die Bedeutung des Begriffs *Lethe* = das Vergessen (Verdrängung) akzentuiert die hier immer wieder betonte Richtung des (–)Triebs auf das Innere: das Unbewußte;

– der Begriff *Lethe* enthält im Bild eines Stromes die Idee eines *durch den Trieb gerichteten Energieflusses*; da der Fluß Lethe von der Welt der Lebenden zur Welt der Toten hinüberfließt, schließt der Begriff *Lethe* auch die ultima ratio des von Freud postulierten Todestriebs in seinem Namen mit ein;

– der Begriff *Lethe* bringt auf der ihm zugehörenden *Bedeutungsebene* genau das zum Ausdruck, was wir auf der *formalen Ebene der Metapsychologie* von Anfang an konstatiert und festgehalten haben: die „energetische" (–)Tendenz des einen Triebs, die jetzt auch für die Letztfassung der Triebtheorie in den quietistischen Tendenzen des Todestriebs nachgewiesen werden konnte;

– der Begriff *Lethe* paßt zur Sprache der Metapsychologie: wir können ohne weiteres von einer *lethischen Besetzung* (im Gegenzug zu einer libidinösen Besetzung) oder von einer *lethischen Tendenz* sprechen.

– und nicht zuletzt ist *Lethe* ein Begriff, der in der Alltagssprache in eben der hier gemeinten Weise verwendet wird: wir nennen ein Verhalten *lethargisch*, sprechen von *Lethargie*, von einer *deletären* Verfassung und von einer *letalen* Dosis (auch wenn die etymologische Verwandtschaft der beiden letzteren Begriffe mit dem griechischen „Lethe" in Frage steht). Damit haben wir zugleich die Ausrichtung der affektiven Bezugspunkte neu bestimmt: Orientierte sich Freud bei der Entwicklung seiner letzten Trieblehre an den Gefühlsgegensätzen von *Liebe* und *Haß*, so weist das jetzt formulierte Begriffspaar von Libido und Lethe eher auf Gegensätze hin wie: *lustvoll – lustlos, munter – träge, heiter – schwermütig* oder *fröhlich – traurig*[173] –

womit allerdings nur Tendenzen in bezug auf die Dominanzverhältnisse der Triebe angezeigt sind, nicht aber direkte und ausschließliche Affektäquivalenzen, denn es bleibt dabei, daß Gefühle (die Gemütsverfassung) als Trieb-Verdrängungs-Einheiten konzipiert sind.

Nun sind ja, wie wir in der Einleitung gesehen hatten, die Metapsychologie-Kritiker – bei allen sonst bestehenden Differenzen – geradezu einhellig der Meinung, daß der *Energiebegriff* der Metapsychologie nichts taugt und als erstes endlich abgeschafft werden müsse. Und da empfehle ich ausgerechnet noch einen zusätzlichen zweiten Energiebegriff! Das muß begründet werden. Erinnern wir uns: der Hauptvorwurf gegen den psychoanalytischen Energiebegriff lautete: er sei ein vitalistisches Konzept oder eine vektorielle Größe und deshalb unvereinbar mit dem naturwissenschaftlichen Energiebegriff, der eine nicht-gerichtete, nur durch ihren Betrag bestimmte skalare Größe sei. Dem waren wir mit einer Differenzierung von Trieb (Vektor) und (Trieb-)Energie (Skalar) entgegengetreten und haben uns in dieser Sicht auch bestätigt gesehen durch Freuds Erklärung, daß „die Triebe alle *qualitativ gleichartig sind* und ihre Wirkung nur den *Erregungsgrößen*, die sie führen, verdanken, vielleicht noch *gewissen Funktionen dieser Quantität.*" (1915c, S. 217) Wenn wir nun zwei verschiedene Namen für die Energie der beiden Triebe einsetzen: *Libido* und *Lethe*, postulieren wir dann nicht doch zwei verschiedene *Qualitäten* – etwa entsprechend den Gefühlen von Fröhlichkeit und Traurigkeit? So könnte es aussehen, so ist es aber nicht gemeint. Wir bleiben dabei: der Energiebegriff unserer formalisierten Fassung der Metapsychologie ist erstens in keiner Weise *substantiell* bestimmt (hat deshalb auch keine Qualität), die „Energie" ist hier genauso wenig wie der Trieb als etwas gedacht, was es „wirklich" gibt, sie ist lediglich ein gedankliches Konstrukt, das uns ermöglicht, bestimmte Zusammenhänge zu formulieren[174]; und zweitens soll dieser Energiebegriff – mathematisch betrachtet – als eine skalare Größe behandelt werden können: ein mathematisiertes Modell der psychoanalytischen Theorie könnte also für die „Energie" beider Triebe die gleichen oder auch unterschiedliche Beträge einsetzen, je nach den spezifischen Erfordernissen. Der Trieb, als vektorielle Größe definiert, fügt diesen Energiebeträgen dann die Richtung zu, die wir mit einem Plus- bzw. Minus-Zeichen dargestellt haben. Diese Differenzierung soll grundsätzlich weiterhin gelten, auch wenn sie in der Wahl und Bestimmung der Begriffe Libido und Lethe nicht mehr so klar zum Ausdruck kommt, weil Libido für (+)Energie und Lethe für (–)Energie steht. Von daher ließe sich nun leicht der Vorwurf anbringen, der hier vertretene Energiebegriff sei am Ende doch stillschweigend zu einer gerichteten (vektoriellen) Größe uminterpretiert worden.

Die Gründe, warum ich der Möglichkeit eines solchen Einwands nicht ausgewichen bin, sind rein pragmatischer Natur: Strenggenommen müßten wir eigentlich immer von Lebenstrieb-Besetzungen, Sexualtrieb-Besetzungen, Todestrieb-Besetzungen, Selbsterhaltungstrieb-Besetzungen oder ebensolchen Tendenzen sprechen, wenn wir der vektoriellen Auffassung des Triebs und der skalaren der Energie strikt Genüge tun wollten. Aber schon beim Lesen dieser Zeilen wird einem das Umständliche (Selbsterhaltungstrieb-Tendenzen) und teilweise auch Befremdliche (Todestrieb-Besetzung) dieser Ausdrucksweise deutlich, und noch weniger eignen sich solche Formulierungen für die mündliche Rede. Wie kompakt ist dagegen die Rede von einer *libidinösen* oder *lethischen Besetzung* oder *Tendenz*. Die Ökonomie unseres Denkens votiert zweifellos für diesen kurzen Ausdruck, der alles enthält, was dabei gemeint sein kann, und das ist folgendes: wenn wir immer die (+/–)Ausrichtung der beiden Triebe im Auge behalten, dann gilt diese grundsätzlich auf allen Stufen der Trieborganisation, sei es für die basalen Lebens- und Todestriebe, sei es für die höher strukturierten Sexual- und Selbsterhaltungstriebe, oder sei es für spätere Trieb- oder Partialtriebformationen: auf all diesen Stufen überwiegt letztlich immer entweder der (+)- oder der (–)Anteil eines Vorgangs. Wir werden nicht immer in der Lage sein, genau anzugeben, auf welchem Organisations- oder Komplexitätsniveau ein postulierter Ablauf zu situieren ist; wir werden aber sagen können, ob wir dabei an eine dominante (+)- oder (–)Strebung denken. Insofern sollen *die Begriffe Libido und Lethe generell für die beiden (+/–)Triebantagonisten gelten*, für die Lebens- und Todestriebe ebenso wie für die Sexual- und Selbsterhaltungs- oder für andere Triebe. Das heißt: durch alle Stufen ihrer hierarchisch geschichteten Organisation hindurch können wir uns stilistisch einer elliptischen oder pars-pro-toto-Formulierung bedienen, wenn es darum geht, Aussagen über die Ausrichtung und Wirkung der Triebe zu machen, und statt namentlich von den einzelnen Trieben manchmal nur von Libido und Lethe bzw. libidinösen und lethischen Besetzungsvorgängen sprechen.

Hinzu kommt ein weiteres Moment: Leben, Tod, Sexualität und Selbsterhaltung sind sehr komplexe bedeutungsschwere Begriffe, die in jedem von uns bestimmte, individuell gefärbte, lebensgeschichtlich geprägte Assoziationsketten anregen, welche dann unser Denken (mehr oder weniger) mitbeeinflussen; d.h. diesen Begriffen fehlt der Abstraktionsgrad, der für die rationale, formale Erörterung und Diskussion im Bereich der Metapsychologie (anders als in der Klinischen Theorie) wünschenswert ist. Den Begriffen Libido und Lethe fehlt diese individualisierte Bedeutungsseite, denn sie sind kein Bestandteil unserer Kindersprache, von ihnen gehen keine frühen infantilen Phantasien aus. Auch wenn der Begriff Libido heute zum Medienschlagwort geworden ist, und auch wenn wir den Vorzug einer humanistischen Bildung genossen haben, die uns mit der griechischen Mythologie vertraut gemacht hat, datiert doch die Bekanntschaft mit diesen beiden Begriffen aus den späteren Jahren, weshalb sie unvergleichlich viel weniger durch unbewußte Konnotationen belastet sind, als eben Leben, Tod, Sexualität und Selbsterhaltung. Obwohl sie einerseits also abstrakter sind als die Triebbegriffe, klingt die Rede von einer libidinösen oder lethischen Besetzung andererseits auch wieder nicht so dürr und trocken, wie wenn wir etwa (um lediglich dem [+/–]Aspekt Ausdruck zu verschaffen) z. B. von einer *augmentativen* oder *reduktiven* Besetzung sprechen würden; mit anderen Worten: *Libido und Lethe sind Begriffe von der Grenze zwischen (+/–)Tendenz und Bedeutung* und scheinen mir gerade deshalb besonders geeignet, unser Denken anzuregen, ohne dabei allzu verführerisch auf die unbewußte Ebene unserer Phantasie einzuwirken. – Fassen wir zuletzt noch unsere bisherigen Ergebnisse in einer schematischen Einteilung (ausgerichtet auf die dominanten Tendenzen) zusammen:

Vorzeichen	(+)	(–)
Richtung:	nach „außen“	nach „innen“
I Triebe: (T-System)	Lebenstrieb	Todestrieb
II Triebe: (W-System)	Sexualtrieb	Selbsterhaltungstrieb
Triebquellen:	erogene Zonen	biogene Zonen
Energie:	Libido	Lethe
Tendenz:	Lust	Nirwana
Triebobjekt:	(äußeres) Objekt	Selbst
Triebziel:	Aktivität	Passivität
Bewußtheit:	zunehmend	abnehmend

Jenseits des Lustprinzips: Ein Perspektivenwechsel

Alle unsere bisherigen Überlegungen zu Freuds *Jenseits des Lustprinzips* haben sich darauf konzentriert, möglichst genau zu unterscheiden, ob sich ein Begriff oder Vorgang auf eine Triebeigenschaft (Variable) oder auf eine Struktureigenschaft (Schalter) unseres formalisierten Modells bezieht. Dabei hat sich gezeigt, daß Freud in diesem Aufsatz immer wieder die Funktionen in eins faßt, die wir prinzipiell getrennt – den Trieben einerseits, den Strukturen andererseits – zuerkannt haben. Das beginnt so bei der Einführung des *Wiederholungszwangs,* setzt sich fort bei der neuen allgemeinen *Definition der Triebe* und gilt für die postulierte *Schädigungsabsicht* des *Todestriebs (Aggression)* ebenso, wie für seine beide Repräsentanten *(Sadismus, Masochismus)* und für die besonderen Aufgaben des Lebens- und des Todestriebs, *Bindung* und *Entbindung.* Wir haben es in dieser bedeutenden Arbeit Freuds viel weniger mit den Trieben als solchen, denn mit Trieb-Verdrängungs-Einheiten und d. h. mit den Strukturen des Systems zu tun. Dies immer wieder Punkt für Punkt klarzustellen, scheint mir eine wichtige Voraussetzung für die Erarbeitung eines konsistenten Modells der psychoanalytischen Theorie und für die *logische* Einfügung dieser letzten Etappe der theoretischen (metapsychologischen) Entwicklung in das Gesamtkonzept vom psychischen Apparat.

Nachdem wir so eine Bresche für unsere formalisierte Auffassung der Begriffe *Trieb* und *Struktur* in den dichten Dschungel der Freudschen Annahmen zum Lebens- und Todestriebkonzept geschlagen haben, müssen wir uns aber fragen: Wie kommt es zu dieser merkwürdigen und so ausgeprägten Verwechslung oder Vermischung der Konzepte von Trieb und Struktur im Denken Freuds? Das gab es doch in all den vorangehenden Jahren nicht. Zwar hatte Freud bei der Einführung des Narzißmus Schwierigkeiten mit der Einteilung der Triebe (und das hatte gewiß auch etwas mit der noch ungeklärten Strukturfrage zu tun), aber er unterscheidet dabei doch immer klar zwischen dem, was in die eine oder andere Richtung treibt: den Trieben, und dem, was dieses Treiben reguliert: seine (Konstanz-, Lust-, Unlust-)Prinzipien. Es genügt also auch hier nicht, einfach einen Mangel an Differenzierung zu konstatieren, sondern die Frage ist: was kommt in dieser Vermengung beider Grundaxiome zur Sprache, was sucht gewissermaßen in dieser *Verdichtung* von Trieb- und Strukturbegriff seinen Ausdruck? – Dieser Frage nachzugehen heißt: dem *Jenseits* des Lustprinzips nachzuforschen – denn bisher haben wir uns noch ganz in seinem „Diesseits" bewegt: worin also besteht dieses *Jenseits*?

Freud formuliert das Problem am Ende seiner schwierigen Arbeit so: „die Aufgabe ist noch ungelöst, das Verhältnis der triebhaften Wiederholungsvorgänge zur Herrschaft des Lustprinzips zu bestimmen." (1920g, S. 67) Es geht demnach um das Verhältnis von Trieb und Struktur, vielleicht sogar um eine erweiterte Dimension im Verständnis der lebendigen = dynamischen Organisation unseres Systems – fügen wir hinzu: in seinem Zeitverlauf, im Lauf seiner Geschichte. Lesen wir noch einmal aufmerksam die Passage, in der Freud versucht, seiner Idee den Boden zu bereiten:

„Wir haben es als eine der frühesten und wichtigsten Funktionen des seelischen Apparates erkannt, die anlangenden Triebregungen zu ‚binden', den in ihnen herrschenden Primärvorgang durch den Sekundärvorgang zu ersetzen, ihre frei bewegliche Besetzungsenergie in vorwiegend ruhende (tonische) Besetzung umzuwandeln.

Während dieser Umsetzung kann auf die Entwicklung von Unlust nicht Rücksicht genommen werden, allein das Lustprinzip wird dadurch nicht aufgehoben. Die Umsetzung geschieht vielmehr im Dienste des Lustprinzips; die Bindung ist ein vorbereitender Akt, der die Herrschaft des Lustprinzips einleitet und sichert.

Trennen wir *Funktion* und *Tendenz* schärfer voneinander, als wir es bisher getan haben. Das *Lustprinzip* ist dann eine *Tendenz*, welche im Dienste einer *Funktion* steht, der es zufällt, den seelischen Apparat überhaupt *erregungslos* zu machen, oder den Betrag der Erregung in ihm konstant oder möglichst niedrig zu erhalten. Wir können uns noch für keine dieser Fassungen sicher entscheiden, aber wir merken, daß die so bestimmte *Funktion Anteil* hätte an dem allgemeinsten *Streben* alles Lebenden, *zur Ruhe der anorganischen Welt* zurückzukehren." (1920g, S. 67, Hervh. d. V.)

Den ersten Abschnitt dieser Passage haben wir bereits erarbeitet: das *Binden* ist nach Freuds Darstellung ein Vorgang, bei dem sogenannte „frei bewegliche" Triebenergie in „ruhende (tonische) Besetzung" *umgewandelt* wird. Besetzung findet nirgendwo anders statt als an den Strukturen, *ist* nichts anderes als das Aktivieren oder Generieren solcher Stukturen. Bei dieser besonderen Aktivierung, der Bindung, wird der zulässige homöostatische Gesamtwert (Spannung) in den Schaltern der betreffenden Strukturen (sukzessive) heraufgesetzt: die „Toleranzgrenze" für Erregungsquantitäten wird sozusagen erweitert, weshalb nachfolgende Erregungen von derselben Größe dann nicht mehr außerhalb, sondern wieder innerhalb des Bereichs der strukturell verankerten Gleichgewichtsregulierung liegen. Das Binden ist also ein Vorgang der Umwandlung von (überschwelliger = Unlust erzeugender) Systemspannung in (als Gleichgewicht definierte) Schalterspannung durch eine Modifikation der betreffenden Gesetze in den neu konstellierten Strukturverbänden.

Diese Überlegungen haben die Frage beantwortet, *wie Prozesse sich zu Strukturen wandeln*. Dann entsteht natürlich sofort auch die umgekehrte Frage, nämlich: *ob dem Strukturbildungsvorgang ein Prozeßcharakter nachzuweisen ist*. Ich glaube, das ist die Frage, die Freud im zweiten Abschnitt der oben zitierten Passage stellt. Es ist nicht leicht, seinen Gedankengang zu verstehen. Versuchen wir es durch eine Zuordnung oder „Übersetzung" der von ihm verwendeten Begriffe in unsere Begriffe *Trieb* und *Struktur*. Freud schlägt zunächst vor, schärfer zwischen *Funktion* und *Tendenz* zu unterscheiden. Als *Tendenz* bezeichnen wir einen gerichteten Vorgang, mithin können wir sagen: einen *Trieb*vorgang; eine *Funktion* schreiben wir in unserem Modell sowohl dem Trieb als auch der Struktur zu: der Trieb hat die Funktion zu „treiben", die Struktur hat die Funktion, die Triebe „aufzuhalten", also zu verschalten, zu (ver)binden = homöostatisch zu regulieren. Da wir die *Tendenz* bereits als *Trieb* aufgefaßt haben, „übersetzen" wir jetzt die *Funktion* als *Struktur*. Dann sagt Freud: Das Lustprinzip (also eigentlich ein Regulationsprinzip: eine Struktur[*a*]) ist eine Tendenz (ein Trieb[*b*]) im Dienst einer Funktion (einer Struktur[*c*]), die den Apparat möglichst erregungslos machen, also Gleichgewicht herstellen will; und diese Funktion (Struktur[*c*]) hat *Anteil* an dem allgemeinsten *Streben* (Trieb[*d*]), zur Ruhe der anorganischen Welt zurückzukehren, also genauer: am Todestrieb[*d*], der im Erreichen dieser „Ruhe der anorganischen Welt" zugleich einen absoluten Gleichgewichtszustand (Struktur[*e*]), den Zustand absoluter Stabilität einrichtet. Reduzieren wir diese Aussage auf unsere beiden Axiome, dann ergibt sich:

die Struktur [*a*] = ein Trieb [*b*] = eine Struktur [*c*]
= ein Trieb [*d*] = eine Struktur [*e*]

Das ist keineswegs Nonsens. Das ist genau das, worum es geht: die Bewegung dieses Gedankengangs erschafft nämlich eine *Gestalt*, präsentiert eine ganz bestimmte Figur: eine sogenannte Kippfigur, bei der sich *Gestalt* und *Grund* fortlaufend gegeneinander austauschen lassen – vorausgesetzt, man vollzieht einen Perspektivenwechsel, ein Überschreiten der Grenze, und betrachtet ein und dasselbe System (unser Modell) mal vom *Diesseits* und mal vom *Jenseits* dieser Grenze: *diesseits* ist ein *Trieb* eine *gerichtete* Bewegung und eine *Struktur* eine stabilisierende, *begrenzende* Schaltung auf „Null"; aber *jenseits* läßt sich die *Strukturbildung* als ein *gerichteter*, also „triebhafter" Vorgang betrachten, bei dem die *Trieberregungen* fortschreitend zur *Begrenzung* der Erregungen beitragen, indem sie an der Zunahme des systemischen Gleichgewichts durch eine immer weiter reichende Modifikation der Schalterspannung bis hin zur völligen Unerregbarkeit des gesamten Systems arbeiten. Betrachten wir uns das genauer:

Wir hatten (am Beispiel der Angstträume der traumatischen Neurosen) verstanden: Die Transformation von Systemspannung in Schalterspannung ist eine strukturbildende Maßnahme, bei der der Bereich des Ungleichgewichts fortlaufend verkleinert und der Bereich des Gleichgewichts schrittweise vergrößert wird. Deshalb *folgt die strukturelle Entwicklung* innerhalb des psychischen Apparats auch gesamthaft gesehen *dem Lustprinzip*: was gestern noch ein Zuviel an Erregung war und Unlust ausgelöst hat, kann heute schon besser homöostatisch reguliert werden und liegt morgen vielleicht gar nicht mehr im Bereich der Übererregung des betreffenden Strukturkomplexes. Aber das heißt dann ja auch: was gestern noch das System erregt hat (eine Systemspannung verursacht hat), hat morgen schon seine erregende Wirkung verloren. Je weiter der Toleranzbereich der Schalterspannung ausgebaut wird, desto mehr schrumpft der Bereich der möglichen Systemspannung ein; an einem theoretischen Endpunkt angelangt, liegt alles *innerhalb* des strukturell festgeschriebenen Gleichgewichtsbereichs: nichts ist mehr erregend, alles ist gleich(gültig). „Das Lustprinzip ist dann eine Tendenz, welche im Dienste einer Funktion steht, der es zufällt, den seelischen Apparat überhaupt erregungslos zu machen." Und genau das, was Freud hier als Tendenz des Lustprinzips bezeichnet, das sagt er auch über den Todestrieb aus: der Todestrieb ist eine Tendenz, den Organismus (den psychischen Apparat) in den anorganischen Zustand völliger Erregungslosigkeit zu überführen. Von *Diesseits* her betrachtet, stehen die *Triebe* im *Dienst* des *Lustprinzips* (werden vom Regulationsprinzip gesteuert, zur Aufrechterhaltung der Homöostase in spezifischer Weise eingesetzt); von *Jenseits* her betrachtet gilt das Umgekehrte: „Das *Lustprinzip* scheint geradezu im *Dienste* der Todes*triebe* zu stehen." (1920g, S. 69, Hervh. d. V.)

Freud hat dies als einen *Umschwung des Systems* exakt beschrieben. Nachdem er das anschauliche Beispiel der Sexualerregung gebracht hat, die im Erreichen der größtmöglichen Lust erlöscht (im Moment der absoluten Durchsetzung der Lust [des Lustprinzips] in das Nirwana[prinzip] umschlägt), fährt er fort:

„Aus demselben Zusammenhang erhebt sich die Frage, ob die Lust- und Unlustempfindungen von den gebundenen wie von den ungebundenen Erregungsvorgängen in gleicher Weise erzeugt werden können. Da erscheint es denn ganz unzweifelhaft, daß *die ungebundenen, die Primärvorgänge, weit intensivere Empfindungen nach beiden Richtungen ergeben als die gebundenen, die des Sekundärvorganges. Die Primärvorgänge sind auch die zeitlich früheren*, zu Anfang des Seelenlebens gibt es keine anderen, und wir können schließen, wenn das Lustprinzip nicht schon bei ihnen in Wirksamkeit wäre, könnte es sich überhaupt für die späteren nicht herstellen. *Wir kommen so zu dem im Grunde nicht einfachen Ergebnis, daß das Luststreben zu Anfang des seelischen Lebens sich weit intensiver äußert als späterhin,* aber nicht so uneingeschränkt; es muß sich häufige Durchbrüche gefallen lassen. *In reiferen Zeiten ist die Herrschaft des Lustprinzips sehr viel mehr gesichert, aber dieses selbst ist der Bändigung so wenig entgangen wie die anderen Triebe überhaupt.* Jedenfalls muß das, was am Erregungsvorgange die Empfindungen von Lust und Unlust entstehen läßt, beim Sekundärvorgang ebenso vorhanden sein wie beim Primärvorgang.“ (ebd., S. 68, Hervh. d. V.)

Entlang der Zeitachse betrachtet, kommen wir *„zu dem im Grunde nicht einfachen Ergebnis“*: Am Anfang der Strukturentwicklung überwiegen die ungebundenen Erregungsvorgänge, die Primärvorgänge: es bestehen geringe Toleranzwerte (kleine Bandbreite) in der Schalterspannung und dementsprechend große Systemspannungen, die extreme Unlust auslösen und dann auch wieder große Lust beim Abbau dieser Systemspannungen. Das Luststreben ist anfangs also intensiver, weil erstens größere Unlust (Systemspannung) abgebaut werden muß und zweitens die Strukturbildungsvorgänge dabei progressiv verlaufen – und die Strukturbildung selbst verläuft ja nach dem Lustprinzip. In den reiferen Zeiten, nach Ausbildung komplexer Strukturen, ist „die Herrschaft des Lustprinzips sehr viel mehr gesichert“, das ganze System viel mehr im Gleichgewicht, ein Großteil aller möglichen Systemspannung in Schalterspannung umgewandelt, aber diese Sicherung oder *Durchsetzung des Lustprinzips ist zugleich auch seine Bändigung, seine Begrenzung:* alles ist mehr und mehr äquilibriert, so daß es immer weniger Lustiges und Unlustiges und am Ende gar nichts Erregendes mehr gibt. Und das ist der Kerngedanke des Nirwana: das Erlöschen von jeglicher Lust und jeglichem Leid – wie das Erlöschen aller Erregung und Spannung überhaupt.

Betrachten wir diesen Vorgang des Umschwungs noch einmal unter einer anderen Perspektive: der des *Attraktors*. Wir können sagen: je dichter die Strukturkomplexe werden, desto größer ist auch die von ihnen ausgehende anziehende Wirkung. Die Strukturen *tendieren* sozusagen dazu, sich auszubreiten (wie die Triebe), ihre Entwicklung verläuft expansiv (wie ein Triebvorgang) in einer Richtung (der zunehmenden), bis am Ende allen möglichen Wachstums (wenn alle Triebenergie umgewandelt, alle Systemspannung in Schalterspannung überführt ist) die Strukturentwicklung erstarrt, die *Bewegung* zum *Stillstand* kommt, und d. h. das *„Triebhafte"* dieser Strukturentwicklung wieder in *Struktur* umschlägt[175]. Auch diesen Aspekt, die Struktur in ihrer Funktion als Attraktor, hat Freud im *Jenseits des Lustprinzips* beschrieben:

„Wir ziehen also aus diesem Verhalten den Schluß, daß ein selbst hochbesetztes System imstande ist, neu hinzukommende strömende Energie aufzunehmen, sie in ruhende Besetzung umzuwandeln, also sie psychisch zu ‚binden'. *Je höher die eigene ruhende Besetzung ist, desto größer wäre auch ihre bindende Kraft.*" (ebd., S. 30, Hervh. d. V.)

Wir hatten an früherer Stelle (im Kapitel über den Narzißmus) diese Hypothese zu den Strukturbildungsvorgängen anders ausgehen lassen. Dort hatten wir gefunden: je größer ein Strukturkomplex wird, desto schwächer ist seine Wirkung als Attraktor. Vielleicht wäre es jetzt richtiger zu sagen: die anziehende Wirkung eines Attraktors steigt zunächst mit der Zunahme der sich ihm anlagernden Strukturen an und nimmt dann ab einer gewissen (maximalen) Größe „mit der Entfernung vom verdrängten Komplex", mit der Entfernung von seinem Kern, seinem Organisationszentrum, wieder ab. Von einer solchen Begrenzung seiner Aufnahmefähigkeit ist im obigen Zitat weder die Rede, noch die Abrede. Dort ist „ein selbst hochbesetztes System imstande (...), neu hinzukommende strömende Energie aufzunehmen". Daß dies aber unbegrenzt möglich sein sollte, widerspricht den Voraussetzungen der Differenzierung innerhalb unseres formalisierten Modells: wäre die Wirkung eines Attraktors unbegrenzt und immer zunehmend, dann hätten wir am Ende nur noch einen einzigen Strukturkomplex, einen großen undifferenzierten

„Klumpen". *Es sind die Grenzen des Wachstums, die Differenzierung ermöglichen.* Ohne dieses Auf und Ab von Wachstum und Teilung[176] gäbe es in diesem Modell kein Bewußtes (Bw) und Unbewußtes (Ubw), keine Subjekt- und Objektschiene, kein Es, Ich und Überich. Also müßte der oben formulierte Gedanke vom Erstarren des Systems aufgrund einer restlosen *Bindung* aller Triebenergie, bzw. aufgrund einer vollständigen Umwandlung jeglicher Systemspannung in Schalterspannung modifiziert werden: nicht weil am Ende alle Energie verbraucht wäre, alle Systemspannung überhaupt abgebaut wäre, erstarrt das gesamte System, sondern weil es eine Ausdehnung erreicht hat, von der aus es keine Energien mehr aufnehmen kann, weil es sie nicht mehr binden kann – fassen wir es in ein Bild: das System ist gesättigt, ermüdet, entschläft und stirbt.

Freud schreibt im VII. Kapitel seines *Jenseits des Lustprinzips* die *Geschichte* seines Modells, er spricht vom *Werden* und *Vergehen* dieses von ihm konstruierten Systems im Sinne einer *Umkehr der Funktionen von Trieb und Struktur* sowie einer *Umkehr seiner Dynamik im Zeitverlauf.* Am Anfang herrscht das Lustprinzip – wir können auch sagen: am Anfang des Lebens dominiert der Lebenstrieb und die ihm zugeordnete Tendenz oder Strebung zielt auf Lust. Am Ende herrscht das Nirwanaprinzip – anders ausgedrückt: am Ende des Lebens dominiert der Todestrieb und die ihm zugeordnete Tendenz oder Strebung zielt auf Nichts. Dazwischen regiert das Realitätsprinzip:

> „Wir erhalten so eine kleine, aber interessante Beziehungsreihe: das *Nirwana*prinzip drückt die Tendenz des Todestriebes aus, das *Lust*prinzip vertritt den Anspruch der Libido und dessen Modifikation, das *Realitäts*prinzip, den Einfluß der Außenwelt." (1924c, S. 373)

Wir haben Freuds Begriff (Konstanz-, Lust-, Unlust-)„Prinzip" immer im Sinne eines homöostatischen Regulationsprinzips, d.h. als Struktur aufgefaßt. Vom *Jenseits* her betrachtet gilt aber: die Struktur = ein Trieb, von dort aus wandelt sich der Strukturaspekt des Systems zum Triebaspekt. Deshalb können wir jetzt sagen: die Lust- und Nirwana*prinzipien* (Strukturen) = die (+)Lust- und (–)Nirwana*tendenzen* (Triebe) des Systems. Dabei zeigt sich: *die Geschichte dieses lebenden Systems entspricht auch in ihrem gesamten Zeitverlauf den einfachen*

Grundprinzipien seiner Organisation. Was für die elementare Einheit gilt, daß ein *Trieb* an einer *Struktur* eine *Verdrängung* auslöst, das gilt jetzt auch für den ganzen Ablauf: die (+)Lebenstriebtendenz (eine *Lust*strebung) wird an einer komplexen Struktur (der „*Realität*") verschaltet und löst die verdrängende (–)Todestriebtendenz (eine *Nirwana*strebung) aus.

Lust → Realität → Nirwana
(+)Lebenstrieb → Struktur → (–)Todestrieb
Trieb → Schalter → Verdrängung

So entspricht die Makrobewegung des ganzen Systems wieder der Mikrobewegung, aus der es hervorgegangen ist. Von einem übergeordneten Standpunkt aus ist die Umkehr einer einsinnig gerichteten Bewegung am Punkt ihrer maximalen Ausdehnung und die Rückkehr von dort zu ihrem Ausgangszustand sichtbar geworden. Es ist dieser übergeordnete systemische Grundgedanke, den Freud im *Jenseits des Lustprinzips* in vielen Variationen – teils klinisch-psychologisch, teils biologisch-theoretisch, teils kosmologisch-spekulativ – zu gestalten versucht.[177]

Haben wir uns jetzt daran gewöhnt, das ganze System von seinem Jenseits her zu betrachten, dann können wir, wie im Falle der allgemeinen Triebdefinition, auch die anderen zentralen Postulate Freuds aus der letzten Revision seiner Triebtheorie nochmals neu reflektieren. Wir hatten festgesetzt: erstens, daß der Lebenstrieb ein von innen nach außen und auf das Bewußte gerichteter Trieb, der Todestrieb ein von außen nach innen und auf das Unbewußte gerichteter Trieb ist; und zweitens, daß das Unbewußte (System Ubw) durch eine geringere Dichte der ihm zugeschriebenen Strukturen charakterisiert ist als das hochkomplex strukturierte Bewußte (System Bw). Letzteres ist insofern bedeutsam, als die Dichte der in einen Besetzungsvorgang involvierten Strukturen in einem direkten Verhältnis steht zur Komplexität der dabei auftretenden Musterbildungen. Diese Konzeption ermöglicht eine rein formale Definition von Leben und Tod innerhalb unseres Modells – wie ich sie im Vorbeigehen gelegentlich schon erwähnt habe: psychisches Leben ist Musterbildung von je unterschiedlicher Komplexität (auf den verschiedenen Niveaus von Vubw, Ubw, Vbw und Bw); und der Tod ist dann nichts anderes als der Wegfall jeglicher Musterbildung. Wir können somit unser Schema (Abb. 22) ergänzen:

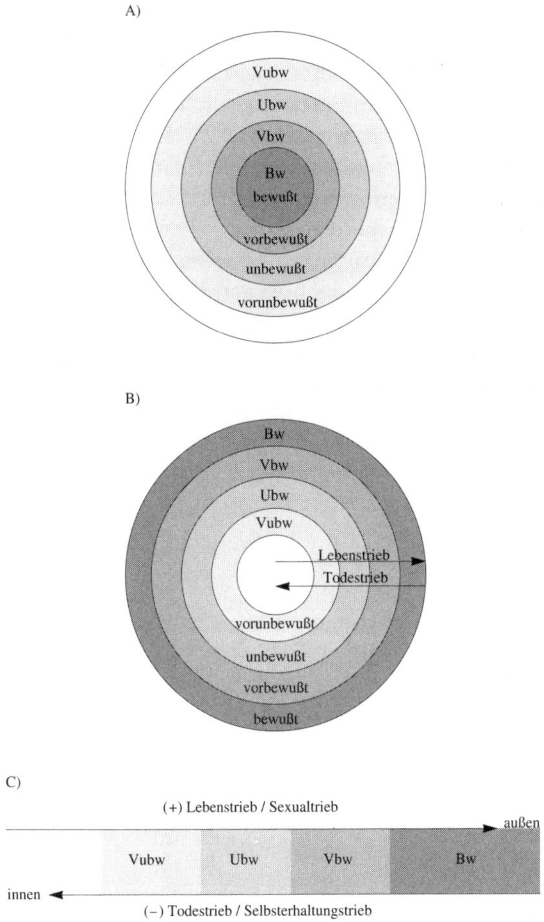

Abb. 24 A zeigt die verschiedenen Subsysteme des Systems Psyche, jetzt erweitert um den „Ring des Todes“ (weiß); die in diesem Schema gewählte Anordnung geht vom strukturellen Gesichtspunkt aus: sie entspricht einer (Übereinander-)Schichtung von unten (keine und geringe strukturelle Dichte) nach oben (hohe strukturelle Komplexität). Abb. 24 B zeigt dasselbe in umgekehrter Anordnung, jetzt entsprechend unserem Postulat, daß die Lebenstriebe von innen nach außen (zentrifugal), die Todestriebe von außen nach innen (zentripetal) gerichtet sind. (Auch für dieses Schema gibt es also eine Art *Jenseits*, es läßt sich je nach der gewählten Perspektive umkehren.) Abb. 24 C verdeutlicht den Gedanken von B) nochmals vereinfacht in linearer Anordnung.

Bezieht man unser Postulat von der Gerichtetheit der beiden Triebe auf die Anordnung der verschiedenen Systeme (Abb. 24 C), dann zeigt sich deutlich: der auf das Bw gerichtete Lebenstrieb tendiert bei seinen Besetzungen auf eine fortlaufende Verdichtung der involvierten Strukturen; insofern können wir sagen: die generelle Tendenz des *(+)Lebenstriebs zielt auf Bindung, Mischung, Neutralisierung*[178] von Triebenergie. Dagegen tendiert der letztlich auf den Tod gerichtete *(–)Todestrieb* dazu, immer weniger Strukturen zu besetzen, und das bedeutet in bezug auf die Besetzung der höher strukturierten Systeme (bzw. aus deren Perspektive betrachtet): *Entbindung*, *Entmischung* von Triebenergie. Die (+/–)Vorzeichen der beiden Triebe können also auch in dieser Hinsicht Anwendung finden. Vom Diesseits des Systems her betrachtet, sind Bindung und Mischung, Entbindung und Entmischung ausschließlich Vorgänge der Verschaltung, die ganz im Funktionsbereich der Struktur liegen; aber vom Jenseits der Systemgrenze her gesehen, gilt Freuds Diktum von den Zielen des Lebens- und des Todestriebs jetzt *doch*:

„Das Ziel des ersten ist, immer größere Einheiten herzustellen und so zu erhalten, also Bindung, das Ziel des anderen im Gegenteil, Zusammenhänge aufzulösen und so die Dinge zu zerstören." (1940a, S. 71)

Damit verfolgt der *Lebenstrieb* zugleich die *progressive*, der *Todestrieb* die *regressive* Linie. Und hierin gründet auch die Verknüpfung des Todestriebs mit der Aggression: Konzipiert man nämlich die *Aggression als Folge einer strukturellen Regression*, genauer gesagt: als Folge eines (auch nur partiellen) Besetzungsrückzugs von den komplexeren zu den geringer strukturierten Schichten des Systems, oder als Ausdruck eines strukturellen Defizits, eines insgesamt geringer strukturierten psychischen Apparats, dann gibt es diesen von Freud postulierten Zusammenhang zwischen der regressiven (–)Todestriebtendenz und der Aggression *doch*, dann stimmt Freuds Diktum von der Aggression als Folge einer vom Todestrieb gesteuerten Triebentmischung eben *doch*.[179]

Diese nachträgliche Bestätigung der Freudschen Annahmen macht unsere vorherigen Anstrengungen, ganz genau zwischen

Trieb und Struktur zu unterscheiden, keineswegs überflüssig. Es empfiehlt sich nach wie vor *nicht*, den Trieb- und den Strukturaspekt in der Metapsychologie ganz nach Belieben oder den jeweils bestehenden Erfordernissen mal in der einen (diesseitigen), mal in der anderen (jenseitigen) Weise einzusetzen. Und verkennen wir nicht: Erst die strikte Differenzierung zwischen diesen beiden axiomatischen Größen unseres Modells hat diesen Gestaltwechsel nachvollziehbar gemacht und den Ort gezeigt, an dem die Grenze zum Jenseits einer neuen Komplexitätsstufe der Systemkonzeption überschritten werden kann. Ohne diese Unterscheidung zu treffen, können wir uns in unseren Konzeptualisierungsbemühungen nicht orientieren, können wir nicht wissen, ob wir vom Diesseits oder Jenseits der Grenzen unseres Modells aus argumentieren. Die holistische Wahrnehmung des von Freud entwickelten psychischen Apparats entgeht nur dann der Gefahr, diffus zu verschwimmen, wenn sie auf dem Weg über eine präzise Erfassung des theoretischen Details im Umgang mit den einzelnen Konzepten gewonnen wurde.

Damit sind wir am Ende unserer Reflexionen über das *Jenseits des Lustprinzips* angekommen. Wir haben verstanden, warum dies so eine schwierige und komplexe Schrift ist, warum das Todestriebkonzept so dunkel und rätselhaft bleibt und warum es immer wieder zu einer Vermischung oder Entdifferenzierung der Trieb- und der Strukturaspekte in Freuds theoretischen Überlegungen kommt: Nicht weil er krank und traurig war, hat er den Todestrieb erfunden, nicht weil er nicht hätte klar denken können, hat er den Trieb- und den Strukturbegriff ineinandergeflochten – sondern weil Freud in seinem theoretischen Denken plötzlich einen Gestaltwechsel hatte vollziehen und ein *Jenseits* der Grenzen seines Systems hatte erkennen können. Ich meine: deshalb, weil sein theoretischer Genius diesen Gestaltwechsel in seiner Theorie als ein allen lebenden Systemen inhärentes Entwicklungsprinzip erfaßt hatte, nämlich als den Umschwung, die Umkehr eines Systems auf einer bestimmten Höhe seiner Organisation, weil er damit eine Komplexitätsstufe weitergekommen war in seiner Konzeption vom psychischen Apparat, aus diesem Grund hat Freud – auch wenn es ihm nicht gelungen ist, seinen kostbaren Fund bis zur absoluten Klarheit heraufzuarbeiten – immer an seiner Theorie vom *Jenseits des Lustprinzips* festgehalten:

„Ich hatte die hier entwickelten Auffassungen anfangs nur versuchsweise vertreten, aber im Laufe der Zeit haben sie eine solche Macht über mich gewonnen, daß ich nicht mehr anders denken kann. Ich meine, sie sind theoretisch ungleich brauchbarer als alle möglichen anderen, stellen jene Vereinfachung ohne Vernachlässigung oder Vergewaltigung der Tatsachen her, nach der wir in der wissenschaftlichen Arbeit streben." (1930a, S. 478 f.)[180]

Zusammenfassung

Die in diesem Kapitel angestellten Überlegungen waren der Neu- und Letztformulierung der Freudschen Trieblehre von 1920 gewidmet sowie der Frage, ob diese neue Theorie im Zusammenhang mit unseren bisherigen Überlegungen als integraler Bestandteil eines konsistenten formalisierten Modells der Psyche aufgefaßt werden kann – ja, diesem eventuell sogar noch eine neue Dimension hinzufügt. Freud (1920g, 1924c) folgend, hatten wir uns zunächst mit einer Untersuchung des Verhältnisses von Spannung und Erregung zu Lust und Unlust sowie zum Lustprinzip befaßt. Wir hatten festgestellt, daß der Begriff der Spannung zwei entgegengesetzt gerichtete Pole impliziert und dafür die in den Strukturen verschalteten antagonistischen Triebe eingesetzt: Trieberregungen erzeugen Spannungen, und diese Spannungen werden in den Strukturen registriert und homöostatisch reguliert. Wenn wir für das, was im Schalter einer Struktur als Homöostase gelten soll, einen fiktiven Wert „0" einsetzen, dann ist damit nicht eine konkrete Null-Spannung gemeint, sondern: jede „ruhende (tonische) Besetzung", also jeder Spannungswert, der vom Gesetz eines Schalters als Homöostase definiert wird, entspricht dann diesem Gleichgewichtswert „0". Von daher haben wir erkannt: Die in einem solchen Schaltergesetz formulierte Spannung, wir haben sie die *Schalterspannung* genannt, ist *nicht* die Grundlage für das, was nach Freuds Konzeption Unlust auslöst. Vielmehr entsteht Unlust erst bei den Erregungsgrößen, die zu einer Abweichung von den in der Schalterspannung festgelegten homöostatischen

Werten führen: diese überschwellige Spannung hatten wir, zur besseren Unterscheidung, als *Systemspannung* bezeichnet und in ihr die metapsychologisch definierte Grundlage der Unlustempfindung erkannt. Die von Freud beschriebene *generelle Tendenz des Lustprinzips*: das Streben nach Null und Erregungslosigkeit, bezieht sich also auf ein *Null an Systemspannung*, was nicht identisch ist mit einem Null an Schalterspannung, sondern: Lust entsteht bei Annäherung an die optimalen Werte der Schalterspannung, die eine bestimmte Erregung gerade voraussetzen, und im Erreichen dieser Schalterspannung befindet sich das System im Zustand der dynamischen Stabilität.

In einer Untersuchung der von Freud angeführten Beispiele Unlust erzeugender psychischer Abläufe (die Angstträume der traumatischen Neurose), hatten wir sodann erkannt, daß Freud die Lern- und Anpassungsfähigkeit des psychischen Apparats als Zulassung portionierter und sukzessive ansteigender Erregungsgrößen in den Schaltern des Systems konzipiert. Diesen Vorgang der Umwandlung von Systemspannung in Schalterspannung (durch Heraufsetzung der zulässigen Spannungswerte), nennt Freud *Bindung*. Die Bindung von sogenannt „frei beweglicher" Triebenergie in „ruhende (tonische) Besetzung" entspricht folglich der Neubildung von Strukturen sowie der Modifikation der in den integrierten Strukturkomplexen niedergelegten Schaltgesetze.

Unsere nächsten Überlegungen hatten sich darauf konzentriert zu klären, inwieweit ein von Freud eingeführter Begriff, ein dargestellter Vorgang einer Trieb- oder einer Struktureigenschaft unseres formalisierten Modells entspricht. Hierbei hatten wir festgehalten: der *Wiederholungszwang* ist nicht auf das unbewußte Verdrängte beschränkt, sondern ist eine in allen Teil-Bereichen (Vubw, Ubw, Vbw, Bw) des Systems auftretende Struktureigenschaft: die direkte Folge einer Aktivierung der Schaltgesetze in einer Struktur (bzw. in einem Strukturkomplex). Insofern hatten wir Freuds neue allgemeine Definition des Triebs, als eines *Drangs zur Wiederherstellung eines früheren Zustandes*, abgelehnt: der Trieb bleibt als Variable unserer formalisierten Fassung der Metapsychologie eine einsinnig gerichtete vektorielle Größe. Obwohl diese allgemeine Triebdefinition die Grundlage seiner neuen Trieblehre bildet, haben wir die Konzepte vom Lebens- und Todestrieb nicht abgelehnt, sondern sie aufgrund ihrer antagonistischen Anordnung als eine Verlängerung der bisher geltenden Sexual- und Selbsterhaltungstriebe aufgefaßt. In der genaueren Untersuchung des Todestriebkonzepts zeigte sich dann immer wieder, was schon bei der Einführung des Wiederholungszwangs aufgefallen war, daß Freud den Trieb- und den Strukturanteil seiner Argumentation nicht klar voneinander trennt: das trifft bereits zu für seine Definition des Todes als „Zerstörung des Lebens", sodann für seine Ableitung des Todestriebs aus einer Trieb-Verdrängungs-Einheit: dem Haß (Affekt), wie auch für den ersten und zweiten Repräsentanten des Todestriebs, den Sadismus und Masochismus (die beide im Verein mit dem Sexualtrieb konzipiert sind) und ebenso für die spezifischen Aufgaben der neuen Triebe: *Bindung* (Lebenstrieb) und *Entbindung* (Todestrieb), die wir in den Funktionsbereich der Struktur zurückgewiesen haben.

Freud schwankt im Einsatz der neuen Triebbegriffe: er spricht von *Lebenstrieb*, *Eros* und *Liebestrieb* einerseits, Todestrieb, Destruktions- und Aggressionstrieb andererseits. Aus der genauen Analyse der entsprechenden Textpassagen ergab sich der Vorschlag einer terminologischen Klärung im Zusammenhang mit einer hierarchischen Gliederung: wir verwenden für die beiden vom T-System ausgehenden Grund- oder Urtriebe die Begriffe *Lebens-* und *Todestrieb* und kommen von dort aus über eine Verschaltung beider Grundtriebe an den Triebquellen des W-Systems (ero- und biogene Zonen) zu den *Sexual-* (*Eros*) und *Selbsterhaltungstrieben*. Die Aggression könnte man als dritte Verschaltungsstufe von Sexual- und Selbsterhaltungstrieben auffassen; mein Vorschlag wäre demgegenüber, sie als M-Anteil eines vollständigen psychischen Ablaufs über alle drei T-W-M-Systeme, zentriert um die Frage des strukturellen Niveaus (Regression), zu konzeptualisieren.

Trennen wir uns so von der Ansicht Freuds, daß die Aggression ein Charakteristikum und wesentlicher Bestandteil des Todestriebs sei, dann treten auf einmal die geräuschlosen, stummen, auf die Ruhe eines Nirwana ausgerichteten Strebungen des Todestriebs deutlicher hervor. Diese *quietistischen Tendenzen des Todestriebs* haben die Neu-Formulierung eines *Ener-*

giebegriffs für den Todestrieb nahegelegt, und zwar den der griechischen Mythologie entlehnten Namen *Lethe* (für den Strom des *Vergessens* an der Grenze zum Reich der *Toten*). Libido und Lethe sind zwei sowohl analoge wie äquivalente Begriffe, die sich ohne weiteres formal auffassen lassen (als von einem [+]Trieb bzw. einem [–]Trieb aus gerichete Energie); insofern entsprechen sie den Erfordernissen einer metapsychologischen Theoriesprache und werden zugleich dort, wo sie in der Alltagssprache Verwendung finden, weder in einer gegenteiligen Weise verstanden, noch als besonders befremdlich empfunden. Deshalb könnte – so wäre mein Vorschlag – auf allen Stufen der Trieborganisation (für den Lebens- und Todestrieb ebenso wie für den Sexual- und Selbsterhaltungstrieb) von *libidinösen* und *lethischen* Besetzungen oder Tendenzen die Rede sein, wenn man ein angenommenes Dominanzverhältnis der Triebe zum Ausdruck bringen will.

Zuletzt hatten wir uns mit der Frage beschäftigt, warum es in dieser Arbeit immer wieder zu einer Entdifferenzierung der Trieb- und der Strukturaspekte kommt, und verstanden, daß hier die Frage nach dem *Jenseits* des Lustprinzips zu beantworten wäre. Es zeigte sich, daß es Freud in dieser Arbeit gelungen ist, einen *Perspektivenwechsel* zu vollziehen, das System, das er zuvor immer vom *Diesseits* seiner Grenzen her betrachtet hatte, nun von seinem *Jenseits* her zu erfassen. Dabei verkehren sich gewissermaßen die Funktionen des Modells nach Art eines Wechsels von *Gestalt* und *Grund*: die Triebe übernehmen Strukturfunktionen, die Strukturen Triebfunktionen. Nach der anfangs unternommenen Klärung der Frage, *wie sich Prozesse zu Strukturen wandeln* (überschwellige, Systemspannung erzeugende Triebrregung in Schalterspannung überführt wird), unternimmt Freud auf den letzten Seiten seiner Arbeit den umgekehrten Versuch, nämlich darzustellen, in welcher Weise *die Strukturbildung einem Prozeßcharakter unterliegt.* Es zeigte sich dabei, daß die Strukturbildung zunächst dem Lustprinzip folgt – und damit einer (+)Lebenstriebtendenz (indem sie den Bereich des Ungleichgewichts durch Modifikation der Schaltgesetze immer weiter einschränkt), dabei aber, auf einer bestimmten Höhe ihrer Organisation angekommen, umschlägt in eine (–)Todestriebtendenz (indem sie durch weitgehende

Äquilibrierung aller potentiellen Erregungen einer zunehmenden Erregungslosigkeit des ganzen Systems Vorschub leistet). Damit wird die *Geschichte* dieses Systems, seine *Veränderung in der Zeit* als *Umkehr der Tendenzen* sichtbar. Das Werden und Vergehen des Ganzen, dieser Umschlag von einer Aufwärts- in eine Abwärtsbewegung, entspricht ganz dem Grundprinzip seiner Organisation, aus der es hervorgegangen ist: eine (+)Trieberregung löst an einer Struktur (einer Grenze) eine (–)Verdrängungserregung aus. Wir haben hier, in dieser Möglichkeit, einen Perspektivenwechsel zu vollziehen und damit das ganze System von einer höheren Komplexitätsstufe, vom *Jenseits* seiner Grenzen her zu erfassen, den tiefsten – oder sagen wir nüchterner: den theoretisch entscheidenden Grund für Freuds Einführung des Todestriebs und für seine Verflechtung der Trieb- und Strukturbegriffe in dieser Arbeit erkannt.

Die definitive Fassung der Strukturtheorie (1923)

Wir haben bei unserem Versuch, ein formalisiertes konsistentes Modell der Metapsychologie zu erarbeiten, von Anfang an den Begriff *Struktur* verwendet, obwohl er bei Freud erst spät und nur beiläufig auftaucht. Zwar ist Freud zu seiner Neu-Konzeptualisierung des psychischen Apparats gerade aus der „Einsicht in die *strukturellen Verhältnisse* des Seelenlebens" (1923b, S. 244, Hervh. d. V.) gekommen, aber er spricht in dieser *zweiten Topik,* die heute meist als *Strukturtheorie* bezeichnet wird, doch nicht von Strukturen oder Strukturkomplexen, sondern weiterhin von den *Systemen* oder neu: von den *Instanzen* Es, Überich und Ich. Der *Intention* nach gehen aber alle metapsychologischen Überlegungen Freuds von der Annahme einer (psychischen) Dynamik aus, die aus der Interdependenz von Trieb- und Strukturvorgängen entsteht und mit diesen beiden Axiomen hinreichend beschrieben werden kann. Der strukturelle Gesichtspunkt seines Modells bildete also immer einen Schwerpunkt seiner theoretischen Arbeit: wir finden ihn in der Gliederung seines psychischen Apparats in die φ-, ψ- und ω-Systeme, danach (seltener) in den (T-), W-, M-Systemen, sowie (häufiger) in den Systemen (Vubw), Ubw, Vbw und Bw – und nun steht mit der Einführung von Es, Überich und Ich die definitive Gestaltung seiner Strukturtheorie an.[181]

Nachdem wir in Teil I und vor allem in Teil II schon eine Reihe von Überlegungen angestellt haben, die die Ausbildung und Modifikation von Strukturen auf der Mikroebene (ein hypothetisch einfachster Schalter) sowie der Ebene der Substrukturen (komplexere strukturelle Einheiten wie das *Selbst*, das *Objekt*, das *Ichideal*) betrafen, geht es jetzt bei unserer Arbeit über *Das Ich und das Es* vor allem um die Konzeptualisierung der Makrostrukturen. Freuds „Erörterungen setzen Gedankengänge fort," die er im *Jenseits des Lustprinzips* begonnen hatte, verknüpfen sie und versuchen, „aus dieser Vereinigung neue Schlüsse abzuleiten." (1923b, S. 237) Seine Bemühungen, die erklärtermaßen „den Charakter einer Synthese" haben, führen ihn zur Konzeptualisierung der drei Instanzen, die er uns mit ihren je unterschiedlich bestimmten Aufgabenbereichen vorstellt: das Es (als Nachfolgerin des Systems Ubw), das Überich (als Weiterentwicklung des Ichideals) sowie das Ich (als Vertiefung der Systeme Vbw-Bw). Sodann steht mit den Überlegungen zur dynamischen Interaktion dieser drei Instanzen das Funktionieren des Modells als *Ganzes* zur Debatte; und damit wird erstmals die *Gestalt* dieses von Freud entwickelten psychischen Apparats vollumfänglich sichtbar. Freud tritt gewissermaßen einen Schritt zurück und faßt jetzt synoptisch die großen funktionellen Einheiten, für die er in den vorhergehenden Jahren (1895, 1900, 1910–15 und 1920) so minutiöse Detail- und Aufbauarbeit geleistet hatte, als Teile eines kohärenten Systems zusammen, an dem jetzt nur noch einiges darauf wartet, „ergänzt, überbaut und dabei berichtigt zu werden." (1940a, S. 136) Wir merken: die Voraussetzung für diesen neuen Blick auf das Ganze ist sein *Jenseits des Lustprinzips*: Dort war ihm dieser Schritt über die Grenzen seines Modells hinaus gelungen, und gleichsam von dort draußen kann er nun auch das Ganze noch einmal unter einer neuen Perspektive reflektieren.

Aber es gibt noch einen weiteren Grund, der ein Überschreiten der Grenzen, gleichsam einen Wechsel von der Innenansicht der Psyche zur Außenansicht für diese letzte Revision der Metapsychologie erforderlich macht. Das, was nach Freud die Ausgestaltung dieser drei großen Instanzen auf eine je individuelle Weise charakterisiert, sind bekanntlich die *Identifizierungen* des Kindes mit den entscheidenden Bezugspersonen in seinen wichtigsten Entwicklungsjahren. D.h.: das von Freud entwickelte Modell ist ein *offenes System,* und folglich muß geklärt werden, in welcher Weise die Außenwelt strukturbildend auf die Innenwelt einwirkt, wie diese Beziehung zwischen Innen und Außen konzeptualisiert werden kann. Diese Frage haben wir uns bis jetzt aufgespart. Nicht, daß Freud erst jetzt das Objekt und seine Bedeutung für die kindliche Entwicklung entdeckt hätte! Erinnern wir uns: die Konzeptualisierung der Interaktion zwischen Mutter und Säugling hatte uns als Hunger-Befriedigungs-Sequenz in paradigmatischer Funktion durch die gesamte Arbeit begleitet; auch das Narzißmuskonzept war um die Ausbildung der Repräsentanz eines Objekts (das Selbst, das äußere Objekt) zentriert gewesen; nur hatten wir in der metapsychologischen Analyse dieser Beispiele den Blick ganz auf die Strukturbildungsvorgänge innerhalb des psychischen Apparats gerichtet und uns noch nicht genauer mit der Frage befaßt, wie diese Beziehung zwischen einem „äußeren Objekt" und einem „psychischen Apparat" *auf der formalen Ebene* dargestellt werden könnte. Dies wird nun zu leisten sein.

Da wir im Kapitel über *Das Unbewußte* bereits alles erarbeitet haben, was auch für das Es zutrifft, werden wir dieser Instanz jetzt keinen eigenen Abschnitt mehr widmen, sondern die (wenigen) Äußerungen Freuds über das Es im Zusammenhang mit seiner Darstellung der dynamischen Interaktion zwischen den drei Makrostrukturen behandeln. So können wir dort anschließen, wo wir in unserer Darstellung der Strukturbildungsvorgänge stehengeblieben waren: beim Ichideal, das nun – nachdem Freud sich in einem Zwischenschritt (1921c) mit dem Konzept der Identifizierung befaßt hat – ausgebaut werden soll zum Überich.

Das Überich und die Identifizierung

Beginnen wir mit einer Standardfeststellung, die es immer noch in sich hat: Genauso wenig, wie es für ein formalisiertes Modell Psychisches und Somatisches *als solches*, Bewußtes oder Unbewußtes *als konkrete Phänomene* oder gar *in Form spezifischer Inhalte* gibt, genauso wenig gibt es für einen „psychischen Apparat" ein „äußeres Objekt" im Sinne eines lebendigen Menschen, aus Fleisch und Blut, der liebt und haßt und da ist oder fehlt. Freud hat aber zumeist mit Hilfe von Beispielen, in denen ein Kind (ein Säugling, ein kleiner Sohn, eine Tochter) in eine entwicklungsspezifische Interaktion mit der Mutter und dem Vater verstrickt ist, dargestellt, wie er sich *metapsychologisch* die Beziehung zwischen Innen und Außen dachte; diese Beispiele verpflichten uns keineswegs zu einer konkretistischen Auslegung der jeweils dargestellten Situationen; seine theoretischen Vorstellungen treten uns nämlich als *modellhafte Szenarien* entgegen – das berühmteste ist der Ödipuskomplex – und haben insofern eine proto- oder idealtypische Funktion[182] innerhalb seiner Theorie vom psychischen Apparat. Natürlich sind solche Szenarien anregender für die Phantasie und reicher in ihren Ausdeutungsmöglichkeiten als das einfache Muster, aus dem sie hervorgehen. Wollen wir aber die metapsychologische Argumentation für die Zwecke unseres Modells als einer *Grenztheorie zwischen Psychischem und Somatischem* nutzbar machen, dann sollten wir uns jeder Parteilichkeit für die eine oder andere Seite enthalten, dann müssen wir versuchen, durch die Bildhaftigkeit der Freudschen Redeweise, die dem seelisch Erlebbaren nähersteht als den dabei ablaufenden physiologischen Vorgängen, hindurch zu den Grundstrukturen ihrer Gestaltung zu gelangen, und d. h., dann müssen wir uns auf die Fragen beschränken, die wir von der *formalen* Ebene aus überhaupt stellen können.

Die erste und grundlegende Frage lautet: Wie kommuniziert ein solcher psychischer Apparat überhaupt mit seiner Umwelt, einfach gesagt: was kommt da von außen nach innen herein und umgekehrt, was gelangt von innen nach außen? Freuds Antwort: es sind die *Wünsche*, die von innen nach außen gerichtet werden, und es sind die Reaktionen auf diese Wünsche sowie natürlich auch die Wünsche von außen, die nach innen gelangen. Ein Wunsch ist in unserem Modell ein Ablauf, der über alle drei T-W-M-Systeme erfolgt, also eine aus verschiedenen Bestandteilen zusammengesetzte komplexe Einheit. Werden wir noch basaler, dann ergibt sich mit einfacher Logik: Der psychische Apparat in der hier erarbeiteten formalisierten Fassung, die aus nichts anderem als aus Trieben (Variablen) und Strukturen (Schaltern) aufgebaut ist, kann gar nichts anderes „senden" oder „empfangen" als eben Triebe/Trieberregungen und Strukturen/Verschaltungen. Eine Verschaltung macht aus einem (psychischen) Ablauf eine Trieb-Verdrängungs-Einheit, und d. h.: das, was nach außen gelangt, ist eine Trieb-Verdrängungs-Verschaltung, bzw. das Resultat einer ganzen Serie solcher Verschaltungen nach verschiedenen Modalitäten über alle drei T-W-M-Systeme, die in einer durch diesen Ablauf determinierten Musterbildung resultiert; und es ist dann dieses spezifische und hochkomplexe *Muster*, das vom psychischen Apparat wahrgenommen wird.[183] Wir beschränken uns also darauf, das auszusagen, was wir mit unserer formalisierten Sprache überhaupt aussagen können; das scheint sehr wenig, wenn wir es bei der These belassen, daß der psychische Apparat nur Trieb-Verdrängungs-Verschaltungen „senden“ und „empfangen“ kann; das ist aber sehr viel, wenn wir darangehen, dieses Grundpostulat auf die Freudsche Metapsychologie anzuwenden.

Betrachten wir zunächst die Beziehung zwischen Innen und Außen (konkret: zwischen Subjekt und Objekt) als eine *Erweiterung* unseres Systems (denn ein solches System kennt im Prinzip auch kein Innen und Außen) und beginnen wir wieder zur Verdeutlichung auf einer schematisch vereinfachten Ebene – die besonders gut geeignet ist, Hypothesen über die frühen Strukturbildungsprozesse in der Subjekt-Objekt-Interaktion zu formulieren. Sagen wir im Sinne des Bedürfnis-Befriedigungs-Beispiels: der psychische Apparat *K* des Kleinkindes sendet einen einfachsten Triebwunsch aus. Die Funktion des Erwachsenen *E* ist, diesen Wunsch zu befriedigen, d. h. formal: der psychische Apparat *E* des Objekts fungiert als ein Schalter, eine (Hilfs-) Struktur[184], welche die Trieberregung von *K* begrenzt, den Trieb mit einer Verdrängung verschaltet. Das Objekt entspricht also einem *Außenregulator*, der die Funktion hat, einen (entscheidenden) Beitrag zur dynamischen Stabilität des Systems *K* zu leisten – zumal wenn wir davon ausgehen, daß die anfangs vorhandenen Strukturen dieses psychischen Apparats noch nicht in der Lage sind, seine Homöostase auf Dauer selbsttätig einzurichten und zu erhalten. Fassen wir das Objekt als Außenstruktur auf, dann können wir aus der Innenperspektive des psychischen Apparats sagen: eine von *K* ausgehende *libidinöse* (Trieb-)Erregung aktiviert in *E* per Verschaltung eine *lethische* (Verdrängungs-)Erregung, und eine von *K* ausgehende *lethische* (Trieb-)Erregung löst in *E* eine *libidinöse* (Verdrängungs-)Erregung aus. Anders ausgedrückt: eine libidinöse/lethische Besetzung von *E* führt zu einer lethischen/libidinösen Besetzung von *K*: die beiden Strukturen *K* und *E* des erweiterten Systems *KE* sind nach diesem „Austausch“ wieder im Gleichgewicht.

Eine so beschriebene Reaktion könnte man als eine *komplementäre* bezeichnen.[185] Nun ist evident, daß diese Darstellung einer groben schematischen Vereinfachung entspricht, die nach Ausarbeitung verlangt. So wäre hinzuzufügen, daß es Unterschiede in der *Zeit* gibt, nämlich, ob die von einem Außenregulator ausgehende Verdrängung z. B. (zu) schnell, (zu) früh kommt (die Triebregung quasi im Keim erstickt) oder erst, wenn sich die Triebstrebung ein rechtes Stück weit entfaltet hat, oder aber überhaupt nicht und damit das System *K* einer traumatisierenden Übererregung aussetzt. Die in der Außenstruktur *E* bestehende Schalterspannung spielt dabei eine wichtige Rolle: große Toleranzwerte führen zu einer späteren Verschaltung (auf einem höheren Erregungsniveau) als kleine Toleranzwerte, und je differenzierter ein Strukturgeflecht ausgebildet ist, desto differenzierter sind seine Verdrängungs-Antworten. Neben den komplementären wären auch *konkordante* Verdrängungs-Antworten von Seiten des Außenregulators zu konzipieren, etwa dahingehend, daß eine (zu) schwache libidinöse/lethische Erregung libidinös/lethisch verstärkt wird („Ermutigung"), wobei auch hier die Frage der Zeit (bzw. der Schalterspannung) eine Rolle spielen würde, z. B. ob die Verstärkung kommt, noch bevor sich die Triebregung ganz entfaltet hat etc. Nehmen wir jetzt alle komplementären und konkordanten Reaktionsmöglichkeiten der Struktur *E* zusammen, dann entspricht auch das noch einer schematischen Vereinfachung, die uns nur darauf vorbereiten soll zu erkennen, daß die von einem solchen Außenregulator ausgehenden Verdrängungs-Antworten immer schon *zusammengesetzte* Antworten sind: Trieb-Verdrängungs-Kombinationen („Triebschicksale"), die alle drei T-W-M-Systeme involvieren und dabei spezifische Muster bilden: und es sind eben diese (je Situation verschiedenen) komplexen Muster, die sich als ganze vermitteln – und im Vorgang der *primären Identifizierung* ein spezifisches (Antwort-)Muster als Schaltgesetz auf die sich bildende Struktur in *K* übertragen.

Aber auch diese Konzeptualisierung entspricht nur der einen Hälfte des Geschehens, denn sie hat bis jetzt der Außenstruktur *E* die alleinige Schaltfunktion zugeschrieben, und das kann ja nicht sein: systemisch gesehen, bilden immer mindestens zwei Strukturen einen geschlossenen Kreis. Wir müssen davon ausgehen, daß in *K* nicht nur ein Trieb, sondern zugleich auch seine Verdrängung erregt wird: es sind immer beide gegensätzlichen Triebe in einen Vorgang involviert. Somit wird sich auch die Verdrängung von *K* mit der Verdrängung von *E* kombinieren, genauer gesagt: eine bestimmte Trieb-Verdrängungs-Kombination von *K* wird sich mit einer Trieb-Verdrängungs-Kombination von *E* kombinieren. Und deshalb wird in *K* keine identische Kopie von *E*, sondern eine (während der Strukturentwicklung fortlaufend modifizierte) Mischkopie *KE* eingetragen, die zur Grundlage wird für eine *individuelle Musterbildung* in *K*.[186]

Versuchen wir jetzt, in diesem Sinne Freud zu lesen, wobei es uns wiederum *nicht* um die konkreten entwicklungsspezifischen psychischen Phänomene, sondern um die *Struktur seiner Argumentation* geht.

„Die *Identifizierung* ist der Psychoanalyse als früheste Äußerung einer Gefühlsbindung an eine andere Person bekannt. Sie spielt in der Vorgeschichte des Ödipuskomplexes eine Rolle. Der kleine Knabe legt ein besonderes Interesse für seinen Vater an den Tag, er möchte so werden und so sein wie er, in allen Stücken an seine Stelle treten. Sagen wir ruhig: *er nimmt den Vater zu seinem Ideal.* Dies Verhalten hat *nichts* mit einer *passiven* oder femininen Einstellung zum Vater (und zum Manne überhaupt) zu tun, es ist vielmehr exquisit männlich. Es verträgt sich sehr wohl mit dem Ödipuskomplex, den es vorbereiten hilft.

Gleichzeitig mit dieser Identifizierung mit dem Vater, vielleicht *sogar vorher*, hat der Knabe begonnen, eine *richtige Objektbesetzung der Mutter nach dem Anlehnungstypus* vorzunehmen. Er zeigt also dann zwei psychologisch verschiedene Bindungen, *zur Mutter eine glatt sexuelle Objektbesetzung, zum Vater eine vorbildliche Identifizierung.*" (1921c, S. 115, Hervh. d. V.)

Der kleine Knabe zeigt „ein besonderes *Interesse*" für seinen Vater, er möchte so stark und groß werden wie er, er nimmt ihn zu seinem *Ideal*, und diese *idealisierende Beziehung* hat nach Freud *nichts* mit einer *passiven* Einstellung zu tun. All das deutet darauf hin, daß es sich hier um eine „exquisit" *libidinöse Besetzung* handelt: es ist eine *nach außen, nach vorn gerichtete Strebung* (Interesse), eine *Idealisierung* bzw. *Idealbildung* (also eine von der *narzißtischen Libido* ausgehende Besetzung) und hat, wie Freud betont, nichts mit einer passiven Einstellung zu tun: ist also im Gegenteil durch *Aktivität* gekennzeichnet (die wir dem [+]Sexualtrieb zugeordnet haben). Ganz anders die Beziehung zur Mutter, die „sogar vorher" schon eingerichtet wurde, die nämlich „von der *Mutterbrust* ihren Ausgang nimmt“ (1923b, S. 260, Hervh. d. V.): diese ist, wie Freud erklärt, eine Besetzung *nach dem Anlehnungstypus*. Eine Besetzung nach dem *Anlehnungs*typus ist durch eine Bewegung *zurück*, *nach hinten* gekennzeichnet, eben nach dort, wo man sich anlehnt: an der Mutter, mit der der Knabe schon *vorher* eine Beziehung aufgenommen hat, also zu einem Zeitpunkt, als es (nicht nur, aber sicher dominant) um die Befriedigung der *Selbsterhaltungstriebstrebungen* des Säuglings an der „Mutterbrust“ gegangen ist. Somit deutet alles darauf hin, daß diese Besetzung der Mutter von einer dominant *lethischen Strebung* ausgeht. Nun erklärt Freud aber im Gegenteil, daß es sich bei der Bindung an die Mutter um „eine glatt *sexuelle* Objektbesetzung“ handle, während es beim Vater um eine „vorbildliche Identifizierung“ gehe. Eine sexuelle Besetzung, zumal eine *Objekt*besetzung (die auf der Objektschiene zu plazieren wäre) müßte ja eine *libidinöse* sein; und eine *Identifizierung*, die an der Ausbildung einer *Selbst*repräsentanz arbeitet (und insofern auf der Subjektschiene zu verorten wäre), müßte doch eigentlich von einer *lethischen* Strebung ausgehen. Wie läßt sich dieser Widerspruch verstehen?

Wir waren in unseren Überlegungen zum Ichideal an einen Punkt gekommen, wo wir die Hypothese aufgestellt hatten, daß die Vorstellungsrepräsentanzen, die grundsätzlich von beiden Trieben gebildet werden, in der primärnarzißtischen Phase – *vor* der Ausbildung einer klaren Differenzierung in Subjekt- und Objektschiene – eine entwicklungs- und strukturbedingte *Verschränkung* aufweisen: die frühen dominant *libidinösen* Strebungen führen zur Ausbildung von Repräsentanzen, die später der Gruppe der *Selbst*repräsentanzen zugeordnet werden, und umgekehrt treiben die dominant *lethischen* Strebungen die Ausbildung von Repräsentanzen voran, die später den Repräsentanzen des Sexual*objekts* eingegliedert werden. Sollte dies zutreffen, so hatten wir überlegt, dann lägen in der Phase des primären Narzißmus die dominanten Vorstellungsrepräsentanzen beider Triebe in einer gleichsam *vertauschten* Version vor. Und genau das scheint in der obigen Zitatpassage zum Ausdruck zu kommen. Aus der Innenperspektive des psychischen Apparats betrachtet gilt dort: Die *libidinöse* Besetzung des Vaters führt beim Knaben zur Ausbildung einer „exquisit männlichen" *Selbst*repräsentanz und hilft somit trefflich, den Ödipuskomplex vorzubereiten – und umgekehrt führt die *lethische* Besetzung der Mutter zur Ausbildung einer „sexuellen" *Objekt*repräsentanz. Die Verdrängungs-Antworten beider Eltern sind in dieser Darstellung dominant *komplementär*, d. h. die lethisch besetzte Mutter stimuliert mit ihrer libidinösen Verdrängungs-Antwort „eine glatt sexuelle *Objekt*besetzung" (leistet damit ebenfalls ihren Beitrag, den Ödipuskomplex vorzubereiten[187]) – und umgekehrt. Wenn man es einfacher haben will, dann kann man auch sagen: jede Vorstellung enthält einen Trieb- und einen Verdrängungsanteil, und *vor* der Ausdifferenzierung einer um das Selbst und einer um das Objekt zentrierten Schiene der Trieborganisation wird der jeweilige *Verdrängungsanteil* einer Repräsentanz *dominant besetzt*: die lethische Besetzung der Mutter schlägt sich in einer libidinös geprägten Repräsentanz: „einer glatt sexuellen Objektbesetzung" nieder, und die libidinöse Besetzung des Vaters führt zu einer „vorbildlichen Identifizierung", einer von der nach innen gerichteten lethischen Strömung geprägten Selbstrepräsentanz. Freud erkennt:

„Uranfänglich in der primitiven oralen Phase des Individuums sind Objektbesetzung und Identifizierung wohl nicht von einander zu unterscheiden." (1923b, S. 257)

„(...) die Wirkungen der ersten, im frühesten Alter erfolgten Identifizierungen werden allgemeine und nachhaltige sein. Dies führt uns zur Entstehung des Ichideals zurück, denn hinter ihm verbirgt sich die erste und bedeutsamste Identifizierung des Individuums, die mit dem Vater der persönlichen Vorzeit. Diese scheint zunächst nicht Erfolg oder Ausgang einer Objektbesetzung zu sein, sie ist eine direkte und unmittelbare und frühzeitiger als jede Objektbesetzung." (ebd., S. 259)

In unsere Terminologie übersetzt, besagt das: Vor der Ausbildung von Subjekt- und Objektschiene sind Objektbesetzung und Identifizierung nicht unterscheidbar; vielmehr werden die von *K* ausgesendeten Triebstrebungen zusammen mit ihren von *E* empfangenen Verdrängungsantworten zur Ausbildung von Strukturen in *K* beitragen, die in gewissem Ausmaß durch das Schaltgesetz des Vaters *V* ebenso wie durch das der Mutter *M* geprägt sind; genauer gesagt entstehen in *K* ein libidinös gesteuerter Strukturkomplex mit dem Schaltgesetz einer Mischkopie

KV, sowie ein lethisch gesteuerter Strukturkomplex mit dem Schaltgesetz *KM*. Die Bedeutung der in dieser frühen Phase gebildeten Repräsentanzen ist nachhaltig – denn sie sind nach Freud Grundbausteine in der Ausbildung des Ichideals und werden, wie wir gesehen hatte, Einfluß nehmen auf die nachfolgende Differenzierung der beiden Schienen der Trieborganisation. Die *Identifizierung* „mit dem Vater der persönlichen Vorzeit" (und die von ihr nicht unterscheidbare frühe Objektbesetzung der Mutter) ist eben deshalb eine *primäre*, kann eben deshalb nicht der „Ausgang einer Objektbesetzung" sein, weil der Aufbau der Objektschiene (die Differenzierung) erst *nach* dieser Phase erfolgt. Nun hatten wir mit Freud bereits beschrieben, daß die Ausbildung des narzißtischen Strukturkomplexes bzw. des Ichideals die Folge einer wichtigen *strukturellen Integration* ist; dieser Gedanke wird hier wieder aufgenommen:

„Die beiden bestehen eine Weile nebeneinander, ohne gegenseitige Beeinflussung oder Störung. Infolge der unaufhaltsam fortschreitenden Vereinheitlichung des Seelenlebens treffen sie sich endlich und durch dies Zusammenströmen entsteht der normale Ödipuskomplex. Der Kleine merkt, daß ihm der Vater bei der Mutter im Wege steht; seine Identifizierung mit dem Vater nimmt jetzt eine feindselige Tönung an und wird mit dem Wunsch identisch, den Vater auch bei der Mutter zu ersetzen. Die Identifizierung ist eben von Anfang an ambivalent, sie kann sich ebenso zum Ausdruck der Zärtlichkeit wie zum Wunsch der Beseitigung wenden. Sie benimmt sich wie ein Abkömmling der ersten *oralen* Phase der Libidoorganisation, in welcher man sich das begehrte und geschätzte Objekt durch Essen einverleibte und es dabei als solches vernichtete." (1921c, S. 115 f.)

„Infolge der unaufhaltsam fortschreitenden Vereinheitlichung des Seelenlebens treffen sie sich endlich und durch dies *Zusammenströmen* entsteht der normale Ödipuskomplex." Das Sich-*Treffen* und *Zusammenströmen* kann in unserem Modell nichts anderes heißen als *Verschaltung*[188]: Freud faßt hier einen mehrschichtigen Strukturbildungsprozeß in einem Satz zusammen; er entwickelt die Ausgangssituation für den Ödipus nicht nacheinander über die verschiedenen Stadien der Libidoorganisation, sondern fokussiert lediglich auf das generelle Prinzip von Integration und Differenzierung. Will man es aber im

Detail konzeptualisieren, dann empfiehlt sich doch, phasenspezifisch vorzugehen.

Wir haben bis jetzt aus Freuds Darstellung der primären Identifizierung und Objektbesetzung herausgelesen, daß der libidinös gesteuerte Strukturkomplex im psychischen Apparat des Kindes das Schaltgesetz *KV*, der lethische Strukturkomplex das Schaltgesetz *KM* enthält. Da wir davon ausgehen, daß die Aktivität jeder Struktur in einer Erregung resultiert, die von einer anderen Struktur wie ein Trieb wahrgenommen wird, können wir dieses „Zusammenströmen" als *Triebgeschehen* so verstehen: die (dominant) lethische *KM*-Strömung und die (dominant) libidinöse *KV*-Strömung „treffen sich endlich", und das bedeutet, sie werden an einer neuen, hierarchisch übergeordneten Struktur K_{MV} verschaltet. Diese Verschaltung könnte man als eine *erste Stufe im Ichideal* betrachten und sie (schematisch) als K_{MVI}-Struktur bezeichnen: sie enthält eine *erste vollständige trianguläre Konfiguration von Ideal-Selbst und den beiden primitiven idealisierten (Selbst-)Objekten*[189].

Betrachten wir dieses „Zusammenströmen" aus der *Perspektive der Strukturbildung*, dann können wir sagen: die über eine Unzahl von Einzelbesetzungen erfolgende (primäre) Identifizierung des Knaben mit dem idealisierten Vater führt zur Ausbildung eines *KV*-Strukturkomplexes, der eine Zeitlang in der Funktion eines Attraktors alle „Eigenschaften" des Vaters (die für ihn spezifische Art von Trieb-Verdrängungs-Verschaltungen = die ihn charakterisierenden [Verhaltens-]Muster) an sich bindet und in denselben Strukturkomplex integriert – solange, bis dieser eine maximale Größe erreicht hat und sich gegen weitere Anlagerungen abschließt. Der Knabe hat dann sozusagen alle (für sein Alter interessanten) Attribute des Vaters in sich aufgenommen, sich das „geschätzte Objekt" quasi „einverleibt", weshalb Freud diese Phase der oralen Libidoorganisation auch als die „kannibalische" bezeichnet (1905d, S. 98). Das gleiche gilt für den *KM*-Komplex: auch dieser wirkt eine Zeitlang als Attraktor, bis er sich, bei einer bestimmten Größe angelangt, als solcher abschließt. Und damit ist dann auch die orale Phase zu einem Abschluß gekommen.

Der Abschluß von *KM* und *KV* hat zur Folge, daß die Eltern für diese gerade gebildeten Strukturkomplexe (bzw. deren Integrationsprodukt K_{MVI}) in ihrer Funktion als Außenregulatoren entfallen.[190] Freud hat das als entscheidendes Merkmal der nun einsetzenden analen Phase herausgearbeitet: der *Eigensinn* des Kindes, das *alles selber machen* will, entspricht seinem Versuch der *Eigenregulation* – der (partiellen, strukturbezogenen) Ablösung des Systems *K* von der Außenstruktur *E*. Der Ausfall einer Struktur, auch einer Außenstruktur, und die Reifung eines neuen Partialtriebs, des zweiten analen, bedeutet Destabilisierung, führt also vorübergehend zu größeren lethischen wie libidinösen Trieb- und Verdrängungs-Ausschlägen, die sich in der für diese Phase typischen *Ambivalenz* zeigen (ebd., S. 99). Und noch ein drittes Charakteristikum gehört wesentlich zur analen Phase: es entstehen jetzt nämlich die Polaritäten von *aktiv* und *passiv* sowie von *Ich* und *Du*. Es gibt zwei Dimensionen, in denen sich der Gegensatz von *aktiv* und *passiv* auswirkt: In bezug auf die Funktion der *Strukturen* entspricht er dem Gegensatz von *efferent* und *afferent* (aktiv/efferent heißt, daß etwas von einer Struktur ausgeht, passiv/afferent heißt, daß etwas auf eine Struktur einwirkt); jede Struktur hat somit eine *Rezeptor-* und eine *Effektorseite*[191]. Die zweite Dimension dieses Gegensatzes von *aktiv* und *passiv* ergibt sich, wenn wir ihn auf unsere Bestimmung der beiden *Triebe* beziehen und aktiv mit *libidinös*, passiv mit *lethisch* in Verbindung bringen. Dann können wir sagen: es differenzieren sich jetzt die dominant libidinös gesteuerten von den dominant lethisch gesteuerten Strukturkomplexen; die lethischen Strebungen sind nach innen und damit hauptsächlich auf das *Selbst* gerichtet, die libidinösen nach außen auf das *Objekt*. Die anale Phase der Trieborganisation legt somit den Grundstein für die Ausdifferenzierung der Objektschiene – wonach als eine wichtige Errungenschaft am Ende dieser Phase „das fremde Objekt bereits nachweisbar" (ebd.) ist. Und bleiben wir bei der Annahme einer *Verschränkung* oder *Vertauschung* der Triebrepräsentanzen in der ersten Entwicklungsphase, dann macht uns Freuds Hinweis auf die Trennung von Selbst und Objekt in der zweiten Phase darauf aufmerksam, daß es bei den bis zum Ende der analen Phase erfolgenden Vorgängen der Verschaltung, die eine Integration und Neuorganisation der bis dahin erworbenen Repräsentanzen herbeiführen, zu einer Art „*Cross-over*" in der (dominanten) Besetzung von Triebrepräsentanzen kommen muß, d. h., lethische Strebungen werden von nun an dominant lethisch, libidinöse dominant libidinös repräsentiert, wobei zugleich auch die efferente Aktivierung einer Struktur anders als ihre afferente Aktivierung repräsentiert und separat aktivierbar sein soll. Halten wir jedenfalls für die *Strukturbildungen in der analen Phase* als wichtigste Momente fest: *1) die Differenzierung zwischen den lethisch und den libidinös gesteuerten Repräsentanzengruppen und damit zwischen der Subjekt- und der Objektschiene der Trieborganisation, sowie 2) die Differenzierung zwischen den afferenten und efferenten Regulierungsfunktionen der Strukturen.*

Hier angekommen, bleibt uns nicht erspart mit einzubeziehen, daß auch in dieser Phase das veränderte – eben auf das anale (Verhaltens-)Muster abgestimmte – Eingreifen der beiden Eltern in außenregulatorischer Funktion wieder einen strukturellen Niederschlag ergibt, der jetzt die Umkehr der Verhältnisse erproben würde: hatten sich im oralen Stadium die lethischen Strebungen auf die Mutter, die libidinösen auf den Vater gerichtet, würde es am Ende dieser Entwicklung zu einem Umschwung kommen (der „Umschwung" entspricht dem allgemeinen Prinzip der Ablösung [= der Verschaltung] einer vorauslaufenden [libidinösen oder lethischen] Trieberregung mit ihrer nachfolgenden [lethischen oder libidinösen] Verdrängungserregung): Jetzt richten sich die libidinösen Strebungen auf die Mutter und werden von dieser lethisch beantwortet (etwa die „Reinlichkeitserziehung"), während die lethischen Strebungen dem Vater gelten und libidinös von diesem beantwortet werden. Damit bilden sich ein lethisch gesteuerter *KV*- und ein libidinös gesteuerter *KM*-Komplex, die beide am Ende in einem integrierten Strukturkomplex K_{VMII} repräsentiert sein sollen (siehe Abb. 25). Wir haben also *am Ausgang der analen Phase einen zweiten Strukturkomplex* K_{VMII}*, der als zweite Stufe im Ichideal* bezeichnet werden kann. – Wir hatten in unseren Erörterungen über die Entstehung des Ichideals gesehen (Abb. 18), daß das Ichideal aus der Integration zweier vorausgehender Strukturkomplexe entsteht: die dominant libidinös besetzte Seite hatten wir *Narzißmus* genannt, die dominant lethische mit dem vorläufigen Namen *Egoismus* versehen. Jetzt können wir dieses Konzept verfeinern: Das vollständige Ichideal entsteht als Integrationsprodukt aus dem oralen, primärnarzißtischen K_{MVI}-Komplex (*Narzißmus*) und dem analen K_{VMII}-Komplex (*Egoismus*). D.h. *das Ichideal,* das sich bis zum Eintritt in die ödipale Krise konstituiert hat, ist bereits *ein aus mehreren Differenzierungs- und Integrationsschritten entstandener Strukturkomplex, in welchem sich jetzt die beiden triangulären Untereinheiten* K_{MVI} *und* K_{VMII} *zu einer ebenfalls triangulären Organisationseinheit, dem Strukturkomplex* K_{VMIII}, *zusammenschließen.*[192]

Die hier versuchte formale Darstellung ist davon ausgegangen, daß in der je besonderen Ausgestaltung des Ichideals der prägende Einfluß *beider Eltern* nachzuweisen wäre. Ganz in diesem Sinn hat Freud seine ursprüngliche Annahme, daß sich hinter dem Ichideal „die erste und bedeutsamste Identifizierung des Individuums, die mit dem *Vater* der persönlichen Vorzeit" verberge (1923b, S. 259, Hervh. d. V.), später in einer Fußnote revidiert: „Vielleicht wäre es vorsichtiger zu sagen, mit den *Eltern*, denn Vater und Mutter werden vor der sicheren Kenntnis des Geschlechtsunterschiedes, des Penismangels, nicht verschieden gewertet." (ebd., Anm. 1, Hervh. d. V.) Die Vorsicht ist berechtigt, beide Eltern leisten ihren je unterschiedlichen Beitrag zu dieser Strukturbildung.

Treten wir jetzt ein in die dritte Enwicklungsetappe, die bezogen auf die Partialtriebe die *phallische*, bezogen auf die Objektbeziehungen die *ödipale* genannt wird und die mit der Einrichtung der Makrostruktur Überich ihren Abschluß findet. Wir haben die Strukturbildung bis jetzt für beide Triebe gleichzeitig verfolgt, und das war aus zweierlei Gründen richtig: zum einen sind nach der hier entwickelten Konzeption in jede Verschaltung beide Triebe involviert (was selbstverständlich auch für alle künftigen Phasen gilt), zum anderen aber hatte sich eine strukturelle Differenzierung im Hinblick auf die beiden Triebe ja erst in der analen Phase ergeben. Von jetzt an wäre aber konzeptionell zu unterscheiden zwischen dominant lethisch und dominant libidinös gesteuerten Strukturbildungsvorgängen, und das ist hier insofern bedeutsam, als Freud sich bei der Erarbeitung des Ödipusszenarios ganz auf die libidinöse Seite dieses Vorgangs konzentriert – während sein lethischer Anteil weitgehend im Dunkeln bleibt.

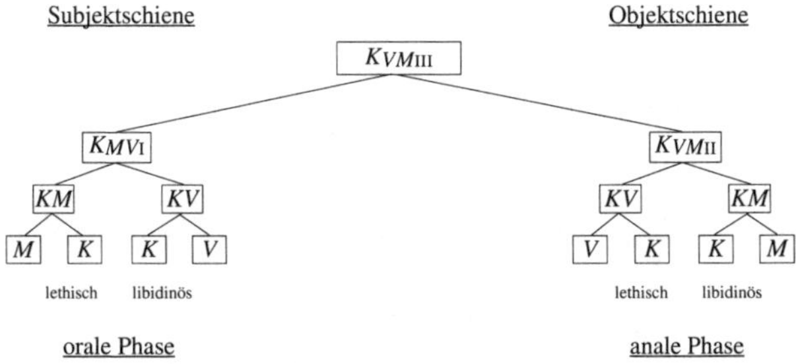

Abb. 25: Diese schematische Darstellung stellt den Aufbau der Strukturbildung (von unten nach oben) dar: Die unterste Zeile behandelt das Kind und die Eltern wie separate Strukturen, die auf der zweituntersten Zeile in den *KM*- und *KV*-Komplexen als funktionelle Einheiten zusammengefaßt sind (entsprechend unserer Auffassung der Eltern als Außenstrukturen bzw. Außenregulatoren des psychischen Apparats). Die *KV*- und *KM*-Komplexe werden dann auf der dritten Zeile zusammengefaßt zu den beiden hier unterschiedenen Stufen des Ichideals: dem K_{MVI}-Komplex und dem K_{VMII}-Komplex, mit denen sich die beiden Schienen der Trieborganisation ausdifferenzieren. Der darüber situierte K_{VMIII}-Komplex faßt beide auf einem hierarchisch übergeordneten Niveau als *Ichideal* zusammen und gewährleistet so auch die funktionelle Integration der beiden untergeordneten Strukturkomplexe und der von ihnen ausgehenden Triebabläufe. Allerdings kann die Trennung der oralen und analen Komplexe nur teilweise so gedacht werden; richtiger (aber unübersichtlicher) wäre eine Darstellung, die die *Überschneidung* beider Strukturbereiche mit je unterschiedlicher Gewichtung anschaulich machen und zeigen könnte, daß die übergeordnete Struktur K_{VMIII} aus der *Schnittmenge* von K_{MVI} und K_{VMII} entsteht, wobei davon auszugehen ist, daß situations- bzw. bedarfsspezifisch Bestandteile aus dem K_{MVI}-Komplex in die Musterbildungen des K_{VMII}-Komplexes einbezogen würden. Generell kann man annehmen, daß der gesamte Strukturkomplex nicht nur als eine einzige Organisationseinheit unter der Führung des K_{VMIII}-Komplexes wirksam ist, sondern auch Untereinheiten der beiden K_{MVI}- und K_{VMII}-Komplexe (z. B. die beiden *KM*-Komplexe aus der oralen und analen Phase) in einer gemeinsamen Musterbildung („mütterliches" Verhalten) kombiniert. Mit anderen Worten: es handelt sich bei diesen Einheiten nicht um starre Gebilde, sondern um relativ dauerhafte, aber funktionell flexible Konfigurationen.

Der Start in die ödipale Krise geht also von einem Ausbildungszustand des psychischen Apparats aus, der eine erste strukturell verankerte Differenzierung zwischen libidinösen und lethischen Strebungen, Subjekt und Objekt sowie afferenten und efferenten Vorgängen erreicht hat. Es gibt jetzt die Repräsentanzen eines (bewirkenden) *effizienten* und eines (empfangenden) *rezeptiven Selbst* sowie eines *effizienten* und eines *rezeptiven Objekts*. Nicht aber wird in der analen Phase der Gegensatz von *männlich* und *weiblich* ausgebildet im Sinne einer *geschlechtsspezifisch dominanten Identifizierung* an einer Selbstrepräsentanz(engruppe) auf der Subjektschiene oder einer entsprechenden Differenzierung auf der Objektschiene (was nicht bedeutet, daß die phänomenalen Geschlechtsunterschiede zu diesem Zeitpunkt noch nicht *gewußt* werden). Diese geschlechtliche Unterscheidung auszubilden, ist die Aufgabe der ödipalen Phase.

Wir können jetzt in der obenstehenden Zitatpassage fortfahren, in der Freud die schmerzliche Überraschung des kleinen Sohnes beschreibt: „Der Kleine merkt, daß ihm der Vater bei der Mutter im Wege steht" und entwickelt den Wunsch, ihn zu beseitigen. Daß der Vater ihm ein Hindernis in seiner Beziehung zur Mutter ist, heißt auch, daß sie – zumindest im entscheidenden Punkt – in ihrer Funktion als Außenstruktur für die von *K* ausgehenden, gerade ausdifferenzierten libidinösen Strebungen nicht zur Verfügung steht: wenn die Mutter mit dem Vater zusammen ist, reagiert sie nicht auf die sexuellen Wünsche des Sohnes, finden seine libidinösen Strebungen kein Arrivé, bleiben unbeantwortet, *unbefriedigt*, müssen mit den eigenen Mitteln, den bis dahin ausgebildeten Strukturen, homöostatisch reguliert werden. Das Schmerzliche dieser Situation weist auf das große Erregungspotential hin, das den psychischen Apparat jetzt einer enormen Systemspannung aussetzt, die nur allmählich (über eine Reihe von Strukturneubildungen und -modifizierungen) in Schalterspannung umgewandelt werden kann.

„Immerhin sind diese Beziehungen so kompliziert, daß es notwendig wird, sie eingehender zu beschreiben. *Es sind zwei Momente, welche diese Komplikation verschulden, die dreieckige Anlage des Ödipusverhältnisses und die konstitutionelle Bisexualität des Individuums.*" (ebd., S. 259 f., Hervh. d. V.)

Interessant ist, daß Freuds formalisierte Darstellung des Ödipus*verhältnisses* – nämlich: gegründet auf die „*dreieckige* Anlage" und auf die „konstitutionelle *Bisexualität*" – direkt auf eine Konstante in seinem theoretischem Denken hinweist: es sind immer *drei strukturelle Einheiten*, innerhalb derer sich die gesamte Dynamik der psychischen Abläufe entfaltet – hier die drei Strukturkomplexe $K_{MVI-III}$ – und es sind immer *zwei Triebe*, die hier im Hinweis auf die Bisexualität den Gegensatz von *männlich* und *weiblich* ins Spiel bringen. Wie läßt sich dieser für das erweiterte Verständnis des Ödipuskomplexes bedeutsame Gegensatz formalisieren? Wir können uns dabei ja ebensowenig auf die organische Grundlage der Bisexualität (Embryogenese, Hormonsysteme etc.) wie auf ihre (ohnehin schwer abzugrenzenden) psychischen Inhalte berufen, wir haben eigentlich nur die Möglichkeit, einen (+)Trieb und einen (–)Trieb zu unterscheiden. Man kennt die Äußerungen Freuds, in denen er die Aktivität mit der Männlichkeit, die Passivität mit der Weiblichkeit verknüpft und als „biologische Tatsache" bezeichnet (1915c, S. 227), wobei er allerdings immer darauf hinweist, daß diese phänomenale Passivität einer libidinösen Trieb*aktivität* entstammt; und man kennt auch die vielkritisierte und mit Empörung zurückgewiesene These, „die Libido sei regelmäßig und gesetzmäßig männlicher Natur, ob sie nun beim Manne oder beim Weib vorkomme" (1905d, S. 120). Das könnte zu dem Schluß führen, der Mann habe bei Freud eben viel Libido (weil er männlich und aktiv ist), die Frau hingegen nur wenig (weil sie weiblich und passiv sei). In der *Neuen Folge der Vorlesungen* macht Freud seine Ansichten zu diesem Punkt ganz deutlich:

„Wir haben die Triebkraft des Sexuallebens Libido genannt. Das Sexualleben wird von der Polarität Männlich-Weiblich beherrscht; also liegt es nahe, das Verhältnis der Libido zu diesem Gegensatz ins Auge zu fassen. Es wäre nicht überraschend, wenn sich herausstellte, daß jeder Sexualität ihre besondere Libido zugeordnet wäre, so daß eine Art von Libido die Ziele des männlichen, eine andere die des weiblichen Sexuallebens verfolgen würde. Aber nichts dergleichen ist der Fall. *Es gibt nur eine Libido, die in den Dienst der männlichen wie der weiblichen Sexualfunktion gestellt wird*. Wir können ihr selbst kein Geschlecht geben; wenn wir sie nach der konventionellen Gleichstellung von Aktivität und Männlichkeit selbst männlich heißen wollen, dürfen wir nicht vergessen, *daß sie auch Strebungen mit passiven Zielen vertritt*. Immerhin, die Zusammenstellung ‚weibliche Libido' läßt jede Rechtfertigung vermissen. Es ist dann unser Eindruck, daß *der Libido mehr Zwang angetan wurde, wenn sie in den Dienst der weiblichen Funktion gepreßt ist,* und daß – um teleologisch zu reden – die Natur ihren Ansprüchen weniger sorgfältig Rechnung trägt als im Falle der Männlichkeit." (1933a, S. 140 f., Hervh. d. V.)

Es gibt nur eine Triebkraft des Sexuallebens, die Libido; sie wird „in den Dienst der männlichen wie der weiblichen Sexualfunktion gestellt", das ändert an ihrer (+)Triebfunktion nichts, wir dürfen nämlich „nicht vergessen, *daß sie auch Strebungen mit passiven Zielen vertritt.*" Diese (phänomenal) passiven Strebungen sollen also auf die Aktivität des (+)Sexualtriebs zurückzuführen sein. Freud erläutert seine Ansicht mit einer aufschlußreichen Bemerkung: „Es ist dann unser Eindruck, daß der Libido mehr Zwang angetan wurde, wenn sie in den Dienst der weiblichen Funktion gepreßt ist." Seine These ist: die Libido wird in der weiblichen Entwicklung *mit Zwang* in eine bestimmte *Richtung* (die weibliche Funktion) *gepreßt*; „(ein-)zwingen" und „(hinein-)pressen" scheint eine Verdrängung zu signalisieren – sagen wir neutraler: eine Verschaltung. Und jede Verschaltung erfolgt nach einem bestimmten Modus, den wir hier an seiner *Richtung* auf die „weiblichen Sexual*funktion*" hin ablesen und als eine *Wendung nach innen* verstehen können. Eine „Wendung gegen die eigene Person" kann auch, wie wir bei der Behandlung der Triebschicksale gesehen haben, eine Feedback-Verschaltung sein, die eine (+)Tendenz erhält, also eine dominant libidinöse Strebung bleibt. Damit zeigt sich, daß die (phänomenal) passiven weiblichen Strebungen aktive nach innen gerichtete libidinöse Strebungen sind. D. h.: Libido bleibt Libido, und für die Sexualfunktion von dominantem Einfluß. Was bei beiden Geschlechtern verschieden ist, das ist ihr *Triebschicksal*[193], also die besondere Modalität der jeweiligen Trieb-Verdrängungs-Verschaltungen, die zu den spezifischen Musterbildungen führt, in denen sich schließlich die Sexualfunktion konstituiert – und das Einrichten der spezifischen Verschaltungsmodalitäten ist immer abhängig von den vielen Faktoren, die in der Entwicklung der Strukturen eine Rolle spielen. Jedenfalls ist, wie Freud erkennt, der Einfluß der Bisexualität (hier verstanden als Triebschicksal der Libidoströmung) auf die Ausgestaltung des Ödipuskomplexes von entscheidender Bedeutung. Der Ödipuskomplex präsentiert sich ihm jetzt nicht mehr in seiner ersten, schematisch vereinfachten (vielleicht dominanten) Version, sondern die Verhältnisse sind komplizierter:

„Eingehendere Untersuchung deckt zumeist den *vollständigeren* Ödipuskomplex auf, der ein zweifacher ist, ein positiver und ein negativer, abhängig von der ursprünglichen Bisexualität des Kindes, d. h. der Knabe hat nicht nur eine ambivalente Einstellung zum Vater und eine zärtliche Objektwahl für die Mutter, sondern er benimmt sich auch gleichzeitig wie ein Mädchen, er zeigt die zärtliche feminine Einstellung zum Vater und die ihr entsprechende eifersüchtig-feindselige gegen die Mutter. Dieses Eingreifen der Bisexualität macht es so schwer, die Verhältnisse der primitiven Objektwahlen und Identifizierungen zu durchschauen, und noch schwieriger, sie faßlich zu beschreiben. Es könnte auch sein, daß die im Elternverhältnis konstatierte Ambivalenz durchaus auf die Bisexualität zu beziehen wäre und nicht, wie ich es vorhin dargestellt, durch die Rivalitätseinstellung aus der Identifizierung entwickelt würde." (1923b, S. 261)

Es sind die „primitiven Objektwahlen und Identifizierungen" mit ihren unterschiedlichen Verschaltungsmodalitäten, an denen der *negative* und der *positive* Ödipus anknüpft: bei einer stärkeren Besetzung der *KM*-Komplexe benimmt sich der Knabe „wie ein Mädchen, er zeigt die zärtliche feminine Einstellung zum Vater und die ihr entsprechende eifersüchtig-feindselige gegen die Mutter"; gehen die libidinösen Strebungen hingegen von den *KV*-Komplexen aus, hat der Knabe „eine ambivalente Einstellung zum Vater und eine zärtliche Objektwahl für die Mutter". Seine Ambivalenz entspricht einem Hin und Her der Besetzungen, welche zu Trieb-Verdrängungs-Verschaltungen von unterschiedlicher Modalität führen, die immer wieder mit neuen, von den ödipalen Eltern (in ihrer Funktion als Außenregulatoren) zurückgegebenen Verdrängungs-Antworten zu neuen Mischkopien kombiniert werden, in denen sich schließlich die für den Vater und die Mutter charakteristischen Musterbildungen besonders hervorheben.

Das Schwierige an dieser Strukturbildungsphase ist nun dies: In der oralen Phase sind die Eltern und das Kind im Schaltgesetz jeder Struktur gemeinsam vertreten. Die anale Phase führt dann mit der Trennung der Subjekt- und Objektschiene eine zweite Dimension ein, die eine partielle Reorganisation der

Repräsentanzen einleitet: bestimmte Strukturkombinationen aus dem oralen K_{MVI}-Komplex werden mit entsprechenden Strukturkombinationen aus dem analen K_{VMII}-Komplex zusammengeschaltet und neu auf die Subjekt- und die Objektschiene verteilt. Auf dem tieferen (oralen) Strukturniveau bleiben sie getrennt (siehe Abb. 25), auf dem nächsthöheren werden sie so verschaltet, daß die Selbst- und Objektanteile klarer ausdifferenziert sind: die K_{MVI}- und K_{VMII}-Komplexe kombinieren sich zu sowohl separat wie gemeinsam aktivierbaren Untereinheiten innerhalb der hierarchisch übergeordneten K_{VMIII}-Struktur, während die beiden *KM*- und *KV*-Komplexe aus der oralen und analen Phase etwa zu einem MV_K-Komplex[194] verschaltet werden können; umgangssprachlich ausgedrückt heißt das: die Art des Kindes „zu schalten" wird jetzt unterschieden von der (repräsentierten) Art der Eltern „zu schalten": in *K* sind beide Schaltmodalitäten separat aktivierbar (und ermöglichen so das Vorstellen und Nachdenken im Sinne eines Probehandelns innerhalb einer verinnerlichten Objektbeziehung).

Und nun fügt die ödipale Phase dem allem noch eine dritte Dimension hinzu! Das Besondere an Freuds Entdeckung des vollständigen Ödipuskomplexes ist nämlich, daß er damit gleich *zwei* weitere Differenzierungen innerhalb der Subjekt- und der Objektschiene beschreibt. Die eine (von der Bisexualität ausgehende) betrifft die Organisation des Sexualtriebs: es soll jetzt auf der Subjekt- wie der Objektschiene zu einer Unterscheidung von *männlich* und *weiblich* kommen. Aus der Hinzufügung der Geschlechtsdimension ergibt sich nun aber indirekt eine zweite von Freud nicht erwähnte Differenzierung: Die anale Phase hatte die Aufteilung der Repräsentanzen auf die Subjekt- und Objektschienen nach ihrer jeweiligen Triebdominanz organisiert, wobei die lethisch gesteuerten auf der Subjektschiene angesiedelt wurden. Und jetzt sollen dort auf einmal auch libidinös determinierte Selbstrepräsentanzen Platz nehmen? Das kann nichts anderes heißen, als daß es auf beiden Schienen der Trieborganisation jetzt zusätzlich zu einem je dominant lethisch wie einem dominant libidinös gesteuerten Zweig kommen muß, wir können sagen: daß jetzt zwischen einem *biogenen* und einem *erogenen Selbst* sowie einem *biogenen* und einem *erogenen Objekt* unterschieden werden muß –

wobei die erogenen Objekte zusätzlich noch als *männlich* oder *weiblich* zu identifizieren wären.

Befassen wir uns zuerst ausschließlich mit der Gestaltung der Repräsentanzen, die das *erogene Selbst* und die *erogenen Objekte* betreffen, also mit der vom Sexualtrieb gesteuerten Entwicklung. Wir hatten gesagt: auf der Subjektschiene konstituiert sich jetzt das *weibliche* und das *männliche Selbst* (Selbstrepräsentanzenkomplexe mit je geschlechtsspezifischen Verschaltungsmodalitäten der libidinösen Strebungen), und auch auf der Objektschiene sollen die dort etablierten Repräsentanzen nach diesem neuen Kriterium unterschieden werden: es soll eine *weibliche Mutter* ausgebildet werden, der die anale und orale Mutter zugeordnet sind, und ein *männlicher Vater*, der zugleich auch der anale und orale Vater ist. Die Aufteilung der Strukturen nach geschlechtsspezifischen Verschaltungsmodalitäten für die dominant libidinösen Strebungen (im Sinne einer Koordination von Musterbildungen) macht also erneut eine Reorganisation sämtlicher bis dahin gebildeter Repräsentanzen notwendig. Auch diese neue, dritte Ordnung löst die beiden vorhergehenden nicht auf, bestimmt aber, wenn sie aktiviert wird, als hierarchisch übergeordnete künftig den Zugriff auf die früheren Stufen der Strukturbildung.

„Ich meine, man tut gut daran, im allgemeinen und ganz besonders bei Neurotikern die Existenz des *vollständigen Ödipuskomplexes* anzunehmen. Die analytische Erfahrung zeigt dann, daß bei einer Anzahl von Fällen der eine oder der andere Bestandteil desselben bis auf kaum merkliche Spuren schwindet, so daß sich eine Reihe ergibt, an deren einem Ende der normale, positive, an deren anderem Ende der umgekehrte, negative Ödipuskomplex steht, während die Mittelglieder die vollständige Form mit ungleicher Beteiligung der beiden Komponenten aufzeigen. *Beim Untergang des Ödipuskomplexes werden die vier in ihm enthaltenen Strebungen sich derart zusammenlegen, daß aus ihnen eine Vater- und eine Mutteridentifizierung hervorgeht, die Vateridentifizierung wird das Mutterobjekt des positiven Komplexes festhalten und gleichzeitig das Vaterobjekt des umgekehrten Komplexes ersetzen; Analoges wird für die Mutteridentifizierung gelten.* In der verschieden starken Ausprägung der beiden Identifizierungen wird sich die Ungleichheit der beiden geschlechtlichen Anlagen spiegeln." (1923b, S. 262, Hervh. d. V.)

Am Ende der ödipalen Phase legen sich die vier Hauptströmungen zusammen, werden verschaltet, woraus eine Vateridentifizierung und eine Mutteridentifizierung hervorgehen. Hier kann man den Begriff der *Identifikation* auf zwei verschiedene Weisen verstehen: *transitiv* in bezug auf die Objekte und Objektrepräsentanzen, die jetzt als männlich und als weiblich identifiziert werden können (deren Repräsentanzen sich um eine übergeordnete Struktur mit geschlechtsspezifischer Modalität der libidinösen Verschaltung gruppieren); *reflexiv* in bezug auf die eigene Person, die Selbstrepräsentanz (als funktionelle Einheit), die jetzt als männlich oder weiblich erkannt (der entsprechenden Struktur zugeordnet) worden ist.[195] Nun beschreibt Freud diesen Vorgang aber genauer, und zwar so: „Beim Untergang des Ödipuskomplexes werden die *vier in ihm enthaltenen Strebungen* sich derart *zusammenlegen*, daß aus ihnen eine *Vater-* und eine *Mutteridentifizierung* hervorgeht, die Vateridentifizierung wird das Mutterobjekt des positiven Komplexes festhalten und gleichzeitig das Vaterobjekt des umgekehrten Komplexes ersetzen; Analoges wird für die Mutteridentifizierung gelten." Von welchen *vier* Strebungen ist hier die Rede? Da ist

1) der positive Ödipus:
der mit dem Vater identifizierte Knabe *liebt* die Mutter ($_{K}VM$[196]) – und bekämpft den Vater;
2) der negative Ödipus:
der mit der Mutter identifizierte Knabe *liebt* den Vater ($_{K}MV$) – und bekämpft die Mutter.

Dann aber fehlen zwei Strebungen. Nun könnte man den Kampf gegen Vater und Mutter als separate Strebungen auffassen, zumal wenn man die Aggression als eigenständigen Trieb konzipiert, und damit würden sich die beiden ersten (klassischen) zu den *vier* Strebungen verdoppeln. Aber in welcher Weise legen sich dann diese aggressiven Strebungen zusammen? Und geht es hier nicht um die *libidinösen* Strebungen – bei denen der Kampf gegen den Dritten nur eine Sekundärfolge ist? Da ich die Aggression auf der formalisierten Ebene der Metapsychologie nicht als eigenständigen Trieb bzw. als Triebantagonisten zum Sexualtrieb, sondern als Affekt-Handlung und damit als M-Bestandteil eines kompletten Triebablaufs über alle drei T-W-M-Systeme konzipiert habe, konzentriere ich mich zunächst auf die jeweils erste Hälfte dieser beiden Sätze:

die libidinösen Strebungen. Freud bleibt dann im Vagen, wenn er nach der Kurzbeschreibung des (normalen) „positiven" Ausgangs rasch hinzufügt: „Analoges wird für die Mutteridentifizierung gelten." Was wäre aber *analog* zu seiner Aussage: „die Vateridentifizierung wird das Mutterobjekt des positiven Komplexes festhalten und gleichzeitig das Vaterobjekt des umgekehrten Komplexes ersetzen"? Der „negative" Ausgang: die Mutteridentifizierung hält das Vaterobjekt des negativen Komplexes fest und ersetzt damit das Mutterobjekt des positiven Ödipus? Das wäre eine homosexuelle Lösung – und Freud schreibt ja auch: beim Untergang des Ödipuskomplexes legen sich die *vier* Strebungen so zusammen, daß aus ihnen *eine Vater- und eine Mutteridentifizierung* entstehen; es geht also um ein *sowohl-als-auch*.

Die Schwierigkeit entsteht dadurch, daß Freud nicht genauer erläutert, was mit *aktiv* und *passiv* gemeint sein soll – und gemeint sein kann. Bleiben wir vorläufig auf der Seite der Subjektschiene: Wir haben gesehen, daß Freud die männliche Sexualität mit einer „aktiven" und die weibliche mit einer „passiven" Schaltmodalität für die Libidostrebung verknüpft, und aus den Identifizierungen (= Verinnerlichung dieser Schaltmodalitäten) ergeben sich die beiden ersten, oben schon genannten Strebungen des positiven und des negativen Ödipus. Diese beiden Strebungen sollen sich derart zusammenlegen, daß der positive Ödipus, im Fall des Knaben: die männliche Identifizierung, die Oberhand gewinnt und sich die Anteile der weiblichen Identifizierung aus dem negativen Ödipus unterordnet. Diese beiden Strebungen sind aber nur die eine Seite der Medaille, sie betreffen nämlich nur die *„aktive"/efferente* Seite der Repräsentanzen, das *effiziente Selbst*: der Knabe *liebt* die Mutter oder *liebt* den Vater. Aber gerade in diesem letzteren Fall mischen sich phänomenale Passivität und Triebaktivität: Wenn weibliche wie männliche Sexualität vom (+)Sexualtrieb aus gesteuert wird und nur in ihrer schaltspezifischen Modalität als „aktiv" oder „passiv" (nach außen oder nach innen gerichtet) erscheinen, dann ist das scheinbar passive *weibliche Lieben (Geliebt-werden-wollen)* zunächst einmal eine *Triebaktivität*, die eine Seite der Medaille, *aktiv zu lieben*. Zugleich aber – und das ist der springende Punkt – gibt es in der männlichen wie in der weiblichen Sexualität ein

Geliebt-werden-wollen, das von der *„passiv"/afferenten* Seite der Repräsentanzen, dem *rezeptiven Selbst* ausgeht, und dieses Geliebt-werden-wollen ist als solches nicht mehr spezifisch weiblich: auch der Mann möchte von der geliebten Frau geliebt, wiedergeliebt, zurückgeliebt werden – das ist letztlich eine Frage der Homöostase, der Libidoökonomie, wie Freud dies nennt, *und* es ist eine Frage der (eben auch innersystemisch repräsentierten) Objektbeziehungen. Diese Unterscheidung zwischen der Libido*aktivität* auf der *efferenten* Seite der Repräsentanz und der *Passivität* auf der *afferenten* Seite der Repräsentanz ist bei Freud im Falle der weiblichen Sexualität untergegangen (weshalb er auch Schwierigkeiten mit ihrer Konzeptualisierung hatte). Aber genau hier, auf dieser Kehrseite, der afferenten Seite der Repräsentanzen, sind die beiden anderen der vier Strebungen anzusiedeln. Es gilt also vollständig:

im positiven Ödipus:

1a →) der mit dem Vater identifizierte Knabe *liebt* die Mutter ($_K V \rightarrow M$) – und bekämpft den Vater.[197]

1b ←) der mit dem Vater identifizierte Knabe *möchte* von der Mutter *geliebt werden* ($_K V \leftarrow M$) – und fürchtet sich vor dem Vater;

im negativen Ödipus:

2a →) der mit der Mutter identifizierte Knabe *liebt* den Vater ($_K M \rightarrow V$) – und bekämpft die Mutter.

2b ←) der mit der Mutter identifizierte Knabe *möchte* vom Vater *geliebt werden* ($_K M \leftarrow V$) – und fürchtet sich vor der Mutter.

Die Änderung bei den afferenten Strebungen (1b, 2b) entspricht in bezug auf die efferenten Strebungen (1a, 2a) dem von Freud beschriebenen Triebschicksal der *Verkehrung ins Gegenteil*, die als *Wendung von der Aktivität zur Passivität* erscheint. Insofern können wir sagen, daß die afferente Seite der Repräsentanzen – zumindest in diesem Fall – nach derselben Triebdominanz, aber nach einem anderen (gewissermaßen umgekehrten) Schaltmodus gestaltet ist. Legen wir jetzt die Strebungen 1b und 2b in einer afferenten *Mutteridentifizierung* zusammen, dann ergibt sich in Analogie zur efferenten Vateridentifizierung: die *Mutteridentifizierung wird das Vaterobjekt des negativen Komplexes festhalten und gleichzeitig das Mutterobjekt des umgekehrten Komplexes ersetzen.* Damit sind wir ebenfalls bei einer homosexuellen Variante angekommen (wie das anders bei einer Mutteridentifizierung des Knaben auch gar nicht sein kann). Aber im Unterschied zur obigen ist hier die homosexuelle Lösung auf der *afferenten* Seite der Repräsentanz plaziert, dort hingegen erschien sie auf der *efferenten* Seite. Wir sind also noch nicht ganz am Ende mit dem Zusammenlegen der vier Strebungen. Wird jetzt an 2b festgehalten und 1b ersetzt (A), sowie an 1a festgehalten und 2a ersetzt (B), dann ergibt sich:

A) aus der *Mutteridentifizierung* die „passiv"/afferente Objektbesetzung: der Knabe will vom Vater geliebt werden ($_{K}M \leftarrow V$);

B) aus der *Vateridentifizierung* die „aktiv"/efferente Objektbesetzung: der Knabe liebt die Mutter ($_{K}V \rightarrow M$).

Bringt man beide Strebungen A) und B) in einem Satz zusammen, dann ergibt sich: *Der Knabe will vom Vater geliebt werden – um die Mutter zu lieben (wie der Vater)*. Man möchte mit Freud sagen: der Knabe „lieh sich gewissermaßen die Kraft dazu vom Vater aus und diese Anleihe ist ein außerordentlich folgenschwerer Akt." (ebd., S. 263) Freud bezieht sich da bereits auf die Überich-Prägung, aber wir sind noch nicht ganz so weit. Es fehlt noch eine wichtige Verschaltung. Lesen wir also im Anschluß an die obige Zitatpassage weiter, was Freud jetzt so besonders hervorhebt:

„*So kann man als allgemeinstes Ergebnis der vom Ödipuskomplex beherrschten Sexualphase einen Niederschlag im Ich annehmen, welcher in der Herstellung dieser beiden, irgendwie miteinander vereinbarten Identifizierungen besteht. Diese Ichveränderung behält ihre Sonderstellung, sie tritt dem anderen Inhalt des Ichs als Ichideal oder Über-Ich entgegen.*" (ebd., S. 262)

Also *irgendwie* muß es noch zur Herstellung einer *Vereinbarung* zwischen diesen beiden *Identifizierungen* A) und B) kommen, denn bis jetzt haben sich die männliche und die weibliche Identifizierung noch nicht zu einer dominanten Geschlechtsbestimmung zusammengelegt, und bis jetzt sind die von diesen beiden Identifizierungen ausgehenden libidinösen Strebungen noch mit *zwei* verschiedenen Objekten verbunden, die afferente ist auf den Vater bezogen, die efferente ist auf die Mutter gerichtet – und es sollen sich ja bis zum Abschluß der ödipalen Phase *eine* dominante Geschlechtsidentifizierung für das erogene Selbst und *ein* dazu passendes erogenes Liebesobjekt durch Verschaltung dominant herausgearbeitet haben – aber wie?

positiver Ödipus:		Vateridentifizierung	Subjektschiene	Objektschiene	
				(neg.Ö.)	*(pos.Ö.)*
„aktiv"/efferent:	${}_K V \rightarrow M$		$V \rightarrow M$	$M \rightarrow V$	$V \rightarrow M$
		${}_K V \rightarrow M$	$M \leftarrow V$	$M \leftarrow V$	$V \leftarrow M$
„passiv"/afferent	${}_K V \leftarrow M$		$V \rightarrow M \leftarrow V$	$M \Leftrightarrow V$	$V \Leftrightarrow M$
negativer Ödipus:		Mutteridentifizierung			
„aktiv"/efferent:	${}_K M \rightarrow V$		$\mathbf{K}_{V \rightarrow M \leftarrow V}$	${}_K \leftrightarrow \mathbf{M} \Leftrightarrow V$	${}_K \leftrightarrow \mathbf{V} \Leftrightarrow M$
		${}_K M \leftarrow V$			
„passiv"/afferent	${}_K M \leftarrow V$		männliche Selbstrepräsentanz	Mutter-repräsentanz	Vater-repräsentanz

Abb. 26: Diese Darstellung versucht, etwas von den verschlungenen Wegen der Identifizierungen und Objektbesetzungen und ihrer Zusammenlegung in der ödipalen Phase vereinfacht darzustellen: Links ist zunächst der *positive* und der *negative Ödipus* sowohl von seiner *efferenten* wie *afferenten* Seite eingetragen. Die zweite Kolonne enthält die daraus resultierenden *Vater-* und *Mutteridentifizierungen*, wobei erstere von der *efferenten*, letztere von der *afferenten* Seite der sich bildenden erogenen Selbstrepräsentanzen stammt. Die dritte Kolonne zeigt deren Verschaltung nach Art einer Rechnung: die positiv efferente und die negativ afferente Seite legen sich so zusammen, daß die *Mutter-Objektbesetzung und die Mutter-Identifizierung übereinanderfallen* (wobei nicht die Objektwahl zur Identifizierung *regrediert* [1921c, S. 117], sondern letztere erstere verstärkt); dadurch werden die positiv efferente Vateridentifizierung und die negativ afferente Vaterobjektbesetzung um die Mutterstrebung zentriert: die resultierende erogene Selbstrepräsentanz ist dominant männlich (väterlich) und dabei efferent und afferent weiblich (mütterlich) ausgerichtet. Die vierte Kolonne zeigt schließlich den *Transfer des positiven und negativen Ödipus von der Subjekt- auf die Objektschiene* (die geschlechtsspezifische Identifizierung der Objektrepräsentanzen wäre also im wahrsten Sinne des Wortes ein *transitiver* Vorgang): die Ausbildung der weiblichen (mütterlichen) Objektrepräsentanz erfolgt, indem die efferente und afferente Mutteridentifizierung aus dem negativen Ödipus miteinander verschaltet werden, woraus eine Verstärkung der Repräsentation der Mutter-Vater-Beziehung hervorgeht; desgleichen bei der Ausbildung der Vaterrepräsentanz, die ihre afferente und efferente Seite aus dem positiven Ödipus bezieht; der einfache Doppelpfeil ($\leftrightarrow$) zwischen *K* und der Mutter- wie der Vaterrepräsentanz zeigt an, daß die Beziehung zwischen *K* und beiden Eltern für *K* dadurch „halbiert" ist, daß bei den Vater- und Mutteridentifizierungen (zweite Kolonne) jeweils eine Seite „verdrängt" – d. h. eigentlich: in einem *„Cross-over"* auf die Objektschiene *übertragen* wurde; die afferente Strebung aus dem positiven und die efferente aus dem negativen Ödipus sind also nicht unter- oder verlorengegangen, sondern für die Ausbildung der Objektrepräsentanzen gebraucht worden: dort stabilisieren sie die Repräsentation der Zusammengehörigkeit, des *Aufeinander-Bezogen-Seins* von *Vater und Mutter.*

Es ist nicht ganz einfach, diese Verschaltungen gedanklich nachzuvollziehen (die graphische Darstellung ist da von Vorteil) – und es muß auch durchaus nicht genau so sein: Freud selber bemerkte, „daß bei einer Anzahl von Fällen der eine oder der andere Bestandteil desselben bis auf kaum merkliche Spuren schwindet, so daß sich eine Reihe ergibt, an deren einem Ende der normale, positive, an deren anderem Ende der umgekehrte, negative Ödipuskomplex steht, während die Mittelglieder die vollständige Form mit ungleicher Beteiligung der beiden Komponenten aufzeigen." (1923b, S. 262) Die obige Darstellung präsentiert somit wieder nicht, *wie es wirklich ist oder sein sollte*, sondern: wie der Erfolg einer *gleichgeschlechtlichen Identitätsbildung* auf der Subjektschiene und die *Repräsentation der Geschlechtsidentifizierung* und der *heterosexuellen Geschlechtsbeziehung* auf der Objektschiene *konzeptualisiert* werden könnte. Die Graphik zeigt auf einen Blick, daß es dazu *einer Reihe von Verschaltungen* bedarf, und es ist innerhalb unseres Modells anzunehmen, daß das Endergebnis nur über ein vielfaches Hin und Her (das sich in *Wirklichkeit* ja über zwei, drei Jahre hinzieht!) erreicht werden kann. Schaut man sich die Vorgänge genauer an, dann wird deutlich: erstens, daß dabei nichts ohne weiteres aufgegeben wird, daß alle (bei diesen Identifizierungen und Objektbesetzungen erworbenen) Schaltmodalitäten an irgendeiner Stelle wirksam werden, und sei es als Vorstufe einer späteren Einrichtung, als Zwischenschaltung; und zweitens, daß es bei diesen Zusammenlegungen wiederholt zum „*Cross-over*" der Repräsentanzen kommt. Die Annahme solcher „Verwicklungen" beabsichtigt nicht, das Modell unnötig kompliziert zu machen; vielmehr konzeptualisieren diese wiederholten Verschränkungen den Gedanken einer Stabilisierung der im Laufe der Strukturbildung erzielten Resultate – und damit auch das Grundpostulat von der dynamischen Stabilität des ganzen Systems, das nur über eine solche Unzahl verwickelter Verschaltungen, über diverse Feedbacks und Feedforwards etc., in der Lage sein kann, momentane wie dauerhafte Ausfälle vielerlei Art einigermaßen wirksam zu kompensieren. Und vielleicht müßte man dieses mehrfache „*Cross-over*" zuletzt auch noch bei der Frage berücksichtigen, welche der bis dahin (in der oralen und analen Phase) erworbenen Repräsentanzen sich auf welcher Seite, der afferenten oder der efferenten der sich bildenden strukturellen Einheiten, zuordnen bzw. aktivieren lassen.

Aber könnte man das Ganze nicht doch unkomplizierter haben? Könnte nicht z.B. im Falle dieses Knaben einfach die efferente und afferente Seite des positiven Ödipus verstärkt und alles übrige verworfen werden? Ich meine, der afferente Teil des positiven Ödipus: „der Knabe will von der Mutter geliebt werden", entspricht auf dieser ersten (Verschaltungs-)Stufe noch dem selbstbezogenen narzißtischen Streben, wie es sich aus dem Ichideal herleitet. Hingegen ist, psychologisch gesprochen, die vorauslaufende Identifikation mit einer Mutter, die vom Vater geliebt werden will, zu dem nachfolgenden Wunsch, (später) selber einmal von (so einer Frau wie) der Mutter geliebt zu werden, das Resultat eines wesentlich „reiferen", komplexeren (Verschaltungs-)Vorgangs. Dieser ergibt (mit der Integration der passiv-homosexuellen Wünsche) nach der von Freud vorgeschlagenen Zusammenlegung einer Vater- und einer Mutteridentifizierung (entsprechend der obigen Graphik ausformuliert) für die efferente Seite: „der Vater liebt die Mutter" und für die afferente Seite: „die Mutter möchte vom Vater geliebt werden." Man sieht: in dieser Kombination unterstützt jetzt die afferente Seite geradezu die efferente, die beiden Wünsche legen sich nämlich zusammen zu: „der Vater liebt die Mutter, *und die Mutter will das auch:* vom Vater geliebt werden." Darin liegt die entscheidende Verstärkung der männlichen Position – formalisiert heißt das: die Mutteridentifizierung auf der afferenten Seite verstärkt und stabilisiert die Vateridentifizierung auf der efferenten Seite des erogenen Selbst.

Damit wären unsere Überlegungen zur Ausbildung der geschlechtlichen Identifizierung abgeschlossen – nicht aber der Ödipuskomplex, denn soweit wir jetzt gekommen sind, müßte der Knabe ja erst recht seine frisch konzentrierte Männlichkeit auf die Mutter loslassen – und das soll ja bekanntlich nicht der Fall sein. Es fehlt also noch ein wichtiger Schritt: die Ausbildung des *Überichs*. Freud erklärt:

„Bei der Zertrümmerung des Ödipuskomplexes muß die Objektbesetzung der Mutter aufgegeben werden. An ihre Stelle kann zweierlei treten, entweder eine Identifizierung mit der Mutter oder eine Verstärkung der Vateridentifizierung. Den letzteren Ausgang pflegen wir als den normaleren anzusehen, er gestattet es, die zärtliche Beziehung zur Mutter in gewissem Maße festzuhalten." (ebd., S. 260)

Was heißt das: „die *zärtliche* Beziehung zur Mutter"? Ist eine „zärtliche" Beziehung eine reduziert (sublimiert) *libidinöse* – oder geht es hier vielleicht um einen liebevollen im Sinne eines *sorgsamen*, *pfleglichen* Umgangs mit der Mutter? Jedenfalls geht es um die *Erhaltung* der Beziehung zur Mutter. – Freud spricht von einer „*Zertrümmerung* des Ödipuskomplexes", er charakterisiert diesen Prozeß somit als einen rabiaten *destruktiven Akt* – wie wir wissen hauptsächlich von Seiten *des Vaters*, der mit seiner mächtigen *Kastrationsdrohung* den Kleinen zurück in die Kinderstube jagt. So *verdrängt* der Vater den Sohn – bzw. seine objektlibidinösen Strebungen hin zur Mutter –, er reagiert sozusagen völlig *egoistisch*, will die Mutter für sich allein haben. Der *Egoismus* gehört nach unserer Aufteilung auf die Seite der *Selbsterhaltungstriebe*, und die drohende Kastration muß beim Knaben ohnehin die *Selbsterhaltungstriebe* mobilisieren: zur Erhaltung des werten Organs, zur Errettung des eigenen Lebens. Wir sehen: plötzlich ist von Vorgängen die Rede, die wir mit dem Selbsterhaltungstrieb in Verbindung bringen – von dem jetzt so lange nicht mehr die Rede war. Hier bei der Entwicklung des Überichs tritt er aus dem Schatten hervor, in den ihn die ödipale Liebe verbannt hatte, hier meldet er sich wieder zu Wort. Irgendwie muß ja auch er die ganze Zeit über wirksam gewesen sein, nur haben wir uns darüber keine weiteren Gedanken gemacht seit unserer Eingangsüberlegung, daß es neben dem libidinösen jetzt auch einen dominant lethisch gesteuerten Zweig auf der Subjekt- wie der Objektschiene geben müßte, deren Strukturen sich im biogenen Selbst und den biogenen Objekten niederschlagen würden. Da Freud diese lethischen Strukturbildungsvorgänge während der phallischen Phase nicht verfolgt, versuchen wir zunächst mit eigenen Mitteln, diese andere Seite der ödipalen Phase etwas zu erhellen.

Dabei können wir von der antagonistischen Anordnung der Triebe ausgehen, von unserem Grundpostulat, daß der eine Trieb den anderen verdrängt. Folglich müssen auch die Erregungen des Sexualtriebs in irgendeiner Form den Selbsterhaltungstrieb auf den Plan rufen. Im Falle des positiven Ödipus hatten wir für die efferente Seite festgehalten: der Knabe will die Mutter lieben – und wir hatten hinzugefügt: und bekämpft den Vater, er will den Vater „beseitigen“, ihn bei der Mutter „ersetzen“. Der Nachsatz unterstreicht, was der Vorsatz deutlich macht: es soll hier eine Beziehung *zu zweit* eingerichtet werden (metapsychologisch könnten wir sagen: es geht um die Aushandlung von Schaltmodalitäten zwischen jeweils zwei Strukturkomplexen, wobei die männliche und die weibliche [gleichsam im Rollenspiel] fortlaufend gegeneinander ausgetauscht werden). Nun stellt der Ödipus aber erklärtermaßen (wie sogar schon die vorauslaufenden Beziehungen) eine *trianguläre* Konfiguration dar. Im Wunsch: „der Knabe will die Mutter lieben“ werden jedoch die Präsenz und Position des Vaters verdrängt; allerdings taucht er wieder auf in der Sekundäraktion: „und bekämpft den Vater“ – aber auch da geht es ja um die *Eliminierung* des Dritten, und das kann bei Freuds „dreieckiger Anlage“ des Ödipus nicht gutgehen. Es fragt sich also, ob dieser Dritte nicht doch auch noch in einer anderen Position vertreten ist als in dieser heftig bekämpften, ob der Dritte nicht gewissermaßen auf der *Rückseite* des Ödipuskomplexes lethisch repräsentiert ist und damit als (sich bildende) Struktur in stabilisierender Funktion wirksam wird. Gehen wir in der gleichen Reihenfolge wie vorhin alle Möglichkeiten für den positiven und negativen Ödipus von der efferenten und afferenten Seite durch – die jeweils erste Zeile gilt der dominant libidinösen (+)Triebstrebung, die darauffolgende Zeile der *gegenläufig gerichteten* lethischen (–)Triebstrebung:

1a(+)→)	Der Knabe will	wie der Vater	die Mutter lieben	und bekämpft den Vater
1a(–)→)	Der Knabe will	wie die Mutter	den Vater erhalten	und bekämpft die Mutter
1b(+)←)	Der Knabe will	wie der Vater	von der Mutter geliebt werden	und fürchtet den Vater
1b(–)←)	Der Knabe will	wie die Mutter	vom Vater erhalten werden	und fürchtet die Mutter
2a(+)→)	Der Knabe will	wie die Mutter	den Vater lieben	und bekämpft die Mutter
2a(–)→)	Der Knabe will	wie der Vater	die Mutter erhalten	und bekämpft den Vater
2b(+)←)	Der Knabe will	wie die Mutter	vom Vater geliebt werden	und fürchtet die Mutter
2b(–)←)	Der Knabe will	wie der Vater	von der Mutter erhalten werden	und fürchtet den Vater

Betrachten wir das erste Verhältnis 1a(+/–) genauer: Der libidinöse Wunsch heißt: *die Mutter lieben*; damit wäre der Dritte (Vater) ausgeschlossen; folglich mobilisiert die lethische Verdrängung dieses Wunsches gerade diesen Dritten: *den Vater erhalten*; dieser lethische Gegenwunsch mildert den Nachsatz (die Sekundäraktion): den Vater bekämpfen; in bezug auf den Vater lautet also der Konflikt: *bekämpfen versus erhalten;* da *den Vater erhalten* aber zugleich ein lethischer Wunsch ist, der mit den Aktionen der Mutter konkurriert, mildert umgekehrt der *Kampf* gegen die Mutter die *Liebe* zur Mutter. Das gleiche gilt für die „aktiv"/efferente Seite des negativen Ödipus 2a(+/–): der Konflikt heißt hier: *den Vater lieben* und doch *die Mutter erhalten*. Bei den „passiv"/afferenten Versionen zeigt sich das gleiche mit einer Wendung gegen die eigene Person; greifen wir hier zunächst das Beispiel aus dem negativen Ödipus heraus 2b(+/–): Der afferent libidinöse Wunsch lautet: *vom Vater geliebt werden*; dabei ist die Dritte (Mutter) ausgeschlossen und muß erst durch die lethische Gegenströmung wieder hereingeholt werden, nämlich: *von der Mutter erhalten werden*; der lethische Gegenwunsch mildert den Nachsatz der libidinösen Strömung: der Wunsch, von der Mutter erhalten zu werden, steht der Furcht vor der Mutter entgegen; ebenso moderiert die von der afferent lethischen Strebung ausgehende Furcht vor dem Vater den passiv homosexuellen Wunsch, *vom Vater geliebt zu werden*. Das gleiche gilt wiederum für 1b(+/–): *von der Mutter geliebt* und doch *vom Vater erhalten* werden wollen. Damit zeigt sich für alle vier Variationen des Ödipus ganz deutlich: *die lethische Strebung hält der libidinösen die Waage*. Nicht nur die *Angst* vor dem Vater / der Mutter hält den Sohn zurück, sondern auch die *Sorge* um den Vater / die Mutter, der Wunsch, ihn / sie zu *erhalten*; nicht allein die *Furcht* vor der Mutter / dem Vater beendet die passiv-libidinösen Wünsche, sondern auch der gleichzeitige Wunsch nach *Erhaltung*, *Unterstützung* durch den Vater / die Mutter. Mit anderen Worten: die lethischen und die libidinösen Strebungen werden in allen vier Varianten gleichzeitig auf beide Eltern verteilt: liebt der Sohn gleichsam im „Vordergrund" die Mutter, dann richten sich seine Objekterhaltungsstrebungen im „Hintergrund" auf den Vater – und umgekehrt. Ich meine, das wäre der klassische Konflikt zwischen den zwei Triebstrebungen in der triangulären Ödipussituation: *den einen lieben und den anderen doch erhalten.*

Die obige Aufstellung ist nun auch insofern interessant, als sie das Verhältnis der libidinösen Objektbeziehung in der lethischen *spiegelverkehrt* abbildet: erneut hat sich mit einfacher Logik ein *„Cross-over"* von Trieb- und Verdrängungsrepräsentanzen ergeben. Nun hat Freud bei der Entwicklung der Geschlechtsidentität von den vier libidinösen (+)Strebungen die Versionen 1a (positiver Ödipus [efferent]) und 2b (negativer Ödipus [afferent]) hervorgehoben. Lesen wir diese Zusammenlegung jetzt mit ihrem lethischen (–)Pendant:

A 1a(+)→)	Der Knabe will	wie der Vater	die Mutter lieben
A 1a(–)→)	Der Knabe will	wie die Mutter	den Vater erhalten
B 2b(+)←)	Der Knabe will	wie die Mutter	vom Vater geliebt werden
B 2b(–)←)	Der Knabe will	wie der Vater	von der Mutter erhalten werden

Die Strebungen A 1a(+) und B 2b(+) ergeben für das *erogene Selbst* die Formel: $K_{V \to M \leftarrow V}$ („wie der Vater die Mutter lieben und wollen, daß diese vom Sohn wie vom Vater geliebt werden will").

Das lethische Pendant A 1a(–) und B 2b(–) ergibt für das *biogene Selbst* die Formel: $K_{M \to V \leftarrow M}$ („wie die Mutter den Vater erhalten und wollen, daß der Vater vom Sohn mütterlich erhalten, ‚umsorgt' werden will").

Machen wir gleich noch für die beiden anderen Versionen die Rechnung:

C 2a(+)→)	Der Knabe will	wie die Mutter	den Vater lieben
C 2a(–)→)	Der Knabe will	wie der Vater	die Mutter erhalten
D 1b(+)←)	Der Knabe will	wie der Vater	von der Mutter geliebt werden
D 1b(–)←)	Der Knabe will	wie die Mutter	vom Vater erhalten werden

Die Strebungen C 2a(+) und D 1b(+) ergeben für das *erogene Selbst* die Formel: $K_{M \to V \leftarrow M}$ („wie die Mutter den Vater lieben und wollen, daß der Vater vom Sohn so mütterlich geliebt werden will").

Die Strebungen C 2a(–) und D 1b(–) ergeben für das *biogene Selbst* die Formel: $K_{V \to M \leftarrow V}$ („wie der Vater die Mutter erhalten und wollen, daß sie vom Sohn wie vom Vater erhalten werden will").

Im Fall der *libidinösen Strebungen* sollen sich für das *erogene Selbst* die A-B-Strebungen mit der Formel $K_{V \to M \leftarrow V}$ gegenüber den C-D-Strebungen $K_{M \to V \leftarrow M}$ (der femininen Identifizierung mit der homosexuellen Lösung) durchsetzen. Dagegen sollen sich im Fall der *lethischen Strebungen* für das *biogene Selbst* die C-D-Strebungen mit der gleichen Formel: $K_{V \to M \leftarrow V}$ gegenüber den lethischen A-B-Strebungen $K_{M \to V \leftarrow M}$ dominant durchsetzen. Wir sehen: für das erogene Selbst ergibt sich dieselbe Formel $K_{V \to M \leftarrow V}$ wie für das biogene Selbst, wobei sich aber die erstere aus den A-B-Strebungen, die letztere aus den C-D-Strebungen herleitet. Und diese nach dem Schaltgesetz $K_{V \to M \leftarrow V}$ des biogenen Selbst aktivierten lethischen Strebungen erfüllen nun das, was wir am Ende unserer Überlegungen zum Narzißmus (Abb. 18) in vorläufig lediglich symmetrischer Entsprechung unter dem Begriff „*Objekterhaltung*" auf der Objektschiene plaziert haben und was auch bei Freud einmal Berücksichtigung findet: „Wir verstehen," schreibt er, „es ist die *Erhaltung des Objekts*, die die Sicherheit des Ichs verbürgt." (ebd., S. 283, Hervh. d. V.). Somit gibt es jetzt auf beiden Schienen je zwei Hauptströmungen: auf der Subjektschiene die *Selbsterhaltung* und die *Selbstliebe*, auf der Objektschiene die *Objektliebe* und die *Objekterhaltung*. – Nach dieser *Differenzierung* können wir dann als nächsten Schritt wieder eine *Integration* erwarten und für die reife Objektbeziehung eine Verschaltung von erogenem und biogenem Selbst und erogenem und biogenem Objekt postulieren: das integrierte Selbst enthält dann einen ero- und einen biogenen Anteil und das integrierte Objekt ist ebenfalls nicht nur entweder Sexualobjekt oder Ernährer(in), sondern beides zusammen: ein Objekt in ero- und biogener Funktion (siehe Abb. 27).

Auch wenn diese Formeln rein theoretischer Natur sind, sind sie doch nicht nur ein Spiel mit Buchstaben. Sie haben uns nämlich einige Aspekte der lethischen Strukturentwicklung während der ödipalen Phase deutlich gemacht. Nicht die *Aggression* und die *Angst* standen dabei im Vordergrund, sondern die *erst zu erlernende Sorge*[198] und *Pflege* des Objekts als ein wichtiger – in der Tat lebenserhaltender – Bestandteil der sich entwickelnden „moralischen Instanz" des psychischen Apparats. Diese Seiten konzeptionell für das Überich verankert zu haben, scheint mir noch einmal die Notwendigkeit zu unterstreichen, den Selbsterhaltungstrieb als Antagonisten des Sexualtriebs in der Triebtheorie *zu erhalten*: mit der Aggression als Gegenspieler der Libido hätten sich diese Funktionen nicht herausarbeiten lassen. Damit sind wir nun aber bestens vorbereitet für Freuds Darstellung des *Überichs*. Die Frage wäre jetzt, ob sich die in den vorangehenden Überlegungen hervorgehobenen lethischen Strebungen mit seinem Konzept vom Überich vereinbaren lassen.

„Das Über-Ich ist aber nicht einfach ein Residuum der ersten Objektwahlen des Es, sondern es hat auch die Bedeutung einer energischen Reaktionsbildung gegen dieselben. Seine Beziehung zum Ich erschöpft sich nicht in der Mahnung: So (wie der Vater) *sollst* du sein, sie umfaßt auch das Verbot: So (wie der Vater) *darfst* du *nicht* sein, das heißt nicht alles tun, was er tut; manches bleibt ihm vorbehalten. Dies Doppelangesicht des Ichideals leitet sich aus der Tatsache ab, daß das Ichideal zur Verdrängung des Ödipuskomplexes bemüht wurde, ja diesem Umschwung erst seine Entstehung dankt. Die Verdrängung des Ödipuskomplexes ist offenbar keine leichte Aufgabe gewesen. Da die Eltern, besonders der Vater, als das Hindernis gegen die Verwirklichung der Ödipuswünsche erkannt werden, stärkte sich das infantile Ich für diese Verdrängungsleistung, indem es dies selbe Hindernis in sich aufrichtete. Es lieh sich gewissermaßen die Kraft dazu vom Vater aus und diese Anleihe ist ein außerordentlich folgenschwerer Akt. Das Über-Ich wird den Charakter des Vaters bewahren und je stärker der Ödipuskomplex war, je beschleunigter (unter dem Einfluß von Autorität, Religionslehre, Unterricht, Lektüre) seine Verdrängung erfolgte, desto strenger wird später das Über-Ich als *Gewissen*, vielleicht als unbewußtes Schuldgefühl über das Ich herrschen." (ebd., S. 262 f.)

Bekanntlich hat Freud zwischen dem *Ichideal* und dem *Überich* nicht klar differenziert, und das hat, wie ich vermute, etwas mit dem „Doppelangesicht" dieser Instanz zu tun. Halten wir fest, daß das *Ichideal* (wie alle Strukturkomplexe) zwar aus einer Unzahl von Verschaltungen hervorgeht, in die immer beide Triebe involviert sind, dabei aber doch *dominant libidinös* gesteuert sein soll und insofern die libidinöse Seite dieses Doppelangesichts bildet; dann wäre zu prüfen, ob Freuds Beschreibung des *Gewissens* nicht der anderen, lethisch besetzten Seite entspräche. Das ist jedenfalls meine These: *das libidinöse Ichideal und das lethische Gewissen werden in der hierarchisch übergeordneten Makrostruktur Überich verschaltet und bilden so eine – ebenfalls triangulär konzipierte – funktionelle Organisationseinheit.* Für diese Auffassung gibt es in der obigen Zitatpassage eine Reihe von Hinweisen:

– Das Überich soll *nicht nur* ein „Residuum der ersten Objektwahlen" sein – *sondern auch* die Aufgabe einer „energischen *Reaktionsbildung*" gegen diese erfüllen. Eine *Re*-Aktion setzt eine Aktion voraus: die libidinöse Objektwahl (Aktion) führt (per Verschaltung an einer Struktur) zur Aktivierung des Triebantagonisten (Reaktion), d.h. die libidinöse Strebung wird lethisch verdrängt. Die Struktur*bildungen* beider Triebe treffen oder versammeln sich im Überich: nämlich die libidinösen Objektbesetzungen und die lethischen Reaktions-(Gegen-)besetzungen.

– Das Überich enthält nicht nur das *Gebot* des *Ichideals*: „So (wie der Vater) *sollst* du sein", sondern auch das *Verbot* des *Gewissens*: „So (wie der Vater) *darfst* du *nicht* sein, *nicht* alles tun, was er tut." Formal geht es hier um *Ja* und *Nein* bzw. eine (+)Triebregung: das *Gebot* mit seiner *Orientierungs*funktion und eine (–)Triebregung: das *Verbot* mit seiner *Limitierungs*funktion.

– *Ja* und *Nein* – (+) und (–) – heißen die beiden gegensätzlichen Forderungen aus dem *Überich* – das wäre sein *Doppelangesicht*. Anschließend spricht Freud zwar vom Doppelangesicht des *Ichideals* (und das ist ja auch nicht falsch, sondern versetzt die Rede lediglich auf ein niedrigeres strukturelles Niveau: das Doppelangesicht des Ichideals hieße etwa Narzißmus und Egoismus), aber bleiben wir auf dem höheren Niveau des Überichs, dann lautet Freuds Aussage: Das *Doppelangesicht* des *Überichs* verdankt seine Entstehung dem *Umschwung*, der sich bei der *Verdrängung* des Ödipuskomplexes ergab: nämlich dem Umschwung (der Verschaltung) von den dominant *libidinösen Ichideal-Strebungen* zu den dominant *lethischen Gewissens-Strebungen*[199]. *Erst diesem Umschwung* verdankt das Überich seine Entstehung, es leitet sich aus dieser Tatsache ab: das Überich entsteht – stukturell gesehen – aus der „Zusammenlegung" von Ichideal *und* Gewissen, oder – als Triebvorgang beschrieben – aus der Zusammenschaltung von Ichideal- und Gewissensstrebungen.

– Die *Bildung des Überichs* gründet nach Freud ausschließlich auf der *Verdrängung* des *Ödipus*komplexes. Wenn der Ödipus *libidinös* vorangetrieben wird, dann kann diese *Verdrängung* (diese Bändigung und Zurückhaltung der libidinösen Strebungen) nur *lethisch* besorgt werden. Dabei soll das *Gewissen* ein inneres *Hindernis* gegen die mächtigen Ödipuswünsche sein, das „infantile Ich" *stärkt sich* für diese Verdrängungsleistung durch *Identifizierung* mit den Eltern, die ja die „Verwirklichung der Ödipuswünsche" *verhindert* haben, also „indem es dies selbe Hindernis in sich aufrichtete." D.h.: auch auf dem lethischen Zweig der Subjekt- wie der Objektschiene kommt es zum Niederschlag von diversen Identifizierungen und Objektbesetzungen, die über mehrfache Verschaltungen ihre entscheidende sowohl efferente wie afferente Prägung erst herausarbeiten müssen[200]. So wie das Ichideal von der libidinösen Vollkommenheit der elterlichen Liebesobjekte lebt, ist auch das *Gewissen* (mit-)geprägt von den lethischen Verdrängungs-Antworten der Eltern – nach Freud insbesondere durch den Einfluß des Vaters; ich meine hingegen: wenn das Ichideal dominant libidinös und vom Vater geprägt sein soll, dann ist es konzeptionell nur logisch, das Gewissen dominant lethisch und vom mütterlichen Einfluß geprägt sein zu lassen. Damit würde sich noch einmal zeigen, daß auch das Überich – wie seine beiden Substrukturen – triangulär konzipiert ist. *Das väterlich (libidinös) geprägte Ichideal und das mütterlich (lethisch) geprägte Gewissen bilden zusammen das Überich (Makrostruktur), in dem sich die Gebote und Verbote beider Eltern – dem (postödipal) vereinigten Elternpaar – miteinander verbinden, sich gegenseitig mäßigen wie auch unterstützen* – und das später, wenn es insgesamt den „Einfluß von Autorität, Religionslehre, Unterricht, Lektüre" repräsentiert, für alles steht, was dem reifen Erwachsenen *Wert* und *Moral* ist.

Die Tatsache, daß Freud in *Das Ich und das Es* immer wieder in einem Atemzug vom Ichideal wie vom Überich spricht und diese Unentschiedenheit weder terminologisch noch konzeptionell geklärt hat – wenngleich er von da an das Überich als gleichrangige Instanz neben das Es und das Ich stellt – rührt meiner Meinung nach daher, daß Freud beide Instanzen ursprünglich im Ich zu einer triangulären Konfiguration zusammenführen wollte. Er nennt das Überich eine „besondere Instanz *im* Ich", war diesbezüglich allerdings von Anfang an unentschieden, denn drei Zeilen später spricht er bereits von seiner „Stellung *im* Ich *oder zum* Ich" (ebd., S. 277, Hervh. d.V.), was ja bereits eine gewisse (wir können annehmen: im Lauf der Entwicklung eintretende) Distanzierung zwischen Ich und Überich anzeigt, und am Ende derselben Seite betont er seine (des Überichs) „Fähigkeit, sich dem Ich *entgegenzustellen* und es zu *meistern*. Es ist das *Denkmal* der einstigen Schwäche und Abhängigkeit des Ichs und setzt seine *Herrschaft* auch über das reife Ich fort." (ebd., S. 277, Hervh. d.V.) Freuds Gedanken entwickeln sich also innerhalb weniger Sätze auf ein *sich Abschließen* dieses Strukturkomplexes gegenüber dem Ich hin; von da an ist es ein „Denkmal", das sich dem Ich „entgegenstellt" und seine zumindest phasenweise hierarchisch übergeordnete Position in Form einer *Meister-* und *Herrschaft* über das Ich ausübt, womit es eben „seine *Unabhängigkeit* vom bewußten Ich" erweist (ebd., S. 282). Ich halte es *konzeptionell* für ratsam, dem Es, dem Überich wie dem Ich gleichrangige Positionen als *Makrostrukturen* einzuräumen, womit jede grundsätzlich in der Lage wäre, durch Besetzungsverschiebungen (gewissermaßen infolge einer Drehung des ganzen Apparats) in die hierarchische Superposition zu gelangen und die anderen beiden zu dominieren – etwa könnte man sich vorstellen, daß bei Tag das Ich an hierarchisch übergeordneter Stelle arbeitet, bei Nacht vielleicht das Es und in besonderen Fällen (Verfehlungen, Schuld) das Überich. – Daß Freud zwei Namen für diese Instanzen beibehalten hat: Ichideal wie Überich, weist jedenfalls darauf hin, daß er *zwei Funktionen* unterscheiden wollte – weil das Streben nach einem Ideal eine Bewegung anzeigt, die einer Gewissensstrebung geradezu entgegengerichtet ist. Da er nach den Ergebnissen seiner Todestriebtheorie die Erforschung der Selbsterhaltungstriebstrebungen in der ödipalen Phase zugunsten der „destruktiven Komponente" (ebd., S. 283) weitgehend vernachlässigt hat, fehlte ihm zu einer eigenständigen, abgeschlossenen triangulären Konzeptualisierung des Überichs eine zum Ichideal gegensätzliche Position. Das Ausgelassene sind die (–)Triebe = Todes- bzw. Selbsterhaltungstriebe. Hier wäre eine Lücke zu füllen. Ich meine, daß es in der phallischen Phase neben dem Lärm der ödipalen Liebe noch ein stilleres, wenngleich nicht einmal „stummes“ Triebgeschehen gibt: ein lethisches Streben, das *sorgen* und *pflegen* und *erhalten* lernt – was eben gerade nicht identisch ist mit dem Spezifischen der weiblichen Sexualität – und das ebenso struktur- und identitätsbildend ist, wie wir es von den libidinösen Identifizierungen und Objektbesetzungen kennen. Ich gehe davon aus, daß dabei lethische Positionen auf der Subjekt- und der Objektschiene markiert werden, ja, daß die lethische die libidinöse Entwicklung immer begleitet, ihr die Waage hält, auch wenn – oder gerade dadurch, daß sie einen eigenen Zweig auf der Subjekt- und der Objektschiene ausbildet. Die Entwicklung des libidinösen Zweigs ist von Freud mit dem Ödipusszenario auf die denkbar treffendste Weise eingefangen und auf den Begriff gebracht worden; aber der lethische Zweig wäre vielleicht erst noch in einem anderen Komplementär-Mythos zu repräsentieren[201].

So bleibt zuletzt noch die Frage, wo wir das Überich mit seinen Substrukturen Ichideal und Gewissen innerhalb unseres Schemas von der Subjekt- und Objektschiene plazieren wollen. Bei der *Einführung des Narzißmus* haben wir dem Ichideal seinen Ort am Fuß der Subjektschiene angewiesen mit der Begründung, es habe mit seiner libidinösen Ausrichtung sozusagen ein Gegengewicht gegen die auf das Selbst gerichteten lethischen Strebungen zu bilden, womit wir das Selbst und das Ichideal in einen spannungsvollen Gegensatz gebracht haben. Jetzt sehen wir das Ganze differenzierter: Wir haben festgestellt, daß neben der ersten Stufe im Ichideal am Fuß der Subjektschiene in der analen Phase der Libidoorganisation eine zweite Stufe des Ichideals am Fuß der Objektschiene ausgebildet wird und daß beide schließlich im K_{VMIII}-Komplex, dem Ichideal zu Beginn der phallisch-ödipalen Phase, zusammengeschaltet werden. Zusätzlich haben wir jetzt aber einen parallellaufenden Vorgang unter dominant lethischer Steuerung postuliert, der nun ebenfalls Strukturkomplexe ausbildet, die sich am Fuß der Subjekt- und Objektschiene etablieren: diese als Gewissen bezeichnete Substruktur des Überichs entsteht ebenfalls aus einer ersten oralen und einer zweiten analen Vorstufe, die ihre Ableger auf der Subjekt- und der Objektschiene hinterlassen. Das Überich verschaltet somit nicht nur Subjekt- und Objektschiene, sondern auch die auf beiden Schienen ausdifferenzierten libidinösen und lethischen Zweige der Trieborganisation: die Strebungen der *Selbstliebe* und *Selbsterhaltung* finden ihren Gegenpol in der ersten Stufe von Gewissen und Ichideal, die Strebungen der *Objektliebe* und *Objekterhaltung* werden begrenzt durch die zweite Stufe von Gewissen und Ichideal; dabei können wir einen spannungsvollen Gegensatz zwischen den Strebungen in Richtung auf das *biogene Selbst* einerseits, das *Ichideal I* andererseits, sowie zwischen *erogenem Selbst* und *Gewissen I* postulieren und analog auf der Objektschiene: zwischen *erogenem Objekt* und *Gewissen II*, sowie *biogenem Objekt* und *Ichideal II*. Ihre Verschaltung im Überich verrechnet somit wieder *vier unterschiedliche Strebungen,* und deshalb sind sowohl die Ausbildung als auch die Aktivitäten des Überichs Vorgänge von hoher Komplexität. Graphisch können wir uns das so veranschaulichen:

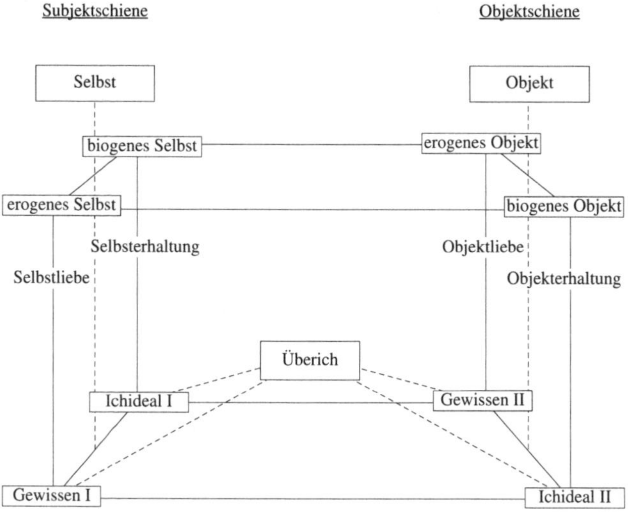

Abb. 27: Die Graphik macht anschaulich, daß das Überich sich nicht auf eine Verschaltung der Strebungen von Subjekt- und Objektschiene beschränkt, sondern vier verschiedene Strebungen: die Resultanten der beiden libidinös und der beiden lethisch dominierten Strukturkomplexe Ichideal I/II und Gewissen I/II integriert. Die Anordnung der Strukturen wird nach dem Gegensatz der Ausrichtung bestimmt: z.B. erogenes Selbst vs. lethisches Gewissen I, oder biogenes Objekt vs. libidinöses Ichideal II.

Am Ende der ödipalen Phase ist also einiges erreicht:

– Auf dem libidinös gesteuerten Zweig der Subjektschiene haben sich die männlichen und die weiblichen Identifizierungen in eine einzige dominante *Geschlechtsidentität* integriert; die so unter einer bestimmten Schaltmodalität der libidinösen Strömungen organisierten Repräsentanzen bilden das *männliche* oder *weibliche erogene Selbst.*

– Auf dem libidinös gesteuerten Zweig der Objektschiene haben sich die Repräsentanzen der verschiedenen Objekte nach dem Muster von „Vater“ und „Mutter“ ebenfalls geschlechtsspezifisch gruppiert; diese Repräsentanzenkonfigurationen können wir als die *männlichen* und *weiblichen erogenen Objekte* bezeichnen.

– Parallel dazu hat sich das gleiche auf den beiden lethisch gesteuerten Zweigen der Subjekt- wie der Objektschiene ereignet; es gibt jetzt also auch die Strukturen des *biogenen Selbst* wie der *biogenen Objekte.*

– Man kann von daher schon extrapolieren, daß es nach dieser *Differenzierung* wieder zu einer *Integration* auf einer höheren Stufe der Organisation kommen muß, daß das erogene und das biogene Selbst dann zusammengenommen die umfassendere Einheit des Selbst darstellen und daß es ebenso zu einer Zusammenführung von erogenem und biogenem Objekt kommen muß, wenn das Objekt in seiner Gesamtheit repräsentiert sein soll.

– Weiterhin haben wir gesagt, daß die frühen Strukturbildungen auf der Subjekt- und Objektschiene das *Ichideal* mit seinen beiden Vorstufen konstituiert haben; es leitet den Ödipuskomplex ein und setzt von da an seine Entwicklung fort mit der Idealisierung eines Geschlechts, des männlichen oder weiblichen. In seinem Schatten hat sich durch parallellaufende Identifizierungs- und Objektbesetzungsvorgänge auf dem lethischen Zweig der Subjekt- und Objektschiene das *Gewissen* mit seinen beiden Vorstufen und den dazugehörenden Selbst- und Objekterhaltungsfunktionen ausgebildet. In grober Vereinfachung können wir sagen: Das Ichideal ist die *Residenz der Lebenstriebe*, das *Gewissen* eine *„Sammelstätte der Todestriebe“* (ebd., S. 284); das Ichideal wird von den (+)Trieben geleitet, es enthält die *Gebote* und erfüllt *Orientierungsfunktionen*; das Gewissen steuert die (–)Triebe bei, es enthält die *Verbote* und erfüllt *Limitierungsfunktionen.*[202] Bei der Verdrängung des Ödipuskomplexes werden beide Substrukturen, *Ichideal* und *Gewissen* mit ihren jeweiligen oralen und analen Vorstufen, auf der Subjekt- und der Objektschiene in der hierarchisch übergeordneten Makrostruktur *Überich* verschaltet, wobei die vier unterschiedlichen Strebungen miteinander zu einer Resultante verrechnet werden bzw. in eine letztlich dominierende Strebung integriert werden; psychologisch ausgedrückt werden also durch diese Zuammenschaltung der Leichtsinn und die Verstiegenheiten des Ichideals gebremst und die Strenge und Unerbittlichkeit des Gewissens gemildert. Freud hat diese beiden Funktionen des Überichs so beschrieben: es gehe dem Ich darum, „vom Über-Ich *geliebt* (zu) werden" – das wäre seine libidinöse Aufgabe – und zugleich müsse das Überich auch eine *„schützende* und *rettende* Funktion" erfüllen – das wäre seine lethische Aufgabe (ebd., S. 288). Das Überich ist also die Synthese von Ichideal und Gewissen, bzw. bewährt sich in der Ausübung dieser synthetischen Funktion.

Das Ich und die Wahrnehmung

In den vorangehenden Überlegungen zu den strukturbildenden Vorgängen der Identifizierung und Objektbesetzung war die Beziehung zwischen Innen und Außen, Subjekt und Objekt, lediglich in den Rahmen eines erweiterten Systems gestellt worden, d. h. wir sind von den Grundprinzipien ausgegangen, nach denen der psychische Apparat funktionieren soll, und haben das äußere Objekt unter dem Titel einer Außenstruktur gedanklich zu einem integralen Bestandteil unseres Modells vom psychischen Apparat (des Neugeborenen) gemacht; wir haben also die Beziehung zwischen Subjekt und Objekt genauso behandelt wie diejenige zwischen zwei interagierenden Strukturkomplexen innerhalb eines psychischen Apparats. Genausogut könnten wir auch sagen: das psychische System des Kindes *K* ist formal darstellbar als ein kleiner, aber in seiner Grundausstattung vollständiger psychischer Apparat innerhalb des großen bereits ausdifferenzierten psychischen Apparats der Mutter *M* bzw.

innerhalb des noch umfassenderen Systems Eltern *MV*. So gesehen, haben wir dann umgekehrt das System *K* zu einer Innenstruktur, einem integralen Bestandteil des Systems *M* bzw. *MV* gemacht. Nun müssen wir das Ganze wieder redimensionieren. *K*, *M* und *V* sind getrennte Systeme, die aufeinander einwirken, so daß erneut die Frage nach der *Beziehung zwischen Innen und Außen* aufgeworfen ist.

Diese Beziehung haben wir im vorangehenden Kapitel anhand von Freuds Konzept der Identifizierung und Objektbesetzung formal darzustellen versucht, indem wir uns bei unseren Überlegungen am Schema der *Subjekt-Objekt-Schiene* orientiert haben; wir haben erklärt, daß der psychische Apparat *K* bei der Ausbildung der Selbst- und Objektrepräsentanzen die triebspezifischen Schaltmodalitäten der Außenstrukturen *M* und *V* in Form von Mischkopien adaptiert. Dabei haben wir stillschweigend vorausgesetzt, daß *K auf irgendeine Weise wahrnimmt, wie M und V schalten.* Da wir uns bei dieser Annahme aber nicht auf die Makroebene phänomenologischer Wahrnehmungen beschränken können (etwa derart: „wenn das Kind schreit, reagiert die Mutter so oder so, das Kind nimmt diese Reaktion wahr und übernimmt sie"), sondern das Registrieren der Schaltmodalitäten von *M* und *V* in *K* bis hinunter zur Mikroebene feinstverästelter Sequenzen konzeptualisieren müssen, rückt jetzt die *Wahrnehmung* ins Zentrum unserer Untersuchungen: wir müssen genauer aufzuzeigen in der Lage sein, wie dieser differenzierte *Prozeß der Wahrnehmung* innerhalb unseres Modells gedacht ist. Die Wahrnehmung hat bei Freud von Anfang an einen Platz in seinem Modell (erst im φ-, dann im W-System), und so werden sich unsere Untersuchungen jetzt am Schema der *T-W-M-Systeme* orientieren. Damit sind wir zugleich auch beim *Ich*, denn das Ich steht in besonders *„innigen Beziehungen zum Wahrnehmungssystem, die ja sein Wesen ausmachen und der Grund seiner Differenzierung vom Es geworden sind*" (1926d, S. 119, Hervh. d. V.) – und dies natürlich vor allem dort, wo es um bewußte Wahrnehmung = das Bewußte geht. Versuchen wir nun, einen Einstieg in diese komplexe Thematik von *Wahrnehmung* und *Bewußtsein* und damit in den Aufbau der *Makrostruktur Ich* zu finden, indem wir mit Freud von der *Systemgrenze* ausgehen:

„Die psychoanalytische Spekulation knüpft an den bei der Untersuchung unbewußter Vorgänge empfangenen Eindruck an, daß das Bewußtsein nicht der allgemeinste Charakter der seelischen Vorgänge, sondern nur eine besondere Funktion derselben sein könne. In metapsychologischer Ausdrucksweise behauptet sie, das Bewußtsein sei die Leistung eines besonderen Systems, das sie Bw nennt. Da das Bewußtsein im wesentlichen Wahrnehmungen von Erregungen liefert, die aus der Außenwelt kommen, und Empfindungen von Lust und Unlust, die nur aus dem Innern des seelischen Apparates stammen können, kann dem System W-Bw eine räumliche Stellung zugewiesen werden. Es muß an der Grenze von außen und innen liegen, der Außenwelt zugekehrt sein und die anderen psychischen Systeme umhüllen." (1920g, S. 23)

Hatten wir äußere und innere Reize in den vorangehenden Überlegungen an der Außenstruktur Objekt verschaltet, treffen sie jetzt im Subjekt „an der Grenze von außen und innen" aufeinander, und dort, an dieser Grenze, wird auch das System W-Bw plaziert. Freud hat in einer interessanten Spekulation (ebd., S. 25 ff.) den „lebenden Organismus" mit einem anfangs noch „undifferenzierten Bläschen reizbarer Substanz" verglichen, dessen Oberfläche durch den „unausgesetzten Anprall der äußeren Reize" bis in eine gewisse Tiefe dauerhaft verändert, sozusagen „durchgebrannt" und dann keiner weiteren Modifikation mehr fähig wäre; wie eine reizabhaltende Membran würde diese Oberfläche die von außen kommenden Energien auf Quotienten ihrer ursprünglichen Größe brechen (Reizschutz), um nur den kleinsten Anteil davon über die Sinnesorgane nach innen weiterzuleiten (Reizaufnahme), wo diese Reize „Dauerspuren als Grundlage des Gedächtnisses" hinterlassen. Da das Gedächtnis in spezifischen *Veränderungen* der Strukturen besteht, die äußeren wie inneren Reize aber immer auf die *gleichen* Aufnahmebedingungen stoßen müssen, wenn sie uns eine verläßliche Wahrnehmung unserer selbst wie der äußeren Welt vermitteln sollen, sind Wahrnehmung und Gedächtnis an verschiedenen Orten innerhalb des psychischen Apparats untergebracht (außen und innen). Und was für die Wahrnehmung allgemein zutrifft, gilt auch für ein besonderes Wahrnehmungsorgan, das Bewußtsein: auch im System Bw würde die Eintragung dauerhafter Erinnerungsspuren „die Eignung des

Systems zur Aufnahme neuer Erregungen sehr bald einschränken" (ebd., S. 24). Freud folgert: „im System Bw werde der Erregungsvorgang bewußt, hinterlasse aber keine Dauerspur; alle die Spuren desselben, auf welche sich die Erinnerung stützt, kämen bei der Fortpflanzung der Erregung auf die nächsten inneren Systeme *in diesen* zustande." (ebd., Hervh. d. V.) Die Wahrnehmung und das Bewußtsein sind also getrennt von den Erinnerungsspuren konzipiert; es handelt sich dabei um Funktionen, die Freud in der Bezeichnung „System W-Bw" durch den Bindestrich miteinander verknüpft, aber auch voneinander unterscheidet: der Unterschied liegt darin, daß die innere wie äußere Wahrnehmung umfassender ist als deren Bewußtsein – das Bewußtsein nimmt sozusagen nur einen eng begrenzten Ausschnitt sämtlicher momentan erregter innerer wie äußerer Wahrnehmungen wahr, es ist „nicht der allgemeinste Charakter der seelischen Vorgänge" – also auch nicht der Wahrnehmungen – „sondern nur eine besondere Funktion derselben" – nämlich: die Leistung eines Systems, welches den Ausgang und momentanen Stand eines ungemein komplexen Verrechnungsvorgangs endogener wie exogener Erregungen registriert. Mit dieser Einschränkung des Bewußtseins sieht Freud sich vor die Aufgabe gestellt, „die Existenz unbewußter Vorgänge in einem System zu erklären, dessen Funktionieren sonst vom Phänomen des Bewußtseins begleitet wird." (ebd.) Dies ist der Ansatz für den Übergang von der ersten topischen Theorie – mit ihrem System Bw – zur zweiten topischen oder Strukturtheorie von 1923 mit ihrer differenzierteren Konzeption vom Ich, das bewußte, vorbewußte und sogar unbewußte Anteile umfaßt (und eventuell auch Vorunbewußtes erreicht).

Freud legt den *Reizschutz* in die durchgebrannte Außenhülle seines hypothetischen Bläschens (ähnlich wie er ihn im *Entwurf* den „Quantitätsschirmen" der Nervenendapparate an der Grenze von außen und innen überträgt); aber mit der dort vollzogenen Umsetzung (Brechung) äußerer (physikalisch-chemischer) Reize (großer Quantitäten) in adäquate innere Erregungen (geringerer Quantität) ist nur eine erste Stufe des Reizschutzes beschrieben. Einen tieferen Einblick in diese wichtige psychische Funktion des Reizschutzes können wir jetzt aus unseren vorangehenden Überlegungen ableiten: Wir haben postuliert, daß die äußeren Objekte in ihrer Funktion als Außenregulatoren den sich entwickelnden psychischen Apparat vor Übererregung schützen, indem sie Reize von innen wie von außen (vor-)verschalten und so die Homöostase des psychischen Apparats *K* sichern; die Identifizierung und Objektbesetzung, die zur Ausbildung von Selbst- und Objektrepräsentanzen führt, ist dann nichts anderes als die *Verinnerlichung dieser Schaltfunktionen.* Damit zeigt sich, daß die eigentliche „Grenze von außen und innen", die Struktur, an der endogene wie exogene Erregungen ankommen, wahrgenommen und *verschaltet* werden, nicht in den Wahrnehmungsorganen, sondern in den dahinter liegenden Erinnerungssystemen eingerichtet wird. Freud ist zwar der Meinung, daß es einen Reizschutz nur gegen außen gebe, „nach innen zu ist der Reizschutz unmöglich" (ebd., S. 28); aber wir haben ja angenommen, daß auch die inneren Reize zu Beginn im wesentlichen am äußeren Objekt verschaltet werden, so daß auch die spätere Eigenregulierung innerer Erregungen an diese über primäre und sekundäre Identifizierungen und Objektbesetzungen erworbenen Strukturen der Erinnerungssysteme gebunden ist. Da Reizschutz innerhalb unseres formalisierten Modells nichts anderes heißen kann als Verschaltung von unterschiedlichen Erregungsgrößen in Richtung auf eine dynamische Stabilität des Systems, können wir sagen: *die Aktivierung der Erinnerungsspuren (der Selbst- und Objektrepräsentanzen) ist der Reizschutz des Systems nach innen wie nach außen.*[203]

Diese Verankerung des Reizschutzes in den tieferen Schichten des psychischen Apparats (W2) trägt jetzt dazu bei, eine differenziertere Auffassung der Wahrnehmung nachzuvollziehen, die Freud am Ende seiner *Notiz über den „Wunderblock"* (1925a) knapp, aber präzis vorstellt. Nachdem er den „seelischen Wahrnehmungsapparat" mit den zwei wichtigsten Bestandteilen des Wunderblocks verglichen hatte: „das aus Zelluloid und Wachspapier bestehende Deckblatt mit dem System W-Bw und seinem Reizschutz, die Wachstafel mit dem Unbewußten dahinter" (ebd., S. 7) – wobei die Lesbarkeit der Schrift an den Kontakt zwischen Deckblatt und Wachstafel gebunden ist und mit dessen Aufhebung verschwindet – fährt er fort:

„Das trifft mit einer Vorstellung zusammen, die ich mir längst über die Funktionsweise des seelischen Wahrnehmungsapparats gemacht, aber bisher für mich behalten habe. Ich habe angenommen, daß Besetzungsinnervationen in raschen periodischen Stößen aus dem Innern in das völlig durchlässige System W-Bw geschickt und wieder zurückgezogen werden. Solange das System in solcher Weise besetzt ist, empfängt es die von Bewußtsein begleiteten Wahrnehmungen und leitet die Erregung weiter in die unbewußten Erinnerungssysteme; sobald die Besetzung zurückgezogen wird, erlischt das Bewußtsein und die Leistung des Systems ist sistiert. Es wäre so, als ob das Unbewußte mittels des Systems W-Bw der Außenwelt Fühler entgegenstrecken würde, die rasch zurückgezogen werden, nachdem sie deren Erregungen verkostet haben. Ich ließ also die Unterbrechungen, die beim Wunderblock von außen her geschehen, durch die Diskontinuität der Innervationsströmung zustande kommen, und an Stelle einer wirklichen Kontaktaufhebung stand in meiner Annahme die periodisch eintretende Unerregbarkeit des Wahrnehmungssystems. Ich vermutete ferner, daß diese diskontinuierliche Arbeitsweise des Systems W-Bw der Entstehung der Zeitvorstellung zugrunde liegt." (ebd., S. 8)

Übertragen wir diese Gedanken auf unser T-W-M-System, dann ergibt sich zunächst einmal, daß die sensorische Wahrnehmung auf der untersten Stufe des W-Systems (W1) zu verorten ist, dort, wo wir die *biogenen* und *erogenen Zonen* und unter ihnen auch die *Sinnesorgane* plaziert haben. Die Wahrnehmung ist ein rezeptiver Vorgang, d. h. wir haben es hier mit einer afferenten Seite von W1 zu tun – und zwar auch dann, wenn es um eine gezielte Wahrnehmung geht (z. B. in eine bestimmte Richtung hören oder schauen): der Unterschied zwischen einer ungerichteten und einer gerichteten Wahrnehmung besteht konzeptionell darin, daß im ersteren Falle die afferente Seite von W1 in etwa gleichmäßig, im letzteren Falle in bestimmten Anteilen besonders oder überbesetzt ist. Diese Besetzung erfolgt innerhalb unseres Modells in erster Linie vom T-System aus[204]; sie kommt nach Freud „aus dem Innern" – und zwar so, „als ob das *Unbewußte* mittels des Systems W-Bw der Außenwelt Fühler entgegenstrecken würde". Die sogenannte „Aufmerksamkeitsbesetzung" besteht also in der Besetzung spezifischer Muster der afferenten Seite dieser Wahrnehmungsorgane aus dem Innern des psychischen Apparats. Das so besetzte (oder überbesetzte) Wahrnehmungssystem nimmt die von seinen Sinnesorganen erfaßten Reize auf und leitet sie weiter „in die unbewußten Erinnerungssysteme“ – d. h. nach W2; sobald die Besetzung zurückgezogen bzw. von W1 nach W2 verschoben ist, ist die Wahrnehmung sistiert und das Wahrnehmungssystem unerregbar.[205] In den unbewußten Erinnerungssystemen werden die Reize „verkostet“, d. h. verschaltet, und aus dieser Verschaltung resultiert dann eine erneute ganz spezifische Besetzung von bestimmten Afferenzmustern in W1 (gerichtete Aufmerksamkeit), die zu den nächsten Wahrnehmungen führt, die wieder in W2 verschaltet werden usw. Dabei unterliegt der Wahrnehmungsvorgang einer Periodizität, einer Rhythmik, die dem ständigen Wechsel von extraversiven und introversiven, von (+)Trieb- und (–)Trieberregungen entspricht – wobei die W1- und W2-Systeme wieder nichts anderes sind als Strukturen, die den ankommenden Triebreiz verschalten und seine Verdrängung = die antagonistische Trieberregung auslösen.[206] Für das Verhältnis von Wahrnehmung und Reizschutz heißt das jetzt: Die erste Stufe des Reizschutzes liegt in der Verschaltung an den Sinnesorganen in W1 (dem entspricht das Zelluloid, welches das Wachspapier vor Einritzung bewahrt); die zweite Stufe des Reizschutzes wird in den Erinnerungssystemen von W2 besorgt: dort werden die „Kostproben“ aus W1 so weiterverschaltet, daß bei der nachfolgenden Wiederbesetzung von W1 Wahrnehmungen, die zu einer Übererregung führen würden (die bei der ersten „Kostprobe“ bereits eine „Übererregung“ ergeben haben), entweder gemieden werden (Besetzungsabzug, Reizflucht) oder durch eine entsprechend erhöhte „Gegenbesetzung“ der betreffenden afferenten Stellen einer homöostatischen Regulierbarkeit angenähert, sozusagen äquilibriert werden. Die Idee einer solchen Regulierung impliziert ein Kreisen der Erregungen zwischen W1 und W2 – unter fortlaufendem Einbezug des T-Systems (via Rückmeldungen aus W1 und W2). Jedenfalls ermöglicht Freuds Konzeption eines Aussendens und Zurückziehens von Besetzungen aus dem Unbewußten (W2-/T-System) ein subtiles Einstellen (und Anpassen) des Systems auf die jeweils aktualisierten Erfordernisse des Wahrnehmungsvorgangs. Hinzu kommt die Annahme, daß dieser Vorgang nicht auf die W1-W2-Systeme beschränkt, sondern auch an die W3-

Etage weiterverschaltet würde – womit diesem komplizierten Ablauf von diversen Verschaltungen in allen drei W-Systemen ein breiter Raum eröffnet wäre für den Einsatz der ganzen Palette der bekannten Abwehrmechanismen (Triebschicksale), die letztlich gesamthaft den Reizschutz realisieren. Mit dieser Konzeption ist nichts Unbekanntes gesagt, nichts anderes als das: Wir nehmen nicht allein mit den Sinnesorganen (W1) sondern auch mit den Erinnerungssystemen (W2) wahr (was dem Satz entspricht: wir sehen nicht nur mit den Augen, sondern auch [oder vor allem] mit dem Gehirn oder der Seele). Und dies ist auch der Weg, auf dem sich das Unbewußte in die Wahrnehmung einmischt; die im *Wunderblock* nur kurz skizzierte Vorstellung über die „Funktionsweise des seelischen Wahrnehmungsapparats" enthält somit die komplette Konzeption der normalen (strukturierten), der selektiven wie der neurotisch verzerrten Wahrnehmung (z. B. in der Übertragung).[207]

Bis hierher haben wir erkannt: Alle äußeren und inneren Reize werden in W1 wahrgenommen = erstverschaltet, in den Erinnerungssystemen W2 weiterverschaltet und dann wieder in W1 nächstverschaltet usw. W1 ist also nicht nur afferent auf die Sinnesreize bezogen, sondern auch efferent auf die Selbst- und Objektrepräsentanzen in W2 ausgerichtet. Soweit gekommen, läge es jetzt nahe, das Bewußtsein als einen besonderen Wahrnehmungsvorgang nicht allein an die Aktivierung von W1, sondern zusätzlich an die Bedingung einer Beteiligung von W2 zu knüpfen. Freud überlegt so:

„Wie aber ist es mit jenen inneren Vorgängen, die wir etwa – roh und ungenau – als Denkvorgänge zusammenfassen können? Kommen sie, die sich irgendwo im Innern des Apparates als Verschiebungen seelischer Energie auf dem Wege zur Handlung vollziehen, an die Oberfläche, die das Bewußtsein entstehen läßt, heran? Oder kommt das Bewußtsein zu ihnen? Wir merken, das ist eine von den Schwierigkeiten, die sich ergeben, wenn man mit der räumlichen, *topischen* Vorstellung des seelischen Geschehens Ernst machen will. Beide Möglichkeiten sind gleich unausdenkbar, es müßte etwas drittes der Fall sein." (1923b, S. 246 f.)

Die Denkvorgänge, die ja ein essentieller Bestandteil – vielleicht sogar der ständige Begleiter – der Bewußtseinsvorgänge sind, sind nicht von vornherein bewußt; es gibt „Belege dafür, daß selbst feine und schwierige intellektuelle Arbeit, die sonst angestrengtes Nachdenken erfordert, auch vorbewußt geleistet werden kann, ohne zum Bewußtsein zu kommen." (ebd., S. 254) Die „Verschiebungen seelischer Energie", die das Denken charakterisieren, vollziehen sich „irgendwo im Innern" an den Strukturen des psychischen Apparats – und es liegt auf der Hand, daß dabei insbesondere die Erinnerungsspuren von W2 involviert sind. Aber solche Verschiebungen allein machen noch kein Bewußtsein. Soll man jetzt für das *Bewußtwerden* dieser Denkvorgänge eine Bewegung von innen (W2) nach außen (W1) annehmen, oder umgekehrt? Freud faßt etwas Drittes ins Auge, nämlich:

„daß der wirkliche Unterschied einer ubw von einer vbw Vorstellung (einem Gedanken) darin besteht, daß die erstere sich an irgendwelchem Material, das unerkannt bleibt, vollzieht, während bei der letzteren (der vbw) die Verbindung mit *Wortvorstellungen* hinzukommt. Hier ist zuerst der Versuch gemacht, für die beiden Systeme Vbw und Ubw Kennzeichen anzugeben, die anders sind als die Beziehung zum Bewußtsein. Die Frage: Wie wird etwas bewußt? lautet also zweckmäßiger: Wie wird etwas vorbewußt? Und die Antwort wäre: durch Verbindung mit den entsprechenden Wortvorstellungen.

Diese Wortvorstellungen sind Erinnerungsreste, sie waren einmal Wahrnehmungen und können wie alle Erinnerungsreste wieder bewußt werden. Ehe wir noch weiter von ihrer Natur handeln, dämmert uns wie eine neue Einsicht auf: bewußt werden kann nur das, was schon einmal bw Wahrnehmung war, und was außer Gefühlen von innen her bewußt werden will, muß versuchen, sich in äußere Wahrnehmungen umzusetzen. Dies wird mittels der Erinnerungsspuren möglich." (ebd., S. 247)

Nachdem wir den Wahrnehmungsvorgang bisher allein anhand der Abläufe innerhalb der T-W-Systeme untersucht haben, bezieht Freud jetzt auch noch das M-System in seine Überlegungen mit ein. Es ist die „*Verbindung mit den Wortvorstellungen*" (M3), die einen Denkvorgang zu Bewußtsein bringt. Die Wortvorstellungen gehen auf Erinnerungsspuren (W2) zurück, die aus Vorgängen der Wahrnehmung (W1) entstanden sind. Für das Bewußtwerden von früheren Wahrnehmungen (Erinnerung) ist dieser Vorgang noch relativ leicht denkbar: er bedingt lediglich das Besetzen eines (bereits „gebahnten") Vorstellungskomplexes, das Reaktivieren eines Musters, das vielleicht nicht im Detail, aber in den wesentlichen Charakteristika mit dem ursprünglichen identisch sein soll. Interessanter sind hingegen Vorgänge der Bewußtmachung von etwas, was noch nie bewußt war: dieses bedarf sowohl einer „Umsetzung" in „äußere Wahrnehmungen" (W1) durch das Einschieben von „vbw Mittelgliedern" (W2) als auch einer Verknüpfung mit den Wortvorstellungen (M3). Für das Bewußtwerden eines psychischen Vorgangs reicht also eine „Verschiebung seelischer Energie" lediglich *in vertikaler Richtung* (von unten: T-System/W1-System nach oben: W2-System – oder umgekehrt) nicht aus, hinzukommen muß noch eine Verbindung *in horizontaler Richtung* (vom W2/[W3]-System zum M3-System). Noch einmal zeigt sich hier: bewußt werden kann nur ein vollständiger psychischer Ablauf, der in der hier entwickelten Konzeption immer alle drei T-W-M-Systeme involviert.

Nehmen wir jetzt das Konzept der „Wortvorstellung" – exemplarisch für alle übrigen Einzelpositionen innerhalb der T-W-M-Systeme – unter die Lupe, d.h. betrachten wir etwas detaillierter die komplexen Abläufe, aus denen letztlich eine Wortvorstellung resultiert.

„Diese *Wortvorstellungen* sind Erinnerungsreste, sie waren einmal *Wahrnehmungen* und können wie alle Erinnerungsreste wieder bewußt werden." (ebd., S. 247, Hervh. d. V.)

„Die *Wortreste* stammen wesentlich von *akustischen Wahrnehmungen* ab, so daß hiedurch gleichsam *ein besonderer Sinnesursprung für das System Vbw* gegeben ist. Die *visuellen Bestandteile der Wortvorstellung* kann man als sekundär, durch Lesen erworben, zunächst vernachlässigen und ebenso die *Bewegungsbilder des Wortes*, die außer bei Taubstummen die Rolle von unterstützenden Zeichen spielen. Das Wort ist doch eigentlich der Erinnerungsrest des *gehörten* Wortes." (ebd., S. 248, Hervh. d. V.)

Hier scheint sich ein Problem abzuzeichnen: Bei unserer Aufteilung der verschiedenen Positionen auf die T-W-M-Systeme haben wir die Sachvorstellung dem W-System und die Wortvorstellung dem M-System zugeordnet, wobei man etwa an die Unterscheidung von *Bild* (W) und *Wort* (M) denken mag. Nun gibt es aber nicht nur visuelle Wahrnehmungen, sondern die ganze breite Palette von Sinneswahrnehmungen, zu denen eben auch die „akustischen Wahrnehmungen" gehören; außerdem sollen sich die Wortvorstellungen nicht nur aus den akustischen Erinnerungsresten herleiten, sondern zusätzlich noch visuelle und motorische Bestandteile aufweisen – selbst wenn man diese als sekundär einstuft. Das wirft die Frage auf, ob die aus solchen Wahrnehmungsvorgängen resultierende Wortvorstellung nicht doch dem W-System oder gleichzeitig beiden W-M-Systemen zuzurechnen wäre, oder ob die Wortvorstellung als eine Einheit innerhalb des T-W-M-Schemas überhaupt gerechtfertigt ist? Eine Antwort auf diese Frage gibt Freuds Aphasiestudie (1891b), in der er sein „psychologisches Schema der Wortvorstellung" so veranschaulicht:

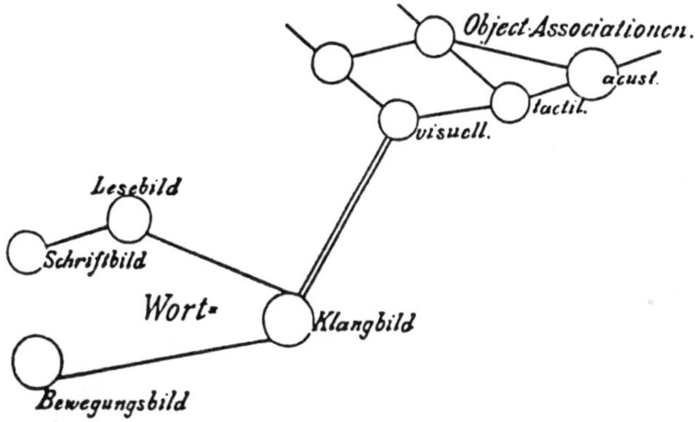

Abb. 28: Zur Erläuterung seiner Graphik schreibt Freud: „Die Wortvorstellung erscheint als ein abgeschlossener Vorstellungskomplex, die Objektvorstellung dagegen als ein offener. Die Wortvorstellung ist nicht von allen ihren Bestandteilen, sondern bloß vom Klangbild her mit der Objektvorstellung verknüpft. Unter den Objektassoziationen sind es die visuellen, welche das Objekt in ähnlicher Weise vertreten, wie das Klangbild das Wort vertritt. Die Verbindungen des Wortklangbildes mit anderen Objektassoziationen als den visuellen sind nicht eingezeichnet." (ebd., S. 121)

Das Wort ist eine „komplexe Vorstellung", die sich „aus akustischen, visuellen und kinästhetischen Elementen" zusammensetzt, wobei letztere nochmals unterteilt werden können in das „Sprachbewegungsbild" und das „Schreibbewegungsbild" (ebd., S. 117); nicht genug damit, erlangt das Wort erst „seine Bedeutung durch die Verknüpfung mit der ‚Objektvorstellung'", und diese „Objektvorstellung selbst ist wiederum ein Assoziationskomplex aus den verschiedenartigsten visuellen, akustischen, taktilen, kinästhetischen und anderen Vorstellungen (...), erscheint uns also nicht als eine abgeschlossene, kaum als eine abschließbare, während die Wortvorstellung uns als etwas Abgeschlossenes, wenngleich der Erweiterung Fähiges erscheint." (ebd., S. 122) Freuds schematische Darstellung seiner funktionellen Theorie der Sprachleistung (Abb. 28) macht selbst in dieser groben Vereinfachung deutlich, wie komplex so ein Konzept wie die „Object Associationen" oder die spätere „Wortvorstellung" gedacht ist. In unserem T-W-M-Schema haben wir die visuellen, taktilen, akustischen etc. Reize den Triebquellen (W1) zugerechnet; die daraus entstehende Objektrepräsentanz ist als hierarchisch übergeordnete Verschaltung einer Unzahl solcher sensorischer Reize als Muster auf die zweite Etage des W-Systems (W2) zu plazieren. Der akustische Reiz ist in Freuds Schema auf der Seite der Sinneswahrnehmungen (W1) eingetragen; dagegen resultiert seine *Erinnerungsspur* in einem sogenannten *Klangbild* (wir können statt Klang*bild* auch Klang*muster* sagen), an dem wiederum die anderen Elemente der Wortvorstellung hängen, nämlich das *Bewegungs-*, *Schrift-* und *Lesebild*, und nur alle vier zusammen ergeben das „Wort" bzw. die Wortrepräsentanz, die *gesondert* von den sensorischen und motorischen Zuflüssen *als eigener Komplex* in der obigen Graphik figuriert. Freud erkennt: „Das Assoziationsgebiet der Sprache, in welches optische, akustische und motorische (oder kinästhetische) Elemente eingehen, breitet sich eben darum *zwischen den Rindenfeldern dieser Sinnesnerven und den betreffenden motorischen Rindenfeldern aus.*" (ebd., S. 107) Das heißt für unsere Auffassung der Wortrepräsentanz: Das Wort entsteht *zwischen* den Einzelelementen: Klang-, Bewegungs-, Schrift- und Lesebild, es entspricht somit einem *Integrationsprodukt*, das seinen (ebenfalls über diverse Verschaltungsstufen generierten) vier Einzelelementen, aus denen es sich erst konstituiert, hierarchisch übergeordnet ist. – Machen wir uns nochmals ganz klar: Innerhalb unseres formalisierten Modells gibt es nicht einmal einen Platz für einen wirklichen Sinnesreiz, sondern dieser ist nur als eine spezifische Musterbildung in W1 repräsentiert denkbar. Und der Unterschied zwischen der *Repräsentation eines Sinnesreizes* in W1 und einer *Wortrepräsentanz* in M3 entspricht nun genau dem, was Freud in bezug auf den Begriff der *Repräsentation* in dieser frühen Arbeit überhaupt erkannte, nämlich: daß es sich bei der Repräsentation um eine *Abbildung* handelt, in der nicht etwa *Stück für Stück* alles *enthalten* ist, was zu ihrer Ausbildung erforderlich war, sondern nur eine *Vertretung* dessen in Form einer *„minder detaillierten Sonderung durch ausgewählte Fasern.“* (ebd., S. 93[208]) Steigen wir die Hierarchieleiter innerhalb unseres Modells nach oben, dann nimmt die Anzahl der repräsentierten Einzelelemente im selben Verhältnis ab, wie die Komplexität der Integrationsprodukte, in die sie sich unter *Auswahl* und *Sonderung* – nicht bestimmter Fasern, sondern – bestimmter *Charakteristika* der *Musterbildungen* umsetzen, zunimmt.

Daß die Wahrnehmung solcher Musterbildungen ein hochkomplexer Integrationsprozeß ist, können wir uns noch deutlicher vor Augen führen, wenn wir die vier wichtigsten Musterbestandteile für eine Konzeptualisierung des Wortverständnisses noch weiter unterteilen: es kann sich z. B. um einen einsilbigen oder mehrsilbigen = einen *Ein-* oder *Mehrtonreiz* handeln, der *helle* oder *dunkle* Vokale enthält und dies bei den Mehrtonreizen in unterschiedlicher Kombination (nur helle/dunkle oder gemischte in unterschiedlicher Reihenfolge); der akustische Wortreiz kann *laut* oder *leise* sein, *warm* oder *kalt* wirken, hoch oder tief gesprochen werden, verschiedene *Affekte* transportieren (traurig, fröhlich, angstvoll etc. klingen); er kann mit einem Bewegungsbild (Sprachbewegung) assoziiert sein, das eine *Öffnung* oder *Schließung* des Mundes signalisiert, *einfach* oder *kompliziert* ist etc.; hinzu kommt, daß das Wort seine *Bedeutung* erst durch eine Assoziation mit dem *Objekt*, für das es steht, erhält, und das Objekt ist für sich allein schon eine schier unendlich komplexe Assoziation, zu der noch alle die individuellen (lebensgeschichtlich geprägten) Assoziationen hinzutreten, die es hervorruft; außerdem steht das Wort in einer Reihe mit anderen Wörtern, für die je das gleiche komplexe Entstehungsbild einzusetzen wäre; es wird in einem Zusammenhang gebraucht, der ganz unterschiedlich bewertet (assoziiert) werden kann, von einer Person vorgetragen, die unterschiedliche Gefühle auslöst, mit einer Mimik, die das Wort in einer bestimmten Weise unterstreicht usw., und wird nicht zuletzt von einer Person wahrgenommen, die in bestimmter Weise disponiert ist. Auch wenn die Komplexität dessen, woraus sich unser je ganz spezifisches Verständnis eines Wortes ergibt, mit dieser Aufzählung nur angedeutet werden kann, hilft uns diese Skizze doch, konzeptionell einen Schritt weiterzukommen:

Wir haben im Vorangehenden angenommen, daß der psychische Apparat nichts anderes „senden“ und „empfangen“ kann als Trieb-Verdrängungs-Verschaltungen unterschiedlicher Modalität, und haben darauf die Konzeption einer Beziehung zwischen Innen und Außen sowie unsere Überlegungen über die Vorgänge der Identifizierung und Objektbesetzung (und damit auch eine formalisierte Objektbeziehungstheorie) gegründet. Wir haben aber nicht gesagt, was das denn sein soll, was da als eine bestimmte Trieb-Verdrängungs-Verschaltung wahrgenommen werden kann, mit anderen Worten: wie drückt sich ein bestimmter Wunsch aus, wie tritt er sozusagen in Erscheinung, wie wird er auf der einen Seite „gesendet“ und wie wird er auf der anderen Seite „empfangen“, wahrgenommen und als solcher verstanden – oder auch: bewußt verstanden, unbewußt mißverstanden oder umgekehrt? Vor dem Hintergrund der oben skizzierten Vielschichtigkeit der Vorgänge, die zur Ausbildung von Mustern im Sinne psychischer Elemente führen, können wir anhand von Freuds Überlegungen in seiner Aphasiestudie erkennen: alle diese Einzelelemente, *zwischen* oder aus denen nur schon die *Bedeutung eines einzigen Wortes* entsteht, müssen miteinander verrechnet werden in einem Prozeß, der sich aus unendlich vielen Einzelschritten zusammensetzt, die jeweils *ja* oder *nein*, *on* oder *off*, *plus* oder *minus* heißen. Die Hypothese wäre also, daß an jedem einzelnen Element ein (+)Trieb und ein (–)Trieb verschaltet werden und daß sich aus einer Unzahl solcher Einzelverschaltungen eine bestimmte Trieb-Verdrängungs-Kombination errechnet, die als ein über diesen Prozeß generiertes Muster „gesendet“ und „empfangen“ wird. Wieder grob vereinfacht könnten wir z. B. für die Attribute „hell“, „laut“, „fröhlich“ ein (+)Zeichen einsetzen, für „dunkel“, „leise“, „traurig“ ein (–)Zeichen – von all den vielen Zwischentönen gar nicht zu reden – dann ergibt erst die Integration dieser Einzelwerte in eine je unterschiedlich bestimmte hierarchische Ordnung die resultierende Gesamtvalenz des betreffenden Wortes, die wieder mehr auf der (+)Trieb- oder der (–)Triebseite liegen kann. Es ist eigentlich trivial, soll an dieser Stelle aber doch noch einmal gesagt sein: Wir „senden" mehr, als uns bewußt ist, und wir „empfangen" mehr, als wir wissen – wobei unter „senden" und „empfangen" hier nichts anderes verstanden werden kann, als daß die Musterbildung, die bei einem solchen Verrechnungsprozeß entsteht, sich im M-System *ausprägt* – das wäre das „senden" von innen nach außen – und als solche wiederum von einem W-System (das eigene oder das eines äußeren Objekts) *wahrgenommen* wird – das wäre das „empfangen", die Selbst- wie die Fremdwahrnehmung; d.h.: was sich im M-System des psychischen Apparats ausprägt (die Handlungs-, Affekt- und Wortrepräsentanzen) wird vom W-System wiederum wahrgenommen und weiterverschaltet, weshalb wir uns neben einer basalen Modulation vom T-System aus eine Feineinstellung innerhalb der W-M-Systeme vorstellen können, die durch ein permanentes Kreisen der Erregungen innerhalb aller drei Etagen dieser beiden Systeme ermöglicht würde. Der psychische Apparat wird also gedacht als ein System, das nicht nur komplexeste Einzelabläufe im Nu integriert und synthetisiert (verrechnet) und auf diese Weise spezifische Muster generiert, sondern auch umgekehrt die Wahrnehmung solcher Abläufe und Muster im Nu analysiert und rubriziert.

Natürlich möchte man jetzt gern wissen, welche Makrostruktur innerhalb des psychischen Apparats eine derart komplexe Leistung zustandebringt? Die pauschale Antwort kann nur heißen: es ist das *gesamte System*, das an diesen Vorgängen der Verrechnung beteiligt ist – aber es ist klar, daß das Ich dabei eine besondere Rolle spielt.

„Wir haben uns die Vorstellung von einer zusammenhängenden Organisation der seelischen Vorgänge in einer Person gebildet und heißen diese das *Ich* derselben. An diesem Ich hängt das Bewußtsein, es beherrscht die Zugänge zur Motilität, das ist: zur Abfuhr der Erregungen in die Außenwelt; es ist diejenige seelische Instanz, welche eine Kontrolle über all ihre Partialvorgänge ausübt, welche zur Nachtzeit schlafen geht und dann immer noch die Traumzensur handhabt. Von diesem Ich gehen auch die Verdrängungen aus, durch welche gewisse seelische Strebungen nicht nur vom Bewußtsein, sondern auch von den anderen Arten der Geltung und Betätigung ausgeschlossen werden sollen." (1923b, S. 243)

Das Ich ist ein hierarchisch übergeordnetes *Organisations- und Integrationszentrum*, das *steuernde* (Kontrolle), *selektive* (Ausschluß gewisser Strebungen) und *koordinative* Funktionen (z.B. in bezug auf die Partialvorgänge) ausübt: „*Was das Ich zum Unterschied vom Es aber ganz besonders auszeichnet, ist ein Zug zur Synthese seiner Inhalte,* zur Zusammenfassung und Vereinheitlichung seiner seelischen Vorgänge, der dem Es völlig abgeht." (1933a, S. 82, Hervh. d. V.) Um diese umfassenden synthetisierenden Aufgaben erfüllen zu können, muß das Ich auf alle Bestandteile des T-W-M-Systems Zugriff haben, wie auch mit den beiden anderen Instanzen Es und Überich kommunizieren, z.B. durch fließende Übergänge; die graphische Darstellung (ebd., S. 85) macht dies deutlich:

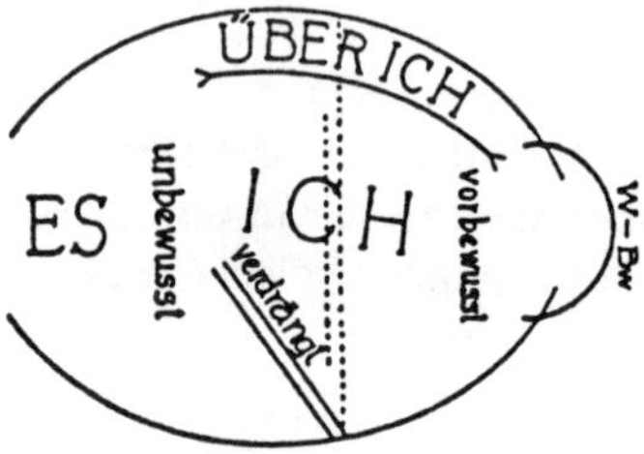

Abb. 29: Freud erläutert seine Skizze des psychischen Apparats so: „Das Ich ist doch nur ein Stück vom Es, ein durch die Nähe der gefahrdrohenden Außenwelt zweckmäßig verändertes Stück." (ebd., S. 83) Insgesamt dient es „drei gestrengen Herren": „Die drei Zwingherren sind die Außenwelt, das Überich und das Es. Wenn man die Anstrengungen des Ichs verfolgt, ihnen gleichzeitig gerecht zu werden, besser gesagt: ihnen zu gehorchen, kann man nicht bereuen, dieses Ich personifiziert, es als ein besonderes Wesen hingestellt zu haben. (...) So vom Es getrieben, vom Über-Ich eingeengt, von der Realität zurückgestoßen, ringt das Ich um die Bewältigung seiner ökonomischen Aufgabe, die Harmonie unter den Kräften und Einflüssen herzustellen, die in ihm und auf es wirken, und wir verstehen, warum wir so oft den Ausruf nicht unterdrücken können: Das Leben ist nicht leicht!" (ebd., S. 84 f.)

In dieser Zeichnung versucht Freud, seine erste topische Einteilung mit seiner neuen Instanzenlehre zu vereinigen. Dabei zeigt sich an den fließenden Übergängen: während das Es ganz auf den Bereich der (vubw und) unbewußten Abläufe beschränkt ist, erstrecken sich die Vorgänge im Ich und Überich über die ganze Breite möglicher funktioneller Zustände: vom unbewußten über den vorbewußten bis zum bewußten Bereich. Das Ich ist „ein Stück vom *Es*", es ist das, was die *Sinneswahrnehmungen* der Außenwelt aus ihm gemacht, an Spuren in ihm hinterlassen haben und wozu das *Überich* es nötigt; es gehorcht seinen drei Zwingherren und ringt dabei um die Bewältigung seiner *ökonomischen* (!) Aufgabe, die verschiedenen Einflüsse unter einen Hut zu bringen. Diese personifizierte Redeweise vom Ich hat unbestreitbar praktische Vorzüge, und man muß nicht meinen, daß dadurch das Konzept vom Ich wissenschaftlich disqualifiziert sei. Freuds Überlegungen in seiner Aphasiestudie, die – wir können sagen: exemplarisch für viele psychische Funktionen – vorführt, wie das Wort- und Sprachverständnis aus einzelnen Musterkomplexen (Klang-, Bewegungs-, Schrift- und Lesebild) generiert wird und wie es gestört werden kann (wenn ein oder mehrere seiner Zuflüsse [Assoziationen] unterbrochen sind), lassen sich nämlich mit Gewinn auch auf seine gesamte Ich-Konzeption anwenden. Das Ich ist dann eine Organisation psychischer Abläufe *zwischen* Es, Überich und W-Bw, die in der Ausübung ihrer Funktionen angewiesen ist auf diese verschiedenen Zuflüsse, „die *in ihm* [dem Ich] und *auf es* wirken", und die deshalb auch den verschiedensten Einflüssen und Störungen von diesen drei Seiten her ausgesetzt ist (der Schlaf mit seinem Abzug der Besetzungen von W-Bw ist ein gutes Beispiel für eine solche normale Ich-Funktionsstörung). Das Ich wird aus diesen Zuflüssen überhaupt erst *generiert*, indem der *Prozeß* dieser Organisation (der verschiedenen Zuflüsse) selbst *Struktur* wird (eine Art *frozen action*), d. h.: das jeweilige Funktionsniveau seiner Abläufe hinterläßt einen strukturellen Niederschlag, der sich allmählich zu einem funktionell eigenständigen Strukturkomplex entwikkelt. Und es ist diese Herkunftsgeschichte aus Es, Überich und Wahrnehmung, die das Ich zum geeigneten – um nicht zu sagen: geeichten – „Sinnesorgan des ganzen Apparats" (ebd., S. 81 f.) macht. Verfolgen wir diesen Aspekt noch ein Stück weiter:

„Wir sehen es *vom System W als seinem Kern ausgehen* und zunächst das Vbw, das sich an die Erinnerungsreste anlehnt, umfassen.“ (1923b, S. 251, Hervh. d. V.)

„Es ist leicht einzusehen, das Ich ist der durch den direkten Einfluß der Außenwelt unter Vermittlung von W-Bw veränderte Teil des Es, gewissermaßen eine Fortsetzung der Oberflächendifferenzierung. Es bemüht sich auch, den *Einfluß der Außenwelt auf das Es und seine Absichten zur Geltung zu bringen*, ist bestrebt, das Realitätsprinzip an die Stelle des Lustprinzips zu setzen, welches im Es uneingeschränkt regiert. *Die Wahrnehmung spielt für das Ich die Rolle, welche im Es dem Trieb zufällt.*“ (ebd., S. 252 f., Hervh. d. V.)

„Auf die Entstehung des Ichs und seine Absonderung vom Es scheint noch ein anderes Moment als der Einfluß des Systems W hingewirkt zu haben. Der eigene *Körper* und vor allem die *Oberfläche* desselben ist ein Ort, von dem *gleichzeitig äußere und innere Wahrnehmungen* ausgehen können. Er wird wie ein anderes Objekt gesehen, ergibt aber dem Getast zweierlei Empfindungen, von denen die eine einer inneren Wahrnehmung gleichkommen kann. (...) Das Ich ist vor allem ein körperliches, es ist nicht nur ein Oberflächenwesen, sondern selbst die *Projektion einer Oberfläche*. Wenn man eine anatomische Analogie für dasselbe sucht, kann man es mit dem ‚*Gehirnmännchen*‘ der Anatomen identifizieren, das in der Hirnrinde auf dem Kopf steht, die Fersen nach oben streckt, nach hinten schaut und, wie bekannt, links die Sprachzone trägt.“ (ebd., S. 253 f., Hervh. d. V.)

Das Ich geht vom „System W als seinem Kern“, dem W1-System mit seinen Triebquellen: den ero- und biogenen Zonen mit ihren verschiedenen Sinnesorganen, aus und umfaßt auch die „Erinnerungsreste“, die Selbst- und Objektrepräsentanzen in W2. Jede Erregung einer ero- oder biogenen Zone wie überhaupt jede *Sinneserregung* fungiert innerhalb unseres formalisierten Modells als *Partialtrieb*, weshalb Freud zu Recht sagt: „Die Wahrnehmung spielt für das Ich die Rolle, welche im Es dem Trieb zufällt“. Auch der „eigene Körper und vor allem die Oberfläche desselben“ ist in der hier entwickelten Konzeption nicht „ein anderes Moment als der Einfluß des Systems W“, sondern ebenfalls ein Ort innerhalb von W1, an dem „gleichzeitig äußere und innere Wahrnehmungen“ erregt werden[209] – W1 läßt sich in verschiedene (extero- und interozeptive) Besetzungsstellen unterteilen. In jeder Hinsicht gilt also, daß das vom

W-System ausgehende Ich sowohl dem „direkten Einfluß der Außenwelt" wie auch der Einwirkung durch die Innenwelt (so durch das Es und Überich) „ausgesetzt" ist bzw. als Schaltstelle für Erregungen von dort fungiert. *Das Ich ist die zentrale Integrations- und Vermittlungsstelle innerhalb des psychischen Apparats für alle Arten von bewußten, vorbewußten und unbewußten inneren und äußeren Wahrnehmungen.* So weit, so klar.

Nun verwendet Freud aber ein besonderes Bild. Er sagt: das Ich „ist nicht nur ein Oberflächenwesen" (das innere und äußere Reize verschaltet), „sondern selbst die *Projektion einer Oberfläche*", und zwar eine in jeder Hinsicht *spiegelverkehrte*: es ist nämlich dem ‚Gehirnmännchen' gleich, „das in der Hirnrinde auf dem Kopf steht, die Fersen nach oben streckt, nach hinten schaut und (...) links die Sprachzone trägt." Damit kommt ein Gedanke zum Ausdruck, der – in direkter Entsprechung zur somatotopischen Projektion im Homunculus – etwas Wesentliches über Freuds theoretische Konzeption des Ichs aussagt. Wenn wir nämlich das Ich nicht nur als *Wahrnehmungsoberfläche* des psychischen Apparats, sondern auch als die *spiegelverkehrte Projektion* dieser Oberfläche auffassen (wenn sich in ihm außen und innen, oben und unten, vorn und hinten, rechts und links vertauschen), dann eröffnet sich uns eine neue Perspektive für die Funktionsweise des Ich.

Gehen wir davon aus, daß das Ich als hierarchisch übergeordnete Makrostruktur bezogen auf unser T-W-M-Schema von unten-innen (T-System, W1/W2-System) nach oben-außen (W2/W3- und M-/insbesondere M3-System) besetzt oder erregt wird – sozusagen von „unten" *afferent* und nach „oben" *efferent* –, dann würde die spiegelbildliche Projektion dieser Besetzungs(ober)fläche konzeptionell eine Verkehrung zustande bringen, die die Rezeptorseite nach oben-außen (sozusagen in die durchgebrannte Hülle) verlegt, die Effektorseite hingegen nach unten-innen richtet. Dann können wir sagen: das Ich ist eine Organisationseinheit, die von unten (von den T-W1-W2-Systemen bzw. vom unbewußten Es) aus nach oben (W3-M3) aktiviert wird und – durch spiegelbildliche Verkehrung – rückwirkend wieder von oben nach unten Einfluß nimmt (ein Feedback gibt) auf das Es bzw. die W2-W1-T-Systeme. Das Ich wäre so ein „Oberflächenwesen", eine (Makro-)Struktur, an der sich erneut unser generelles Schema abbildet: *(Es)Trieb → Struktur → (Ich)Verdrängung* – in Freuds Worten: das Ich „entwickelt sich von der *Triebwahrnehmung* zur *Triebbeherrschung*" (1933a, S. 83, Hervh. d. V.). Die Triebbeherrschung, die ohne die Verdrängung gar nicht gedacht werden kann, wird ja überhaupt als eine der wichtigsten, um nicht zu sagen: als *die* entscheidende Ichfunktion behandelt. Da aber die hier entwickelte Auffassung alle Funktionen des psychischen Apparats auf das einfache Trieb-Struktur-Verdrängungs-Muster zurückführt, ist die Verdrängung (als die Aktivität des jeweils antagonistischen Triebs) in allen Mikro-, Sub- und Makrosystemen des psychischen Apparats wirksam und kann nicht auf das Ich beschränkt werden. Trotzdem ist Freuds Diktum, daß vom Ich die Verdrängungen ausgehen (1923b, S. 243), mit unserem formalisierten Verständnis der Verdrängung vereinbar – es ist eben alles eine Frage der Perspektive, und aus der Makroperspektive betrachtet, ist dann das Ich nicht nur eine Empfangs- und Schaltstelle der vom Es ausgehenden Triebe, sondern auch durch Spiegelverkehrung (aus [+] wird [–]) eine die Verdrängung auslösende Instanz[210]. Da wir in der hier entwickelten Auffassung diese Ich-Verdrängung ebenfalls als einen Triebvorgang definiert haben, muß dieser seinerseits wieder an einer Struktur verschaltet werden, mit anderen Worten: um den Regelkreis zu schließen, müssen wir annehmen, daß das Ich nicht nur afferent vom Es her aktiviert wird, sondern seinerseits efferent auf das Es zurückwirkt. Die von Freud erkannte spiegelbildliche Umkehr im Ich ermöglicht genau diese Schließung des Regelkreises: sie macht das Ich zur Zielstruktur des Es, wie umgekehrt das Es die Zielstruktur des Ich bildet. Das Ich kann auf diese Weise (efferent) „den Einfluß der Außenwelt auf das Es und seine Absichten zur Geltung bringen" und „gleicht so im Verhältnis zum Es dem Reiter, der die überlegene Kraft des Pferdes zügeln soll, mit dem Unterschied, daß der Reiter dies mit eigenen Kräften versucht, das Ich mit geborgten." (1923b, S. 253) Freuds Aussage ist an dieser Stelle eindeutig: das Ich verfügt nicht über eigene Energien, sondern nur über geborgte, es gibt keine zusätzlichen oder eigenen Ichtriebe in diesem Modell, sondern das Ich bezieht seine Energien vom Es und vom Überich – wobei sich aber vielleicht doch noch ein besonderer Aspekt erschließen läßt:

Greifen wir zurück auf unsere Überlegungen zum *Jenseits des Lustprinzips,* dann können wir nämlich die Projektion zur Spiegelverkehrung im Ich wie einen Schritt über die Grenze auffassen: so von außen betrachtet, wird der psychische Apparat dann, dem Körper gleich, „wie ein anderes Objekt gesehen." Damit könnten wir die Hypothese aufstellen, daß ein Teil im Ich von einer *jenseitigen* Position aus arbeitet, daß sich dort ein Perspektivenwechsel, eine Spiegelverkehrung von „Gestalt und Grund" = Trieb und Struktur ereignet. Haben wir die Strukturbildung und Funktionsweise von Es, Überich und Ich bisher ganz aus der *diesseitigen* Perspektive des hier generell gültigen Prinzips betrachtet – wonach ein Trieb an einer Struktur mit einer Verdrängung verschaltet wird – würde sich bei der projektiven „Verdopplung" des Ichs (das ja nicht nur 1. ein „Oberflächenwesen", sondern auch 2. die „Projektion einer Oberfläche" ist) ein Gestaltwechsel zur *jenseitigen* Perspektive vollziehen, wonach die diesseitigen *Strukturaktivitäten* im Ich: die *Prozesse der Mustergenerierung,* für das jenseitige Ich das *bewegende,* das *treibende* Moment, *die Triebe* sind, während das, was diesseits *bewegt*: die *Triebe*, jenseits die Vorgänge der Musterbildung *begrenzt*, stoppt oder *strukturiert.* Dieses Postulat einer spiegelbildlichen Verkehrung (auch eine Art Cross-over) von Struktur und Trieb im Ich entspräche einem Umschwung des Systemfunktionierens auf einer gewissen Höhe bzw. Komplexität seines Organisationsniveaus: *das treibende Moment* in diesem Teil des Ichs läge dann nicht mehr im Wechsel von Trieb und Verdrängung, sondern in der *Abfolge* der *Musterbildungen*, im *Wie* ihres Zustandekommens, und *das strukturierende Moment* bestünde darin, daß sogenannt „gebundene" Trieberregungen den Wahrnehmungsprozeß der Musterbildungen regulieren, während er durch „ungebundene" Trieberregungen in einer Art *Black-out* (einer Notmaßnahme der homöostatischen Regulation) gestoppt würde. Da jeder Umschwung der Systemfunktionen auf ein höheres Organisationsniveau mit einer Zunahme an Komplexität und einem Verlust, einer Einsparung an Detailwahrnehmung einhergeht und da für das Bewußte gelten soll, daß es nur einen geringen Ausschnitt aller Ichvorgänge wahrnimmt, ist meine These die, daß *dieser jenseitige Teil des Ichs das Bewußte, das System Bw, darstellt.* Das System Bw würde sich also vom übrigen Ich dadurch unterscheiden, daß es durch die *jenseitige* = die ihm eigene spezifische (am Ablauf der Musterbildungen orientierte) Art der Wahrnehmung nur einen begrenzten und hochkomplexen Ausschnitt aller diesseitigen Ich-Wahrnehmungen registriert, daß es getrennt ist von den Erinnerungssystemen (die wie im Es und Überich, so auch im diesseitigen Ich situiert wären) und daß der Erregungsvorgang in ihm „gleichsam im Phänomen des Bewußtwerdens verpufft." (1920g, S. 25). – Nun kann man sich fragen: Handelt es sich bei dieser Hypothese um eine theoretische Spielerei, um eine unnötige Komplikation im Bauplan des metapsychologischen Modells? Es gibt zumindest zwei Anhaltspunkte in Freuds späten theoretischen Überlegungen, die diese Sicht unterstützen könnten.

Der erste betrifft die Annahme einer sogenannt *neutralisierten Energie*: Freud stellt die Hypothese auf, es gäbe „im Seelenleben – unentschieden, ob im Ich oder im Es – eine verschiebbare Energie, die, an sich indifferent, zu einer qualitativ differenzierten erotischen oder destruktiven Regung hinzutreten und deren Gesamtbesetzung erhöhen kann." (1923b, S. 273) Wir haben durch die gesamte Untersuchung der metapsychologischen Konzepte Freuds daran festgehalten, daß es nur zwei Grundtriebe geben soll, und die Energie dieser Triebe mit (+)Libido und (–)Lethe bezeichnet. Unter dieser Voraussetzung könnte man das Postulat einer neutralisierten Energie im Sinne einer vollständig äquilibrierten Energie auffassen, der dann ein 0-Wert zukäme; aber rein rechnerisch könnte man mit einem solchen 0-Betrag eine Gesamtbesetzung nicht erhöhen. Eine andere Möglichkeit der Auffassung von einer solchen neutralisierten Energie, die weder sexuell noch destruktiv sein soll und doch die vorhandenen Besetzungsbeträge erhöhen würde, läge nun in der Idee, daß diese „neutralisierte Energie" (diese Ichenergie) dem *jenseitigen* Bereich des Ichs, seinem System Bw, zukäme: sie wäre dann weder libidinös noch lethisch, sondern – entsprechend der Vertauschung von Trieb und Struktur – *der Ausdruck der Strukturaktivitäten des psychischen Apparats* (und für jede Struktur gilt ja, daß das in ihr etablierte Schaltgesetz mit dem fiktiven Gleichgewichts- oder „Neutralitätswert" *Null* bezeichnet werden kann). Diese „neutralisierte Energie" könnten wir dann als eine leicht verschiebbare „Bewußtseinsenergie" verstehen, die Es-, Überich-, aber hauptsächlich Ich-Vorgänge besetzen und damit deren Gesamtbesetzung über die Bewußtseinsschwelle hinaus „erhöhen" kann.

Der zweite Anhaltspunkt für diese jenseitige Auffassung des bewußten Anteils des Ichs findet sich in *Hemmung, Symptom und Angst* (1926d). Hier erklärt Freud das Ich zur alleinigen Angststätte und gibt seine frühere Auffassung – in der Angst als direktes Umwandlungsprodukt nicht abgeführter Libido aufgefaßt wird – auf. Seine Begründung für diese Revision bezieht sich auf die Idee einer neutralisierten Energie im Ich: „Da das Ich mit desexualisierter Energie arbeitet, wurde in der Neuerung auch der intime Zusammenhang von Angst und Libido gelockert." (1926d, S. 194) An seine Stelle tritt die neue Theorie der Signalangst:

„Dann hilft sich das Ich durch eine Technik, die im Grunde mit der des normalen Denkens identisch ist. Das Denken ist ein probeweises Handeln mit kleinen Energiemengen, ähnlich wie die Verschiebungen kleiner Figuren auf der Landkarte, ehe der Feldherr seine Truppenmassen in Bewegung setzt. Das Ich *antizipiert* also die Befriedigung der bedenklichen Triebregung und erlaubt ihr, die Unlustempfindung zu Beginn der gefürchteten Gefahrsituation zu *reproduzieren*. Damit ist der Automatismus des Lust-Unlust-Prinzips ins Spiel gebracht, der nun die Verdrängung der gefährlichen Triebregung durchführt." (1933a, S. 96, Hervh. d. V.)

Der ökonomische Vorteil dieser neuen Angstkonzeption liegt darin, daß der psychische Apparat jetzt „die Angstentwicklung auf ein bloßes *Signal*" beschränken kann (ebd., S. 97), und dies wird möglich durch die *Antizipation* eines Ablaufs, der nach dem *Muster* einer früheren Situation (der Hilflosigkeit) *reproduziert* wird: die Reproduktion von Mustern besteht im Besetzen von bereits bestehenden und im Besetzungsvorgang (hinzu-)assoziierten Erinnerungsspuren = Mustern, und nur innerhalb dieser kann auch antizipiert werden; d. h. es geht bei dieser neuen Angsttheorie nicht mehr direkt um Triebenergien – „die Frage, aus welchem Stoff die Angst gemacht wird, hat an Interesse verloren" (ebd., S. 92) –, sondern um die Wahrnehmung der in den Erinnerungssystemen gespeicherten Prozesse der Musterbildung. Und diese Prozesse der Musterbildung – das wäre die These –, diese Strukturaktivitäten sind im jenseitigen

Bereich des bewußten Ichs das treibende Moment, der Trieb. Aber auch wenn wir so mit Freud nicht mehr den Trieb, sondern die in den Strukturen verankerte Musterbildung zur Grundlage der Angst – wie vielleicht aller bewußter Wahrnehmung – erklären, löst doch die Signaltheorie die Triebtheorie innerhalb unseres formalisierten Modells nicht auf, denn wenn das *Signal* auf der Aktivierung von Musterbildungen beruht oder diesen – in wie rudimentärer Form auch immer – entspricht, beruht doch die Ausprägung solcher Musterbildungen auf vorausgehenden Triebabläufen, die also in den Signalen genuin enthalten sind – mit anderen Worten können wir dann sagen: die erste Angsttheorie Freuds stützt sich auf den diesseitigen, die letzte auf den jenseitigen Triebbegriff. – Machen wir uns von den hier entwickelten Überlegungen eine graphische Vorstellung:

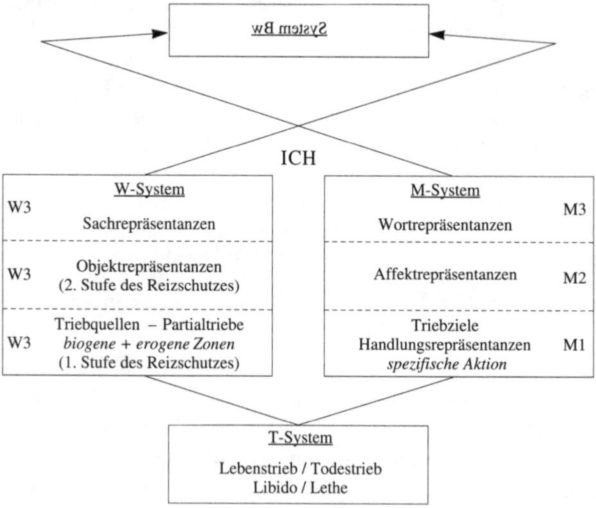

Abb. 30 zeigt isoliert die Makrostruktur Ich mit ihren Zugriffsmöglichkeiten auf die drei T-W-M-Systeme; das Cross-over zum System Bw ist durch Spiegelschrift dargestellt; dabei zeigt sich auch, daß ohne eine Besetzung des M-Systems der psychische Prozeß nicht vollständig ins System Bw gekreuzt werden könnte (ohne das M-System käme sozusagen nur ein „halbes" Bewußtsein zustande); dies entspricht der Forderung Freuds, welche die Verbindung mit einer Wortrepräsentanz zur notwendigen Voraussetzung für das Bewußtwerden eines psychischen Vorgangs macht – d. h. eigentlich dafür, daß ein Vorgang *vorbewußt* = bewußtseinsfähig wird.

Daß dem Bewußtsein, welches uns doch das nächste und vertrauteste ist, eine jenseitige Position zugeschrieben wurde, mag befremdlich klingen, ist aber ebenfalls nur eine Frage der Perspektive: wir könnten ohne weiteres sagen, daß das System Bw aus einer diesseitigen Perspektive arbeitet und die vorbewußten und unbewußten Teile des Ichs, Überichs und Es als jenseitige bezeichnen – was unserem Gefühl der Verborgenheit der unbewußten Regungen besser Rechnung trüge. Chronologisch gesehen verläuft aber der Aufbau des metapsychologischen Modells genau umgekehrt, von unten nach oben, vom Unbewußten zum Bewußten, weshalb gerade in der Erhellung der unbewußten Prozesse seine einzigartige Erklärungskraft liegt. Wie in allen Überlegungen dieser Arbeit behauptet auch die hier versuchte Hypothese vom jenseitigen Bereich des bewußten Ichs nicht, daß es *wirklich* so ist mit unserem Bewußtsein; die Frage ist vielmehr, ob eine solche Konzeption geeignet ist, Verhältnisse wahrzunehmen und zu erklären, die ohne diese Hypothese nicht zu fassen wären; das allein ist der Prüfstein einer jeden theoretischen Annahme. – Haben wir so das Ich in Beziehung zu den drei T-W-M-Systemen gesetzt, können wir – in Anlehnung an Freuds Darstellung vom psychischen Apparat (Abb. 29) – in Gedanken Abb. 30 ergänzen, indem wir unten das Es und seitlich das Überich hinzufügen.

„Unsere Vorstellungen vom Ich beginnen sich zu klären, seine verschiedenen Beziehungen an Deutlichkeit zu gewinnen. Wir sehen das Ich jetzt in seiner Stärke und in seinen Schwächen. Es ist mit wichtigen Funktionen betraut, kraft seiner Beziehung zum *Wahrnehmungssystem* stellt es die *zeitliche Anordnung* der seelischen Vorgänge her und unterzieht dieselben der *Realitätsprüfung*. Durch die Einschaltung der *Denkvorgänge* erzielt es einen Aufschub der motorischen Entladungen und beherrscht die *Zugänge zur Motilität*. Letztere Herrschaft ist allerdings mehr formal als faktisch, das Ich hat in der Beziehung zur Handlung etwa die Stellung eines konstitutionellen Monarchen, ohne dessen Sanktion nichts Gesetz werden kann, der es sich aber sehr überlegt, ehe er gegen einen Vorschlag des Parlaments sein Veto einlegt. Das Ich bereichert sich bei allen Lebenserfahrungen von außen; das *Es* aber ist seine andere Außenwelt, die es sich zu unterwerfen strebt. Es entzieht dem Es Libido, bildet die Objektbesetzungen des Es zu Ichgestaltungen um. Mit Hilfe des *Über-Ichs* schöpft es in einer für uns noch dunklen Weise aus den im Es angehäuften Erfahrungen der Vorzeit.“ (1923b, S. 285)

Vor dem Hintergrund der T-W-M-Systeme haben wir unsere Überlegungen zum Ich mit Freud von der Wahrnehmung und dem Bewußtsein ausgehend entwickelt. Auch das Bewußtsein ist ein Wahrnehmungsvorgang, wenngleich – nach den vorangehenden Überlegungen – ein spezieller: er besteht in einer projektiv spiegelverkehrten Wahrnehmung eines Teils der laufenden diesseitigen Ichaktivitäten. Diese Ichaktivitäten bestehen, formal ausgedrückt, in der Verschaltung (Synthese, Koordination, Kontrolle, Steuerung etc.) sämtlicher Abläufe innerhalb des gesamten psychischen Apparats – wobei das Ich keinen direkten Zugriff hat auf *alle* Einzelabläufe innerhalb der verschiedenen Organisationseinheiten (d.h. innerhalb der Subsysteme von Es und Überich), sondern nur etwa deren „Output“ zur Weiterverarbeitung verwendet; wie tief es dabei Einblick hat in die laufenden Es- und Überich-Vorgänge, wie fein und differenziert es als Seismograph die Schwingungen und Bewegungen von dort registriert und verwertet, bleibt offen und der individuellen Variation vorbehalten. Da Freud dem Ich einen solcherart vermittelnden Zugang zwischen Es, Überich und Wahrnehmung zuerkannt hat, sind die diesseitigen Ichaktivitäten als teils vorbewußte, teils dynamisch unbewußte gedacht. Wir können sogar sagen: alle wichtigen Ichfunktionen können außerhalb des Bewußten verlaufen; auch die Realitätsprüfung, die wir als ein Referenzieren von Musterbildungen der Wunsch- und der (äußeren) Sinneswahrnehmungen erkannt haben, ist ein Vorgang, der sich bereits vor dem Bewußtwerden seines Resultats vollzogen haben kann; das Bewußte nimmt dann nur das Ergebnis dieses Vergleichs wahr, kann allerdings, wenn dieser Vorgang eine erhöhte Besetzung erhält bzw. über eine längere Zeitspanne erfolgt, auch den Prozeß des Referenzierens als solchen in der Form einer dabei entstehenden Musterbildung wahrnehmen. Das Bewußtsein, der uns vertrauteste Bereich der Psyche, ist somit durchaus nicht der interessanteste Teil des Ichs; es ist, so verstanden, nur wenig mehr als eine Linse, die einen kleinen Ausschnitt aller Resultate der Ich-Vorgänge abbildet, aber es ist doch eine „aktive“ Linse, insofern das System

Bw – wie jede Struktur – die bei ihm eintreffenden *diesseitigen Triebvorgänge* optisch gesprochen: „auf den Kopf stellt", und d. h. hier: nochmals verschaltet, womit die (beschränkten) Möglichkeiten der „bewußten Steuerung" innerhalb des psychischen Apparats konzeptualisiert wären. Da das System Bw weniger wahrnehmen soll als das vor- und unbewußte Ich, können die Abläufe in ihm auch verlangsamt ablaufen: kurze Besetzungen im Ich unterhalb der Bw-Zeitschwelle entfallen dadurch für die bewußte Wahrnehmung; wir können auch sagen: es bedarf einer gewissen Quantität (Frequenz) an wiederholten Besetzungen im Ich, um im Bewußten die Wahrnehmung einer Musterbildung hervorzurufen. Auch deshalb werden dem System Bw nur bedingt Integrations-, Steuer- und Kontrollfunktionen innerhalb des Ichs zuerkannt. Die meisten aller für unser inneres Gleichgewicht entscheidenden Ich-Vorgänge ereignen sich außerhalb und vor ihrem Bewußtwerden, d. h.: wir nehmen nicht (direkt) bewußt wahr, sondern *es wird uns bewußt* (oder auch nicht), was wir wahrnehmen (was wir in unserem vor- und unbewußten Ich zuerst wahrgenommen und verarbeitet haben). Die große dritte Kränkung der Menschheit, die Freuds Entdeckung mit sich brachte, „daß das *Ich nicht Herr sei in seinem eigenen Haus*" (1917b, S. 11), weil die meisten psychischen Vorgänge unbewußt ablaufen, schließt eben auch das interne Verhältnis des Ichs zu seinem System Bw ein:

„Das Seelische in dir fällt nicht mit dem dir Bewußten zusammen; *es ist etwas anderes, ob etwas in deiner Seele vorgeht, und ob du es auch erfährst.* Für gewöhnlich, ich will es zugeben, reicht der Nachrichtendienst an dein Bewußtsein für deine Bedürfnisse aus. Du darfst dich in der Illusion wiegen, daß du alles Wichtigere erfährst. Aber in manchen Fällen, z. B. in dem eines solchen Triebkonflikts, versagt er und dein Wille reicht dann nicht weiter als dein Wissen. *In allen Fällen aber sind diese Nachrichten deines Bewußtseins unvollständig und häufig unzuverlässig; auch trifft es sich oft genug, daß du von den Geschehnissen erst Kunde bekommst, wenn sie bereits vollzogen sind und du nichts mehr an ihnen ändern kannst.*" (ebd., S. 10 f., Hervh. d. V.)[211]

Die Beziehungen zwischen Es, Überich und Ich

So weit gekommen, haben wir zuletzt noch die Aufgabe, die dynamische Interaktion der drei Makrostrukturen, wie Freud sie sich gedacht hat, im Vergleich mit der hier entwickelten Konzeption zu reflektieren und die im Lauf unserer Untersuchung verwendeten Schemata zusammenzufügen. Beginnen wir mit einer etwas ausführlicheren Darstellung des Es, das in diesem Kapitel über die definitive Fassung der Strukturtheorie noch nicht berücksichtigt wurde:

„Sie erwarten nicht, daß ich Ihnen vom Es außer dem neuen Namen viel Neues mitzuteilen habe. Es ist der dunkle, unzugängliche Teil unserer Persönlichkeit; das wenige, was wir von ihm wissen, haben wir durch das Studium der Traumarbeit und der neurotischen Symptombildung erfahren, und das meiste davon hat negativen Charakter, läßt sich nur als Gegensatz zum Ich beschreiben. Wir nähern uns dem Es mit Vergleichen, nennen es ein Chaos, einen Kessel voll brodelnder Erregungen. Wir stellen uns vor, es sei am Ende gegen das Somatische offen, nehme da die Triebbedürfnisse in sich auf, die in ihm ihren psychischen Ausdruck finden, wir können aber nicht sagen, in welchem Substrat. Von den Trieben her erfüllt es sich mit Energie, aber es hat keine Organisation, bringt keinen Gesamtwillen auf, nur das Bestreben, den Triebbedürfnissen unter Einhaltung des Lustprinzips Befriedigung zu schaffen. Für die Vorgänge im Es gelten die logischen Denkgesetze nicht, vor allem nicht der Satz des Widerspruchs. Gegensätzliche Regungen bestehen nebeneinander, ohne einander aufzugeben oder sich voneinander abzuziehen, höchstens daß sie unter dem herrschenden ökonomischen Zwang zur Abfuhr der Energie zu Kompromißbildungen zusammentreten. (...) Im Es findet sich nichts, was der Zeitvorstellung entspricht, keine Anerkennung eines zeitlichen Ablaufs und (...) keine Veränderung des seelischen Vorgangs durch den Zeitablauf. Wunschregungen, die das Es nie überschritten haben, aber auch Eindrücke, die durch Verdrängung ins Es versenkt worden sind, sind virtuell unsterblich, verhalten sich nach Dezennien, als ob sie neu vorgefallen wären." (1933a, S. 80)

„Selbstverständlich kennt das Es keine Wertungen, kein Gut und Böse, keine Moral. Das ökonomische oder, wenn Sie so wollen, quantitative Moment, mit dem Lustprinzip innig verknüpft, beherrscht alle Vorgänge. Triebbesetzungen, die nach Abfuhr verlangen, das, meinen wir, sei alles im Es. Es scheint sogar, daß sich die

Energie dieser Triebregungen in einem andern Zustand befindet als in den andern seelischen Bezirken, weit leichter beweglich und abfuhrfähig ist, denn sonst würden nicht jene Verschiebungen und Verdichtungen vorfallen, die für das Es charakteristisch sind und die so vollkommen von der Qualität des Besetzten – im Ich würden wir es eine Vorstellung nennen – absehen." (ebd., S. 81)

Daß das Es der „dunkle, unzugängliche Teil" der Psyche ist, versteht sich. Aber im Grunde genommen trifft dies ja auf alles zu, was nicht bewußt oder bewußtseinsfähig (vbw) ist, also etwa auch auf die dynamisch unbewußten Anteile des Überichs (wie sie sich z. B. im unbewußten Schuldgefühl, im Krankheitsbedürfnis, in der negativen therapeutischen Reaktion so rätselhaft präsentieren [1923b, S. 278 ff.]). Das also kann nicht als das entscheidende Kriterium zur Kennzeichnung des Es betrachtet werden. Anders steht es vielleicht mit einer Bestimmung des Es als ein „Gegensatz zum Ich". Darin könnte Freuds Grundvorstellung zum Ausdruck kommen, daß vom Es die Triebe und vom Ich die Verdrängungen ausgehen. In genau diesem Punkt unterscheidet sich die hier entwickelte formalisierte Version der Metapsychologie von ihrer üblichen Auffassung: die Triebe und die Verdrängung werden nicht auf zwei verschiedene Instanzen verteilt, sondern jede einzelne psychische Einheit, vom Mikro- bis zum Makrobereich, ist nach dem Grundprinzip konzipiert, daß ein Trieb an einer Struktur mit seinem Triebantagonisten = der Verdrängung verschaltet wird; d. h., um es auf den auffälligsten Gegensatz zu bringen: auch im Es wirkt die Verdrängung, und auch im Ich wirken die Triebe. Daß diese Auffassung aber nicht der Freudschen Grundkonzeption widerspricht, ergibt sich daraus, daß wir die Verdrängung selber als einen Trieb aufgefaßt haben, und zwar als den zum jeweils vorauslaufenden Trieb antagonistischen – weshalb weiterhin gilt, daß im Es die Triebe (z. T. in verdrängender Position) und im Ich die Verdrängung (die ein Triebvorgang ist) wirken.

Daß Freud das Es „nur als Gegensatz zum Ich beschreiben" kann, läßt aber auch einen anderen Gedanken aufkommen, der hier wenigstens als Möglichkeit ins Spiel gebracht werden soll. Danach wäre das Unzugängliche des Es nicht allein durch das Fehlen des Bewußtseins bedingt, sondern durch eine geradezu *gegensätzliche Organisation*: In derselben Weise, wie wir für das Ich die These eines *jenseitigen* Bereichs seiner Organisation in seinem System Bw aufgestellt haben, könnten wir auch für das Es in seinem Verhältnis zum diesseitigen Ich einen solchen Umschwung auf ein jenseitiges Niveau annehmen. Das hieße nichts anderes, als daß es sozusagen mehrfach innerhalb der Gesamtorganisation des psychischen Apparats zu einem solchen Umschwung vom Jenseits zum Diesseits zum Jenseits usw. kommen könnte (wobei die Begriffe „Diesseits" und „Jenseits" selbstverständlich nichts Metaphysisches andeuten wollen, sondern nur Metaphern sind, die entsprechend dem Gestaltwechsel von Figur und Grund für den Umschwung der Systemfunktionen an einem bestimmten Ausprägungsgrad ihrer Organisation stehen). Der Vorteil der Konzeption eines solchen (mehrfachen) Umschwungs läge zweifellos in einer besseren Abgrenzung der einzelnen Systeme voneinander und vor allem in einer dadurch bewirkten größeren dynamischen Stabilität des Gesamtsystems. Zu dieser These würde die von Freud erkannte Eigentümlichkeit und Andersartigkeit der im Es herrschenden Denkvorgänge passen, so das scheinbare Fehlen der Logik (= die spezifische Logik des Unbewußten), der Zeitvorstellung etc. Aber täuschen wir uns nicht: auch wenn diese Andersartigkeit theoretisch auf einen solchen Umschwung zurückzuführen wäre, auch wenn sich damit diesseitige und jenseitige Abläufe phänomenal stark voneinander unterscheiden würden, *prinzipiell* anders wären sie deshalb *nicht:* Auch für jenseitige Abläufe gilt das Grundmuster Trieb → Struktur → Verdrängung, nur daß dabei vertauscht wird, was als Trieb und was als Struktur zu gelten hat (was erneut auf den rein formalen, immateriellen Charakter unserer theoretischen Vorstellungen hinweist). Im übrigen soll es ja auch im Es „Kompromißleistungen" geben – und Kompromißleistungen sind nichts anderes als Verschaltungen, die aus zwei gegensätzlichen Strebungen eine dritte resultieren lassen, oder die – wie bei den Traumassoziationen – Gegensätzliches miteinander verbinden.

Was Freuds Beschreibung des Es als „Chaos" und „Kessel voll brodelnder Erregungen" bedeutet, haben wir bereits bei unserem kleinen einleitenden Ausflug in die Chaostheorie gesehen: auch das phänomenal chaotisch Anmutende entspricht letztlich einer Ordnung und Gesetzmäßigkeit, die wir – ohne jede Einbuße der für das Es und das Unbewußte erkannten Besonderheiten – auch für die Vorgänge im Es voraussetzen können. Dort wie überall im psychischen Apparat soll das allgemeine Prinzip strukturierter Triebabläufe gelten[212], ausgedrückt in dem „Bestreben, den *Triebbedürfnissen* unter Einhaltung des *Lustprinzips Befriedigung* zu schaffen" – in unsere Terminologie übersetzt, ist das Lustprinzip nichts anderes als das homöostatische Regulationsprinzip und die Befriedigung nichts anderes als die Verdrängung des vorausgehenden Bedürfnisses. Deshalb gilt vollumfänglich: „Das *ökonomische* oder (..) *quantitative* Moment, mit dem *Lustprinzip* innig verknüpft, *beherrscht alle Vorgänge*" – diese Bestimmung ist formal nicht für das Es zu reservieren, sondern gilt überall und an jeder Stelle des psychischen Apparats. Dennoch bleiben die bekannten „chaotischen" Besonderheiten des Es im Vergleich zum Überich und Ich bestehen. Sie lassen sich zunächst einmal mit der angenommenen geringeren Dichte seines Strukturgeflechts erklären, die sich auf die Organisation der Es-Triebabläufe so auswirkt, wie es das Bild vom „Kessel voll brodelnder Erregungen" zum Ausdruck bringt und wie sie in der Annahme zum Ausdruck kommt, „daß sich die Energie dieser Triebregungen in einem andern Zustand befindet als in den andern seelischen Bezirken, weit leichter beweglich und abfuhrfähig ist" – die geringere Verschaltungsquote im Es begründet also auch Freuds Postulat vom Primärvorgang. Darüber hinaus haben wir ja wiederholt festgehalten, daß jede vollständige psychische Einheit eine Trieb-Verdrängungs-Einheit ist, die alle drei T-W-M-Systeme involviert, und davon für das Unbewußte bzw. jetzt für das Es einige Ausnahmen gelten lassen, die seine Andersartigkeit im Verhältnis zum Ich betreffen: Unter dem Begriff der *monofilen Repräsentanz(enkette)* haben wir einen Erregungsablauf verstanden, bei welchem der antagonistische Triebanteil fehlt[213], und als *duofile Fragmente* diejenigen Einheiten bezeichnet, bei denen es sich zwar um Trieb-Verdrängungs-Verbindungen, nicht aber um vollständige T-W-M-Abläufe handelt. Monofile Repräsentanzen und duofile Fragmente fänden sich – so unsere Annahme – ausschließlich im vubw und ubw Es. Daß in diesen Verbindungen (Mikrokomplexen) bestimmte Bestandteile zur Vollständigkeit einer psychischen Einheit fehlen, würde sich nicht nur in der *Eigenartigkeit ihrer Gestaltung* niederschlagen – „im Ich würden wir es eine Vorstellung nennen", d.h. die Fehlteile verwehren diesem Besetzten den Status einer „Vorstellung" –, sondern auch in der *Eigenart der Logik* ihrer Organisation. Solche Sonderformen der psychischen Abläufe im Es gelten hier als unvollständig in bezug auf unsere Grundannahmen wie auch in bezug auf ihre Übersetzbarkeit in eine diesseitige Ich-Version.

Weiterhin vertritt Freud die Ansicht, das Es „sei am Ende gegen das *Somatische* offen, nehme *da* die *Triebbedürfnisse* in sich auf" und erfülle sich von diesen her mit Energie. Diese Aussage bezieht sich auf den Triebbegriff von 1915, der dort als ein *Grenzbegriff* zwischen psychischen und somatischen Vorgängen definiert wird. Wir haben an dieser Absicht Freuds, durch seine Triebtheorie das Psychische mit dem Somatischen zu verbinden und diese Verbindung zu konzeptualisieren, dadurch festgehalten, daß wir die gesamte Metapsychologie unter dem Gesichtspunkt ihrer Formalisierung aufgearbeitet haben. Danach gibt es in unserem Modell keinen besonderen Ort mehr, der „gegen das *Somatische* offen" ist – die ganze Konzeption ist sozusagen an jeder Stelle (nicht nur im Es) sowohl gegen das Somatische wie gegen das Psychische offen. Somatisches wie Psychisches sind im hier entwickelten Modell also nirgends direkt, sondern nur indirekt in Form von Musterbildungen repräsentiert. D.h.: Wir haben uns einerseits von einer Öffnung des Es zum Somatischen entfernt, andererseits aber einer monistischen Konzeption von Psyche und Soma überall angenähert.

Auf das Ich und Überich soll hier nur noch kurz eingegangen werden, insoweit es die Beziehung dieser Instanzen zu den jeweils anderen betrifft; beginnen wir beim Überich:

„Die Motive, die uns bewogen haben, eine Stufe im Ich anzunehmen, eine Differenzierung innerhalb des Ichs, die *Ich-Ideal* oder *Über-Ich* zu nennen ist, (...) bestehen zu Recht." (1923b, S. 256)

„Somit beherbergt das erbliche Es in sich die Reste ungezählt vieler Ich-Existenzen, und wenn *das Ich sein Über-Ich aus dem Es schöpft,* bringt es vielleicht nur ältere Ichgestaltungen wieder zum Vorschein, schafft ihnen eine Auferstehung." (ebd., S. 267, Hervh. d. V.)

„Somit *steht das Über-Ich dem Es dauernd nahe und kann dem Ich gegenüber dessen Vertretung führen.*“ (ebd., S. 278, Hervh. d. V.)

„Sie sehen hier, das Über-Ich taucht in das Es ein; als *Erbe des Ödipuskomplexes* hat es ja intime Zusammenhänge mit ihm. Es liegt weiter ab vom Wahrnehmungssystem als das Ich.“ (1933a, S. 85, Hervh. d. V.)

„Das *Es* ist ganz *amoralisch*, das *Ich* ist bemüht, *moralisch* zu sein, das *Über-Ich* kann *hypermoralisch* und dann so grausam werden wie nur das Es.“ (1923b, S. 284)

Die ersten drei Zitate betreffen die Stellung des Überichs zum Es und zum Ich: Im ersten bezeichnet Freud das Überich als „eine *Stufe im Ich*“, im zweiten schöpft „das Ich sein Über-Ich aus dem Es“ und im dritten „steht das Über-Ich dem Es dauernd nahe und kann dem Ich gegenüber dessen Vertretung führen“ – man könnte also nach dem zweiten und dritten Zitat das Überich genauso gut als eine *Stufe im Es* auffassen, die nicht nur vom Ich aus dem Es herausgeschöpft (als geschlossener Systemkomplex in seine Organisation integriert) würde, sondern sich auch vermittelnd (das Es vertretend) *zwischen* Es und Ich stellt. Umgekehrt aber steht wiederum das Ich in der (bemüht) moralischen Mitte zwischen dem amoralischen Es und dem hypermoralischen Überich, welches dann in seiner Grausamkeit (in seiner kruden „Triebhaftigkeit“) dem Es gleichzusetzen ist; d. h. in dieser Auffassung wäre das Ich der Schalter zwischen der Triebhaftigkeit des Es und der Triebhaftigkeit (Verdrängung) des Überichs. Diesen Textstellen zufolge ist also nicht eindeutig zu entscheiden, ob das Überich nun mehr dem Ich oder mehr dem Es zuzurechnen ist und welche Instanz zwischen welchen anderen zu vermitteln hat. Gehen wir – wie immer bei Freud mit Vorteil – davon aus, daß diese scheinbare Unentschiedenheit Methode hat, dann können wir auf einen bereits angedeuteten Gedanken über die flexible Organisation innerhalb des psychischen Apparats zurückkommen: Wir haben im Kapitel über das Überich allen drei Instanzen des psychischen Apparats prinzipiell gleichrangige Positionen eingeräumt, wodurch jede von ihnen formal in der Lage ist, die anderen beiden in der hierarchisch übergeordneten Superposition zu dominieren bzw. deren „Output“ (Triebresultanten) zu verschalten. Man kann sich das

Ganze vorstellen wie eine Drehung oder Kippung des Apparats (man könnte auch hier von einem periodischen Umschwung sprechen), durch die jeweils eine andere Makrostruktur „nach oben" käme – was die Organisation der Abläufe innerhalb der beiden „nach unten" gerutschten Makrostrukturen eventuell einer partiellen Modifikation unterzöge. Wir können dann mit Freud davon ausgehen, daß wir im (wachen) Normalfall das Ich in der hierarchischen Superposition erwarten (z. B.: das Ich ist bemüht, moralisch zu sein = nicht zu unmoralisch, aber auch nicht hypermoralisch); aber es kann auch vorkommen, daß das System einen Umschwung erfährt, der das Überich in die hierarchische Superposition bringt, von wo aus es dann so hypermoralisch und grausam wird, „wie nur das Es". So gesehen, kommt in diesen verschieden akzentuierten Zitaten keine Unentschiedenheit zum Ausdruck, sondern im Gegenteil: das äußerst spannende Konzept einer dynamisch flexiblen Organisation der drei Makrostrukturen untereinander. Ein weiterer Grund für die bemerkte „Unentschiedenheit" Freuds läßt sich aufzeigen, sobald wir noch einen Blick auf seine zusammenfassende Darstellung vom Ich geworfen haben.

„Wir haben uns bisher durch die Aufzählung der Vorzüge und Fähigkeiten des Ichs imponieren lassen; es ist jetzt Zeit, auch der Kehrseite zu gedenken. *Das Ich ist doch nur ein Stück vom Es*, ein durch die Nähe der gefahrdrohenden Außenwelt zweckmäßig verändertes Stück. In dynamischer Hinsicht ist es schwach, *seine Energien hat es dem Es entlehnt*, und wir sind nicht ganz ohne Einsicht in die Methoden, man könnte sagen: in die Schliche, durch die es dem Es weitere Energiebeträge entzieht. Ein solcher Weg ist zum Beispiel auch *die Identifizierung mit beibehaltenen oder aufgegebenen Objekten. Die Objektbesetzungen gehen von den Triebansprüchen des Es aus.* Das Ich hat sie zunächst zu registrieren. Aber indem es sich mit dem Objekt identifiziert, empfiehlt es sich dem Es an Stelle des Objekts, will es *die Libido des Es auf sich lenken.* Wir haben schon gehört, daß das Ich im Lauf des Lebens eine große Anzahl von solchen Niederschlägen ehemaliger Objektbesetzungen in sich aufnimmt. *Im ganzen muß das Ich die Absichten des Es durchführen*, es erfüllt seine Aufgabe, wenn es die Umstände ausfindig macht, unter denen diese Absichten am besten erreicht werden können." (ebd., S. 83, Hervh. d. V.)

Das Ich ist also „nur ein Stück vom Es“, ein durch die Wahrnehmung modifiziertes zwar, aber eben doch „ein Teil des Es“ (ebd., S. 82); es muß „die Absichten des Es durchführen“ und hat seine Energien „dem Es entlehnt“. Man hat den Eindruck, Freud möchte an dieser Stelle nochmals nachdrücklich vor einer Überschätzung dieses Ichs warnen, uns in bezug auf dessen Möglichkeiten ordentlich desillusionieren. Interessant ist nun aber, wie er die „Methoden“, die „Schliche“ beschreibt, durch die das Ich „dem Es weitere Energiebeträge entzieht“: es ist die *Identifizierung mit den Objektbesetzungen des Es*, durch welche das Ich die Libido (und Lethe) des Es „auf sich lenken“, bzw. an sich binden kann. „Im Lauf des Lebens“ nimmt es sogar „eine große Anzahl von solchen Niederschlägen ehemaliger Objektbesetzungen in sich auf“ – wandelt, so könnten wir sagen, einen großen Anteil der vom Es ausgehenden, im Ich registrierten Systemspannung in Schalterspannung um. Das ist gemeint in dem berühmten Satz: „Wo Es war, soll Ich werden.“ (ebd., S. 86)

Nun hören wir: 1) daß die Objektbesetzungen vom *Es* ausgehen; wir wissen 2) daß diese Objektbesetzungen und Identifizierungen das *Überich* prägen, daß das Überich sogar „die erste Identifizierung ist, die vorfiel, 'solange das Ich noch schwach war“ (1923b, S. 277); und außerdem lesen wir 3) daß das *Ich* sich mit solchen Objektbesetzungen identifiziert, daß es „sich zum guten Teil aus Identifizierungen bildet, welche aufgelassene Besetzungen des Es ablösen, daß die ersten dieser Identifizierungen sich regelmäßig als besondere Instanz im Ich gebärden, sich als Über-Ich dem Ich entgegenstellen.“ (ebd.) Damit wird deutlich: es sind die *„Identifizierungen* und *Objektbesetzungen“*, um die sich alles dreht, auf die sich Es, Überich und Ich beziehen; *alle drei Instanzen haben Anteil – einen sozusagen hart umkämpften Anteil – an diesen (vor allem frühen) Identifizierungen und Objektbesetzungen, die sich in den Selbst- und Objektrepräsentanzen niedergeschlagen haben.*

Diese Einsicht können wir nun in zweierlei Hinsicht mit den beiden Hauptschemata unserer formalisierten Fassung der Metapsychologie in Verbindung bringen: dem T-W-M-Schema und dem Schema von den beiden Schienen der Trieborganisation. Beziehen wir die obigen Aussagen zunächst auf das T-W-M-

Schema: Wenn alle drei Makrostrukturen ihre Prozesse unter Einbezug von Selbst- und Objektrepräsentanzen (der frühen Identifizierungen und Objektbesetzungen) generieren, dann ist *der Überschneidungsbereich für alle drei Instanzen das W2-System.* Dort, in diesem ausgedehnten Bereich der Erinnerungsspuren, an den sich (je nach Organisations- oder Bewußtseinsgrad eines Vorgangs) auch das W3- wie die drei M-Systeme anschließen, dort treffen Es, Überich und Ich aufeinander, dort werden die Kern-Konflikte ausgehandelt, die dann in den „oberen" (W3-M3-)Anteilen von Überich und Ich nur noch einer Feinmodulation unterzogen werden; in W2 bzw. in W2-M2 (da wir von vollständigen T-W-M-Abläufen ausgehen) wird entschieden, welcher Anteil einer Subjekt-Objekt-Repräsentanz auf Es-, Überich- und Ich-Niveau aktualisiert wird, d. h. welcher funktionelle Zustand des Gesamtsystems psychischer Apparat sich dominant durchsetzt. – Ob ein Vorgang dann vorunbewußt, unbewußt, vorbewußt oder bewußt wird, hängt davon ab, ob er ein Trieb-Verdrängungs-Ablauf ist, der alle drei T-W-M-Systeme involviert (was für die vubw Prozesse nicht zutrifft), und wie weit er innerhalb dieser Systeme nach „oben" gelangt, d. h. ob er die Wortrepräsentanzen involviert (was für die ubw nicht zutrifft) oder ob er wenigstens die Affektrepräsentanzen einschließt (dann kann er sowohl ubw wie vbw und natürlich auch bw sein). Ausgespart haben wir bis jetzt noch die Sinnesorgane in W1: Freuds Überlegung, daß die Wahrnehmung für das Ich die Rolle spielt, „welche im Es dem Trieb zufällt" (ebd., S. 252) könnte ja zur Vermutung Anlaß geben, daß das W1-System die (Partial-)Triebgrundlage des Ichs darstellt, womit wir das Ich vom T-System abkoppeln würden. Wenngleich Freuds Darstellungen nahelegen, daß ein Großteil aller Ich-Vorgänge über weite Strecken als ein Kreisen der Erregungen innerhalb der drei Etagen der W-M-Systeme aufgefaßt werden kann, wäre nach den hier entwickelten Überlegungen daran festzuhalten, daß dieses Kreisen der Erregungen innerhalb von W-M zumindest eine Grunderregung vom T-System her voraussetzt, und diese reicht zu allererst bis an die W1-M1-Systeme und danach weiter bis zu den W2-M2-Systemen; der Überschneidungsbereich für die drei Instanzen des psychischen Apparats schließt diese unterste Stufe der W-M-Systeme also mit ein.

Wir hatten gesagt: die *Identifizierungen* lagern sich auf der *Subjektschiene* des psychischen Apparats in den diversen (Unter-)Gruppen = Aspekten der *Selbstrepräsentanzen* ab, die *Objektbesetzungen* sind auf der *Objektschiene* in den verschiedenen Strukturkomplexen, genannt *Objektrepräsentanzen*, eingetragen. Da sich nach Freud sowohl das Es (in Anteilen: z. B. das Verdrängte), wie das Überich und das Ich aus den frühen Identifizierungen und Objektbesetzungen herleiten läßt, ergibt sich jetzt auch: *Alle drei Makrostrukturen haben Anteil an den Strukturen der Subjekt- und der Objektschiene*: Das Es umfaßt den undifferenziertesten Anteil dieser Selbst- und Objektrepräsentanzen (den sogenannten Sockel unserer Graphik von den beiden Schienen der Trieborganisation, in den wir das Urselbst und das Selbst-Objekt eingetragen haben); das Überich enthält schon weitaus differenziertere Entwicklungsstadien solcher Selbst- und Objektrepräsentanzen, die in den Strukturkomplexen der beiden Stufen des Ichideals und des Gewissens den Fuß der Subjekt- und Objektschiene gegenüber strukturellen Regressionen absichern und die in der übergeordneten Struktur des Überichs miteinander verschaltet (integriert, äquilibriert) werden; das Ich schließlich, das aus den Es- und Überich-Anteilen hervorgeht und sich zum reifsten = am komplexesten strukturierten Teil des psychischen Apparats entwickelt (wobei es die verschiedenen Selbst- und Objektrepräsentanzen einer mannigfachen Umbildung und Neugestaltung unterzieht, bis hin zu ihrer differenziertesten Form an der Spitze der Subjekt- und Objektschiene), hat, soweit es ins Es hineinreicht, einen dynamisch unbewußten Zugang zu den relativ undifferenzierten Selbst- und Objektrepräsentanzen des Es und, soweit es sich vom Überich herleitet, auf dieses Zugriff hat oder von diesem beeinflußt wird, einen teils unbewußten, teils vorbewußten (und als solchen auch bewußtseinsfähigen) Zugriff auf die Selbst- und Objektrepräsentanzen des Überichs. Es stimmen somit beide Aussagen Freuds: daß das Überich gegenüber dem Ich das Es vertreten kann und daß das Ich die moralische Mitte zwischen Es und Überich behauptet.

Damit können wir uns nun den psychischen Apparat in seinen vier Dimensionen graphisch veranschaulichen (Abb. 31) und denken uns zu dieser Graphik noch hinzu, daß jede Schicht,

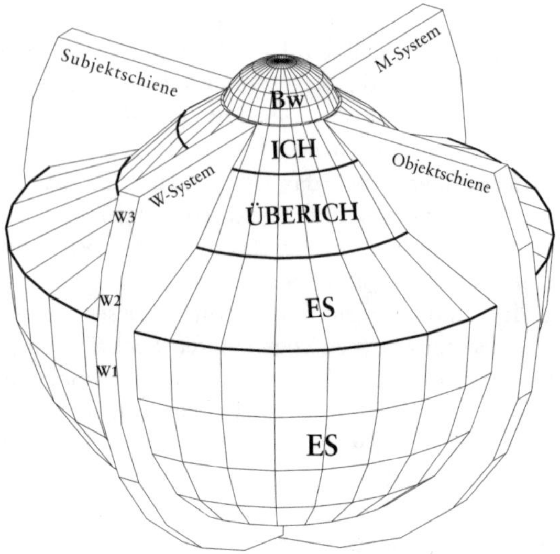

Abb. 31: In dieser Darstellung einer *Außenansicht* sowie eines *Querschnitts* des psychischen Apparats sind die vier verschiedenen Orientierungsrahmen unserer formalisierten Fassung der Metapsychologie zusammengefügt: 1. die *Subjekt-Objekt-Schiene*, 2. die *T-W-M-Systeme*, 3. die *Systeme Vubw, Ubw, Vbw* und *Bw* sowie 4. die *Instanzen Es, Überich* und *Ich*. Die *Außenansicht* zeigt: Die Subjekt-Objekt-Schiene ist rechtwinklig gekreuzt mit den T-W-M-Systemen eingetragen; daraus wird ersichtlich, daß jede Selbst- und jede Objektrepräsentanz der beiden Schienen der Trieborganisation eine Assoziation (Musterbildung) darstellt, die ihre Bestandteile aus allen drei T-W-M-Systemen bezieht; umgekehrt kann man auch sagen, daß sämtliche Vorgänge innerhalb der T-W-M-Systeme auf die Subjekt-Objekt-Schiene bezogen sind bzw. sich an einer ihrer Selbst- und/oder Objektrepräsentanzen realisieren. Dies gilt für jeden Vorgang auf jedem funktionellen Niveau, also gleichermaßen für das Bw, Vbw, Ubw (die Ausnahmebedingungen für den Bereich des Vubw wurden im Kapitel über das Unbewußte dargestellt) wie für das Ich, das Überich und das Es. Im *Querschnitt* zeigt sich: Die Systeme Vubw, Ubw, Vbw und Bw (aus der ersten topischen Einteilung) wurden ebenfalls rechtwinklig gekreuzt zu den Instanzen Es, Überich und Ich (aus der zweiten Einteilung, der Strukturtheorie) ineinandergeschoben: war die topische Einteilung horizontal aufeinandergeschichtet, kreuzt das Instanzenmodell gleichsam vertikal diese

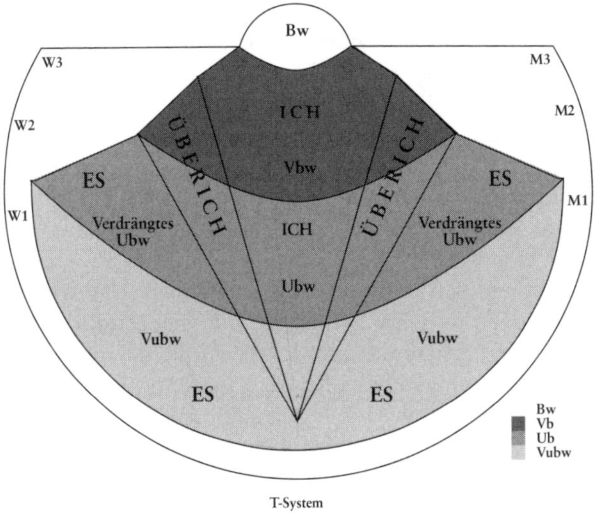

Schichtung (s. a. Abb. 29): das Ich und das Überich reichen nach Freuds Diktum tief in das Es hinein, weisen also neben den bw und vbw auch ubw – und eventuell vubw – Anteile auf. Wichtig ist außerdem, daß alle drei Instanzen Anteil an der basalen W1-M1- und der darüberliegenden W2-M2-Schicht haben: das Es und das Ubw ebenso wie das Überich, das Ich und das Vbw; in diesem Bereich treffen bzw. überschneiden sich alle psychischen Systeme, hier findet der Austausch zwischen den Makrostrukturen statt, wohingegen der Zugriff auf die Sach- und Wortrepräsentanzen von W3-M3 auf die bewußtseinsnäheren Bereiche des Überichs und vor allem des Ichs beschränkt bleibt. (Entsprechend unserer Darstellung in Abb. 24 weisen die am dichtesten strukturierten Systeme des psychischen Apparats die dunkelste Einfärbung auf [siehe Skala]; der weiße Bereich des Bw soll den „Gestaltwechsel", den Umschlag vom diesseitigen „dunkelsten" in den jenseitigen „hellsten" Bereich anzeigen.) Die Graphik veranschaulicht außerdem, daß das Bewußte und das Ich nur einen relativ beschränkten Bereich innerhalb des Ganzen darstellt – entsprechend Freuds Anmerkung zu seiner Zeichnung des psychischen Apparats (Abb. 29): „Der Raum, den das unbewußte Es einnimmt, müßte unvergleichlich größer sein als der des Ichs oder des Vorbewußten. Ich bitte, verbessern Sie das in Ihren Gedanken." (1933a, S. 85)

jede einzelne Struktur darin, jede psychische Einheit eine sehr komplexe Vernetzung von *Trieb-Verdrängungs-Verschaltungen* unterschiedlicher Modalität darstellt. Um bei dieser Komplexität eine Orientierung zu ermöglichen, lehnt sich die Zeichnung an Freuds Idee vom Zwiebel-Modell bzw. an seine eigene Graphik (Abb. 29) an und unterläßt den Versuch, sämtliche Bezüge des ganzen Apparats in einer vollständigen kybernetischen Darstellung einzufangen.[214]

Blickt man jetzt auf unser fomalisiertes Modell der Metapsychologie, möchte man vielleicht einwenden: einfacher ist das alles nicht geworden! Aber, so würde ich dem entgegnen, hätten wir es wirklich einfacher erwarten können? Und wenn man bedenkt, daß das ganze System aus nur wenigen für alle seine Teile gültigen Annahmen entwickelt wurde, die sich an jedem von Freud neu eingeführten Konzept wieder nachweisen ließen, dann, so hoffe ich, wird sich doch allmählich das Gefühl einstellen, daß es mit dieser formalisierten Version der Metapsychologie wenn nicht einfacher, so doch leichter geworden ist, sich innerhalb der theoretischen Grundlagen der Psychoanalyse zurechtzufinden.

Freud nannte eine Betrachtungsweise, die „einen psychischen Vorgang nach seinen *dynamischen*, *topischen* und *ökonomischen* Beziehungen“ beschreibt, eine metapsychologische (1915e, S. 281); diese drei Gesichtspunkte sind in allen unseren Überlegungen präsent und miteinander verbunden: der dynamische in den Trieb-Verdrängungs-Vorgängen, der topische im Struktur-Aspekt und der ökonomische in den Schaltgesetzen der Strukturen – und dies in gleicher Weise auf der Mikro-, Sub- und Makroebene des ganzen Systems; genetische und adaptive Gesichtspunkte haben wir dabei, soweit sie sich aus Freuds Schriften herleiten lassen, ebenfalls berücksichtigt.

Die hier vorgetragenen Überlegungen zu einer systemtheoretisch orientierten Darstellung der Metapsychologie behaupten *nicht*: „so ist es *wirklich*“ oder: „dies ist der *wahre* Gehalt der Metapsychologie“, sie sagen auch nicht: „so *soll man* diese Theorie verstehen und verwenden.“ Aber sie versuchen zu zeigen, warum und mit welchen Konsequenzen – oder auch: mit welchen Vorteilen – sich die Metapsychologie so lesen und auffassen läßt, wie ich es hier entwickelt habe. Da wir uns jedoch mit dieser formalisierten Fassung nur ein Grundverständnis der psychischen Abläufe erarbeiten können, sind wir dann im Anschluß an die hiesigen Überlegungen wieder zurückverwiesen auf ein erneutes Studium der metapsychologischen Schriften Freuds, das uns von Mal zu Mal etwas Neues aus dem ungeheuren Reichtum seiner dort untergebrachten Ideen und Einsichten freizugeben verspricht.

Zusammenfassung

In diesem Abschnitt haben wir uns mit Freuds Einführung des Instanzenmodells von 1923 sowie mit der Frage auseinandergesetzt, wie die Beziehung zwischen Innen und Außen, Subjekt und Objekt innerhalb unseres Modells darstellbar ist. Da der psychische Apparat aus den zwei Grundkonzepten, Trieb und Struktur, entwickelt wurde, mußte sich auch die Beziehung zwischen Innen und Außen in diese Begriffe übersetzen lassen; wir haben also postuliert, daß der psychische Apparat nichts anderes „senden" oder „empfangen" kann, als Trieb-Struktur-Verschaltungen unterschiedlicher Modalität. Die Beziehung zu einem äußeren Objekt ist zwar schon im *Entwurf einer Psychologie* Gegenstand der metapsychologischen Reflexionen Freuds, findet aber erst in *Das Ich und das Es* ihre definitive Einbindung in das Konzept der Strukturbildung: Freud zeigt anhand einer ausdifferenzierten Version des Ödipuskomplexes (vollständiger Ödipus), wie das Überich und das Ich aus den frühen strukturbildenden Vorgängen der Identifizierung und Objektbesetzung hervorgehen. Da es im Rahmen unserer formalisierten Betrachtungsweise kein konkretes (wirkliches) Subjekt und Objekt geben kann, haben wir das Objekt zunächst einmal global als Struktúrkomplex aufgefaßt, wobei wir zwischen den Strukturkomplexen Kind *K*, Mutter *M* und Vater *V* unterschieden haben. In einem ersten Schritt haben wir sodann für die genetische Darstellung der Strukturentwicklung die Elternfiguren *M*, *V* bzw. *E* in der Funktion von Außenregulatoren bzw. als Außenstrukturen des psychischen Apparats *K* betrachtet. Daraus ließ sich die Strukturentwicklung wie folgt darstellen:

In der *oralen Phase* führen die lethischen und libidinösen Strebungen von *K* durch ihre Verschaltung an den Außenstrukturen *M* und *V* zu *KM*- und *KV*-Komplexen, die in einem K_{MVI}-Komplex, der *ersten Stufe des Ichideals,* integriert werden.

Für die *anale Phase* haben wir (entsprechend den Polaritäten von aktiv und passiv, Ich und Du) als wichtigste Neuerungen die Differenzierung der beiden Schienen der Trieborganisation in einen dominant lethisch und einen dominant libidinös gesteuerten Ast erkannt, sowie eine Differenzierung zwischen der aktiv/efferenten Seite einer Repräsentanz (das effiziente Selbst und Objekt) und ihrer passiv/afferenten Seite (dem rezeptiven Selbst und Objekt); die Verschaltung der analen Repräsentanzen ergab dann einen K_{VMII}-Komplex, die zweite Stufe des Ichideals; die K_{MVI}- und K_{VMII}-Komplexe werden am Ende der analen Phase zum K_{VMIII}-Komplex verschaltet, der triangulären Konfiguration des Ichideals zum Zeitpunkt des Eintritts in den Ödipuskomplex.

Die *phallisch-ödipale Phase* erwies sich sodann als die in bezug auf die anstehenden Strukturbildungsprozesse anspruchsvollste Periode dieser frühen Jahre. Hier haben wir für den positiven wie negativen Ödipus je eine „aktiv"/efferente wie „passiv"/afferente Seite der Repräsentanzen unterschieden und – am Beispiel des männlichen Ödipus – darzustellen versucht, wie sich diese vier verschiedenen Strebungen auf der Subjektschiene zu einer männlich identifizierten erogenen Selbstrepräsentanz $K_{V \rightarrow M \leftarrow V}$ sowie auf der Objektschiene zu einer Mutterrepräsentanz ${}_{K}\mathbf{M} \Leftrightarrow V$ und einer Vaterrepräsentanz ${}_{K}\leftrightarrow \mathbf{V} \Leftrightarrow M$ zusammenlegen. Bis hierher hatte sich die Darstellung ganz auf die *dominant libidinösen Triebvorgänge* konzentriert, die zur Ausbildung der Strukturen des geschlechtsspezifisch identifizierten *erogenen Selbst* wie der *erogenen Objekte* führen.

Da wir aber davon ausgehen, daß es innerhalb des psychischen Apparats immer auch parallellaufende Strukturbildungsprozesse unter dominant lethischer Steuerung gibt, und da Freud bei seiner Darstellung der Überich-Ausbildung Gründe anführt (Kastrationsdrohung), welche die Selbsterhaltungsstrebungen mobilisieren müssen, haben wir das Postulat aufgestellt, daß sich im Schatten der libidinösen Ödipusdramatik lethische Strukturbildungsprozesse ereignen, die zur Ausbildung des *biogenen Selbst* wie der *biogenen Objekte* führen; in seiner reifen Form werden dann das *erogene* wie das *biogene Selbst* zu einer hierarchisch übergeordneten Gesamt-*Selbst*-Repräsentanz zusammengeschaltet, und dasselbe gilt für das *erogene* und das *biogene Objekt*. Damit zeigte sich zugleich, daß es während der phallisch-ödipalen Phase zur Ausdifferenzierung der Subjekt- wie der Objektschiene in einen dominant libidinös wie einen dominant lethisch gesteuerten Zweig kommt, daß sich also beide Hauptschienen nochmals teilen (und von dort aus prinzipiell in der Anordnung der Repräsentanzenkomplexe noch beliebig oft weiter aufteilen können). So wie wir mit Freud die erogenen Selbst- und Objektrepräsentanzen als Bestandteile des *Ichideals* aufgefaßt haben, können wir die biogenen Selbst- und Objektrepräsentanzen als Bestandteile des lethisch dominierten *Gewissens* verstehen. Daraus ergab sich die These, daß das libidinös gesteuerte Ichideal für die *Selbst-* und *Objektliebe*, das lethisch gesteuerte Gewissen für die *Selbst-* und *Objekterhaltung* zuständig sind und daß beide Substrukturen, das Ichideal wie das Gewissen (die je auf der Subjekt- und der Objektschiene eine Vorstufe bilden), am Ende in der hierarchisch übergeordneten triangulären Makrostruktur *Überich* zusammengeschaltet werden.

Während wir im Zusammenhang mit unseren Überlegungen zur Ausbildung des Überichs die Beziehung zwischen Innen und Außen anhand der strukturbildenden Vorgänge der Identifizierung und Objektbesetzung darstellen konnten, ergab sich bei der Diskussion des Ichs ein Zugang zur selben Frage von der Seite der Wahrnehmung; nachdem wir uns also zunächst auf die Vorgänge an der Subjekt- und Objektschiene konzentriert hatten, bildete nun das T-W-M-Schema den Hintergrund für unsere Überlegungen. Diese veränderte Perspektive ergibt sich daraus, daß Freud das Ich ganz von der Wahrnehmung ausgehend (seinem System W-Bw) konzipiert. Diesem Vorschlag sind wir gefolgt und haben zunächst zwischen den umfassenderen Vorgängen der *Wahrnehmung* an W1 (erogene und biogene Zonen, Sinnesorgane, Haut) und dem *Bewußtsein*, das nur einen kleinen Ausschnitt aller gleichzeitig ablaufenden Ichvorgänge wahrnimmt, unterschieden. Sodann haben wir aus unseren vorauslaufenden Überlegungen zur Identifizierung und Objektbesetzung eine differenziertere Konzeption des Reizschutzes entwickelt: wir haben mit Freud eine erste Stufe des Reizschutzes in die Sinnesorgane von W1 gelegt; als zweite, tiefere Stufe des Reizschutzes haben wir dann die in den Erinnerungssystemen von W2 eingetragenen Selbst- und Objektrepräsentanzen erkannt, woraus sich wiederum im Zusammenhang mit Freuds *Notiz über den „Wunderblock"* ein differenzierteres Verständnis der Wahrnehmung ergab.

Im Anschluß daran haben wir uns der Frage des Bewußtseins zugewendet. Freud macht den Einbezug der Wortrepräsentanzen (W3) zum Kriterium des vorbewußten = bewußtseinsfähigen psychischen Ablaufs. In seiner Aphasiestudie hatte Freud gezeigt, daß das Wort (die Wortrepräsentanz) aus der Integration verschiedener selbst schon komplexer Musterbildungen (Klang-, Bewegungs-, Schrift- und Lesebild) hervorgeht, welche mit der noch komplexer strukturierten Objektrepräsentanz verknüpft sind. Diese Konzeption hat uns in zweierlei Hinsicht weitergebracht: Erstens macht eine weitere Ausdifferenzierung der einzelnen Bestandteile der Wortrepräsentanz deutlich, daß das, was wir als Wort verstehen, aus einem unendlich komplexen Verrechnungsprozeß hervorgeht, der sich letztlich aus lauter ja-/nein-, on-/off- oder plus-/minus-Schritten, d.h. aus lauter (+)Trieb- und (–)Triebvorgängen zusammensetzt. Für die Konzeptualisierung der Beziehung zwischen Innen und Außen heißt das: was wir „senden", das ist die aus solchen (+/–)Verrechnungsvorgängen resultierende Musterbildung, die sich im M-System ausprägt; was wir „empfangen", sind ebenfalls solche Musterbildungen, die wir im W-System (als Selbst- oder als Fremdwahrnehmung) registrieren und weiterverarbeiten. Zweitens ließ sich analog zu Freuds „funktioneller Theorie der Sprachleistung" das Ich als durch seine verschiedenen Zuflüsse (aus den T-W-M-Systemen bzw. dem Es und dem Überich) überhaupt erst generierter Strukturkomplex konzeptualisieren: sie generieren das Ich, indem die Prozesse der Verschaltung dieser verschiedenen Zuflüsse, die „*in ihm* und *auf es* wirken", allmählich Struktur werden, und sie stören die Ausübung der Ichfunktionen in dem Maße, wie sie sich als Es- oder Überich-Strebungen in der Ich-Synthese durchsetzen bzw. sich einer Ich-Integration, der Überführung auf ein höheres funktionelles Niveau, entziehen. Auf diese Weise ist das Ich zugleich eine abhängige, auf diese Zuflüsse angewiesene Instanz, wie auch deren höchst entwickeltes, hierarchisch übergeordnetes Organisations- und Integrationszentrum, das steuernde, selektive und koordinative Funktionen in bezug auf alle diese Zuflüsse ausübt.

Nach Freud ist das Ich „nicht nur ein Oberflächenwesen", sondern auch – dem „Gehirnmännchen" gleich – „die Projektion einer Oberfläche". Aus dieser Idee einer projektiv entstandenen *Spiegelverkehrung im Ich* haben wir zwei Thesen abgeleitet: Zum einen ergab sich daraus, daß die vom Es ins Ich gelangenden Trieberregungen dort oben, an dieser „Oberfläche", verschaltet werden, was ihre Verdrängung auslöst (entsprechend unserem Grundschema: [+]Trieb → Struktur → [–]Trieb); das Ich entwickelt sich also von der *Triebwahrnehmung* zur *Triebbeherrschung*. Diese Auffassung macht zugleich deutlich, daß das Es auf das Ich und das Ich auf das Es zielen – womit sich der Regelkreis zwischen beiden Makrostrukturen schließen ließ. Zum anderen hat Freuds Vergleich des Ichs mit dem Homunculus zur These geführt, daß ein Teil des Ichs (der den psychischen Apparat gleichsam „von außen" wahrnimmt und in dem alles spiegelverkehrt ist) aus einer *jenseitigen* Perspektive arbeiten könnte, in der sich *Trieb* und *Struktur* wie Figur und Grund umkehren (siehe dazu unsere Überlegungen zu 1920g), und daß dieser jenseitige Teil des Ichs das System Bw bildet; in diesem jenseitigen Bereich des Ichs würden die Strukturbildungsprozesse des diesseitigen Ichs den Triebvorgängen entsprechen, wohingegen die diesseitigen Triebvorgänge im jenseitigen Ich-Bereich strukturierende (begrenzende) Funktion innehätten. So hypothetisch eine solche Annahme auch ist, fanden wir dafür doch wenigstens zwei Hinweise bei Freud: 1) daß das Ich mit desexualisierter, neutralisierter Energie arbeitet (dem würden die Strukturvorgänge, als Triebe aufgefaßt, entsprechen) und 2) Freuds in *Hemmung, Symptom und Angst* eingeführter Begriff des *Signals* (der antizipierten und reproduzierten Signalangst), womit er den *Trieb* (als Grundlage der Angst) durch das *Muster* = die *Struktur* ersetzt. So gesehen, wäre das System Bw ein beschränkter Bereich innerhalb der Makrostruktur Ich, der die Prozesse der Mustergenerierung innerhalb des umfassenderen Ichs wahrnimmt.

Zuletzt haben wir uns noch mit der Frage der Beziehungen zwischen Es, Überich und Ich befaßt. Dabei haben wir Freuds These vom Es als *Chaos* dahingehend revidiert, daß trotz der (vor allem im Kapitel über das *Unbewußte* diskutierten) Besonderheiten der Abläufe im Es auch dort eine Ordnung der psychischen Prozesse nach dem immer gleichen Grundprinzip anzunehmen ist. Auch ließ sich Freuds These von der Öffnung des Es zum Somatischen hin zugunsten einer monistischen Grundkonzeption unserer formalisierten Version der Metapsychologie aufgeben: demnach gibt es keinen besonderen Bereich, der zum Somatischen offen wäre, vielmehr sind alle Bereiche der Metapsychologie gleichermaßen zum Psychischen wie zum Somatischen hin offen. Das Überich kann sowohl als eine „Stufe im Ich" wie auch als aus dem Es geschöpft verstanden werden: diese scheinbare Unentschiedenheit seiner Zugehörigkeit (die fließenden Übergänge) ermöglichen die Konzeption einer dynamisch flexiblen Organisation des psychischen Apparats, in der jede der drei Makrostrukturen zumindest formal in der Lage ist, aus der hierarchischen Superposition die beiden anderen zu dominieren. Zugleich ließ sich zeigen, daß sich diese fließenden Übergänge aus einem breiten Überschneidungsbereich herleiten, auf den sowohl das Es als auch das Überich und das Ich Zugriff haben: dies ist der Bereich der Erinnerungsspuren W2-M2, der die Selbst- und Objektrepräsentanzen (die Selbst-Objekt-Affekt-Einheiten) enthält. Die Tatsache, daß Freud alle drei Instanzen aus diesem großen Pool schöpfen läßt, zeigt, daß sich alle drei Makrostrukturen an den W2-M2-Systemen treffen (was auch die W1-M1-Systeme einschließt): dort werden die Konflikte im wesentlichen ausgehandelt, während sie in den W3-M3-Systemen nur noch eine Feinanpassung erfahren; von daher ließ sich die Position der drei Instanzen Es, Überich und Ich in bezug auf die Subjekt- und Objektschiene (die über die frühen Identifizierungen und Objektbesetzungen in ihren Selbst- und Objektrepräsentanzen komplexe Musterkonfigurationen der T-W-M-Systeme integrieren) präzisieren: das Es am unteren Ende (Sockel), das Überich am Fuß der beiden Schienen der Trieborganisation und das Ich – auch wenn es in die dynamisch unbewußten Anteile von Es und Überich hinunterreicht – hauptsächlich in den oberen Bereichen der beiden

Triebschienen, wo die reiferen = integrierteren Komplexe der Selbst- und Objektrepräsentanzen situiert sind.

Damit sind meiner Ansicht nach die verschiedenen Konzepte der Metapsychologieentwicklung aus den drei großen theoretischen Schüben von 1895–1905, 1910–1915 und 1920–1925 in ein formalisiertes, konsistentes Modell der psychoanalytischen Trieb- und Strukturtheorie überführt. Viele Fragen, denke ich, haben sich auf diesem Weg durch den Dschungel der Freudschen Annahmen und Begriffsauffassungen gelöst, aber viele neue Fragen haben sich dabei auch gestellt – und zweifellos sind viele weitere in Freuds Schriften enthaltene Fragen nicht einmal erwähnt oder auch nur wahrgenommen worden: aber so ist das immer mit Texten von einer derartigen Reichhaltigkeit der Gedanken, wie wir sie nicht nur in Freuds metapsychologischen Arbeiten, sondern in seinem ganzen Werk finden und wiederfinden und immer noch entdecken können.

Ausblick

Metapsychologie: Eine Brückenkonzeption der Psychophysiologie

Eine Behauptung ist noch offen: In der Einleitung habe ich die Metapsychologie im Sinne einer Meta-Psycho-Physiologie im Grenzgebiet zwischen Psychischem und Somatischem etabliert; meine These war und ist, daß Freuds Aufsätze zur *Vorbereitung* einer *Meta*psychologie von der Intention eines solchen Brückenschlags ausgingen und vorangetrieben wurden. Eine Theorie, die für zwei oder mehrere verschiedene Wissenschaftsbereiche Geltung haben soll – hier: für die geistes- und die naturwissenschaftliche Erforschung menschlichen Verhaltens – muß von ihren Inhalten abstrahieren, kann also nur *auf der formalen Ebene die Relationen zwischen ihren Ausgangshypothesen und den daraus abgeleiteten logischen Folgerungen* (wie auch den Sekundär-, Tertiärhypothesen etc. mit den aus diesen wiederum abgeleiteten Folgerungen) darstellen. Diese Voraussetzung ist nun geschaffen: wir haben jetzt ein formalisiertes konsistentes Grundmodell der Psychoanalyse, und die Frage ist, ob dieses Modell sich eignet, im Sinne einer Brückenkonzeption für die Fragen der Psychophysiologie eingesetzt zu werden. Stellen wir uns vor, die Konstruktion dieser Brücke sei von der Mitte ausgegangen; dann haben wir die Seite des Psychologischen bald erreicht, d. h. wie wir von der Metapsychologie zur psychoanalytischen Psychologie kommen, das wissen wir, damit sind wir vertraut (auch wenn darüber selbstverständlich viel gestritten werden kann); nicht aber ist gleichermaßen ersichtlich, ob wir von der Metapsychologie aus die Seite der Neurowissenschaften erreichen können. Dies im Detail auszuleuchten, wäre ein interessantes Projekt für die interdisziplinäre Forschung. Da hierfür kein Raum mehr ist und meine Behauptung doch wenigstens andeutungsweise belegt werden muß, ergab sich für mich die Frage, in welcher Weise ich auf neurowissenschaftliche Arbeiten Bezug nehmen könnte, ohne den Leser auf diesen letzten Seiten noch in die Literatur einer ganz neuen und anderen Disziplin einführen zu müssen?[215]

Die Antwort fand ich, als ich kurz vor Abschluß dieser Arbeit auf die Bücher von Alexander L. Lurija stieß. Lurija (1902–1977), ein berühmter (jüngerer) Zeitgenosse Sigmund Freuds, hat genau den umgekehrten Weg gewählt wie dieser: Kam Freud von der Medizin zur Psychoanalyse, studierte Lurija zuerst Sozialwissenschaften und Psychologie, bevor er sich der Medizin zuwandte und schließlich am Moskauer Institut für Neurochirurgie zum Begründer der *Neuropsychologie* wurde. Lurija war als junger Mann ein begeisterter Anhänger der Psychoanalyse, gründete Anfang der zwanziger Jahre sogar einen kleinen psychoanalytischen Zirkel, die „Psychoanalytische Vereinigung Kasan" – worüber Freud sich in einem Antwortbrief an Lurija vom 3.7.1922 sehr erfreut zeigte –, veröffentlichte auch einige Artikel, „die auf den Ideen der Psychoanalyse fußten", und konzipierte ein Buch „über das objektive Herangehen an die Psychoanalyse" (Lurija, 1982, S. 30) – kam dann aber doch von der Psychoanalyse ab und begann sich während des Kriegs als Sanitätsarzt auf die diagnostische und therapeutische Arbeit mit Hirnverletzten zu spezialisieren; diese Arbeit wurde zur Grundlage der von ihm entwickelten systematischen Neuropsychologie. Die in seinen letzten Jahren verfaßten Arbeiten zur „romantischen Wissenschaft" (zwei neurologische Krankengeschichten [1968], in denen Lurija *erzählt*, was im Kopf eines hirngeschädigten Patienten vorgeht) sind Beispiele seines lebenslangen Bemühens, einer reduktionistischen Sicht der Naturwissenschaft entgegenzuarbeiten und neurologische Forschung unter Einbezug der Erlebniswirklichkeit des ganzen Menschen zu betreiben.

Lurija kommt uns nicht nur wegen seinem zu Freud komplementären Weg – von der Psychologie zur Neurologie und von dort wieder zur Psychologie – entgegen, sondern auch deshalb, weil seine Theorie von den „drei grundlegenden Funktionseinheiten" des Gehirns interessante Übereinstimmungen mit unserem aus den metapsychologischen Schriften Freuds herausgearbeiteten T-W-M-Schema aufweist. Im Modell vom psychischen Apparat stellt das Schema der T-W-M-Systeme allerdings nur *einen* von vier Orientierungsrahmen dar, und ebenso wie wir unsere metapsychologischen Überlegungen, wenn wir von den T-W-M-Systemen ausgehen, gedanklich um die anderen Koordinatensysteme (s. Abb. 31) ergänzen müssen (Subjekt-Objekt-schiene / Es, Überich, Ich / Vubw, Ubw, Vbw, Bw – sowie die Basisannahme, daß jeder Trieb an einer Struktur mit seiner Verdrängung verschaltet wird und jede vollständige Einheit eine sozusagen gedoppelte Trieb-Verdrängungs-Einheit über alle drei T-W-M-Systeme sein soll), sollten wir auch im Auge behalten, daß die folgende Darstellung von Lurijas Modell nur *eine* von mehreren *Dimensionen* vermittelt, innerhalb derer die neurowissenschaftliche Erforschung der Funktionsweise unseres Gehirns wie der Organisation unseres gesamten Organismus erfolgt.

In *Das Gehirn in Aktion* (1973) geht Lurija davon aus, daß *alle Grundformen psychischer Tätigkeit als funktionelle Systeme*[216] aufzufassen sind, die sich *nicht auf bestimmte Hirn- oder Rindenbereiche begrenzen* lassen, sondern *in der Zusammenarbeit von zum Teil weit auseinander liegenden Zonen entstehen*:

„Folglich besteht unsere Hauptaufgabe darin, höhere psychische Prozesse beim Menschen nicht in umschriebenen Gebieten des Gehirns zu ‚lokalisieren', sondern vielmehr darin, *durch sorgfältige Analyse herauszufinden, welche Gruppen der gemeinsam arbeitenden Zonen des Gehirns für die Verwirklichung komplexer psychischer Tätigkeit verantwortlich sind, welchen Anteil jede dieser Zonen an dem komplexen funktionellen System hat und wie sich die Beziehungen zwischen diesen gemeinsam arbeitenden Teilen des Gehirns in den verschiedenen Entwicklungsstadien verändern.*" (Lurija, 1973, S. 29)

Lurija unterscheidet dabei „*drei fundamentale Einheiten des Gehirns*, die an jeder Form psychischer Tätigkeit mitwirken" (ebd., S. 39), wobei jede Einheit ihren besonderen Beitrag zum Entstehen und Verlauf des psychischen Prozesses leistet:

1. die Einheit der *Steuerung von Tonus und Wachheit,*
2. die Einheit zur *Aufnahme, Verarbeitung und Speicherung der Informationen* von außen,
3. die Einheit der *Programmierung, Steuerung und Kontrolle psychischer Tätigkeit.*

Diese drei Einheiten Lurijas sollen im Folgenden kurz dargestellt und mit einigen wichtigen in dieser Arbeit entwickelten

Positionen des T-W-M-Schemas verglichen werden (aus Platzgründen ist es nicht möglich – aber vielleicht auch nicht nötig – auf alle Parallelen hinzuweisen).

Die Einheit zur Steuerung des Tonus, der Wachheit und der psychischen Zustände

Der Verlauf psychischer Prozesse (Aufnahme und Verarbeitung von Informationen sowie Steuerung von Verhalten) ist abhängig vom Wachheitsgrad, setzt also die Aufrechterhaltung eines optimalen kortikalen Tonus voraus, für den eine hohe *Beweglichkeit* sowie ein bestimmtes Ausmaß an *Dichte* der Nervenprozesse und ein bestimmtes *Gleichgewicht zwischen Erregung und Hemmung* kennzeichnend sind (ebd., S. 41). Die Strukturen, die für diese Aufrechterhaltung und Steuerung des kortikalen Tonus zuständig sind, befinden sich in den tieferen Schichten des Subkortex und des Hirnstamms: von zentraler Bedeutung ist hier die *Formatio reticularis*.

„Anders als der Kortex besteht diese Formation nicht aus isolierten Neuronen, die einzelne Impulse über ihre langen Fortsätze (Axone) senden, nach dem ‚Alles-oder-nichts-Prinzip' arbeiten, Entladungen erzeugen und Muskeln anregen. Vielmehr bietet diese Formation das Bild eines neuronalen Netzwerkes, in das die Neuronen verstreut eingebaut sind. Verbindungen zwischen den Neuronen werden durch kurze Zellfortsätze hergestellt. Erregungen breiten sich in diesem Netzwerk, das als Formatio reticularis bekannt ist, weder in Gestalt isolierter Impulse noch nach dem ‚Alles-oder Nichts-Prinzip' aus, sondern abgestuft, womit sie den Zustand des Nervensystems insgesamt modulieren." (ebd., S. 42)

Die Fasern des *aufsteigenden reticulären Systems* ziehen zum Thalamus, dem Schweifkern, dem Archi- und Neokortex und spielen eine wichtige Rolle bei der Aktivierung des Kortex und der Steuerung seines Aktivitätsgrades (siehe Abb. 32). Umgekehrt gehen die Fasern des *absteigenden reticulären Systems* aus von „den höheren neuronalen Strukturen des Neo- und Archikortex, des Nucleus caudatus und der Thalamuskerne und erstrecken sich bis zu Mesencephalon, Hypothalamus und Hirnstamm" (ebd.); sie ordnen die tiefer liegenden Hirnstrukturen den Erfordernissen der mit Programmierungsaufgaben betrauten höheren Kortexarealen unter.

„Diese beiden Teile der Formatio reticularis bilden somit ein einziges vertikal angelegtes funktionelles System oder einen einzigen nach den Prinzipien der Rückkopplung sich selbst regulierenden Mechanismus. Dieser ist zwar imstande, den Kortextonus zu verändern, steht aber seinerseits unter dem Einfluß des Kortex, wird durch kortikale Veränderungen gesteuert und paßt sich den Umweltbedingungen sowie der Abfolge einzelner Tätigkeiten rasch an." (ebd., S. 42 f.)

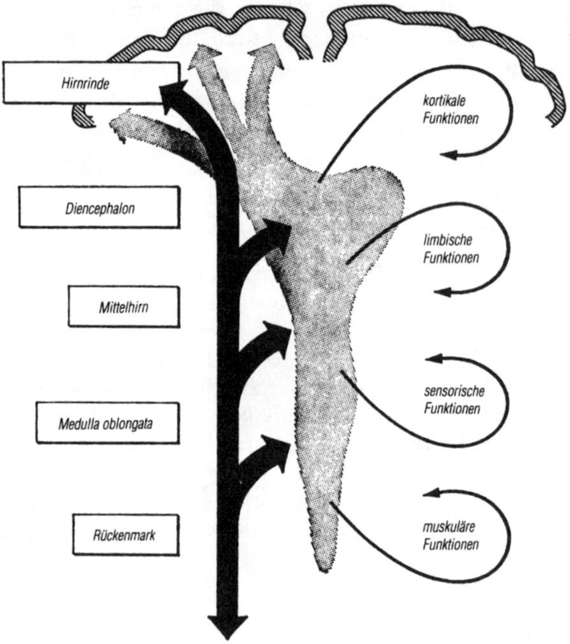

Abb. 32: Schema der aktivierenden Formatio reticularis (aus Lurija, ebd., S. 43)

Die Formatio reticularis begründet die *„vertikale Organisation aller Teile des Gehirns"* und ist der wichtigste Bestandteil der „ersten funktionellen Einheit des Gehirns". Umfangreiche Forschungen[217] ergaben, daß diese Struktur sowohl einen *erregenden* wie einen *hemmenden* Einfluß ausübt; „die Reizung der Formatio reticularis (im Bereich des Mesencephalons, im hinteren Teil des Thalamus und in angrenzenden subthalamischen Bereichen)" steigert die allgemeine Erregbarkeit des Kortex, schärft die Wahrnehmungsempfindlichkeit, senkt die Empfindungsschwellen und führt zu einer Verstärkung der motorischen Reaktionen auf Reize (ebd., S. 45); hingegen bewirkt die Reizung anderer Kerne dieser Struktur „bestimmte für den Schlaf charakteristische Veränderungen der elektrischen Aktivität des Kortex, ja den Schlaf selbst" (ebd., S. 46). Es gibt *unspezifische* und *spezifische* Einflüsse der Formatio reticularis (ebd., S. 48 ff.): Ihr unspezifischer Einfluß, der sie von der großen Mehrheit der anderen sensorischen und motorischen Systeme unterscheidet, betrifft vor allem die Steuerung von Schlaf und Wachheit und liefert damit „den unspezifischen Hintergrund", vor dem sich die unterschiedlichen psychischen Tätigkeiten abspielen. Ihre spezifische und differenzierte Mitwirkung an verschiedenen neuronalen Prozessen erweist die Formatio reticularis dann, wenn bestimmte Situationen über den allgemeinen Aktiviertheitsgrad des Kortex hinaus eine zusätzliche Aktivierung erforderlich machen. Lurija unterscheidet *drei primäre Ursachen der Aktivierung*:

„Die *erste* Ursache liegt im Metabolismus oder, wie man gelegentlich sagt, in der inneren Ökonomie des Organismus selbst. Stoffwechselprozesse zur Aufrechterhaltung des inneren Gleichgewichts (Homöostase) sind in ihren einfachsten Formen an Atmung und Verdauung, der Umwandlung von Zucker und Eiweiß, der inneren Sekretion usw. gebunden und werden grundsätzlich durch den Hypothalamus gesteuert. Die Formatio reticularis der Medulla und des Mesencephalon, die eng mit dem Hypothalamus verbunden ist, spielt bei dieser einfachsten vitalen Form der Aktivierung eine wichtige Rolle." (ebd., S. 49)

„Komplexere Formen dieses Aktivierungstyps verdanken sich Stoffwechselprozessen bestimmter angeborener Verhaltenssysteme; sie sind allgemein bekannt als Systeme instinktiven (...) Verhaltens der *Nahrungssuche* und der *Fortpflanzung*. (...) Zur Auslösung dieses komplexen, instinktgeleiteten Verhaltens ist natürlich eine selektive und spezifische Aktivierung unerläßlich. Die spezifische biologische Aktivierung bei *Nahrungssuche* und *Fortpflan-*

zungsverhalten ist an die retikuläre Formation in den oberen Kernen des Mesencephalons, Diencephalons und des limbischen Systems gebunden. Viele jüngere Versuche (...) legen überzeugend nahe, daß spezialisierte Kerne der Formatio reticularis, deren Stimulation entweder zur *Aktivierung* oder zur *Hemmung* instinktiver Verhaltensweisen führt, in diesen Teilen des Hirnstamms und des Archikortex lokalisiert sind." (ebd., S. 50, Hervh. d. V.)

Lurijas Charakterisierung der *ersten funktionellen Einheit des Gehirns* trifft sich sehr gut mit unseren Annahmen für das *T-System*, das wir als Ausgangspunkt und Grundlage überhaupt aller psychischer Vorgänge aufgefaßt haben. Das T-System ist formal das sogenannte *Triebsystem,* und dazu paßt nun erstens die ganz basale unspezifische Funktion der Formatio reticularis: die Regulierung von *Wachen* und *Schlafen* – wir können in psychoanalytischer Terminologie sagen: von *Lebenstrieb* und *Todestrieb*, oder formalisiert: von *(+)Trieb* und *(–)Trieb;* zweitens entsprechen auch die Beiträge dieser Struktur zu den komplexeren Verhaltenssystemen von *Fortpflanzung* und *Nahrungssuche* „in den oberen Kernen" unserem Postulat einer ersten Verschaltung der (+/–)Triebe zu den spezifischen Formen der höher organisierten Stufen von *Sexualtrieb* und *Selbsterhaltungstrieb.*

Die „*zweite* Ursache der Aktivierung" über die Formatio reticularis ist „gänzlich anderer Art", denn sie „hängt mit dem *Eintreffen von Reizen aus der Außenwelt* zusammen und führt zu unterschiedlichen Formen der Aktivierung, die sich in *Orientierungsreflexen* entlädt." (ebd.)

„Die in der Formatio reticularis befindlichen Mechanismen verwenden von den Sinnesorganen einströmende Erregungen als Auslöser und steuern dann einen diesen Auslösern entsprechenden Intensitätsgrad an. Diese tonische Aktivierung ist jedoch nur die einfachste Form der Aktivierung." (ebd., S. 51)

„Jede Reaktion auf eine neue Situation erfordert zuerst den Vergleich des neuen Reizes mit früheren Reizen. Allein schon dieser Vergleich gibt Hinweise darauf, ob ein gegebener Reiz tatsächlich neu ist und deshalb einen Orientierungsreflex auslösen muß oder ob er alt ist und keine besondere Mobilisierung des Organismus erforderlich macht. Das ist der einzige Typ eines Mechanismus, der einen Prozeß der Gewöhnung zuläßt, so daß ein wiederholt dargebotener Reiz seine Neuigkeit verliert und damit eine Mobilisierung des Organismus nicht erfordert. Mit anderen Worten: hier liegt das Verbindungsglied zwischen dem Orientierungsreflex und dem Gedächtnis vor. Durch eben dieses Glied wird das Vergleichen von Reizen als der wesentlichen Bedingung der Aktivierung möglich gemacht." (ebd., S. 52)

Wie man herausgefunden hat, sind „viele Neuronen des Hippocampus und des Nucleus caudatus (...) für den Reizvergleich verantwortlich" und bilden damit eine „lebenswichtige Basis für die Steuerung des Kortextonus in Verbindung mit den komplizierteren Formen des Orientierungsreflexes." (ebd., S. 53) – Verbinden wir diese auf Außenreize bezogene Aktivierungsfunktion der Formatio reticularis mit unserem T-W-M-Schema – entsprechend unseren Überlegungen zur Wahrnehmung (im Kapitel über das Ich) – dann geht es hier um den (kleinen) Regelkreis zwischen T- und W1-System: die vom T-System ausgehende unspezifische (evtl. triebspezifische) Erregung in W1, zu der dort eine sensorische Erregung hinzutritt, die wiederum an das T-System zurückgemeldet wird – und so eine spezifische Nach- oder Zweit-Erregung (einen „*Orientierungsreflex*") in W1 ermöglicht. Auch das bei Freud im Zusammenhang mit seiner Einführung des Realitätsprinzips herausgearbeitete Referenzieren von Wunsch- und Wahrnehmungsebene entspricht im Prinzip genau dem von Lurija beschriebenen „Vergleichen von Reizen als der wesentlichen Bedingung der Aktivierung" bei der Orientierungsreaktion.

Kommen wir zur „*dritten* und vielleicht interessantesten Ursache der Aktivierung": Die erste funktionelle Einheit des Gehirns spielt nämlich auch eine „herausragende Rolle" für die Durchführung von „Absichten, Plänen, Vorhaben und Programmen" unter der Beteiligung der Sprache bzw. des inneren Sprechens (ebd.). Ursprünglich hatte man angenommen, daß die Aktivierung dieser höheren geistigen Funktionen, die zu ihrer Durchführung die Aufrechterhaltung eines gewissen Aktivierungsniveaus erforderlich machen, ausschließlich vom Kortex ausgeht. Inzwischen aber

„konnte gezeigt werden, daß man bei der Suche nach den Mechanismen dieser höchsten Formen der Tätigkeitsorganisation vom *vertikalen* Aufbau funktioneller Systeme des Gehirns ausgehen muß und daß man es mit Verbindungen zwischen *den höheren Ebenen des Kortex und der darunter liegenden Formatio reticularis* zu tun hat." (ebd., S. 54)

„Morphologische und morphophysiologische Untersuchungen lassen erkennen, daß *das Großhirn außer den (...) spezifischen sensorischen und motorischen Funktionen auch unspezifische Aktivierungsfunktionen wahrnimmt*, daß jede spezifische afferente oder efferente Faser von einer Faser des unspezifisch aktivierenden Systems begleitet ist und daß *die Stimulation einzelner Kortexfelder die niederen Hirnstrukturen sowohl erregen als auch hemmen kann* (...). Ferner wurde gezeigt, daß die absteigenden Fasern des erregenden wie auch des hemmenden retikulären Systems eine differenzierte kortikale Organisation besitzen.

Während die spezialisierten Bündel dieser Fasern, die den Tonus der sensorischen und der motorischen Systeme heben oder senken, den primären (und teilweise den sekundären) kortikalen Zonen entspringen, entstammen die eher allgemein aktivierenden Einflüsse auf die Formatio reticularis des Hirnstammes vor allem dem Stirnhirn. (...) Diese absteigenden Fasern, die vom präfrontalen (orbitalen und mittleren frontalen) Kortex zu den Kernen des Thalamus und Hirnstammes laufen, bilden ein System, mit dem *die höheren Ebenen des Kortex, die unmittelbar an der Bildung von Absichten und Plänen beteiligt sind, die niedrigeren Systeme der retikulären Formation des Thalamus und des Hirnstammes ansteuern*, wobei sie deren Arbeit modulieren und die komplexesten Formen bewußter Tätigkeit möglich machen." (ebd., S. 55)

Diese Verbindungen zwischen den medialen Zonen der zerebralen Hemisphären und den höheren Teilen des Hirnstammes und des Hypothalamus sowie auch der limbischen Funktionen haben eine „bemerkenswerte Funktion" bei den Bewußtseins- und Gedächtnisvorgängen sowie bei der Kontrolle der Emotionen (ebd., S. 57). – Bezieht man diese Befunde auf unser formalisiertes Modell vom psychischen Apparat, dann wird dadurch nochmals die von uns festgehaltene und immer wieder betonte Bedeutung des T-Systems eindrücklich hervorgehoben. Ohne T-System und d.h. ohne Triebe läuft gar nichts innerhalb der psychoanalytischen Theorie; die Triebe aufzugeben – und sei es auch nur für den Bereich der Makrostruktur Ich – hieße nach den Überlegungen Lurijas: dem System den Boden, die Lebens- und Funktionsgrundlage entziehen; ohne die höheren Kortexstrukturen ist ein Gehirn noch bis zu einem gewissen Grad funktionsfähig, ohne die basalen Hirnstammaktivitäten aber nicht. Im übrigen erinnern die obigen Darstellungen Lurijas zur dritten Ursache der Aktivierung des primären Systems an einige unserer Überlegungen zum Ich – das ja „tief ins Es eintaucht“ bzw. weit hinunterreicht in die dynamisch unbewußten Bereiche der Psyche und dessen Aktivitäten (wie die jeder vollständigen psychischen Einheit) immer als (*erregende* und *hemmende* =) Trieb-Verdrängungs-Abläufe über alle drei *T*-W-M-Systeme aufgefaßt wurden – alle diese Überlegungen finden hier bei Lurija eine Entsprechung.

Die Einheit zur Aufnahme, Verarbeitung und Speicherung von Information

Die zweite funktionelle Einheit umfaßt nach Lurija die „lateralen Regionen des Neokortex *an der konvexen Oberfläche der Hemisphären* (...) einschließlich der *visuellen (okzipitalen), akustischen (temporalen) und allgemein sensorischen (parietalen) Regionen.*“ (ebd., S. 64) Histologisch besteht diese Region im Unterschied zur Formatio reticularis aus *isolierten Neuronen*, die nach dem Alles-oder-nichts-Prinzip arbeiten. „Sie nehmen diskrete Impulse auf und leiten diese an andere Neurone weiter.“ (ebd.) Allgemein lassen sich die funktionellen Eigenschaften der Systeme dieser zweiten Einheit so beschreiben: sie sind ausgerichtet auf die „Aufnahme von Reizen, die von den Sinnesorganen zum Gehirn gelangen, auf deren Zerlegung in unzählig viele kleinste Einzelteile und auf deren Zusammenstellung zu dynamisch-funktionellen Strukturen (mit anderen Worten, deren Synthese zu funktionellen Systemen).“ (ebd.) Wie Lurija hervorhebt, sind die „modalitätsspezifischen Hauptzonen des zweiten Gehirnsystems“ nach dem von Campbell bereits 1905 aufgestellten „Prinzip hierarchischer Organisation“ aufgebaut: Dieses Prinzip „gilt gleichermaßen für alle genannten Zonen, von denen jede als ein *zentraler kortikaler Apparat mit einem modalitätsspezifischen Analysator* betrachtet werden muß.“ (ebd., S. 67) Sie dienen ebenso der *Aufnahme* und *Verarbeitung* wie der „*Speicherung der von der Außenwelt eintref-*

fenden Informationen, d. h. als zerebrale Mechanismen modalitätsspezifischer Formen von Erkenntnisprozessen." (ebd., S. 67) Dabei ist zu beachten, daß die „menschliche Erkenntnistätigkeit nie unter Beteiligung nur einer Modalität (Sehen oder Hören oder Tasten)" stattfindet, sondern: Wahrnehmung ist immer ein „*vielschichtiges* Ereignis. Sie ergibt sich aus der polymodalen Tätigkeit, die zuerst expandiert, dann später gesättigt und kondensiert wird. Deshalb beruht sie auf der Zusammenarbeit verschiedener zu einem System zusammengefaßter Hirnrindenbereiche." (ebd., S. 70)

Die Basis dieser zweiten Einheit bilden „die primären oder Projektionsfelder der Hirnrinde, die hauptsächlich aus Neuronen der afferenten Schicht IV bestehen, von denen viele (...) hohe Spezifität besitzen. So reagieren einzelne Neuronen der kortikalen visuellen Systeme nur auf einzelne Eigenschaften von Reizen (Farbtöne, Linienführung, Bewegungsrichtung)." (ebd., S. 65) – Es ist klar: bezogen auf unser Modell betrifft diese zweite Einheit insgesamt das W-System, und ihre Basis entspricht dann dem W1-System[218]; die hohe Spezifität der Wahrnehmung haben wir im Kapitel über das Ich im Zusammenhang mit Freuds Aphasiestudie als Verrechnung von unendlich vielen Teilschritten von *ja-/nein-*, *on-/off-* oder *plus-/minus*-Elementen = (+/–)Trieben als Vorstufen einer letztlich hochkomplex integrierten Musterbildung verstanden. Von W1 werden die Trieberregungen dann nach W2 weiterverschaltet – und Entsprechendes finden wir auch bei Lurija:

„Die primären oder Projektionsfelder dieser zweiten funktionellen Einheit bilden den *Grundstock* kortikaler Aktivität. Wie wir gesehen haben, sind diese Felder von den Systemen *sekundärer (oder mit Erkenntnisleistung befaßter) kortikaler Zonen* überlagert. In den sekundären Zonen herrschen vornehmlich Zellen der Schicht II und III vor, deren modale Spezifität geringer als bei den Zellen der Schicht IV ist. Die in den Schichten II und III befindlichen Zellen sind assoziative Neuronen mit kurzen Axonen, die die eintreffenden Erregungen zu Mustern verknüpfen. Sie haben somit eine *synthetisierende* Funktion." (ebd., S. 65)

Während die Felder der primären Zone – sei es des visuellen, des akustischen oder des allgemein sensorischen Kortex (entsprechend unserem W1-System) – eine genaue topographische

Struktur aufweisen, wird die somatotopische Projektion in der sekundären Zone „funktionell neu organisiert“ und „anders zusammengesetzt“. Interessant ist nun, daß Reizungen in dieser sekundären Zone, die jetzt unserem W2-System entsprechen müßte, nicht mehr lediglich einfache visuelle Empfindungen hervorrufen, sondern tatsächlich das, was wir auf der Ebene der Metapsychologie als Selbst- und Objektrepräsentanzen bezeichnet haben, nämlich

„*erkennbare Gestalten* (Bilder von Blumen, Tieren, *vertrauten Personen* usw.). Manchmal bewirkt die Stimulation das Auftreten *komplexer Sequenzen*: Patienten erblicken *einen Freund, der sich ihnen nähert und ihnen zuwinkt* usw. Diese Halluzinationen – das muß hervorgehoben werden – sind nicht auf einen bestimmten Bereich des Sehfeldes beschränkt. Sie sind eher *bedeutungsvermittelnd* als topisch abbildend. Diese Halluzinationen *spiegeln* natürlich *frühere* visuelle *Erfahrungen der betreffenden Person* wider. So aktiviert die Stimulation der sekundären visuellen Zonen *Gedächtnisspuren von solchen ganzheitlichen visuellen Eindrücken*, die in diesem Bereich des menschlichen Kortex gespeichert sind.“ (ebd., S. 113, Hervh. d. V.)

In den Feldern der tertiären Zone dieser zweiten funktionellen Einheit des Gehirns überlappen sich „die kortikalen Endstücke der verschiedenen Analysatoren“; sie liegen auf der Grenze zwischen dem okzipitalen, dem temporalen und postzentralen Kortex und umfassen die untere parietale Region, „die beim Menschen eine ansehnliche Größe einnimmt, d.h. mehr als ein Viertel der ganzen Masse dieses Systems beansprucht“ (ebd., S. 70). Die tertiären Zonen bestehen hauptsächlich „aus Zellen der assoziativen Schichten II und III“, die wahrscheinlich größtenteils polymodal arbeiten und im Gegensatz zu den Neuronen der primären und sekundären Zonen „auf allgemeine Eigenschaften (z.B. räumliche Anordnung oder Anzahl von Elementen) reagieren“. (ebd.) – Auch hier zeigt der Modell-Vergleich wieder Parallelen zwischen der funktionellen Charakterisierung der tertiären Zonen Lurijas und unserem W3-System, dem wir die Sachrepräsentanzen zugewiesen haben:

„Die Tätigkeit der tertiären Zonen der hinteren kortikalen Regionen ist damit nicht nur für die erfolgreiche Integration der Informationen, die den Menschen über das visuelle System erreichen, äußerst bedeutsam, sondern auch für den *Übergang von den unmittelbaren visuell abbildenden Synthesen zu den symbolischen Prozessen*, d.h. zu den Operationen mit Wortbedeutungen, mit grammatikalischen und logischen Beziehungen, mit Zahlensystemen und abstrakten Relationen. Deswegen *spielen diese tertiären Zonen bei der Umsetzung konkreter Wahrnehmung in abstraktes Denken*, das stets auf inneren Schemata beruht, sowie beim *Behalten organisierter Erfahrung* eine wesentliche Rolle – also nicht nur bei der Aufnahme und Kodierung, sondern auch bei der Speicherung von Informationen.“ (ebd., S. 71)

Aus seinen Ausführungen über die drei Zonen dieser *zweiten funktionellen Einheit* leitet Lurija sodann *drei Grundgesetze* ab, die die Arbeitsweise der individuellen Felder in der zweiten, aber auch in der dritten funktionellen Einheit des Gehirns bestimmen.

1. Das Gesetz des *hierarchischen Aufbaus der kortikalen Bereiche*. Die Wirkung dieses bereits erwähnten Gesetzes wurde bei der Darstellung der stufenweise modifizierten Verarbeitung sensorischer Reize von der primären über die sekundäre hin zur tertiären Zone anschaulich gemacht. Interessant ist nun, daß die Beziehungen zwischen diesen drei Zonen sich im Lauf der Ontogenese verändern: Beim Kind können sich „die sekundären Felder nicht entfalten, solange die primären Felder, auf denen sie ja aufbauen, nicht vollständig entwickelt sind. Entsprechend ist die Arbeit der tertiären Zonen unmöglich ohne adäquate Entwicklung der sekundären (kognitiven) Zonen, die das Material zu umfassenden synthetischen Erkenntnisleistungen liefern.“ (ebd., S. 71) Die Hauptlinie der Interaktion geht „von unten nach oben“, aber beim Erwachsenen steuern umgekehrt die höheren kortikalen Felder der tertiären Zonen die Arbeit der untergeordneten sekundären Zonen.[219]

2. Das Gesetz der *abnehmenden Spezifität der hierarchisch angeordneten Zonen*. Auch dieses Gesetz wurde in der Darstellung der drei Zonen exemplifiziert; es zeigt sich darin, daß die primären (Projektions-)Felder noch ein „Höchstmaß an modaler Spezifität“ aufweisen (ebd., S. 72), während die sekundären Felder mit ihren polymodalen Neuronen „bei der *Umwandlung*

somatotopischer Projektion in die funktionelle Organisation eintreffender Informationen“ einen Verlust an modaler Spezifität aufweisen, der sich noch vergrößert beim Übergang zu den tertiären Zonen, welche „bis zu einem gewissen Ausmaß ‚supramodal‘“ arbeiten (ebd., S. 73). Trotz oder gerade wegen dieser abnehmenden Spezifität sind die sekundären und vor allem die tertiären Zonen „in der Lage, eine *organisierende, integrative Rolle bei der Arbeit der spezifischeren Felder* zu übernehmen, und erhalten so eine Schlüsselposition in der Organisation der für komplexe Erkenntnisprozesse wesentlichen Systeme.“ (ebd., S. 74)

3. Das Gesetz der *zunehmenden Funktionslateralisierung.* Diese Funktionslateralisierung besteht in den *primären* kortikalen Feldern lediglich darin, daß jede Hemisphäre „Ziel von Projektionen der kontralateralen Rezeptoroberflächen“ ist; beide Hemisphären übernehmen in den primären Zonen aber noch „identische Rollen“, die Frage der Dominanz stellt sich auf dieser Stufe nicht (ebd.). Anders hingegen in den *sekundären* und noch mehr in den *tertiären* Feldern: hier wirkt sich die bekannte Dominanz der linken Hemisphäre (bei Rechtshändern) aus, insbesondere mit ihrer Zuständigkeit für die *Sprachfunktionen,* aber auch „bei der *zerebralen Organisation aller höheren, mit Sprache einhergehenden Formen kognitiver Tätigkeit* (durch formale Schemata gesteuerte Wahrnehmung; aktives verbales Gedächtnis; logisches Denken)“; die rechte Hemisphäre spielt bei den Prozessen auf diesen höheren Stufen „entweder gar keine oder eine nur untergeordnete Rolle.“ (ebd., S. 75) Am deutlichsten hat Freud dieser Funktionslateralisierung in seiner Unterscheidung von Sach- und Wortrepräsentanzen Rechnung getragen. Bezogen auf unser T-W-M-Schema läßt sich erkennen, daß diese zweite funktionelle Einheit Lurijas von den hier sogenannten W1-Systemen ausgeht und die W2- und W3-Systeme erfaßt; der *Beitrag*, den diese zweite Einheit Lurijas zu den „Operationen mit Wortbedeutungen“ leistet, könnte innerhalb unseres T-W-M-Schemas durchaus noch ganz dem Funktionsbereich des W3-Systems mit seinen Sachrepräsentanzen zugeschlagen werden.

Die Einheit für Programmierung, Steuerung und Kontrolle von Tätigkeiten

Die dritte funktionelle Einheit des Gehirns ist für die „Organisation bewußter Tätigkeiten", insbesondere für Programmierung, Steuerung und Kontrolle zuständig. Die Strukturen dieser Einheit liegen in den vorderen Regionen der Hemisphären. Ausgangskanal ist der *motorische Kortex* mit den Betzschen Riesenzellen; ihre „Nervenfasern laufen zu den spinalen motorischen Kernen und von dort zu den Muskeln; dadurch sind sie an der *großen Pyramidenbahn*, dem Tractus pyramidalis, beteiligt." (ebd., S. 76) Der Hintergrundtonus für die motorische Projektionsrinde wird „von den basalen motorischen Ganglien und den Fasern des extrapyramidalen Systems aufrechterhalten", das für die Willkürbewegung bedeutsam ist (ebd., S. 77 f.). Auch in bezug auf die motorische Steuerung (entsprechend unserem M1-System) unterscheidet Lurija drei Felder: Als erstes wäre da die „primäre motorische (Projektions-)Rinde" zu nennen, die lediglich den „Ausgangskanal" für motorische Impulse enthält. Die Vorbereitung dieser Impulse zu „zweckmäßigen Bewegungen" (den bei Freud sogenannten *spezifischen Aktionen*) wird vom Gyrus praecentralis sowie den überlagernden sekundären und tertiären Feldern geleistet. Dort werden die motorischen Programme zusammengestellt, bevor die Impulse zu den großen Pyramidenzellen weitergeleitet werden (ebd., S. 78). Die verschiedenen Zonen des motorischen Kortex folgen dabei wiederum „den gleichen Prinzipien des hierarchischen Aufbaus und der abnehmenden Spezifität." (ebd., S. 78 f.)

„Ein nicht gerade kleiner Unterschied muß allerdings hervorgehoben werden. Während im zweiten, afferenten System des Gehirns die Prozesse von den primären zu den sekundären und tertiären Zonen verlaufen, erfolgen sie im dritten, efferenten System in absteigender Richtung. Sie beginnen auf den oberen Stufen der tertiären und sekundären Zonen, wo die motorischen Pläne und Programme zusammengestellt werden, und laufen dann durch die Strukturen des primären motorischen Feldes, das die entsprechenden motorischen Impulse zur Peripherie leitet." (ebd., S. 79)[220]

Das ist ein interessanter Punkt, denn jetzt bezeichnet Lurija die oben dargestellte zweite funktionelle Einheit des Gehirns als *afferentes System* – dies entspricht unserer Grobcharakterisierung des W-Systems als Wahrnehmungs- oder Rezeptor-System – während er die dritte funktionelle Einheit als *efferentes System* bezeichnet – und dies trifft sich ebenfalls mit unserer Bestimmung des M-Systems als Effektor-System. In dem von Lurija bezeichneten Verlauf – in der *zweiten* funktionellen Einheit *von unten nach oben*, in der *dritten* umgekehrt *von oben nach unten* – finden wir zugleich eine Übereinstimmung mit unserer Charakterisierung der Ich-Abläufe, für welche wir postuliert haben, daß sie die Erregungen *von unten* (vom Es und Überich) *oben* verschalten und wieder zurück *nach unten* (ans Überich und Es) weitergeben; dies entspricht unserer generellen Annahme, daß auch die Ich-Vorgänge alle drei T-W-M-Systeme involvieren, auf alle Vorgänge innerhalb dieser bzw. innerhalb von Es und Überich Einfluß nehmen. Das Modell Lurijas spezifiziert oder konkretisiert diese rein formal formulierten Annahmen für den Bereich neurophysiologischer Abläufe.

Nach der Organisation des motorischen Systems (M1) müßte jetzt unserem Modell entsprechend die Ebene der Affektrepräsentanzen folgen. Doch erstaunlicherweise fehlen in Lurijas Modell die Affekte fast vollständig, so daß beide Modelle an dieser Stelle eine Abweichung voneinander verzeichnen. Vielleicht kommt es auch aus diesem Grund bei Lurija innerhalb seiner dritten funktionellen Einheit des Gehirns zu einer Unterteilung in nur zwei (statt drei) große Gruppen: das bereits genannte (in drei Stufen unterteilte) motorische System und die *Stirnlappen* bzw. die *präfrontalen Abschnitte des Gehirns*, die Lurija als die „alles überragenden Teile dieser dritten funktionellen Einheit des Gehirns" bezeichnet. „Dieser zu den tertiären Zonen des Kortex zählende Teil des Gehirns ist bei der Entstehung von Absichten und Programmen wie auch bei der Steuerung und Kontrolle der komplexen Formen menschlichen Verhaltens entscheidend beteiligt." (ebd., S. 80) Außerdem kommuniziert diese Region „auf vielfältige Weise sowohl mit den niedrigeren Ebenen des Gehirns (den medialen und ventralen Kernen, dem Pulvinar thalami und anderen Strukturen)". (ebd.). Komplexe afferente Impulse aus allen Teilen des Gehirns werden hier aufgenommen und synthetisiert, wobei die efferenten Impulse organisiert werden, durch welche die Strukturen der *„granulären Stirnrinde“* wiederum alle diese – auch entfernteren – Hirnteile steuern können. Damit ist der präfrontale Kortex an einer Vielzahl höherer geistiger Prozesse wesentlich beteiligt: er nimmt Einfluß auf die sprachlich bedingten Tätigkeiten, steuert das Aktivitätsniveau „und dieses je nach der sprachlich bedingten Absicht oder je nach sprachlich determiniertem Plan“ (ebd., S. 83), ist für die Zielgerichtetheit von Verhalten und Bewegungen zuständig, unterdrückt Reaktionen auf irrelevante Reize, gestaltet die Verhaltensorientierung in bezug auf Gegenwart und Zukunft, ist bei komplexen intellektuellen Leistungen gefordert und wirkt unmittelbar an der „für bewußte Tätigkeiten unerläßlichen Aktivierung“ mit (ebd., S. 95).

„Es ist wichtig zu bemerken, daß die Stirn- oder Frontallappen (und besonders ihre medialen und basalen Anteile) über gut entwickelte Nervenbündel aufsteigender und absteigender Fasern mit der Formatio reticularis in Verbindung stehen und daß diese Regionen des Neokortex starke Impulsströme von der ersten funktionellen Einheit erhalten, durch die sie auf den angemessenen Tonus ‚geladen‘ werden. Andererseits können die Frontallappen die Formatio reticularis beeinflussen, indem sie die aktivierenden Impulse derselben differenzieren und den Bewegungsmustern anpassen, die vom frontalen Kortex gebildet werden.“ (ebd., S. 81)

In diesem Zitat hören wir noch einmal in der Sprache der Neuropsychologie, was wir in der formalen Fassung der Metapsychologie als Interaktion bzw. Regelkreis zwischen Es- und Ich-Erregungen beschrieben haben. Interessant ist die Zuordnung dieser präfrontalen Kortexregion zur metapsychologischen Makrostruktur Ich auch insofern, als Lurija darauf hinweist, „daß die präfrontalen Regionen des Kortex in der individuellen Entwicklungsgeschichte spät reifen und erst zwischen dem 4. und 7. Lebensjahr handlungswirksam werden“ (ebd., S. 83) – dieser Zeitmarke entspricht das Konzept der psychoanalytischen Ich-Entwicklung (was „handlungsun- oder -teilwirksame“ Vorläufer in früheren Jahren nicht ausschließt). Unverkennbar beschreibt Lurija also mit den Funktionen der Frontallappen einen wichtigen Teil der Aufgaben, die Freud als

Ichleistungen bezeichnet hat. Aus all dem sehen wir nun, daß es große Übereinstimmungen, aber auch Abweichungen innerhalb der verschiedenen Modelle gibt, die wir uns graphisch so veranschaulichen können:

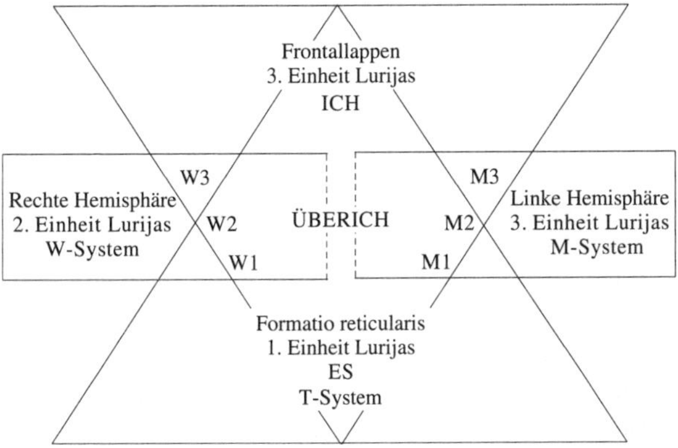

Abb. 33 führt schematisch die verschiedenen Modelle zusammen: *In der ersten Zeile* ist jeweils der Schwerpunkt der funktionellen Organisation der Strukturen im ZNS (nach Lurija) eingetragen: oben die Frontallappen und unten die Formatio reticularis, beide in ihrer Interaktion, dargestellt vermittels des Überschneidungsbereichs; die hemisphärische Aufteilung in rechte und linke Hirnhälfte gilt (nach dem Gesetz der zunehmenden Funktionslateralisierung) nur für den oberen Teil der W-M-Systeme (W3-M3) – nach Lurija partiell auch für den mittleren Bereich (W2-M2). *Die zweite Zeile* nehmen Lurijas funktionelle Einheiten des Gehirns ein: hier umfaßt aber die 3. Einheit sowohl unser M-System (unter Ausschluß von M2) als auch den Bereich der Frontallappen. *Die dritte Zeile* gilt Freuds Strukturmodell, das *in etwa* den folgenden Bereichen entspricht: alle Instanzen wurzeln im T-System; von dort aus reichen das Es (die äußerste Hülle im Zwiebelmodell) bis zur Stufe W2-M2, das Überich (die mittlere Hülle im Zwiebelmodell) bis zur Stufe W3-M3 und das Ich (der Kern im Zwiebelmodell) bis hinauf zu den Frontallappen. *Die vierte Zeile* enthält die T-W-M-Systeme; hier zeigt der Modellvergleich, daß der Bereich der Frontallappen innerhalb dieses Schemas nicht gesondert aufgeführt wurde, sondern lediglich in der rechts-links-(oben-unten-)Kommunikation impliziert ist.

Kommen wir zum Schluß noch kurz auf die von Lurija beschriebenen Wechselwirkungen zwischen den drei funktionellen Einheiten des Gehirns. Lurija betont:

„Es wäre irrig zu glauben, daß jede dieser Einheiten völlig unabhängig von den beiden anderen aktiv ist; daß also beispielsweise die zweite Einheit ausschließlich für die Wahrnehmungs- und Denkfunktionen, die dritte dagegen ausschließlich für Motorik und Handlungsaufbau zuständig ist. Aus den obigen Ausführungen zum *systemischen Charakter komplexer psychischer Prozesse* geht hervor, daß dem nicht so ist. Jede Form bewußter Tätigkeit ist jeweils ein *komplexes funktionelles Ganzes*, das sich durch die Zusammenarbeit der drei Einheiten des Gehirns verwirklicht. Fundierte Kenntnisse der modernen Psychologie belegen dies zur Genüge." (ebd., S. 95)

Dieser mit zahllosen neurologischen Forschungsbelegen untermauerten Grundauffassung Lurijas können wir von unserer formalisierten Fassung der Metapsychologie aus ganz und gar zustimmen: Jede auch noch so kleine vollständige psychische Einheit soll auch bei uns als eine Trieb-Verdrängungs-Einheit betrachtet werden (in der Sprache der Neuropsychologie: ein Ablauf mit *erregenden* und *hemmenden* Anteilen), die alle drei T-W-M-Systeme (die drei funktionellen Einheiten des Gehirns) involviert. Ich habe die Darstellung von Lurijas Theorie über die funktionelle Organisation des Gehirns absichtlich so (relativ) ausführlich gestaltet, um deutlich zu machen, wieviele *Übereinstimmungen* zwischen seinem über die neurologische Untersuchung einzelner Hirnregionen entstandenen Modell und Freuds Modell vom psychischen Apparat bestehen. Damit sollte immerhin an einem Beispiel gezeigt werden, daß das hier erarbeitete formalisierte Modell der Metapsychologie *Anschlußmöglichkeiten* für die Fragestellungen wie Untersuchungsergebnisse neurologischer Forschungen bereitstellt; weitere Verbindungslinien weisen in die Gebiete der *psychovegetativen Störungen,* der *Psychoneuroimmunologie* wie auch hinunter auf die molekulare oder Mikroebene zellphysiologischer Vorgänge. Zugleich sind dabei aber auch die *Abweichungen* der verschiedenen Konzeptionen in den Blick gerückt (das Fehlen der Affekte in Lurijas Modell sowie die unterschiedlichen Einteilungen innerhalb des ganzen Modells – siehe Kommentar zu Abb. 33); diesbezüglich ließe sich in der einen wie anderen Richtung eine Modellmodifikation überprüfen. Der hier skizzierte Vorschlag zur *funktionellen Lokalisation der*

Strukturen des psychischen Apparats im ZNS macht deutlich, daß sowohl die Psychoanalyse in ihrer Theoriebildung Impulse von den Forschungsergebnissen und Modellen der Neurowissenschaften beziehen kann, wie auch umgekehrt die Neurowissenschaften Anstöße für neue Forschungsstrategien aus der klinischen Forschung und den theoretischen Modellen der Psychoanalyse ableiten können.

Damit sollte zugleich die Position der Metapsychologie als einer hierarchisch übergeordneten Grenztheorie, einer Brückenkonzeption mit Adapterfunktion für die psychologische wie physiologische Erforschung menschlichen Verhaltens deutlich geworden sein: das Substrat der *psychologischen* Forschung ist das ganze Spektrum des psychischen Befindens, der Motivationen etc.; das Substrat der *neurowissenschaftlichen* Untersuchungen ist die neuronale Struktur, die an ihr ablaufenden biochemischen Reaktionsketten etc.; das Substrat der *Metapsychologie* hingegen ist die bei diesen psychophysiologischen Abläufen generierte Musterbildung und ihre Organisation innerhalb eines dynamisch stabilen Gesamtsystems, genannt *psychischer Apparat*. Wir haben mit Rubinstein verstanden: eine direkte Übersetzung physiologischer Aussagen in psychologische Behauptungen wie auch umgekehrt (auf der Ebene der klinischen Theorie) ist aufgrund ihrer empirischen Verschiedenheit methodologisch nicht möglich. Es kann zwar durchaus zutreffen, daß eine bestimmte psychische Störung mit der Über- oder Unterproduktion eines bestimmten Neurotransmitters einhergeht und mit seiner psychopharmakologischen Beeinflussung auch beeinflußt werden kann; aber gleichzeitig kann dieselbe psychopharmakologische Behandlung bei einer anderen Person mit der gleichen psychischen Störung keine oder eine andere Wirkung erzielen, oder dieselbe psychische Störung kann bei derselben Person mit verschiedenen Behandlungsformen ähnliche Veränderungen aufweisen. Das spricht nicht gegen die Erfahrungswerte der Kliniker, nicht gegen die mit statistischer Signifikanz erkannten Zusammenhänge, aber es zeigt, daß ein gemeinsames Auftreten von psychischen wie physiologischen Befunden noch nichts über die *Ursache* wie über die komplexen systemischen Zusammenhänge einer Störung aussagt. Forschungsstrategisch relevante Theorien über Zusammenhänge zwischen psychischen und physiologischen Erscheinungen können meines Erachtens nur auf der abstrakten Ebene einer übergeordneten Theorie entwickelt werden. Freuds faszinierender Genius hat uns dazu mit seiner hier formalisierten *Metatheorie der Psychophysiologie* einen überaus interessanten und entwicklungsfähigen Entwurf vorgelegt.

Man hat mich verschiedentlich gefragt: Brauchen wir das denn, müssen Psychoanalyse und Neurowissenschaften überhaupt miteinander ins Gespräch kommen? Meine Antwort darauf hat eine rationale und eine ethische Seite: Rein rational betrachtet, kommen Mediziner wie Psychoanalytiker – unter der Voraussetzung einer monistischen Auffassung der Leib-Seele-Frage – nicht darum herum, die genauen Beziehungen zwischen Psychischem und Somatischem zu klären, wenn sie sich nicht dem Vorwurf aussetzen wollen, schulenspezifisch ins Blaue hinein zu experimentieren und zu theoretisieren. Die ethische Seite meiner Antwort liegt darin, daß Medizin und Psychologie, gerade in der Erforschung und Behandlung der schwersten psychischen (psychiatrischen) Erkrankungen sehr aufeinander angewiesen sind: hier lassen sich wirkliche Fortschritte vielleicht überhaupt nur noch aus der interdisziplinären Zusammenarbeit erwarten – wer könnte es da verantworten, die langjährigen klinischen Erfahrungen der einen wie der anderen Seite nicht miteinbeziehen zu wollen? Meine Antwort auf die skeptische Frage all derjenigen, die einem Alleingang ihrer Fachrichtung den Vorzug geben wollen, ist deshalb ein uneingeschränktes *Ja, ein solches interdisziplinäres Gespräch ist notwendig.*

Anmerkungen

[1] Auf den Einfluß der Physiologie der Helmholtz-Schule haben insbesondere Bernfeld (1944, 1949) und Amacher (1965) hingewiesen. Pribram & Gill (1976) sehen darin eine Chance für die Weiterentwicklung der Psychoanalyse unter Einbezug der modernen Neurophysiologie, Holt (1965) erkennt hier ihre Begrenzung, zumindest hinsichtlich der Brauchbarkeit der Metapsychologie.

[2] Über die verschiedenen zeitgenössischen Einflüsse auf Freuds Denken siehe z. B. Jones (1953, 1955, 1957), Sulloway (1979), Ellenberger (1979), sowie zu einzelnen Aspekten Ritvo (1965, 1972, 1974), Nitzschke (1989, 1993) und Reicheneder (1990).

[3] Die Jungianer, Adlerianer, Lacanianer, Daseinsanalytiker, Bioenergetiker etc., die ja ebenfalls ursprünglich von der Freudschen Psychoanalyse ihren Ausgang genommen haben, sind hier schon gar nicht mehr mitgerechnet. Eine umfassende Untersuchung der Entwicklung der verschiedenen Strömungen der Psychoanalyse hat Kurzweil (1989) vorgelegt; zur Geschichte der Psychoanalyse in Deutschland siehe auch Rüger (1993) und Nitzschke (1993); einen Ausblick auf die heutigen Erfordernisse an eine Weiterentwicklung der Psychoanalyse gibt Mertens (1993).

[4] Zur Empfehlung der Chaostheorie für die Psychoanalyse siehe z. B. Moran (1991), Spruiell (1993).

[5] Eine gekürzte Fassung des in dieser Einleitung Folgenden wurde bereits veröffentlicht (Schmidt-Hellerau, 1993).

[6] Obwohl die Psychoanalyse ganz offensichtlich eine genetische Psychologie sei, habe Freud den genetischen Gesichtspunkt nicht explizit als metapsychologischen definiert (Rapaport & Gill, 1959, S. 154).

[7] Diese vier Modelle versucht Rapaport in ein kombiniertes *„erweitertes ökonomisches Modell“* zu integrieren, das er in drei primäre und drei sekundäre Modelle des Handelns, Denkens und Fühlens unterteilt. Die primären Modelle sollen „die traditionelle Spaltung des Seelenlebens in Handeln, Fühlen und Denken“ aufheben (1960, S. 30); sie enthalten den topographi-

schen, ökonomischen und dynamischen Gesichtspunkt. Die sekundären Modelle unterscheiden sich von den primären vor allem durch „Entladungsaufschub"; ihnen sind der genetische, der hierarchisch-strukturelle und der adaptive Gesichtspunkt zugeordnet.

8 Unter *empirischen Generalisierungen* versteht Rubinstein Aussagen wie: Wenn eine Person von einer anderen erniedrigt wird, dann wird sie die Tendenz haben, eine Abneigung gegen dieselbe zu empfinden; die *klinischen Korrelationen* umfassen Aussagen wie: Das Verhalten einer erwachsenen Person entspricht den Gefühlen dieser Person als Kind in ähnlichen Situationen; oder: Eine überbetonte Freundlichkeit entspricht einer verborgenen Feindseligkeit; die Aussagen dieser Ebene stehen also der Alltagspsychologie – und damit auch der psychischen Phänomenologie – nahe (in unserer obigen Einteilung würden sie sich von den Aussagen der ersten Ebene dadurch unterscheiden, daß letztere eben individuelle und nicht generelle Aussagen sind).

9 Nach Oppenheimer (1956) ist die Analogie „ein unentbehrliches und unvermeidliches Werkzeug für den wissenschaftlichen Fortschritt (...). Mit Analogie meine ich nicht Metapher und nicht Allegorie, auch nicht Ähnlichkeit, sondern ich habe eine spezielle Art von Ähnlichkeit im Sinn: die Ähnlichkeit der Struktur, die Ähnlichkeit der Form, eine Ähnlichkeit der Konstellation zwischen zwei Gruppen von Einzeldingen, die augenscheinlich sehr verschieden sind, aber strukturelle Parallelen aufweisen." (zit. n. Spitz, 1959, S. 31)

10 Oppenheimer (1956) führt aus, daß man immer, wenn man in der Wissenschaft eine Analogie verwendet, „den Bezugsrahmen ein wenig erweitern und die Dis-Analogie finden muß; diese erst erlaubt festzuhalten, was an der Analogie richtig war" (zit. n. Spitz, 1959, S. 58). Die Dis-Analogie besteht in unserem Beispiel eben gerade darin, daß wir *nicht* über eine derartige Verschiedenheit der Sprachen auf den drei Theorieebenen verfügen: wir haben es nicht nur auf allen Ebenen mit verbaler Sprache zu tun, sondern zudem noch – wie gezeigt wurde – teilweise mit den gleichen Begriffen; auch sind wir noch weit entfernt von der bereits von Rapaport anvisierten Mathematisierung der psychoanalytischen Theorie. Dagegen paßt der

Vergleich der verbalen oder Begriffsebene der fraktalen Geometrie mit der Ebene der klinischen Theorie, insofern die Wahrnehmung der Selbstähnlichkeit – vergleichbar z. B. mit der Generalisierung der klinischen Theorie – etwas Neues ist, das *so* auf der graphischen oder phänomenalen Ebene nicht vorkommt und auch nicht anders als verbal zu beschreiben ist, sowie in bezug darauf, daß der verbalen Ebene die technischen Anweisungen zur Herstellung der Fraktale (z. B. Bau einer Videoanlage mit Rückkopplungsschleifen) wie die Anweisungen zur Formulierung von Deutungen (zur „Herstellung" neuer Verknüpfungen) zugerechnet werden.

11 Freud selber hat diesen Einwand in seinen Vorlesungen vorweggenommen: „Jetzt bin ich darauf gefaßt, daß Sie mich höhnisch fragen, ob unsere Ichpsychologie überhaupt darauf hinausläuft, gebräuchliche Abstraktionen wörtlich zu nehmen und zu vergröbern, sie aus Begriffen in Dinge zu verwandeln, womit nicht viel gewonnen wäre." (1933a, S. 66) Auf die Problematik der Anthropomorphismen in Freuds Theoriesprache hatten auch schon Hartmann, Kris & Loewenstein (1947) hingewiesen. Beres warnt vor einer Reifikation von Komponenten der Strukturtheorie sowie vor einer konkretistischen Interpretation der abstrakten Konzepte (1965, S. 55).

12 Schönle (1981) hält es für kennzeichnend in Schafers theoretischem Vorgehen, „daß er zwar mit einem systematischen Anspruch auftritt, dessen Konsequenzen jedoch scheut" (ebd., S. 157): „Es gibt keinen entfalteten Entwurf aus einem Guß, sondern nur Aufsätze in Fachzeitschriften, einzelne, kurze Abhandlungen zu speziellen Themen", die er in seinem Buch „A New Language for Psychoanalysis" zusammenzuführen versuche (ebd., S. 125).

13 In der Formulierung durch von Weizsäcker lautet die Identitätshypothese: „Bewußtsein und Materie sind verschiedene Aspekte derselben Wirklichkeit." (1971, S. 315)

14 Bereits 1948 hat Wiener die Überzeugung geäußert, „daß die für das Gedeihen der Wissenschaft fruchtbarsten Gebiete jene waren, die als Niemandsland zwischen den verschiedenen bestehenden Disziplinen vernachlässigt wurden." (1948, S. 26)

15 Ähnlich argumentieren auch Peterfreund (1971, S. 44–58), Rosenblatt & Thickstun (1977, S. 537 f.) u. a. Zur Kritik des in

Analogie zum physikalischen Energiebegriff konzipierten Energiebegriffs der Psychoanalyse siehe auch bereits Kapp (1931) und Penrose (1931), dagegen Rapaport & Gill (1959).

16 Der Begriff der *Protowissenschaft* wurde von Andrew Lang für die Auffassung der Mythen als einer Art primitiver, erster oder Urform von Wissenschaft verwendet (Kirk, 1974, S. 51).

17 Dagegen, daß es möglich sein könnte, eine übergeordnete Theorie zu formulieren, die *gleichzeitig* für das Somatische wie das Psychische Gültigkeit hätte, wurden eine Reihe von Einwänden erhoben, worunter die sogenannte *Komplementaritäts-These* als besonders stichhaltig gilt. Die Komplementaritäts-These wurde von Nils Bohr aufgestellt und betrifft die prinzipielle Begrenzung der Wissenschaft – entsprechend der Tatsache, daß die Erfassung und Darstellung eines Elektrons in Abhängigkeit von den Beobachtungsinstrumenten nur *entweder* als Teilchen *oder* als Welle möglich sei. In diesem Sinn argumentiert Edelheit (1976), daß neurophysiologische und psychologische Konzepte immer komplementär seien, keines sei auf das andere reduzierbar oder unter das andere subsumierbar, man solle sie daher isoliert voneinander halten. Und Noy (1977) befürwortet aus denselben Gründen, die Metapsychologie als ein „multimodel system" aufzufassen, das auf verschiedenen und nicht auf einem einzigen Modell basiere. Abgesehen davon, daß die Bohrsche Komplementaritäts-These jüngst im Bereich der Nanowissenschaften aufgehoben wurde, wäre gegen dieses Argument aus erkenntnistheoretischer Perspektive – etwas lapidar formuliert – einzuwenden: wir haben nur *diesen einen Kopf* zum Denken, egal ob wir nun naturwissenschaftlich oder geisteswissenschaftlich denken, ob wir beobachten, rechnen, erzählen, fühlen, phantasieren oder träumen, und d. h.: *die in unserem Gehirn angelegten Strukturen unseres Erkenntnisvermögens* gehen gleichermaßen in alle diese verschiedenen Vorgänge ein und sind in ihnen enthalten – wiederum: ohne darin konkret als solche vorzukommen.

18 Als Beleg sei dieses Beispiel ausführlich zitiert: "When an adult walks down a street a vast and elaborate stored information-processing program must be activated if the activity is to be performed optimally, pleasurably, and with minimal stress. There must be a vast activation of muscular, respiratory, car-

diac, and vascular systems, and so on. One can appreciate the enormous complexity of the programming if one recognizes that the rate, degree, and sequence of activity of dozens of muscles must be coordinated. Walking by a normal adult generally proceeds relatively effortlessly, with little awareness of the activity. Information from the environment is processed automatically and adaptive action results. Defective walking – defective compared to some standard of normality – results from some deficiency or breakdown of the normal or optimum program. These defects can take place at any hierarchical level or in any subprogram of the over-all walking program. Motor nerve paralysis, for example, or defective cardiac or respiratory functioning, can lead to recognizable pathology of walking." (Peterfreund, 1971, S. 170 f.)

[19] Friedman (1972) erkennt darin einen konzeptionellen Mangel: Peterfreunds Theorie sei ein Versuch, die *Intentionalität* zu eliminieren, aber er könne innerhalb seiner Theorie nicht zeigen, wie die Motive und Programme, die das Verhalten steuern, entwickelt, gelernt, modifiziert sowie ein- und ausgeschaltet werden – und Programme würden auch z. B. nicht danach streben, sich zu erfüllen (worin sich auch bei Peterfreund ein latenter Anthropomorphismus ausdrücke): "None of this means that an information-systems theory of the mind is untenable. Indeed, it must be granted that a theory of the mind is a theory of the brain, and if nerve impulses can be discussed in terms of information systems, so in principle can mental functioning. But Peterfreund's theory does not reinterpret the core models of psychoanalysis. Peterfreund has only shown that one can easily talk about the mind in computer terms, and thus in terms of other sciences." (1972, S. 553) Auch Rubinstein räumt in seinem Vorwort zu Peterfreunds Buch ein, daß es diesem nicht gelungen sei, ein ausgewachsenes Modell zu erstellen und daß seine Reinterpretation zentraler Begriffe der Psychoanalyse nur in sehr allgemeiner Weise erfolgt ist; aber er hält dies eher für einen Mangel an Vollständigkeit und gibt zu bedenken, daß man von einem so ambitionierten Unternehmen nicht erwarten könne, daß es auf Anhieb detailliert und komplett ausgeführt werde.

[20] So erkennt bereits Hartmann: „Wir dürfen sagen, daß *Anpassung* und *Zusammenpassung* (im Sinne dieser Korrelation

verstanden) einander bedingen; der Anpassungsvorgang hat zumeist Zusammenpassen zur Voraussetzung und umgekehrt. In jene Korrelation sind auch die psycho-physischen Zusammenhänge einzubeziehen." (1939, S. 38)

21 Ein solches Herausarbeiten der metapsychologischen Argumentationsstruktur bedingt auch, abzulassen von jeder Art „konkretistischer" Freudlektüre, die den Finger hier- oder dorthin legt, um zu beweisen, daß Freud dies und nicht das gemeint oder gewollt habe. Was *Freud persönlich* beabsichtigt, versucht, geschafft oder nicht geschafft hat, ist eine Frage von *biographischer* Bedeutung; sie ist hier, streng genommen, nicht von wissenschaftlichem Interesse. Das soll aber keineswegs heißen, daß wir uns eine präzise, detaillierte Lektüre ersparen könnten. Im Gegenteil: *Genauigkeit Schritt für Schritt*, aber immer *im Hinblick auf den Gesamtzusammenhang, auf die ganze Entwicklung* ist vonnöten. Nur so können wir die Konstanten in seinem Denken herausarbeiten und an ihnen festhalten.

22 Ihre Stellung *zwischen* der Natur- und der Geisteswissenschaft macht diese (Proto-)*Kybernetik* der Psycho-Physiologie zu einer *axiomatischen* oder *rationalen Wissenschaft* – die weder der Natur- noch der Geisteswissenschaft zuzurechnen ist.

23 Thomä & Kächele vertreten einen Dualimus nach Popper & Eccles (1977), nämlich die „im philosophischen Interaktionismus enthaltene Befreiung und Verselbständigung der Psychoanalyse als psychosoziale Wissenschaft vom materialistischen Monismus als Grundlage der Metapsychologie" (Thomä & Kächele, 1985, S. 25), an dem Freud immer festgehalten habe (ebd., S. 23). Daß der Monismus heute keineswegs mehr als ein kruder Materialismus aufgefaßt werden kann, dazu s. Oeser & Seitelberger (1988, S. 24 ff.).

24 Siehe auch Grubrich-Simitis (1987, S. 1021): „Es ist wahrscheinlich, daß der Beitrag zur Überwindung des Leib-Seele-Schismas eines Tages neben der Entdeckung des Unbewußten und der infantilen Sexualität sowie der Erfindung der psychoanalytischen Methode zu den unvergänglichen Freudschen Leistungen zählen wird und daß gerade auf diesem ‚Zwischengebiet' Modernität und Entwicklungsfähigkeit seines Denkens sich erneut erweisen können. (...) Wir sollten an den Grenzen unseres Wissens mehr Mut und mehr heitere Unbefangenheit

zum kreativen Phantasieren haben – spielen wollen und spielen können."

25 Ich behaupte nicht, daß diese Einteilung die einzig mögliche oder richtige sei, wohl aber halte ich sie für heuristisch fruchtbar bzw. im Hinblick auf die angestrebte Klarheit einer Basistheorie für zweckmäßig. Diejenigen, die eine andere Meinung bezüglich einer sinnvollen Verwendung der metapsychologischen Konzepte haben und trotzdem dieses Buch lesen möchten, sind eingeladen, für die Dauer der Lektüre das Experiment einer solch restriktiven Auffassung mit mir mitzuvollziehen.

26 Bernfeld hat bereits 1935 darauf hingewiesen, daß Freud immer wieder unterstrichen habe, daß der Trieb „ein wissenschaftlicher Begriff ist, der von beobachtbaren Sachverhalten sehr weit entfernt ist, und daß es daher nicht zu unterscheiden gilt, ob es diesen oder jenen Trieb ‚gebe', sondern ob man ihn ‚annehmen' wolle." (1935, S. 125).

27 Siehe Kernberg (1993, S. 47): "I wish to start with my profound conviction that psychoanalysis as a theory of psychic functioning contains an unparalleled explanatory power for psychopathology in general and for linking the biological, psychological, social and cultural determinants of human behavior in particular. Psychoanalysis increases an understanding, for example, of the early development of the human infant, affect theory, and the neuropsychology of memory at its boundary with biological sciences; an understanding of love relations, martial conflict, group regression, and organizational morale at its boundary with social sciences; an understanding of mythology, mass psychology, ideology, and aesthetics at its boundary with the cultural milieu."

28 Die Sigmund Freud Studienausgabe (1969–1975), Bd. 1–10 und Ergänzungsband, wird entsprechend der Werkkonkordanz als S.A. mit anschließender Band- und Seitenzahl zitiert und zwar ausschließlich dann, wenn es sich dabei um Fußnoten oder Zitate aus dem von James Strachey verfaßten und in die Studienausgabe übernommenen editorischen Apparat der *Standard Edition of the Complete Psychological Works of Sigmund Freud* handelt.

29 Ausführlichere Darstellungen und Erörterungen des *Entwurfs* finden sich u.a. in Jones (1953–1957), Pribram (1962),

Wollheim (1972), Pribram & Gill (1976), Sulloway (1979) und Drews & Brecht (1982); Hinweise auf die außerordentliche Bedeutung des *Entwurfs* für die Grundlagen der psychoanalytischen Theorie in Peters (1960), Pribram (1969) und Basch (1975). – Meine Darstellung wird sich ausschließlich mit den Teilen des *Entwurfs* befassen, die für das Verständnis des Folgenden unverzichtbar sind. Freuds Versuch, innerhalb des *Entwurfs* im Anschluß an die Einführung des Ichs eine Kognitionstheorie zu skizzieren, soll hier deshalb nicht berücksichtigt werden; dieser Teil verdiente eine eigenständige Untersuchung im Zusammenhang mit den dazu bis heute vorliegenden Konzepten; siehe dazu auch besonders Pribram & Gill (1976, Kap. 4).

30 Pribram & Gill (1976) haben dagegen an einer Reihe von Beispielen nachgewiesen, daß Freuds *Entwurf* in vieler Hinsicht spätere neurophysiologische Forschungsbefunde antizipiert (ebd., S. 67) und daß die von Freud dargestellte *Konzeption* des Neurons und seine Skizzierung der neuronalen *Funktionen* kaum Fehlerhaftes enthalten und heute immer noch die gleichen sind (ebd., S. 34, S. 61).

31 Es ist nicht meine Absicht, *komplizierte* kybernetische Modelle zu entwerfen, noch wäre ich in der Lage, dabei hohe Mathematik zu betreiben; es geht also beim Einsatz dieser Mittel keineswegs darum, die Schwierigkeiten mit dem Text noch zu vermehren, sondern im Gegenteil, um Vereinfachung und Übersichtlichkeit in der Darstellung der Logik und Strukturen des Modellentwurfs.

32 Nach Pribram & Gill (1976, S. 23) basiert der *Entwurf* auf den zwei Postulaten, dem Trägheitsprinzip, aus dem sich die Regulationsprinzipien entwickeln, und der Neuronendoktrin, die die Mechanismen der Metapsychologie enthält. Sie sind der Ansicht, daß die Regulationsprinzipien die Organisation des *Manuskripts* leiten, während die Neuropsychologie seinen Inhalt ausmacht. Diese Auffassung entspricht zunächst einmal nur einer Unterscheidung zwischen Form und Inhalt des *Textes* – schließt aber die obige Einteilung in Grundprinzip und Anwendungsbeispiel nicht aus.

33 Freud unterscheidet zwischen Q = Quantität (allgemein oder von der Größenordnung der äußeren Welt) und Qη = Quantität (von interzellulärer Größenordnung). Strachey nennt

drei Hauptcharakteristika des endogenen Q, das, so bezeichnet, in Freuds Werk später nicht mehr auftaucht: So könne Q als Vorläufer der „psychischen *Energie*", auch der später sogenannten „indifferenten psychischen *Energie*" verstanden werden; es hätte damit einen Wandel vom „Materiellen" zum Psychischen vollzogen, ohne seine physische Basis völlig aufzugeben. Besonders interessant sei die Beziehung zwischen Q und den *Trieben*, die Strachey nicht im einzelnen aufzeigt, aber unterstreicht durch „die Tatsache, daß Quantität in der gesamten Konflikttheorie als Ursache nicht nur der Neurosen, sondern einer ganzen Reihe psychischer Zustände implizit eine Rolle spielt." Und drittens werde in Freuds Abhandlung *Das Unbewußte* der Begriff „*ökonomisch*" als Äquivalent für „quantitativ" verwendet (Strachey in Freud, 1950c/1950a, S. 483–486).

[34] In diesem Punkt unterscheidet sich Freuds Arbeit von den zeitgenössischen neurologischen Publikationen, wie z.B. der Exners (1894), ganz wesentlich: die Einführung solcher Konstrukte wie φ und ψ (er hätte sie auch x und y nennen können) ermöglicht es, auf einer theoretischen Ebene zu argumentieren, die zunächst einmal von den konkreten Fakten abstrahiert. Allerdings versucht Freud, das System φ und ψ „mit Bekanntem zu identifizieren. Tatsächlich kennen wir aus der Anatomie ein System von Neuronen (das Spinalgrau), welches allein mit der Außenwelt zusammenhängt, und ein superponiertes (das Gehirngrau), das keine direkten peripheren Verbindungen hat, an dem aber die Entwicklung des Nervensystems und die psychischen Funktionen haften. Das primäre Gehirn paßt nicht übel zu unserer Charakteristik des Systems ψ, wenn wir annehmen dürfen, daß das Gehirn direkte und von φ unabhängige Bahnen zum Körperinneren hat. Die Herkunft und ursprüngliche biologische Bedeutung des primären Gehirns ist nun den Anatomen nicht bekannt; nach unserer Theorie wäre es ein *Sympathicusganglion*, direkt herausgesagt. Es ist hier die Möglichkeit, die Theorie an tatsächlichem Material zu prüfen." (Freud, 1950c/1950a, S. 395 f.) Pribram & Gill kommentieren Freuds Bemerkung über das Sympathicus-Ganglion so: "Recent advances in neurochemistry have, in fact, demonstrated a host of brain systems akin to 'sympathitic ganglia' in the sense that the

neurohumours secreted are amines closely related to those produced by such ganglia. These catecholamines (noradrenalin and dopamine) and near relatives the indole amines (e.g. seratonin) are now known to regulate mood and sleep-activity cycles, although the specific mechanisms as to which neurohumour produces what effect and when are still in question and under investigation." (1976, S. 43)

35 Nach Pribram & Gill (1976, S. 34) ist, wenn Freud z. B. von *Strömung* spricht, nicht die Strömung einer Flüssigkeit zu verstehen, sondern die Fortleitung des Aktionspotentials von elektrischen Nervenimpulsen; *Niveau* bei Freud meint Potentialniveau. Die *Quantität* Q bezieht sich auf die physikalische und chemische Quantität der Energie, $Q\eta$ auf seine neuroelektrische Manifestation, welche als Potential innerhalb eines Neurons entstehen kann. Übersteigt dieses den sogenannten Widerstand in den Kontaktschranken – der Terminus Synapse wurde erst 1897 von Foster und Sherington eingeführt – wird das Neuron entladen. Damit enthalte der *Entwurf* das, was seine Kritiker suchen, nämlich eine biologische (physikalische) Definition eines Energiekonzepts, welches verknüpft werden könne mit der modernen Neurophysiologie.

36 Rapaport hatte bereits 1960 die Frage der Strukturbildung zu einer der Kernfragen der psychoanalytischen Theorie erklärt: „Sollten wir einmal die Dimensionen psychologischen Geschehens entdecken, so müßten auch diese sowohl psychologische Prozesse wie psychologische Strukturen und deren Veränderungen ausdrücken können. (…) Mit anderen Worten scheint die Untersuchung der psychologischen Strukturbildungs-Prozesse die erste Voraussetzung für einen Fortschritt in Richtung der dimensionalen Quantifizierung zu sein. Wir müssen feststellen, wie Prozesse sich zu Strukturen wandeln, wie eine einmal gebildete Sturktur sich verändert und wie sie wiederum Prozesse veranlaßt und beeinflußt." (1960, S. 103 f.).

37 Applegarth (1971), die den *Entwurf* als den ehrgeizigen Versuch Freuds versteht, eine Strukturtheorie zu entwickeln (ebd., S. 397), ist der grundsätzlichen Ansicht, daß wir gezwungen sind, nach einer Verbindung von Psychologie und Neurophysiologie zu suchen, weshalb wir von Zeit zu Zeit unsere Ideen hinsichtlich möglicher Kompatibilitäten mit den Ergeb-

nissen der physikalischen Welt durchforschen sollten (ebd., S. 386). In den Naturwissenschaften werde die Transformation von Energien (Licht in Hitze, Elektrizität in Licht, potentielle in kinetische Energie) in Strukturbegriffen (Batterien, Draht, Widerstand, eingeschaltete Pläne) erklärt (ebd., S. 396). Vergleichbar damit habe Freud im *Entwurf* zu zeigen versucht, wie sich der Charakter der Synapsen ändert, wodurch sich nachfolgende Aktivation als erleichtert oder erschwert erweist, mit dem Resultat, daß weitverzweigte Netzwerke durch einen geeigneten Anstieg an synaptischen Schwellen (Neutralisation, Sekundärprozeß) weitgehend verengt werden – oder andernfalls, wenn diese synaptischen Schwellwerte fehlen, normalerweise nicht gangbare Wege öffnen (Primärprozeß) (ebd., S. 397). Applegarth glaubt, daß die Kernfrage der Psychoanalyse als einer generellen Psychologie im Bereich der Natur der psychischen Struktur und der Mechanismen der Strukturbildung liegt (ebd., S. 398).

[38] Pribram & Gill (1976, S. 25) haben mit allem Nachdruck auf die Bedeutung der Unterscheidung zwischen Energie und Information hingewiesen: Sie stammt ursprünglich aus der Thermodynamik, deren erstes Gesetz die *Erhaltung*, deren zweites die *Organisation* der Energie betrifft. Das erste besagt, daß eine Interaktion zwischen Systemen durch die Tatsache beschränkt ist, daß jede Aktion eine gleich- wie eine entgegengesetzt gerichtete Reaktion erzeugt. Das ist das Trägheitsprinzip des *Entwurfs*. Das zweite Gesetz befaßt sich mit dem Betrag an Veränderung in der Organisation von Energiesystemen, die in diese Interaktionen involviert sind (Umwandlung von Energie). Eine ähnliche Unterscheidung wurde in der Kommunikationsverarbeitung relevant, indem man dort erkannte, daß der Energiebetrag, der benötigt wird, um ein System zu unterhalten (z.B. ein Radio) keine direkte Beziehung hat zur geleisteten Informationsverarbeitung (z.B. eine Nachrichtensendung, eine Symphonie, eine Sportreportage oder lediglich das Sendezeichen). Der Betrag an *Organisation*, der eine Nachricht charakterisiert, wurde von Claude Shannon und Warren Waver 1949 *Information* genannt.

[39] Die Formulierung, die Freud an dieser Stelle wählt, ist etwas verwirrend, wenn er schreibt, „daß die ψ-Kontakt-

schranken im allgemeinen höher reichen als die Leitungsschranken, so daß in den Kern-Neuronen eine neue Aufspeicherung von Qη erfolgen kann." (ebd., S. 410) Aufklärung scheint hier eine spätere Stelle zu geben, wo Freud schreibt: „die einzelnen ψ-Neurone aber waren durch Kontaktschranken mit starken Widerständen gegeneinander abgesperrt." (ebd., S. 411) Somit könnte man zum besseren Verständnis des ersten Zitats diejenigen Schranken, die die *Leitungen* von den endogenen Erregungsquellen zu den ψ-Neuronen hin unterteilen, als *Leitungsschranken*, diejenigen, die die „*Kontakte*" oder Verbindungen *zwischen* den ψ-Neuronen unterteilen, als *Kontaktschranken* auffassen – wobei grundsätzlich daran festzuhalten wäre, daß alle Schranken nach dem gleichen Prinzip funktionieren.

[40] Holt, der für die Abschaffung des Triebkonzepts und seine Ersetzung durch das Konzept des Wunsches plädiert, möchte daran erinnern, „that Freud worked productively for his first 15 years as a psychoanalyst without concept of *Trieb*, relying primarily on wish as his motivational term." (Holt, 1976, zit. n. Pribram & Gill, 1976, S. 57) Die oben zitierte Stelle belegt demgegenüber, daß Freud von Anfang an mit der Idee des Triebes arbeitet, und zwar in ganz zentraler Stellung, auch wenn der Trieb in den veröffentlichten Arbeiten explizit erst in einer Einfügung von 1915, in den *Drei Abhandlungen zur Sexualtheorie*, auftaucht, und zwar ganz analog seiner Konzeption von 1895: „Die Quelle des Triebes ist ein erregender Vorgang in einem Organ und das nächste Ziel des Triebes liegt in der Aufhebung dieses Organreizes." (1905d, S. 67)

[41] Kybernetisch ausgedrückt bedarf ein einfachster geschlossener Regelkreis mindestens zweier Schalter, wovon der eine als *Regler*, der andere als *Regelstrecke* bezeichnet wird (genauere Ausführungen dazu folgen erst später; siehe auch Abb. 21A sowie in Teil III die Erläuterung der Beziehung zwischen innen und außen); im hier von Freud dargestellten Ablauf kann das Kind bzw. sein Bedürfnis als *Regler* und die befriedigende Mutter dementsprechend als *Regelstrecke* aufgefaßt werden. – Heute weiß man im übrigen mehr und Genaueres über den Einfluß, den die Umwelt auf die Modulation von Mechanismen der inneren Stimulusregulation ausübt, wodurch die Hypothesen

Freuds bestätigt wurden. Nicht einmal das visuelle System entwickelt sich richtig ohne die adäquate Stimulierung von außen innerhalb einer sensitiven Periode. Pribram & Gill (1976, S. 47): „In short, neural structure is modifiable by experience." Der *Entwurf* mache in dieser Hinsicht spezifische und detaillierte Angaben, wie neuronale Strukturen, die das Verhalten regulieren (d.h. Motivationsstrukturen des Organismus), entstehen.

[42] Die präzise Darlegung der Beziehung zwischen dem sogenannten Inneren des psychischen Apparats und dem Äußeren (der Umwelt) kann erst in Teil III erfolgen.

[43] Dieses Grundgesetz der „Assoziation durch Gleichzeitigkeit" wurde von Hebb (1955) bestätigt, der assoziatives Lernen auf der Ebene der Synapsen so zu erklären versuchte: Zell-Ensembles entstehen aus „Gruppen von Neuronen, die nicht unbedingt nahe beieinander liegen, aber durch erregende Synapsen vielfach miteinander verbunden sind, und zwar so, daß die Aktivierung einiger Zellen die anderen mitaktiviert; die erregenden Synapsen zwischen jenen Neuronen, die oft gleichzeitig aktiv sind, sollten dann verstärkt werden und diese so zu Ensembles koppeln. Das geschieht beispielsweise, wenn die Sinnesreize, welche die einzelnen Neuronen aktivieren, zu ein und demselben ‚Ding' der Außenwelt gehören. So entstehen im Cortex Zell-Ensembles als Vertreter von Dingen und Ereignissen der Außenwelt." (Braitenberg & Schütz, 1989, S. 170).

[44] Man kann sagen, Freud konzipiert hier die gleichzeitige Erregung und damit Bahnung einer Assoziation sämtlicher Sinnesorgane, wobei die Viszerozeption eventuell den ψ-Kernneuronen zuzuordnen wäre (sowohl was den Bedürfnis-Drang, als auch was die Bedürfnisbefriedigung anbelangt), die Telerezeptoren (Auge, Ohr) und die Exterozeptoren der Haut würden eine Besetzung des Objektbildes in den ψ-Mantelneuronen, und die Labyrinth- und Proprioceptoren eine Besetzung des Bewegungsbildes an einer anderen Stelle des ψ-Mantels liefern. Siehe dazu auch eine Reihe von Langzeitstudien in Greenspan & Pollock (1989), darin besonders Sander (1989) und Shapiro & Stern (1989), auch Tyson (1988); diesbezügliche Überlegungen finden sich ebenfalls in Schmidt-Hellerau (1991). – Im übrigen haben wir in der obigen Beschreibung auch das Vorbild der

Freudschen Einteilung des Triebes von 1905 in *Quelle* (endogene Erregung), *Ziel* (Aufhebung des Reizes) und *Objekt* („hilfreiches Objekt“ in der „Außenwelt“). Nimmt man hier noch den oben zitierten Begriff des „Antriebs“ hinzu, dann hat man auch das in „Triebe und Triebschicksale“ eingeführte vierte Triebelement, den *Drang*; es heißt dort: „Unter dem Drang eines Triebes versteht man dessen motorisches Moment, die Summe von Kraft oder das Maß von Arbeitsanforderung, das er repräsentiert. Der Charakter des Drängenden ist ja eine allgemeine Eigenschaft der Triebe“ (1915c, S. 214). Oder in der berühmten zentralen Definition aus derselben Schrift: „Wenden wir uns nun von der biologischen Seite her der Betrachtung des Seelenlebens zu, so erscheint uns der Trieb als ein Grenzbegriff zwischen Seelischem und Somatischem, als psychischer Repräsentant der aus dem Körperinnern stammenden, in die Seele gelangenden Reize, als ein Maß der Arbeitsanforderung, die dem Seelischen infolge seines Zusammenhanges mit dem Körperlichen auferlegt ist.“ (ebd.)

[45] Glover (1947, S. 482 ff.), ist der Meinung, daß die zentralen psychoanalytischen Konzepte – nämlich: im *dynamischen* Sinne das Konzept der *Triebenergie*, im *strukturellen* Sinne das Konzept der *Erinnerungsspur* und im *ökonomischen* Sinne die *Beweglichkeit von Quantitäten von Triebenergie* – nicht austauschbar, weil für das Modell vom psychischen Apparat grundlegend, seien. Er glaubt, daß wir mit Hilfe dieser drei basalen Konzepte in der Lage seien, adäquat den Zustand der mentalen Aktivität während der frühesten postnatalen Stadien der Entwicklung zu rekonstruieren. Indem wir so die Existenz eines psychischen Apparats postulieren, der ein sensorisches und ein motorisches Ende hat, korrespondierend zu afferenten und efferenten Kanälen, können wir von zentralen Wegen sprechen, durch welche die Triebladungen gehen und damit die allerersten Erinnerungsspuren aktivieren und reaktivieren. Pribram & Gill (1976, S. 68) halten es für denkbar, Konzepte zu entwickeln, die das neurale Substrat der Erinnerungsspur betreffen.

[46] Pribram & Gill (1976, S. 66) bemerken an dieser Stelle, daß man Freud oft, aber fälschlicherweise vorgeworfen habe, er habe ein hydrodynamisches Modell konstruiert (z. B. Peter-

freund, 1971); das im *Entwurf* konzipierte Modell sei jedoch zutreffender ein energetisches Modell zu nennen, das seine Konzeption auf die elektrischen Begleiterscheinungen der neuronalen Aktivitäten aufbaut: Impulsübertragung, Synapsen, Kontaktschranken, Widerstände, all das sei in den folgenden Jahren erforscht worden. "Freud was thus *not* using analogy and metaphor but talking *fact.*" (Pribram & Gill, 1976, S. 66)

47 Am 1. Januar 1896 revidiert Freud seine ursprüngliche Ansicht in einem Brief an Fließ und plaziert die ω-Neurone *zwischen* die φ- und ψ-Neurone, um den Wahrnehmungsvorgängen eo ipso Bewußtsein zuordnen zu können (Freud, 1985c, S. 166).

48 In seiner Studie *Zur Auffassung der Aphasien* (1891b, S. 122) hatte Freud dargelegt, daß dem Wort ein komplexer Assoziationsvorgang von visuellen, akustischen und kinästhetischen Elementen entspricht, *„daß die Wortvorstellung mit ihrem sensiblen Ende (vermittels der Klangbilder) an die Objektvorstellung geknüpft ist"* und erst durch diese Verknüpfung mit einer Objektvorstellung ihre Bedeutung erhält. (Dazu später nochmals ausführlicher.)

49 Es ist nicht zu übersehen, daß Freud mit dem ω-System vieles von dem beschreibt, was zu den Thalamus-Funktionen gerechnet wird: der Thalamus ist eine *subkortikale Sammelstelle* für exterozeptive und propriozeptive Reize aus der Innen- und Außenwelt, eine *Umschaltstation* für z. B. Impulse von den Seh- und Hörbahnen, vom Hypothalamus, dem Kleinhirn und Hirnstamm (Formatio reticularis) hin zum Großhirn. „Alle Erregungen müssen den Thalamus passieren, um bewußt zu werden. Man hat den Thalamus daher auch ‚das Tor zum Bewußtsein' genannt. Der Thalamus ist aber nicht nur eine einfache Umschaltstation für alle ankommenden Impulse, sondern auch ein wichtiges *Integrations- und Koordinationsorgan*, in dem die unterschiedlichen Afferenzen aus den verschiedenen Körperteilen miteinander integriert und affektiv gefärbt werden. Die verschiedenen elementaren Empfindungen wie Schmerz, Unlust, Wohlbefinden usw. werden bereits im Thalamus mitgeprägt und der Hirnrinde zugeleitet." (Duus, 1983, S. 248) Außerdem kommt dem Thalamus „als Bestandteil des aszendierenden retikulären aktivierenden Systems noch eine große Bedeutung zu. Während Stimulation einzelner thalami-

scher Kerne dieses Systems nur einzelne spezifische Hirnrindengebiete aktiviert, wird im Gegensatz hierzu bei Stimulation unspezifischer Thalamuskerne und mesenzephaler retikulärer Anteile die ganze Hirnrinde aktiviert. Man nimmt an, daß der Thalamus in diesem System zwei Funktionen hat: 1. kann über den Thalamus unspezifisch die ganze Hirnrinde aktiviert werden, 2. ist es aber auch möglich, daß nur einzelne spezifische Anteile aktiviert werden. Diese selektive Aktivierung einzelner Rindengebiete ermöglicht es uns vielleicht, unsere Aufmerksamkeit auf ganz bestimmte psychische Vorgänge zu konzentrieren, während andere unterdrückt werden." (ebd., S. 249)

[50] Dabei kann das sogenannt „böse" und das „gute" Objekt in der Realität identisch, d.h. eine Person sein – woran sich Überlegungen zur Frage der Integration bzw. Spaltung von „guten" und „bösen" Objektanteilen und Objekten entwickeln ließen (siehe hierzu insbesondere Jacobson, 1964, und Kernberg, 1975, 1976, 1980).

[51] Nach Pribram & Gill (1976, S. 50 f.) haben experimentelle Forschungen ergeben, daß bei kontrollierten Stimulationsmustern aus dem somatosensorischen Bereich „normale" Empfindungen wie z.B. Druck, Berührung etc. wahrgenommen werden; unkontrolliertes positives Feedback jedoch produziert Oszillation und Unterbrechung der Muster (unpatterned) und wird als Schmerz wahrgenommen. Deshalb habe Freud teilweise recht: eine Zunahme von Erregung unterbricht die Muster und erzeugt deshalb Schmerz.

[52] Zur Einschätzung des *Entwurfs*: Strachey, der die offensichtlichen Gemeinsamkeiten zwischen dem *Entwurf* und den späteren metapsychologischen Schriften durchaus erkennt und gerade in der Beschreibung „psychischer Phänomene in physiologischen Begriffen" eine gewisse „Ähnlichkeit mit bestimmten modernen Ansätzen zur Lösung des nämlichen Problems" sieht, und zwar „Andeutungen von Hypothesen der Informationstheorie und der Kybernetik in ihren Anwendungen auf das Nervensystem" (Freud, 1950c/ 1950a, S. 385), warnt in seiner editorischen Einleitung des *Entwurfs* davor, zu übersehen, daß es auch grundlegende Unterschiede gebe, nämlich einerseits eine „ungute Trennung" zwischen klinischer und theoretischer Betrachtungsweise – dieses Argument hatten wir bereits in der

Einleitung zurückgewiesen und im Gegenteil für eine strikte Trennung von Metapsychologie und Klinik (Theorie und Praxis) plädiert – und andererseits eine Prävalenz von Umwelteinflüssen gegenüber den endogenen Erregungen (ebd., S. 384) – eine Gewichtung, die ich nicht nachvollziehen kann. Auch dürfe man nicht vergessen, „daß Freud selbst den gesamten neurologischen Rahmen schließlich verwarf. (...) Der *Entwurf* ist und bleibt ein von seinem Schöpfer verworfenes fragmentarisches Werk.“ (ebd., S. 385) Hierzu möchte man Strachey mit Strachey entgegnen: wenn der Entwurf, „or rather its invisible ghost“ in allen, auch den letzten theoretischen Schriften Freuds „herumgeistert“, dann kann er von seinem Schöpfer schwerlich so völlig verworfen worden sein.

Es hängt wohl mit dem berufsgeprägten Selbstverständnis der Psychoanalytiker zusammen, daß die *Verwerfungsthese* in bezug auf den *Entwurf* am häufigsten bemüht wird. So kann man bei Anzieu (1988) lesen: „Man begreift, daß Freud nicht daran gedacht hat, den *Entwurf* zu veröffentlichen, es ist für ihn ein rückständiger Text, mit dem er sich sehr schnell unzufrieden erklärt. Gewiß sind einige Intuitionen im Keim enthalten, und mehrere Begriffe, die später zu endgültigen Errungenschaften der Psychoanalyse werden, werden hier zum erstenmal formuliert. In diesem Sinne ist dieser Text eine Kompromißbildung. Genauer gesagt: aufgrund seiner wissenschaftlichen Geisteshaltung und, wie wir sehen werden, aufgrund seiner persönlichen psychopathologischen Organisation hysterophobischen Typs braucht Freud einen begrifflichen Rahmen, der die zu untersuchenden Phänomene auf Distanz hält, ohne sie indes zu verdunkeln; so kann er es wagen, sie zu sehen, wie sie sind, mit Schärfe und Weitsicht – und sie kontrollieren. (...) Heute wie 1895 ist die epistemologische Situation die gleiche: es kann eine Betrachtung des Wunsches, der Phantasie, der Verdrängung, der Darstellbarkeit und der Abkömmlinge des Unbewußten nur geben, wenn man mit jeglichem Schema bricht, das sich vom Menschen geschaffene Maschinen zum Vorbild nimmt.“ (1988, S. 62 f.)

Der Versuchung, den *Entwurf* vor dem Hintergrund eines „Psychogramms“ seines Autors zu deuten, ist auch Kris nicht ganz entgangen, wenn er in der Einführung zur Erstveröffentlichung des *Entwurfs* zwar den „historischen Wert“ dieser Arbeit als einen kühnen und konsequenten Versuch Freuds wertet, „zu einer Gesamtauffassung von Hirnphysiologie und Psychologie zu gelangen“ (Kris in Freud, 1985c, S. 541) – der allerdings noch ganz dem Helmholtz-Brückeschen Ansatz verpflichtet gewesen sei – aber der Meinung ist, daß es Freud *erst nach seiner Selbstanalyse* gelungen sei, „die Distanz zwischen physiologischer und psychologischer Betrachtung zu finden“ (ebd., S. 558); und erst von da an habe er die Anwendung hirnphysiologischer Begriffe auf das Verständnis psychischer Vorgänge ausdrücklich abgelehnt, auch wenn er immer wieder darauf hingewiesen habe, daß „die Sprache der Psychoanalyse eine provisorisch gewählte sei, gültig so lange, als sie noch nicht durch die Physiologie ersetzt werden könne.“ (ebd., S. 559)

Laplanche, für den der *Entwurf* immerhin der Text ist, „der für Freuds Metapsychologie am wichtigsten ist, wenn gelten soll, daß damals der Versuch, Sexualität und Verdrängung von innen her in einer einzigen Theorie organisch miteinander zu verbinden, am weitesten fortgeschritten war“ (1970, S. 48), zeigt Verständnis für den Leser, der sich bei der Lektüre dieses Textes in eine „monströse pseudowissenschaftliche Maschinerie geraten“ fühlt und dies als Zeichen dafür nimmt, daß es sich dabei um ein „Relikt einer banal-szientistischen Denkweise“ handle, weshalb, so gesehen, „der größere Teil des *Entwurfs* zurückgewiesen werden muß.“ Trotzdem schlägt Laplanche vor, „systematisch vorerst auf das komplexe Labyrinth dieses Textes einzugehen und uns seiner so abschreckenden ‚Technizität‘ zu unterwerfen; wir lassen uns dabei führen von der Gewißheit, daß ein großes Werk – das genährt ist von reicher Erfahrung – sich nicht leicht in gute und schlechte Stücke zerschneiden läßt.“ (ebd., S. 49) Man ist versucht zu verstehen: diese wohl schwierigste und komplexeste theoretische Arbeit Freuds möchte man nur allzu gerne *abschneiden* vom übrigen Korpus der psychoanalytischen Schriften und sich dabei auf Freud berufen, der diesen Text ja selber verworfen habe. Zumindest lassen solche Bemerkungen Ambivalenz erkennen, Bewunderung wie Ablehnung, vielleicht auch Überforderung.

Ricœur (1965) erscheint „der *Entwurf* als die größte Anstrengung, die Freud jemals unternommen hat, um einer Masse psychischer Tatsachen in eine quantitative Theorie Eingang zu verschaffen, und als der Beweis per absurdum, daß der Inhalt den Rahmen sprengt: selbst im VII. Kapitel der *Traumdeutung* versucht Freud nicht, so viele Dinge in ein so enges System zu zwingen; deshalb läßt sich durchaus sagen, daß nichts so überholt ist wie der explikative Plan des *Entwurfs* und nichts so unerschöpflich wie sein Beschreibungsprogramm: je tiefer man in den *Entwurf* eindringt, desto mehr gewinnt man den Eindruck, daß der quantitative Rahmen und der neuronische Träger in den Hintergrund treten, bis sie nur noch einen gegebenen und unmittelbar verfügbaren Bezugsrahmen bilden, welcher den Zwang liefert, dessen der Ausdruck für ungeheure Entdeckungen bedarf; das gleiche Abenteuer wiederholt sich später in *Jenseits des Lustprinzips*, wo die Biologie die Doppelrolle eines Bezugsrahmens und eines Alibis für die Auffindung des Todestriebs spielt.“ (1965, S. 86)

Daß Freud sich im *Entwurf* so sehr auf die Physiologie seiner Zeit und damit auf überholte neurobiologische Annahmen konzentriert habe, ist für Holt (1965) Grund genug, die Unhaltbarkeit des *Entwurfs* und zugleich die Unbrauchbarkeit der späteren metapsychologischen Konzepte für die Weiterentwicklung der psychoanalytischen Theorie herzuleiten.

Compton (1981) sieht darin ebenfalls den entscheidenden Mangel und bezeichnet von daher diese erste Phase von Freuds Theoretisieren als nicht-psychologisch und vorwissenschaftlich. In der Theorie des *Entwurfs* seien die Strukturelemente Neuronen und der dynamische Faktor die (endogene oder exogene) Erregung des Nervensystems, und die in diesem Kontext entwickelten Axiome seien, mit einigen Modifikationen und Umbenennungen, auch in den späteren theoretischen Neuformulierungen erhalten geblieben, nämlich: Erregung, Energie und das Regulationsprinzip der psychischen Funktionen: „These principles are so thoroughly interwoven in all of these phases of Freud's theorizing that they seem indispensable to psychoanalytic theory. They are, however, elusive in their conceptual nature, retain their neurophysiologic base, retain their axiomatic character (that is, remain divorced from observational invalidation), and are not in accord with present neurophysiological or psychological knowledge.“ (ebd., S. 384)

Für Jones, der Freuds *Entwurf* als eine „glänzende ‚tour de force'" bezeichnet (1953, Bd. I, S. 442), „ist diese Arbeit von unschätzbarem Wert für das Verständnis von Freuds Psychologie, denn sie beleuchtet manche seiner späteren, zum Teil befremdenden Begriffe, die er selten definierte oder auch nur näher umschrieb." Sie enthalte eine „Fülle von Ideen" und sei „eine wahre Fundgrube von Forschungsmaterial" (ebd.), worunter auch Gedankengänge und Hypothesen zu finden seien, die zu einer vergleichenden Untersuchung des *Entwurfs* mit „den jüngsten elektronischen Theorien von den Gehirnfunktionen von Gelehrten wie Hebb, Lashley, Penfield und Rasmussen, Wisdom, Wiener, Young und anderen" anregen (ebd., S. 453).

Für Sulloway, der mit Strachey noch besonders auf die evolutionstheoretischen Anteile innerhalb der Begründungsschritte des *Entwurfs* hingewiesen hat, enthält diese Arbeit „nicht ein, sondern zwei deutlich unterschiedene biologische Modelle – ein neurophysiologisches oder ‚mechanisches', wie es Freud gelegentlich nannte, und ein organisches, evolutionäres oder ‚biologisches'" (1979, S. 182), die Freud je nach den jeweiligen Erfordernissen der Argumentation eingesetzt habe. Logisch ordne sich aber ersteres (das neurophysiologische oder „mechanische") letzterem (dem evolutionären oder „biologischen") unter, und von daher ergebe sich aus der Anwendung beider Modelle keine logische Inkonsistenz; vielmehr zeige sich jeweils, daß Freud in erster Linie an dem interessiert war, was er für „anspruchsloser" hielt (Freud, 1950c/1950a, S. 396) und worauf er sich, wann immer möglich, beschränken wollte, nämlich: eine „Psychologie für den Neurologen" zu erstellen, d. h. eine neurophysiologische, mechanische Erklärung psychischer Abläufe zu finden; und nur dort, wo ihm dies nicht gelang, z. B. bei der Frage der Verdrängung, habe er sich auf die „Darwinschen Gedankengänge", also die nächsthöhere, biologisch-evolutionäre Zuordnungsebene bezogen, um einen beobachteten oder erschlossenen Vorgang in seiner Zweckmäßigkeit und „Unentbehrlichkeit" zu bestätigen. Er kommt zu dem Schluß, „daß der Entwurf weder ein rein neurologisches Dokument noch die Projektion gänzlich psychologischer Einsichten auf imaginierte neuroanatomische Strukturen ist; eher kombiniert er klinische Einsichten und Daten, Freuds grundlegendste psycho-physikalistische Voraussetzungen, bestimmte unwiderlegbare mechanische und neuroanatomische Konstrukte und eine Reihe von organischen, evolutionären und biologischen Gedankengängen – und das alles zu einem bemerkenswert gut integrierten psychobiologischen System." (1979, S. 183)

Solms & Saling (1986) weisen die Annahme zurück, der *Entwurf* stelle das Bindeglied zwischen Psychoanalyse und Neurowissenschaften dar; die Hypothesen und Postulate des *Entwurfs* basierten oftmals weder auf dem zeitgenössischen Wissen der Neurologie noch auf neurophysiologischen Daten, sondern seien ad hoc-Annahmen: „For this reason we feel justified in saying that the *Project* does not provide any substantial links between neuroscience and psychoanalysis." (ebd., S. 401) – Bei dieser Einschätzung wird allerdings nicht die Möglichkeit berücksichtigt, daß das im *Entwurf* konzipierte *Modell* geeignet sein könnte, eine solche Brückenbildung herzustellen. – Stattdessen erkennen die Autoren in Freuds Aphasie-Studie eine solche Verbindungsstelle zwischen Neurowissenschaften und Psychoanalyse; sie zeigen ferner, daß die Arbeit von Jackson, insbesondere sein Modell hierarchisch organisierter Funktionsniveaus, die Grundlage für Freuds Konstruktion des psychischen Apparats im *Entwurf* gewesen ist.

53 Eine Darstellung der Traumentstehung und -deutung ist dagegen nicht vorgesehen; siehe dazu Schmidt-Hellerau (1991).

54 Genau diese Differenz mißachtet Habermas (1973) in seiner Kritik an Freud, die zur vielzitierten und -wiederholten These vom „szientistischen Selbstmißverständnis der Metapsychologie" führte: „Freud verfällt, weil er von Anbeginn dem szientistischen Selbstverständnis verhaftet bleibt, einem Objektivismus, der von der Stufe der Selbstreflexion unvermittelt zum zeitgenössischen Positivismus des Machschen Typus zurückkehrt und deshalb eine besonders krude Form annimmt. Unabhängig von der Biographie des Werkes läßt sich der methodologische Irrweg etwa folgendermaßen rekonstruieren. Die Grundkategorien der neuen Disziplin, die begrifflichen Konstruktionen, die Annahmen über die funktionellen Zusammenhänge des seelischen Apparats und über Mechanismen der Entstehung von Symptomen wie der Auflösung von pathologischen Zwängen – dieser metapsychologische Rahmen ist zunächst aus Erfahrungen der analytischen Situation und der

Traumdeutung entwickelt worden. Diese Feststellung hat einen methodologischen und keinen nur forschungspsychologischen Sinn. Jene Kategorien und Zusammenhänge sind nämlich nicht nur unter bestimmten Bedingungen einer spezifisch geschützten Kommunikation *entdeckt* worden, sie können unabhängig davon gar nicht *expliziert* werden. Die Bedingungen dieser Kommunikation sind mithin die Bedingungen der Möglichkeit der analytischen Erkenntnis für beide Partner, Arzt und Patienten gleichermaßen. (...) Wenn aber der kategoriale Rahmen der Psychoanalyse (...) wissenschaftslogisch an die Voraussetzungen einer Interpretation von verstümmelten und entstellten Texten, mit denen die Autoren sich selber täuschen, gebunden ist, bleibt auch die Theoriebildung dem Zusammenhang der Selbstreflexion eingebettet." (ebd., S. 306 f.) Unsere ausführliche Erarbeitung der Modellkonstruktion im *Entwurf* hatte gezeigt, daß der „metapsychologische Rahmen" eben gerade *nicht* „aus Erfahrungen der analytischen Situation und der Traumdeutung" abgeleitet worden ist, sondern aufgrund *„anderer Untersuchungen* (...), die von einem *anderen Angriffspunkte* her zum Kern des nämlichen Problems vordringen wollen" (Freud, 1900a, S. 516) entwickelt wurde – nämlich: durch die axiomatische Setzung bestimmter Ausgangshypothesen sowie durch Zusatzannahmen, die durch logische Ableitung mit den ersteren zu einem konsistenten Modell verknüpft werden sollten. Dieses Modell hat den Status eines abstrakten, logischen Orientierungsrahmens, vor dessen Hintergrund dann die Klinische Theorie entfaltet und geordnet werden kann. Es trifft also keineswegs zu, daß dieser „kategoriale Rahmen der Psychoanalyse (...) wissenschaftslogisch an die Voraussetzungen einer Interpretation von verstümmelten und entstellten Texten" gebunden sei. Habermas, der seinen Vorwurf vom szientistischen Selbstmißverständnis der Metapsychologie auf genau diese unzutreffende Auffassung der Freudschen Modell-Konstruktion und Metapsychologie-Entwicklung gründet, hat – wie so viele andere – nicht klar unterschieden zwischen den verschiedenen Ebenen der Theoriebildung: der phänomenologischen, der klinischen und der metapsychologischen. – Zur Kritik an Habermas siehe auch Grünbaum (1988).

55 Laplanche & Pontalis (1967, S. 635) haben darauf hinge-

wiesen, daß Freud den Wunsch nicht mit dem Bedürfnis identifiziert: „Das aus einem Zustand innerer Spannung entstandene Bedürfnis findet seine *Befriedigung* in der spezifischen Aktion, die das adäquate Objekt beschafft (z. B. Nahrung); der Wunsch ist unlösbar mit ‚Erinnerungsspuren' verknüpft und findet seine *Erfüllung* in der halluzinatorischen Reproduktion der Wahrnehmungen, die zum Zeichen (‚Erinnerungsbild') dieser Wahrnehmungen geworden sind (siehe: Wahrnehmungsidentität). Indessen wird diese Unterscheidung in Freuds Terminologie nicht immer eindeutig gewahrt: in manchen Texten findet man das Kompositum *Wunschbefriedigung*."

56 Die „Widerstandszensur" stellt zwar einen Vorläufer des späteren Überichs dar, wird hier aber noch nicht im Sinne eines Systems verwendet, sondern setzt lediglich begrifflich ins Bild, worum es Freud dabei geht: nämlich eine Verbindung zwischen der „neurologischen" Konzeption des *Entwurfs* (Widerstand) und der psychologischen Konzeption der *Traumdeutung* (Zensur); allerdings ist der Begriff des Widerstands im *Entwurf* an die Schwellen in den Kontaktschranken geknüpft, mithin eine Funktion des Reglers und nicht eine Variable des Systems. An dieser Stelle macht sich wieder das ungelöste Problem der Verdrängung bemerkbar.

57 Dieser Gedanke scheint angedeutet in Freuds Überlegungen zu den Strafträumen, wenn er schreibt: „Der wesentliche Charakter der Strafträume bliebe also, daß bei ihnen nicht der unbewußte Wunsch aus dem Verdrängten (dem System Ubw) zum Traumbildner wird, sondern der gegen ihn reagierende, dem Ich angehörige, wenn auch unbewußte (d. h. vorbewußte) Strafwunsch." (1900a, S. 564) – sofern gilt, daß der Strafwunsch ein Ausdruck der „Widerstandszensur" und diese die von der Verdrängung gesteuerte Erinnerungsspur darstellt; d. h. der „Strafwunsch" enthält dann die Objekt- und Bewegungsbilder der Verdrängung. – Diese theoretische Position hat Kernberg in seiner Objektbeziehungstheorie scharf herausgearbeitet, worauf ich später noch genauer eingehen werde. Hier nur kurz als Hinweis: „Unbewußte intrapsychische Konflikte sind niemals nur einfache Konflikte zwischen Impuls und Abwehr; vielmehr findet der Triebabkömmling in einer bestimmten primitiven Objektbeziehung Ausdruck (einer bestimmten Einheit

der Selbst- und Objektrepräsentanz), und *auch die Abwehr spiegelt sich in einer bestimmten verinnerlichten Objektbeziehung.*" (1980, S. 175, Hervh. d. V.)

58 Freud hat in seine *Metapsychologische Ergänzung zur Traumlehre* (1916-17f) eine diesbezüglich äußerst interessante Bemerkung in einer Fußnote plaziert: „Ich füge ergänzend hinzu, daß ein Erklärungsversuch der Halluzination nicht an der positiven, sondern vielmehr an der *negativen* Halluzination angreifen müßte." (ebd., S. 423, Anm. 1). Green hat sich intensiver mit der „negativen Halluzination" befaßt, die er als das Resultat einer der „Komponenten der Urverdrängung" versteht: „ein massiver, radikaler und zeitlich begrenzter Besetzungsabzug, der im Unbewußten Spuren in Form ‚psychischer Löcher' hinterläßt, die mit Wiederbesetzungen ausgefüllt werden. Letztere sind Ausdruck einer durch die vorangegangene Schwächung der erotisch-libidinösen Besetzung freigesetzten Destruktivität." (1980, S. 210).

59 Man kann sich diese Zunahme an Erinnerungsspuren durchaus analog dem Wachstum der dendritischen Verzweigungen in der menschlichen Großhirnrinde vorstellen – um nicht zu sagen: diese Zunahme an Erinnerungsspuren und ihre dichter werdende Vernetzung zu Assoziationskomplexen beruht auf diesem neuronalen Wachstum oder findet dort ihre Voraussetzung, ihren Niederschlag, ihr „Substrat". Nebenstehende Abbildung zur Kortikogenese zeigt das „Wachstum der dendritischen Verzweigungen in der menschlichen Großhirnrinde *nach* der Geburt. Von links nach rechts: Kind von drei, fünfzehn und vierundzwanzig Monaten. Die Schnitte stammen aus dem oberen Bereich des Schläfenlappens und wurden nach der Golgi-Methode gefärbt." (Conel, 1947, 1955, 1959 in Changeux, 1983, S. 253)

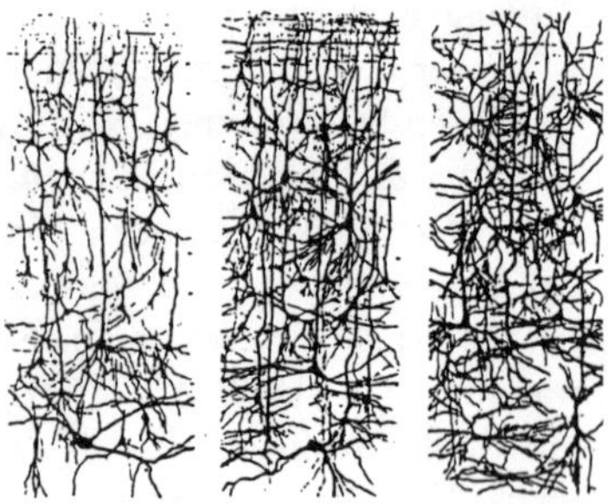

60 Daß das Unbewußte bzw. das Es bereits über erste Strukturen verfügt, darauf haben verschiedene Autoren hingewiesen (siehe Anmerkung 212).

[61] Man kann sich aber gut vorstellen, daß die von ihm verursachte subliminale Erregung von Teilen der Assoziationsbahnen einen nicht unwesentlichen Beitrag zu den sogenannten spontanen Einfällen, zur Kreativität und Flexibilität sowie zu den Gedächtnisleistungen erbringt.

[62] Freud definiert: „Wir heißen es Regression, wenn sich im Traum die Vorstellung in das sinnliche Bild rückverwandelt, aus dem sie irgendeinmal hervorgegangen ist. Auch dieser Schritt verlangt aber Rechtfertigung. Wozu die Namengebung, wenn sie uns nichts Neues lehrt? Nun, ich meine, der Name ‚Regression' dient uns insoferne, als er die uns bekannte Tatsache an das Schema des mit einer Richtung versehenen seelischen Apparats knüpft." (ebd., S. 548)

[63] Man muß sehen, daß Freud die Mechanismen der „Verschiebung" und „Verdichtung" für den Sekundärprozeß zwar eingeschränkt, aber nicht völlig ausgeschlossen hat: „Die Vorgänge des Systems Vbw zeigen (...) eine Hemmung der Abfuhrneigung von den besetzten Vorstellungen. Wenn der Vorgang von einer Vorstellung auf eine andere übergeht, so hält die erstere einen Teil ihrer Besetzung fest und nur ein kleiner Anteil erfährt die Verschiebung. Verschiebungen und Verdichtungen wie beim Primärvorgang sind ausgeschlossen oder sehr eingeschränkt." (1915e, S. 287) – Vielleicht ist das von Kris 1952 eingeführte Konzept der „Regression im Dienste des Ichs" auch so aufzufassen, d. h. als eine Regression *innerhalb* des Ichs und nicht immer als eine Regression bis ins Es.

[64] Siehe die Einschätzung durch Brun (1952, S. 566): „Die Trieblehre Freuds erhebt die Psychoanalyse tatsächlich in den Rang der ersten nicht nur theoretisch, sondern auch praktisch brauchbaren *biologischen Psychologie*, wurde doch hier zum erstenmal eindeutig und kompromißlos auch das menschliche Seelenleben von biologischen Grundlagen, nämlich *von seinen eigentlichen Bewirkungsursachen, den Trieben, abgeleitet.*" Und Brun erkennt bereits sehr genau die Bedeutung der Differenz zwischen den inhaltlichen und formalen Aspekten: „Wenn Freud aus seinen Erfahrungen bei triebgestörten Menschen eine ‚metapsychologische' Trieblehre abzuleiten vermochte, so bezog sich diese Lehre einzig und allein auf die dynamischen und ökonomischen Vorgänge, die er bei den abnormen *Trieb-*

abläufen seiner Patienten beobachten konnte, nicht aber auf eine Vergleichung der Inhalte. Freud lehrte uns, daß man, um zu einem Verständnis jener abnormen, neurotischen Triebabläufe zu gelangen, das heißt Gesetzmäßigkeiten in ihnen zu erkennen, von den Bewußtseinsobjekten weitgehend abstrahieren müsse. Das war ja gerade seine großartige Leistung!" (ebd., S. 574)

65 Es wird hier zunächst die Fassung von 1905 berücksichtigt; später nachgetragene Abschnitte, die in der Folge seiner metapsychologischen Schriften von 1915, 1920 und 1923 entstanden sind, sollen erst im Zusammenhang mit letzteren aufgegriffen werden, sofern sie nur von daher verständliche Neuerungen enthalten.

66 Unter „genetisch präformiert" kann man sich z. B. die Eignung oder Passung eines Objekts im Hinblick auf eine Bedürfnisbefriedigung vorstellen.

67 Wenn Freud hier „Erregungen von zweierlei Art" anführt und die eine als „spezifisch sexuelle" bezeichnet, dann kann er mit den Erregungen der anderen Art nur die der Ernährungsfunktion meinen.

68 In seiner Aphasie-Studie hat Freud eine für den Begriff der Repräsentanz interessante Bemerkung gemacht: „Heiße die Abbildung im Rückenmarksgrau eine *Projektion*, so wird es vielleicht passend sein, die Abbildung in der Großhirnrinde eine *Repräsentation* zu heißen und zu sagen, die *Körperperipherie sei in der Hirnrinde nicht Stück für Stück enthalten, sondern in einer minder detaillierten Sonderung durch ausgewählte Fasern vertreten.*" (1891b, S. 92f.) Dementsprechend wäre die Repräsentanz des (Teil-)Objekts nicht als eine wirklichkeitsgetreue Abbildung zu verstehen, sondern als eine „detaillierte Sonderung durch ausgewählte", d. h. für eine bestimmte Trieberregung wesentliche bzw. bedeutsame Elemente.

69 Kubie (1948) schlägt eine dreiteilige Theorie vor, der zufolge jeder „Instinktkomplex" über drei Komponenten verfüge: eine biochemische Quelle, ein angeborenes, aber modifizierbares neuronales Netz und eine komplexe psychische Superstruktur. Er betont, daß der biochemische Kern, aus dem heraus die Triebaktivitäten beim Erwachsenen entstehen, „never operates alone, but only as part of a complex of derivative drives." (ebd., S. 16) Konsequenterweise sei damit das *Konzept eines reinen*

Triebs eine akademische Abstraktion. Alles strukturierte Verhalten, welches zur Entladung von Triebenergien führe, sei als Resultat einer Integration des biochemischen Kerns mit einer übergeordneten psychischen Struktur aufzufassen.

70 Als „psychisch" werden hier die bestimmte *Muster* = den *Wunsch* konstituierenden *Assoziationen* = *Erinnerungsspuren* zwischen den T-W-M-Systemen betrachtet.

71 Spitz (1959, S. 21) spricht von der Akzentverschiebung des Interesses von „der inneren Sensation zur äußeren Perzeption", einem Wandel „von der coenästhetischen Rezeption zur diakritischen Perzeption."

72 Mit den Begriffen der Intro- und Extraversion ist nur der formale oder vektorielle Aspekt, nicht die von C. G. Jung verwendete charaktertypologische Bedeutung des Begriffs gemeint. Brun 1953, S. 99, spricht von „extratensiven, d. h. nach außen gewendeten Trieben", geht dabei aber rein phänomenologisch vor und versteht darunter überhaupt alle nach außen gerichteten motorischen Vorgänge, wie z. B. gleichermaßen den (in unserem Sinne subjektgerichteten) Nahrungserwerb und die (objektgerichtete) Sexualität.

73 Der Objektbegriff wird hier in einem konkreteren Sinne, d. h. differenziert vom Subjekt verwendet, nicht in der allgemeinen Bedeutung des Begriffs, wonach auch das Subjekt das Objekt eines Triebes sein kann.

74 Brierley hat als erste darauf aufmerksam gemacht, daß die hypothetische *Einheit von Erfahrung*, die einer hypothetischen *Prozeß-Einheit* korrespondiert, nicht ein atomischer Impuls, Affekt oder eine Repräsentation ist, sondern als eine *Beziehung von Impuls (T), Affekt (M) und Repräsentation (W):* „a relationship of impulse, affect and presentation" zu betrachten sei (1944, S. 99). "Hypothetical units are convenient figments to illustrate the parallelism between subjective reaction and objective wave of activity but, in fact, the simplest conscious experience is probably the equivalent of a whole series of processes. The point it is sought to emphasize is that, whether viewed subjectively as experience, or objectively as process-activation, mental life is a sequence of adaptive responses." (ebd., S. 100)

75 Im Unterschied zu dieser Auffassung setzen Laplanche & Pontalis (1967, S. 617 f.) unter Berufung auf die Urverdrän-

gung den Akzent in umgekehrter Richtung, wenn sie die Vorstellung als eine psychische Bildung auffassen, „an welche sich der Trieb im Laufe der Geschichte des Subjekts fixiert und durch deren Vermittlung er in das Psychische niedergeschrieben wird." Damit wird die Vorstellung das Primäre, an das sich der Trieb fixiert und deren Vermittlung er bedarf.

76 Um das Prinzip zunächst einmal zu verdeutlichen, beschränke ich die Entwicklung dieses Gedankens auf das von Freud sogenannte „Quantitative" und lasse vorläufig beiseite, daß Besonderheiten der Verschaltung beider Triebe bei der Verdrängung eine Rolle spielen könnten.

77 Für Sulloway (1979) ist dies eines der ungelösten Hauptprobleme der psychoanalytischen Theorie.

78 Vor 1920 fehlen Überlegungen zur Verdrängung des Ichtriebs; später fiel es Freud leichter, von der Verdrängung der Todes- oder Destruktionstriebe zu sprechen.

79 Das ist auch Alexander (1921, S. 276 f.) aufgefallen: „Über die Verdrängung von Ichtrieben fehlen wohl gänzlich empirische Tatsachen, und wenn man so etwas zu finden glaubt, so stellt es sich heraus, daß es sich um an das Ich gebundene Teile der Libido handelt. (...) es müßten doch auch die Ichtriebe Einschränkungen, Verdrängungen erfahren haben! Und doch sehen wir eigentlich wenig davon. Wenn wir so eine Unterscheidung machen dürften, so könnte man bei den Ichtrieben eher von Einschränkungen sprechen." – Fenichel (1935) hat diese Grundposition bemerkt und hervorgehoben, ihre Gültigkeit aber nur für die „erste Trieblehre" bestätigt; für diese gilt: „Ein Ich-Trieb wehrt also einen Sexualtrieb ab." (ebd., S. 458) Den umgekehrten Fall führt er nicht aus und ist auch der Meinung, daß die in der ersten Trieblehre erreichte Position durch die Einführung des Narzißmus wieder umgeworfen worden sei.

80 Wir könnten auch mit Green (1983, 1993) sagen: es wird nicht einfach *nichts* gesehen, sondern es wird *das Nichts,* das Minus, „le négatif" der Verdrängung „gesehen", die „negative Halluzination" (ausführlich siehe Anmerkung 134).

81 Daß es Freud hier um einen *Abzug*, d. h. ein *Minus* gegangen sein muß, wird deutlich, wenn wir bedenken, daß der Psychotiker wie der Neurotiker gelegentlich auch Dinge wahrnimmt (z. B. hört), die gar nicht (wirklich) da sind (gesagt wur-

den) – was ja mit einem Zusatz, einem Plus darstellbar wäre; diese Fälle läßt Freud hier unberücksichtigt.

82 Für das allgemeine Schema ist es unerheblich, welcher der beiden Triebe mit welchem Vorzeichen versehen wird; man wird die Neigung haben, den nach außen, auf das Bewußte hinzielenden Sexualtrieb mit einem (+)Zeichen, den nach innen, auf das Unbewußte hinzielenden Selbsterhaltungstrieb mit einem (–)Zeichen auszustatten, aber es könnte genausogut umgekehrt sein – mathematisch ist das völlig irrelevant, solange die beiden Triebe mit entgegengesetzten Vorzeichen versehen werden – und eine *Wertung* soll mit diesen Vorzeichen ausdrücklich *nicht* verbunden sein.

83 Bei Brierley finden sich die diesbezüglich interessanten Überlegungen: "It is agreed that sensory-affective experience must precede either hallucination or imagination. But images are not revived in isolation, they are revived in relation to their original impulsive and affective concomitants. Hence, memory-traces are probably better thought of as experience-traces rather than as sensory-traces. To describe the mental organizations as systems of memory-traces is inadequate unless the memory-trace is regarded, objectively, as a response- or process-trace...The so-called structure imparted to the psyche by organization is a predisposing pattern of response...Once a given process has been activated by a specific stimulus, it will be reactivated by every succeeding stimulus of the same type. Such an assumption makes it far easier to understand modification and the genetic continuity of mental life." (1944, S. 100)

84 Diese Überlegungen eröffnen meines Erachtens die Möglichkeit, die Theorien von Bion, die auf diesen Aufsatz Freuds (1911b) Bezug nehmen, an die klassische Metapsychologie anzuschließen – auch wenn Bion selber seine Überlegungen eigentlich nicht als Metapsychologie, sondern im Sinne einer *klinischen Theorie* (für schwere psychische Störungen und die Behandlung psychotischer Erkrankungen) versteht (Bion, 1962, S. 145). Es zeigt sich nämlich, daß die soeben erarbeitete Definition des *Wunsches als einer einfachen (noch unbegrenzten = „psychotischen") T-W-M-Assoziation* genau dem entspricht, was Bion ein *Beta-Element* nennen würde, während die Auffassung der *Halluzination* als einer *den Trieb- wie den Ver-*

drängungs-Wunsch verbindenden und damit doppelten T-W-M-Assoziation einem Bionschen *Alpha-Element* entspricht: das Beta-Element umfaßt einen Triebteil(T): die Bedürfnisse (ebd., S. 110), einen Wahrnehmungsteil(W): die Sinneseindrücke (ebd., S. 72) sowie einen motorischen oder Affektteil(M): Emotionen/emotionale Erfahrungen (ebd., S. 89) und Projektionen (ebd., S. 53). Wir können von daher sagen, daß die T-W-M-Assoziationen *beider* Triebe, soweit sie *isoliert* dargestellt sind, solche *Beta-Elemente* ergeben und erst ihre *Verschaltung* zu einer Trieb-Verdrängungs-Einheit ein Alpha-Element hervorbringt. Die Verschaltung, das *homöostatische Regulations- oder Schaltprinzip,* wird bei Bion durch die sogenannte *Alpha-Funktion* vertreten: „Die menschliche Alpha-Funktion wandelt die Sinneseindrücke, die mit einer emotionalen Erfahrung verknüpft sind (also die Beta-Elemente, Einf. d.V.), (...) in Alpha-Elemente um, die *zusammenhalten*" (ebd., S. 73, Hervh. d. V.). Diese Alpha-Elemente, „die den visuellen Bildern ähneln oder tatsächlich mit ihnen identisch sein mögen, mit denen wir in Träumen vertraut sind," (ebd., S. 53) – also die Halluzinationen – „eignen sich zur Speicherung und für die Erfordernisse der Traumgedanken. Wenn die Alpha-Funktion gestört und deswegen außer Kraft gesetzt ist, bleiben die Sinneseindrücke, die der Patient bemerkt, und die Emotionen, die er erlebt, *unverändert.* Ich werde sie Beta-Elemente nennen. Im Gegensatz zu den Alpha-Elementen werden die Beta-Elemente nicht als Erscheinungen empfunden, sondern als Dinge an sich." (ebd., S. 52, Hervh. d. V.) „Beta-Elemente sind nicht für Traumgedanken verwendbar, wohl aber für projektive Identifikation." (ebd., S. 53) Was also den Bionschen Beta-Elementen im Gegensatz zu den Alpha-Elementen fehlt, ist die Verschaltung bzw. ihre Verdrängung: „Wenn nur Beta-Elemente vorhanden sind, die *nicht unbewußt gemacht werden können,* gibt es weder *Verdrängung* und *Hemmung* noch *Lernen.*" (ebd., S. 55, Hervh. d. V.) Daraus folgt: „Um durch Erfahrung zu lernen, muß die Alpha-Funktion auf die Wahrnehmung der emotionalen Erfahrung einwirken. Aus den Eindrücken der Erfahrung werden Alpha-Elemente produziert." (ebd., S. 54) Und die Vermehrung solcher Alpha-Elemente ergibt dann eine Kontaktschranke, deren Beschaffenheit „von der Art der Zufuhr von

Alpha-Elementen und von der Art ihrer Beziehungen untereinander abhängen." (ebd., S. 63) Deshalb kann man „die Alpha-Funktion als eine Struktur ansehen, ein Stück des seelischen Apparats, der die Kontaktschranke hervorbringt." (ebd., S. 73) Am Beispiel der Hunger-Befriedigungs-Sequenz exemplifiziert Bion dann, daß Hunger = Abwesenheit der Brust derart „erlebt" wird, daß „das Bedürfnis selbst eine böse Brust ist (...) oder das, was ich ein Beta-Element genannt habe" (ebd., S. 110). Sowohl die vorhandene („gute") wie die abwesende („böse") Brust (sozusagen die „Nähr"- wie die „Hunger"-Brust) entsprechen, je für sich betrachtet, einem Beta-Element (ebd., S. 109), und erst ihre Zusammenführung erschafft ein Alpha-Element: „Wenn die Ausscheidung einer bösen Brust als etwas empfunden wird, das zu ihrer äußeren Anwesenheit führt, falls die Ausscheidung erfolgreich war – und zwar durch das Saugen an einer realen Brust –, sind die Nachwirkungen der Ausscheidung nicht von Unlust begleitet"; dieses Zusammenkommen von „böser" und „guter" Brust kann vielmehr als die „Transformation einer emotionalen Erfahrung in Alpha-Elemente mittels der Alpha-Funktion betrachtet werden." (ebd., S. 110) Das führt zu der unserer obigen entsprechenden Gleichung „Halluzination" = „böse" Brust(–) + „gute" Brust(+). Die Rezeption der Bionschen Theorien bereitet im allgemeinen Mühe. Liest man Bion so, wird sein Denken auch in seinem Zusammenhang mit der Freudschen Metapsychologie verständlicher.

85 Diesen Gedankengang hat Rapaport in seinem „Modell primitiver psychischer Funktion" formuliert: „Nach diesem Modell kommt es, wenn Triebspannung eintritt und das bedürfnisbefriedigende Objekt abwesend ist, statt der Spannungsabfuhr (...) zu einer neuen Verteilung der Spannung, d.h. der Energien. Wir beschreiben diese neue Energieverteilung, indem wir sagen, der Trieb, der nicht befriedigt werden kann, werde verdrängt (...). Anstelle der zunächst durch Abwesenheit des Objekts und später durch Verdrängung verhinderten Triebabfuhr entstehen (...) Vorstellungsbilder in Gestalt wunscherfüllender Halluzinationen." (Rapaport, zitiert nach Zelmanowits, 1971, S. 407) Die Kritik Zelmanowits' an diesem Vorschlag: dies sei widersinnig; wenn der ungestillte Hunger des Säuglings verdrängt würde, müßte der Säugling eines stillen Todes sterben, stellt eine Ver-

wechslung der Ebenen der (konkreten) psychischen Phänomenologie mit derjenigen der Metapsychologie dar. Dies gilt auch für seine zusätzliche Frage, „auf welche Triebkraft man rechnen könnte, die das Halluzinieren des bedürfnisbefriedigenden Objekts zuwege bringt, wenn solches Halluzinieren überhaupt statthaben kann, da man ja bedenken muß, daß der erste Schritt beim Verdrängungsvorgang darin besteht, daß die psychische Repräsentanz des Triebes, d.h. die Vorstellung des bedürfnisbefriedigenden Objekts, entweder am Bewußtwerden verhindert oder, wenn sie bereits bewußt ist, vom Bewußtsein ausgeschlossen wird." Seine Zweifel, ob Verdrängung so früh im Leben, und d. h. auch bei einem so jungen Ich überhaupt stattfinden könne, lassen sich durch die hier vorgestellte formalisierte Konzeption der metapsychologischen Ebene aufheben.

86 Die Konzeption der Beziehung zwischen „Innen" und „Außen" wird in Teil III ausführlich behandelt.

87 Freuds Idee einer halluzinatorischen Wunscherfüllung ist aus verschiedenen Gründen kritisiert worden. Dornes hält sie vor allem deshalb für unhaltbar, weil die Fähigkeit zur *freien* und *bildhaften* Halluzination eines abwesenden Objekts – nach den Ergebnissen der Säuglingsforschung – nicht vor dem Alter von 1½ Jahren möglich sei, und schlägt als Alternative vor, „daß der Hunger nicht eine bildhafte Erinnerung aktiviert, sondern die motorische Aktivität des Saugens. Das Saugen aktiviert dann den in der ursprünglichen befriedigenden Situation damit verknüpften positiven Affekt." (1993, S. 249). Dornes möchte also das Problem dadurch lösen, daß er den W-Anteil der Halluzination (die er m.E. zu einseitig als den lediglich bildhaften Anteil der Szene begreift – wodurch ihre akustischen, haptischen, gustatorischen, olfaktorischen und kinästhetischen W-Anteile unberücksichtigt bleiben) durch ihren M-Anteil (Saugaktion) ersetzt – während hier auf der formalen metapsychologischen Ebene immer die komplette T-W-M-Einheit gemeint ist. Die Frage ist hier also nicht, ob der Säugling von Anfang an konkret und willentlich (frei) Halluzinationen abrufen kann, oder ab welchem Alter er dazu in der Lage ist (dies herauszufinden, ist zweifellos eine der vielen interessanten Aufgaben der direktbeobachtenden Säuglingsforschung), sondern der für die psychoanalytische Entwick-

lungstheorie im Rahmen der Metapsychologie relevante Punkt ist das in Freuds Überlegungen *strukturell* enthaltene Postulat: daß diese anhand der Bedürfnis-Befriedigungs-Sequenz dargestellten Erfahrungen *Erinnerungsspuren* in Form von *T-W-M-Assoziationen* hinterlassen, die beim erneuten Auftauchen eines Bedürfnisses aus derselben Quelle wieder aktiviert werden – auch wenn sie anfangs unterhalb der Wahrnehmungsschwelle liegen und noch keine wirklichen konkreten Halluzinationen ergeben sollten – sie sind die Bausteine der ersten *freien* und *bildhaften* Halluzinationen, die ja im Alter von 1½ Jahren nicht plötzlich aus dem Nichts da sind, sondern die nach einer Unzahl von Wiederholungen derselben Erregungsabläufe (Freuds Bahnung) ab einem bestimmten Zeitpunkt lediglich zur freien bewußten (auch bildhaften) Abrufung zur Verfügung stehen. Das von Dornes hervorgehobene (mit 3 Monaten) frühe Wiedererkennen der Mutter und das Unterscheiden zwischen ihr und anderen Personen setzt solche Erinnerungsspuren, die durch den konkreten „Anblick" der Mutter verstärkt werden, ja gerade voraus.

88 Mit dieser These wäre die von Rapaport (1960) aufgeworfene Frage nach dem Zusammenhang von Trieb und Struktur beantwortet. Schon der *Entwurf* hatte gezeigt, daß Freud den „Leitungsvorgang" selbst (wir können jetzt ergänzen: der Triebe) als strukturbildend auffaßt, und das obige Ergebnis macht nun in einem ersten Schritt deutlich, was Rapaport zu klären empfahl, nämlich: „wie Prozesse sich zu Strukturen wandeln." – Die folgenden Kapitel werden diesen Vorgang noch detaillierter erarbeiten.

89 Ein häufig angeführtes Argument gegen Freuds Idee der Halluzination richtet sich gegen die psychopathologische Bedeutung des Begriffs *Halluzination*. Ich halte dem entgegen, daß Freud mit der Einführung der Realitätsebene deutlich macht, daß es ihm dabei nicht um den klinisch-psychotischen Aspekt (Phänomenologie) geht, sondern um die metapsychologische Konzeption: die Halluzination ist ein Ablauf, der die Trieb-Verdrängungs-Vorstellungen *vor* oder *unter Ausschaltung* der Verrechnungsebene der Realität enthält. Da man aber Begriffen eine ihnen wesentlich zukommende Bedeutungskomponente nicht entziehen kann, werde ich Freuds Begriff der

Halluzination mit dem der *Phantasie* paaren, für die ebenfalls (weitgehend) ein Ausschluß der Realitätsebene gilt.

90 Es ist also kein *Homunculus* am Werke, der etwas als Realität „wertet" oder „weiß, wann und was er verdrängen" muß. Zur Problematik eines (heimlichen) Agenten oder Homunculus in psychologischen Modellen siehe Arnold (1984, S. 83 ff.). Formulierungen wie diese stehen für Signale bzw. Auslöser für Regulations- bzw. Schaltvorgänge innerhalb des Systems. Und da Freud mit der Idee der „Abfuhr" immer eine „Verminderung von Triebspannung" meint, entspricht der Begriff der „Abfuhr" wieder dem Umschlagspunkt von einer Triebstrebung in die entgegengesetzte (verdrängende) andere (womit die aus der Mechanik der Dampfmaschinen entlehnte Metaphorik für das Ablaufschema in ihre formale Fassung der homöostatischen Regulation überführt wäre).

91 Im *Entwurf* (1950c/1950a) wird genau dieser Vorgang so dargestellt: „Die Wunschbesetzung betreffe ganz allgemein Neuron a + Neuron b, die Wahrnehmungsbesetzung Neuron a + Neuron c. Da dies der häufigere Fall sein wird, häufiger als der der Identität, erfordert er genauere Erwägung. Die biologische Erfahrung wird auch hier lehren, daß es unsicher ist, Abfuhr einzuleiten, wenn die Realitätszeichen nicht den ganzen Komplex, sondern nur einen Teil davon bestätigen. Es wird aber jetzt ein Weg gefunden, die Ähnlichkeit zur Identität zu vervollkommnen. Der Wahrnehmungs-Komplex wird sich durch den Vergleich mit anderen Wahrnehmungs-Komplexen zerlegen lassen. (...) Die Sprache wird später für diese Zerlegung den Terminus *Urteil* aufstellen." (ebd., S. 423) Wie wird die Differenz zwischen Neuron b und Neuron c überwunden? „Es ist kein Zweifel, daß es Qη aus dem besetzten Ich ist, welche diesen Wanderungen längs der gebahnten Neurone unterliegt." (ebd., S. 424) „Was leitet auf dieser Wanderung? Daß die Wunschvorstellung [der] Er[innerung] [d.i. von Neuron b] besetzt gehalten wird, während man von Neuron c die Assoziationen verfolgt." (ebd., S. 425)

92 Gill hat in einer sorgfältigen Untersuchung dafür plädiert, die Organisation von Trieb, Triebverdrängung und Triebabfuhr *zusammen* zu konzeptualisieren (er spricht auch von „impulse-defense units"), wodurch es zu einer einheitlichen Konzeption

des psychischen Modells kommt, in der Es und Ich auf einem Kontinuum innerhalb einer hierarchischen Organisation gedacht werden: das Es befindet sich auf dem primitivsten Niveau der psychischen Organisation, aber einem Niveau, auf dem es schon Struktur und erste Ansätze in Richtung auf eine Sekundärprozeß-Organisation gebe, das Ich auf dem höchsten Niveau der psychischen Organisation. Diese Auffassung habe den Vorteil, auf allen hierarchischen Ebenen Trieb und Verdrängung als funktionell untrennbar und als zusammengehörende Aspekte des Verhaltens zu konzeptualisieren (1963, S. 144 ff.).

93 Obwohl Hartmann mit Bibring (1936) der Meinung ist, daß man „alle Triebe als Teil des Es" anerkennen und daß man nicht mehr von Ichtrieben sprechen sollte (Hartmann, 1950, S. 139), meint er doch, daß wir nach der Bildung der drei Systeme „Unterschiede zwischen dem Es, dem Ich und dem Über-Ich nicht nur hinsichtlich ihrer Organisation, sondern auch hinsichtlich dieser Antriebskraft finden." (1948, S. 88) Und in einer meines Erachtens konzeptionell unklaren Differenzierung zwischen Trieb und Energie schreibt Hartmann: „Ich bin nicht in der Lage, die Frage zu beantworten, ob alle dem Ich zur Verfügung stehende Energie ihren Ursprung in den Trieben hat. (...) Es könnte sein, daß ein Teil der Energie von dem, was ich früher als autonomes Ich bezeichnet habe, stammt. Doch führen alle diese, auf den primordialen Ursprung psychischer Energie hinweisenden Fragen letzten Endes zur Physiologie. (...) Kehren wir zum Ich zurück. Gleichgültig, ob sein energetischer Aspekt ganz oder nur teilweise auf die Triebe zurückzuverfolgen ist, nehmen wir an, daß *das Ich*, nachdem es einmal gebildet ist, *über unabhängige psychische Energie* verfügt, mit anderen Worten: das Ich besitzt die Merkmale eines isolierten psychischen Systems. Es soll nicht gesagt sein, daß die Umwandlung von triebhafter in neutralisierte Energie zu irgendeinem Zeitpunkt aufhört; sie ist kontinuierlich." (1950, S. 135, Hervh. d. V.) Gehen wir in unserem formalisierten Modell davon aus, daß aus der Aktivierung jeder Struktur eine gerichtete Erregung resultiert, die auf eine andere im Sinne einer Trieberregung einwirkt, dann läßt sich die sogenannte neutralisierte Energie des Ichs durchaus als eine solche Resultante auffassen – nicht aber irgendeine *nicht triebhafte* Energie von einem sogenannt „autonomen Ich", oder von

autonomen Ich-Apparaten (deren Stellung innerhalb, außerhalb oder zum psychischen Apparat nicht geklärt ist). Siehe auch Anmerkung 203.

94 Es sei dabei gerne zugegeben, daß auch der Begriff „Selbsterhaltungstrieb" nicht ganz unproblematisch ist, weil die Selbsterhaltung eine Funktion des Systems darstellt, die nur über das homöostatische Regulationsprinzip durchgesetzt werden kann; insofern enthält der Begriff „Selbsterhaltungstrieb" auch ein Strukturelement. – Loewenstein (1940) hat vorgeschlagen, die früheren Ichtriebe durch andere Triebkräfte zu ersetzen, die man als Triebe „zur Erhaltung des Individuums" bezeichnen oder auch als „vitale" oder „somatische" Triebe von Freuds Lebenstrieben unterscheiden könne. Die Selbsterhaltungstriebe, zu denen auch die Aggression gehöre, sollten seiner Meinung nach eine unabhängige Stellung zurückerhalten. Die Eigentümlichkeit der vitalen Triebe bestünde darin, „daß sie sich – im Gegensatz zum Keimplasma – in Funktionen des Somas" auswirken. In diesem Sinne stellt er den Sexualtrieben die „somatischen Triebe" gegenüber.

95 Den Begriff des *Selbst* – der bereits von Freud (allerdings nicht systematisch) verwendet wurde – hat Hartmann (1950, S. 132) als erster hervorgehoben, um damit den *Gegensatz zum Objekt* zu kennzeichnen. Obwohl Hartmann damit auch die *konkrete eigene Person* meinte, läßt sich sein Vorschlag sowie seine Empfehlung der Begriffe der Selbst- und Objekt*repräsentanz* auch in einem rein metapsychologischen Sinne lesen.

Jacobson (1964), die sich auf diesen Hartmannschen Begriff des Selbst bezieht, spricht von einer „undifferenzierten ‚psychosomatischen' Matrix", dem „frühesten psychophysiologischen Selbst" (ebd., S. 17), das sie auch das „Urselbst" nennt (ebd., S. 25). Sie ist der Meinung, „daß die Triebe ursprünglich tatsächlich *gegen* dieses früheste Selbst gekehrt sind, das heißt auf Entladung *an ihm* zielen." (ebd., Hervh. d. V.) Betrachten wir das Selbst als eine Struktur (Strukturkomplex), dann sind die Triebe *auf* (nicht gegen) das Selbst gerichtet. *Nicht kompatibel* mit unseren Überlegungen ist Jacobsons Ausgangshypothese, „in den ersten Anfängen des Lebens befinde sich die Triebenergie noch in einem *undifferenzierten* Zustand und differenziere sich von Geburt an unter dem Einfluß der Stimulierung von außen, des psychischen Wachstums und der Eröffnung und wachsenden Reifung von Abfuhrwegen nach außen zu zwei Arten von psychischen Triebkräften unterschiedlicher Qualität." (ebd., S. 24) Nach dem hier entwickelten Vorschlag sind zwei antagonistische Triebe als die beiden Modellvariablen mit entgegengesetzten Vorzeichen konstitutiv für das System. *Übersetzen* wir hingegen die Annahmen Jacobsons konsequent in unsere formalisierte Sprache, dann können wir das von ihr sogenannt undifferenzierte Triebstadium und mit ihm auch das „früheste psychophysiologische Selbst", das „Urselbst", in den Sockel der Graphik (Abb. 13) eintragen (was aus dem undifferenzierten ein *phänomenal* nicht oder nur schwer differenzier*bares* Stadium machen würde), und ihre Ausdifferenzierung der Triebe wäre dann als strukturbedingte Ausdifferenzierung der beiden *Schienen* zu verstehen, die definitionsgemäß von je einem der beiden Triebe dominant besetzt werden. In diesem Sinne kann man auch festhalten an ihrer „Betonung des Unterschieds zwischen Abfuhr nach innen und Abfuhr nach außen" im Hinblick auf „die Schicksale der *selbstgerichteten* und der *objektgerichteten* libidinösen und aggressiven Triebabfuhrvorgänge und ihren Einfluß auf die affektive und ideationale Entwicklung und die Entwicklung der einzelnen Funktionen." (ebd., S. 21, Hervh. d. V.) Es zeigt sich also, daß die Verschiedenheit der theoretischen Annahmen oft auf einer je anders perspektivierten Sprache beruht.

Kernberg, der die Entwicklungsschemata von Jacobson zu Recht als Verkörperung einer „‚intermediären Sprache' zwischen der theoretischen und der klinischen Auffassung" liest (1980, 1983, S. 109) und auf deren große Relevanz für die *klinische Theorie* hinweist, würdigt Jacobsons Entwicklungsmodell als „die einzige umfassende psychoanalytische Objektbeziehungstheorie, welche die früheste Entwicklung im Bereich der Affektdifferenzierung, Objektbeziehungen, frühen Abwehrmechanismen und die Verlaufsgeschichten der frühen Triebentwicklung mit dem Strukturmodell des dreigeteilten psychischen Apparats verknüpft und damit einen entwicklungsbezogenen Rahmen für die Psychoanalyse bereitstellt." (ebd., S. 115) Kernbergs *Selbst*-Definition ist allerdings strenger metapsychologisch formuliert. Er schlägt vor, „den Begriff

Selbst für die *Gesamtheit von Selbstvorstellungen* in enger Verbindung mit der Gesamtheit von Objektvorstellungen zu reservieren; mit anderen Worten, das Selbst als *intrapsychische Struktur* zu definieren, die ihren Ursprung im Ich hat und eindeutig *in das Ich eingebettet* ist.“ (1984, S. 335, Hervh. d. V.) Der in meiner Arbeit strikt eingehaltene Triebdualismus entspricht insofern Kernbergs Konzeptualisierung, als er vorschlägt, „das Selbst sogar als mit libidinösen und aggressiven Triebderivaten besetzt [zu begreifen], die im Kontext der Integration ihrer Teil-Selbstvorstellungen integriert werden.“ (ebd., S. 339) „Kurz: es ist eine Ichfunktion und -struktur, die sich allmählich aus der Integration ihrer Teil-Selbstvorstellungen zu einer übergeordneten Struktur entwickelt, (...) die zu den dualistischen Merkmalen führt, die in Freuds Ich implizit vorhanden sind.“ (ebd., S. 340) Nicht hingegen entspricht das von mir vorgeschlagene formalisierte Modell Kernbergs Auffassung, derzufolge sich die beiden entgegengesetzt gerichteten Triebe vom Beginn des Lebens an erst aus den Affekten, als ihren Bausteinen, entwickeln und ausdifferenzieren müssen (1991a, 1991b). Ich bin allerdings auch hier der Meinung, daß es sich bei dieser Verschiedenheit der Positionen (abgesehen vom Postulat der Affekte als den basalen Bausteinen der Triebe) nicht um theoretische Unvereinbarkeiten handelt, sondern um unterschiedliche Perspektiven, je nachdem ob mehr der Trieb- oder der Strukturaspekt (die Subjekt-, Objektschiene) im Vordergrund stehen: in der strikt formalisierten Fassung sind zwei Triebe als zwei Variable Grundaxiom; aber in bezug auf den Strukturaspekt entwickeln sich die unter der Dominanz jeweils eines der beiden Triebe stehenden Subjekt- und Objektschienen erst vom Beginn des Lebens an; d. h. Kernbergs Postulat der sich erst allmählich differenzierenden Triebe ist der phänomenologischen Differenzier*barkeit* näher und entspricht der hier postulierten Differenzierung der beiden *Schienen* der Trieborganisation.

[96] So verwendet, stellen das *Selbst* und das *Objekt* zwei verschiedene Objekte des Sexualtriebs dar. Man kann also den Begriff *Objekt* in der Bedeutung eines allgemeinen Oberbegriffs oder in seiner spezialisierten Verwendung in der Bedeutung einer bestimmten Repräsentanz(engruppe) im Gegensatz zu

einer anderen (Selbst) verwenden. In unseren Überlegungen zu den *Drei Abhandlungen* hatten wir von der Ausbildung der Partial-Objekte gesprochen; es sei für das folgende daran erinnert, daß auch das Partial-Selbst ein Partial-Objekt des Triebs ist.

[97] Zu diesem Problem siehe auch Hartmann (1950, S. 132): „Tatsächlich scheinen aber bei der Anwendung des Begriffes Narzißmus oft zwei verschiedene Gegensatzpaare in eins verschmolzen zu sein. Das eine bezieht sich auf das Selbst (die eigene Person) im Gegensatz zum Objekt, die andere auf das Ich (als ein psychologisches System) im Gegensatz zu den anderen Teilstrukturen der Persönlichkeit. Das Gegenteil von Objektbesetzung ist jedoch nicht Ich-Besetzung, sondern Besetzung der eigenen Person, das heißt Selbstbesetzung. Mit dem Wort Selbstbesetzung wollen wir nicht andeuten, wo diese Besetzung lokalisiert ist, im Es, im Ich oder im Über-Ich. Diese Formulierung berücksichtigt die Tatsache, daß sich ‚Narzißmus' in allen drei psychologischen Systemen findet; aber in allen diesen Fällen besteht ein Gegensatz (und wechselseitige Beziehung) zur Objektbesetzung. Es trägt deshalb zur Klärung bei, wenn wir Narzißmus als Libidobesetzung nicht des Ichs, sondern des Selbsts definieren. (Es mag außerdem nützlich sein, den Ausdruck Selbst-Repräsentanz, im Gegensatz zur Objekt-Repräsentanz, anzuwenden.)"

[98] Verschiedene Autoren (M. Klein, 1946, Jacobson, 1964, Kernberg, 1991b u.a.) haben die Konzepte von Autoerotismus und primärem Narzißmus in Frage gestellt oder abgelehnt. Mir scheint ihre Beibehaltung in der formalisierten Auffassung der Metapsychologie deshalb wichtig, weil darin das *Prinzip von Integration und Differenzierung* paradigmatisch erläutert wird: Vom Autoerotismus als Phase der Ausbildung isolierter Vorstellungsgruppen – etwa im Sinne von Inseln – hin zum Narzißmus als einer Integration dieser Inseln zu einer ersten komplexen Einheit und von dort aus zur Differenzierung der Subjekt- und der Objektschiene – hin zur Integration der beiden Schienen in die Makrostruktur Ich.

[99] Der Terminus des *Selbstobjekts* wurde von Kohut eingeführt (1971, 1975, 1977) und scheint mir eine gelungene Begriffsbildung, um die frühen, nicht oder nur schwer differenzierbaren Selbst- und Objektvorstellungen – also das, was im

Sockel unserer Graphik einzutragen wäre – zu kennzeichnen: er entspricht gleichermaßen dem hier postulierten Trieb- wie dem Strukturaspekt insofern, als 1. das Objekt im Dienste der Selbsterhaltung „wahrgenommen" wird (siehe Hunger-Befriedigungs-Sequenz) und 2. das Selbst als Objekt der Libido besetzt wird. Unglücklicherweise hat Kohut von seiner klinischen Erfahrung ausgehend eine – unter der hier entwickelten Perspektive unnötige – Abspaltung seines Selbstkonzepts von der Triebtheorie für erforderlich gehalten und damit die Ausbildung einer eigenen selbstpsychologischen Schule eingeleitet. Lesen wir eines seiner Kernbeispiele: „Die traditionelle Betonung der triebpsychologischen Elemente der Interaktion von Mutter und Kind – im vorliegenden Beispiel: während der analen Phase – ist keine befriedigende Erklärung für die Tatsache, daß das Kind anal fixiert wurde und daß die daraufhin erfolgende Errichtung von Abwehren gegen die unverkleidete Analität zum Ausgangspunkt für die Entwicklung psychologischer Strukturen geworden ist (...). Ich glaube, daß wir tatsächlich zu einer befriedigenderen Erklärung gelangen, wenn wir außer den Trieben auch das Selbst der analen Periode betrachten, ein Selbst, das sich in einem frühen Stadium seiner Konsolidierung befindet. Wenn eine Mutter das fäkale Geschenk stolz annimmt, (...) so reagiert sie nicht nur auf einen Trieb. Sie reagiert auf das sich bildende Selbst ihres Kindes. (...) Daher erlebt das Kind die stolze, freudige Haltung der Eltern oder ihren Mangel an Interesse nicht nur als Annahme oder Ablehnung eines Triebes, sondern auch (...) als Annahme oder Zurückweisung seines versuchsweise etablierten, doch noch verwundbaren kreativ-produktiv-aktiven Selbst." (1977, S. 76 f.) Unübersehbar vermischt Kohut die Ebenen der Phänomenologie und der Metapsychologie: eine Mutter reagiert niemals auf einen Trieb (das hat Freud schon klargemacht), aber auch nicht auf die metapsychologische Konstruktion des Selbst, und das Kind erlebt auch nicht die Ablehnung seines Triebs, sondern allenfalls die Ablehnung seines Bedürfnisses. Deshalb ist Kohuts Argumentation theoretisch bzw. metapsychologisch verfehlt, wenn er zwei getrennte Entwicklungslinien, eine für den Narzißmus und eine für das System der Objektbeziehungen, postuliert und meint, daß eine so verstandene „Anwendung des theoretischen Rahmens einer Psychologie des Selbst eine Notwendigkeit ist." (ebd., S. 77) Die zwei von Kohut postulierten getrennten Entwicklungslinien könnten allerdings mit der hier erarbeiteten Ausdifferenzierung einer Subjekt- und einer Objektschiene in Verbindung gebracht und so an die klassische Metapsychologie Freuds angeschlossen werden. Von daher verstehe ich Kohuts Arbeiten als wertvolle Erforschung derjenigen Entwicklungsphasen und ihrer Pathologien, die wir im Sockel und auf der Subjektschiene der Trieborganisation eintragen könnten, halte aber sein Ausscheren aus dem Trieb-Struktur-Modell, seine „radikale Dichotomie zwischen entwicklungsbedingten Selbst-Defekten einerseits und intrapsychischen Konflikten andererseits", also die „scharfe Trennung zwischen Selbst-Psychologie und Konflikt-Psychologie" (Eagle, 1984, S. 81 f.) für einen Irrweg, der ihn letztlich in seiner radikalsten Position dazu geführt hat anzunehmen, er könne „die Trieblehre im gesamten Bereich von Entwicklungs- und pathologischen Phänomenen durch die Psychologie des Selbst" ersetzen (ebd., S. 94). – Zum aktuellen Stand der von Kohut ausgehenden Selbstpsychologie siehe z. B. die Aufsatzsammlungen von Detrick & Detrick (1989) und Wolf et al. (1989).

[100] Dieses Festhalten am Antagonismus von Sexual- und Ichtrieben in Freuds Narzißmusarbeit haben Etchegoyen (1991) und Treurniet (1991) in Frage gestellt. In der hier entwickelten formalisierten Fassung wäre, wenn Freud seinen grundlegenden Triebantagonismus gestrichen hätte, die *Formalisierbarkeit* und damit die *Logik* des ganzen Modells zusammengebrochen.

[101] Obwohl es hier grundsätzlich nur um das theoretische Modell und nicht um die einzelnen Phänomene des psychischen Funktionierens geht, sollen doch wenigstens zwei der von Freud diskutierten Beispiele für narzißtischen Rückzug überdacht werden, da sie geeignet sind, das hier entwickelte Narzißmusverständnis zu illustrieren.

Das einfachste Beispiel ist der Schlaf, der für Freud „ein narzißtisches Zurückziehen der Libidopositionen auf die eigene Person, des Genaueren, auf den einen Wunsch zu schlafen" ist (1914c, S. 149). Nun weist allein schon die *restaurative* Funktion des Schlafs darauf hin, daß der Schlaf etwas mit der *Selbsterhaltung* des Individuums zu tun haben muß, und nimmt man das von Freud beschriebene Phänomen des „narzißtischen Rückzugs“ hinzu, dann kann man sagen: der Schlaf entspricht ganz der introversiven Tendenz des Selbsterhaltungstriebs. Freud selber bezeichnet an anderer Stelle den Schlafwunsch als Ich-Wunsch, was unserem Verständnis nach eben als ein vom Selbsterhaltungstrieb gesteuerter Wunsch (Strebung) aufzufassen ist. Damit wäre der Schlaf aber weniger von der Seite des Sexualtriebs her aufzufassen (im Sinne eines Rückzugs der Libidopositionen), sondern vor allem von der Seite des Selbsterhaltungstriebs, der dabei so exzessive Ausmaße erreicht (Quantitäten mobilisiert), daß zur Aufrechterhaltung der *Homöostase* – zuzüglich zu den tagsüber (auf der Subjektschiene) an ihn gebundenen Beträgen an narzißtischer Libido – noch weitere libidinöse Beträge von der Objektschiene herangezogen werden müssen, was zu dem genannten Rückzug der Libidopositionen führt. Es ergibt sich dabei interessanterweise eine Koinzidenz mit Freuds These, daß Träume stets sexuellen Inhalts sind: die exzessive Tendenz des introversiven Selbsterhaltungstriebs muß gelegentlich durch eine extraversive Sexualtrieberregung begrenzt bzw. kompensiert werden, wobei der Traum (an der Umschlagstelle) als halluzinatorische Wunscherfüllung (Befriedigung) diese extraversive Tendenz seinerseits wieder begrenzt, wodurch der introversiven Tendenz wieder Raum gegeben wird (und das ist Freuds These, daß der Traum der Hüter des Schlafs ist). Die Rhythmik von traumlosen und traumerfüllten Phasen des Schlafs wäre in diesem Sinne als rhythmische Bewegung der Trieb-Verdrängungs-Interaktionen aufzufassen. – Ausführlich wird dieses Thema auch in der *Metapsychologischen Ergänzung zur Traumlehre* (1916-17f) behandelt (s. a. ausführlicher in Schmidt-Hellerau, 1991; umfangreiche Kritiken und Alternativmodelle zu Freud z. B. Foulkes, 1966, Hobson, 1988).

Als zweites Beispiel aus der Normalpsychologie wählt Freud die somatische Erkrankung, das „Verscheuchen noch so intensiver Liebesbereitschaft durch körperliche Störungen.“ (1914c, S. 149) Was geschieht in diesem Falle? Freud erklärt den bekannten *Egoismus* des Kranken damit, daß er all „seine Libidobesetzungen auf sein Ich zurückzieht.“ (ebd., S. 148) Von unserem bisher erarbeiteten Modell aus können wir wiederum annehmen, 1. daß die körperliche Erkrankung zu einer enormen Aktivierung der restaurativen Funktionen des Selbsterhaltungstriebs führt, daß 2. zur Aufrechterhaltung der *Homöostase* auch ein entsprechend großes Potential an gegenläufiger Sexualtriebenergie (Verdrängung) mobilisiert werden muß, ein Quantum, das womöglich den Betrag an narzißtischer Libido übersteigt, der normalerweise auf der Subjektschiene dem Selbsterhaltungstrieb zugeordnet ist, weshalb dann weitere Anleihen direkt bei der Objektlibido genommen werden (also Objektlibido in narzißtische Libido überführt wird), wodurch gleichzeitig 3. zusätzliche Energien des Selbsterhaltungstriebs, die auf der Objektschiene zur Begrenzung des Sexualtriebs gebunden waren, für die restaurativen Funktionen frei werden. Ein solches Modell geht davon aus, daß die Energien beider Triebe, auch wenn sie bei Vorliegen einer ausgereiften psychischen Struktur als deutlich voneinander abgegrenzt eingesetzt werden können, grundsätzlich verschiebbar bleiben, daß also z. B. in Extremsituationen die auf der einen Schiene organisierten Triebbesetzungen und ihr Verdrängungsanteil ganz oder weitgehend zur Besetzung der anderen Schiene verwendet werden können.

102 Diese die Pathologie betreffende Freudsche Differenzierung zwischen primärem und sekundärem Narzißmus soll hier nur kurz gestreift werden: „Es entsteht die Frage: Welches ist das Schicksal der den Objekten entzogenen Libido bei der Schizophrenie? Der Größenwahn dieser Zustände weist hier den Weg. Er ist wohl auf Kosten der Objektlibido entstanden. Die der Außenwelt entzogene Libido ist dem Ich zugeführt worden, so daß ein Verhalten entstand, welches wir Narzißmus heißen können. Der Größenwahn selbst ist aber keine Neuschöpfung, sondern, wie wir wissen, die Vergrößerung und Verdeutlichung eines Zustandes, der schon vorher bestanden hatte. Somit werden wir dazu geführt, den Narzißmus, der durch Einbeziehung der Objektbesetzungen entsteht, als einen sekundären aufzufassen, welcher sich über einen primären, durch mannigfache Einflüsse verdunkelten aufbaut.“ (1914c, S. 140) Im Gegensatz zum Schizophrenen habe der Neurotiker „die erotische Beziehung zu Personen und Dingen keineswegs aufgehoben. (...) Er hält sie noch in der Phantasie fest.“ (ebd., S. 139) In unserer Ter-

minologie könnten wir die von Freud erkannten Unterschiede so formulieren: beim Neurotiker ist die libidinöse Besetzung der Objektschiene erhalten geblieben, beim Schizophrenen ist diese Besetzung nach Freud zurückgezogen; interessant dabei ist die kleine Silbe „be": Freud schreibt nicht von der „Einziehung der Objektbesetzungen", sondern von der „Ein*be*ziehung der Objektbesetzungen", was ein Hinweis darauf sein könnte, daß der Größenwahn als Folge einer strukturellen Entdifferenzierung und Regression auf nur noch eine Schiene konzipiert ist, also als Ein*be*ziehung der Strukturen der Objektschiene in die Strukturen der Subjektschiene – wonach sich dann der Kranke korrekt als Napoleon wahrnehmen und bezeichnen kann.

103 Unter dem Begriff *Narzißmus* werden also 1. auf eine konkrete Entwicklungsphase bezogene und 2. auf bestimmte Strukturen gerichtete Sexualtriebvorgänge bzw. Libidobesetzungen verstanden, sowie 3. bestimmte von diesen Besetzungen dominierte Strukturen bzw. Vorstellungsgruppen (Green [1983] hat diesen Strukturaspekt des Narzißmus besonders hervorgehoben). D. h., Narzißmus bleibt immer auf den Sexualtrieb bezogen. Dagegen vertritt Grunberger in seiner „Psychoanalyse jenseits der Triebtheorie" (1988a, 1988b) einen Narzißmusbegriff, der „auf einen ‚reinen Narzißmus', eine grundlegende Kraft *ohne Triebstütze*" zielt (1971, S. 190, Hervh. d. V.).

104 Die Konzeption der strukturbedingten Hemmung war im Kapitel über den *Entwurf* ausführlich erläutert worden.

105 Man kann sich diesen Vorgang auch so vorstellen, wie ihn Prigogine & Stengers für den Aufbau eines Termitenhügels beschrieben haben (1981, S. 179): „Die erste Etappe dieser Aktivität, die Errichtung der Basis, geht scheinbar aus einem ungeordneten Verhalten der Termiten hervor. Sie tragen während dieser Etappe Erdklümpchen umher, die sie zufällig irgendwo fallen lassen, dabei aber mit einem Hormon imprägnieren. Diese Substanz zieht weitere Termiten an. Die anfängliche Schwankung besteht lediglich in der etwas größeren Konzentration von Erdklümpchen an irgendeinem Geländepunkt. Die Verstärkung dieses Vorgangs wird durch die erhöhte Dichte von Termiten in dem Gebiet hervorgerufen, die wiederum eine höhere Konzentration des Hormons nach sich zieht. Mit der wachsenden Zahl der Termiten in einem Gebiet nimmt die

Wahrscheinlichkeit zu, daß sie dort ihre Erdklümpchen fallen lassen. Auf diese Weise entstehen ‚Säulen', zwischen denen ein Abstand liegt, der mit dem Bereich, über den das Hormon sich ausbreitet, zusammenhängt." (Nebenstehende Zeichnung von T. Holldobler aus Prigogine, 1976, S. 113.) Für unser Modell würde die Verbindung zweier Säulen zu einem Bogen das *Prinzip von Integration und Differenzierung* für drei Etappen der Strukturbildung veranschaulichen: 1) bildet sich zunächst je eine Säule über den erogenen Zonen, die sich im narzißtisch besetzten Ganz-Körper-Selbst zusammenschließen; 2) entsteht je eine solche Säule über den Selbsterhaltungstriebvorstellungen: dem Egoismus und den Sexualtriebvorstellungen: dem Narzißmus, die sich zusammenschließen und eine Subjektschiene ausbilden; 3) wird neben der Subjektschiene dann die Objektschiene entstehen, die beide wiederum in der Makrostruktur Ich „zusammenwachsen".

106 Der Begriff des *Attraktors* stammt aus der Chaostheorie. „Attraktoren sind geometrische Strukturen, die das Langzeitverhalten im Zustandsraum charakterisieren. Grob gesprochen ist ein Attraktor alles, worauf sich ein System zubewegt oder wovon es angezogen wird." (Crutchfield et al. 1989, S. 12)

107 Der Begriff des *Ordners* bzw. Ordnungsparameters wird von Haken & Haken-Krell (1989) in ihrer Theorie der Synergetik verwendet, um (am Beispiel des Lasers) die *Selbstorganisation* offener Systeme bei *Instabilität* zu erklären: Danach entstehen Ordner aus *kollektiven Bewegungsformen,* die einzelne abweichende Bewegungen „versklaven", d.h. zur Anpassung bringen = sich unterordnen, und dadurch letztlich das „Verhalten der großen Zahl der Einzelsysteme" regulieren und koordinieren. „Das Versklavungsprinzip liegt also vielen Koordinationsvorgängen in der Biologie zugrunde. Durch den oder die Ordner sind die entstehenden *makroskopischen Strukturen* festgelegt. Diese können z.B. *räumlich* oder *zeitlich* sein (...).

Am Instabilitätspunkt können verschiedene, aber zueinander *symmetrische* Strukturen entstehen. Bei der Realisierung einer Struktur muß das System eine Auswahl unter gleichermaßen möglichen Strukturen treffen: es kommt zum *Bruch der Symmetrie.*" (ebd., S. 27) – Es wird hier auffallen, daß ich Begriffe aus verschiedenen theoretischen Ansätzen (Kybernetik, Chaostheorie, Synergetik) verwende oder auch nur anführe – was grundsätzlich nicht unproblematisch ist. Damit votiere ich keineswegs für einen einfachen Theorien-Eklektizismus; auch strebe ich nicht eine Entscheidung für den einen oder anderen (mathematischen) Ansatz an (das beträfe die numerische Ausformulierung und Realisierung eines solchen Modells und läge außerhalb meiner fachlichen Kompetenz); vielmehr geht es mir um das diesen verschiedenen Ansätzen *Gemeinsame*, was lediglich in einem je anderen theoretischen System formuliert wurde – und was Freud tatsächlich in seiner Strukturbildungstheorie des *Entwurfs* (1950c/1950a, S. 416-17) schon skizziert hat. So wird auf der allgemeinsten Ebene das, was in der kybernetischen Darstellung: in unseren Strukturen, den *Schaltern* (graphisch: den Kästen) einzutragen ist, ein *Gesetz* (Regler-, Streckengesetz) genannt, womit noch nichts über die besondere Art des Systems ausgesagt ist. Nehmen wir an, es gibt solche mathematischen Gesetze, die für ein System das formulieren, was Prigogine als „Ordnung durch Fluktuation" bezeichnet, dann entsprechen solche Gesetze in einem anderen System z. B. dem, was bei Haken ein *Ordner* heißt und was die Chaostheoretiker als *Attraktor* bezeichnen. Sieht man hier wiederum vom materiellen Bezugsfeld ab, dann zeigen sich in den verschiedenen theoretischen Ansätzen ähnliche *Denkfiguren* – deren spezifische und verbindende Charakteristik in der *Bildlichkeit der Begriffswahl*: „Schalter", „Ordner", „Attraktor" je einen anderen Aspekt hervorhebt.

108 Diese Vorder- und Rückseiten sind *phänomenal* miteinander verbunden, *erscheinen* also, wie Freud das am Beispiel der Symptombildung ausführlich darlegt, als eine *Einheit*, die den Trieb- *und* den Verdrängungswunsch *in einem* zum Ausdruck bringt.

109 Diese Hypothese könnte ein vermittelndes Argument abgeben zwischen den bewährten klinischen (insbesondere den Psychose-)Konzepten von den sogenannt *undifferenzierten* Sta-

dien, von Selbst-Objekt-*Fusionen*, -*Verschmelzungen*, -*Symbiosen* (z.B. Jacobson, 1964, 1967, Mahler, 1968, 1979, Mahler, Pine & Bergman, 1975) einerseits und der gegen Kernberg angeführten These Zagermanns (1993) andererseits, die davon ausgeht, „daß es einen Zustand der symbiotisch-fusionären Einheit mit dem Objekt auf der Ebene der inneren Repräsentanzen als reales Entwicklungsstadium gar nicht gibt, daß vielmehr *mit dem Beginn des psychischen Funktionierens archaische Ich- und Objektrepräsentanzen in getrennter Form vorliegen*" (ebd., S. 228; siehe auch Zagermann, 1985, 1988) – einmal ganz abgesehen davon, daß wir über das, was in diesen frühen Stadien *real* vorliegt, gar nichts Sicheres wissen können, daß es sich dabei also immer nur um theoretische Annahmen und Konstruktionen handelt. Außerdem könnte die Annahme einer solchen Vertauschung der den beiden Trieben zugeordneten Subjekt- und Objektrepräsentanzen in der frühen Phase des primären Narzißmus Ansatzmöglichkeiten für eine formalisierte metapsychologische Konzeptualisierung der von M. Klein eingeführten „projektiven Identifizierung" bieten (Klein, 1962, Meltzer, 1966, Rosenfeld, 1971, Sohn, 1985, B. Joseph, 1987). – Dornes (1993) hält aufgrund der Ergebnisse der Säuglingsforschung Mahlers Konzepte der autistischen und symbiotischen Phasen für unhaltbar (zur Kritik an den theoretischen Schlußfolgerungen aus der direktbeobachtenden Säuglingsforschung s.a. Zuriff, 1992). Ich selbst würde vorschlagen, aus Gründen der *theoretischen* Klarheit – nicht wegen konkreter empirischer Daten – die Begriffe und Phänomene der *Undifferenziertheit*, der *Verschmelzung*, des *Autismus* und der *Symbiose* für die klinische Ebene zu reservieren, wo sie sich bewährt haben, und im Bereich der Metapsychologie *Differenziertheit innerhalb der Konzepte* zu wahren.

110 Auf der Objektschiene der Trieborganisation wären solche Prozesse der *Integration* und *Differenzierung* mit der Ausbildung von Objekteinheiten darstellbar, z.B. aus der Imago des „vereinten Elternpaars" zur Differenzierung zwischen Mutter- und Vaterrepräsentanz – zur Integration in die Objektvorstellung „Eltern" in Differenzierung von den „Geschwisterrepräsentanzen", integriert zur Vorstellungsgruppe „Familie", differenziert von der Gruppe der „Freunde" etc.

111 Pasche hat in seinen Überlegungen zu den „Ichtrieben" diesen Punkt angesprochen. Er bezweifelt, daß man recht daran tue, die Rolle der „Ichtriebe" auf die Erhaltung des Individuums zu beschränken; demgegenüber hat er ihre *formgebende* Funktion hervorgehoben und kommt darüber hinaus zu der Frage: „ne prennent-elles pas part à l'édification de l'idéal du moi, en un mot *ne peuvent-elles se sublimer comme les pulsions sexuelles?* Je ne sais, mais la question mérite d'être posée." (1993, S. 5, Hervh. d. V.).

112 Hartmann, Kris & Loewenstein (1947, S. 18) unterscheiden bei der Bildung psychischer Struktur zwischen Differenzierung und Integration: Differenzierung zeige die Spezifizierung einer Funktion an, während Integration das Entstehen (Emergenz) einer neuen Funktion aus einem vorher nicht kohärenten Set von Funktionen oder Reaktionen bezeichne. Differenzierung und Integration gingen dabei von einem Prinzip (z. B. von einem homöostatischen) aus, das ihre Interaktion reguliere.

113 Ich unterscheide den *Triebbegriff* (im engeren Sinne), der als *Variable* innerhalb unseres Modells definiert ist, vom *Triebkonzept* (im umfassenderen Sinne), das alle die jetzt der Reihe nach aufgeführten Bestandteile aufweist und in seiner kompletten Fassung – gleich auf welchem Niveau – immer durch eine *T-W-M-Einheit* repräsentiert ist. Das *Triebkonzept* ist also, genau besehen, ein Trieb-Struktur-Konzept.

114 Der Begriff der Trieb*quelle* mag einer oberflächlichen Betrachtung bzw. dem alltäglichen Sprachgebrauch zufolge suggerieren, daß *von dort* die Triebe ausgehen und daß damit die Triebquelle die hierarchisch höchste Position einnehmen müßte. Wie genau der Begriff der Quelle hingegen auf die hier entwickelte Auffassung paßt, wird deutlich, wenn man bedenkt, daß es unterirdische Zuflüsse sind, die letztlich dazu führen, daß an der Quelle das Wasser hervor- (und in Erscheinung) tritt, – und diesen unterirdischen Zuflüssen entsprechen im Bild die Triebe bzw. das zentrale T-System.

115 In der Neurophysiologie scheut man sich nicht, von einem *Nahrungstrieb* zu sprechen und die Mechanismen seiner Auslösung und Befriedigung zu erforschen. Mehrere Faktoren sind daran beteiligt. Auf der Ebene des Magens hat man als einen entbehrlichen, aber regelmäßig vorkommenden Faktor die evtl.

von Mechanoreceptoren registrierten Leerkontraktionen des Magens (parasympathisch enerviert) angeführt; es spielen ferner Chemo-, Aminosäure- und Glucoreceptoren im Magen, aber auch in der Leber und im Dünndarm eine Rolle; von ihnen wird die Verfügbarkeit der Glucose im Blut, aber auch der Glucose- und Aminosäuregehalt der Nahrung registriert. Auf der Ebene des ZNS ist der Hypothalamus, „wie für andere vegetative Funktionen auch, anscheinend die wichtigste zentrale *Schalt- und Integrationsstruktur* für Hunger und Sattheit." (Schmidt & Thews, 1987, S. 337) In ihm finden sich das „Hunger-" und das „Sättigungszentrum" und Verbindungen zu höheren Hirnabschnitten wie dem limbischen System sowie den mit ihm assoziierten Gebieten der Hirnrinde (die z. B. für die vorausplanende Nahrungsaufnahme wichtig sind) sowie zu den motorischen Zentren (die z. B. für den Kauakt gebraucht werden). „Den Anschluß an die motorischen Zentren erhalten die limbischen, insbesondere die hypothalamischen Motivationsareale wahrscheinlich über die zentralen catecholaminergen Systeme mit ihren vom Hirnstamm zu Kleinhirn, Basalkernen und Cortex ziehenden Bahnen. Diese Bahnen bilden also möglicherweise ein wichtiges Bindeglied zwischen den Trieben und ihrer motorischen Verwirklichung." (ebd., S. 338) D. h., Hunger und Sattheit werden peripher und zentral registriert und zentral integriert und in entsprechende Handlungs- oder auch Affektmuster umgesetzt.

116 Interessant sind unter dieser Perspektive die Arbeiten Simmels: „Die psycho-physische Bedeutsamkeit des Intestinalorgans für die Urverdrängung" (1924) sowie „Prägenitalprimat und intestinale Stufe der Libidoorganisation" (1933). – Wenn man im übrigen die Verdauungsvorgänge als etwas betrachtet, was auf der metapsychologischen Ebene im Aufgabenbereich des Selbsterhaltungstriebs liegt, dann stimmt dazu auch die ihm zugeordnete phänomenale Passivität (ein Großteil der Verdauungs- und Regenerationsvorgänge erfolgt während des Schlafs).

117 Der Begriff der *Handlungsrepräsentanz* taucht so bei Freud nicht auf; ich werde innerhalb des formalisierten Modells aber von *Repräsentanzen* sprechen, wenn es um besetzbare relativ konstante *Muster* geht – in diesem Sinn spricht Freud im *Entwurf*

von *Bewegungsbild*. Die Muster können sowohl *ererbte* wie *erworbene* sein, terminologisch entscheidend ist, daß die *Repräsentanz als Einheit eines bereits komplexen Prozesses* aufgefaßt wird. Laplanche & Pontalis unterstreichen bei ihrer Untersuchung der Freudschen Verwendungsweise des Begriffs *Repräsentanz* den Bezug zur Triebtheorie: der Begriff *Repräsentanz* werde bei Freud „zur Bezeichnung des psychischen Ausdrucks endosomatischer Erregungen" verwendet (1967, S. 441). Diese Verwendungsweise soll hier beibehalten und auf alle Bestandteile des Triebkonzepts angewendet werden. – Es bleibt hierzu nochmals darauf hinzuweisen, daß der auf der metapsychologischen Ebene verwendete Begriff der Repräsentanz grundsätzlich nicht in einem konkretistischen Sinne aufzufassen ist; es geht demnach nicht darum, wie die Säuglingsforschung mit Lichtenberg (1983, S. 52f.) und Dornes (1993, S. 70) einwendet, „daß es in den ersten 1½ Jahren *überhaupt keine* Repräsentanzen im Sinne evozierbarer Phantasien gibt." Phantasien sind evozierbar, Repräsentanzen hingegen nicht, und auf der Modellebene könnte man allenfalls fragen, von welchen formalen Bedingungen ausgehend das Evozieren von Phantasien (als Besetzungsvorgang von Repräsentanzenkomplexen) konzeptualisierbar wäre. Der Begriff der Repräsentanz, wie ich ihn hier verwende, bezieht sich auf jede Strukturbildung von der ersten Mikrobildung an. – Zum Begriff der Repräsentanz siehe besonders Nicolaïdis (1984, 1993), Linnell (1990), Grossman (1992).

118 So wird deutlich, daß die Position der Objektrepräsentanz „über" den biogenen und erogenen Zonen, d. h. an hierarchisch übergeordneter Stelle innerhalb des W-Systems, dem Konzept der Desomatisierung Schurs (1966) entspricht (zur Desomatisierungstheorie Schurs siehe ausführliche Anmerkung 142), ganz im Sinne auch von dem, was Freud über die „hypochondrische oder Organsprache" festhält (1915e, S. 297).

119 Hierher paßt Kernbergs Begriff der *„Selbst-Objekt-Affekt-Einheit"*, die im hiesigen Schema eine W-M-Verbindung darstellt. Kernberg betrachtet „die Einheiten der Selbst- und Objektrepräsentanzen (und die sie verknüpfenden Affektdispositionen) als elementare Bausteine, auf denen die weiteren Entwicklungen verinnerlichter Objekt- und Selbstrepräsentanzen und später die übergreifende dreiteilige Struktur (Ich, Über-Ich,

Es) entsteht." (1980, S. 18 f.) Interessant scheint mir im Zusammenhang mit der hier entwickelten Auffassung die Überlegung, daß der Selbst-Objekt-Anteil dieser Einheiten sowohl auf *eine einzelne* Repräsentanz auf *einer* Schiene (Subjekt- *oder* Objektschiene) als auch auf *zwei* Repräsentanzen auf *beiden* Schienen der Trieborganisation bezogen werden kann.

120 Im Bereich der Metapsychologie wären z. B. der Trieb, das Unbewußte, das Ichideal, der psychische Apparat etc. solche Sachvorstellungen, denen *direkt* nichts Konkretes, Lebendiges entspricht; im Bereich der Geometrie wären es die Gerade, der Kreis, das Dreieck etc.; prinzipiell könnte jede Objektvorstellung zur Sachvorstellung werden: „die Mutter" kann eine Objektvorstellung sein und meine persönliche Mutter meinen, sie kann aber auch eine Sachvorstellung innerhalb eines Paragraphen des Familienrechts sein.

121 Siehe dazu die Ausführungen im Abschnitt über den *Entwurf* sowie Freud (1950c/1950a, S. 455 ff.).

122 Siehe hierzu auch Rapaports Postulat dreier primärer und dreier sekundärer Modelle des Handelns, Fühlens und Denkens (Anmerkung 7), mit denen er ein „erweitertes ökonomisches Modell" schaffen wollte: die obige Darstellung macht deutlich, daß dieses Modell ausschließlich auf das M-System beschränkt wäre, d. h. daß mit diesem Modell die Anteile des T- und W-Systems in das M-System eingegangen wären; einerseits kann man sagen, daß sich in jedem einzelnen System dasselbe Organisations- und Entwicklungsprinzip wiederholt, das auch für das ganze System gilt, andererseits aber würde eine Beschränkung auf das M-System doch eine konzeptionelle Entdifferenzierung darstellen. – Roy Schafers (1976) Vorschlag einer Ersetzung der Metapsychologie durch eine (praxisnähere) Handlungssprache würde einer noch weitreichenderen Einengung und Entdifferenzierung der Metapsychologie auf die unterste Etage des M-Systems gleichkommen.

123 So schreibt er mit Bezug auf eine Äußerung des Selbsterhaltungstriebs, den Hunger: „Etwas wie eine Verdrängung scheint hier auf lange hinaus nicht in Betracht zu kommen. Der Fall der Verdrängung ist also gewiß nicht gegeben, wenn die Spannung infolge von Unbefriedigung einer Triebregung unerträglich groß wird. Was dem Organismus an Abwehrmitteln

gegen diese Situation gegeben ist, muß in anderem Zusammenhang erörtert werden." (1915d, S. 249)

124 Kernberg hat gezeigt, daß der Sadomasochismus, der auch ein Bestandteil der infantilen Sexualität ist, als „ein *wesentliches Element des normalen sexuellen Funktionierens* und der Liebesbeziehungen sowie des eigentlichen Wesens der sexuellen Erregung" aufzufassen ist (1993a, S. 319, Hervh. d. V.).

125 Von den eben *triebbedingten* Vorgängen der Verdrängung (auch Vertauschung) einer Sach- oder Wortvorstellung oder einer Handlung geben die Fehlleistungen (Vergessen, Versprechen, Verschreiben etc.) reiches Anschauungsmaterial (1905c).

126 Daß die Abwehr nicht ein quasi singulärer Vorgang, sondern immer eine komplexe Einheit darstellt, die in der Analyse erst in ihre verschiedenen Komponenten aufgelöst werden muß, hat bereits Gerö (1951, S. 568–69) betont: So könnte z. B. der in Erscheinung tretende Abwehrmechanismus der „Wendung gegen das Selbst" aus der masochistischen und der sadistischen Komponente zusammengesetzt sein, wobei der sexuelle Kern von beiden wiederum durch verschiedene Gegenbesetzungen unterdrückt werde. Die vollständige Sequenz dieses Abwehrmechanismus könne dann nur demonstriert werden, wenn beide, der masochistische und der sadistische Impuls, aus der Verdrängung hervorkämen. Es geht also immer um das Erkennen des komplexen Zusammenspiels von verschiedenen Abwehrformen und ihrer Schichtung. Daß Gerö dabei die Verdrängung als den grundlegenden Abwehrmechanismus bezeichnet, auf dem die anderen Abwehrmechanismen basieren (ebd., S. 574), entspricht der hier entwickelten Anschauungsweise, daß die Verdrängung formal den grundlegenden zum Trieb antagonistischen Verlauf bezeichnet, der seinerseits über ganz verschiedene Verschaltungen (Abwehrformen) führt.

127 Während das Vorkommen von Feedback-Erregung im Nervensystem noch umstritten ist, kommen Feedforward-Hemmungen dieser Art an vielen Stellen des Nervensystems vor (Schmidt, 1983, S. 105–114). Der Begriff der *Hemmung* wird hier wie der *neurophysiologische* Begriff der Hemmung verwendet, also nicht im Sinne einer *sekundärprozeßhaften Hemmung*, die viel komplexer konzeptualisiert ist.

128 Der Begriff „Interesse" ist hier in einem libidinösen Sinne

gemeint, als sublimierter Eros, und nicht zu verwechseln mit dem Begriff Ich-Interesse, der von Freud als Energiebegriff für den Selbsterhaltungstrieb eingesetzt wurde.

129 Freud schreibt in diesem Zusammenhang: „Wir werden ferner durch die psychoanalytische Erfahrung an den Übertragungsneurosen zu dem Schluß genötigt, daß die Verdrängung kein ursprünglich vorhandener Abwehrmechanismus ist, daß sie nicht eher entstehen kann, als bis sich eine scharfe Sonderung von bewußter und unbewußter Seelentätigkeit hergestellt hat (...). Diese Auffassung der Verdrängung würde durch die Annahme ergänzt werden, daß vor solcher Stufe der seelischen Organisation die anderen Triebschicksale, wie die Verwandlung ins Gegenteil, die Wendung gegen die eigene Person, die Aufgabe der Abwehr von Triebregungen bewältigen." (1915d, S. 249 f.) Freud vertritt damit eine zu der hier postulierten formalen Position scheinbar konträre Meinung, wenn er die Verdrängung *nicht* für einen ursprünglich vorhandenen Abwehrmechanismus hält. Der Widerspruch löst sich allerdings auf, wenn man berücksichtigt, daß Freud an dieser Stelle auf der *klinischen Ebene* (der Übertragungsneurosen) argumentiert, innerhalb derer die Verdrängung als ein reifer Abwehrmechanismus beschrieben wird; aber auf der *metapsychologischen Ebene* soll die Verdrängung weiterhin als der jeweilige Triebantagonist dargestellt werden.

130 Hierher würde unter formaler Perspektive selbstverständlich auch die *Verneinung* gehören (1925h), die sozusagen das Gegenteil = die Verdrängung einer „Triebbejahung" wäre; Green bezieht sich in der Erarbeitung seines Konzepts einer „travail du négatif" immer wieder auf diese Freudsche Schrift (so im Buch mit dem gleichlautenden Titel 1993).

131 Pribram (1989) zeigt auf, daß Feedback-Schleifen zur Fehlerverarbeitung sowie zur Aufrechterhaltung von Konstanz dienen, wohingegen Feedforward für die kreativeren Aspekte der Informationsverarbeitung gebraucht wird: „man muß zwischen zwei völlig verschiedenen Mechanismen unterscheiden: einmal Mechanismen, die vermittels Fehlerverarbeitung Konstanz erhalten, und zum anderen Mechanismen, die Alternativen, d.h. ‚gute' Information verarbeiten. Man muß somit zwischen Fehlerverarbeitung und Informationsverarbeitung

unterscheiden. Fehlerverarbeitung beruht auf dem Rückkopplungs-Mechanismus, auf der geschlossenen Schleife; Informationsverarbeitung dagegen auf einem Vorkopplungs-Mechanismus höherer Ordnung, der offenen (helikalen) Schleife, die *alternative* Rückkopplungsschleifen umfaßt, die *parallel geschaltet* sind, und der somit über die Tätigkeit jeder einzelnen Rückkopplung hinausgeht, d.h. ‚willkürliche' Steuerung ermöglicht." (ebd., S. 153) – Interessant ist in diesem Zusammenhang auch Pribrams Hinweis auf Ashby (1960), der gezeigt hat, „daß bloße Mehrfachverbindung von Rückkopplungen miteinander zu Überstabilisierung führt und damit zu fast völligem Widerstand gegenüber Veränderungen (d.h. das System kann nicht lernen)." (Pribram 1989, S. 154). Da Lernen, von einer übergeordneten Perspektive aus betrachtet, langfristig ebenfalls der Sicherung des Gleichgewichts des Systems in seiner sich verändernden Umwelt dient, zeigt sich: Feedback- und Feedforward-Maßnahmen dienen auf verschiedene Weise dem Zweck, die Homöostase eines Systems bei „störender" Einflußnahme von freien Eingangsvariablen zu sichern (als „Störgröße" kann in unserem Zusammenhang jede Trieberregung sowie jede freie Eingangsvariable [exogene Erregung] gelten). – Bei Regelkreis- oder Feedback-Strukturen spricht man von *Homöostase* bzw. spezifischer von *dynamischer Stabilität.*

132 Eigentlich sollte von Summation dann gesprochen werden, wenn der Reizerfolg genauso groß ist wie die Summe der Einzelreize. „Da dieses Ereignis im Nervensystem extrem selten ist, hat sich dieser Fachausdruck nicht eingeführt. Der Begriff Summation wird dagegen in der Reflexlehre dazu benutzt, diejenigen Vorgänge zu kennzeichnen, die wahrscheinlich über zeitliche und räumliche Bahnung, bei längerer Einwirkung unterschwelliger Reize (z.B. Kitzeln an der Nase) zu einer überschwelligen Reflexauslösung (Niesen) führen." (Schmidt, 1983, S. 110)

133 Wie diese Verschaltungsmodalitäten im einzelnen *realisiert* sein könnten, muß hier nicht diskutiert werden; im Bereich der neuronalen Netze zellphysiologisch z.B. über asymmetrische (erregende) oder symmetrische (hemmende) Synapsen (Goldman-Rakic, 1992, S. 61), über Hebb-Synapsen, Interneurone, modulatorische Neurone, sogenannte Langzeitpotenzie-

rung (Kandel & Hawkins, 1992, S. 38–43) etc. Im Bereich der Psychoanalyse wäre da z. B. an die Vielzahl der verschiedenen Abwehrmechanismen zu denken: in einer interessanten Übersichtsarbeit hat Hoffmann (1987) die wachsende Zahl dieser Abwehrmechanismen sowie den umgekehrten Versuch, diese wachsende Zahl wieder innerhalb weniger Grundkategorien einzufangen, konstatiert: bei A. Freud (1936) sind es die bekannten 10 Abwehrmechanismen, bei G.L. Bibring et al. (1961) sind es 26 basale und 19 komplexe Abwehrformen, Laughlin (1970) nennt 22 primäre („major") und 26 sekundäre („minor") Abwehrmechanismen, Vaillant (1971) zählt 18 Abwehrformen; im Zusammenhang mit unserer Darstellung fällt die Arbeit von Holland (1973) auf, der sämtliche Abwehrformen als Vorgänge der *Verschiebung* betrachtet, wobei er die *Verschiebung* in der *Richtung*, in der *Zeit*, in der *Zahl* und nach der *Ähnlichkeit* unterscheidet (alles zit. n. Hoffmann 1987); in der hier entwickelten formalisierten Fassung hätten wir eine *Verschaltung nach vorn, zur Seite oder zurück*, wobei dann die vielfältigen Kombinationen auch zu einer Vielzahl von Abwehrmechanismen führen können; die Frage der Anzahl wäre dann eine mehrheitlich statistische, nämlich die, welche und wieviele Abwehrformen (Triebschicksale) besonders häufig vorkommen und von daher in einen Grundkatalog von Abwehrmechanismen aufgenommen werden könnten. Zu den Abwehrmechanismen siehe auch Moser, 1964, Moser et al., 1969, und Wallerstein, 1983.

134 Hier wäre auf Greens Verwendung der Begriffe „le blanc" bzw. der „psychose blanche" und „le négative" hinzuweisen: « Blanche au sens où je l'emploie vient de l'anglais *blank*, qui signifie espace inoccupé (non imprimé, par exemple pour la signature d'un formulaire ou la somme, pour un chèque en blanc, carte blanche), vide. » (1983, S. 155) In diesem Sinne handle es sich bei der psychose blanche um einen (totalen) Besetzungsabzug = ein Nicht-Besetztsein von Repräsentanzen: « Que se passe-t-il dans la psychose blanche? Le Moi procède à un désinvestissement des représentations qui le laisse confronté à son vide constitutif. *Le Moi se fait disparaître* devant l'intrusion du trop-plein d'un bruit qu'il faut réduire au silence. » (ebd., S. 156) In einer früheren Arbeit hatte Green in Anknüpfung an

Freud den Begriff der „hallucination négative" aufgegriffen und weiterentwickelt und darunter die Unerregbarkeit nicht besetzter Systeme, das Trägheitsprinzip, das Herabsetzen der Spannung auf Null etc. verstanden, wobei er sich weigert, die negative Halluzination auf die Abwehr zu beschränken: « Nous nous sommes ainsi refusé à limiter l'hallucination négative à un mechanisme de défense tout au moins dans l'acception restreinte de l'expression. » (1973, S. 335). „Le négative" wird gewissermaßen zum Vorläufer von „le blanc" und geht darin ein, wenn Green erklärt: « Dans une optique structurale, nous comprenons l'hallucination négative non pas comme l'absence de représentation, mais comme la représentation de l'absence de représentation (...). Formulé théoretiquement, ceci revient à dire que l'hallucination négative est le revers dont la réalisation hallucinatoire est l'avers. » (ebd., S. 335 f.) Greens Hinweis darauf, daß nicht besetzte Repräsentanzen nicht einfach nichts sind, sondern als fehlende Repräsentanzen repräsentiert sind (bzw. rechnerisch ins Gewicht fallen), scheint mir wichtig und interessant; hierfür – d.h. für Vorgänge der antagonistischen Feedforward-Hemmung – würde ich den Begriff „blanc" reservieren im Unterschied zur Besetzung der Abwehr bzw. Verdrängung – z. B. für Vorgänge der antagonistischen Feedback-Hemmung –, wofür ich den Begriff „le négative" geeignet fände. – Die französische Psychoanalyse ist in der Erforschung von „le négative" sowie der „travaille du négative" (1993) zweifellos am weitesten vorgedrungen. Unter den verschiedenen Autoren, die in diesem Bereich gearbeitet haben, möchte ich besonders Guillaumin (1987) hervorheben, der dem „destin du négative" eine eindrucksvolle Studie gewidmet hat, in der er durch die Erforschung all der im Unbewußten „herumgeisternden" Repräsentanzen und Repräsentanzenketten (wozu auch die hier sogenannten „psychotischen" Ränder von Triebvorstellungen gehören würden), die – wie „schwarze Löcher" – ihre Wirksamkeit behalten haben, dem Unbewußten eine neue Dimension erschlossen hat.

135 Für Kernberg ist die Reaktion auf eine solche durch Konfrontation erfolgte Deutung der Spaltung ein wichtiges Kriterium für die Differentialdiagnose von Borderline-Pathologie oder Psychose: da bei der Borderline-Störung der Realitätsbezug

nicht beeinträchtigt ist, führt die Deutung der Spaltung hier zu einer Reorganisation und einer deutlichen Verbesserung des psychischen Funktionierens, wohingegen sie bei der Psychose eine weitere Dekompensation und Verstärkung der Realitätsverzerrung einleiten kann (1984, S. 51 f.).

[136] Siehe hierzu auch die Ausführungen zu Peterfreund in der Einleitung, sowie Peterfreund (1971, S. 120ff.) und Miller (1965). Die diesbezüglich früheste und heute noch interessant zu lesende Arbeit wurde von Brierley veröffentlicht unter dem Titel „Notes on Metapsychology as Process Theory" (1944). – Kernberg hat diese beiden Seiten des Strukturbegriffs in eine elegante Formulierung eingebracht: seinem Konzept zufolge sind nämlich „Strukturen *relativ stabile* Konfigurationen psychischer *Prozesse.*" (1984, S. 17, Hervh. d. V.) Und diese Auffassung gilt für den ganzen hierarchischen Aufbau des Systems Psyche: „Überich, Ich und Es sind Strukturen, die Substrukturen dynamisch integrieren, wie etwa die kognitiven Konfigurationen und die Konfigurationen der Abwehrmechnismen des Ich. (...) Meiner Meinung nach bilden internalisierte Objektbeziehungen Substrukturen des Ich, Substrukturen, die ihrerseits hierarchisch organisiert sind." (ebd.) Freud hat zwar erst 1923 das Strukturkonzept explizit eingeführt, aber bereits im *Entwurf* finden sich Vorläufer dieser modernen Strukturtheorie: „Das Ich ist also zu definieren als die Gesamtheit der jeweiligen ψ-Besetzungen, in denen sich ein *bleibender* von einem *wechselnden* Bestandteil sondert." (1950c/1950a, S. 416, Hervh. d. V.)

[137] Grundsätzlich ist auch von einer Anwendung der verschiedenen Verschaltungsmodalitäten innerhalb des T-Systems auszugehen. Meine Darstellung beschränkt sich hier aber auf die W-M-Systeme.

[138] An dieser Stelle wäre eine Diskussion über die Affekttheorie interessant, die in den letzten Jahren zu einem Forschungsschwerpunkt der Psychoanalyse avanciert ist (einen umfassenden Überblick über die verschiedenen Auffassungen der psychoanalytischen Affekttheorie vermitteln z. B. Löfgren, 1968, Kernberg, 1976, S. 84–107, 1988, Lester, 1982, Shapiro & Emde, 1992). Aus Platzgründen will ich mich auf einige wenige Positionen beschränken, die mit der hier vertretenen Auffassung in Verbindung gebracht werden können. Um die Frage, ob der

Affekt ein *Abfuhr-* oder *Spannungsphänomen* sei – beide Auffassungen finden sich bei Freud (Rapaport, 1953) –, zentriert sich ein Großteil der Auseinandersetzungen in der Affekttheorie; dazu können wir in bezug auf die hier vertretene formalisierte Auffassung sagen: Spannung (als Folge der Erregung beider antagonistischer Triebe) betrifft gewissermaßen den Zeitpunkt *vor* der Verschaltung, Abfuhr hingegen entspricht dem Zeitpunkt *nach* der Verschaltung (wenn ein bestimmter Erregungsbetrag weitergeleitet wird); die Antwort ist hier eine Frage der Perspektive. Jacobson (1971) hat sowohl die Spannungs- als auch die Entladungstheorie scharf kritisiert; ihrer Ansicht nach korrespondieren Affekte nicht der Spannung oder Entladung an sich, sondern *dem Wechsel (Zu- oder Abnahme) der Spannung*; deshalb schlägt sie eine kombinierte Spannungs- und Entladungstheorie vor: Affekte seien „nicht der Ausdruck ‚gebundener' psychischer Energie, sondern des energetischen Flusses." (ebd., S. 39) Man sieht: Jacobson richtet ihre Aufmerksamkeit auf den Affekt im Sinne eines *Prozeßbegriffs*. Brenner (1974a, 1974b) geht davon aus, daß sich Affekte am besten in Begriffen der *Entwicklung* beschreiben lassen und daß ihre Vorläufer *Lust- und Unlustempfindungen* sind, welche die *undifferenzierte Matrix* bilden, aus der sich die gesamte Skala der Affekte entwickle: „Auf einer frühen Stufe der psychischen Entwicklung werden Erinnerungen und andere Vorstellungen mit Lust- und Unlustempfindungen in Verbindung mit Triebabkömmlingen assoziiert. Der sich daraus ergebende Komplex von Empfindung und Vorstellung ist ein Affekt." (1982, S. 54) Brenner kommt also zu dem Schluß: *„Vorstellungen und Empfindungen konstituieren gemeinsam einen Affekt* als psychologisches Phänomen." (ebd.) Obwohl verschiedene Autoren die enge Verbindung von Vorstellung und Affekt betont hätten, sei keiner von ihnen zu dem Schluß gelangt, „daß Vorstellungen Teil der Affekte sind." (ebd., S. 65) Als „psychische *Phänomene*" betrachtet, ist Brenners Verbindung von Vorstellung und Affekt mit der hier entwickelten Auffassung kompatibel, wonach jede psychische Einheit eine T-W-M-Assoziation sein soll; *metapsychologisch* plädiert Brenner aber für eine *Entdifferenzierung von Vorstellung und Affekt,* W- und M-System, während ich für die Modellfassung eine getrennte Betrachtung von Affekt und Vorstellung für heuristisch überaus fruchtbar halte. Green (dessen von de Saussure ausgehende Überlegungen sich nicht in Kürze mit meinen Überlegungen verbinden lassen) hat in seiner Analyse des Freudschen Affektkonzepts diesen Unterschied nochmals hervorgehoben: „Die Arbeit, die der psychische Apparat in bezug auf die Affekte leistet, verläuft *parallel* zu der, die er auf die Vorstellungen verwendet, ist jedoch *von dieser unterschieden.*" (1979, S. 684, Hervh. d. V.) Kernberg, der ebenfalls von einem systemtheoretischen Ansatz ausgeht, unternimmt den Versuch, „die dualistische Triebtheorie Freuds neu zu formulieren" (1976, S. 85), mit der Absicht, eine Brücke zum ethologischen Instinktbegriff und zur Physiologie zu schlagen. Dabei kehrt er das von Freud postulierte Verhältnis von Trieb-zu-Affekt um: *die Affekte sind in seiner Theorie die Bausteine der beiden großen Triebe*, genauer gesagt: „Beim Menschen sind die ‚Bausteine', die den Trieb konstituieren, Wahrnehmungs- und Verhaltensmuster, die die frühe Bindung, die angeborenen Affektdispositionen (repräsentiert durch die kombinierte Aktivierung des Hypothalamus und anderer ‚Belohnungs'- oder ‚Bestrafungs'-Zentren), das unspezifische retikuläre Aktivierungssystem, neurovegetative Abfuhrmuster und strukturierte Gedächtnisspuren erhöhter exterozeptiver und enterozeptiver Wahrnehmungen bestimmen. (...) Affektdispositionen bilden die primären Motivierungssysteme, die die Wahrnehmung 1. zentraler (lustvoller oder unlustvoller) Zustände; 2. physiologischer Abfuhrphänomene; 3. angeborener Wahrnehmungs- und Verhaltensmuster; und 4. der Reaktionen von seiten der Umgebung, die auf spezifische und allgemeine exterozeptive und enterozeptive Wahrnehmungen einwirken, integrieren." (ebd., S. 86) Dies alles führe „zur Fixierung von Gedächtnisspuren in einer primitiven Konstellation oder Einheit von ‚affektivem Gedächtnis', die Selbstkomponenten, Objektkomponenten und den Affektzustand selbst verkörpert." (ebd., S. 107) Es sind also zu Anfang Instinkt-Strukturen im Sinne von biologisch gegebenen, in der Entwicklung aktivierten psychophysiologischen Mustern, die psychische Komponenten einschließen, und dieser psychische Aspekt ist es, der organisiert wird, um die aggressiven und libidinösen Triebe zu konstituieren. Affekte sind demnach als Brückenstrukturen zwischen biologischen Instinkten und psychischen Trieben aufzufassen (1991a, S. 4). Kernbergs Auffassung unterscheidet sich von der hier erarbeiteten darin, daß er in seiner Theorie Forschungsergebnisse und Hypothesen über die *konkrete* zentralnervöse Organisation wie über die Entwicklung psychischer Strukturen zusammenführt – während meine Überlegungen ganz im Abstrakten, Modellhaften verbleiben und von dort her das grundsätzliche Organisationsprinzip des psychischen Apparats rein axiomatisch definieren: die Homöostase des Systems (psychischer Apparat) ist durch zwei (+/–)Variablen (antagonistische Triebe) und deren Verschaltung (Strukturen) darstellbar; meines Erachtens ist dies die denkbar sparsamste theoretische Annahme zur Konstruktion unseres Modells: sie ist gewissermaßen der Baustein, aus dem die Theorie der Gesamtorganisation des komplexen psychophysiologischen Geschehens herausentwickelt werden kann. Deshalb sind die Triebe hier das Primäre, der Affekt das Abgeleitete. Die Differenz ist folglich immer auch eine Frage des Anliegens bzw. der Anwendung: Kernbergs Triebkonzept geht von der *Integration* (der Affekte zu übergeordneten Triebsystemen) als einem ersten Entwicklungsschritt aus, während ich die *Differenziertheit* der Triebe *und* die *Integration* ihrer Erregungen an der Verschaltungsstelle zum Ausgangspunkt der Theorieentwicklung nehme. Die von ihm sogenannte „Einheit von ‚affektivem Gedächtnis', die Selbstkomponenten, Objektkomponenten und den Affektzustand selbst verkörpert," wäre hier strenggenommen eine W-M-Einheit; ich würde aber meinen, daß Kernbergs Definition der „frühesten ‚Selbst-Objekt-Affekt'-Einheiten" – als „Konstellationen von affektiv integrierten und kognitiv gespeicherten Wahrnehmungen affektiver, physiologischer, verhaltensmäßiger und umgebungsbedingter Veränderungen" (1976, S. 86) – durchaus dem entspricht, was hier als eine T-W-M-Einheit bezeichnet wird. (Eine Bestätigung von Kernbergs Triebauffassung im Zusammenhang mit der hier entwickelten formalisierten Perspektive ergibt sich in Teil III, siehe Anmerkung 162) – Im übrigen wäre noch darauf hinzuweisen, daß die hier entwickelte Auffassung, derzufolge jeder Affekt als das Resultat einer komplexen Trieb-Verdrängungs-Verschaltung konzeptualisiert ist, wovon bestimmte Verschaltungsmodalitäten als feststehende Muster (Attraktoren) gespeichert sind – die sogenannten

Affektrepräsentanzen (Arnold spricht von „affective memory circuits", 1984, S. 212 ff.) –, nicht im Widerspruch zu den Forschungsergebnissen von Ekman, Friesen & Ellsworth (1974) stehen, denen zufolge sechs Grundaffekte interkulturell beim Neugeborenen anhand der *Mimik* festgestellt werden konnten: Glück, Überraschung, Ärger, Traurigkeit, Ekel und Angst; denn nichts spricht dagegen, bei der Anwendung der Metapsychologie auf die Klinik und Phänomenologie von einem angeborenen (genetisch determinierten) *Set von Trieb-Verdrängungs-Verschaltungen* auszugehen (worunter die von Freud vorgeschlagenen sein könnten), das zunächst einmal für eine bestimmte *motorische* Gruppe (Mimik) gilt und als Handlungsrepräsentanz entweder von Anfang an oder im Laufe der Entwicklung mit diesen (Grund-)Affekten verschaltet ist – wobei die Möglichkeit zur Kontrolle der Mimik darauf hinweist, daß die Handlungs- und die Affektrepräsentanzen immer getrennte Systeme bilden.

139 Für die Ebene der Wortrepräsentanzen hat Freud die dynamische Organisation solcher Musterkonfigurationen bereits ausführlich in seiner Aphasiestudie diskutiert und graphisch dargestellt.

140 Solche „unmöglichen" Kombinationen haben M. Klein (1948) und ihre Nachfolger für die frühen Störungen erforscht und vielfach beschrieben: z. B. die „fressende Brust" (Mutter) und der „fressende Penis" (Vater).

141 Bekanntlich soll die Prüfung durch die Zensur anstößige Inhalte aus dem Bewußtsein ausschließen. Das ist im Bereich der Klinischen Theorie vollkommen richtig formuliert. Innerhalb eines formalisierten Modells läßt sich dieses Argument aber nicht verwenden, ohne gewissermaßen einen Homunculus einzuführen, der eben *weiß*, was anstößig ist und was nicht.

142 Die Begriffe der *Desomatisierung* und *Resomatisierung* wurden von Schur (1955) eingeführt. Er beschreibt die Reifungsvorgänge als von einem „relativ undifferenzierten Zustand" ausgehend und in verschiedene Richtungen fortlaufend so: „Zum einen kommt es zur Entwicklung immer besser koordinierter Muskelaktionen, andererseits zu einer zunehmenden Ausreifung des psychischen Apparats. Es besteht eine Parallelität und wechselseitige Abhängigkeit zwischen der Reifung des

Zentralnervensystems und des motorischen Systems, der Stabilisierung homöostatischer Regelvorgänge und der Entfaltung des Sekundärprozeßdenkens als wesentlicher Komponente der Bildung des Ichs. Alle diese Entwicklungsprozesse sind mit einer zunehmenden Desomatisierung der Reaktionen auf bestimmte Erregungen verbunden, das heißt, die Tendenz der Entwicklung zielt auf eine immer bessere Nutzung und Integration automatisierter Muskelaktionen, wobei das Schwergewicht sich allmählich vom Handeln auf das Denken verschiebt und somatisch-vegetative Abfuhrprozesse immer mehr in den Hintergrund treten." (1955, S. 87 f.) Das Unterstreichen der frühen Reifung des motorischen Systems als ein wichtiger Teil des Parallelvorgangs von zerebraler und psychischer Reifung (im Zusammenhang mit der Stabilisierung homöostatischer Regulationsvorgänge) entspricht der Entwicklung der ersten Stufe des M-Systems: der Handlungsrepräsentanzen (M1) – und mit der Entwicklung von M1 wäre erstmals die Vollständigkeit eines T-W-M-Ablaufs gegeben. Diese Reifungsschritte sind für Schur bedeutsam in bezug auf die Funktionsentwicklung des psychischen Apparats: „*Meine Hypothese besagt nun, daß zwischen dem Vermögen des Ichs, auf Sekundärprozeß-Niveau zu operieren und Triebenergien zu neutralisieren, und der Desomatisierung von Reaktionsweisen eine wechselseitige Abhängigkeit bestehen muß. Damit verknüpft ist eine weitere Annahme, nämlich daß umgekehrt die Resomatisierung von Reaktionen mit einem Vorherrschen primärprozeßhafter Denkweisen unter Verwendung deneutralisierter Energieformen einhergeht.*" (ebd., S. 89) Für Schur ist es das Auftauchen des *Wunsches*, der genau „den Moment markiert, in welchem die sogenannte psychische Struktur zu funktionieren beginnt. Ich habe auch den Unterschied zwischen dem physiologischen Begriff ‚Bedürfnis' und dem psychologischen Begriff ‚Wunsch' hervorgehoben. *Ich behaupte nun, daß dieser Übergang vom Funktionieren auf der Ebene des Reflexapparates zu dem eines Wunsches das Entwicklungsmodell für den Übergang von ‚somatischen Bedürfnissen' zu den Trieben als den seelischen Repräsentanten der im Soma entstehenden Reize sowie für die Entwicklung der Instanz Es aus der undifferenzierten Phase darstellt.*" (Schur, 1966, S. 50) Implizit oder explizit gehen die meisten Psychoanalytiker von einem solchen Konzept der Desomatisierung aus (z. B. Jacobson, 1964, Kernberg, 1976), *ohne* damit eine Loslösung des Psychischen vom Somatischen zu intendieren.

[143] Wir hatten bei der Darstellung der Strukturbildungsprozesse (im Abschnitt über das Ichideal) schon gezeigt, daß jede (auch mit einer vorauslaufenden identische) Erregung auf neue aktuelle Bedingungen stößt und von daher auch eine andere Behandlung erfährt – dies gilt auch für die Frage der Musterbildungen: zwei identische Ausgangserregungen führen deshalb zu unterschiedlichen Mustern und umgekehrt können unterschiedliche Ausgangserregungen identische Muster bilden. Die für das Endresultat entscheidende Komponente dabei ist der *aktuelle Zustand* des Systems, der die je spezifische Verrechnung bzw. Verarbeitung leistet. Im Bereich der Neurowissenschaften figuriert diese Ansicht unter dem Postulat der *funktionellen Zustandsabhängigkeit* der Informationsverarbeitung im Gehirn (Koukkou-Lehmann, 1987). Holt hat auf diesen Aspekt aufmerksam gemacht unter Hinweis auf den Begriff der *Äquipotentialität*: verschiedene Strukturen dienen der gleichen Funktion, und umgekehrt kann eine Struktur auch ganz verschiedenen Funktionen dienen (Holt in Gill, 1976). Erkenntnisse dieser Art gehen zurück auf Bertalanffys Begriff der *Äquifinalität* (1950, S. 25): Während in den meisten physikalischen Systemen der Endzustand durch die Anfangsbedingungen determiniert ist, wird in lebenden (offenen) Systemen ein Endzustand von verschiedenen Anfangsbedingungen her und auf verschiedenen Wegen erreicht. Dies Verhalten bezeichnet Bertalanffy als Äquifinalität. – Lurija hat in diesem Sinne den von Anochin entwickelten Begriff eines „vollständigen funktionellen Systems" aufgegriffen und präzisiert: ein „vollständiges funktionelles System" bestimmt „sich nicht nur durch die Komplexität seines Aufbaus, sondern auch durch die Mobilität seiner Bestandteile." (1973, S. 23) D.h.: „Das Vorhandensein einer unveränderlichen (invarianten) Aufgabenstellung, die durch variable Mechanismen bewältigt wird und die den gesamten Vorgang zu einem unveränderlichen (invarianten) Ergebnis hinführt, ist eins der grundlegenden Merkmale jedes funktionellen Systems. Als zweites Merkmal gilt die *komplexe*

Zusammensetzung eines solchen Systems, das stets eine Reihe afferenter (für die Anpassung zuständiger) und efferenter (für die Ausführung zuständiger) Impulse umfaßt. Der Begriff der Funktion als eines funktionellen Systems umfaßt also etwas, das sich von der Funktion besonderer Zellverbände deutlich unterscheidet. Und ebenso wie auf die komplexen autonomen und somatischen Prozesse, die Ausdruck funktioneller Systeme sind, wird der Begriff auf komplexe Verhaltensformen angewandt." (ebd.) Damit betont Lurija, daß nicht nur die organischen Funktionen, sondern auch „die Grundformen psychischer Tätigkeit als funktionelle Systeme bestimmt werden müssen." (ebd., S. 25) – Wir waren bei unserer Darstellung der Beziehung zwischen Psychischem und Physiologischem im Text (S. 250 f.) zunächst von der Leib-zu-Seele-Richtung ausgegangen, wenn wir Psychisches als *Folge* von Musterbildungen, die bei physiologischen Abläufen entstehen, konzipiert haben. Lurijas Begriff des *funktionellen Systems*, den er gleichermaßen auf „komplexe autonome und somatische Prozesse" wie auf „Grundformen psychischer Tätigkeit" anwendet, bietet die Möglichkeit, konzeptionell auch den umgekehrten Verlauf, den Einfluß der Psyche auf das Soma, zu skizzieren. Demnach bilden Psychisches und Somatisches im Lauf der Ontogenese zwei *funktionelle Systeme* innerhalb des Gesamtorganismus – vergleichbar etwa mit den Makrostrukturen Es und Ich innerhalb des Modells vom psychischen Apparat – d. h.: Musterbildungen, die im *funktionellen System Psyche* entstehen, wirken ebenso auf das *funktionelle System Soma* ein wie umgekehrt; aber ihre funktionelle Abgrenzung gegeneinander ermöglicht es beiden *funktionellen Systemen* (im Normalfall), die aus dem jeweils anderen System eintreffenden „Störgrößen" homöostatisch auszuregulieren bzw. deren Einwirkung auf die innersystemische Organisation innerhalb eines Toleranzbereichs zu halten, in dem die Abläufe des *funktionellen Systems* nicht wesentlich beeinträchtigt werden.

144 Im Bereich der Physiologie lassen sich solche Musterbildungen mit verschiedenen Methoden (z. B. EEG) aufzeichnen – wobei die besondere Ausgestaltung der aufgezeichneten Muster abhängig von den dabei benutzten Instrumenten ist. Das gleiche gilt auch für den Bereich der Psychologie: auch hier werden die

Musterbildungen in Abhängigkeit von den verschiedenen Methoden detektiert (z. B. mit der Jungschen Methode der Archetypus, mit der Freudschen psychoanalytischen Methode der Ödipuskomplex, aber auch alle die spezifischen Abwehroperationen etc.). Worum es im formalisierten Bereich der Metapsychologie geht, das ist die *theoretische Erarbeitung solcher Muster* mit *logisch-mathematischen* und *kybernetischen Methoden* – und erst von dort aus ließe sich dann überprüfen, ob die so erarbeiteten Muster kompatibel oder aussagekräftig sind in bezug auf die konkreten Muster, die mit *psychologischen* oder *physiologischen Methoden* gefunden werden. (Die mathematische Ausformulierung solcher Gesetze kann hier nicht geleistet werden.)

145 Man beachte, daß für Freud im Bereich der Metapsychologie *nicht* der *Inhalt*, nicht die *Bedeutung* einer unbewußten Vorstellung, sondern das *„quantitative Moment“* das für die Darstellung der psychischen Abläufe (hier: der Verdrängung) *entscheidende Kriterium* ist.

146 So ist der von Freud beschriebene Prozeß der Traumbildung zu verstehen: „in Wirklichkeit handelt es sich wohl vielmehr um gleichzeitiges Erproben dieser und jener Wege, um ein Hin- und Herwogen der Erregung, bis endlich durch deren zweckmäßigste Anhäufung gerade die eine Gruppierung die bleibende wird.“ (1900a, S. 582) D. h.: dieses Hin- und Herwogen der Erregung, das Auftauchen des unbewußten Wunsches in Richtung Bewußtes und seine *wiederholte* Zurückweisung – die gleichzeitig auch eine *Behandlung* ist – durch die Zensur entspricht einem fortgesetzten Prozeß der Verschaltung, und je öfter ein solcher Vorgang des Hin und Her erfolgt ist, desto mehr Verschaltungen sind involviert, und desto größer wird die Wahrscheinlichkeit, daß dieser zunächst unbewußte Wunsch auf einem homöostatischen Niveau ankommt, das den Bedingungen seines Bewußtwerdens entspricht. Zu Recht spricht Freud also von der *Traumarbeit* – wobei die bekannten Traummechanismen nichts anderes sind als seine Triebschicksale, d. h. Verschaltungen nach unterschiedlichen Modalitäten – und deshalb kann Freud auch sagen, „daß die Traumarbeit oft mehr als einen Tag und eine Nacht braucht, um ihr Ergebnis zu liefern.“ (ebd.) – Nichts anderes geschieht im übrigen in der

praktizierten Analyse, wo sich über eine Unzahl von Assoziationen ein solches Hin und Her der Verschaltungen ergibt, die eine immer größere homöostatische Regulierung von anfangs noch unbewußtem Material herbeiführt.

147 Man sieht ohne weiteres, daß die Idee der *monofilen Repräsentanzen(ketten)* Gedanken aufnimmt, die Bion (1962) unter dem Terminus der *Beta-Elemente* konzeptualisiert hat (siehe Anmerkung 84); die Idee der *duofilen Fragmente* (sowie der *monofilen Repräsentanzen*) ließe sich ferner mit dem klinischen Konzept der *Fragmentierung* in Psychosen verbinden, wie es z. B. von Rosenfeld (1987) verwendet wird.

148 Dazu passen die für den Traum besonders interessanten REM-Schlafphasen, die aufgrund ihrer hohen Weckschwelle und des niedrigen Muskeltonus als Tiefschlaf (das wäre die vubw Hälfte), aufgrund ihrer raschen Augenbewegungen und der EEG-Ähnlichkeit mit dem Einschlaf-Stadium 1 als wachnah (das wäre die vbw/bw Hälfte) imponieren (Borbély, 1987). Interessant sind in unserem Zusammenhang auch die Versuche einer differenzierten Traumanalyse in bezug auf die verschiedenen Schlafstadien (Strauch & Meier, 1992).

149 Der Begriff der mono*filen* Repräsentanzenkette entspricht der Redewendung: „Jetzt habe ich *den (roten) Faden* verloren."

150 Die Ergebnisse der obigen Berechnung (höhere Geschwindigkeit der Abläufe im Sekundärprozeß) könnten den Eindruck erwecken, als befänden sie sich im Widerspruch zu Freuds Annahmen, denen zufolge die Energiebesetzungen im Sekundärprozeß (dem sogenannt „zweiten System") gerade *in Ruhe* gehalten sein sollen. Lesen wir zum Vergleich mit den obigen Überlegungen ausführlicher: „Die vielfach tastende, Besetzungen aussendende und wieder einziehende Tätigkeit des zweiten Systems bedarf einerseits der freien Verfügung über alles Erinnerungsmaterial; andererseits wäre es überflüssiger Aufwand, wenn sie große Besetzungsquantitäten auf die einzelnen Denkwege schickte, die dann unzweckmäßig abströmen und die für die Veränderung der Außenwelt notwendige Quantität verringern würden. Der Zweckmäßigkeit zu Liebe postuliere ich also, daß es dem zweiten System gelingt, die Energiebesetzungen zum größeren Anteil in Ruhe zu erhalten, und nur einen kleineren Teil zur Verschiebung zu verwenden. Die Mechanik dieser Vor-

gänge ist mir ganz unbekannt; wer mit diesen Vorstellungen Ernst machen wollte, müßte die physikalischen Analogien heraussuchen und sich einen Weg zur Veranschaulichung des Bewegungsvorgangs bei der Neuronenerregung bahnen. Ich halte nur an der Vorstellung fest, daß die Tätigkeit des ersten ψ-Systems *auf freies Abströmen der Erregungsquantitäten* gerichtet ist, und daß das zweite System durch die von ihm ausgehenden Besetzungen eine *Hemmung* dieses Abströmens, eine Verwandlung in ruhende Besetzung, wohl unter Niveauerhöhung, herbeiführt. Ich nehme also an, daß der Ablauf der Erregung unter der Herrschaft des zweiten Systems an ganz andere mechanische Verhältnisse geknüpft wird als unter der Herrschaft des ersten. Hat das zweite System seine probende Denkarbeit beendigt, so hebt es auch die Hemmung und Stauung der Erregungen auf und läßt dieselben zur Motilität abfließen." (1900a, S. 605) Während sich die meisten Überlegungen Freuds mit der obigen Darstellung vereinbaren lassen, scheint die auffälligste Diskrepanz den Sekundärprozeß zu betreffen, für den sich aus den obigen Überlegungen eine *hohe Geschwindigkeit* der Abläufe, aus Freuds Annahmen hingegen ein *gehemmter* Verlauf und *ruhende Besetzung* ergeben. Aber gerade dieser Widerspruch läßt sich mit Leichtigkeit auflösen, wenn man daran denkt, daß die Abfolge eines immer gleichen Einzeltons oder -bildes bei hoher Frequenz einen quasi stehenden Dauerton, ein stehendes Bild ergibt. Diese von Freud angeregte „physikalische Analogie" macht deutlich, daß es gerade die hohe Geschwindigkeit der Erregungsabläufe im Sekundärprozeß ist, die den *Eindruck* einer „ruhenden Besetzung" vermittelt; und wir können weiterhin annehmen, daß es gerade diese sogenannte „Stauung der Erregungen", diese Nicht-Abfuhr im System Vbw/Bw ist, die zu einem Kreisen der Erregung und damit zur Mehrfachbesetzung der verschiedenen Repräsentanzen in hoher Geschwindigkeit führt – was den Vorgang der probenden Denkarbeit (des Denkens als Probehandeln) zutreffend beschreibt (hierher gehört auch die für das Denken charakteristische „Überbesetzung"). Im übrigen kommt diese These der *Langsamkeit unbewußter Abläufe* auch Freuds Postulat einer *Zeitlosigkeit* des Unbewußten entgegen: „Die Vorgänge des Systems Ubw sind *zeitlos*, d. h. sie sind nicht zeitlich geordnet, werden durch die verlaufende Zeit nicht abgeändert, haben überhaupt keine Beziehung zur Zeit. Auch die Zeitbeziehung ist an die Arbeit des Bw-Systems geknüpft." (1915e, S. 286) Der Begriff der Zeitlosigkeit ist also sehr komplex gedacht: die fehlende zeitliche Ordnung und Abänderung kann mit dem Mangel an Verschaltungen (Fragmente statt gedoppelter Assoziationsketten) erklärt werden; die Zeitlosigkeit ist dann einerseits als Folge der zunehmenden Langsamkeit der Abläufe, andererseits als eine direkte Funktion des auf das Unbewußte gerichteten (–)Selbsterhaltungstriebs konzeptualisierbar. – Diese vorgeschlagene Auffassung von einer höheren Geschwindigkeit der sekundärprozeßhaften Abläufe würden im übrigen auch den EEG-Ableitungen entsprechen, die für den Wachzustand hochfrequent, für den Schlafzustand (je Stadium) zunehmend niederfrequent (langsame Wellen) sind (Borbély, 1987).

151 Indirekt knüpft Freud mit diesem Gedanken an eine frühere Bestimmung aus der *Traumdeutung* an: Er hatte da dem Bewußtsein die Rolle *„eines Sinnesorgans zur Wahrnehmung psychischer Qualitäten"* zugewiesen (1900a, S. 620). Ein Sinnesorgan ist durch Reizspezifität gekennzeichnet, und ebenso wie für ein einzelnes konkretes Sinnesorgan können wir nun für das Bewußte, das System Bw, aber auch für die Systeme Vbw, Ubw und Vubw eine solche *Reizspezifität* behaupten. Bekanntlich kann ein unspezifischer Reiz (der vielzitierte Schlag aufs Auge) nur die für das Sinnesorgan spezifischen Wahrnehmungen (z. B. Sternchen, Farben) liefern; übersetzt auf unser Gebiet heißt das: Wenn ein unbewußter psychischer Vorgang von hoher Intensität die Zensur durchbricht und sich direkt (d. h. für das System Bw eigentlich unspezifisch) ins Bewußte fortsetzt, wird dort ebenfalls nur Bewußtseinsspezifisches wahrnehmbar sein, das aber für den Psychoanalytiker als Primärprozeßhaftes erkennbar ist.

152 Dazu paßt, daß es bei 26 % aller Weckungen aus dem Non-REM-Schlaf *keine* Traumberichte (mehr) gibt (Borbély, 1987) und daß sich die *Inhalte* der Träume aus den Non-REM-Phasen auf charakteristische Weise von den REM-Träumen unterscheiden, z. B. „durch eine geringe Reichhaltigkeit der Traumelemente, eine eher fragmentarische Struktur und vorwiegend statische Eindrücke." (Strauch & Meier, 1992) Die

„geringere Reichhaltigkeit“ ließe sich auf die geringere Anzahl kompletter T-W-M-Einheiten zurückführen, die „fragmentarische Struktur“ auf monofile Repräsentanzen sowie auf unsere sogenannten mono- oder duofilen Fragmente und das „Statische“ einerseits auf das „Unverbundene“ dieser Fragmente, andererseits auf einen Besetzungsabzug von M1.

153 Hier wäre eine Ansatzstelle zu der vielzitierten, weil bereits intuitiv faszinierenden These Lacans: *das Unbewußte sei strukturiert wie eine Sprache*; der Zugang, der sich aus den obigen Überlegungen ergäbe, würde auf einer Verbindung von *Selbsterhaltungstrieb – Wortrepräsentanzen – Ausrichtung auf das Unbewußte* beruhen. Zweifellos wäre es interessant, in dieser Richtung zu forschen; allerdings möchte ich gegenüber einem solchen Unternehmen auch einschränkend festhalten, daß in der hier erarbeiteten Konzeption eigentlich gar kein Bestandteil des Psychischen, weder die Wortrepräsentanz, noch gar ein so komplexes System wie das Unbewußte, auf einen einzigen Trieb allein beschränkt gedacht werden kann. – Interessant sind in diesem Zusammenhang übrigens auch Forschungsergebnisse, die für die Non-REM-Träume einen wesentlich höheren *gedanklichen* Anteil (25% im Non-REM- gegenüber 8,5 % im REM-Schlaf) nachweisen (Strauch & Meier, 1992, S. 131). Falls der Tiefschlaf (Stadium 4) den Bereich Vubw-Ubw repräsentiert, könnten gesonderte Analysen allfälliger Traumerzählungen aus diesem Schlafstadium weiteren Aufschluß geben. Jedenfalls gibt es trotz gewisser Überschneidungsbereiche doch so deutliche quantitative und qualitative Unterschiede zwischen REM- und Non-REM-Träumen, „daß es sinnvoll erscheint, von verschiedenen Arten von Träumen zu sprechen“, und dies auch deshalb, „weil die Frage besonders interessant ist, ob die Traumgenerierung in den verschiedenen psychophysiologischen Zuständen jeweils anders gesteuert wird.“ (ebd., S. 141) – Alexander hat die Ansicht vertreten, daß „die Sprache, die Bezeichnung der Gegenstände der Außenwelt, wahrscheinlich das Resultat eines Triebes und seiner Verdrängung ist, und zwar anscheinend der an die Realität angepaßten Hemmung eines weitgehenden allgemeinen Bemächtigungstriebes. Die Benennung eines Gegenstandes ist eine äußerste Spezifikation und besagt als solche: ‚Er ist nicht dasselbe wie ein ähnlicher

anderer, sondern etwas davon Verschiedenes.' Sie ist also eine Verneinung." (1921, S. 276) In einer Fußnote dazu erwähnt Alexander eine Bemerkung von Sperber, derzufolge zwar sexuelle Momente einen großen Einfluß auf die Entwicklung von Sprache haben, doch „auch ein hemmender Faktor wird, wenn auch nicht aus dem Gesichtspunkt einer psychologischen Dynamik, angenommen, und zwar mit der Erkenntnis ‚der Loslösung des sprachlichen Ausdruckes von der aktuellen Situation.'" (ebd., S. 276, Anm. 2) Diesbezüglich wären auch die Überlegungen von Spitz über „das Nein" zu reflektieren (1957, 1982).

154 Eine metapsychologische Schrift über das *Bewußtsein* bzw. das *System Bw* – die Freud zwar geplant und offenbar auch geschrieben, aber nicht veröffentlicht und entweder vernichtet oder in spätere Arbeiten (z.B. 1920g, S. 23 ff., 1923b, S. 239 ff.) integriert hat, hätte – so gesehen – geradezu entgegengesetzt zu dieser Ausrichtung seines Forschungsinteresses gelegen. Die übrigen verlorenen Aufsätze von 1915 behandeln die klinischen Themen: Angst, Konversionshysterie, Zwangsneurose sowie seine erst kürzlich aus dem Nachlaß veröffentlichte *Übersicht der Übertragungsneurosen* (1985a).

155 Selbstverständlich sind die mathematischen Gesetze dynamisch stabiler Systeme weitaus komplexer; aber es geht hier nicht um die Gesetze als solche, sondern um einen *gedanklichen* Zugang zur Systemkonzeption, der sich mit einfachen Zahlen leichter nachvollziehen läßt.

156 Die begriffliche Unterscheidung von *Schalterspannung* und *Systemspannung* ist eine Hilfskonstruktion zur besseren Verständigung. Grundsätzlich gilt: mehrere interagierende oder integriert arbeitende (Mikro-, Sub- und Makro-)Strukturen funktionieren im Sinne von (Mikro-, Sub- oder Makro-)Schaltern; das in ihnen je unterschiedlich definierte Gesetz sagt aus, was innerhalb dieser Struktur (Strukturkomplex) als Homöostase gelten soll, und dieser homöostatische Wert soll hier als *Schalterspannung* bezeichnet werden. Natürlich könnte man auch sagen, solche integrierte Strukturkomplexe bilden ein System; dann müßte man statt zwischen *Schalter-* und *Systemspannung* zwischen *inner-* und *intersystemischer* Spannung differenzieren – was ich aber *nicht* tun werde. Da Abweichungen

von den je unterschiedlich definierten Bereichen der Schalterspannung immer in größerem Umfang das System betreffen (z. B. durch eine Neuverteilung der Erregungsquantitäten oder auch – wie sich noch zeigen wird – in bezug auf das Konzept der freien, ungebundenen Energie), habe ich für alle solche Abweichungen vom Toleranzbereich einer Schalterspannung den Begriff *Systemspannung* eingesetzt. Wichtig erscheint mir eine Unterscheidung zwischen *Schalterspannung* und *Systemspannung* bezüglich unserer Auffassung von Gleichgewicht (Konstanz- oder „Null"-Prinzip) einerseits und Erregung (Trieberregung, Quantitäten) andererseits. Ein guter Teil der Metapsychologie-Kritik, die sich auf das Lustprinzip bezieht, faßt – z.T. ganz mit Freud – die Idee der *Null-Spannung* als *Null-Erregung* auf, statt als „Null"-Spannung im Sinne einer strukturell verankerten optimalen *Schalterspannung* = dynamische Stabilität. Mit anderen Worten: der Begriff der Null-Spannung wird so fälschlich auf die Schalterspannung anstatt auf die Systemspannung bezogen. – Von dieser undifferenzierten Auffassung von „Spannung" ausgehend argumentiert Dornes (1993), daß die Psychoanalyse lediglich den „intensiven Erlebnissen", dem „high-tension-learning" Bedeutung zumesse und daß die Säuglingsforschung demgegenüber herausgefunden habe, daß die Phasen des „low-tension-learning", die den weitaus größeren Teil der Wachzeit des Säuglings ausmachen, diese „alltägliche, oft undramatische und relativ spannungsfreie Interaktion von ebenso großer Bedeutung ist, ja vielleicht sogar von größerer als die kurzen Augenblicke hoher Spannung." (ebd., S. 71) Aber Freuds Betonung der Tendenz des psychischen Apparats, sich möglichst „spannungsfrei" zu erhalten (Null-, Konstanzprinzip), bedeutet ja gerade, daß der psychische Apparat im Zustand *geringer Systemspannung = optimaler Schalterspannung* – Dornes „low-tension"-Phasen – im Gleichgewicht ist und dann auch am besten funktioniert. Diese Auffassung ist also von Anfang an in seiner Theorie enthalten. – Im übrigen beruht dieser wie so viele Einwände gegen die Metapsychologie und psychoanalytische Entwicklungstheorie auf einer konkretistischen Interpretation ihrer Konzepte. Dornes schreibt: „Wenn in der Psychoanalyse von der oralen oder analen Phase die Rede ist, dann ist es ja auch nicht gemeint, daß das Kind den ganzen Tag oral oder anal ist, sondern daß diesen Erlebnissen eine psychische Signifikanz zukommt, die möglicherweise in keinem Verhältnis zu ihrer tatsächlichen Zeitdauer steht. Orale und anale Erlebnisse und Empfindungen sind psychisch bedeutsam, nicht weil sie lange andauern, sondern weil sie intensive Erlebnisse sind. (…) Dieses Argument hat eine intuitive Anziehungskraft, weil es die aus der Triebtheorie geläufige Vorstellung aufgreift, daß intensive Erlebnisse besondere Bedeutung für die psychische Strukturbildung haben. (…) Die psychoanalytische Entwicklungspsychologie und auch die Metapsychologie gehen in weiten Teilen davon aus, daß Spannungs-Entspannungs-Zyklen psychisch zentral sind, und das Bild vom hungrigen Säugling, der gierig an der Brust trinkt und danach mit einem seligen Lächeln glücklich in den Schlaf sinkt, ist der Prototyp dieser Denkweise." (ebd., S. 70 f.) Dem ist entgegenzuhalten: Wenn in der Psychoanalyse z. B. von der oralen Phase die Rede ist, dann ist damit sehr wohl gemeint, daß das Kind den ganzen Tag oral *ist* – was nicht konkretistisch auf die einzelnen Hunger-Still-Sequenzen zu beziehen ist, sondern darauf, daß *sein gesamter Wahrnehmungs- und Verarbeitungsmodus* oral ist. Piaget hat dem Rechnung getragen, indem er die Übung der Reflexe und die Ausbildung der primären Zirkulärreaktion in den ersten Lebenswochen, diese auch von der Psychoanalyse nicht übersehenen Eigenaktivitäten des Säuglings, das Aufsuchen von äußeren Reizen, welche eine adäquate Stimulierung für die Tätigkeiten des Saugens, Sehens, Hörens, der Stimmbildung und des Greifens darstellen, als *Nahrung* für die entsprechenden Organe bezeichnet: Das Kind saugt „an der Zunge und am Daumen, weil dieses Saugen der Saugtätigkeit als *Nahrung* dient. Die Gegenstände werden mit den Augen verfolgt, weil sie dem Blick als *Nahrung* dienen usw." (1959, S. 140, Hervh. d. V.) Genauer gesagt: „das Licht ist ein Reiz (also funktionelle Nahrung) für die Sehtätigkeit." (ebd., S. 72) Damit ist der *orale Modus* der Sinnesbetätigung präzise beschrieben. – Die wertvollen Ergebnisse der Säuglingsforschung, die über eine Vielzahl intelligent konstruierter Experimente und kontrollierter Beobachtung unsere Kenntnis vom Aufbau und der Entwicklung der verschiedenen Verhaltensfunktionenen wesentlich erweitert haben, führen meines Erachtens immer wieder vorschnell zu dem Schluß, daß mit ihnen die psychoanalytischen – vor allem metapsychologischen Konzepte

– unhaltbar geworden seien. Diese Meinung trägt der Komplexität des metapsychologischen Modells nicht Rechnung. Die Ergebnisse der Säuglingsforschung lassen sich meiner Meinung nach an dem hier entwickelten T-W-M-Schema festmachen: dies ist der Ort, wo sensorische Wahrnehmung, mentale Repräsentation, motorisches Verhalten, Sprachentwicklung etc. verortet werden können. Aber eine Selbst- oder Objektrepräsentanz innerhalb des T-W-M-Systems (Perzept) ist *nicht* identisch mit einer Selbst- oder Objektrepräsentanz innerhalb des Orientierungsrahmens von Subjekt-Objekt-Schiene (Konzept); siehe S. 218f. Das Problem besteht also darin, daß hier innerhalb der Psychoanalyse und Metapsychologie bisher ebensowenig differenziert wurde, wie jetzt von Seiten der Säuglingsforschung in ihrer Kritik an klinisch bewährten Konzepten der Psychoanalyse. Es ist offenbar schwierig, in der Begeisterung über neue Forschungsergebnisse der Versuchung zu widerstehen, bisherige auf anderem Weg gewonnene Konzepte entwerten und in toto gleich ersetzen zu wollen (die Überwinder-Position einzunehmen), anstatt zu fragen, inwieweit und an welcher Stelle sich die neuen Resultate mit den bisherigen verbinden lassen, diese erweitern, differenzieren und modifizieren (einen Beitrag zu leisten).

[157] In diesem Zusammenhang ist der Unterschied zwischen dem *Instinkt* und dem *Trieb* besonders klar zu sehen: Freud hat zwischen beiden Begriffen immer deutlich unterschieden (Nagera, 1977, S. 19 ff.). Der Instinkt entspricht bei ihm etwa einer „ererbten psychischen Bildung“ (Freud, 1915e, S. 294) – und eine solche Bildung – sei sie nun rein ererbt oder teils ererbt, teils erworben – ist ein komplexes Strukturphänomen. Generell gilt im Rahmen des hier entwickelten Denkens, daß alle komplexen Abläufe durch eine bestimmte Struktur innerhalb des Systems repräsentiert sind. Lorenz (1978) hat solche Abläufe (z. B. die berühmte Eirollbewegung der Graugans) sehr eindrücklich unter den Begriff der *Erbkoordination* gefaßt: in psychoanalytische Termini übersetzt, könnte man sagen: die Tiere gehorchen in bezug auf bestimmte Auslösemechanismen einem „Wiederholungszwang“: sie führen dann bestimmte Handlungen in der immer gleichen Reihenfolge bis zum vollständigen Ende des gesamten Ablaufs aus. Tinbergen hebt das *Strukturierte* eines solchen Verhaltens deutlich hervor; er bezeichnet einen Instinkt

als *„einen hierarchisch organisierten nervösen Mechanismus, der auf bestimmte vorwarnende, auslösende und richtende Impulse, sowohl innere wie äußere, anspricht und sie mit wohlkoordinierten, lebens- und arterhaltenden Bewegungen beantwortet."* (1953, S. 104) Diese den Instinkt charakterisierende spezifische Abfolge (komplexe Muster) ist strukturbedingt (beruht auf bestimmten fest etablierten und hierarchisch organisierten Verschaltungen) und ließe sich nicht innerhalb eines Triebbegriffs im Sinne einer einfachen, einsinnig gerichteten Größe (Vektor) unterbringen. Deshalb ist die Übersetzung von Freuds Begriff *Trieb* mit dem Begriff *Instinkt* – z.B. im Englischen: *instinct* oder *drive*, im Italienischen: *istinto* oder *pulsione*, im Spanischen *nur* als *instinto* (Laplanche & Pontalis, 1967, S. 525) – ein schwerwiegender Fehler, weil sie eine Vermengung von Trieb- und Strukturbegriff darstellt.

158 Bibring (1936) zählt den Wiederholungszwang eindeutig zu den Regulationsprinzipien (Struktur): „Er ist ein Regulationsprinzip, das zunächst Energien bindet, d.h. sie aus dem ‚strömenden' in den Ruhezustand überführt. Es scheint kein Zweifel, daß es eine solche Regulationstendenz gibt. Auch die Arbeitsweise des Ichs hat diese Möglichkeit einer Bindung, eines Aufhaltens, Statischmachens von Spannungen zur Voraussetzung. Ebenso scheint der Wiederholungszwang die Voraussetzung aller anderen Regulationen zu sein." (ebd., S. 171, Anm. 5) Laplanche & Pontalis (1967) bezeichnen die Diskussion über den Wiederholungszwang in der psychoanalytischen Literatur als „verworren" (ebd., S. 628); drei Fragen stünden immer wieder zur Debatte: 1. in wessen Dienst der Wiederholungszwang wirke, 2. ob er mit dem in Verbindung gebracht werden müsse, was zum Triebhaften an sich gehöre und 3. ob der Wiederholungszwang wirklich ein Jenseits der Lust begründe (ebd., S. 630).

159 Die Sexual- und die Selbsterhaltungstriebe der früheren Triebkonzeption Freuds „trachten nicht danach", ein Sexualobjekt „zu erreichen" oder das „Ziel der Selbsterhaltung herzustellen" (das wäre ebenfalls eine finalistische Konzeption), sondern „treiben" lediglich bis zum Eintreten der *Befriedigung* = „Abfuhr" = „Verdrängung" = Wiederherstellung der Homöostase aufgrund eines Schaltvorgangs (Struktur); wenn wir gele-

gentlich formulieren: ein Trieb finde sein *„Arrivé"*, dann ist damit nicht ein (finalistisch) angestrebtes Ziel gemeint, sondern die strukturgenerierende und -modifizierende Verschaltung des betreffenden Triebs mit seinem Antagonisten – das *„Arrivé"* bezeichnet sozusagen den *Ort* und den *Zeitpunkt* der *Passung* von *Trieb* und *Verdrängung*. – Das Finalistische ist meines Erachtens auch das theoretische Hauptproblem bei Fairbairns Revisionsvorschlag, der sich von Freuds Triebtheorie dadurch unterscheidet, daß seiner Auffassung nach „die Libido nicht primär nach Lust strebt, sondern *das Objekt sucht*" (Fairbairn, 1952, zit. nach Eagle, 1984, S. 99, Hervh. d. V.) Im Aufgeben der Grundidee, daß Libido (d. h. eigentlich der Trieb) nach Lust (= Verschaltung) „strebt", d. h. allgemeiner: daß *eine Triebberregung jeweils eine Verschaltung nach dem Lustprinzip zur Folge hat,* wird die Logik des metapsychologischen Modells umgestoßen, findet eine Vermischung von Metapsychologie mit klinischer Theorie bzw. Phänomenologie statt. Wie wir in Teil II gesehen hatten, ist es nicht nötig, die strikte Fassung der formalisierten Triebtheorie aufzugeben, um eine Objektbeziehungstheorie zu begründen (wie Fairbairn meinte); die Darstellung der Strukturentwicklung und der Ausbildung der Subjekt- und Objektschiene zeigt, wie das „konkrete äußere Objekt" innerhalb eines formalisierten Modells repräsentiert sein kann: als Strukturkomplex. – Weiteres dazu im Kapitel: Die definitive Fassung der Strukturtheorie (1923).

160 Laplanche & Pontalis haben darauf hingewiesen, daß es zur Klärung der Bedeutung des Todestriebkonzepts nicht genüge, „sich auf Freuds Thesen zu beziehen oder klinische Manifestationen zu finden, die am besten geeignet sind, diese spekulative Hypothese zu rechtfertigen. Man sollte ihn außerdem auf die Entwicklung des Freudschen Denkens beziehen und nachweisen, welcher strukturellen Notwendigkeit seine Einführung im Rahmen einer allgemeineren Umarbeitung entspricht (Wende der 20er Jahre). Nur eine solche Auffassung würde es erlauben, jenseits von Freuds ausführlichen Darlegungen und selbst jenseits seines Gefühls, etwas völlig Neues zu schaffen, den Anspruch, von dem der Begriff zeugt, neu zu entdecken, einen Anspruch, der bereits in früheren Modellen unter anderen Formen eine Realisierung fand." (1967, S. 495)

161 Pasche hat einen ähnlichen Vorschlag gemacht: « Je situerais à la base, chargés en quelque sorte du gros œuvre, les instincts dites de mort et de vie, les forces qui séparent et celles qui lient et aussi sous-tendent le mode d'action de toutes ces puissances. Puis les pulsions, respectivement régies par l'instinct de conservation et par celui de procréation, tantôt débordant le moi, tantôt maîtrisées par lui. Le moi ensuite et ses multiples dépendances, dont le maître intérieur qu'il s'est donné: le surmoi. Enfin, couronnant le tout, la gardienne de la vie, la *compulsion de répétition*, que mettent seuls en échec l'aiguillon parfois mortel du monde extérieur, mais aussi les échappées du libre arbitre et l'illimitation du Désir humain. » (1993, S. 9 f.) Anzumerken wäre hier, daß ich den Instinktbegriff nach wie vor nicht für die beiden Grundtriebe, Lebens- und Todestrieb, verwenden würde und daß der nach Pasche lebensbewahrende und alles krönende Wiederholungszwang im hier entwickelten Modell ein Strukturphänomen bleibt.

162 Von dieser hierarchischen Gliederung aus betrachtet, erweist sich nun Kernbergs (1976, 1991b) Konzept der *Zusammengesetztheit* der Triebe, und zwar: der *Sexual-* und *Aggressionstriebe* – aus den „Bausteinen" von Wahrnehmungs- und Verhaltensmustern sowie verschiedenen Affektdispositionen etc. – als *zutreffend*: Betrachten wir nämlich den Sexualtrieb und die Aggression (oder den Aggressionstrieb) als Folge einer Verschaltung über die drei T-W-M-Systeme, dann sind alle die von Kernberg angeführten Bestandteile mit dabei und konstitutiv für diese Verschaltungsprodukte. (Ausführlichere Darstellung von Kernbergs Konzept siehe Anmerkung 138.)

163 Meine Vorstellungen würden etwa davon ausgehen, daß bei der Aggression (aggredi = heran-gehen) neben dem *Zeitfaktor* (Geschwindigkeit bzw. Intensität des psychischen Ablaufs) ein *räumlicher Distanzfaktor*, nämlich die gewünschte oder vermutete *Entfernung zwischen Selbst und Objekt*, eine wichtige Rolle spielt, dahingehend, daß im Falle eines Angegriffenwerdens, d. h. wenn die optimale Distanz zwischen Subjekt und Objekt unterschritten wird, die aggressive Reaktion diese optimale Distanz reetablieren will; daß aber auch im Falle einer vermuteten zu großen Entfernung des Objekts, z. B. bei der neurotisch verzerrten Wahrnehmung, die Aggression das Objekt

lediglich erreichen möchte (z. B. wäre im Falle einer stark ausgeprägten Dominanz der nach innen gerichteten Triebstrebungen [einer „Todestrieb-Tendenz" wie z. B. in den schweren Depressionen] die Aggression als ein Bemühen zu verstehen, das Objekt überhaupt wieder zu erreichen, von „innen" wieder nach „außen" zu kommen; es würde sich dabei sozusagen um eine neurotisch bedingte „Verrechnung" innerhalb des psychischen Apparats handeln (vergleichbar mit der Situation, wenn wir einen Koffer, der sehr schwer aussieht, aber ganz leicht ist, mit großem Kraftaufwand aufheben, und dabei den Überschuß an mobilisierter Kraft zu spüren bekommen, wenn der Arm mit dem Koffer in die Gegenrichtung ausschwingt); da die Aggression m. E. mehr den Handlungsrepräsentanzen: aggredi (M1) als den Affektrepräsentanzen (M2) zuzurechnen wäre – die der Aggression adäquaten Affekte wären z. B. Wut und Haß (strukturell frühe „globale" Affekte) oder Ärger und Zorn (strukturell reife, „gezielte"/"begrenzte" Affekte) –, würde ich die Aggression in etwa analog der gezielten Greifbewegung konzeptualisieren. So gesehen hat also *die Aggression etwas mit der Einschätzung der Entfernung des Objekts zu tun*; dann aber sind wir schnell wieder bei Freuds Diktum von 1909, welches jedem Trieb sein Objekt und damit auch sein Vermögen, aggressiv zu werden, beläßt (unsere später, im Zusammenhang mit der Darstellung des Überichs vorzunehmende Differenzierung zwischen dem erogenen und biogenen Objekt macht eine solche strukturbezogene Auffassung der Aggression, die gleichermaßen im Zusammenhang mit einer dominanten Sexual- wie Selbsterhaltungstriebstrebung auftreten kann, sinnvoll: der Sexualmörder kann bekanntlich in allen übrigen Lebensbereichen d. h. in bezug auf alle übrigen Triebobjekte jeglicher Aggression frei sein). – Die Destruktion würde nach dieser Auffassung im Gegensatz zur Aggression das Objekt nicht mehr außen (getrennt vom Selbst) sondern bereits (als eingedrungen) *innerhalb* des eigenen Selbst wahrnehmen, weshalb es (ganz im Sinne der Selbsterhaltung) nur noch zerstört werden kann. – So gesehen handelt es sich bei der Aggression um eine der vielen *Antizipationen*, die der psychische Apparat fortlaufend zu leisten hat: Freud hat nicht zufällig in seiner letzten Angsttheorie (1926d) die Antizipation der Gefahr zum Auslöser des Angstsignals erklärt; ebenso können wir die *Antizipation der Distanz* als Auslöser der „Aggression" betrachten, und dies für beide Triebe oder in bezug auf jedes Bedürfnis (auch die Physiologie kennt übrigens solche Antizipationsvorgänge, z. B. im Fall der präresorptiven Sättigung). Auf diese Weise wäre also die *Aggression* eher vom *strukturellen Gesichtspunkt* aus denn als *Trieb* zu konzeptualisieren: unreifere Strukturen (oder regressive Zustände) zeigen in der Regel mehr Aggression als reifere (auch die „hohe Schule" der Aggression, z. B. die fein elaborierte intellektuelle Aggressivität, würde ggfls. unter ein solches strukturelles Defizit zu rechnen sein, wobei dieser Mangel an Struktur in den basalen Schichten des psychischen Apparats zu verorten wäre). – Mit der *Nähe-Distanz-Regulation* haben sich besonders Mahler (1968, 1979) sowie Mahler, Pine & Bergman (1975) befaßt.

Viele Autoren haben sich mit dem psychoanalytischen Konzept der Aggression auseinandergesetzt; hier nur einige Beispiele, die die Vielfalt der konzeptuellen Lösungsvorschläge veranschaulichen sollen: E. Bibring (1936, S. 161) hält die Annahme eines *eigenständigen Aggressionstriebs* für *unverzichtbar*; er führt die Begriffe der *„primären"* und *„sekundären Destruktion"* analog dem primären und sekundären Narzißmus ein (womit er eigentlich eher die *Struktur*frage der Aggression anspricht). Dagegen vertritt Rank (1949) die These, daß man die Aggression *nicht* als eine unmodifizierbare angeborene Destruktionskraft auffassen sollte, und hebt stattdessen den *Anpassungswert* der Aggression an die umgebende Realität z. B. auf innere oder äußere *Frustrationen* hervor: „the reaction to constant frustration has to remain self bound and can only be expressed by the explosive, diffuse outburst of rage-like tension." (ebd., S. 47) Die These, daß Aggression eine Reaktion auf Frustration sei, wurde berühmt in der einfachen *Frustrations-Aggressions-Theorie* von Dollard et al. (1939), die sich auf die griffige Formel bringen läßt: „Aggression ist immer eine Folge von Frustration" und „Frustration führt immer zu einer Form von Aggression." (zit. n. Selg, 1971, S. 11) Brun (1953) führt sowohl die sexuellen Partialtriebe als auch die Aggression auf eine von einer *Selbsterhaltungsstrebung* ausgehende *Triebmischung* oder *Triebverschränkung* zurück; insofern gäbe es auch

„keinen primären Aggressionstrieb. Die *Aggression* gegen Objekte stand ursprünglich *immer im Dienste der Selbsterhaltung* und ist daher in allen ihren Formen von entsprechenden Partialtrieben der Selbsterhaltung ableitbar: Als Reaktion gegen Triebversagungen; als Abwehr (Notwehr) einer gegen den Organismus gerichteten Aggression, bzw. als Gegenangriff dagegen; als Angriff zur Erlangung der Jagdbeute, also im Dienste des Nahrungserwerbes; als Bemächtigungstrieb, zum gleichen Zwecke; endlich als sekundäre Aggression zur Verteidigung des bereits erlangten (erbeuteten) Besitzes an lebensnotwendigen Gütern." (ebd., S. 103) Für Gillespie (1971) ist Aggression zwar ein wichtiger Faktor im menschlichen Seelenleben, sie aber zu einem der beiden Grundtriebe oder Triebkräfte im organischen Leben zu machen, hält er für eine konzeptionelle Pseudolösung. Parens (1973), der sich besonders ausführlich mit dem Problem der Aggression befaßt hat, erklärt gerade umgekehrt *den Selbsterhaltungstrieb zugunsten des Aggressionstriebs für überflüssig*. Er unterscheidet generell zwischen destruktiver und nicht-destruktiver Energie; die neutralen Ich-Energien betrachtet er als Abkömmlinge der nicht-destruktiven Aggression; da beide, Libido und Aggression, zur Selbsterhaltung beitrügen, sei das Postulat eines eigenständigen Selbsterhaltungstriebs unnötig (ebd., S. 57). Stern (1974), der davon ausgeht, daß *Biotraumen* (also Frustrationen physiologischer Art) von wesentlicher Bedeutung für die Genese psychischer Funktionen sind und daß der Organismus darauf mit „angeborenen, vorauseilenden physiologischen Gegenreaktionen" antworte, versteht solche „primären Abwehren" oder *„primäre Agitationen"* (Mahlers ‚affektmotorischer Sturm') *als Matrix der Aggression*. Compton (1981) wiederum hält es für schwierig, *somatische Quellen* der Aggression anzugeben, weshalb die Aggression nicht mit der gleichen Selbstverständlichkeit als Trieb analog dem Sexualtrieb angesehen werden könne (die somatische Quelle gehört zu den definierenden Charakteristika des Triebs); problematisch findet er auch, daß der Masochismus offensichtlich mit dem Lustprinzip inkompatibel sei. Den Ausweg aus diesem Dilemma sieht Compton darin, daß er den *Todestrieb* vom Aggressionstriebkonzept trennt und beiseite schiebt: "If the life and death drives and the altered concept of the pleasure principle are left aside, and aggression adopted as an instinctual drive parallel to sexuality, there seem to be no inconsistencies created in the balance of the revisions of theory." (ebd., S. 383) – Siehe auch die umfassenden Sammelbände von *Kornadt* (1981, 1992), der das ganze auch außer-analytische Spektrum der Aggressionsforschung von Freud bis zur Gegenwart abdeckt.

164 *Sadismus, Masochismus, Egoismus, Aggression und Destruktion* wären so gesehen zumindest keine Grund- oder Urtriebe, sondern allenfalls Abkömmlinge von Triebmischungen auf bestimmten Stufen der Verschaltung. Man könnte an dieser Stelle Schafer (1976) recht geben, der nachdrücklich kritisiert, daß in der psychoanalytischen Theorie *sadistische, masochistische, egoistische, aggressive* und *destruktive Verhaltensweisen* (M-System) zu *Triebentitäten* (T-System) *substantiviert* werden.

165 Zu dieser Problematik siehe die sprachphilosophischen Untersuchungen Wittgensteins („Die Bedeutung eines Wortes ist sein Gebrauch in der Sprache." 1953, § 43).

166 Wir lassen hier vorläufig außer acht, daß Freud von Nirwana*prinzip* spricht (worauf später noch genauer einzugehen ist) und behandeln diesen Gedanken im Sinne einer *Tendenz* zum Nirwana. – Nirwana bedeutet im Altindischen „das *Erlöschen*"; der Buddhismus versteht darunter „zunächst das Erlöschen des individuellen Bewußtseins und der Lebensgier (‚des Leidens Ende'); positiv die Lösung aus dem Geburtenkreislauf (Seelenwanderung), die Befreiung aus dem Leiden des Diesseits, von dem Erlösten schon in diesem Dasein erreichbar. Im Mahayana-Buddhismus tritt vor das Endziel des Nirwana die Vorstellung von einem Seligkeitsparadies Sukhavati, das von Buddha Amitabha dem vertrauensvoll an ihn Glaubenden erschlossen wird." (Der große Brockhaus, 1979) Freud hat diesen von Barbara Low vorgeschlagenen Begriff akzeptiert und sah darin die Tendenz des Todestriebs ausgedrückt (1924c, S. 373).

167 Diesen Aspekt von „le *Négatif*" des Todestriebs hat Green seit Jahren in vielen Arbeiten erforscht (siehe auch Green, 1993).

168 Man muß sehen, daß Freud sein Todestriebkonzept aus der Spannung zweier gegensätzlicher semantischer Pole aufbaut: eine *Schädigungsabsicht* meint immer etwas anderes als

eine *Auflösungstendenz*, ein physiologischer *Zerfallsprozeß* – anders vielleicht als ein *Zersetzungsprozeß* – entspricht nicht einer Auto-*Aggression*, wohl aber einem *Gleiten in den Tod*. Wir können damit wieder sehen: im Kern seines Todes*trieb*konzepts ist das Strukturkonzept (als die Spannung zwischen den beiden semantischen Polen) mit eingeschmolzen: zwei so gegensätzliche Funktionen/Tendenzen einem einzigen Trieb zuzuordnen, heißt: ihn bereits als Trieb-Verdrängungs-Einheit = Abwehrmaßnahme darzustellen. Mit anderen Worten: Der Todestrieb bestünde in einer stillen, introversiven Tendenz, leise sterben zu wollen; die Verdrängung dieser Tendenz (homöostatische Regulationsmaßnahme) besteht in einer lärmend nach außen schlagenden Lebenstriebregung; das Resultat dieser Trieb-Verdrängungs-Verschaltung wäre die Aggression.

169 Federn (1930) schlägt als Energiebegriff des Todestriebs den Begriff „Mortido“ vor, Weiss (1935) empfiehlt „Destrudo“; nach Hartmann, Kris & Loewenstein (1949) soll die Energie des aggressiven Impulses als „Aggression“ bezeichnet werden; bei Green findet man die Verbindung „libido ‚motifiée‘“ für eine Mischung aus „libido d’Eros et celle des pulsions de destruction“ (1983, S. 107).

170 Das *Interesse* wäre nach meinem Verständnis viel direkter von einem nach außen gerichteten Lebenstrieb oder Eros abzuleiten als von einem nach innen gerichteten Selbsterhaltungstrieb.

171 Siehe Wittgenstein: „*Die Grenzen meiner Sprache* bedeuten die Grenzen meiner Welt.“ (1921, 5.6) Die Einführung eines neuen Energiebegriffs für den Todestrieb möchte die Grenzen unserer metapsychologischen „Welt“ sowie die Grenzen unserer Wahrnehmung innerhalb der Psychoanalyse erweitern.

172 Rose gibt einen „Überblick über die verschiedenen einst vorhandenen Vorstellungen“ dazu (1982, S. 84 f.): „Die Welt der Toten ist, von welcher Seite man sie auch betritt, von der der Lebenden durch ein riesiges Wasser getrennt, eines der fünf Gewässer der Unterwelt, Styx, Acheron, Pyriphlegeton (oder Phlegethon), Kokytos oder Lethe, deren Name sämtlich bedeutungsvoll sind, nämlich der Verabscheuungswürdige, der Kummervolle (?), der Feurige, der Klagende und das Vergessen. (...) Lethe hängt eng zusammen mit der Vorstellung, daß denjeni-

gen, die wieder zu einem körperlichen Leben gelangen, ein Zaubertrank gegeben wird, der sie ihr früheres Dasein vergessen läßt, doch braucht dies nicht der ursprüngliche Sinn zu sein. Zum erstenmal findet sich Lethe bei Aristophanes, wo der Name eine Ebene meint, vielleicht mit einem hindurchfließenden Fluß, dann scheint auf dem berühmten orphischen Goldtäfelchen aus Petilia in Süditalien, das dem 4. Jahrhundert v. Chr. angehört, auf Lethe angespielt zu werden. Hier handelt es sich um eine Quelle, der eine andere, die Quelle oder der Brunnen der Erinnerung, gegenüberliegt. Bei Vergil dagegen ist Lethe ein Fluß. Acheron ist meist ein Fluß, nicht selten aber ein See oder Weiher; bei Homer münden Kokytos und Pyriphlegethon in ihn, von denen der erste ein Arm der Styx ist."

173 Siehe auch Braitenberg (1994): „Das ‚Theater der Leidenschaften', wie es etwa auf alten Stichen dargestellt wird, kennt zwei Grundkräfte, *Traurigkeit* und *Fröhlichkeit*, um die herum sich ein Reigen von Damen wie Haß, Verzweiflung, Hoffnung, Liebe gruppiert. Das System ist multidimensional, wobei *zwei Grundkräfte das Gehirn dominieren, plus und minus*. Heute heißen die Damen Testosteron, Dopamin, Endorphin usw. – das innere hormonale System. Das ist eine sehr geringe Komplexität verglichen mit der der Neuronen." (ebd., S. 10, Hervh. d. V.)

174 In einer interessanten Diskussion der Begriffe *Energie* und *Entropie* im Hinblick auf ihren Einsatz im Bereich natur- und geisteswissenschaftlicher Forschung plädiert Pribram (1989) für eine „entmaterialisierte" Auffassung des Energiebegriffs: „Mein Vorschlag lautet so: $E = mc^2$ sei die Gleichung, die die raumfüllende Materie mit (bezüglich der Dichotomie von Geist und Materie) neutralen ‚Momenten' potentieller Energie und mit der Zeit (via Lichtgeschwindigkeit) in Beziehung setzt. Danach wollen wir die Möglichkeit erkunden, ob Potentiale, die Energie und Zeit beschreiben, mittels verhaltensorientierter Analyse in entsprechender Weise zu psychologischen, d. h. mentalen Aspekten in Beziehung gesetzt werden können. Zu diesem Zweck müssen wir uns erst darauf verständigen, *daß Energie als solche weder materiell noch mental ist, jedoch unschwer in ‚Materie' und ‚Geist' umgewandelt werden kann und daß die Transferfunktionen, die die Umwandlungen beschreiben, präzise formuliert werden können*. Weiterhin müssen wir uns dar-

auf verständigen, Energie wissenschaftlich als Maß für potentielle oder aktuelle Arbeitsleistung zu definieren." (1989, S. 148, Hervh. d. V.) Diese übergeordnete – ich würde sagen: theoretisch-abstrakte – Auffassung der Begriffe Energie und Entropie führt Pribram zu dem Schluß: „Ebenso wie die Energie ist auch die Entropie nicht einfach dem einen oder anderen Pol der Materie-Geist-Dualität zuzuordnen. Energie und Entropie sind Folgerungen, und ihre Existenz geht daher paradoxerweise der Existenz von Materie und Geist voraus." (ebd., S. 151)

175 Es macht den Anschein, als verfolge Freud diesen Gedanken bei der Bezugnahme auf die Theorien von Weismann, Woodruff u. a. (1920g, S. 48 ff.): „Das Infusor stirbt also, sich selbst überlassen, eines *natürlichen Todes an der Unvollkommenheit der Beseitigung seiner eigenen Stoffwechselprodukte*; aber vielleicht sterben auch alle höheren Tiere im Grunde an dem gleichen Unvermögen." (ebd., S. 51 f., Hervh. d. V.) Nicht so sehr der biologische Aspekt könnte hierbei für Freud interessant gewesen sein, sondern vielmehr die theoretische Seite dieser Überlegung, die Idee vom *Stoff-Wechsel,* von einer fortschreitenden Umwandlung von Energie in Struktur.

176 Dieser Aspekt einer *Aufwärts-und-Abwärts-Bewegung* findet sich in Freuds Bezugnahme auf Hering: „Nach der Theorie E. Herings von den Vorgängen in der lebenden Substanz laufen in ihr unausgesetzt zweierlei Prozesse entgegengesetzter Richtung ab, die einen aufbauend – assimilatorisch, die anderen abbauend – dissimilatorisch. Sollen wir es wagen, in diesen beiden Richtungen der Lebensprozesse die Betätigung unserer beiden Triebregungen, der Lebenstriebe und der Todestriebe, zu erkennen?" (1920g, S. 53)

177 Die kosmologischen Spekulationen werden gern als Beleg für die Unwissenschaftlichkeit der theoretischen Grundlagen der Psychoanalyse herangezogen. Erkenntnisse und Theorien sind immer durch Phantasien vorangetrieben worden, und man muß solche Spekulationen gar nicht so indigniert von sich weisen: Vergleichbares findet sich heute an der Spitze der Astro-Physik, z. B. in Hawkings These von der Umkehr der Zeit – oder im Bild von der Möbiusschleife. Auch bei Hawkings Theorie handelt es sich um eine Spekulation, die vielleicht gerade des-

halb so faszinierend ist und zum Bestseller wurde, weil sie dem allgemeinen *Wunsch* des älter werdenden Menschen entspricht, *die Zeit anhalten oder rückgängig machen zu können*, und gerade in diesem Wunsch wiederum etwas von den Abläufen, den Grundprinzipien unseres psychischen Lebens und Funktionierens zum Ausdruck bringt („die Vorstellungen sind nur der Ausdruck der Triebe"). Vielleicht sagt also eine Theorie, wie die von Hawking, weniger darüber aus, wie es sich im Kosmos *wirklich* verhält, als vielmehr etwas darüber, *wie wir denken,* also über die Gesetzmäßigkeiten in der Organisation unseres psycho-physischen Systems.

178 Freud hatte angenommen, es gäbe „eine verschiebbare Energie, die, an sich indifferent, zu einer qualitativ differenzierten erotischen oder destruktiven Regung hinzutreten und deren Gesamtbesetzung erhöhen kann. Ohne die Annahme einer solchen verschiebbaren Energie kommen wir überhaupt nicht aus." (1923b, S. 272 f.) Er nahm an, daß „diese wohl im Ich und im Es tätige, verschiebbare und indifferente Energie dem narzißtischen Libidovorrat entstammt, also desexualisierter Eros ist." (ebd., S. 273) Diese Idee von der neutralisierten Energie entspräche in unserer formalisierten Fassung einer „äquilibrierten" (+/–)Energie, einer libidinös-lethischen „Triebmischung", also der aus einer homöostatischen Regulierung (Verschaltung) hervorgehenden energetischen Resultante.

179 Siehe hierzu meine Ausführungen in Anmerkung 163.

180 Über das Todestriebkonzept gab es schon früh Kontroversen: Ablehnend äußerten sich z. B. Penrose (1931), Fenichel (1935), Friedlander (1940), Brun (1953) und Graber (1953); zustimmend dagegen Alexander (1929), Bernfeld & Feitelberg (1930), Bernfeld (1935), Federn (1930) und Saul (1958); abwartend Westerman Holstijn (1930), Weiss (1935) und Lampl-De Groot (1956). – Eine besondere Aufnahme und Ausgestaltung erfuhr das Todestriebkonzept bei Melanie Klein (1933, 1962) und ihren Nachfolgern, z. B. Rosenfeld (1952, 1971), Segal (1957), Bion (1957, 1959) und B. Joseph (1975, 1982): Da diese Arbeiten (die sehr hilfreich bei der Behandlung früher schwerer, auch psychotischer Störungen sind) nach meinem Verständnis in der Auffassung und Verwendung der Begriffe und Konzepte ganz im Bereich der *klinischen Theorie* liegen

– und zwar auch dort, wo sie metapsychologisch argumentieren –, wären sie nur mittelbar für eine vergleichende metapsychologische Untersuchung geeignet; die zentrale, von M. Klein eingeführte Position hebt einen „Drang nach Vernichtung" insbesondere des Ichs oder des Selbst (z.B. in Form von Fragmentierung, Desintegration) als frühe Manifestation eines angeborenen Todestriebs hervor; dieser von Anfang des Lebens an wirkende Todestrieb wird zum Auslöser der (Vernichtungs-)Angst und der projektiven Identifizierung, insbesondere in der paranoid-schizoiden Position und findet seinen Niederschlag im frühen Überich. Kernberg (1969 und 1980, 1983) hat diese kleinianische Auffassung des Freudschen Todestriebs unter Hinweis auf die „stummen" Seiten des Todestriebs kritisiert. (Zur Erläuterung der kleinianischen Konzepte siehe Hinshelwood [1989]; zur Diskussion um das Todestriebkonzept sind die Controversial Discussions [King & Steiner, 1991] besonders aufschlußreich – siehe dazu auch Raguse [1994]).

Während im deutschen und angelsächsischen Raum das Todestriebkonzept kaum noch diskutiert wird, bildet es in Frankreich geradezu einen Schwerpunkt der metapsychologischen Auseinandersetzung: Laplanche (1970, 1988) steuert geradewegs auf einen *sexuellen Triebmonismus* zu: Nachdem er das Konzept der Selbsterhaltung (von seiner Funktion her als *Instinkt* aufgefaßt und so in einen Gegensatz zum „drive" gesetzt) aus der Konflikt- und der Triebtheorie „verbannt" hat (1988, S. 60, 186), erkennt er in bezug auf das Todestriebkonzept: „Der Todestrieb ist keine Entdeckung, sondern eine wiederaufgenommene Behauptung, eine Vertiefung der ursprünglichen und grundlegenden Behauptung der Psychoanalyse: der Sexualität; *der Todestrieb ist die Sexualität* unter ihrem am wenigsten zivilisierten, sozialisierten Aspekt, insoweit als sie gemäß dem Prinzip der freien Energie und des Primärprozesses wirkt." (ebd., S. 62 f., Hervh. d. V.) Laplanche faßt nämlich den Todestrieb unter seiner „Besonderheit der ökonomischen Funktionsweise" als „Modell der freien Energie und des Primärprozesses" auf (ebd., S. 61 f.), reserviert also die beiden letzteren Begriffe ausschließlich für den Todestrieb (womit die Differenzierung zwischen den Begriffen *Trieb, Energie* und *Prozeß* aufgehoben ist). Damit postuliert Laplanche einen Gegensatz zwischen den *„sexuellen ‚Todes'-trieben"* (die den Eros in seiner unzivilisierten primärprozeßhaften Form zeigen) und den *„sexuellen ‚Lebens'-trieben"* (dem sekundärprozeßhaften Eros), „um nachdrücklich darauf hinzuweisen, daß *der große Dualismus im Herzen der Sexualität liegt;* und, um deutlich zu betonen, daß es sich um Leben und Tod ‚in der Psychoanalyse' und nicht um Leben und Tod im biologischen Sinne handelt, setze ich noch dazu ‚Leben' und ‚Tod' in Anführungszeichen." (ebd., S. 63, Hervh. d. V.) Nach dieser Ausgrenzung des Biologischen versucht Laplanche seine These von einem „energetischen Monismus" (ebd., S. 191) mit dem Dualismus der Freudschen Triebtheorie dadurch zu versöhnen, daß er diesen Dualismus nicht als einen „substantiellen und endgültigen", sondern als einen „Dualismus der Funktionsweise" auffaßt (ebd., S. 69). Aus den dargestellten formallogischen Gründen (der Notwendigkeit zweier Variablen mit entgegengesetztem Vorzeichen) halte ich diesen Versuch von Laplanche, die Ich- wie die Todestriebe in ein einziges, sich ausdifferenzierendes Sexualtriebkonzept zu integrieren, für konzeptionell verfehlt.

Greens metapsychologische Arbeiten sind zentriert um die Konzeptualisierung eines Übergangs von der zweiten zur dritten Freudschen Triebtheorie, genauer gesagt: um die *Verbindung von Narzißmus und Todestrieb*. Er unterstreicht die Notwendigkeit, den *primären Narzißmus* nicht als einen Zustand, sondern als eine *Struktur* aufzufassen, die vom Lebens- *und* vom Todestrieb konstituiert wird (1983, S. 132). Diese *„Janus-*Köpfigkeit" des Narzißmus (ebd., S. 278) kommt auch im Titel seines Buches „Narcissisme de Vie, Narcissisme de Mort" zum Ausdruck. Der „primäre absolute Narzißmus" ist für Green charakterisiert durch eine „recherche d'un niveau zéro de l'excitation" (ebd., S. 115) – was in der hier entwickelten Auffassung einer absoluten Erregungslosigkeit und damit einem Null an *Schalterspannung* entspräche. Dieser primäre absolute Narzißmus – der sich am eindrücklichsten in der „psychose blanche" (Donnet & Green, 1973, S. 223–321), im „désir de l'un": der vollständigen Elimination des Objekts (Green, 1983, S. 127 ff.) manifestiert – sei direkt von den Todestrieben affiziert; man kann also den Narzißmus (als Struktur!) nach Green nicht einseitig auf der Seite der Lebenstriebe situieren: « Au narcissisme positif, il faut accoler son double inversé que je propose d'appeler *narcissisme négatif*. Ainsi Narcisse est aussi Janus. Au lieu de soutenir la visée de l'unification du Moi par le biais des pulsions sexuelles, le narcissisme négatif sous la domination du principe de Nirvâna, représentant des pulsions de mort, tend vers l'abaissement au niveau Zéro de toute libido, aspirant à la mort psychique. C'est ce qu'il me paraît logique d'inférer sur ce que devient le narcissisme après la dernière théorie des pulsions. Au-delà du morcellement qui fragmente le Moi et le ramène à l'auto-érotisme, le narcissisme primaire *absolu* veut le repos mimétique de la mort. Il est la quête du non-désir de l'Autre, de l'inexistence, du non-être, autre forme d'accès à l'immortalité. » (ebd., S. 278) Meine hier entwickelte formalisierte Auffassung der Metapsychologie stimmt mit Greens Narzißmus-Konzept (unter der Perspektive eines in der Phase des primären Narzißmus gebildeten Strukturkomplexes) überein – wobei im übrigen unser Konzept der beiden antagonistischen (+/–)Triebe bzw. der durch sie strukturell etablierten Dominanzverhältnisse direkt den Begriffen „negativer" und „positiver" Narzißmus entspricht. Nicht in Übereinstimmung ist die hier entwickelte Auffassung allerdings mit Greens Betonung der destruktiven Funktion des Todestriebs: « En ce qui me concerne, j'adhère pleinement à l'hypothèse que la fonction autodestructrice joue un rôle correspondant pour la pulsion de mort à celui que joue la fonction sexuelle pour l'Eros. » (1986, S. 52) Green, der den Todestrieb als ein metapsychologisches Konzept behandelt, das weder direkt in der klinischen Erfahrung nachweisbar sei, noch von dieser völlig dissoziiert gedacht werden könne, bezeichnet das Objekt als eine Art Urheber, als Ausgangspunkt oder entwickelndes Agens der Triebe: „*l'objet est le révélateur des pulsions*. (...) Il ne les crée pas – et sans doute peut-on dire qu'il est créé par elles au moins en partie – mais il est la condition de leur venue à l'existence." (ebd., S. 54) Von daher erweitert Green die von Freud angegebenen Funktionen der beiden Triebe: *Bindung* (Lebenstrieb) und *Entbindung* (Todestrieb): er schlägt für den Lebenstrieb eine „*fonction objectalisante*", für den Todestrieb eine „*fonction désobjectalisante*" vor (die unserem Postulat der Gerichtetheit der Triebe entspricht) und schließt: „la manifestation propre à la destructivité de la pulsion de mort est *le désinvestissement.*“ (ebd., S. 55) Diese letztere These vom Besetzungsrückzug als Aufgabe oder Tendenz der Todestriebstrebung haben wir aus der Perspektive des *Jenseits* diskutiert; und da das „Objekt“ in unserem Modell durch eine Struktur repräsentiert sein soll, können wir auch der vorherigen These Greens zustimmen, daß das Objekt (die Struktur) sowohl der „Auslöser“ von Trieberregungen ist (diese steuert), als auch seinerseits von den Trieben konstituiert wird.

Schließlich sei noch auf die Arbeit von *Rosenberg* hingewiesen, der seine Auseinandersetzung mit dem Todestriebkonzept im Titel seines Buches auf den Begriff bringt: « Masochisme mortifère et Masochisme gardien de la vie» (1991). Versucht man, sein Konzept in zeitlicher Ordnung kurz zusammenzufassen, dann ergibt sich: am Anfang ist das *Nirwanaprinzip*, das Gesetz des (reinen) Todestriebs; dann kommt es zu einer *primären Triebmischung von Lebenstrieb und Todestrieb*, und aus dieser primären Triebmischung gehen sowohl das *Lustprinzip* als auch der *Masochismus* hervor: « Le masochisme et le principe de plaisir sont des ‹produits› de cette intrication, de cette fusion-alliage pulsionelle primaire. *Ce sont les deux visages, les deux aspects, du même moment psychique.* Il s’agit du moment formateur, de la première structuration du moi archaïque, qui se constitue autour du noyau masochique érogène primaire et de la loi qui régit son fonctionnement, le principe de plaisir. » (ebd., S. 62) Ähnlich wie Green den Narzißmus als Struktur behandelt, faßt Rosenberg den Masochismus zusammen mit dem Lustprinzip als Struktur auf (ebenfalls mit einem Januskopf: „deux visages“), die den Kern des archaischen Ich bildet. Dabei besteht die Funktion des Masochismus darin, die Fähigkeit zum Befriedigungsaufschub, das Ertragen der Unlust erzeugenden Spannungen möglich zu machen, denn der Masochismus ist nach Rosenberg *das* Mittel, Befriedigung überhaupt zu verhindern. In dieser Befriedigungsaufschub- oder -verhinderungsfunktion wird der Masochismus, wenn er sich an den Todestrieb heftet (dessen Befriedigung verhindert) zum *Hüter des Lebens*, liiert er sich aber mit dem Lebenstrieb (verhindert er dessen Befriedigung), dann wird er zu einem *tödlichen Masochismus*: « *si le masochisme peut empêcher la satisfaction d’une pulsion, il suffit qu’il s’applique à une autre pulsion que la pul-*

sion de mort, à la pulsion de vie, à la libido et/ou à la pulsion d'auto-conservation, pour que paradoxalement il se transforme de masochisme gardien de la vie en masochisme mortifère.» (ebd., S. 72) Interessant sind seine Überlegungen zum Konzept der Triebmischung: bei der Triebmischung gehe es *nicht* um eine Art Vereinigung der Triebe selbst (wir würden sagen: um eine Verschaltung zweier antagonistischer Triebe an einer Struktur): « Mais il ne s'agit pas d'une union des deux pulsions mêmes: *il s'agit toujours, selon nous, de deux actions opposées-antagonistes sur un même objet donnant des résultats divers selon la force (économique) de ces actions issues des deux pulsions.»* (ebd., S. 126) Die Triebmischung geschieht ausschließlich vermittels des Objekts, in einem dritten Bereich (wir würden sagen: am Schalter einer Struktur); dabei kombinieren sich die antagonistischen Wirkungen auf das Objekt zu einer gemeinsamen Resultante (ebd., S. 127). Rosenberg konzipiert also von Anfang an das Objekt unter einer doppelten Triebbesetzung: *„l'objet est ainsi doublement investi pulsionnellement"* (ebd., S. 78, Hervh. d. V.), also gleichzeitig durch den Lebens- wie den Todestrieb. Dieser Auffassung kann ich mich vollständig anschließen. Nicht hingegen würde ich die „Stummheit der Todestriebe" (ihre quietistische Tendenz) als Folge einer gelungenen Triebmischung (ebd., S. 130) bezeichnen, sondern als passendes Bild zu der formalen Kennzeichnung der (–)Tendenz des Todestriebs.

181 Im Registerband der GW sind nur drei Stellen notiert, an denen sich Freud über die „Strukturverhältnisse" des Psychischen äußert. Glover (1932) gehört zu den ersten, die den Strukturbegriff in der Metapsychologie in einem systematischen Sinne verwendet haben; er entwickelt den Gedanken, daß *eine kohärente Ichorganisation durch progressive Integration von primitiveren und relativ unabhängigen Ich-Systemen*, die er *Ich-Kerne* nennt, erreicht wird und daß, „structurally, the strength of the ego depends on the degree of integration of various early nuclear components." (Glover, 1943, zit. n. Brierley, 1944, S. 98). Hartmann, Kris & Loewenstein (1947) erarbeiten die Strukturbildung als ein Zusammenspiel von Differenzierung und Integration (siehe Anmerkung 112). Gill (1963) führt den Begriff der *Makrostruktur* für die Instanzen Es, Ich

und Überich sowie den Begriff der *Mikrostruktur* für Ideen und Erinnerungen ein, womit er darauf hinweist, daß letztere nur relativ stabile Organisationen innerhalb der Makrostrukturen darstellen und diesen untergeordnet sind. Rapaport (1960) hat bekanntlich seine Untersuchung der psychoanalytischen Theorie am Strukturbegriff orientiert. Für Guttman (1973) ist die Strukturfrage überhaupt der Schlüssel für jede kreative Weiterentwicklung, sei es in Kunst oder Wissenschaft, und so auch in der Psychoanalyse: "The concept of structure is the ordering principle of every area of creative thinking and doing in our time; it is a key concept for current creative work in the arts and sciences." (ebd., S. 75) Denn die Erforschung komplexer Beziehungen sei nur durch den Einsatz des Strukturkonzepts auf präzise Weise möglich: "This is our great task in psychoanalysis – to understand more actions and interactions between structures or units (...) the relationships between structures." (ebd., S. 80) In diesem Sinn ist der Strukturbegriff heute ein aktuelles Diskussionsthema in der Psychoanalyse (Überblick bei Arlow, 1975, 1991, Schafer, 1991, Shapiro, 1991). Dabei geht es einerseits um die *Anwendungsbereiche* des Strukturbegriffs (z. B. Entwicklungstheorie [Tyson, 1988, 1991, Greenspan, 1991, Lichtenberg, 1991] oder Strukturveränderungen im Rahmen von Psychoanalysen [Wallerstein, 1983, 1991, Goldberg, 1991, Modell, 1991, Weinshel, 1991]), andererseits um die *Klärung* des Strukturbegriffs in der Psychoanalyse (Pulver, 1991), sowie um die Frage seiner Verwendung in der von den biologischen Wissenschaften entlehnten Relation von *Struktur* und *Funktion*. Da es in dieser Arbeit um einen Versuch geht, die Metapsychologie als eine *Grenztheorie zwischen psychischen und somatischen Vorgängen* zu konzipieren, ist die hier vertretene *Auffassung der Struktur als eines Schalters* bzw. einer Reihe von hierarchisch gegliederten und integriert arbeitenden Schaltern *innerhalb eines dynamisch stabilen Systems* absichtlich sparsam angelegt. Daß diese enge Auffassung von Struktur zusammen mit den beiden Triebvariablen aber doch eine reiche und differenzierte Ausfaltung des „psychischen Apparats“ im Rahmen unserer metapsychologischen Konzepte ermöglicht, sollte in Teil II bei der Darstellung der Strukturbildungsprozesse und der Prinzipien von Integration und Differenzierung (Narzißmus) deutlich geworden sein. Das so entwickelte Modell scheint mir kompatibel mit den Modellvorstellungen der biologischen Wissenschaften, wie sie z. B. in der Synergetik so formuliert werden: „Die Biologie lebt im Spannungsfeld zwischen Strukturen und Vorgängen im *mikroskopischen* Bereich und solchen im *makroskopischen* Bereich. Zum mikroskopischen Bereich zählen etwa die Biomoleküle und deren Umwandlungen, zum makroskopischen Bereich Gestalt und Verhalten eines ganzen Tieres. Daneben gibt es eine ganze Hierarchie von mehr oder weniger exakt definierten Zwischenstufen. Auf jeden Fall basieren die makroskopischen Erscheinungen auf denen der mikroskopischen Ebene und sind somit ohne diese nicht zu begreifen. Umgekehrt aber, und dies ist die neue Erkenntnis durch die Synergetik, werden die mikroskopischen Vorgänge erst durch die der makroskopischen Ebene koordiniert und damit in ihrer Ordnung verständlich." (Haken & Haken-Krell, 1989, S. 1)

182 Der Begriff des *Idealtypus* wurde 1920/21 von Max Weber in die Sozialwissenschaften eingeführt: ein Idealtypus ist ein *Konstrukt*, das geeignet ist, einen komplexen (z. B. soziologischen Sinn-)Zusammenhang in der Weise darzustellen, daß mit dieser Darstellung „etwas *Eindeutiges* gemeint sei"; um dies zu leisten, „muß die Soziologie ihrerseits ‚reine' (‚Ideal')Typen von Gebilden jener Arten entwerfen, welche je in sich die konsequente Einheit möglichst vollständiger Sinnadäquanz zeigen, eben deshalb aber in dieser absolut idealen reinen Form vielleicht ebensowenig je in der Realität auftreten wie eine physikalische Reaktion, die unter Voraussetzung eines absolut leeren Raums errechnet ist." (Weber, 1976, S. 10)

183 Mit einem solchen Gedanken machen wir den *Menschen* nicht zu einem psychischen *Apparat*; auch die Neurowissenschaften, die vom Gehirn z. B. als einem modular organisierten Netzwerk sprechen (Gazzaniga, 1985), das in Bruchteilen von Sekunden solche Muster generiert, enkodiert, prozessiert etc., machen den *Menschen* nicht zu einem *Netzwerk*. Worum es vielmehr geht, und was man sich hier immer wieder klar vor Augen halten sollte, ist dies: spricht man vom Menschen, dann geht es um das Menschliche; spricht man vom Gehirn, dann geht es um Neuronen, Synapsen, Neurotransmitter etc. und um die Theo-

rien über die Zusammenhänge ihrer Funktionsweisen; und sprechen wir von den formalen Grundlagen der Metapsychologie, dann geht es nur um diese formalen Fragen – deren Beantwortung dazu beitragen kann und soll, die Komplexität des Psychischen (Erleben, Fühlen, Denken, Verhalten) und die Komplexität der Gehirnvorgänge ordnend zu erfassen. Das entspricht völlig dem metapsychologischen Anliegen Freuds: „Freud nahm auf seine Weise einen großen Teil der modernen kognitiven Theorien vorweg. Er weigerte sich, die Vorstellung von einem einheitlichen Bewußtseinsprozeß zu akzeptieren. Schon zu Anfang unseres Jahrhunderts trat er für ein mannigfaltiges, kompartmentalisiertes mentales System ein.“ (ebd., S. 137)

184 Spitz (1951) hat die Beziehung zwischen Säugling und Mutter im ersten Lebensjahr des Kindes als „geschlossenes System“ beschrieben und der Mutter dabei die Funktion eines *Hilfsichs* zugewiesen: “During the whole period of which we are speaking, i.e., the first year of life, this ego remains rudimentary. It would be completely inadequate for self-preservation were it not *complemented* by an external helper, a *substitute ego* as it were, to whom the major part of the executive, defensive, and perceptive functions are delegated. This delegate, who complements the infant's ego, is its mother or her substitute. We can speak of her as the infant's ego; like the adult's internal ego, the infant's external ego controls the pathways leading to motility during the first year of infancy.” (ebd., S. 389 f.) Beres & Joseph (1970) bezeichnen die Eltern als *„regulating agents“*; ihnen zufolge besteht eine Hauptaufgabe der psychischen Entwicklung in der Internalisierung dieser Regulierungsfunktion, worin sie den Grundstein der *Überich*-Entwicklung sehen. – Statt den von Spitz eingeführten Begriff *substitute ego* oder den von Beres & Joseph als Überich-Vorläufer eingesetzten *regulation agent* verwende ich hier den neutraleren der *Hilfsstruktur* oder der *Außenstruktur*, wobei offen bleiben soll, in welcher der drei Makrostrukturen die Niederschläge der Einwirkung dieser Außenstrukturen später zu verorten wären. Loewald (1980) unterstreicht, daß die Hauptaufgabe der Psyche nicht im Loswerden von Reizen, sondern im Generieren von Repräsentanzen dieser Reize und d.h. im Generieren von Triebaktivitäten bestehe, wobei *die Triebe durch die Inter-*

aktion innerhalb eines psychischen Feldes organisiert werden, das ursprünglich aus der *Mutter-Kind-Einheit* besteht (ebd., S. 119). – Meines Erachtens gehört in diesen Zusammenhang auch Bowlbys Theorie des *Attachments* (1958, 1960, 1969): Seiner Meinung nach wird Bindung durch eine Reihe von Systemen instinktbedingten Verhaltens („instinctual response system") ermöglicht, die primär und teilweise unabhängig voneinander sind, nämlich: Saugen, Anklammern, Folgen, Schreien und Lächeln (Theorie der Komponenten-Instinktreaktionen); diese primären Triebreaktionen integrieren sich im Laufe des ersten Lebensjahres zum Bindungsverhalten, wobei es die Beziehung zur Mutter ist, durch die die einzelnen Reaktionen sich in ein komplexes Verhaltensmuster, das Bindungsverhalten, integrieren (Theorie der Steuerung des Bindungsverhaltens). Bowlby, der sich in ethologischer Ausrichtung für die Organisation von Verhaltenssystemen interessiert, operiert somit auf einem anderen, auf das Phänomenologische bezogenen theoretischen Niveau; Verhaltenssysteme sind innerhalb der hier entwickelten Auffassung bereits komplexe Musterbildungen (und damit Strukturen), deren Zustandekommen auf Trieb-Struktur-Vorgängen beruht; insofern ist die von Bowlby abgelehnte Triebtheorie in seine Bindungstheorie gleichsam mit eingeschmolzen. Innerhalb unserer formalisierten Auffassung ist das Objekt bzw. die Struktur das Regulativ des Triebs, und die *Bindung* an eine Außenstruktur (Mutter) entspricht der Regulierung des Triebs durch diese Struktur. – Ebenso würde ich Sandlers These vom „background of safety" (1960a), den er als ein *nicht-triebhaftes* Bedürfnis des Kleinkindes versteht, auf der Ebene der Metapsychologie in den Zusammenhang mit der Regulierung durch eine Außenstruktur bringen.

[185] Die Interaktion zwischen Analytiker und Analysand haben verschiedene Autoren anhand des Übertragungs-Gegenübertragungs-Konzepts theoretisch aufgearbeitet: z. B. hat Racker (1959/1982) das Gegenübertragungskonzept erweitert, indem er zwischen einer „komplementären" Identifizierung in der Gegenübertragung (der Analytiker fühlt sich in der Übertragung in die Rolle eines elterlichen Objekts plaziert) und einer „konkordanten" Identifizierung in der Gegenübertragung (der Analytiker fühlt sich in die Rolle des Subjekts [Patient] gesetzt)

aufmerksam macht. Bion (1962) hat mit der Darstellung der Container-Funktion (der Mutter wie des Analytikers) eine generelle Verarbeitung (= Verschaltung) des Psychischen durch ein äußeres Objekt anvisiert, wobei dessen Regulierungsfunktion im Sinne einer Außenstruktur besonders deutlich wird durch die von ihm beschriebene Aufgabe dieses Containers, β-Elemente in α-Elemente umzuwandeln (siehe auch Anmerkung 84). – De Baranger (1993) erkennt in der Intersubjektivität des analytischen Dialogs eine *„intersubjektive Struktur“* bzw. ein „intersubjektives Feld“, das den Ursprungsort für die jeweils aktualisierte Übertragung und Gegenübertragung bildet: die unbewußte Phantasie ist das Produkt dieses Feldes und wurzelt im Unbewußten *beider* Beteiligten – auch in diesem Konzept geht es um eine Außenstruktur, wobei hier die Struktur = die Übertragungs-Gegenübertragungsphantasie gleichsam in der Mitte zwischen beiden entsteht, d. h. dort, wo sich die Triebe treffen und verschaltet werden.

186 Diese formalisierte Darstellung entspricht Kernbergs Auffassung von der Internalisierung der Objektbeziehungen: „Bei allen Interaktionen, die sich zwischen dem Kind und den bedeutsamen elterlichen Personen abspielen, ist das, was das Kind internalisiert, nicht das Bild oder die Repräsentanz des anderen, sondern die Beziehung zwischen dem Selbst und dem anderen – in Form einer Interaktion zwischen Selbstrepräsentanz und Objektimago oder Objektrepräsentanz.“ (1993b, S. 97) Systemtheoretisch ausgedrückt, könnte man sagen: es geht um die Internalisierung (Strukturwerdung) einer je besonderen Interaktion zwischen Regler *K* und Regelstrecke *E* – in der nicht das Gesamt aller Reaktionsmöglichkeiten von *E* aktualisiert ist, sondern jeweils ein (bedürfnis- bzw.) *K*-adäquater Aspekt.

187 Laplanche (1988) hat diesen Gedanken von der Verführung durch die Mutter (den Erwachsenen) zu einer „allgemeinen Verführungstheorie“ ausgebaut, die sich allerdings mehr auf die Bedeutung unbewußter Phantasien von Kind und Eltern gründet – aber die Phantasien sind ja gewissermaßen der Ausdruck der Triebe.

188 Diesen Vorgang einer *progressiven strukturellen Integration* hat Freud schon früh zu konzeptualisieren versucht. In den *Drei Abhandlungen* hatte er die nachpubertäre Objektfindung

als ein „Wiederfinden" bezeichnet und ihr damit eine primäre Objektfindung (in den verschiedenen Stadien der präödipalen Entwicklung) vorausgeschickt, die gerade zu dem Zeitpunkt verlorengeht, in dem „es dem Kinde möglich wurde, die Gesamtvorstellung der Person, welcher das ihm Befriedigung spendende Organ angehörte, zu bilden." (1905d, S. 123) Wir hatten diese These mit der sukzessiven „Reifung" = Aktivierung der einzelnen Partialtriebe in Verbindung gebracht und postuliert, daß sich über jeder ero- und biogenen Zone wieder ein *neues* Geflecht von Repräsentanzen ausbilden muß (daß jeder Partialtrieb wieder quasi von „Null" anfängt). Die *Einführung des Narzißmus* hatte dann den Wechsel von einer solchen *Integration* zur nachfolgenden *Differenzierung* in die beiden Schienen der Trieborganisation im Detail aufzuzeigen versucht.

189 Die *KM*- und *KV*-Komplexe könnte man als formale Darstellung der von Kohut eingeführten „Selbstobjekte" bzw. als das „bipolare Selbst" auffassen, das nach Ornstein (1989) „ein intra-psychisches Konzept (ist), das die Art und Weise beschreibt, wie das Selbst durch die Funktionen des Anderen seine eigenen Entwicklungsziele erreichen kann." (ebd., S. 38) Aber bereits die K_{MV}-Komplexe haben sich als trianguläre Konfigurationen ergeben (haben sich über das bipolare Stadium hinaus zu einer komplexeren Struktur entwickelt). Damit zeigt sich, daß die Selbstpsychologie die durchaus sinnvolle Einführung des Konzepts vom „bipolaren Selbst" gewaltig überschätzt, wenn sie meint, dieses „bipolare Selbst" sei „die Struktur, die als zentrale Stelle in der menschlichen Psyche den Platz des Modells von ‚Es', ‚Ich' und ‚Über-Ich' als Paradigma" eingenommen habe (ebd., S. 38 f.). Die Konzeption der Makrostrukturen ist sowohl einzeln wie in ihrer Interaktion bei Freud unvergleichlich komplexer angelegt als das Konzept vom „bipolaren Selbst", und es ist auch unzutreffend, bei Freud 1923 einen „Zerfall des Paradigmas der Es-Psychologie" und einen Paradigma-Wechsel zur „Ich-Psychologie" zu konstatieren (man denke nur an das berühmte Reitergleichnis [1923b, S. 253]) – der nun durch einen erneuten Paradigma-Wechsel zur Selbstpsychologie abgelöst worden sein soll (Ornstein, 1989, S. 30). Dem hat Kutter zu Recht energisch widersprochen (1989, S. 131).

190 Das auffällige Merkmal einer Krise läßt sich in diesem Fall wie vielleicht generell auf den Ausfall einer Struktur (eines Strukturkomplexes) und damit den Ausfall bestimmter Regulierungsfunktionen innerhalb des Gesamtsystems zurückführen. In der obigen Darstellung handelt es sich um den phasenspezifischen Verlust eines äußeren Objekts in seiner *bisherigen* Funktion als Außenregulator (der durch die gleichzeitige Aktivierung eines neuen Partialtriebs besonders ins Gewicht fallen mag); in anderen Fällen kann sich der „Ausfall" einer wichtigen Struktur durch Besetzungsabzug, Besetzungsverschiebung oder ähnliches einstellen. Und das bedeutet schlicht: Krisen weisen immer auf eine generelle Destabilisierung des Systems, den Verlust des inneren Gleichgewichts hin sowie darauf, daß infolgedessen umfangreiche Strukturbildungs- und -modifizierungsprozesse im Gange sind (Umwandlung von Systemspannung in Schalterspannung). Die Regelmäßigkeit in der Abfolge von solchen Krisen hat Erikson (1959) in seiner epigenetischen Theorie eindrücklich vorgestellt.

191 Jede Struktur kann sowohl ein Regler für die untergeordneten als auch eine Regelstrecke für die übergeordneten Strukturen sein (siehe Abb. 21 C).

192 Chasseguet-Smirgel (1975) hat den primärnarzißtischen und insbesondere den analen Aspekt des Ichideals besonders genau herausgearbeitet (siehe auch Anmerkung 202).

193 Das *Spezifische der weiblichen Entwicklung als Folge bestimmter Triebschicksale* (Trieb-Verdrängungs-Verschaltungen nach verschiedener Modalitäten) habe ich erstmals und ausführlicher in einer Untersuchung von Freuds metapsychologischer Konzeption der weiblichen Entwicklung herauszuarbeiten versucht (Schmidt-Hellerau, 1988). – Auf die große Debatte um Freuds Weiblichkeitsverständnis möchte ich hier ebensowenig eingehen, wie auf eine Paralleluntersuchung des weiblichen Ödipus; da es mir bei der Erarbeitung einer formalisierten Fassung der Metapsychologie nur um das Prinzipielle und nicht um das je Individuelle oder Spezifische geht, beschränke ich mich im Folgenden auf die Diskussion des (vollständigen) Ödipus am Beispiel der männlichen Entwicklung, wie er hier von Freud dargestellt worden ist.

194 Man könnte sagen: dieser MV_K-Komplex entspricht *for-*

mal in etwa dem, was M. Klein als die (trianguläre) *Vereinigte-Eltern-Figur* beschreibt. „Die Phantasie der Vereinigten-Eltern-Figur besteht darin, daß die Eltern oder, genauer gesagt, ihre Geschlechtsorgane (…) in einem ewigen Koitus aneinandergefesselt sind. Dies ist die früheste und primitivste Phantasie der ödipalen Situation: ‚Diese Gefahrsituation erhält eine besondere Intensität durch den Umstand, daß es sich dabei um die Vereinigung beider Eltern handelt (…) und diese vereinigten Eltern überaus grausame und gefürchtete und auch verinnerlichte Angreifer sind' (M. Klein, 1929, S. 45). Die Vereinigte-Eltern-Figur findet ihren Ausdruck in der Vorstellung, daß die Mutter den Vater in ihrem eigenen Innern enthält [das wäre dann ein M_{VK}-Komplex], in der ‚Vorstellung des mütterlichen Penis (…), und zwar eines in der Vagina versteckten' (M. Klein, 1923, S. 116)" (Hinshelwood, 1989, S. 691 f.). Bei M. Klein (1928, 1933) entwickelt sich das Überich aus *oralen* und *analen* Impulsen, die zur Inkorporation von Teilobjekten führen bzw. zu frühen Identifizierungen mit primitiven Imagines (internalisierten, den Elternfiguren entlehnten Gestalten), vergleichbar etwa den hier so genannten *KM*- und *KV*-Komplexen.

195 Auf den Unterschied zwischen einer *transitiven* und einer *reflexiven* Bedeutung des Begriffs *Identifizierung* weisen Laplanche & Pontalis (1967, S. 219) mit Lalande (1951) hin.

196 Diese Buchstabenkombinationen haben natürlich etwas Schematisierendes und Willkürliches und beanspruchen für sich keine weitere Bedeutung als die einer Klärung der komplexen Vorgänge der Modifikation von Schaltgesetzen in *K* im Zuge von Identifikationen. Eigentlich kann man die Verhältnisse auf dieser Komplexitätsstufe schon gar nicht mehr so darstellen. Ich tue es dennoch, um damit am Ende einen entscheidenden Gedankengang anschaulich machen zu können. Dabei lasse ich die bisher erreichten Entwicklungsstufen (bis K_{VMIII}) aus und behandle die ödipale Phase wieder separat; die Umkehr der Schriftgröße von K_{MV} auf $_{K}VM$ soll signalisieren, daß sich der Knabe mit der väterlichen Potenz und Attraktivität ausstattet, sich damit gleichsam aufwertet, vergrößert (K = V), um als adäquater Partner für den anderen Elternteil auftreten zu können.

197 Die Pfeile zeigen jetzt die efferente (→) bzw. die afferente (←) Strebung bzw. Seite der erogenen Repräsentanz an.

198 Winnicott hat die Fähigkeit zur Besorgnis (concern) hervorgehoben, „um auf positive Weise ein Phänomen zu bezeichnen, das auf negative Weise durch das Wort ‚Schuldgefühl' (guilt) bezeichnet wird." (1963, S. 93)

199 Man spricht sicher nicht umsonst von den Gewissensbissen, womit man nicht nur auf den oral-aggressiven, sondern auch auf den *nahrhaften* Charakter dieser Selbsterhaltungstriebstrebungen hinweist.

200 Freud hat den Gedanken einer hier sogenannten efferenten und einer afferenten Seite der Repräsentanzen(komplexe) durchaus gesehen. In seinem Kapitel über „Die Identifizierung" in *Massenpsychologie und Ichanalyse* schreibt er: „Es ist leicht, den Unterschied einer solchen Vateridentifizierung von einer Vaterobjektwahl in einer Formel auszusprechen. Im ersten Falle ist der Vater das, was man *sein*, im zweiten das, was man *haben* möchte. Es ist also der Unterschied, ob die Bindung am Subjekt oder am Objekt des Ichs angreift. Die erstere ist darum bereits vor jeder sexuellen Objektwahl möglich. Es ist weit schwieriger, diese Verschiedenheit metapsychologisch anschaulich darzustellen. Man erkennt nur, die Identifizierung strebt danach, das eigene Ich ähnlich zu gestalten wie das andere zum Vorbild genommene." (1921c, S. 116) Eine Bindung, „die am Objekt angreift", ist eine efferente (im positiven wie im negativen Ödipus), eine Bindung, die am Subjekt angreift, eine afferente. Auf die Unterscheidung zwischen der *primären* und der *sekundären Identifizierung* bin ich hier nicht mehr explizit eingegangen, sie versteht sich aus den in diesem Kapitel angstellten Überlegungen von selbst: Die sekundäre Identifizierung setzt eine Objektbesetzung voraus, wie das ab der analen Phase möglich ist; sie ist damit immer schon komplexer strukturiert als die primäre Identifizierung, unterstellt *ganze Selbst-Repräsentanzengruppen* einem neuen, am Objekt erworbenen Schaltgesetz – das dabei aber doch immer eine Mischkopie sein wird.

201 Anhand des *Demeter-Persephone-Mythos* haben Boothe, Becker-Fischer & Fischer (1993) Überlegungen zur Psychodynamik der Anorexia nervosa angestellt. Kurz zusammengefaßt auf das hier Interessante, geht es bei diesem Mythos um folgendes: Demeter, die Göttin der Kornfelder und der bäuerlichen Kultur (der Selbsterhaltung), und Persephone werden im

Mythos manchmal als eine Gottheit, meist im Sinne eines Mutter-Tochter-Verhältnisses behandelt: Kore/Persephone wird beim Pflücken einer Narzisse von Hades ins Totenreich entführt, woraufhin Demeter alles pflanzliche Leben verdorren läßt und die Erde dem Hungertod aussetzt, bis ein Kompromiß ausgehandelt wird, wonach Persephone die Hälfte des Jahres bei ihrer Mutter Demeter auf Erden, die andere Hälfte bei ihrem Gatten Hades im Totenreich verbringt. Ohne hier schon entscheiden zu wollen, ob sich der Demeter-Persephone-Mythos als Komplementärmythos zum Ödipus eignet, könnte die in diesem Mythos liegende Verbindung von Ernährung/*Selbsterhaltung*, *Tod* (Totenreich) und *Weiblichkeit* eine spannungsvolle Kombination eingehen mit den im Ödipusmythos präsentierten Elementen von *Liebe*, *Leben* (Kinderzeugung) und *Männlichkeit*.

202 In einer früheren Arbeit (Schmidt-Hellerau, 1990) habe ich die Orientierungsfunktion dem Ichideal, die Limitierungsfunktion hingegen dem Überich zugeschrieben; diese Aufteilung wäre jetzt entsprechend der hier entwickelten triangulären Konzeption zu revidieren. – In der Literatur über das Überich und das Ichideal werden z. B. „Überich-Kerne" (Glover, 1956) oder „Überich-Komponenten" (Spitz, 1958) unterschieden, beide werden teils getrennt mit differenzierten Funktionen, teils integriert behandelt (ausführlicher Überblick über die Literatur in Chasseguet-Smirgel, 1975, S. 163-176; zur Entwicklung des Überichs s.a. Sandler, 1960b, Sandler et al. 1962, Danneberg, 1968, Cambor, 1970). Grunberger hat in einer frühen Arbeit (1974) aus der passiv-analen Phase ein mütterliches „Ober-Ich" abgeleitet, das durch ungebremste Aggressivität charakterisiert sei, während es in der darauffolgenden aktiv-analen Phase zu einer Identifizierung mit dem Vater und einer Introjektion des väterlichen Phallus komme, die dem frühen Überich eine phallisch-narzißtische Prägung verleihe (interessant im hiesigen Zusammenhang ist auch, daß er dem frühen Überich zwei Blickrichtungen zuordnet: eine *nach innen* und eine *nach außen*). Chasseguet-Smirgel (1975) hat dem Ichideal einen ausführlichen Essay gewidmet, der insbesondere die Auswirkungen analer Fixierungen für die Entwicklung von Perversion einerseits, Kreativität andererseits erhellt; sie unterscheidet zwi-

schen dem Ichideal als Erbe des primären Narzißmus, und dem Überich als Erbe des Ödipus-Komplexes, wobei wiederum das Ichideal die erste, das Überich die letzte Stufe der Ich-Entwicklung darstelle; ihrer Ansicht nach sind die diversen „Identifizierungen mit Objekten, die Träger des Narzißmus des Subjektes sind (...), nicht *konstitutiv* für das Ichideal (..), sondern Wirkungen hiervon, wobei das Ich zum Ziel hat, die Spanne zu verkleinern, die es vom Ideal trennt" (ebd., S. 177). Im Unterschied zur hiesigen Auffassung hält sie mit Freud daran fest, daß eine „reale Verinnerlichung des Über-Ichs" idealiter nicht nur den Ödipuskomplex untergehen lasse, sondern auch das Ichideal auflöse, wodurch dann das Überich „die große, wenn nicht die einzige narzißtische Versorgungsquelle des Ichs" würde (ebd., S. 179).

203 Hartmann (1952, S. 170) tendiert dazu, auch den Reizschutz als angeborenen, autonomen Faktor der Ich-Entwicklung zu verstehen. Oben stehende Überlegungen zeigen, daß – unabhängig davon, in welchen Anteilen sich der Reizschutz als Folge konstitutioneller wie erfahrungsbedingter Einflüsse entwickelt (es sind immer beide Faktoren an allen Trieb-Struktur-Vorgängen beteiligt) – die Bezeichnung „angeboren" unseren Verständnismöglichkeiten nichts hinzufügt, sondern den Blick auf dieses Konzept eher einengt. Zur Problematik von Hartmanns Autonomie-Begriff siehe auch Anmerkung 211 sowie Drews & Brecht (1982).

204 Entsprechend unserer Grundannahme, daß jeder psychische Ablauf über alle drei T-W-M-Systeme erfolgt, können wir sagen: *ohne Triebe keine Wahrnehmung.* Dieses Postulat bezieht sich darauf, daß die Besetzung mit einem gewissen Quantum an Trieberregung die Voraussetzung dafür ist, daß eine Struktur überhaupt aktiviert werden kann. Freud hat diesen von Breuer eingebrachten Gedanken einer „tonischen *intrazerebralen Erregung*" als Voraussetzung jeder Reiz- oder Aktivierbarkeit der Psyche wie des Nervensystems immer beibehalten. Breuer erklärt dies so: „Sind alle Nervenzellen in einem Zustande mittlerer Erregung und erregen ihre nervösen Fortsätze, so bildet das ganze ungeheure Netz ein einheitliches Reservoir von ‚Nervenspannung'. Wir hätten also außer der potentiellen Energie, welche in dem chemischen Bestande der

Zelle ruht, und jener uns unbekannten Form kinetischer Energie, welche im Erregungszustande der Faser abläuft, noch einen ruhenden Zustand von Nervenerregung anzunehmen, die *tonische Erregung* oder *Nervenspannung.*" (Breuer in Freud, 1895d, S. 253, Anm. 1) Es ist interessant nachzulesen, wie direkt Freuds Überlegungen zur „Funktionsweise des seelischen Wahrnehmungsapparats" Breuers Ausführungen entsprechen; sie sollen hier zur Erläuterung von Freuds kurzer Skizze ausführlicher zitiert werden: „Aber auch der normale Zustand des hellen Wachens bedingt ein innerhalb nicht allzuweiter Grenzen schwankendes Ausmaß intrazerebraler Erregung; all den Abstufungen des Wachens bis zur Schläfrigkeit und zum wirklichen Schlaf entsprechen niedrigere Erregungsgrade. (...) So sehen wir, daß es uns bei starker Muskelanstrengung unmöglich ist, andauernd nachzudenken, daß die Konzentration der Aufmerksamkeit auf ein Sinnesgebiet die Leistungsfähigkeit der anderen Hirnorgane absinken macht, daß also das Gehirn mit einer wechselnden, aber begrenzten Energiemenge arbeitet. Die ungleichmäßige Verteilung der Energie wird wohl durch die ‚attentionelle Bahnung' bedingt, indem die Leitungsfähigkeit der in Anspruch genommenen Bahnen erhöht wird, die der anderen absinkt und so im arbeitenden Gehirne auch die ‚intrazerebrale tonische Erregung' ungleichmäßig verteilt ist." (ebd., S. 254) Die in meinen obigen Überlegungen formal dargestellte und noch darzustellende Weiterverschaltung bis zur vollständigen Erregung aller Etagen der T-W-M-Systeme findet sich bereits in Breuers Konzeption: „Sicher ist, daß der durch eine Sinnespforte eindringende Erregungszustand von da aus über das Hirn sich ausbreitet, diffundiert und alle Leitungswege in einen Zustand höherer Bahnung bringt." (ebd., S. 255)

205 Die Dauer dieser Unerregbarkeit hat Freud sich natürlich unterhalb der Schwelle der Wahrnehmbarkeit gedacht, weshalb wir nicht diskontinuierlich, sondern kontinuierlich wahrnehmen – auch hier unterscheidet sich das Bewußtsein von der Wahrnehmung.

206 Wenn wir hier außerdem noch von zwei verschiedenen Wahrnehmungsflächen ausgehen (die Anzahl der zu berücksichtigenden Wahrnehmungsflächen ist abhängig vom Differenziertheitsgrad der theoretischen Betrachtung), eine für die

äußere (exogene) und eine für die innere (endogene) Wahrnehmung, dann können wir unserer allgemeinen Triebbestimmung entsprechend von unterschiedlichen Dominanzverhältnissen ausgehen: dominant libidinöse Besetzungen bei der Exterozeption, dominant lethische Besetzungen bei der Interozeption, die dann an W1 und W2 die jeweiligen Antagonisten aktivieren würden, so daß die Vermittlung von gleichzeitigen extero- und interozeptiven Wahrnehmungsvorgängen bereits eine komplexe Cross-over-Verrechnung voraussetzt – aber dies entspräche lediglich einer Grobeinteilung, die sich wieder vielfach auffächern ließe und dabei je dominant libidinös wie lethisch besetzte Strukturkomplexe zum Vorschein brächte. – Ähnlich wäre der sogenannte Übergang vom Lust- zum Realitätsprinzip zu konzeptualisieren: als Verschaltung von „innerer" Wunsch- und „äußerer" Realitätswahrnehmung – wozu dann natürlich auch noch die Wahrnehmung von Überich-Anteilen kommen würde. D.h.: das Verrechnungsprinzip ist überall das gleiche, nur die Bezugsquellen sind je Aufgabe und Situation verschieden.

207 Daß es nach Freud „diese diskontinuierliche Arbeitsweise des Systems W-Bw" ist, diese Rhythmik der Besetzungsabfolgen von W1 und W2, die den Wahrnehmungsvorgang in genau der Weise strukturiert, die „der Entstehung der Zeitvorstellung zugrunde liegt", dies ist eine interessante Konzeption der psychischen Zeit (siehe dazu auch die Anmerkung 150) die einer eigenen Untersuchung bedürfte. – Da wir uns in diesem Kapitel über das Ich am Schema der T-W-M-Systeme orientieren, habe ich die zweite Stufe des Reizschutzes lediglich in den Selbst- und Objektrepräsentanzen von W2 verortet. Von hier aus sei nur noch angedeutet, daß darüber hinaus ein wesentlich effizienterer Reizschutz von den komlexeren Selbst- und Objektrepräsentanzen der Subjekt-Objekt-Schienen der Trieborganisationen ausgehen müßte.

208 Freuds Definition lautet vollständig: „Heiße die Abbildung im Rückenmarksgrau eine *Projektion*, so wird es vielleicht passend sein, die Abbildung in der Großhirnrinde eine *Repräsentation* zu heißen und zu sagen, die *Körperperipherie sei in der Hirnrinde nicht Stück für Stück enthalten, sondern in einer minder detaillierten Sonderung durch ausgewählte Fasern*

vertreten." (ebd., S. 92 f.)

209 Diesen Gedanken Freuds hat Anzieu in seinem Buch über „Das Haut-Ich" (1985) in allen Aspekten ausgeleuchtet, wobei er nochmals verschiedene „Hüllen" unterscheidet (die Lauthülle, die thermische Hülle, die Geruchshülle, die Schmerzhülle u. a.).

210 Im Gedanken, daß vom Ich die Verdrängungen ausgehen oder daß das Ich die verdrängende Instanz ist, sind verschiedene frühere Annahmen enthalten: Wir hatten gesehen, daß Freud *das Ich* zwischen 1895 und 1913 als die *organisierte Gruppe der* sogenannten *Ichtriebe* auffaßt, und für diese Ich- bzw., in der hier gewählten Terminologie, für diese *Selbsterhaltungstriebe* hatten wir eine *Gerichtetheit von außen nach innen* postuliert – was sich in Freuds These wiederfindet, das Ich gehe von der (außen postierten) Wahrnehmung aus. Diese Triebrichtung haben wir dann auf den *Todestrieb* übertragen, der somit ebenfalls sozusagen von außen nach innen gerichtet ist – was sich wiederum in Freuds Vergleich des psychischen Apparats mit einem Bläschen lebender Substanz, das außen von einer *durchgebrannten = abgestorbenen Hülle* umgeben ist, niederschlägt. Weiterhin können wir die Idee vom Ich als Organisation unter der Dominanz der „Ichtriebe" umsetzen in den Gedanken, daß die *Wortrepräsentanzen dominant lethisch gesteuert* werden, daß das Wort sozusagen das Bild verdrängt bzw. dessen Ausufern begrenzt. Mit all dem möchte ich lediglich darauf hinweisen, daß unter der Vielfalt und scheinbaren Heterogenität der von Freud im Lauf der Metapsychologieentwicklung gewählten Bilder doch ein kontinuierlicher Strom bestimmter Grundideen auszumachen ist, der bis zuletzt die Wandlungen seiner Konzeptionen leitet.

211 Die Literatur zur psychoanalytischen Ich-Psychologie ist derart umfangreich, daß ich hier nur kurz zu den zentralen Positionen ihrer Begründer, Heinz Hartmann und David Rapaport, Stellung nehmen möchte. Hartmann faßt das Ich als ein „Teilgebiet der Persönlichkeit" auf, das durch seine *hemmenden* Funktionen bestimmt werde (1950, S. 120 f.). Die Ichentwicklung stehe unter drei Einflußfaktoren: der realen Umwelt, der Triebe und der „ererbten Ich-Eigenschaften". „Einige Aspekte der frühen Ich-Entwicklung sehen ganz anders aus, wenn wir

uns mit dem Gedanken vertraut machen, daß das Ich *mehr* sein könnte – und wahrscheinlich auch ist – *als nur ein Nebenprodukt des Einflusses der Realität auf die Triebe*; daß es einen teilweise *unabhängigen Ursprung* hat, jenseits der erwähnten formativen Einflüsse, (...) und daß wir von einem *autonomen Faktor in der Ich-Entwicklung* sprechen können (Hartmann, 1939), genauso wie wir die Triebe für autonome Kräfte der Entwicklung halten. Das heißt natürlich nicht, daß das Ich als ein definitives psychisches System angeboren ist; es besagt vielmehr, daß man die Entwicklung dieses Systems nicht nur auf den Einfluß der Realität und der Triebe zurückführen kann, sondern auch auf eine Gruppe von *Faktoren*, die sich *nicht* mit den beiden genannten *identifizieren* läßt." (ebd., S. 124 f., Hervh. d. V.) Diese Faktoren sind die sogenannten angeborenen Ichapparate, Motorik, Wahrnehmung, Gedächtnis und Reizschutz, die Hartmann begrifflich zur sogenannten „konfliktfreien Ich-Sphäre" zusammenfaßt: „Nicht jede Auseinandersetzung mit der Umwelt, nicht jeder Lern- oder Reifungsvorgang ist ein Konflikt. Es gehören also hierher auch die *nicht-konfliktuöse* Entwicklung des Wahrnehmens, der Intention, der Dingauffassung, des Denkens, der Sprache, der Wiederholungsphänomene, der Produktion; die wohlbekannten Phasen motorischer Entwicklung, das Greifen, das Kriechen, das Gehenlernen; und überall auch die Problematik der Reifungs- und Lernvorgänge und vieles andere." (1939, S. 13) „Ich schlage vor, die Gesamtheit jener Funktionen, soweit sie individuell oder generell faktisch außerhalb des Bereiches psychischer Konflikte sich abspielen, unter dem vorläufigen Namen einer *konfliktfreien Ich-Sphäre* zusammenzufassen." (ebd., S. 14) Vor dem Hintergrund der hier entwickelten formalisierten Auffassung der psychoanalytischen Theorie ist deutlich zu erkennen, daß Hartmann von einem *klinisch-phänomenologischen* und nicht von einem *metapsychologischen* Konflikt- und Ichbegriff ausgeht (nach der hier entwickelten Auffassung kann es keine konfliktfreie Sphäre innerhalb des psychischen Apparats geben, weil der Konflikt formal nichts anderes als ein Trieb-Verdrängungs-Vorgang und damit konstitutiv für jeden psychischen Vorgang ist). Weil sie phänomenologisch konfliktfrei sind (so erlebt oder erfahren werden) nimmt Hartmann verschiedene Funktionen aus der Triebtheorie heraus, so z. B. betrachtet er Lernen als „eine selbständige biologische Funktion neben und teilweise *unabhängig von dem Problemkreis Trieb und Abwehr*“ (ebd., S. 18, Hervh. d. V.). Das konzeptionelle Hauptproblem dieser Auffasung besteht darin – das wäre meine Kritik an Hartmanns Ich-Psychologie – daß damit *gesonderte,* unabhängig von den Trieben arbeitende Apparate *inner-* oder *außerhalb* des psychischen Apparats angenommen werden, und dies zu postulieren würde eine klare theoretische Darlegung der vorgestellten Interaktion dieser verschiedenen Apparate innerhalb eines logisch konsistenten Modells verlangen, welches „Triebhaftes“ mit „Nichttriebhaftem“, „Konfliktfreies“ mit Trieb-Abwehr-Vorgängen verbinden müße; das aber ist bis heute nicht geleistet worden und ist meiner Meinung nach aus methodologischen Gründen auch nicht zu leisten.

In der Nachfolge Hartmanns schlägt Rapaport (1967) vor, zwischen *Motivation* und *Ursache* von Verhalten zu unterscheiden, und innerhalb der Motivation zwischen Trieb-Motivationen, abgeleiteten Trieb-Motivationen und autonomen Motivationen, die auch nicht-triebhaften Ursprungs sind. Motivationen seien immer Ursache von Verhalten, nicht alle Ursachen seien aber zugleich auch Motivationen; z. B. seien Neugier, Exploration oder Aktivität keine (Trieb-)Motivationen, sondern Ursachen von Verhalten, die vermittels einer psychoanalytischen Theorie des Bewußtseins und der Aufmerksamkeitsbesetzung erklärt werden müßten, welche eine Ursachen- und keine Motivationstheorie sei. Rapaport findet, wenn man die Triebe als die einzige Ursache des Verhaltens auffasse, übersehe man andere innerpsychische Faktoren als Determinanten oder Kodeterminanten, wie z. B. das Ich und die Abwehr; *Verdrängung* spiele eine *kausale*, nicht eine motivationale Rolle in der Determinierung von Verhalten: “Here we encounter for the first time a mental (psychological) factor which is a cause but not a motivation of behavior. This opens up the possibility that other mental structures (e.g. ideas, associative relations, etc.) too may likewise play a causal but nonmotivational role in determining behavior.” (ebd., S. 890) Rapaport plädiert deshalb für die Anerkennung des Ichs als Determinante des Verhaltens im *Gegensatz zu den Trieben*. Es ist evident, daß aus der hiesigen Perspektive meine Kritik an Rapaports Versuch, einen außer-triebhaften Bereich innerhalb der Metapsychologie zu etablieren, die gleiche ist wie im Falle Hartmanns; da ich die Verdrängung als Trieb auffasse, entfällt auch der oben zitierte mentale nicht-triebhafte Faktor im Sinne einer Ursache.

212 Daß auch das Es strukturiert sei (zumindest im Bereich des Verdrängten), darauf haben eine Reihe von Autoren hingewiesen: Brierley (1944), Gill (1963), Sandler & Nagera (1963), Holt (1967), Schur (1966), Moses (1968), Noy (1969, 1979), Green (1983), Guillaumin (1987), Kernberg (1976, 1991a).

213 Es könnte also auch so etwas wie eine *Spaltung* im Es geben.

214 Als Ausgangspunkt für die kybernetische Darstellung wäre Abb. 30 entsprechend Abb. 31 zu ergänzen

215 Selbstverständlich gibt es auch zur Verbindung von Psychoanalyse/Psychologie und Neurowissenschaften eine umfangreiche Literatur, wovon hier nur ein kleiner Ausschnitt angegeben werden kann: aus den Anfängen wären sicher die Bemühungen von Reich (1937, 1927), Alexander (1943, 1950) sowie Hess (1925, 1968) zu nennen (die Arbeiten zur Psychosomatik werden hier nicht weiter aufgeführt); sodann in bezug auf mögliche konzeptionelle Verbindungen zu den Hirnfunktionen z. B. Hebb (1955), Ostow (1954, 1955), Pribram (1965, 1969), Pribram & Gill (1976), Gellhorn (1970), Galin (1974, 1977), Hoppe (1975), Stagner (1977), McLaughlin (1978), Rotenberg (1980), Ellman (1985), Reiser (1985), Cooper (1989), Spector Person (1989), Kropiunigg (1990), Hadley (1992), R. Joseph (1992), Olds (1992), Powles (1992), Solms (1993).

216 Zum Begriff des funktionellen Systems bei Lurija siehe auch Anmerkung 143.

217 Die von Lurija verwendete und bibliographierte Literatur soll hier aus Platzgründen nicht wiedergegeben werden.

218 Wir können dabei auch an Freuds φ-System aus dem *Entwurf* denken – im Unterschied zu den ψ-Mantelneuronen, die Reize vom φ-System empfangen und die Lurijas zweiter Ursache der Aktivierung der ersten Einheit entsprechen.

219 Einen vergleichbaren Gedanken Freuds haben wir im

Kapitel über das Unbewußte im Zusammenhang mit Freuds Überlegungen zu den Regressionen beim Einschlafen herausgearbeitet: dabei zeigte sich, daß die Regression innerhalb des T-W-M-Schemas von rechts (M-System) nach links (W-System) sowie von oben (W-M) nach unten (T-System) erfolgt (die aus Freuds Graphik [1900a, S. 542] entlehnte Aufteilung von links = W, rechts = M kann *zum Teil* bezogen auf die beiden Hirnhälften als spiegelverkehrte Projektion des dominant Linkshemisphärischen auf die rechte Seite und des subdominant Rechtshemisphärischen auf die linke Seite verstanden werden); allerdings sind sämtliche Rezeptorflächen für die Sinneswahrnehmung, die im Gehirn noch auf beide Hirnhälften verteilt sind (primäre Felder), bei uns in W1 untergebracht. Die von Freud beschriebenen Regressionen in den Schlaf, die einer „Umkehrung" der infantilen Entwicklung entsprechen, kommen der von ihm erkannten Tatsache entgegen, daß der Traum von infantilem unbewußten Material ausgeht. Siehe dazu auch die Arbeit von Koukkou-Lehmann (1980), die Entsprechendes für die funktionellen Zustände des Gehirns während des Schlafs und Traums nachgewiesen hat.

220 Eine weitere Eigenart, durch die sich die dritte, efferente Einheit Lurijas von der zweiten, afferenten Einheit unterscheidet, ist die, daß sie „keine unterschiedlichen modalitätsspezifischen Zonen, die den einzelnen Analysatoren entsprechen, enthält, sondern aus nur einem efferenten, motorischen System besteht, das selbst dem ständigen Einfluß der zweiten, afferenten Einheit unterworfen ist." (ebd., S. 79) Aus Platzgründen soll hier nicht weiter auf das motorische System eingegangen werden. Die Tatsache, daß Lurija die funktionelle *Einheit des motorischen Systems* hervorhebt, paßt natürlich gut in unsere Bestimmung von M1, dem die Handlungsrepräsentanzen zugeordnet wurden, aber auch zu Freuds Auffassung des Affekts (M2) als „Abfuhr"-Vorgang sowie unserer Einordnung der Wortrepräsentanzen (M3), die aufgrund der von Freud hervorgehobenen „motorischen Innervationen" in die oberste Etage des M-Systems eingetragen wurden.

Literatur

Alexander, F. (1921): Metapsychologische Betrachtungen. *Int. Zeitschr. f. Psychoanal.*, 7, S. 270–285.

– (1929): Strafbedürfnis und Todestrieb. *Int. Zeitschr. f. Psychoanal.*, 15, S. 231–245.

– (1943): Fundamental Concepts of Psychosomatic Research. *Psychosom. Med.*, 5, S. 205–210.

– (1950): *Psychosomatic Medicine*. New York: Norton. Deutsch (1977): *Psychosomatische Medizin. Grundlagen und Anwendungsgebiete*. Mit einem Kapitel über die Funktionen des Sexualapparates und ihre Störungen. 3. Aufl. Berlin: Walter de Gruyter.

Amacher, P. (1965): Freud's Neurological Education and its Influence on Psychoanalytic Theory. *Psychol. Issues*, 4, Monographie 16.

Anzieu, D. (1985): *Le Moi-peau*. Paris: Bordas. Deutsch (1991): *Das Haut-Ich*. Frankfurt: Suhrkamp.

– (1988): L'auto-analyse de Freud et la découverte de la psychanalyse. 3ème édition. Paris: Presses Universitaires de France. Hier zit. n. (1990): *Freuds Selbstanalyse*. Band 1, 1895–1898. München, Wien: Verlag Internationale Psychoanalyse.

Apfelbaum, B. (1965): Ego Psychology, Psychic Energy, and the Hazards of Quantitative Explanation in Psychoanalytic Theory. *Int. J. Psychoanal.*, 46, S. 168–182.

Applegarth, A. (1971): Comments on Aspects of the Theory of Psychic Energy. *J. Amer. Psychoanal. Assn.*, 19, S. 379–416.

Arlow, J. A. (1975): The Structural Hypothesis – Theoretical Considerations. *Psychoanal. Quarterly*, 44, S. 509–525.

– (1991): Summary Comments: Panels on Psychic Structure. In: Shapiro, T. (Ed.): *The Concept of Structure in Psychoanalysis*. Madison, Connecticut: International Universities Press, S. 283–294.

Arnold, M.B. (1984): *Memory and Brain*. Hillsdale, New Jersey: Lawrence Erlbaum.

Ashby, W.R. (1960): *Design for a Brain: The Origin of Adaptive Behavior*. New York: Wiley.

Baranger, M. de (1993): Die geistige Arbeit des Analytikers: vom Zuhören zur Deutung. *Jahrbuch d. Psychoanal.*, S. 26–45.

Basch, M. F. (1975): Perception, Consciousness, and Freud's „Project". *Annual of Psychoanal.*, 3, S. 3–19.

Beres, D. (1965): Structure and Function in Psycho-Analysis. *Int. J. Psychoanal.*, 46, S. 53–63.

– & Joseph, E.D. (1970): The Concept of Mental Representation in Psychoanalysis. *Int. J. Psychoanal.*, 51, S. 1–9.

Bernfeld, S. (1935): Über die Einteilung der Triebe. *Imago*, 21, S. 125–142.

– (1944): Freuds früheste Theorien und die Helmholtz-Schule. In: Bernfeld, S. & Cassirer Bernfeld, S. (1988): *Bausteine einer Freud-Biographik*. Frankfurt: Suhrkamp, S. 54–77.

– (1949): Freuds wissenschaftliche Anfänge. In: Bernfeld, S. & Cassirer Bernfeld, S. (1988): *Bausteine einer Freud-Biographik*. Frankfurt: Suhrkamp, S. 112–147.

– & Feitelberg, S. (1930): Der Entropiesatz und der Todestrieb. *Imago*, 16, S. 187–206.

Bertalanffy, v. L. (1950): The Theory of Open Systems in Physics and Biology. *Science*, 111, S. 23–29.

Bibring, E. (1936): Zur Entwicklung und Problematik der Triebtheorie. *Imago*, 22, S. 147–176.

Bibring, G.L., Dywer, T.F., Huntington, D.S. & Valenstein, A.F. (1961): A Study of the Psychological Process in Pregnancy and the earliest Mother-Child-Relationship. *Psychoanal. Study Child*, 16, S. 9–72.

Bion, W. R. (1957): Differentiation of the psychotic from the non-psychotic personalities. *Int. J. Psychoanal.*, 38, S. 266–275. Deutsch (1990): Zur Unterscheidung von psychotischen und nicht-psychotischen Persönlichkeiten. In: Bott Spillius, E. (Hg.): *Melanie Klein heute. Entwicklungen in Theorie und Praxis.* Band 1: *Beiträge zur Theorie*. München: Verlag Internationale Psychoanalyse, S. 75–99.

– (1959): Attacks on linking. *Int. J. Psychoanal.*, 40, S. 308–315. Deutsch: (1990): Angriffe auf Verbindungen. In: Bott Spillius, E. (Hg.): *Melanie Klein heute. Entwicklungen in Theorie und Praxis.* Band 1: *Beiträge zur Theorie*. München: Verlag Internationale Psychoanalyse, S. 110–129.

– (1962): *Learning from Experience*. London: Heinemann. Hier zit. n. (1990): *Lernen durch Erfahrung*. Frankfurt: Suhrkamp.

Bischof, N. (1995): *Struktur und Bedeutung. Eine Einführung in die Systemtheorie*. Bern, Göttingen: Verlag Hans Huber.

Boothe, B., Becker-Fischer, M. & Fischer, G. (1993): Die „ewige Tochter“: Ein neuer Ansatz zur Konfliktpathologie der magersüchtigen Frau. In: Seidler, G. H. (Hg.): *Magersucht, öffentliches Geheimnis*. Göttingen: Vandenhoeck & Ruprecht, S. 87–133.

Borbély, A. (1987): *Das Geheimnis des Schlafs. Neue Wege und*

Erkenntnisse der Forschung. München: Deutscher Taschenbuch Verlag.

Bowlby, J. (1958): The nature of the child's tie to his mother. *Int. J. Psychoanal.*, 39, S. 350–373. Hier zit. n. (1959): Über das Wesen der Mutter-Kind-Bindung. *Psyche,* 13, S. 415–456.

– (1960): Separation anxiety. *Int. J. Psychoanal.*, 41, S. 89–113. Hier zit. n. (1961a): Die Trennungsangst. *Psyche,* 15, S. 411–464.

– (1969): *Attachment and Loss. Vol. I, Attachment.* London: The Hogarth Press. Hier zit. n. (1984): *Bindung. Eine Analyse der Mutter-Kind-Beziehung*. Frankfurt: Fischer Taschenbuch Verlag.

Braitenberg, V. (1994): Das Hirn ist in der Seele. Dem Zentralorgan auf der Spur – Abenteuer Gehirnforschung. *NZZ Folio,* 3, S. 6–12.

– & Schütz, A. (1989): Cortex: hohe Ordnung oder größtmögliches Durcheinander? In: Chaos und Fraktale, *Spektrum der Wissenschaft*, Heidelberg, S. 164–176.

Brenner, C. (1974a): On the Nature and Development of Affects: A unified Theory. *Psychoanal. Quarterly*, 43, S. 532–557.

– (1974b): Depression, Anxiety and Affect Theory. *Int. J. Psychoanal.*, 55, S. 25–32.

– (1982): *The Mind in Conflict*. New York: International Universities Press. Hier zit. n. (1986): *Elemente des seelischen Konflikts. Theorie und Praxis der modernen Psychoanalyse*. Frankfurt: Fischer.

Brierley, M. (1937): Affects in Theory and Practice. *Int. J. Psychoanal.,* 18, S. 256–268.

– (1944): Notes on Metapsychology as Process Theory. *Int. J. Psychoanal.,* 25, S. 97–107.

Brockhaus, der Große (1979): in 12 Bänden. Wiesbaden.

Brun, R. (1952): Der biologische Charakter der Psychoanalyse Freuds. *Psyche*, 5, S. 561–580.

– (1953): Über Freuds Hypothese vom Todestrieb. Eine kritische Untersuchung. *Psyche*, 7, S. 81–111.

Cambor, C. G. (1970): Präödipale Faktoren der Überich-Entwicklung. *Psyche*, 24, S. 116–128.

Changeux, J.-P. (1983): *L'homme neuronal.* Paris: Librairie Arthème Fayard. Hier zit. n. (1984): *Der neuronale Mensch. Wie die Seele funktioniert – die Entdeckungen der neuen Gehirnforschung*. Reinbek b. Hamburg: Rowohlt.

Chasseguet-Smirgel, J. (1975): *L'idéal du moi. Essai psychanalytique sur la ‚Maladie d'idéalité'*. Paris: Tchou. Hier zit. n. (1981):

Das Ichideal. Psychoanalytischer Essay über die ‚Krankheit der Idealität‘. Frankfurt: Suhrkamp.

Compton, A. (1981): On the Psychoanalytic Theory of Instinctual drives. *Psychoanal. Quarterly,* 50, S. 190–392 (I. The Beginnings of Freud's Drive Theory, S. 190–218. II. The Sexual Drives and the Ego Drives, S. 219–237. III. The Complications of Libido and Narcissism, S. 345– 362. IV. Instinctual Drives and the Ego-Id-Superego Model, S. 363–392).

Conel, J.-L. (1939–1963): *Post-natal development of the human cerebral cortex*. Cambridge, Massachusetts: Harvard University Press (Vol. I–VI).

Cooper, A.M. (1989): Will Neurobiology influence Psychoanalysis? In: Cooper, A.M., Kernberg, O.F. & Spector Person, E. (1989): *Psychoanalysis. Toward the Second Century*. New Haven: Yale University Press, S. 202–218.

Crutchfield, J. P., Farmer, J. D., Packard, N. H. & Shaw, R. S. (1989): Chaos. In: Chaos und Fraktale, *Spektrum der Wissenschaft,* S. 8–20.

Damson, W. (1974): Buchbesprechung: Peterfreund, E., Information, Systems, and Psychoanalysis. An Evolutionary Biological Approach to Psychoanalytic Theory. *Psyche,* 28, S. 269–274.

Danneberg, E. (1968): Dynamische und ökonomische Aspekte der Entwicklung des Über-Ichs. *Psyche*, 22, S. 365–383.

Detrick, D. W. & Detrick, S. P. (1989): *Self Psychology. Comparisons and Contrasts*. Hillsdale: The Analytic Press.

Dollard, J. L., Doob, N. E., Miller, O. H. et al. (1939): *Frustration and aggression*. New Haven: Yale University Press.

Donnet, J.-L. & Green, A. (1973): *L'Enfant de Ça. Psychanalyse d'un Entretien: La Psychose Blanche*. Paris: Les Éditions de Minuit.

Dornes, M. (1993): *Der kompetente Säugling. Die präverbale Entwicklung des Menschen*. Frankfurt: Fischer.

Drews, S. & Brecht, K. (1982): *Psychoanalytische Ich-Psychologie. Grundlagen und Entwicklung*. Frankfurt: Suhrkamp.

Duus, P. (1983): *Neurologisch-topische Diagnostik. Anatomie, Physiologie, Klinik*. 3. überarbeitete Auflage. Stuttgart: Thieme.

Eagle, M. N. (1984): *Recent Developments in Psychoanalysis. A Critical Evaluation*. New York: McGraw-Hill. Hier zit. n. (1988): *Neuere Entwicklungen in der Psychoanalyse. Eine kritische Würdigung*. München: Verlag Internationale Psychoanalyse.

Edelheit, H. (1976): Complementary as a rule in psychological research. Jackson, Freud and the mind/body problem. *Int. J. Psychoanal.*, 57, S. 23–29.

Ehrenberg, R. (1923): *Theoretische Biologie vom Standpunkte der Irreversibilität des elementaren Lebensablaufs*. Berlin.

Ekman, P., Friesen, W.V. & Ellsworth, P. (1974): *Gesichtssprache. Wege zur Objektivierung menschlicher Emotionen*. Wien: Böhlau.

Ellenberger, H.F. (1979): *The Discovery of the Unconscious. The History and Evolution of Dynamic Psychiatry.* London: The Penguin Press. Hier zit. n. (1985): *Die Entdeckung des Unbewußten. Geschichte und Entwicklung der dynamischen Psychiatrie von den Anfängen bis zu Janet, Freud, Adler und Jung.* Zürich: Diogenes.

Ellman, S.J. (1985): Toward a Psychoanalytic Theory of Drive: REM-Sleep, A CNS Self-Stimulation System. *Clin. Psychol. Rev.*, 5, S. 185–198.

Erikson, E. H. (1959): Identity and the Life Cycle. *Psychol. Issues*, Monograph I. Hier zit. n. (1966): *Identität und Lebenszyklus. Drei Aufsätze*. Frankfurt: Suhrkamp.

Etchegoyen, R. H. (1991): „On Narcissism: An Introduction“: Text and Context. In: Sandler, J., Spector Person, E., Fonagy, P. (Eds.): *Freud's ‚On Narcissism: An Introduction'*. New Haven: Yale University Press, S. 54–74.

Exner, S. (1894): *Entwurf zu einer Physiologischen Erklärung der Psychischen Erscheinungen*. Leipzig: Franz Deuticke.

Fairbairn, W. R. D. (1952): *Psychoanalytic studies of the personality*. London: Tavistock Publications / Routledge & Kegan Paul.

Federn, P. (1930): Die Wirklichkeit des Todestriebes. Zu Freuds ‚Unbehagen in der Kultur'. In: *Hippokrates,* 3, Heft 7. (1931): *Almanach der Psychoanalyse*, S. 68–97.

Feigl, H. (1958): The ‚Mental' and the ‚Physical'. In: Feigl, H., Scriven, M. & Maxwell, G. (Eds): *Minnesota Studies in the Philosophy of Science*. Minneapolis: University of Minnesota Press, S. 370–497.

Fenichel, O. (1935): Zur Kritik des Todestriebes. *Imago*, 21, S. 458–466.

Ferenczi, S. (1924): *Versuch einer Genitaltheorie*. Leipzig: Internationaler Psychoanalytischer Verlag.

Foulkes, D. (1966): *The Psychology of Sleep*. New York: Charles Scribner's Sons. Deutsch (1969): *Die Psychologie des Schlafs*. Frankfurt: Fischer.

Freud, A. (1936): *Das Ich und die Abwehrmechanismen*. Wien: Internationaler Psychoanalytischer Verlag.
Freud, S. (1891b): *Zur Auffassung der Aphasien*. Leipzig: Franz Deuticke. Hier zit. n. (1992): *Zur Auffassung der Aphasien. Eine kritische Studie*. Einleitung von Wolfgang Leuschner. Frankfurt: Fischer.
– (1894a): *Die Abwehr-Neuropsychosen. Versuch einer psychologischen Theorie der acquirierten Hysterie, vieler Phobien und Zwangsvorstellungen und gewisser halluzinatorischer Psychosen*. GW I, S. 59–74.
– (1895d): *Theoretisches* (J. Breuer). GW Nachtr., S. 244–310.
– (1900a): *Die Traumdeutung*. GW II/III.
– (1901b): *Zur Psychopathologie des Alltagslebens*. GW IV.
– (1905c): *Der Witz und seine Beziehung zum Unbewußten*. GW VI.
– (1905d): *Drei Abhandlungen zur Sexualtheorie*. GW V, S. 27–145.
– (1906c): *Tatbestandsdiagnostik und Psychoanalyse*. GW VII, S. 3–15.
– (1908a): *Hysterische Phantasien und ihre Beziehung zur Bisexualität*. GW VII, S. 189–199.
– (1909b): *Analyse der Phobie eines fünfjährigen Knaben*. GW VII, S. 241–377.
– (1910c): *Eine Kindheitserinnerung des Leonardo da Vinci*. GW VIII, S. 127–211.
– (1910i): *Die psychogene Sehstörung in psychoanalytischer Auffassung*. GW VIII, S. 93–102.
– (1911b): *Formulierungen über die zwei Prinzipien des psychischen Geschehens*. GW VIII, S. 229–238.
– (1911c): *Psychoanalytische Bemerkungen über einen autobiographisch beschriebenen Fall von Paranoia (Dementia Paranoides)*. GW VIII, S. 239–316.
– (1912g): *Einige Bemerkungen über den Begriff des Unbewußten in der Psychoanalyse*. GW VIII, S. 429–439.
– (1912–13a): *Totem und Tabu*. GW IX.
– (1913j): *Das Interesse an der Psychoanalyse*. GW VIII, S. 390–420.
– (1914c): *Zur Einführung des Narzißmus*. GW X, S. 137–170.
– (1914d): *Zur Geschichte der Psychoanalytischen Bewegung*. GW X, S. 43–113.
– (1915b): *Zeitgemäßes über Krieg und Tod*. GW X, S. 323–355.
– (1915c): *Triebe und Triebschicksale*. GW X, S. 209–232.

– (1915d): *Die Verdrängung.* GW X, S. 247–261.
– (1915e): *Das Unbewußte.* GW X, S. 263–303.
– (1916a): *Vergänglichkeit.* GW X, S. 357–361.
– (1916–17a): *Vorlesungen zur Einführung in die Psychoanalyse.* GW XI.
– (1916–17f): *Metapsychologische Ergänzung zur Traumlehre.* GW X, S. 411–426.
– (1916–17g): *Trauer und Melancholie.* GW X, S. 427–446.
– (1917b): *Eine Schwierigkeit der Psychoanalyse.* GW XII, S. 1–12.
– (1920g): *Jenseits des Lustprinzips.* GW XIII, S. 1–69.
– (1921c): *Massenpsychologie und Ich-Analyse.* GW XIII, S. 71–161.
– (1923a): *„Psychoanalyse" und „Libidotheorie".* GW XIII, S. 211–233.
– (1923b): *Das Ich und das Es.* GW XIII, S. 235–289.
– (1924c): *Das ökonomische Problem des Masochismus.* GW XIII, S. 369–383.
– (1925a): *Notiz über den „Wunderblock".* GW XIV, S. 1–8.
– (1925d): *„Selbstdarstellung".* GW XIV, S. 31–96.
– (1925e): *Die Widerstände gegen die Psychoanalyse.* GW XIV, S. 97–110.
– (1925h): *Die Verneinung.* GW XIV, S. 9–15.
– (1926d): *Hemmung, Symptom und Angst.* GW XIV, S. 111–205.
– (1930a): *Das Unbehagen in der Kultur.* GW XIV, S. 419–506.
– (1933a): *Neue Folge der Vorlesungen zur Einführung in die Psychoanalyse.* GW XV.
– (1933b): *Warum Krieg?* GW XVI, S. 11–27.
– (1937c): *Die endliche und die unendliche Analyse.* GW XVI, S. 57–99.
– (1940a): *Abriß der Psychoanalyse.* GW XVII, S. 63–138.
– (1950c/1950a): *Entwurf einer Psychologie.* GW Nachtr., S. 387–477.
– (1985a): *Übersicht der Übertragungsneurosen.* Ein bisher unbekanntes Manuskript. Ediert und mit einem Essay versehen von Ilse Grubrich-Simitis. Frankfurt: Fischer. GW Nachtr., S. 634–651.
– (1985c): *Briefe an Wilhelm Fließ*, 1887–1904. Ungekürzte Ausgabe, hg. v. Masson, J.M. Frankfurt: Fischer.
– (1969–1975): *Studienausgabe*, Bd. 1–10 und Ergänzungsband, hg. von A. Mitscherlich, A. Richards, J. Strachey & I. Grubrich-Simitis, zitiert als S.A., mit dem editorischen Apparat von J. Stra-

chey aus der Standard Edition of the Complete Psychological Works of Sigmund Freud. Frankfurt: Fischer.

Friedlander, K. (1940): On the ‚Longing to Die'. *Int. J. Psychoanal.*, 21, S. 416–426.

Friedman, L. (1972): Difficulties of a Computer Model of the Mind. A critical review of Emanuel Peterfreund's book Information, Systems, and Psychoanalysis. An Evolutionary Biological Approach to Psychoanalytic Theory. *Int. J. Psychoanal.,* 53, S. 547–554.

Galin, D. (1974): Implications for Psychiatry of Left and Right Cerebral Specialization. A Neurophysiological Context for Unconscious Processes. *Arch. Gen. Psychiatry*, 31, S. 572–583.

– (1977): Lateral Specialization and Psychiatric Issues: Speculations on Development and the Evolution of Consciousness. In: Dimon, S.J. & Blizard, D.A.: *Evolution and Lateralization of the Brain.* 4, *Annals New York Academy of Sciences*, S. 397–411.

Gazzaniga, M. S. (1985): *The Social Brain – Discovering the Networks of the Mind.* New York: Basic Books. Hier zit. n. (1989): *Das erkennende Gehirn. Entdeckungen in den Netzwerken des Geistes.* Paderborn: Junfermann.

Gellhorn, E. (1970): The Emotions and the Ergotropic and Trophotropic Systems. *Psychol. Forsch.*, 34, S. 48–94.

Gerö, G. (1951): The Concept of Defense. *Psychoanal. Quarterly,* 20, S. 565–578.

Gill, M. (1963): Topography and Systems in Psychoanalytic Theory. *Psychol. Issues*, 3, Monograph 10.

– (1976): Metapsychology is not Psychology. In: Gill, M. & Holzman, P.S. (Eds.): Psychology versus Metapsychology. Psychoanalytic Essays in Memory of George S. Klein. *Psychol. Issues*, 9, Monograph 36. New York: International Universities Press, S. 71–105. Hier zit. n. (1984): Die Metapsychologie ist keine Psychologie. *Psyche*, 38, S. 961–992.

– (1977): Psychic Energy Reconsidered – Discussion. *J. Amer. Psychoanal. Assn.,* 25, S. 581–597.

Gillespie, W.H. (1971): Aggression and Instinct Theory. *Int. J. Psychoanal.*, 52, S. 155–160. Deutsch: Aggression und Triebtheorie. *Psyche,* 25, S. 452–462.

Glover, E. (1932): A Psycho-Analytic Approach to the Classification of Mental Disorders. *J. Mental Science.*

– (1943): The Concept of Dissociation. *Int. J. Psychoanal.*, 24, S. 125.

– (1947): Basic Mental Concepts: Their Clinical and Theoretical Value. *Psychoanal. Quarterly*, 16, S. 482–506.
– (1956): *On the Early Development of Mind.* Kap. 11, 20, 22. London: Imago.
Goldberg, A. (1991): Changing Psychic Structure through Treatment: From Empathy to Self-reflection. In: Shapiro, T. (Ed.) (1991): *The Concept of Structure in Psychoanalysis.* Madison, Connecticut: International Universities Press, S. 211–224.
Goldman-Rakic, P. S. (1992): Das Arbeitsgedächtnis. In: *Spektrum der Wissenschaft Spezial* 1: Gehirn und Geist, S. 56–65.
Graber, H.G. (1953): Entwurf zu einem Ausbau der Trieblehre Freuds. *Psyche*, 7, S. 365–379.
Green, A. (1973): *Le discours vivant. La conception psychanalytique de l'affect.* Paris: Presses Universitaires de France.
– (1979): Psychoanalytische Theorien über den Affekt. *Psyche*, 23, S. 681– 732.
– (1980): La mère morte. In (1983): *Narcissisme de vie, narcissisme de mort.* Paris: Les éditions de Minuit, S. 222–253. Hier zit. n. (1993): Die tote Mutter. *Psyche*, 47, S. 205–240.
– (1983): *Narcissisme de vie, narcissisme de mort.* Paris: Les éditions de Minuit.
– (1986): Pulsion de mort, narcissisme négatif, fonction désobjectalisante. In: *La Pulsion de Mort. Premier Symposium de la Fédération Européenne de Psychanalyse.* Paris: Presses Universitaires de France, S. 49–60.
– (1993): *Le travail du négatif.* Paris: Les éditions de Minuit.
Greenspan, S. I. (1991): The Development of the Ego: Insights from Clinical Work with Infants and Young Children. In: Shapiro, T. (Ed.): *The Concept of Structure in Psychoanalysis.* Madison, Connecticut: International Universities Press, S. 3–56.
– & Pollock, G.H. (1989): *The Course of Life.* Vol. I, Infancy. Madison, Connecticut: International Universities Press.
Grossman, W.I. (1992): Hierarchies, Boundaries, and Representation in the Freudian Model of Mental Organization. *J. Amer. Psychoanal. Assn.,* 40, S. 27–62.
Großmann, S. (1989): Selbstähnlichkeit: Das Strukturgesetz im und vor dem Chaos. In: Gerok, W. (1990): *Ordnung und Chaos in der unbelebten und belebten Natur.* Stuttgart: Wissenschaftliche Verlagsgesellschaft, S. 101–122.
Grubrich-Simitis, I. (1987): Trauma oder Trieb – Trieb und Trauma. Lektionen aus Sigmund Freuds phylogenetischer Phantasie von 1915. *Psyche*, 41, S. 992–1023.

– (1993): *Zurück zu Freuds Texten. Stumme Dokumente sprechen machen*. Frankfurt: Fischer.

Grünbaum, A. (1988): *Die Grundlagen der Psychoanalyse. Eine philosophische Kritik*. Stuttgart: Reclam.

Grunberger, B. (1971): *Le narcissisme. Essais de psychanalyse*. Paris: Les Editions Payot. Hier zit. n. (1982): *Vom Narzißmus zum Objekt*. Frankfurt: Suhrkamp.

– (1974): Gedanken zum frühen Über-Ich. *Psyche*, 28, S. 508–529.

– (1988a): *Narziss und Anubis. Die Psychoanalyse jenseits der Triebtheorie*. Band 1. München: Verlag Internationale Psychoanalyse.

– (1988b): *Narziss und Anubis. Die Psychoanalyse jenseits der Triebtheorie*. Band 2. München: Verlag Internationale Psychoanalyse.

Guillaumin, J. (1987): *Entre Blessure et Cicatrice. Le destin du négative dans la psychanalyse*. Seyssel: Editions du Champ Vallon.

Guttman, S. A. (1973): Psychoanalysis and Science: The Concept of Structure. *Annual of Psychoanal.*, 1, S. 73–81.

Habermas, J. (1973): *Erkenntnis und Interesse*. Mit einem Nachwort des Autors. Frankfurt: Suhrkamp.

Hadley, J.L. (1992): The Instincts Revisited. *Psychoanal. Inquiry*, 12, S. 396–418.

Haken, H. & Haken-Krell, M. (1989): *Die Entstehung von biologischer Information und Ordnung*. Darmstadt: Wissenschaftliche Buchgesellschaft.

Harlow, H.F. (1958): The Nature of Love. *Amer. Psychol.*, 13, S. 673–685.

Hartmann, H. (1939): Ich-Psychologie und Anpassungsproblem. *Int. Zeitschr. f. Psychoanal.* und *Imago,* 24, S. 62–135. Hier zit. n. (1975): *Ich-Psychologie und Anpassungsproblem*. Stuttgart: Klett-Cotta.

– (1948): Comments on the Psychoanalytic Theory of Instinctual Drives. *Psychoanal. Quarterly*, 17, S. 368–388. Hier zit. n.: Bemerkungen zur psychoanalytischen Theorie der Triebe. In (1972): *Ich-Psychologie. Studien zur psychoanalytischen Theorie*. Stuttgart: Klett, S. 78–97.

– (1950): Comments on the Psychoanalytic Theory of the Ego. *Psychoanal. Study Child,* 5, S. 74–96. Hier zit. n.: Bemerkungen zur psychoanalytischen Theorie des Ichs. In ders. (1972): *Ich-Psychologie. Studien zur psychoanalytischen Theorie*. Stuttgart: Klett, S. 119–144.

– (1952): The Mutual Influences in the Development of Ego and Id. *Psychoanal. Study Child*, 7, S. 9–30. Hier zit. n.: Die gegenseitige Beeinflussung von Ich und Es in ihrer Entwicklung. In (1972): *Ich-Psychologie. Studien zur psychoanalytischen Theorie*. Stuttgart: Klett, S. 157–180.

– & Kris, E. (1945): The Genetic Approach in Psychoanalysis. *Psychoanal. Study Child*, 1, S. 11–30.

– Kris, E. & Loewenstein, R. (1947): Comments on the Formation of Psychic Structure. *Psychoanal. Study Child,* 2, S. 11–38.

– Kris, E. & Loewenstein, R. (1949): Notes on the Theory of Aggression. *Psychoanal. Study Child*, 3/4, S. 9–36.

Hebb, D.O. (1955): Drives and the C.N.S. (conceptual nervous system). *Psychol. Rev.*, 62, S. 243–254.

Hess, W. R. (1925): *Über die Wechselbeziehungen zwischen psychischen und vegetativen Funktionen*. Zürich: Orell Füssli.

– (1933): Der Schlaf. *Klin. Wochenschrift*, 12, S. 129–134.

– (1968): *Psychologie in biologischer Sicht.* Mit kritischen Beiträgen von Akert, K., Baumgartner, G., Hess jr., R., Hunsperger, R., Jung, R., Waser, P.G., Weber, G. Stuttgart: Georg Thieme.

Hinshelwood, R. D. (1989): *A Dictionary of Kleinian Thought*. London: Free Association Books. (1991): Zweite revidierte und erweiterte Ausgabe. Hier zit. n. (1993): *Wörterbuch der kleinianischen Psychoanalyse.* Stuttgart: Verlag Internationale Psychoanalyse.

Hobson, J. A. (1988): *The Dreaming Brain. How the brain creates both the sense and the nonsense of dreams.* New York: Basic Books.

Hoffmann, S.O. (1987): Die psychoanalytische Abwehrlehre – aktuell, antiquiert oder obsolet? *Forum Psychoanal.*, 3, S. 22–39.

– & Hochapfel, G. (1984): *Einführung in die Neurosenlehre und Psychosomatische Medizin.* Mit einer Darstellung der wichtigsten Psychotherapie-Verfahren. Stuttgart: Schattauer.

Holland, N.N. (1973): Defence, displacement and the Ego's algebra. *Int. J. Psychoanal.*, 54, S. 247–257.

Holt, R. (1965): A Review of Some of Freud's Biological Assumptions and Their Influence on His Theories. In: Greenfield, N.S. & Lewis, W.C. (Eds.): *Psychoanalysis and Current Biological Thought.* Madison, Milwaukee: University of Wisconsin Press, S. 93–124.

– (1967): The Development of Primary Process: A Structural View. In: Holt (Ed.): Motives and Thought: Psychoanalytic Essays in

Honor of David Rapaport. *Psychol. Issues*, 5, Monograph 18/19. New York: International Universities Press, S. 345–383.
– (1976): Drive or wish? A Reconsideration of the Psychoanalytic Theory of Motivation. In: Gill, M. & Holzman, P.S. (Eds.): Psychology versus Metapsychology. Psychoanalytic Essays in Memory of George S. Klein. *Psychol. Issues*, 9, Monograph 36. New York: International Universities Press, S. 158–197.
– (1989): *Freud Reappraised. A Fresh Look at Psychoanalytic Theory.* New York: Guilford Press.
Hoppe, K. D. (1975): Die Trennung der Gehirnhälften. Ihre Bedeutung für die Psychoanalyse. *Psyche*, 29, S. 918–940.
Jacobson, E. (1964): *The Self and the Object World.* New York: International Universities Press. Hier zit. n. (1978): *Das Selbst und die Welt der Objekte*. Frankfurt: Suhrkamp.
– (1967): *Psychotic Conflict and Reality*. New York: International Universities Press. Hier zit. n. (1972): *Psychotischer Konflikt und Realität.* Frankfurt: Fischer.
– (1971): *Depression. Comparative Studies of Normal, Neurotic, and Psychotic Conditions*. New York: International Universities Press. Hier zit. n. (1977): *Depression. Eine vergleichende Untersuchung normaler, neurotischer und psychotisch-depressiver Zustände*. Frankfurt: Suhrkamp.
Jones, E. (1953–1957): *The Life and Work of Sigmund Freud.* (1953: Vol. I., 1955: Vol. II., 1957: Vol. III). New York: Basic Books. Hier zit. n. (1984): *Sigmund Freud. Leben und Werk.* Bd. 1–3. München: Deutscher Taschenbuch Verlag.
Joseph, B. (1975): The Patient who is difficult to reach. In: Giovacchini, P.L. (Ed.): *Tactics and Techniques in Psychoanalytic Therapy*, Bd. 2: *Countertransference*. New York: Jason Aronson. Hier zit. n. (1991): Der unzugängliche Patient. In: Bott Spillius, E. (Hg.): *Melanie Klein heute. Entwicklungen in Theorie und Praxis*. Band 2: *Anwendungen.* München: Verlag Internationale Psychoanalyse, S. 65–83.
– (1982): Addiction to near-death. *Int. J. Psychoanal.*, 63, S. 449–456. Hier zit. n. (1990): Die Sucht nach Todesnähe. In: Bott Spillius, E. (Hg.): *Melanie Klein heute. Entwicklungen in Theorie und Praxis*. Band 1: *Beiträge zur Theorie*. München: Verlag Internationale Psychoanalyse S. 391–407.
– (1987): Projective Identification – some Clinical Aspects. In: Sandler, J. (Hg.): *Projection, Identification, Projective identification.* New York: International University Press. Hier zit. n. (1990): Projektive Identifizierung – Klinische Aspekte. In: Bott

Spillius, E. (Hg.): *Melanie Klein heute. Entwicklungen in Theorie und Praxis*. Band 1: *Beiträge zur Theorie*. München: Verlag Internationale Psychoanalyse, S. 174–190.

Joseph, R. (1992): The Limbic System: Emotion, Laterality, and Unconscious Mind. *Psychoanal. Rev.*, 79, S. 406–456.

Kandel, E. R. & Hawkins, R. D. (1992): Molekulare Grundlagen des Lernens. *Spektrum der Wissenschaft Spezial* 1: Gehirn und Geist, S. 36–45.

Kapp, R. (1931): Comments on Bernfeld and Feitelberg's ‚The Principle of Entropy and the Death Instinct'. *Int. J. Psychoanal.*, 12, S. 82–86.

Kernberg, O.F. (1969): A Contribution to the Ego-Psychological Critique of the Kleinian School. *Int. J. Psychoanal.*, 50, S. 317–333.

– (1975): *Borderline Conditions and Pathological Narcissism*. New York: Jason Aronson. Hier zit. n. (1983): *Borderline-Störungen und pathologischer Narzißmus*. Frankfurt: Suhrkamp.

– (1976): *Object Relations Theory and Clinical Psychoanalysis*. New York: Jason Aronson. Hier zit. n. (1981): *Objektbeziehungen und Praxis der Psychoanalyse*. Stuttgart: Klett-Cotta.

– (1980, 1983): *Internal world and external reality. Object relations theory applied*. London: Mark Paterson & Associates. (1985): New York: Jason Aronson. Hier zit. n. (1988): *Innere Welt und äußere Realität. Anwendungen der Objektbeziehungstheorie*. München: Verlag Internationale Psychoanalyse.

– (1984): *Severe Personality Disorders*, New Haven: Yale University Press. Hier zit. n. (1988a): *Schwere Persönlichkeits-Störungen. Theorie, Diagnose, Behandlungsstrategien*. Stuttgart: Klett-Cotta.

– (1988): New perspectives in psychoanalytic affect theory. In: Kelleman, H. & Plutchik, R. (Eds.): *Emotion: Theory, Research and Experience*. New York: Academic Press, S. 115–130.

– (1991a): Sexual Excitement and Rage: Building Blocks of the Drives. *Sigmund Freud House Bull.*, 15/1, Wien, S. 3–38.

– (1991b): A Contemporary Reading of ‚On Narcissism'. In: Sandler, J., Spector Person, E., Fonagy, P. (Eds.): *Freud's ‚On Narcissism: An Introduction'*. New Haven: Yale University Press, S. 131–148.

– (1993): The Current Status of Psychoanalysis. *J. Amer. Psychoanal. Assn.*, 41, S. 45–62.

– (1993a): Sadomasochismus, sexuelle Erregung und Perversion. *Zeitschr. f. psychoanal. Theorie u. Praxis*, 8, S. 319–341.

– (1993b): Psychoanalytische Objektbeziehungstheorien. In: Mertens (Hg.): *Schlüsselbegriffe der Psychoanalyse*. Stuttgart: Verlag Internationale Psychoanalyse.

King, P. & Steiner, R. (Eds.) (1991): *The Freud-Klein Controversies 1941–1945*. London & New York: Tavistock/Routledge. Deutsch (1996): *Die Freud/Klein-Kontroversen London 1941–1945*, 2 Bde. Stuttgart: Verlag Internationale Psychoanalyse.

Kirk, G.S. (1974): *The nature of Greek Myths*. London: Penguin Books. Hier zit. n. (1980): *Griechische Mythen. Ihre Bedeutung und Funktion*. Berlin: Medusa.

Klein, G.S. (1973): Two Theories or one? *Bull. Menn. Cl.*, 37, S. 102–132.

– (1976): *Psychoanalytic Theory. An Exploration of Essentials*. New York: International Universities Press.

Klein, M. (1923): Die Rolle der Schule für die libidinöse Entwicklung des Kindes. *Int. Zeitschr. f. Psychoanal.*, 9, S. 323–344. Hier zit. n. Stork, J. (Hg.) (1981): *Ein Kind entwickelt sich. Methode und Technik der Kinderanalyse*. München: Kindler, S. 104–125.

– (1928): Frühstadien des Ödipuskonfliktes. *Int. Zeitschr. f. Psychoanal.*, 14, S. 65–77. Hier zit. n. (1985): *Frühstadien des Ödipuskomplexes. Frühe Schriften 1928–1945*. Frankfurt: Fischer, S. 7–21.

– (1929): Frühe Angstsituationen im Spiegel künstlerischer Darstellungen. *Int. Zeitschr. f. Psychoanal.*, 17, S. 497–506. Hier zit. n. (1985): *Frühstadien des Ödipuskomplexes. Frühe Schriften 1928–1945*. Frankfurt: Fischer, S. 44–54.

– (1933): The early development of conscience in the child. In: Lorand, S. (Ed.): *Psycho-Analysis Today*. New York: Covici-Friede, S. 149–162. Hier zit. n. (1985): Die frühe Entwicklung des Gewissens beim Kind. In: *Frühstadien des Ödipuskomplexes. Frühe Schriften 1928–1945*. Frankfurt: Fischer, S. 89–101.

– (1946): Notes on some schizoid mechanisms. *Int. J. Psychoanal.*, 27, S. 99–110. Hier zit. n. (1962): Bemerkungen über einige schizoide Mechanismen. In: *Das Seelenleben des Kleinkindes und andere Beiträge zur Psychoanalyse*. Stuttgart: Klett-Cotta, S. 131–163.

– (1948): A Contribution to the Theory of Anxiety and Guilt. *Int. J. Psychoanal.*, 29, S. 114-123. Hier zit. n. (1962): Bemerkungen über einige schizoide Mechanismen. In: *Das Seelenleben des*

Kleinkindes und andere Beiträge zur Psychoanalyse. Stuttgart: Klett-Cotta, S. 164-186.

– (1962): *Das Seelenleben des Kleinkindes und andere Beiträge zur Psychoanalyse.* Stuttgart: Klett-Cotta.

– (1985): *Frühstadien des Ödipuskomplexes. Frühe Schriften 1928–1945.* Frankfurt: Fischer.

Kohut, H. (1971): *The Analysis of the Self. A Systematic Approach to the Psychoanalytic Treatment of Narcissistic Personality Disorders.* New York: International Universities Press. Hier zit. n. (1973): *Narzißmus. Eine Theorie der psychoanalytischen Behandlung narzißtischer Persönlichkeitsstörungen.* Frankfurt: Suhrkamp.

– (1975): *Die Zukunft der Psychoanalyse. Aufsätze zu allgemeinen Themen und zur Psychologie des Selbst.* Frankfurt: Suhrkamp.

– (1977): *The Restoration of the Self.* New York: International Universities Press. Hier zit. n. der überarbeiteten und ergänzten Fassung (1981): *Die Heilung des Selbst.* Frankfurt: Suhrkamp.

Kornadt, H.-J. (Hg.) (1981): *Aggression und Frustration als psychologisches Problem.* Bd. 1. Darmstadt: Wissenschaftliche Buchgesellschaft.

– (1992): *Aggression und Frustration als psychologisches Problem.* Bd. 2. Darmstadt: Wissenschaftliche Buchgesellschaft.

Koukkou-Lehmann, M. (1980): Psychophysiologie des Träumens und der Neurosentherapie: Das Zustands-Wechsel-Modell, eine Synopsis. *Fortschr. Neurol. Psychiatr.*, 48, S. 324–350.

– (1987): *Hirnmechanismen normalen und schizophrenen Denkens.* Berlin: Springer.

Kris, E. (1952): *Psychoanalytic Explorations in Art.* New York: International Universities Press. Hier zit. n. (1977): *Die ästhetische Illusion. Phänomene der Kunst in der Sicht der Psychoanalyse.* Frankfurt: Suhrkamp.

Kropiunigg, U. (1990): *Psyche und Immunsystem. Psychoneuroimmunologische Untersuchungen.* Mit einem Geleitwort von E. Ringel. Wien: Springer.

Kubie, L. (1948): Instincts and Homeostasis. *Psychosom. Med.*, 10, S. 15– 30.

Kurzweil, E. (1989): *The Freudians' Freud. A Comparative Perspective.* New Haven: Yale Universities Press. Deutsch (1993): *Freud und die Freudianer. Geschichte und Gegenwart der Psychoanalyse in Deutschland, Frankreich, England, Österreich und den USA.* Stuttgart: Verlag Internationale Psychoanalyse.

Kutter, P. (1989): Nachwort und abschließende Evaluierung. In: Wolf, E. S. et al. (1989): *Selbstpsychologie. Weiterentwicklungen nach Kohut.* München: Verlag Internationale Psychoanalyse, S. 125–133.

Lalande, A. (1951): *Vocabulaire technique et critique de la philosophie.* Paris: Presses Universitaires de France.

Lampl-De Groot, J. (1956): Anmerkungen zur psychoanalytischen Triebtheorie. *Psyche,* 10, S. 194–204.

– (1963): Ich-Ideal und Über-Ich. *Psyche,* 17, S. 321–332.

Langs, R. (1989): Models, Theory, and Research Strategies: Toward the Evolution of New Paradigm. *Psychoanal. Inquiry*, 9, S. 305–331.

Laplanche, J. (1970): *Vie et mort en psychanalyse.* Paris: C. Flammarion. Hier zit. n. (1985): *Leben und Tod in der Psychoanalyse.* Frankfurt: Nexus.

– (1988): *Die allgemeine Verführungstheorie und andere Aufsätze.* Tübingen: Edition Diskord.

– & Pontalis, J.B. (1967): *Vocabulaire de la Psychanalyse.* Paris: Presses Universitaires de France. Hier zit. n. (1972): *Das Vokabular der Psychoanalyse.* Frankfurt: Suhrkamp.

Laughlin, H.P. (1970): *The Ego and its Defences.* New York: Aronson.

Lester, E.P. (1982): New Directions in Affect Theory. *J. Amer. Psychoanal. Assn.*, 30, S. 197–211.

Lichtenberg, J. D. (1983): *Psychoanalysis and Infant Research.* New Jersey: The Analytic Press. Hier zit. n. (1991): *Psychoanalyse und Säuglingsforschung.* Berlin: Springer.

– (1991): A Theory of Motivational-Functional Systems as Psychic Structures. In: Shapiro, T. (Ed.): *The Concept of Structure in Psychoanalysis.* Madison, Connecticut: International Universities Press, S. 57–72.

Linnell, Z.M. (1990): What is Mental Representation? A Study of its Elements and How they Lead to Language. *J. Amer. Psychoanal. Assn.*, 38, S. 131–165.

Loewald, H.W. (1980): On Motivation and Instinct Theory. In: *Papers on Psychoanalysis.* New Haven: Yale University Press.

Loewenstein, R. (1940): Von den vitalen oder somatischen Trieben. *Int. Zeitschr. f. Psychoanal.*, 25, S. 174–196.

Löfgren, B.L. (1968): Psychoanalytic Theory of Affects. *J. Amer. Psychoanal. Assn.*, 16, S. 638–650.

Lorenz, K. (1978): *Vergleichende Verhaltensforschung. Grundla-*

gen der Ethologie. Wien: Springer. Hier zit. n. (1982): München: Deutscher Taschenbuch Verlag.

Lorenzer, A. (1970): *Sprachzerstörung und Rekonstruktion. Vorarbeiten zu einer Metatheorie der Psychoanalyse*. Frankfurt: Suhrkamp.

Lurija, A. R. (1968): *Malenkaja knishka o bolschoj pamjati*. In (1971): *Poterjannyj i woswraschtschennyj mir*. Moskau: Verlag Isdatelstwo Moskowskogo Uniwersiteta. Hier zit. n. (1991): *Der Mann, dessen Welt in Scherben ging. Zwei neurologische Geschichten*. Mit einer Einführung von Oliver Sacks. Reinbek b. Hamburg: Rowohlt.

– (1973): *Osnowy nejropsichologii*. Moskau: Verlag Isdatelstwo Moskowskogo Uniwersiteta. Hier zit. n. (1992): *Das Gehirn in Aktion. Einführung in die Neuropsychologie*. Reinbek b. Hamburg: Rowohlt.

– (1982): *Etapy projdennogo puti: Nautschnaja awtobiografija*. Moskau: Verlag Isdatelstwo Moskowskogo Uniwersiteta. Hier zit. n. (1993): *Romantische Wissenschaft. Forschungen im Grenzbezirk von Seele und Gehirn*. Reinbek b. Hamburg: Rowohlt.

Mahler, M. S. (1968): *On Human Symbiosis and the Vicissitudes of Individuation*. Vol. I: *Infantile Psychosis*. International Universities Press. Deutsch (1983): *Symbiose und Individuation*. Band I: *Psychosen im frühen Kindesalter*. Stuttgart, Klett-Cotta.

– (1979): *Selected Papers*. New York: Jason Aronson. Deutsch (1985): *Studien über die drei ersten Lebensjahre*. Stuttgart: Klett-Cotta.

– Pine, F. & Bergman, A. (1975): *The Psychological Birth of the Human Infant*. New York: Basic Books. Deutsch (1980): *Die psychische Geburt des Menschen. Symbiose und Individuation*. Frankfurt: Fischer.

Mandelbrot, B. (1991): Fernsehinterview in „Abenteuer Wissenschaft extra: Chaos“ vom 3. 9. 1990 in SW 3; Übernahme von Channel 4 INCA, London.

Martienssen, W. (1989): Gesetz und Zufall in der Natur. In: Gerok, W. (1990): *Ordnung und Chaos in der unbelebten und belebten Natur*. Stuttgart: Wissenschaftliche Verlagsgesellschaft, S. 77–99.

McLaughlin, J.T. (1978): Primary and Secondary Process in the Context of Cerebral Hemispheric Specialization. *Psychoanal. Quarterly*, 47, S. 237–266.

Meltzer D. (1966): The Relation of anal masturbation to projective identification. *Int. J. Psychoanal.*, 47, S. 335–342. Deutsch

(1990): Die Beziehung der analen Masturbation zur projektiven Identifizierung. In: Bott Spillius, E. (Hg.): *Melanie Klein heute. Entwicklungen in Theorie und Praxis.* Band 1: *Beiträge zur Theorie.* München: Verlag Internationale Psychoanalyse.

Mertens, W. (1981): Krise der psychoanalytischen Theorie? In: ders. (Hg.): *Neue Perspektiven der Psychoanalyse.* Stuttgart: Kohlhammer, S. 7–83.

– (1992): *Entwicklung der Psychosexualität und der Geschlechtsidentität.* Bd. 1: *Geburt bis 4. Lebensjahr.* Stuttgart, Berlin: Kohlhammer.

– (1993): Psychoanalyse in den 90er Jahren. In: ders. (Hg.) *Schlüsselbegriffe der Psychoanalyse.* Stuttgart: Verlag Internationale Psychoanalyse, S. 21–34.

Miller, J.G. (1965): Living systems. *Behav. Sci.*, 10, S. 337–441.

Misch, K. (1935): Die biologischen Grundlagen der Freudschen Angsttheorie. *Int. Zeitschr. f. Psychoanal.*, 21, S. 62–67.

Modell, A. H. (1991): Changing Psychic Structure through Treatment: Preconditions for the Resolution of the Transference. In: Shapiro, T. (Ed.) (1991): *The Concept of Structure in Psychoanalysis.* Madison, Connecticut: International Universities Press, S. 225–240.

Moll, A. (1897): *Untersuchungen über die Libido sexualis.* Berlin: Fischer's Medicin. Buchhandlung H. Kornfeld.

Moran, M. G. (1991): Chaos Theory and Psychoanalysis: The Fulidic Nature of the Mind. *Int. Rev. Psychoanal.*, 18, S. 211–221.

Moser, U. (1964): Zur Abwehrlehre. Das Verhältnis von Verdrängung und Projektion. *Jahrbuch d. Psychoanal.*, 3, S. 56–85.

– (1989): Wozu eine Theorie in der Psychoanalyse? Gedanken zum Problem der „Metapsychologie". *Zeitschr. f. psychoanal. Theorie u. Praxis*, 4, S. 154–174.

– Zeppelin, I. von & Schneider, W. (1969): Computer Simulation of a Model of Neurotic Defense Processes. *Int. J. Psychoanal.*, 50, S. 53–64.

Moses, R. (1968): Form and Content. *Psychoanal. Study Child*, 34, S. 169– 216.

Nagera, H. (Hg.) (1977): *Psychoanalytische Grundbegriffe. Eine Einführung in Sigmund Freuds Terminologie und Theoriebildung.* Frankfurt: Fischer.

Nicolaïdis, N. (1984): *La représentation.* Paris: Ed. Dunod.

– (1993): *La force perspective de la représentation de la pulsion.* Paris: Presses Universitaires de France.

Nitzschke, B. (1989): *Freud und die akademische Psychologie.*

Beiträge zu einer historischen Kontroverse. München: Psychologie Verlags Union.
– (1993): Psychoanalyse und akademische Psychologie. In Mertens, W. (Hg.): *Schlüsselegriffe der Psychoanalyse*. Stuttgart: Verlag Internationale Psychoanalyse, S 13–20.
Noy, P. (1969): A Revision of the Psychoanalytic Theory of the Primary Process. *Int. J. Psychoanal.*, 50, S. 155–178.
– (1977): Metapsychology as a Multimodel System. *Int. Rev. Psychoanal.*, 4, S. 1–12.
– (1979): The Psychoanalytic Theory of Cognitive Development. *Psychoanal. Study Child*, 34, S. 169–216.
Oeser, E. & Seitelberger, F. (1988): *Gehirn, Bewußtsein und Erkenntnis*. In: Nagl, W. & Wuketits, F.M. (Hg.) Reihe: Dimensionen der modernen Biologie, Bd. 2. Darmstadt: Wissenschaftliche Buchgesellschaft.
Olds, D.D. (1992): Consciousness: A Brain-Centred, Informational Approach. *Psychoanal. Inquiry*, 12, S. 419–444.
Oppenheimer, R. (1956): Analogy in Science; Address at the Meeting of the American Psychological Association. *Amer. Psychol.*, 11.
Ornstein, P. H. (1989): Die Entwicklung der Selbstpsychologie. In Wolf, E. S. et al. (1989): *Selbstpsychologie. Weiterentwicklungen nach Kohut*. München: Verlag Internationale Psychoanalyse, S. 27–42.
Ostow, M. (1954): A Psychoanalytic Contribution to the Study of Brain Function. Part I, The Frontal Lobes. *Psychoanal. Quarterly*, 23, S. 317–338.
– (1955): A Psychoanalytic Contribution to the Study of Brain Function. Part II, The Temporal Lobes. Part III, Synthesis. *Psychoanal. Quarterly*, 24, S. 383–423.
Parens, H. (1973): Aggression: A Reconsideration. *J. Amer. Psychoanal. Assn.*, 21, S. 34–60.
Pasche, F. (1993): Des pulsions et de leur sujetion. *Cahiers*. Centre de Psychanalyse et de Psychotherapie, 26, Les Pulsions II, 3–10.
Peitgen, H.-O. (1989): Fraktale: Computerexperimente (ent)zaubern komplexe Strukturen. In: Gerok, W. (1990): *Ordnung und Chaos in der unbelebten und belebten Natur*. Stuttgart: Wissenschaftliche Verlagsgesellschaft, S. 123–152.
Penrose, L.S. (1931): Freuds Theory of Instinct and Other Psychobiological Theories. *Int. J. Psychoanal.*, 12, S. 87–97.
Peterfreund, E. (1971): Information, Systems, and Psychoanalysis. An Evolutionary Biological Approach to Psychoanalytic Theory.

Preface by B. Rubinstein. *Psychol. Issues*, 7, Monograph 25/26. New York: International Universities Press.

– (1975): The Need for a New General Theoretical Frame of Reference for Psychoanalysis. Symposium on The Ego and the Id Afer Fifty Years. *Psychoanal. Quarterly*, 44, S. 534–549.

Peters, R. (1960): *The Concept of Motivation*. 2nd edition. London, New York: Humanities Press.

Piaget, J. (1959): *La naissance de l'intelligence chez l'enfant*. Neuchâtel: Delachaux et Niestlé. Hier zit. n. (1973): *Das Erwachen der Intelligenz beim Kinde*. Stuttgart: Ernst Klett.

Popper, K. R. & Eccles, J.C. (1977): *The Self and Its Brain – An Argument for Interactionism*. New York, Heidelberg: Springer. Hier zit. n. (1982): *Das Ich und sein Gehirn*. München: Piper.

Powles, W.E. (1992): *Human Development and Homeostasis. The Science of Psychiatry*. Madison, Connecticut: International Universities Press.

Pribram, K.H. (1962): The Neuropsychology of Sigmund Freud. In: Bachrach, A.J. (Ed.) (1962): *Experimental Foundations of Clinical Psychology*. New York: Basic Books.

– (1965): Freud's ‚Project': An Open, Biological Based Model for Psychoanalysis. In: Greenfield, N.S. & Lewis, W.C. (Eds.): *Psychoanalysis and Current Biological Thought*. Madison, Milwaukee: University of Wisconsin Press, S. 81–92.

– (1969): The Foundation of Psychoanalytic Theory: Freud's neuropsychological model. *Brain and Behaviour*, 4, S. 395–432.

– (1989) Psychoanalysis and the natural sciences: the brain-behaviour connection from Freud to present. In: Sandler, J. (1989): *Dimensions of Psychoanalysis*. London: Karnac Books. Hier zit. n.: Pribram K.H. (1994): Psychoanalyse und Naturwissenschaften: Die Beziehung zwischen Gehirn und Verhalten von Freud bis zur Gegenwart. In: Sandler, J. (Hg.): *Dimensionen der Psychoanalyse. Die Freud Memorial Lectures. Beiträge zu einem interdisziplinären Dialog*. Stuttgart: Klett-Cotta, S. 144–166.

– & Gill, M.M. (1976): *Freud's ‚Project' Re-assessed. Preface to Contemporary Cognitive Theory and Neurology*. New York: Basic Books.

Prigogine, I. (1976): Order through fluctuation: Self-organization and Social System. In: Jantsch, E. & Waddington, C. H. (Eds.): *Evolution and Consciousness. Human Systems in Transition*. Reading, Massachusetts: Addison-Wesley, S. 93–133.

– & Stengers, I. (1981): *Dialog mit der Natur. Neue Wege naturwissenschaftlichen Denkens*. München: Piper Verlag.

Pulver, S. E. (1991): Psychic Structure, Function, Process, and Content: Toward a Definition. In: Shapiro, T. (Ed.): *The Concept of Structure in Psychoanalysis*. Madison, Connecticut: International Universities Press, S. 165–190.

Racker, H. (1959/1982): *Übertragung und Gegenübertragung. Studien zur psychoanalytischen Technik*. München, Basel: Ernst Reinhardt.

Raguse, H. (1994): Der Todestrieb als Streitpunkt in den Controversial Discussions in London 1941–1945. *Zeitschr. f. psychoanal. Theorie u. Praxis*, IX, S. 385–404.

Rank, B. (1949): Aggression. *Psychoanal. Study Child*, 3/4, S. 43–48.

Rapaport, D. (1953): On the psychoanalytic theory of affects. In: (1967) Gill (Ed.): *The Collected Papers of David Rapaport*. New York: Basic Books, S. 795–811.

– (1960): *The Structure of Psychoanalytical Theory: A Systematizing Attempt*. Madison, Connecticut, International Universities Press. Hier zit. n. (1973): *Die Struktur der psychoanalytischen Theorie. Versuch einer Systematik*. 3. Auflage. Stuttgart: Klett.

– (1967): On the Psychoanalytic Theory of Motivation. In: Gill, M. (Ed.): *The Collected Papers of David Rapaport*. New York, London, S. 853–915.

– & Gill, M. (1959): The Points of View and Assumptions of Metapsychology. *Int. J. Psychoanal.*, 40, S. 153–162.

Rawn, M. L. (1979): Schafer's „Action Language": A questionable alternative to metapsychology. *Int. J. Psychoanal.*, 60, S. 455–565.

Reich, W. (1927): *The Function of the Orgasm* (*The Discovery of the Orgone*, Vol I.). Deutsch (1972): *Die Entdeckung des Orgons. Die Funktion des Orgasmus*. Frankfurt: Fischer.

– (1937): *Die bio-elektrische Untersuchung von Sexualität und Angst*. Kopenhagen: Sexpolverlag.

Reicheneder, J. G. (1990): Zum Konstitutionsprozeß der Psychoanalyse. *Jahrbuch d. Psychoanal.*, Beiheft 12.

Reiser, M. F. (1985): Converging Sectors of Psychoanalysis and Neurobiology: Mutual Challenge and Opportunity. *J. Amer. Psychanal. Assn.*, 33, S. 11–34.

Ricœur, P. (1965): *De l'Interpretation. Essai sur Freud*. Paris: Editions du Seuils. Hier zit. n. (1974): *Die Interpretation. Ein Versuch über Freud*. Frankfurt: Suhrkamp.

Ritvo, L. B. (1965): Darwin as the Source of Freud's Neo-Lamarckianism. *J. Amer. Psychoanal. Assn.*, 13, S. 499–517.

– (1972): Carl Claus as Freud's Professor of the New Darwinian Biology. *Int. J. Psychoanal.*, 53, S. 277–283.
– (1974): The Impact of Darwin on Freud. *Psychoanal. Quarterly*, 43, S. 177–192.
Rose, H. J. (1982): *Griechische Mythologie. Ein Handbuch*. München: C. H. Beck.
Rosenberg, B. (1991): *Masochisme Mortifère et Masochisme Gardien de la Vie*. Paris: Presses Universitaires de France.
Rosenblatt, A. D. & Thickstun, J. T. (1970): A Study of the Concept of Psychic Energy. *Int. J. Psychoanal.*, 51, S. 265–277.
– (1977): Modern Psychoanalytic Concepts in a General Psychology. Part One: General Concepts and Principles. Part Two: Motivaton. *Psychol. Issues*, 11, Monograph 42/43. New York: International Universities Press.
Rosenfeld, H. (1952): Notes on the Psychoanalysis of the Superego Conflict of an Acute Schizophrenic Patient. *Int. J. Psychoanal.*, 33, S. 111–131. Deutsch (1990): Bemerkungen zur Psychoanalyse des Über-Ich-Konflikts bei einem akut schizophrenen Patienten. In: Bott Spillius, E. (Hg.): *Melanie Klein heute. Entwicklungen in Theorie und Praxis*. Band 1: *Beiträge zur Theorie*. München: Verlag Internationale Psychoanalyse, S. 15–62.
– (1971): Contribution to the Psychopathology of Psychotic States: the Importance of Projective Identification in the Ego Structure and the Object Relations of the Psychotic Patient. In: Doucet, P. & Laurin C. (Eds.): *Problems of Psychosis*. Den Haag: Excerpta Medica, S. 115–128. Deutsch (1990): Zur Psychopathologie psychotischer Zustände: Die Bedeutung der projektiven Identifizierung für die Ich-Struktur und die Objektbeziehungen des psychotischen Patienten. In: Bott Spillius, E. (Hg.): *Melanie Klein heute. Entwicklungen in Theorie und Praxis*. Band 1: *Beiträge zur Theorie*. München: Verlag Internationale Psychoanalyse. S. 148–173.
– (1987): *Impasse and Interpretation. Therapeutic and anti-therapeutic factors in the psychoanalytic treatment of psychotic, borderline and neurotic patients*. London: Tavistock Publications. Deutsch (1990): *Sackgassen und Deutungen. Therapeutische und antitherapeutische Faktoren bei der psychoanalytischen Behandlung von psychotischen, Borderline- und neurotischen Patienten*. Mit einem Vorwort von Otto F. Kernberg. München, Wien: Verlag Internationale Psychoanalyse.
Rotenberg, V.S. (1980): Sensitivity, Neuroticism and Sleep Disturbances: Some Controversial Problems. *Waking and Sleeping*, 4, S. 271–279.

Rubinstein, B. (1965): Psychoanalytic Theory and the Mind-Body-Problem. In: Greenfield, N.S. & Lewis, W.C. (Eds.): *Psychoanalysis and Current Biological Thought*. Madison, Milwaukee: University of Wisconsin Press, S. 35–56.

– (1967): Explanation and Mere Description: A Metascientific Examination of Certain Aspects of the Psychoanalytic Theory of Motivation. In: Holt, R. (Ed.): Motives and Thought: Psychoanalytic Essays in Honor of David Rapaport. *Psychol. Issues*, 5, Monograph 18/19, New York: International Universities Press, S. 18–78.

– (1976): On the Possibility of a Strictly Clinical Psychoanalytic Theory: An Essay in the Philosophy of Psychoanalysis. In: Gill, M. & Holzman, P.S. (Eds.): Psychology versus Metapsychology. Psychoanalytic Essays in Memory of George S. Klein. *Psychol. Issues*, 9, Monograph 36. New York: International Universities Press, S. 229–264.

Rüger, U. (1993): Geschichte der Psychoanalyse. In: Mertens, W. (Hg.): *Schlüsselbegriffe der Psychoanalyse*, Stuttgart: Verlag Internationale Psychoanalyse, S. 3–12.

Sander, L.W. (1989): Investigation of the Infant and Its Caregiving Environment as a Biological System. In: Greenspan, S.I. & Pollock, G.H. (Eds.) (1989): *The Course of Life*. Vol. I, *Infancy*. Madison, Connecticut: International Universities Press, S. 359–392.

Sandler J. (1960a): The Background of Safety. In (1987): *From Safety to Superego*. New York: Guilford Press, S. 1–8. Deutsch (1961): Sicherheitsgefühl und Wahrnehmungsvorgang. *Psyche*, 15, S. 124–131.

– (1960b): On the Concept of Superego. *Psychoanal. Study Child*, 15, S. 128–162. Deutsch (1964a): Zum Begriff des Über-Ichs (I). *Psyche*, 18, S. 721–743.

– et al. (1962): The Classification of Superego Material in the Hampstead Index. *Psychoanal. Study Child*, 17, S. 107–127. Deutsch (1964b): Zum Begriff des Überichs (II): Die Anwendung des Überich-Modells auf klinisches Material im Hampstead-Index. *Psyche*, 18, S. 812–828.

– & Nagera, H. (1963): Aspects of the Metapsychology of Fantasy. *Psychoanal. Study Child*, 18, S. 159–194.

– & Dare, C. & Holder, A. (1973): *The Patient and the Analyst. The Basis of the Psychoanalytic Process*. London: George Allen & Unwin. Hier zit. n. (1979): *Die Grundbegriffe der psychoanalytischen Theorie*. 6. Auflage 1995. Stuttgart: Klett.

Saperstein, J.L. & Gaines, J. (1973): Metapsychological Considerations on the Self. *Int. J. Psychoanal.*, 54, S. 415–424.

Saul, L.J. (1958): Freud's Death Instinct and the Second Law of Thermodynamics. *Int. J. Psychoanal.*, 39, S. 323–325.

Schachner, M. (1989): Familien neuraler Zellerkennungsmoleküle. In: Gerok, W. (1989): *Ordnung und Chaos in der unbelebten und belebten Natur*. Stuttgart: Wissenschaftliche Verlagsgesellschaft, S. 191–200.

Schafer, R. (1976): *A New Language for Psychoanalysis*. New Haven: Yale University Press. Deutsch (1982): *Eine neue Sprache für die Psychoanalyse*. Stuttgart: Klett-Cotta.

– (1985): Die Handlungssprache – eine Alternative zur Metapsychologie. *Psyche,* 39, S. 961–980.

– (1991): Discussion of Panel Presentations on Psychic Structure. In: Shapiro, T. (Ed.): *The Concept of Structure in Psychoanalysis*. Madison, Connecticut: International Universities Press, S. 295–312.

Schilder, P. (1933): Psychoanalyse und Biologie. *Imago*, 19, S. 168–197.

Schmidt, R. F. (Hg.) (1983): *Grundriß der Neurophysiologie*. Berlin: Springer.

– & Thews, G. (Hg.) (1987): *Physiologie des Menschen*. 23. Aufl., völlig neu bearbeitet. Berlin: Springer.

Schmidt-Hellerau, C. (1988): Über das Rätsel der Weiblichkeit. Neue Thesen zur weiblichen Entwicklung, herausgearbeitet aus dem Werk Sigmund Freuds. *Psyche*, 42, S. 289–306.

– (1990): Über Berufsethos und persönliche Integrität. Zur Geschichte der deutschen Psychoanalyse im Dritten Reich. *Zeitschr. f. psychoanal. Theorie u. Praxis*, 5, S. 262–272.

– (1991): Das Es und das Ich. Metapsychologische Überlegungen zum Thema Schlafstörungen. *Zeitschr. f. psychoanal. Theorie u. Praxis*, 6, S. 198–231.

– (1993): Überbau oder Fundament? Zur Metapsychologie und Metapsychologiedebatte. *Psyche*, 47, S. 1–30.

Schönle, O. (1981): Die Konzeption Roy Schafers und ihr Resultat, die „action language". In Mertens, W. (Hg.): *Neue Perspektiven der Psychoanalyse*. Stuttgart: Kohlhammer, S. 124–161.

Schur, M. (1955): Comments on the Metapsychology of Somatization. *Psychoanal. Study Child*, 10, S. 119-164. Hier zit. n. (1984): Zur Metapsychologie der Somatisierung. In: Overbeck, G. & A. (Hg.): *Seelischer Konflikt – körperliches Leiden. Reader*

zur psychoanalytischen Psychosomatik. Frankfurt: Dietmar Klotz.
– (1966): *The Id and the Regulatory Principles of Mental Functioning*. New York: International Universities Press. Hier zit. n. (1967): *Das Es und die Regulationsprinzipien des psychischen Geschehens*. Frankfurt: Fischer.
Segal, H. (1957): Notes on Symbol Formation. *Int. J. Psychoanal.*, 38, S. 391–397. Deutsch (1990): Bemerkungen zur Symbolbildung. In: Bott Spillius, E. (Hg.): *Melanie Klein heute. Entwicklungen in Theorie und Praxis*. Band 1: *Beiträge zur Theorie*. München: Verlag Internationale Psychoanalyse, S. 202–224.
Selg, H. (Hg.) (1971): *Zur Aggression verdammt? Ein Überblick über die Psychologie der Aggression*. Stuttgart: Kohlhammer.
Shannon, C. E. & Weaver, W. (1949): *The Mathematical Theory of Communication*. Urbana: University of Illinois Press.
Shapiro, T. (Ed.) (1991): *The Concept of Structure in Psychoanalysis*. Madison, Connecticut: International Universities Press.
– & Emde, R. N. (Eds.) (1992): *Affect: Psychoanalytic Perspectives*. Madison: International Universities Press.
– & Stern, D. (1989): Psychoanalytic Perspectives on the First Year of Life: The Establisment of the Object in an Affective Field. In: Greenspan, S.I. & Pollock, G.H. (Eds.): *The Course of Life*. Vol. I, *Infancy*. Madison, Connecticut: International Universities Press, S. 271–292.
Simmel, E. (1924): Die psycho-physische Bedeutsamkeit des Intestinalorgans für die Urverdrängung. *Int. Zeitschr. f. Psychoanal.*, 10, S. 218– 221.
– (1933): Prägenitalprimat und intestinale Stufe der Libidoorganisation. *Int. Zeitschr. f. Psychoanal.*, 19, S. 245–246.
– (1944): Self-Preservation and the death instinct. *Psychoanal. Quarterly*, 13, S. 160–195. Hier zit. n. (1992): Selbsterhaltung und Todestrieb. *Psyche*, 46, S. 773–793.
Sohn, L. (1985): Narcissistic organization, Projective identification, and the Formation of the Identificate. *Int. J. Psychoanal.*, 66, S. 201–213. Deutsch (1990): Narzißtische Organisation, projektive Identifizierung und die Bildung des Identifikanten. In: Bott Spillius, E. (Hg.): *Melanie Klein heute. Entwicklungen in Theorie und Praxis*. Band 1: *Beiträge zur Theorie*. München: Verlag Internationale Psychoanalyse, S. 339–366.
Solms, M. (1993): Summary and Discussion of the Paper: Organization of Dreaming: Implications for Psychoanalysis. *Bull. Anna Freud Centre*, 16, S. 149–165.

– & Saling, M. (1986): On Psychoanalysis and Neuroscience: Freud's Attitude to the Localizationist Tradition. *Int. J. Psychoanal.*, 67, S. 397–416.

Spector Person, E. (1989): The Crucial Role of Mentalism in an Era of Neurobiology. In: Cooper, A.M., Kernberg, O.F. & Spector Person, E. (1989): *Psychoanalysis. Toward the Second Century*. New Haven: Yale University Press, S. 181–201.

Spitz, R.A. (1951): The Psychogenic Diseases in Infancy: An Attempt at Their Etiologic Classification. *Psychoanal. Study Child*, 6, S. 255–275. Hier zit. n. (1983): *Dialogues from Infancy. Selected Papers*, ed. by R.N.Emde. New York: International Universities Press.

– (1957): *No and Yes. On the Genesis of Human Communications.* New York: International Universities Press. Deutsch (1978): *Nein und Ja. Die Ursprünge der menschlichen Kommunikation*. 3. Auflage. Stuttgart: Klett-Cotta.

– (1958): On the Genesis of Superego Components. *Psychoanal. Study Child*, 13, S. 375–404. Hier zit. n. (1960): Zur Entstehung der Überich-Komponenten. *Psyche,* 14, S. 400–426.

– (1959): A Genetic Field Theory of Ego Formation. New York: International Universities Press. Hier zit. n. (1972): *Eine genetische Feldtheorie der Ichbildung*. Frankfurt: Fischer.

– (1982): *Vom Dialog. Studien über den Ursprung der menschlichen Kommunikation und ihrer Rolle in der Persönlichkeitsbildung*. Frankfurt: Ullstein.

Spruiell, V. (1993): Deterministic Chaos and the Science of Complexity: Psychoanalysis in the Midst of a General Scientific Revolution. *J. Amer. Psychoanal. Assn.*, 41, S. 3–44.

Stagner, R. (1977): Homeostasis, Discrepancy, Dissonance. A Theory of Motives and Motivation. *Motivation and Emotion*, 1, S. 103–138.

Stern, M. (1974): Das Problem der Aggression. Bemerkungen über Trieb, Trauma und Tod. *Psyche*, 28, S. 495–507.

Stolorow, R.D. (1978): The Concept of Psychic Structure: Its Meta-Psychological and Clinical Psychoanalytic Meanings. *Int. J. Psychoanal.*, 5, S. 313–320.

Strauch, I. & Meier, B. (1992): *Den Träumen auf der Spur. Ergebnisse der experimentellen Traumforschung*. Bern: Huber.

Sulloway, F.J. (1979): *Freud, Biologist of the mind. Beyond the Psychoanalytic Legend*. New York: Basic Books. Hier zit. n. (1982): *Freud, Biologe der Seele. Jenseits der psychoanalytischen Legende*. Köln: Hohenheim.

Thomä, H. & Kächele, H. (1985): *Lehrbuch der psychoanalytischen Therapie*. Bd. 1, *Grundlagen*. Heidelberg: Springer.

Tinbergen, N. (1953): *Instinktlehre. Vergleichende Erforschung angeborenen Verhaltens*. Berlin: Paul Parey.

Treurniet, N. (1991): Introduction to „On Narcissism“. In: Sandler, J., Spector Person, E., Fonagy , P. (Eds.): *Freud's ‚On Narcissism: An Introduction‘*. New Haven: Yale University Press, S. 75–94.

Tyson, P. (1988): Psychic Structure Formation: The Complementary Roles of Affects, Drives, Object Relations, and Conflict. *J. Amer. Psychoanal. Assn.*, 36, Supplement, S. 73–100.

– (1991): Psychic Structure Formation: The Complementary Roles of Affects, Drives, Object Relations, and Conflict. In: Shapiro, T. (Ed.): *The Concept of Structure in Psychoanalysis*. Madison, Connecticut: International Universities Press, S. 73–98.

Vaillant, G.E. (1971): Theoretical hierarchy of adaptive Ego mechanisms. *Arch. Gen. Psychiatry*, 24, S. 107–118.

Waelder, R. (1962): Psychoanalysis, Scientific Method, and Philosophy. *J. Amer. Psychoanal. Assn.,* 10, S. 617–637.

Wallerstein, R. S. (1983): Defenses, Defense Mechanisms, and the Structure of Mind. *J. Amer. Psychoanal. Assn.*, 31, Supplement, S. 201–225.

– (1991): Assessment of Structural Change in Psychoanalytic Therapy and Research. In: Shapiro, T. (Ed.): *The Concept of Structure in Psychoanalysis*. Madison, Connecticut: International Universities Press, S. 241– 262.

Weber, M. (1976): *Wirtschaft und Gesellschaft. Grundriß der verstehenden Soziologie*. 5. revidierte Auflage. Tübingen: J. C. Mohr (Paul Siebeck).

Weinshel, E. M. (1991): Structural Change in Psychoanalysis. In: Shapiro, T. (Ed.): *The Concept of Structure in Psychoanalysis*. Madison, Connecticut: International Universities Press, S. 263–280.

Weiss, E. (1935): Todestrieb und Masochismus. *Imago*, 21, S. 393–411.

Weizsäcker, C.F. von (1971): Die Einheit der Natur. München, Wien: Hanser. Hier zit. n. (1974): München: Deutscher Taschenbuch Verlag.

Westerman Holstijn, A.W. (1930): Tendenzen des Toten, Todestriebe und Triebe zum Töten. *Imago*, 16, S. 207–231.

Wiener, N. (1948): *Cybernetics or control and communication in the animal and the machine*. Massachusetts: Massachusetts

Institute of Technology. Hier zit. n. (1963): *Kybernetik. Regelung und Nachrichtenübertragung im Lebewesen und in der Maschine.* Düsseldorf: Econ.

Winnicott, D. W. (1963): The Development of the Capacity for Concern. In: *Bull. Menninger Clin.*, 27, S. 167–176. Hier zit. n. (1984): Die Entwicklung der Fähigkeit der Besorgnis (Concern). In: *Reifungsprozesse und fördernde Umwelt.* Frankfurt: Fischer Taschenbuch Verlag, S. 93– 105.

Wittgenstein, L. (1921): *Tractatus logico-philosophicus. (Logisch-philosophische Abhandlung).* In: Ostwalds Annalen der Naturphilosophie, London. In: (1969) Ludwig Wittgenstein, *Schriften* I, Frankfurt: Suhrkamp, S. 7–83.

– (1953): *Philosophical Investigations.* Oxford: Basil Blackwell. Hier zit. n. (1969): *Philosophische Untersuchungen.* In: Ludwig Wittgenstein, *Schriften* I, Frankfurt: Suhrkamp, S. 279–544.

Wolf, E. S., Ornstein, A., Ornstein, P., Lichtenberg, J. D., Kutter, P. (1989): *Selbstpsychologie. Weiterentwicklungen nach Heinz Kohut.* München: Verlag Internationale Psychoanalyse.

Wollheim, R. (1972): *Sigmund Freud.* München: Deutscher Taschenbuch Verlag.

Zagermann, P. (1985): *Ich-Ideal, Sublimierung, Narzißmus. Die Theorie des Schöpferischen in der Psychoanalyse.* Darmstadt: Wissenschaftliche Buchgesellschaft.

– (1988): *Eros und Thanatos. Psychoanalytische Essays zu einer Objektbeziehungstheorie der Triebe.* Darmstadt: Wissenschaftliche Buchgesellschaft.

– (1993): Otto F. Kernbergs ichpsychologische Objektbeziehungstheorie. Ihre Anwendung auf Deskription, Theorie und Klinik der Borderline-Pathologie. *Zeitschr. f. psychoanal. Theorie u. Praxis*, 8, S. 211–233.

Zelmanowits, J. (1971): David Rapaports Gesammelte Schriften. *Psyche*, 25, S. 400–409.

Zuriff, G. (1992): Theoretical Inference and the New Psychoanalytic Theories of Infancy. *Psychoanal. Quarterly*, 61, S. 18–36. Hier zit. n. (1993): Theoretisches Schlußfolgern und die „Neuen Psychoanalytischen Theorien über den Säugling". *Psyche*, 47, S. 1153–1171.

Verzeichnis der Abbildungen

Abb. 1 Die Mandelbrot-Menge 23
Abb. 2 Vergrößerungsserie am Rand der Mandelbrot-Menge 24
Abb. 3 Transempirische Identität oder transempirische Verschiedenheit (Monismus oder Dualismus) 36
Abb. 4 Proto-Kybernetik Meta-Psycho-Physiologie 40
Abb. 5 Zeichnung einer neuronalen Leitung (Freud) 73
Abb. 6 Zeichnung einer Hemmung durch Seitenbesetzung (Freud) 78
Abb. 7 Das φ-ψ-System 82
Abb. 8 Das φ-ψ-ω-System 89
Abb. 9 Das W-M-System (Freud) 103
Abb. 10 Das W-Ubw-Vbw-System (Freud) 105
Abb. 11 Das einfache T-W-M-Schema 132
Abb. 12 Halluzination 160
Abb. 13 Schema der Subjekt- und Objektschiene . . . 175
Abb. 14 Narzißmus 182
Abb. 15 Die Ausdifferenzierung des Sexualtriebs . . . 184
Abb. 16 Die Unterscheidung von Ichlibido und Objektlibido 186
Abb. 17 Die Strukturbildung auf der Subjektschiene . . 190
Abb. 18 Das Ichideal im Verhältnis zur Subjekt- und Objektschiene 199
Abb. 19 Das vollständige T-W-M-Schema 218
Abb. 20 Verschaltungsmöglichkeiten am Beispiel der Physiologie kleiner Neuronenverbände 234
Abb. 21 Darstellung verschiedener Regelkreise 240
Abb. 22 Die Subsysteme der Psyche (vubw, ubw, vbw, bw) 255
Abb. 23 Das Schema der Triebschienen in bezug auf denLebens- und Todestrieb 296
Abb. 24 Die Subsysteme der Psyche einschließlich des Kreises des Todes 329
Abb. 25 Die K_{MV}- und K_{VM}-Komplexe 351
Abb. 26 Objektbesetzung und Identifizierung im vollständigen Ödipuskomplex 362

Abb. 27 Die Darstellung des Überichs und seiner Substrukturen 375
Abb. 28 Freuds „psychologisches Schema der Wortvorstellung“ 387
Abb. 29 Der psychische Apparat (Freud) 392
Abb. 30 Das Ich in bezug auf die T-W-M-Systeme . . . 400
Abb. 31 Der psychische Apparat: Zusammenführung der Schemata 414
Abb. 32 Schema der aktivierenden Formatio reticularis (Lurija) 428
Abb. 33 Zusammenführung von Lurijas Modell mit dem T-W-M-Schema und dem Instanzenmodell 441

Abbildungsnachweis:

Abb. 1 und 2: Mit freundlicher Genehmigung der Wissenschaftlichen Verlagsgesellschaft, Stuttgart.

Abb. 5, 6, 9, 10, 28 und 29: Mit freundlicher Genehmigung des S. Fischer Verlags, Frankfurt am Main.

Abb. 20 und 21: Mit freundlicher Genehmigung des Springer-Verlags, Heidelberg.

Abb. 32: Mit freundlicher Genehmigung des Rowohlt Verlags, Reinbek.

Namensverzeichnis

Die folgenden Zahlenangaben in Normalschrift beziehen sich auf die Seiten im Haupttext; Zahlen in Kursiv betreffen die Nummern der Anmerkungen.

Adler, A. *5*
Alexander, F. *79, 153, 215*
Amacher, P. 48, *1,*
Anzieu, D. *209*
Applegarth, A. *37*
Aristophanes *172*
Arlow, J. A. *181*
Arnold, M. B. *90*
Ashby, W. R. *131*
Baranger, M., de *185*
Basch, M. F. *29*
Becker-Fischer, M. *201*
Beres, D. *11, 184*
Bernfeld, S. *1, 26*
Bertalanffy, L. v. *143*
Bibring, E. *93, 158*
Bibring, G. L., *133,*
Bion, W. R. *84, 185*
Bischof, N. 41
Bohr, N. *17*
Boothe, B. *201*
Borbély, A. *148, 150, 152*
Bowlby, J. *184*
Braitenberg, V. *43, 173*
Brecht, K. *29, 203*
Brenner, C. *138*
Breuer, J. 257, *204*
Brierley, M. *74, 83, 136, 212*
Brun, R. *64, 72*

Cambor, C. G. *202*
Changeux, J.-P. *59*
Chasseguet-Smirgel, J. *192, 202*
Compton, A. *52, 163*
Conel, J.-L. *59*
Cooper, A. M. *215*
Crutchfield, J. P. *106*

Damson, W. 45
Danneberg, E. *202*
Detrick, D. W. *99*
Detrick, S. P. *99*
Dollard, J. L. *163*
Donnet J.-L. *180*
Dornes, M. *87, 109, 117, 156*
Drews, S. *29, 203*
Duus, P. *49*

Eagle, M. N. *159*
Eccles, J. C. *23*
Edelheit, H. *17*
Ekman, P. *138*
Ellenberger, H. F. *2,*
Ellman, S. J. *215*
Ellsworth, P. *138*
Emde, R. N. *52, 138*
Erikson, E. H. *190*
Etchegoyen, R. H. *100*
Exner, S. 63, *34*

Fairbairn, W. R. D. *159*
Fechner, T. 278, 280, 281

Federn, P. *169*
Feigl, H. 35
Feitelberg, S. *180*
Fenichel, O. *79*
Fischer, G. *201*
Foulkes, D. *101*
Freud, A. *133*
Friedlander, K. *180*
Friedman, L. *19*
Friesen, W.V. *138*

Gaines, J. 28
Galin, D. *215*
Gazzaniga, M.S. *183*
Gellhorn, E. *215*
Gerö, G. *126*
Gill, M. 16, 18, 28, 31, 32, 52, *1, 6, 15, 29, 30, 32, 34, 35, 38, 40, 41, 45, 46, 51, 92, 143, 163, 181, 212, 215*
Gillespie, W.H. *163*
Glover, E. *45, 181, 202*
Goldberg, A. *181*
Goldman-Rakic, P.S. *133*
Graber, H.G. *180*
Green, A. *58, 60, 103, 130, 134, 138, 167, 169, 180, 212*
Greenspan, S.I. *44*
Grossman, W.I. *117*
Großmann, S. 26
Grubrich-Simitis, I. 56, 62, *24*
Grünbaum, A. *54*
Grunberger, B. *103, 202*
Guillaumin, J. *134, 212*
Guttman, S.A. *181*

Habermas, J. *54*
Hadley, J.L. *215*
Haken, H. *107*
Haken-Krell, M. *107*
Hartmann, H. 48, *11, 20, 93, 95, 97, 112, 169, 181, 203, 211*
Hawking, S. *177*
Hawkins, R. D. *133*
Hebb, D.O. 34, *43, 133, 215*
Hering, E. *35, 176*
Hess, W.R. *215*
Hinshelwood, R.D. *194*
Hobson, J.A. *101*
Hoffmann, S.O. *133*
Holland, N.N. *133*
Holt, R. 14, 18, 41, 48, 52, *1, 40, 143, 146, 212*
Homer *172*
Hoppe, K.D. *215*

Jackson, H. 249, 269
Jacobson, E. 175, *50, 95, 98, 109, 138, 142*
Jones, E. 64, *2, 29, 52*
Joseph, B. *109*
Joseph, R. *184, 215*
Jung, C.G. *3, 72*

Kächele, H. 52, *23*
Kandel, E.R. *133*
Kant, E. 47,
Kapp, R. *15*
Kernberg, O.F. *27, 50, 57, 95, 98, 109, 119, 124, 135, 136, 138, 142, 162, 180, 186, 212*
Kirk, G.S. *16*

Klein, G. S. 14, 18, 48, *52*
Klein, M. 11, 31, *98, 109, 140, 180, 194*
Kohut, H. 11, 175, *99, 189*
Kornadt, H.-J. *163*
Koukkou-Lehmann, M. *143, 219*
Krafft-Ebbing, R. v. 136
Kris, E. *11, 63, 112, 169, 190*
Kropiunigg, U. *215*
Kubie, L. *69*
Kurzweil, E. *3*
Kutter, P. *189*

Lalande, A. *195*
Lampl-De Groot, J. *180*
Langs, R. 46
Laplanche, J. *52, 55, 75, 117, 157, 158, 160, 180, 187, 195*
Lashley, K. S. *52*
Laughlin, H. P. *133*
Lester, E. P. *138*
Lichtenberg, J. D. *117*
Linnell, Z. M. *117*
Loewald, H. W. *184*
Loewenstein, R. *11, 94, 112, 169*
Löfgren, B. L. *138*
Lorenz, K. *157*
Lorenzer, A. 20
Low, B. 313
Lurija, A. R. 425ff., *143, 216, 217, 218, 220*

Mahler, M. S. 11, *109, 163*
Mandelbrot, B. 23, 24, 25
Martienssen, W. 26
Mc Laughlin, J. T. *215*
Meier, B. *148, 152, 153*
Meltzer D. *109*
Mertens, W. 14, 28, 54, *3*
Miller, J. G. 42, *136*
Moll, A. 315
Moran, M. G. *4*
Moser, U. 47, *133*
Moses, R. *212*

Nagera, H. *157, 212*
Nicolaïdis, N. *117*
Nitzschke, B. *2, 3*
Noy, P. *17, 212*

Oeser, E. *23*
Olds, D. D. *215*
Oppenheimer, R. *9, 10*
Ornstein, A. *189*
Ornstein, P. H. *189*
Ostow, M. *215*

Parens, H. *163*
Pasche, F. *111, 161*
Peitgen, H.-O. 23, 24, 26
Penfield, W. *52*
Penrose, L. S. *15*
Peterfreund, E. 14, 18, 41, 42, 43, 45, 46, 47, *15, 18, 19, 46, 136*
Peters, R. *29*
Piaget, J. *156*
Pollock, G. H. *44*
Pontalis, J. B. *55, 75, 117, 157, 158, 160, 195*
Popper, K. R. *23*
Powles, W. E. *215*

Pribram, K.H. *1, 29, 30, 32, 34, 35, 38, 40, 41, 45, 46, 51, 131, 174, 215*
Prigogine, I. *105, 107*
Pulver, S.E. *181*

Racker, H. *185*
Rank, B. *163*
Rapaport, D. 12, 16, 17, 18, 41, 46, 47, 48, 49, *6, 7, 10, 15, 36, 85, 88, 122, 211*
Rasmussen, T. *52*
Rawn, M.L. 30
Reich, W. *30*
Reicheneder, J.G. *2*
Reiser, M.F. *215*
Ricœur, P. *52*
Ritvo, L.B. *2*
Rose, H.J. *172*
Rosenberg, B. *180*
Rosenblatt, A.D. 14, 18, 41, 42, 44, 45, *15*
Rosenfeld, H. *109, 147*
Rotenberg, V.S. *215*
Rubinstein, B. 18, 20, 21, 32, 34, 35, 36, 37, 38, 39, 40, 41, 443, *8, 19*
Rüger, U. *3*

Saling, M. *52*
Sander, L.W. *44*
Sandler J. 16, *184, 202, 212*
Saperstein, J.L. 28
Saul, L.J. *180*
Saussure, F. de *138*
Schachner, M. 29
Schafer, R. 14, 18, 28, 29, 30, 31, *52, 12, 122, 164*
Schmidt, R.F. 234, 235, *115, 127, 132*
Schmidt-Hellerau, C. *5, 44, 53, 193, 202*
Schönle, O. 30, *12*
Schur, M. *118, 142, 212*
Segal, H. *180*
Seitelberger, F. *23*
Selg, H. *163*
Shannon, C.E. *38*
Stagner, R. *215*
Shapiro, T. *44*
Simmel, E. *116*
Sohn, L. *109*
Solms, M. *215*
Spector Person, E. *215*
Sperber, H. *154*
Spitz, R.A. *9, 10, 71, 153, 177, 184, 202*
Spruiell, V. *4*
Stengers, J. *105*
Stern, M. *44*
Stolorow, R.D. 14, 18
Strachey, J. 64, *28, 33*
Strauch, I. *148, 152, 153*
Sulloway, F.J. *2, 29, 77*

Thickstun, J.T. 14, 18, 41, 42, 44, 45, *15*
Thomä, H. 52, *23*
Tinbergen, N. *157*
Treurniet, N. *100*
Tyson, P. *44*

Vaillant, G.E. *133*
Vergil *172*

Waelder, R. 19, 20, 21
Wallerstein, R.S. *133*

Waver, W. *38*
Weber, M. *182*
Weinshel, E. M. *181*
Weismann, A. *175*
Weiss, E. *169*
Weizsäcker, C. F. von *13*
Westerman Holstijn, A. W. *180*
Wiener, N. 42, *14*
Wisdom, J. O. *52*
Wittgenstein, L. *165*, *171*
Wolf, E. S. *99*
Wollheim, R. *29*
Woodruff *175*

Young, J. Z.

Zagermann, P. *109*
Zelmanowits, J. *85*
Zuriff, G. *109*

Sachverzeichnis

Die folgenden Zahlenangaben in Normalschrift beziehen sich auf die Seiten im Haupttext (es sind jeweils einige der wichtigsten Stellen aufgeführt); fettgedruckte Zahlen geben Definitionsstellen an; Zahlen in Kursiv betreffen die Nummern der Anmerkungen.

Abfuhr 67 f., 70 f., 81 f., 85 ff., 98, **164 f.**, 215, 258, 263, ***90***, *95* ,*138*
Abkömmling, psychischer 227 f.; 253, 346, *163*
Abwehr(-mechanismus) 92 ff., 141, 144, 229, *57*, *126*, *133*
Adaptatierung/adaptiv 16, 81, 162
Affekt 214 f., **238** f., 262 f., *138*
– -repräsentanz 216, 225, 238 f., 262, 300
afferent 68, 70, **348**, 360 ff., 395, *200*
Aggression **306** ff., 314 f. 330, 334, ***163***
– -strieb 306–312, *163*
Aktion, spezifische 68 ff., 77, 81 f., 106, 213, 438
aktiv 145, 254, 348, 359 ff.
anale/r Zone / Partialtrieb 139, 146, 348,
Anlehnung 138, 164, 172 f., 194, 343 f.
Antagonismus / -istisch 128, 154f., 173 f., 177 ff., 197, 301
– antagonistische Erregung / Hemmung 223, 229 ff.,
Apparat, psychischer 22, 30, 67 f., 78 f., 102–111, 122, 127, 167, 173, 287, 377, 392, 414 f., 443, *45*
Arrivé 160, 170, 197, 352, *159*
Assoziationskette 88, 93, 253 f., 256
Assoziationskomplex / -muster 82, 88, 93, 94, 98, 107, 110, 116, 128, 142, 156, 165, 219, 234, 388
Attraktor 190 ff., 197, 228, 326, 347, *106*
Aufmerksamkeit / -sbesetzung 44, 49, 53, 87, 90, 163, 382
Autoerotismus / autoerotisch 138 f., 146, 170 ff., 180 ff., 213 f.

Bahnung 71 f., 74, 76, 78 f., 82, 91 f., 97, 235 f.
Befriedigungserlebnis 80 f., 93, 97, 106 f., 158 f.

Besetzung, besetzt 78 f., 97, 233, 259 ff.
Bewußt (System Bw) 108, 110, 163, 286, 398 ff.
Bewußtsein 83 ff., 105, 109 f., 162 f., 379 f., 384 f., 420
Bindung 286 f., 309, 322, 333
biogene Zone **210 f.**, 268, 304
biogenes Selbst / Objekt 356 f., 368 f., 375 f., 418
Bisexualität 352 ff.

Cross-over 348 f., 363, 368, 397

Denken / Denkvorgang 47 ff., 87 f., 110, 216 f., 384 f., 399
Desomatisierung 249, 254
Destruktionstrieb (s. auch Aggressionstrieb) 303, 305 ff.
Differenzierung 104, 174 f., 183 ff., 195, 327, *98*, *105*, *110*, *112*
Divergenz 75, 79, 232 ff.
Dominanz / dominant **174**, 178 f., 187, 192 f., 194 f.
Dualismus / dualistisch (Trieb-) 152 ff., 177, 185, 298 f., 304, *95*, *180*
duofiles Fragment 247, 256, 261 f., 264, 270, 407, *147*
dynamische Stabilität s. Stabilität

efferent 68, 70, **348** f., 359 ff., 395 f., *200*
Egoismus 182, 189 f., 193, 196, 199, 201
Einheit, funktionelle 65, 338, 351, 358, 428 ff.
Einheit, psychische 211, 217, 223, 256, 296, 405, 407
endogen 68 ff., 86, 97, 112, 132, 280, *206*
Energiebegriff 38, 45, 48, 208, 315 ff., *15*
Entwicklung 170 ff., 181, 282
Erinnerungs(-bild, -spur, -system) 87, 104, 106 ff., 133 f., 139, 384 f., *45*, *59*, *70*
erogene Zone 135 ff., 146, 210 f., 304
erogene Partialtriebe 135, 138, 210
erogenes Selbst / Objekt 356 ff. 375 f., 418 f.
Ersatzbildung 155, 228 f.
Es 401, 404–408, 414 f., 422 f., 441
exogen 68, 71 f., 122, 132, 146, *206*
Extraversion / extraversiv **144** f., **147**, 156, 266 f., 313, *72*

Feedback-(Hemmung / -Erregung / -Schleife) 48, 230, **232** f., 243, 290, 354, *51*, *127*, *131*

Feedforward-(Hemmung / -Erregung) 230, **232** f., 242, *127*, *131*
Fehlerverarbeitung *131*
formale Betrachtung 3, 17, 27, 56, 58, 158, 177, 223, 243
Frequenz (Periode) 84 f., 403
Funktionsprinzip 67

Gedächtnis 76, 97, 104, 109, 163, **292**, 379
genitale/r Zone /Partialtrieb 139, 146, 210
Gesamtvorstellung 139, 143
Geschwindigkeit 252, 258 ff., 269, 271, 282
Gesetz (Schaltergesetz) 70, 237, 279 ff., 284, 342
Gestalt 323, 331, 335, 397, 415
Gewissen 370 ff., 419
Gleichgewicht s. Stabilität, dynamische
Grundannahme 16, 76, 100 f., 102, 122, 159
Grundprinzip 67, 70, 117, 336, 405, *32*

Halluzination 82 f., 98, 107 ff., 113, 158 ff., **161** f., 177 f., *58*, *85*, *87*, *89*
Handlungsrepräsentanz (-muster) 131, 212, 263, 268, **300**, *117*, *138*
Hemmung 78 f., 97, 108, 120 f., 194, 198, 257 f.
Hierarchie / hierarchisch 16 f., 42 ff., 75, 77 f. 140, 146, 373, 436, 438
Homöostase s. Stabilität, dynamische
Hunger / -vorstellung 68, 80 f. 97, 133, 158 f., 210

Ich **79** ff., 97, 168 ff., **173**, 178 f., 391 ff., **395**, 400, 410, 421, 441
Ichideal **196** ff., 202, 344, 350 f., 361 f., 370 f., 419
Ichinteresse 145, 185, 315
Ichlibido s. Libido
Ichtrieb 145, 152 f., 154 ff., 165 ff., 172, 185, 296, *79*, *111*
Identifizierung 338, 343 ff., 357 ff., 411, 413
Information / -sverarbeitung 42 f., 75, 79, 427, 433 f., *18*, *38*, *52*
Instanz 102 f., 118, 123, 172, 185, 275, 297, 337 f., 369, 393, 396, 405, 414 f., 417, 420, 441
Instinkt 429, *69*, *138*, *157*, *180*
Integration 193 ff., 195
Intensität / -sfaktor 253, 258 ff., 269, 271, 282
Introversion / introversiv **144** f., **147**, 266 f., 297, 313, *72*,
Istwert 240

Jenseits, jenseitig **323**–332, 336, 397–401, 406, 421

Klinische Theorie 14, 19 ff., 31 f., 41, 101, 114, *84*, *95*
Komplementaritätsthese *17*
Komplettierung 131, 164 f., 211 f., 213, 264, 266
Komplexitätsniveau 166 ff., 256, 318
Konflikt 152 ff., 175, 179, 224, 252, 283, 286, 367, 412
Konstante 74, 280
Konstanzprinzip 69, 77, 96, **280**, 278
Konstrukt / Konstruktion, theoretische 56 f., 100
Konvergenz 232 ff.
Konzept / Konzeption 2 ff., 10 ff., 20, 27, 30 f., 38, 54, 56 f., 61
Kraft 16, 31, 38, 115 ff. *211*
Kybernetik 18, 41, 45, 48, 51, *22*

Laterale Hemmung / Erregung 231 ff.
Lebenstrieb 292 ff., 298, 301 ff., 308, 312 ff., 320, 328, 330
Leib-Seele-Problem 32–40, 248 ff. 269
Lernen 43 f., 237, 284, *84*, *211*
Lethe 58, 315–320, 335, *172*
lethische Besetzung 316, 318 f., 335
Libido 133, 180 f., 297 f., 303, 314, 318 ff., 335, 353 f.
– Ichlibido 184 ff., **188**, 198, 202, 297
– narzißtische Libido 186 ff., 197, 202, 297
– Objektlibido 184 ff., 197 f., 202
libidinöse Besetzung / Objekt 315, 318 f., 335
Logik 49 f., 126
Lustprinzip 123, 168, 282, 289, 323, 327

Makrostruktur s. Struktur
Meßwertwandler 241 f.
Metapsychologie 13–19, 21, 27, 28 ff., 36 ff., 39 f., 41, 47 f., 49 ff., 54 f., 58, 62
Mikrostruktur s. Struktur
Mischkopie **343**, 345, 355
Modell / -konstruktion 54, 58, 65 f., 101 f., 236, *54*
Modifikation 78 f., 85, 97, 161, 249, 259, **283** ff.
monofile Repräsentanz / Fragment 246, 248, **256**, 261 f., 264, 270, 407, *147*
motorisches System / M-System 132, 211 f., 218
Musterkomplex / -vergleich 90, 116, 124, 164 f., 226, 238, 251 f., 269 f., 275, 300

Narzißmus 180 ff., 189, 193 ff., 200 ff., 297, *101*, *180*
Nervensystem 17, 42 f., 65, 69 ff., 75, 96, 204 f.

Neuronentheorie / neuronales Modell 65, 67, 69, 96
Neurophysiologische Aspekte 232, 234 f., 241, 424–444, *30*, *32*, *35*, *37*, *46*, *59*, *68*, *93*, *115*, *127*, *132*, *133*, *143*, *144*, *148*, *150*, *152*, *173*, *183*
neutrale Energie 330, 398 f., 421, *93*, *163*
Nirwana(prinzip) 312 ff., 325, 327, *166*
Null / -prinzip 66, **67** ff., 77, 96, 158 f., 279 ff., 323, 332 f.

Objekt 175, 212 f., *44*, *73*, *96*
– Teilobjekt 183, 199, 201, 214, *68*
– Realobjekt 199
– Objektbesetzung 183 f., 265, 343 ff., 361 ff., 381, 390
– Objektbeziehungstheorie 81, 176, 390, *95*
– Objekterhaltung 199, 367, 369, 375 f., 419
– objektgerichtet 145, *95*
– Objektrepräsentanz **215**, **218** f., 238, 358, 413 f.
– Objektschiene **174** f., 191 ff.
– Objektlibido s. Libido
Ödipuskomplex, positiver, negativer 339–377
ökonomisch 17. 22. 62, 161, 288, 360, 392 f., 399, 404, 407, *180*
orale / r Zone / Partialtrieb 139, 146, 210
Ordner 192, *107*
Organisationsniveau / -prinzip / -zentrum 21, 23, 27 ff., 65, 137, 226, 256, 259 f., 303 ff., 392
Orientierung 82, 102 f., 199, 200, 202, 371, 376

Partialtrieb (s. auch anal, erogen, genital, oral) 141, 144, 210
passiv 145, 208 f., 313, 348, 359 ff.
Passung / passen 47, 89 f., 97, 159 f., 177, 259, *66*
Phänomenologie / phänomenologisch 19 ff., *2*
Primärprozeß / -vorgang / -funktion 87, 107, 110, 120, 173, 254 f.
Prinzip 327
Progression / progredient / progressiv 110, 126, 144, 177
Prozeß, psychischer 11, 427
Psycho-Physiologie 40, 51, 236, 424 ff., 444, *20*, *22*

Qualität 74 f., 79, 83 ff., 163, 207 f.
Quantität 74 f., 79, 83 ff., 154, 155 f., 207 f., 252 f., 407, *33*, *35*, *76*

Realitätsprinzip 162 f., 167 f., 176, 178, 327

Referenzieren / Referenzgröße 89 f., 110, 116, 164 f., 176, 402, 431
Regelkreis 240 f., 396, 421, *41*
– Regelstrecke 240 f., *41*
– Regler 78, 89, 241, *41*
Regression / regredient / regressiv 102, 126, 144, 261, 263, 330
Regulierung 70, **77**, 157, 254
Regulationsprinzip **67**, 168, 253, *32*
Reifung 43, 134 f., 143 ff., 213 f.
Reiz 68 ff.
– Reizaufhebung 81, 211 f.
– Reizaufnahme 379
– Reizbewältigung 204 ff., 284
– Reizflucht 68, 383
– Reizschutz 379 ff., 420, *211*
Repräsentanz s. auch Affekt, Handlung, monofil, Objekt, Sach-, Selbst-, Wort- 237, 389, *68*, *117*
Resomatisierung 249, 270, *142*
Rezeptor 75, 348, 395, 437, 439
rezessiv 174, 178 f., 201, 214, 231
Richtung 112 f., 116 f., 123, 143 f., 163,296

Sachvorstellung / Sachrepräsentanz 215 f., 224
Schalter 70 ff., 76, 79, 106
– Schaltfunktion / -gesetz / -prinzip 72, 77, 78, 80, 96, 161, 187, 342, 381
– Schaltmodalität 356, 359, 363, 366, 376, 378
Schwelle 68, 70 f., 73 ff.
Sekundärprozeß / -vorgang 79, 87, 108, 110, 120, 176, 257 f., *63*, *150*
Selbst 175, 195, *95*
– Selbstbesetzung 187, *97*
– Selbst-Objekt 175, 195, 214, 347, 413, *99*
– Selbst-Objekt-Affekt-Einheit 422, *138*
– Selbstrepräsentanz 218, 414, 435, *97*
– Idealselbst 197, 199, 202, 347
– Realselbst 197, 199
– Urselbst 175, 413, *95*
Selbsterhaltungstrieb **172**, 182, 210, 220, 260, 266, 295, 304, 306, 365, *94*
sensible Erregung / Reiz 81 f., 104, 106
Sexualtrieb 133 ff., 154, 171, 182 ff., 266, 294 ff., 304, 306
– Sexualideal 199 f., 202
– Sexualobjekt 81, 133 f., 138 ff., 146, 297, 300
– sexuell 94, 112. 134 ff., 144, 304
Signal 399 f., 421
Sinnesorgan 68, 72, 84, 103 f., 127, 135 f., 393, 412

Skalar 16, 38, 317 f.
Sollwert 67, 240, 260, 279
Soma / somatisch 122 f., 209 f., 214, 248 f., 422, *142*
Spannung 158, 279 ff.
– Schalterspannung **280** ff., 332 ff., *156*
– Systemspannung **280** ff., 332 ff., *156*
Sprachzeichen / -assozi-ation 87 ff. 109 f., 124 f., 132
Stabilität, dynamische (Homöostase) 67, 77, 81, 106, 117, 131, 159, 166, 204 f., 212, 280
– Instabilität 192, 205, *107*
Steuerung 79
Struktur 107, 155, **162**, **167**, 189, 237, 348, *181*
– Hilfsstruktur / Außenstruktur **341** ff., 377, *184*
– Makrostruktur / -regler 71, 102, 163, 169, 173, 372
– Mikrostruktur / -regler 71, 190, 202
– Substruktur / -regler 192, 268, 337, 374, 419
– Strukturbildung 17, **72** f., 97, 108, 171, 173, 182, **189** ff., 282 ff., 309, 324, 349, *36*, *88*
Sublimierung 197 f., 230 f.
Subjektschiene **174** f., 190 ff.
Subjekt-Objekt-Schiene **174** f., 378, 414
Summation 68, 71, 232, *132*
Symbol 94
Symptom 118, *106*
Synergetik *181*
System 102 f., 119, 327
– Systemtheorie 40–45

Theorie / -ebenen 19 ff., 46 ff., 51 f.
Todestrieb (s. auch Destruktionstrieb) 2, 292 ff., 301 ff., 312 ff., *180*
topisches Modell 275
Trägheitsprinzip 67, 278, *32*
triangulär 22, 347, 350, 366, 370, 372 f., 418
Trieb 80, 112 f., 131, 155, 166 f., 177, 208, 263 f.
– Triebbegrenzung 161
– Triebbegriff 38, **54**, 205, 206, 290 ff., *113*
– Triebenergie 38, 208, 215, *38*
– Trieberregung 116, 119 f. 159
– Triebkette 228, 232 f.
– Triebkonzept 146, 206 ff., 239 f., *40*, *113*
– Trieb(ent)mischung 239, 303 ff., *163*, *180*
– Triebschicksal 219 ff., **236** ff., 268 f.
– Triebquelle 209 f., 304, *114*
– Triebziele 147, 211 f.
Trieb-Struktur-Konzept / -Theorie 152 ff., 155
Trieb-Verdrängungs-Einheit / -Theorie 246, 264

Triebsystem / T-System 132, 134, 218
T-W-M-System / -Schema 152 f., 218, 412 ff.
T-W-M-Einheit 166 f., *87*,
– (gedoppelte) 212

Überich 370 ff., 408 ff., *202*
Umschwung 161, 259, 324 ff., 331., 349, 371, 406, 410
Unbewußtes (System Ubw) 105, 107, 112, 118 f., 123, 257 ff.
Unlust / -prinzip 109, 113, 121 ff.
Urverdrängung 227 f., *75*

Variable (Ausgangs-, Eingangs-) 67 f., 70, 89, 95 f., 104, 116, 119, 279
Vektor 38, 317, 333
Verdichtung 125 ff., 176, 321, *63*
Verdrängung 115 ff., 145 f., 152 f., **154** f., 157 f., 166, 220, 228, 231 ff., *85*, *129*
– Verdrängungskette 228, 232
– Verdrängungsmodus 232
Verkehrung ins Gegenteil 221 f., 360
Verrechnung / verrechnen 160, 165, 167, 177
Verschiebung 115, 125 ff., 214, 230 ff., *63*, *133*
Verschränkung 172, 194, 344, 348, 363, *163*
Verstärkung 88, 90, 98, 110, 160, 164 f., 186, 217, 233 f., 253, 342, 362, 364 f., 429
Vertauschung 222 f.
Vorbewußtes (Vbw) 105, 109, 118 f., 123, 257 ff., 385, 400
Vorunbewußtes (Vubw) **255**, 270
Vorstellung (-sgruppe) 152 ff., 159 f., 173, 176, 193, 408, *75*

Wahrnehmung 87, 104, 215, 378 ff., 381 ff., 394
Wahrnehmungssystem / W-System 109, 132, 136, 382
Wendung aktiv in passiv / – gegen eigene Person 221 ff., 239, 354, 360
Widerstand / szensur 114 ff., 254, 287 f., *56*, *57*
Wiederholungszwang 287 ff., **289**, *158*
Wortvorstellung / Wortrepräsentanz 215 f., 262 f., 266 f., 385 ff., 420
Wunsch 112 ff., **114**, **160**, 166, 340, *40*, *55*
– Wunscherfüllung 43, 62, 199, 107, 112, 118, 160

Zensur 114 ff., 246, 259
Zustandsänderung, funktionelle 260, 265

Vera King:
Die Urszene der Psychoanalyse

Adoleszenz und Geschlechterspannung im Fall Dora

1995. Ca. 400 Seiten, Leinen, ISBN 3-608-91755-1

King untersucht die Bedeutung von Adoleszenz und Geschlechterspannung im Schöpfungsprozeß der Psychoanalyse. Im Zentrum der Rekonstruktion des Theoriebildungsprozesses steht der Fall Dora, die erste große psychoanalytische Fallgeschichte, in der Freud in der analytischen Auseinandersetzung mit einer adoleszenten jungen Frau das Verhältnis von Traum, Neurose und Sexualität neu entfaltete und die Übertragung »entdeckte«. Der Fall Dora wird dabei als Urszene der Psychoanalyse entziffert, aus der heraus Freud u. a. seine Theorie der Weiblichkeit entwickelt hat.

Im ersten Teil des Buches zeichnet King wesentliche Linien der Rezeptionsgeschichte nach und präzisiert die Methode der Interpretation. Im zweiten Teil wird eine ausführliche Reinterpretation der Fallgeschichte und der in ihr entfalteten Übertragungsprozesse unternommen. Die dabei entwickelte Deutung wird zur Grundlage für Entwürfe einer psychoanalytischen Theorie der Weiblichkeit und Adoleszenz einerseits und für das Verständnis der psychoanalytischen Theorieentstehung andererseits.

Im dritten Teil erfolgt eine interpretative Einbettung des Falls Dora in das Mosaik der die Psychoanalyse konstituierenden Schriften. So werden die einzelnen Schritte der Entstehung der Psychoanalyse im Hinblick auf die Bedeutung der Geschlechterspannung und die Bedeutung der Fallgeschichte als Adoleszenzgeschichte nachvollzogen. Im letzten Teil schließen sich Ausführungen zur Bedeutung der Ursprungs- und Urszenenphantasien in der adoleszenten Entwicklung an. Abschließend werden Überlegungen entworfen zu einem radikalisierten Verständnis der Übertragung als Schöpfungsprozeß, bei dem die Fähigkeit zur Symbolisierung der Urszene im Sinne einer schöpferischen Triade erarbeitet wird.

VERLAG
INTERNATIONALE
PSYCHOANALYSE